■ 《攻佔巴士底獄》(*The Storming of the Bastille*)

作者：Jean-Pierre Houël (1735－1813)

巴士底獄始建於 14 世紀，建成初期作為軍事城堡投入使用，到 18 世紀末期，成為控制巴黎的制高點和關押政治犯的監獄，是法國封建專制統治的象徵。1789 年 7 月 14 日，巴士底獄被巴黎市民佔領，標誌着法國大革命爆發，是為「第一次革命」。

■ 1789 年 8 月 26 日頒佈的《人權與公民權利宣言》(Declaration of the Rights of Man and of the Citizen)

■ 《攻佔杜伊勒里宮》（*The Storming of the Tuileries*）

作者：Jean Duplessis-Bertaux (?－1818)

路易十六通敵的行為激怒法國人民，1792 年 8 月 10 日，以丹東為首的科德利爾派發動長褲漢進攻杜伊勒里宮，逮捕路易十六和王后瑪麗，是為「第二次革命」。

■ 《羅伯斯庇爾被捕》（*The Arrest of Robespierre*）

作者：Jean-Joseph-François Tassaert (1765－1835)

法國共和曆共和 2 年熱月 9 日（1794 年 7 月 27 日），羅伯斯庇爾和其他革命激進分子在國民公會遭到熱月黨人的攻擊，在逃跑過程中被一名國民近衛兵打碎下顎並逮捕。隨後，國民公會未經司法程序即宣判死刑，第二天，羅伯斯庇爾與他的 21 名親信被處決。此次政變結束了法國大革命最激進的恐怖統治，史稱「熱月政變」。

■ 《奧蘭治親王登陸托貝港》（*The Prince of Orange Landing at Torbay*）

作者：William Miller (1796－1882)

1688 年，英國國王詹姆士二世置國內大多數人為新教徒的國情於不顧，企圖重新將天主教定為國教，引得眾叛親離，國會中人秘密邀請荷蘭執政親王威廉夫婦成為英王。11 月 5 日，威廉的艦隊在英國的 Torbay 港登陸，英軍紛紛倒戈，威廉輕而易舉地攻下了倫敦。這場不流血的政變史稱「光榮革命」。

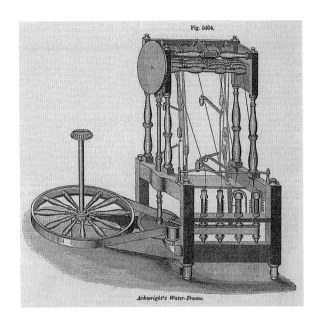

Fig. 5404.

Arkwright's Water-Frame.

■ 1769 年英國人阿克賴特發明了水紡機（Arkwright's Water-Frame），繼而又興建了用水力推動的織布廠，成為第一個採取「機器化規模生產」模式的企業家、現代工廠的始創人，推動了歐美的工業革命。

■ 《五月花號在普利茅斯港》（*Mayflower in Plymouth Harbor*）

作者：William Halsall (1841－1919)

1620 年 9 月 6 日，載着包括 35 名清教徒在內的 102 名乘客的「五月花號」木製帆船，從英格蘭的普利茅斯出發，經過 66 天航程抵達美洲麻薩諸塞普利茅斯殖民地。「五月花號」是歷史上最著名的一艘運載清教徒的移民船隻。

■ 1933 年 5 月 18 日，羅斯福總統簽署 TVA 法案，建立田納西河谷管理局，成為
新政的一部分，經營至今。

■ 胡士托音樂藝術節（Woodstock Music and Art Fair）

20 世紀 60 年代美國社會動盪不安，正值青年的戰後一代（Baby Boomers）反戰、
反傳統情緒高漲。 1969 年 8 月 15 日到 18 日在紐約州胡士托鎮一個牧場舉行了
一場盛大的搖滾音樂會，聚集了 40 萬人，成為「文化大反叛」的里程碑。

（圖片來源：Woodstock Whisperer，依據「CC BY-SA 4.0」許可證授權：
https://creativecommons.org/licenses/by-sa/4.0/deed.en）

■ 紐約市世貿中心遺址（2001 年 9 月 17 日）

■ 2008 年 9 月 15 日凌晨 1 點，美國第四大投資銀行雷曼兄弟公司（LEHMAN BROTHERS）陷入嚴重財務危機並宣佈申請破產保護，標誌着次貸危機演化為全面的金融危機。

THE FUTURE OF
WESTERN CIVILIZATION
西方文明的未來

Hok-Lin Leung
梁鶴年 著

 香港中和出版有限公司
www.hkopenpage.com

前　言

　　雷曼兄弟公司倒閉的那一天，我在北京。議論紛紛，大家都說這個金融危機非同小可，起碼要好幾年才見天日，有人甚至說大蕭條重來。我說：「金融市場，12 到 18 個月內要穩定下來。」大家都不相信。但事實是股票市場的確在一年半左右收復失地。我是怎樣看的？

　　當時我剛開始寫《西方文明的文化基因》，整理我生活在西方 30 多年的觀察和反思，從文化基因入手去演繹西方文明。我看見的不是資本主義的危機，而是資本主義，尤其是全球資本的生機。就好像一個兩三歲的小孩，一年裡總有一兩次發高燒，高燒過後，又長了一兩公分。2008 年的「危機」就是快速成長的全球資本發幾天高燒。道瓊斯指數在「危機」前徘徊在 12,000 點，「危機」最嚴重時跌破 10,000 點，現今，升越 20,000 點。上升的速度是史無前例的。

　　這是 2008 年的事，我從文化基因的角度，看見全球資本成長的邏輯，以此推斷金融「危機」的本質和動態，略有所得。那時，書還未寫成，我還在探索文化有沒有基因，甚麼樣的基因。

　　《西方文明的文化基因》2012 年完稿，2014 年出版，得到讀者們的共鳴和認可：文化基因的確可以解釋文明現象。假若文化基因和文明現象的關係不是隨意的，那麼文化基因就應該可以用來推斷文明現象的變化，也就是推斷文明的未來。

問題來了。凡是基因必須是絕對的、普遍的，但所有現象都是相對的、獨特的。那麼，絕對和普遍的文化基因怎樣帶出相對和獨特的文明現象，也就是：文化基因怎樣定義文明現象的本質，怎樣規範文明現象的變化。我稱之為「文化基因法」。

我希望這個文化基因法是科學的，也就是它的變量是可以追蹤的，結果是可以複製的。科學強調驗證，而且要不斷驗證。我用「法國大革命走上極端」作為理論開發的參照，用「英國工業革命成功過渡」去演試理論的推斷力，結果仍算滿意。下來就是用這個基因法去推演西方文明的未來。

如果說人類文明是個大故事，西方文明就是個小故事，但這個小故事是大故事裡頭的重要章節；英語文明又是西方文明裡頭的一個小故事，但這個小故事是西方文明裡的關鍵章節；美國文明更是英語文明裡頭的一個更小的故事，但這個更小的故事是英語文明裡頭的精彩章節。

在西方生活幾十年了，越來越覺得美國了不起、要不得。在那裡，有全世界最好的大學，也有全世界最差的「所謂大學」；在發達國家中，它有最優良的醫療設施，也有最多人缺乏起碼的醫療保障；打開電視機，你可以看到虔敬至極的宗教儀式，也可以看到無恥至極的淫穢電影。在這個國家裡，到處都是機會，但更多的是錯過了的機會。上天給它特別豐富的資源條件，它為世界做了哪些特別有價值的貢獻？

我想用「文化基因法」去了解這些觀察，思考這些問題。更主要的是去構想一下未來：美國的未來，西方的未來。這也是中國未來之所繫。

目　錄

第四篇　美國文明

第五篇　全球資本的過去和未來

代後記

附　錄

第一篇　說解故事
── 法國大革命

　　法國大革命的口號「自由、平等與博愛」是「恐怖統治」期間由羅伯斯庇爾叫響的。殺人如麻與高貴理想如何扯上關係？革命怎樣走上恐怖？先說故事，再講因由。

　　從路易十六登位的爛攤子到攻佔巴士底獄是第一次革命，為絕對君權敲喪鐘；跟着是差不多兩年的「蜜月」，由中上資產階層把持，行君主立憲；但激進的革命分子嚮往共和，於是再發動第二次革命，徹底消滅路易王朝。馬上，對共和的不同理解，加上性格分歧和個人恩怨，分裂了革命；兄弟鬩牆引發出不斷革命，使人心厭倦、麻木、恐懼；最後，強人現身，收拾殘局，以共和之名，行獨裁之實。

第一章　說故事：勝了

攻巴士底，圍凡爾賽，劫持路易，廢貴族特權，分教會財產。一場以中產階層意識指揮貧下階層暴力的革命成功了。

最親愛的父親，

我現在終於可以寫信給你了。今天，我到郵局寄出一封信，那（政府）用來開信的密室不見了，這三天的變化真大！星期天，整個巴黎都因為財相內克①被免職而驚愕。我曾試圖撩動群眾去武裝起來，可是沒有人響應。我混在人群中，他們看見我的激動；他們圍着我；他們要我站上桌子；瞬息間有 6 千人圍着我。

「巴黎公民，」我於是說，「你們知道全國要求內克留任，還要為他造個紀念碑；他被免職了！他們（政府）還有甚麼會比這更傲慢地蔑視你們的要求？今後，他們會甚麼都敢做，今晚，他們會商量，甚至準備對愛國志士進行另一場大屠殺。」

湧入腦裡的澎湃思潮使我窒息，我說着語無倫次的話。

「準備戰鬥！」我喊叫，「準備戰鬥！所有人帶上綠色的帽章，希望的顏色！」

我記得我最後是這樣說的：「臭警察就在這裡，哼，好吧，就讓他們瞧着我，留心地瞧着我。是的，是我叫兄弟們走向自由！」跟着，

我舉起一把手槍。是的，他們絕不可能活捉我，我知道怎樣去光榮犧牲。只有一個不幸的事能夠觸動我，就是看見法蘭西被奴役！

然後，我下來，他們擁抱我，他們的擁抱使我窒息。

有幾個人說：「朋友，我們做你的衛隊，我們不會離棄你，你想去哪我們就去哪。」

我說我不想做指揮，我只想做個祖國的戰士。我拿起一條絲帶，帶頭紮在帽上。燎原之火何其快地燃起！

兩天之後，巴士底獄被攻陷，法國大革命正式揭幕。點起這燎原之火的就是卡米爾·德穆蘭（Camille Desmoulins，1760－1794），他的一生與大革命分不開，他的經歷就是大革命的最佳寫照。他是新聞評論家，留下很多時事觀察和評論的記錄，再加上他與父親和妻子親密而細節的書信，成為研究大革命的人物和事件的上好素材。這裡我把他關鍵的材料節譯，讓大家可以感受到那大時代裡的一點人的氣味②。當然，德穆蘭的個人觀感，絕對不能概括時代，但他不僅是革命的見證人，更是革命的代言人，他的所見、所聞、所道絕對有切身處地的真實，絕對能使人感應到革命的脈動。

現讓我們從頭說起。當然，歷史哪有頭？但一般史家都是從路易十六去談大革命。

路易十五揮霍無度，七年戰爭（1756－1763）更是喪權辱國，1774 年去世時，法國面臨破產。路易十六拾到的是個爛攤子，連續兩年失收，糧價不斷上升。路易換新財相杜爾哥（Anne Robert Jacques Turgot，1727－1781）。杜爾哥開放農糧市場，但糧價不降反升，全國各地爆發「麵包暴動」，更有人在凡爾賽宮前示威。政府一方面打壓，一方面救濟。杜爾哥建議廢除貴族的各種免稅特權，觸動了貴族的既得利益，被免職。繼任的內克取消開放政策，暫時穩定了局面。這是 1776 年的事。內克的管制經濟控制了糧價，他有何妙計？靠借錢。這對他是一舉兩得——借錢就暫

時不用加稅，他又是財閥，國家要借錢他自然有油水。但他樹立了愛民的形象，在日後被路易免職時，引起民憤，引爆革命。

1776 年，美國宣佈獨立，法國暗裡資助。到了 1778 年，更派軍助美反英。美國獨立成功，路易報了當年祖父在七年戰爭時敗在英國手裡的仇。但戰爭花費龐大，國家負債更重。內克意圖改革法國稅制，但上至王室中人和金融巨子，下至地方貴族與地方稅吏都不滿，內克被迫引辭。國債、糧價都是燙手山芋，沒人想拿。拖了兩年多，路易才勉強委任了一個在自由市場和政府干預之間搞妥協的卡隆（Charles-Alexandre de Calonne，1734－1802）。此人想通過增加政府財政支出去「買回」債券，那就近乎荒謬了。

1786 年 8 月，國債到期，國家無力償還，唯一辦法是開新稅。這要先取得貴族和教會（主要是高級教士）的支持。路易叫卡隆去組織和召開「顯貴會議」（Assembly of Notables），為國王提供諮詢，無意間鋪下了革命的伏線。

貴族們哪會支持新稅，會議遂陷入膠着，路易想打破僵局，罷免了卡隆，委任高級教士德布里安（Étienne Charles de Loménie de Brienne，1727－1794）為首相，這是 1787 年 4 月的事。會議仍無法拿出結果，唯有草草了結。

就在國王與地方貴族僵持不下之際，王室內部來了個窩裡反 ── 路易放逐王統次室奧爾良親王（Duke of Orléans，1640－1701）。如果路易無後，此人就是王位的繼承人，他同時也是法國最富有的貴族。他反對王室，對王后瑪麗・安東妮尤其反感；他反對貴族特權，雖然他本人是最具特權的貴族；他鼓吹平等思想，日後他更把自己的名字改為「平等」。還有傳他想染指王位，他在巴黎的豪華住宮 Palais-Royal 更是激進革命分子的大本營。德穆蘭就是在這裡點起革命火種的。

1788 年 7 月初，德布里安開始考慮召開全國各階層參與的議事大會（Estates General，下稱大議會），去爭取稅改與政改的合法性。這可理解

為路易的「釜底抽薪」，稅改與政改的最大阻力來自貴族（尤其是把持地方議事會的地方貴族），顯貴會議中當然是以貴族為多，自然不會支持稅改、政改。大議會就不同了，裡頭有很多非貴族、非教士的資產階層，他們對貴族與教士的特權既反感又妒忌，自然會支持削減特權的改革。但以階層利益為動力的改革會帶來甚麼後果就很難預料，更難控制了。這也許是路易當初未想清楚的，但他也實在計窮。到了 8 月頭，國庫全空，國債又到期，法國實質破產。為安定債主（金融巨子們），德布里安就宣佈大議會將於翌年（1789）5 月 1 日召開。之後，他引咎辭職。路易再起用內克，並釋放因批評政府而被判罪的「政治犯」。

　　為籌備大議會，內克召開顯貴會議第二度會議去制定各階層的代表名額和選舉方式。按當時的政制，法國人口分為三個等級。第一等級是天主教會的教士（佔總人口的 0.5%，擁有全國 10% 的土地，擁有者多是教士中少數兼屬貴族身份的高級教士，如主教、方丈等）；第二等級是貴族（佔總人口的 1.5%，擁有全國 25% 的土地）；第三等級是平民（佔總人口的 98%，但實質是指資產階層，約佔總人口的 15%）[3]。三個等級代表的比例成為籌備期間的爭論焦點。如果每個等級整體一票，第一與第二等級聯手定然壓倒第三等級；如果按人頭來算，第三等級則會佔上風。但顯貴會議的 144 個代表裡頭，絕大部分是教士與貴族，當然堅拒考慮增加第三等級的勢力，一個多月的會議就在僵持下解散。在輿論壓力下，內克單方面宣佈第三等級代表人數增加一倍。這是內克在收買人心，作為他擺佈路易的政治本錢，但最終成為大革命爆發的導火索。

　　1789 年 5 月 5 日，大議會開會儀式在凡爾賽宮隆重舉行。但是，在開會前的幾天，巴黎就開始暴動，抗議工酬低、糧價高，軍隊鎮壓，死了二十多人。大議會就是在這樣的氣氛下議事的，馬上出事。大會規章是每等級整體一票，並規定不按代表人頭記票[4]。也就是說第三等級的代表人數雖然倍增但全無實質意義。於是第三等級的代表們憤然離場，單獨開會，自稱代表「全民」（the people）的國民會議[5]，並決定議會代表資格一

視同仁，也就是教士、貴族與第三等級代表同是一人一票。若干教士也放棄第一等級的身份，加入行列。6月20日，國民會議場地被關閉，這雖然不是路易的意思，但眾人仍歸咎於他。大家移到就近的一個室內網球場開會，並立下誓言，團結一致，不到憲法成立不會解散，史稱《網球場誓言》（The Tennis Court Oath）。此時，大部分教士代表都加入了，各地、各市也表態支持。

局面迅速惡化。6月23日，兩連警衛軍叛變，被解除武裝並收押入獄。翌日，那個窩裡反的奧爾良親王（1787年被路易放逐，此時已返回巴黎）率領47名貴族轉投第三等級。到27日，路易不得不承認國民會議的合法性，並下令第一與第二等級的其餘代表都轉過去。30日，大批群眾衝入監獄釋放前幾天被押獄的叛軍。翌日，路易召集軍隊，包括外籍雇傭兵。7月11日，5萬群眾搜掠教會寺院、貴族豪宅所藏的糧食、武器。同日，路易開除同情第三等級的內克。

第二天，奧爾良親王住宮的大院裡（他把大院對外開放，走廊有很多咖啡座，都是對政府有異見的激進分子議論國是的場所）聚了好幾千人，對路易開除內克表示氣憤，議論紛紛。群情洶湧之際，德穆蘭跳上桌子，呼喚群眾去「準備戰鬥」，引發出7月14日的巴士底獄事件，揭開大革命的序幕。

幾天後，德穆蘭的第一篇政治小冊《自由法國》（La France Libre）面世，把他的聲名從「革命啟動者」提升到「革命代言人」。這冊子非常暢銷（那時代，幾千本已算暢銷），對革命的方向有很大影響，有力且精煉的文筆把許多人不敢申訴的心聲公諸於世。的確，德穆蘭是革命的先導。

幾天前，他還是一個來自外省的落魄小律師，其貌不揚，加上口吃。沒有人留意他文筆的華彩，更沒有人給他渴求的名位，有的只是種略帶輕蔑的同情。但一瞬間，全國都知道他了，連拖延多時的出版商也趕快把《自由法國》發刊去賣錢。

《自由法國》極力鼓吹共和，更意圖把暴力合法化。導言引古羅馬哲

學政治家、共和鬥士西塞羅⑥（德穆蘭常引用聖經或古哲的名言）的一句「野獸跌落了陷阱，就讓牠吧！」文章一開頭就是，「恆久以來，法國的愛國志士就盼望自由。自由要保留到今天才來臨……，我多謝你，上天啊，讓我出生在這世紀末」。跟着是對教士和貴族的謾罵，稱他們為「國家的吸血鬼」。然後，筆鋒一轉，以利誘去煽動革命。「對我來說，我有足夠的勇氣為國家的自由而死。對某些人來說，這個理由或者不足夠。那麼還有一個非常有力的動機可以驅動他們……，勝利者會拿到前所未有的豐富戰利品。勇氣的獎賞將會是 4 萬座宮室、豪宅、城堡，五分之二的法國財富去供他們分配。」跟着，他用很長的篇幅去介紹這些戰利品。然後，又來一個戲劇性的轉調，「我只想用這些去嚇嚇貴族們，讓他們知道繼續抗拒理性、抗拒民意必然會帶來滅亡……，這些紳士們當然不會趕着去放棄他們的財富，而我們也絕沒有意圖去掠奪他們。」⑦

還有相當奇怪的一段：「千百的生存所需使他們（無產階層）退出政事……他們永遠不會支配國事……他們生存的條件阻止他們參政。僕人能跟主人一同去發表意見嗎？乞丐能跟施主一同去發表意見嗎？」這反映當時以資產階層（包括知識分子）的利益和觀點為導向的典型革命意識——「民主」仍是中上階層的專利。

當時的革命分子是反教會和反貴族。在宗教上，德穆蘭是介乎無神與泛神之間，這也是啟蒙時期知識分子的典型思路——承認有神但反對宗教。德穆蘭對貴族制度最不滿的是它阻擋了有志者的晉升之途。他把法國歷代君王（從 13 世紀開始）逐個批判得體無完膚，在當時絕對君權的法國這太過大膽和激進，難怪在巴士底獄事件之前出版商遲遲不敢出版。這裡也反映出德穆蘭的求名和攀附。他在這一章的論點，除了他加上的誇張成分，大都是來自當時國民會議的紅人馬拉波⑧。結尾一段，德穆蘭呼喚：「斯巴達戰士們，在戰場上就算剩下 Otriades⑨ 一個人，傷重，快死，以顫抖的手，高舉戰旗，用自己的血寫下『斯巴達戰勝了！』我覺得我也能夠喜悅地、為同樣的光榮去死。身受重創，我也會用我的血寫，『法國自由

了！』」德穆蘭的無畏使他揚名，但也招來日後的毀滅。

巴士底獄後的兩天，內克復職。路易的軍隊撤出巴黎，「大恐慌」（Great Fear）隨即開始。到處是農民反封建暴動，城市也叛亂。貴族們逃出巴黎（叫「出走者」[emigres]，此後，他們資助國內的反革命，又請諸國出兵救助法王室）。8 月 4 日晚，國民會議宣佈廢除封建，整個法國的政治與社會制度一夜解體。跟着發佈一連串的法令，叫「八月法令」（August Decrees）：人人交同等的稅，受同樣的法，可以被委任任何的官職；取消教會稅收，實行宗教自由；取消由地方貴族把持的地方議事會。8 月 24 日，頒佈由美國獨立戰爭英雄人物拉法耶特 ⑩ 起草、以美國獨立宣言為藍本的《人權與公民權利宣言》（Declaration of the Rights of Man and of the Citizen）⑪。

國民會議非但是立法機構，也是制定憲法的所在。國王對立法有否決權（但國王的否決權又可以被議會最終否決），對任命高級官員有決定權。憲法規定全國按略相等的人口和面積劃分 83 個省（departments），巴黎則劃分成 48 個行政區。這些首都與外省的劃分和巴黎市內各區的劃分將來會產生關鍵的政治意義，嚴重影響革命的軌跡。

國民會議從一開始就壁壘分明。「保王民主派」（Royalist Democrats，包括內克）想要的是英式君主立憲，他們坐在會場右邊。從此，凡有保守傾向的政黨就叫「右派」。「國民派」（National Party）代表中間及中間偏左。真正「左派」的差不多就只有羅伯斯庇爾 ⑫ 一人。

此時，德穆蘭匿名出版《巴黎街燈》（*Discours de la Lanterne aux Parisiens*），歌頌政治暴力。他再沒有顧忌了，自比是一根在格列夫廣場（La place de Grève，現今的巴黎市府廣場）街角的路燈柱子，四個多月來群眾在此吊死逾千政治犯。一開頭就是，「英勇的巴黎公民，我不知要怎樣感謝你們，你們使我在街燈中名垂千古……真的，我是街燈中的王后。巴黎公民，希望我的服務配得起你們的選擇和帶給我的榮譽」。德穆蘭的特點是他的「孩子氣」：任性、好勝，但又坦率、真誠。其實，這也

反映當時革命群眾的心態 ⑬。

在這段日子，他和馬拉波的交往 ⑭ 突飛猛進。早在 1789 年春，德穆蘭曾想在馬拉波的報紙謀職，兩人開始認識。馬拉波出了名的知人善任，早看中德穆蘭的才華對他、對法國有用。巴士底獄之後，德穆蘭聲名大噪，馬拉波開始請他到家做客。上流社會生活的豪華氣派使德穆蘭瞠目結舌、耳暈目眩。他在給父親的信中是這樣描述的，「過去 8 天我住在馬拉波在凡爾賽的家，他老是拉着我的手、拍我的肩⋯⋯我總覺得我們吃得太豐富、太精美，會腐化我。他的勃艮地酒和黑櫻桃酒的引誘我不能抵擋；我只覺得世界上沒有更大的困難比得上我要恢復我的共和樸素，把貴族們的佳餚美酒作為罪行去譴責。我為馬拉波撰寫法案動議書，他說這是參與國家大事的入門。」

整個 9 月陰霾滿佈。路易拒絕承認八月法令，又拒絕批准《人權與公民權利宣言》。終於，巴黎又暴動了，史稱「凡爾賽大遊行」（March on Versailles），其實就是「逼宮」。主角是巴黎的中下層婦女。事件發生在 10 月 5 日至 6 日，是這樣的——

10 月 5 日清晨，巴黎東區一個市集旁邊聚了一群婦女。她們抱怨物價，越講越惱火。那時不知哪裡來了一個年青女鼓手，敲起步操的鼓聲（事後，陰謀論者都說是奧爾良親王雇來的煽動分子），婦女們敵愾同仇地鬧起來。她們強逼附近一所教堂敲響召集的鐘聲，於是其他市集的婦女也跑來了，很多還帶了廚刀和其他臨時武器。跟着，好幾個區都響應，向市府進發，沿途越聚越多，有男有女，但仍是女人居多。到了市府門前，差不多有 5 萬人。那時，他們不單要求派麵包，還要拿軍械，並且開始組織，方向轉到凡爾賽。無可否認，爭取麵包是他們的眼前目的，但鏟除國王左右的反革命分子是個較深層次的目的，而最終目的則是把王室和國民會議遷駐巴黎，好使革命得以貫徹落實。

幾千國民警衛軍 ⑮ 聞風而至，不是鎮壓民眾，是加入行列。國家英雄拉法耶特是他們的指揮官，要他們退回軍營。他們非但不聽，更威脅叛

變。為控制局面，拉法耶特就帶着一萬多名警衛軍跟着群眾前往凡爾賽。那時下大雨，拉法耶特先派快馬去凡爾賽報信。

示威隊伍 6 個鐘頭後到達凡爾賽。他們有自製武器，更從市府拖來幾尊大炮。這遊行像旅行多於示威、熱鬧多於戰鬥。飢餓、渾身濕透的人群湧入國民會議的會場，疲倦地坐在席位上。大部分的會議代表們都不知所措，少數的幾個，包括年青且仍未露頭角的羅伯斯庇爾，從容而親切地鼓勵和支持這些婦女（羅伯斯庇爾為貧請命的聲名從這時開始），大大緩和了緊張的氣氛。

當然，示威群眾來凡爾賽是想見國王。路易接見了 6 個代表，他發揮魅力（他天生面目呆滯，實在是不容易有魅力的），表示非常同情他們，其中一個婦女代表竟然在他腳下暈倒（可能是餓暈？）。他安排分發食物，並答應開放糧倉。部分人認為目的已達，開始回程。但大部分人仍未滿意，更傳出代表們被路易騙了，因為他們認為王后安東妮會迫路易食言（法國人視來自奧地利的安東妮為外人，代表外國勢力）。那時，正規的衛隊都因太累和太沒有鬥志被撤回軍營，整個凡爾賽宮只有 61 名夜衛。路易知道身處險境，就向群眾宣佈無條件接納國民會議的全部政令。此刻，拉法耶特和部隊才開到，群眾中有很多人指他遲來是有意的。整個晚上，士兵們與群眾互通聲氣，大清早時軍民已是一心了。

大約 6 點鐘，有人發現有道小門無人守衛，就闖入了王宮，到處找王后的寢室。警衛趕到，混亂中開槍，射殺了一名示威者。憤怒的群眾湧入，殺了兩個警衛，把人頭舉在長矛上。王后赤腳逃跑，躲在國王寢室。王宮的衛隊與國民警衛軍對峙，拉法耶特趕來，好言相勸。軍隊紀律和軍人之間的互相尊重才使宮內局面暫時穩定下來。宮外仍是到處人群湧動。拉法耶特勸路易與群眾對話。兩人站出陽台，意外地，群眾高呼「國王萬歲！」。路易鬆了一口氣，宣佈願意返回巴黎，「返回愛我的忠誠子民處」。歡呼聲中拉法耶特戲劇性地把一枚革命帽章插在一個王宮衛士的帽上。

路易與家眷，和大約 500 多名國民會議代表，在 6 萬多群眾的簇擁之下，由國民警衛軍帶領，浩浩蕩蕩地走向巴黎。下午 1 時左右出發，走了 9 個小時。沿途興奮、熱鬧，像勝利遊行。這趟以婦女為主力的行動成為革命傳奇。路易當然知道敗局已成，到了位於巴黎的行宮杜伊勒里宮（Tuileries Palace），安頓好以後，隨從問他還有甚麼吩咐，他心酸地叫人從圖書室給他拿一本有關英國查理士一世被廢的史書。

以後的一年多，革命左派的勢力開始增強，以巴黎為中心，向全國擴散。國民會議中的保王代表們很多都不敢跟路易回巴黎，從此保王勢力消退。德穆蘭宣稱法國進入「黃金時代」。就在此時，他開始籌備出期刊，這也是當時流行的輿論渠道。德穆蘭的《法國革命》⑯ 週刊在 1789 年 11 月 28 日首次發行，非常成功，定購超出預期。他的敢言得罪很多人，他的譏諷同樣刺激很多人。幾個月前德穆蘭才因他而挺身號召革命的內克現今被德穆蘭貶為「日內瓦的偽君子」；他曾經力圖攀附的馬拉波在 11 月剛組成「巴黎革命之友會社」（Société des amis de la Révolution de Paris），德穆蘭則說他為馬拉波準備了號角，但也準備了鞭子。他聲稱他不屬任何派別，只屬法國。

此時的德穆蘭的確是名成，雖然未可說利就，但生活無憂。1789 年底、1790 年初的冬天，他搬房子，地址在巴黎最激進的革命區，是科德利爾會 ⑰（Cordeliers）的所在。這個比雅各賓派還要激進的科德利爾會由丹東領導 ⑱。德穆蘭的公寓住所剛好與丹東同一層，他倆本是同學關係，可能早就認識，現今是鄰居，自然交往多了。德穆蘭的政治旅程好像總是有個「導師」，先有馬拉波，後有丹東，最後還有羅伯斯庇爾，而這些導師們都有一種對德穆蘭的特別吸引力：像慈父的馬拉波、像雄獅的丹東、凜不可犯的羅伯斯庇爾。

德穆蘭於 1790 年 2 月加入科德利爾會。就在此時，他與馬拉波開始疏遠。馬拉波當然不滿德穆蘭在《法國革命》中對他的批評，責備了德穆蘭。臉皮薄的德穆蘭反應強烈（臉皮薄日後成為致命傷），老練的馬

拉波安撫他，在 5 月 20 日的信中寫，「怎麼，可憐的卡米爾⋯⋯你的腦袋恢復正常了吧？我們責備過你，但我們原諒你。」直到馬拉波在一年後去世，兩人的關係再沒有好轉，因為沒有比「可憐的卡米爾」、「好孩子」這類的話更令德穆蘭受不了。他討厭不被人尊重，但他的攀附性格和任性行為總是給人「不成熟」的感覺。他到處得罪人，多次被人在法庭起訴、在議會指控，甚至要羅伯斯庇爾出頭為他辯護，才得以解脫。法國大革命的主角人物，除了他之外，沒有一個被人以名稱呼的 —— 沒有人叫馬拉波做 Gabriel，或叫丹東做 Jacques。雖然有人叫羅伯斯庇爾做 Maximilien，但都在前面加上「聖」，或在後面加上「陛下」。被革命群眾視為聖人的、科德利爾派中最激烈的馬拉 [19] 對德穆蘭的評語是，「我親愛的卡米爾，儘管你聰明，你對政治完全是個新手。可能你本身的快樂性格使你對最嚴重的問題也不做認真的反思。你的判斷反覆：你好像沒有計劃也沒有目標。」在某種程度上，德穆蘭的性格反映了大革命的「性格」。

在名義上，法國是君主立憲，但王權在不斷削弱，政治會社林立，鼓吹共和，最具影響力的雅各賓會社 [20] 聚焦於肅整教會（天主教）和貴族。在他們的革命意識形態中，封建是罪惡，而封建中的教會（天主教）更是罪魁。從 1789 年底到 1790 年中，國民會議下達一連串的反天主教法令：充公教會財產，並轉賣以彌補國庫；以教會財產為儲備發行新貨幣「指券」（Assignats） [21]，去應付政府開支；公佈教士還俗法去鎮壓修道院；頒佈《教士民事法》（Civil Constitution of the Clergy），去強迫教士向國家宣誓效忠，稍後更升級為「未有宣誓的教士格殺勿論」 [22]。法國當時只有少數的新教（胡格諾派，Huguenots），但極其仇恨天主教（見《西方文明的文化基因》中有關法國在 16 世紀的宗教戰爭）；革命前啟蒙運動的要人，如伏爾泰（Voltaire，1694－1778），也是非常貶低宗教的。但奇妙的是，天主教會中卻有很多人同情甚至積極參與革命，有騎牆的西哀士，也有「憤怒者」的雅克·魯 [23]。

攻佔巴士底獄的週年紀念日，巴黎舉行了大慶典，由拉法耶特率領

眾軍，宣誓「向國家、向法律、向國王永遠效忠；服從由國民會議決定，經國王認同的命令」。全國各地也有類似的慶典。就在此刻，首次出現大規模的反革命活動。南部的 Jales 地區，25,000 名國民警衛軍（主要是周圍地區的民兵）參與革命紀念慶典。過程中有人要求立即釋放被革命政府收禁的教士，氣氛一度緊張。革命政府官員同意地方成立委員會跟進，群情總算平息。但事件明顯反映了地方貴族的保王勢力和地方百姓的保教會情緒。這是首次反革命聚會。在整個革命期間，很多法國人民，尤其是農民，依然保留強烈的宗教熱忱。為此，作為革命基地的巴黎與各地保守農村之間的張力有增無減。就算有革命傾向的農村地區也反感巴黎壟斷了革命果實。

　　1790 年中到 1791 年中比較安定。以有產階層為主的國民會議頒佈一連串的法案：廢除地方議事會，鏟除把持政事的地方貴族，把權力集中到巴黎；修改公民資格，分「積極公民」與「非積極公民」㉔，只容許有產階層持械；禁止工會組織，鞏固資產階級利益。這也是革命後政局比較安定的「蜜月」期。國民會議立法思路仍是君主立憲；主持大局的是馬拉波；鼓吹共和的仍屬少數。

　　德穆蘭就在這時娶妻。露西爾是個富家女，帶來豐厚的嫁妝，從此德穆蘭生活無憂（但妻子的錢卻成為他日後入罪的「罪證」）。露西爾是出名的美女，比德穆蘭小 10 歲，夫婦的感情也是令人豔羨的。當初父母不同意她「下嫁」一個落魄的窮律師，但德穆蘭成名之後，也改變了主意。極度反宗教的德穆蘭也不能免俗，在教堂結婚，還有幾個小插曲。婚禮定在 1790 年 12 月 29 日，但由於接近聖誕節，按教會規矩要申請寬免才能舉行，最後還是由德穆蘭當年就讀的修會學校的大神父出面才拿到。老師要為愛徒主持婚禮，就得徵求當地教堂的主理神父同意。這神父當然知道德穆蘭的反宗教立場，要他公開承認是教徒，才准許在教堂結婚，德穆蘭自然為難，但在神父的堅持下，他的回答是，「好吧，那麼，好，如果一定要這樣子，我就是個天主教徒。」神父還要考他教義，他勉強及格；要

他做懺悔（辦告解），他也做了；最後，還要他在下一期週刊中收回他有違教義的意見，他答應了，但不了了之。這種理論和行為上的不一致也是革命期間的典型。

婚禮那天，教堂內外擠滿了人，觀禮的都是巴黎的進步分子。教堂的主理神父看見證婚人名單，嚇得魂不附體，特別矚目的當然是羅伯斯庇爾和布里索[25]。婚後，兩口子在巴黎郊外妻家的小別墅過神仙般的生活。1791 年初，德穆蘭公開說他認為革命應算成功結束，他也準備封筆，重返律師生涯，「做個好丈夫」。但事與願違。

1791 年 4 月 2 日，炙手可熱的政壇紅人馬拉波突然去世。他身體肥胖，生活又不檢點，而且是個工作狂，但誰也沒想到他 42 歲就死掉。他支持路易，但提倡君主立憲，而且有野心做首相，這些大家都知道。雖然當時已經有人批評他革命熱忱不夠，甚至是王室走狗，但大家仍未知道他早在 1790 年 5 月就開始經王后安東妮與路易暗通消息，並為路易出謀獻計，與外國勢力圖謀復辟，而路易則發給他津貼並替他還債，數字不菲。這些要到日後路易受審才揭露出來。史家對他的評價分歧很大：有認為他如果不是早死，法國革命或會平安過渡；也有認為他是機會主義者、賣國賊。當然他的狡詐和好色更是街知巷聞。但去世之日，老百姓，尤其是巴黎的老百姓，對他的醜聞和腐敗好像全忘記了，只道他愛民，甚至視他為革命之父之一。他雖然保王，但同時是雅各賓會員，並於 1790 年 12 月當上主席。羅伯斯庇爾是他的對頭，但當時的雅各賓派人對他尊重有加，近乎崇拜，對他的離世甚為哀悼。出殯那天，萬人空巷，30 萬人參加喪禮遊行。巴黎市政府為他把聖女熱納維耶芙（St. Genevieve）教堂改為法國偉人的陵墓，也就是現在巴黎有名的「先賢祠」（Pantheon）：他是下葬的第一人[26]。

註

① 內克（Jacques Necker，1732—1804）多次被委任和免任，任期包括 1776 年 11 月到 1781 年 5 月；1788 年 8 月到 1789 年 7 月 11 日；1789 年 7 月 16 日到 1790 年 9 月。此人與法國國運關係極大，甚至可以說，路易失掉江山一半是他的責任。他是瑞士人、新教徒，憑貸款給法國（天主教）政府和糧食投機致富。他夫人鼓勵他從政。日內瓦政府委他為駐巴黎代表，他攻擊杜爾哥的自由經濟政策，終被路易委為財務總監（因為他是新教徒，不能拜相）。他建議法國政府以借貸去償還國債，當然，無論是向金融界借貸或是發行國債，內克個人都有油水。他又鼓勵法國參進美國獨立戰爭，負債更重。在 1781 年，他出版法國政府收支報告書，是法國人民首次知道國家財政詳情，引發參政的衝動。在報告書中，他「做假賬」，隱瞞借貸的利息，因此收支非但平衡，還有贏餘，使人覺得他理財有方。他以此收買人心，增加他的政治本錢。在 1787 年，他公開攻擊繼他任的卡隆，被逐出巴黎。那時，他的夫人的沙龍是很有名的，吸引了大批文人雅士對他大加吹捧。後來，內克被召回，路易委以召開大議會的重任。內克增加第三等級代表的席位，大受歡迎，但因不出席路易向大議會的致詞而被免職，就點起了攻佔巴士底獄的導火線。大革命後兩天復職，返回巴黎。路過的地方，人民夾道歡迎，視他為法國救星。他（尤其是他夫人）有政治野心，但沒有政治才幹，自以為單憑個人力量就足夠，拒絕與馬拉波和拉法耶特合作，終未能改善國家財政。1790 年 9 月辭職時已經完全失卻民望，退居日內瓦，鬱鬱而終。

② 材料主要來自《卡米爾·德穆蘭：一個傳記》（*Camille Desmoulins: A Biography*，Violet Methley，1914）。

③ 當時，高級教士西哀士（Emmanuel Joseph Sieyès，1748—1836）同情第三等級，寫了一篇日後成為革命「聖經」的小冊子，叫《甚麼是第三等級？》：第三等級是甚麼？是所有（everything）；第三等級在政治上擁有甚麼？一無所有（nothing）；第三等級想要甚麼？稍有（something）。西哀士自轉身份為第三等級，率先顛覆大議會的理論基礎（等級之別從此變得沒有政治意義）和實質基礎（其他第一、二等級的代表也跟隨他的榜樣轉投入第三等級，以致等級之別如同虛設）。參與起草《人權與公民權利宣言》和 1791 年的憲法（君主立憲），但後來又投路易死刑票。恐怖統治期間韜光養晦，平安度過。恐怖統治之後再起，擔任督政府的 5 人統治團之一。再後與拿破崙組 3 人執政團。拿破崙過後，王朝復辟，他被委入元老院。1816—1830 年流放國外（布魯賽爾）。

④ 當時的代表是第一等級 303 人，其中 51 人是主教，其他是普通教士；第二等級 291 人，其中約一半是高級貴族；第三等級 610 人，其中半數是律師和地方紳士，三分之一是工商界，51 名富有地主。

⑤ 國民會議（National Assembly）從 1789 年 6 月 17 日到 1791 年 9 月 30 日間舉行。1789 年 7 月 9 日之後改稱「國民組成會議」（National Constituent Assembly），本書內通稱「國民會議」。

⑥ 西塞羅（Marcus Tullius Cicero，公元前 106—前 43），古羅馬政治家、哲學家、克制派，終生致力建設和保衛羅馬共和。他反對公元前 60 年愷撒和龐培等組合的三人執政團，認為有

違共和。公元前 49 年，三人執政團崩潰，愷撒帶兵進入羅馬城，開啟與龐培的內戰，西塞羅屬意龐培但也沒有跟愷撒決裂。公元前 45 年，愷撒被刺殺，他認為是恢復共和的好機會。在隨後的動亂中，他反對安東尼，支持布魯圖斯，推崇屋大維。後來，屋大維與安東尼等再建三人統治團。安東尼追殺在此之前反對過他的敵人，包括西塞羅，終在公元前 43 年把他殺害，並暴屍於市集。在西方，西塞羅的評價很高，從中古教會到美國獨立，他被視為「聖人」、「智者」。

⑦ 有人把這段話跟莎士比亞《愷撒大帝》中安東尼對愷撒的悼詞對比：佯裝安撫群眾的憤怒去撩動他們最劣的慾望。

⑧ 馬拉波（Honoré Gabriel Riqueti，comte de Mirabeau，1749－1791）是革命初期的關鍵人物，屬保王民主派。史學家對馬拉波的評價很分歧：革命英雄，甚至是革命的救星；下流的煽動家；賣國賊。他的個人生活糜爛，但死時幾十萬群眾夾道送喪，革命中人特意把巴黎一所大教堂改為偉人之墓（現今的先賢祠），為他下葬。但是，兩年光景，「罪行」揭發，遺體搬家。

⑨ 公元前 540 年到前 535 年間，斯巴達與阿爾戈斯人（Argive）開戰，雙方同意互派 300 軍，戰至最後一人定勝負。混戰之後，斯巴達剩下一人，阿爾戈斯人則仍有兩人。他們認為勝算已定，就跑回大軍中去報喜。但斯巴達人 Otriades 遵軍令留守戰場，應是勝方。當然，阿爾戈斯人怎會服輸。最後還是兩大軍交戰，結果還是斯巴達打贏。

⑩ 拉法耶特（Gilbert du Motier，Marquis de Lafayette，1757－1834），高級貴族，年輕時參與美國獨立戰爭，美國人視他為大英雄。持啟蒙思想，但走中間路線，結果是保王分子視他為革命派，革命分子視他為保王派。在革命初期仍很受尊重，但後期就被打成保王分子。這些都會在後面交待。

⑪ 宣言的草案是 1789 年 7 月 11 日，巴士底獄事件前幾天，由拉法耶特呈交國民會議。起草過程曾諮詢美國的傑佛遜。那時他尚未擔任美國總統，是美國駐法專員。

⑫ 他被視為法國大革命中極左派一員，「恐怖統治」的代表。

⑬ 德穆蘭在 9 月底，也就是《巴黎街燈》賣得火熱之時，給父親的信是這樣寫的，「《街燈》的價值絕不能跟另一本相比（他指《自由法國》）。如果當時我把我的名字放上去，大眾對我的評價一定降低（寫這信的時候，德穆蘭已公開他是作者）。但是，我又聽到很多好的評語。除非我的出版商瞞騙我說他沒有聽到任何人說我的壞話。」兩天後，他再寫，「我的《巴黎街燈》賣得很好，這一版差不多賣光了。在這段日子，它是唯一能夠賣得出的冊子。但人們好像對政治冊子這些東西厭倦了，我不知應不應該叫出版商重印。」可見，德穆蘭對血腥的《巴黎街燈》是有點矛盾的。

德穆蘭像個孩子，很看重父親對他的看法。他父親對他在巴黎的風頭好像有點不以為然，德穆蘭着急了，9 月 20 日，寫給父親一封長信。

「對你的責備，最好的回答是寄給你我的三本著作。我打了一個大包，你在裡面會找到四冊《自由法國》和《巴黎街燈》，以及多本受到數不清的人讚美、到處有人捧場的小冊子。另外，隨信附上幾期《巴黎紀事報》，好使你可以把那些我絕對收買不起的作家們對我的著作的評價跟家鄉的鄉紳們的謾罵和你說的公眾義憤比對一下。

「……我這樣做只是為使你不以我為羞，不是想你在人前宣傳，使他們妒忌；我知道沒有人可以在他的家鄉做先知（這話來自聖經，指耶穌不被他家鄉人尊重），對光明感到刺眼的人，打開他們的眼睛是枉然。

「如果有人說我壞話，你的安慰是記着馬拉波、羅伯斯庇爾和兩百多個國民會議代表對我的好評……記着首都裡大部分人把我看作革命的發起人之一，很多人甚至說我是唯一的發起人……但是，最奉承我的是我自己的良心，使我心內知道我做的是對的。我為國家的自由作了貢獻，我為自己打出了名堂……再沒有比 7 月 12 日更快樂的時刻，不是 10 萬人的鼓掌，是他們的擁抱和眼淚給我的窒息感。或者在那一刻，我把巴黎從災難中拯救出來，把國家從最可怕的奴役中拯救出來……不，說我壞話的人欺騙了你，他們也在自欺，在他們的心底裡他們都希望有個像我一樣的兒子。」

⑭ 德穆蘭或許會當是友情，但世故和善謀略的馬拉波肯定不這樣想，這也是兩人日後誤會和吵架的原因。

⑮ 國民警衛軍是在 1789 年 7 月 13 日，也就是巴士底獄事件之前的一天，由巴黎中產階級組成，共 5 萬人，委拉法耶特為司令。

⑯ 《法國革命》（*Révolutions de France et de Brabant*）實應叫《法國與布拉邦的革命》。布拉邦（Brabant）是現今比利時，當年的荷蘭南部，屬奧地利哈布斯堡王朝。當時也像法國一樣發生了一場革命，在 1789 年 10 月成功獨立。這週刊的第一期在 11 月 28 日發行，到 1791 年 7 月中共出了 86 期，每星期六出版，內容分三部分：法國，布拉邦和其他革命國家，副刊。

⑰ 德穆蘭稱之為「自由不被損害的唯一安全區」。因位於巴黎的科德利爾區，以此為名。這是路易籌備開大議會把巴黎分為 60 個代表選舉區的其中之一。革命之後，馬上宣佈抗拒巴黎市政府任何有損區內居民利益的行動。因預知國民會議會改組巴黎行政區，會取消科德利爾區（1790 年 5 月把 60 個區改為 48 個區），就先改名為「人權與公民權利之友」會社（1970 年 4 月）。它的特點是會費極低，比雅各賓會還要低，因此差不多誰都可以加入，標榜為基層民眾組織。「自由、平等、友愛」是他們的口號。有人這樣形容：「男男女女月 300 人充塞會場，衣衫襤褸像叫化。牆上貼了《人權與公民權利宣言》，上面兩把交叉着的匕首。兩旁放置布魯圖斯（Marcus Junius Brutus，刺殺愷撒的組織和參與者）和威廉‧退爾（William Tell，瑞士立國初期刺殺酷吏的英雄）的半身像，好像在保衛宣言。在講壇後面放了馬拉波和愛爾維修（Claude Adrien Helvetius，1715–1771，無神論哲學家、教育家）的半身像，盧梭的半身像放在中間。」說是平民會社，但會員絕大多數是小資產階層，領導層則是中產階層知識分子。

⑱ 丹東是革命的主角之一。當初力主暴力，後轉寬仁。

⑲ 馬拉（Jean-Paul Marat，1743–1793）矮小、畸形、醜陋，但一生多姿多彩。祖籍沙丁尼亞島，新教徒（先是法國胡格諾派，後轉瑞士卡爾文派），書香世代，到巴黎學醫。1765 年移居英國，與文學界、科學界來往，有點名聲。1776 年返法，做路易十六幼弟衛隊的醫生，收入豐裕。開始一連串的科學研究，尤其是有關火、熱、光、電，與法國科學界多次爭論。革命前夕才開始發表政見。1789 年 1 月出版《對國家的貢獻》（跟西哀士的《甚麼是第三等級？》的觀點類似）。1789 年 12 月開始出版《人民之友》（*L'Ami du Peuple*）報刊。1790

年 1 月加入科德利爾會。因攻擊內克，被迫逃亡倫敦，到 5 月才返回法國。他當時攻擊的對象是保守派。1790 年到 1792 年間多次被通緝，有時住在巴黎的污水溝，使他的皮膚病加劇。1792 年 8 月第二次革命之後，他的矛頭指向吉倫特派，認定他們是假共和，是真共和的敵人。吉倫特派以國民公會的名義在 1792 年 4 月先捉了他，但又因民情洶湧放了他。1792 年 6 月，吉倫特派被山嶽派幹掉後，馬拉的作用下降，開始被邊沿化。丹東和羅伯斯庇爾與他的性格合不來，就疏遠他。他健康日劣，在家寫信和文章，影響力日下。7 月 13 日，單獨接見吉倫特派同情分子夏洛特‧科黛（Charlotte Corday），因為她說有吉倫特派在逃者的秘密名單要交他。那時，他還整天泡在浴盆裡，去減輕皮膚病的痛楚。科黛就在無人監視下以 5 英寸短刀直插他的心臟，立即喪命。科黛當場被捕，十天後上斷頭台。受審時，她說：「我殺一個人去救 10 萬個人」。國民公會全部代表參加葬禮，薩德致訃詞：「像耶穌，馬拉盡心地愛人民，只愛人民；像耶穌，馬拉憎恨君王、貴族、教士、叛徒；又像耶穌，他從未有停止過打擊這些人民的瘟疫。馬拉成為聖人。他的半身像取代了巴黎教堂裡的十字架。」熱月政變後，崇拜馬拉的熱度消退。日後的蘇聯倒還用上馬拉去命名街道、廣場、戰艦。

⑳ 雅各賓（Jacobins）有個相當複雜的演變過程。最初是來自法國西部布列塔尼（Brittany）地區參加大議會的代表們的會所（很諷刺的是，這地區日後反雅各賓派的恐怖統治最激烈）。當初的會員包括馬拉波、西哀士、羅伯斯庇爾。凡爾賽逼宮之後，路易與國民會議代表們移往巴黎，該會就選國民會議會場旁邊的雅各賓修道院為會所，因此得名。同時，會員資格從議會代表擴大到任何公民。會員人數激增，成為鼓吹共和、反王、反教會的聚集地。最興旺時，全國有 7,000 多個分會，超過 50 萬會員。權力集中的組織使它能夠發揮極大的政治影響力。但會員絕大部分是專業人士和富有資產階層。1791 年 6 月，路易逃亡失敗之後，會中殘存的保王分子集體退出；左派也開始分為溫和與激進，但都以共和為共識。1792 年 8 月第二次革命，法國成立共和。之後，溫和共和與激進共和分裂，最後弄出恐怖統治。

㉑ 當初是種「債券」（bonds）的形式，但 1790 年 4 月流資短缺就當貨幣使用。由於原先是債券，面額很大，使用很不方便，要換小面額就要打折扣，高達 20%。外國政府也大量印製假券，致使不斷貶值。

㉒ 但最終宣誓的只有四分之一，其他都被百姓「包庇」了。

㉓ 雅克‧魯（Jacques Roux，1752–1794）是天主教神父，「憤怒者」（Enrages）的領導人。其實，「憤怒者」是個非常鬆散的組織，他們認為革命的果實已被富人和奸商從窮人手中掠奪，他們鼓吹以暴力去對付這些反革命分子，使他們「認識到推翻巴士底獄的長矛」。為此，低下階層的民眾，特別是「長褲漢」對他們是非常擁護的。1793 年，雅克‧魯在國民公會宣讀《憤怒者宣言》，威脅革命政府。羅伯斯庇爾決定清除他們。先是控告雅克‧魯是外國間諜；他的朋友馬拉反過來攻擊他，說他是假神父，以宗教斂財。諷刺得很，雅克‧魯本是以經濟平等、救貧救苦為號召，但他的敵人找了一個寡婦，說他吞了她的救濟金，他堅決否認。到 1793 年秋，他被逮下獄，兩度自殺，終死於 1794 年 2 月 10 日。之後埃貝爾繼續以他的政見去爭取「長褲漢」的支持。到埃貝爾派被羅伯斯庇爾消滅之後，這套思想則由巴貝夫（Gracchus Babeuf）的「平權派」（Conspiracy of the Equals）繼續。

㉔ 有產階層屬「積極公民」（active citizen），無產階層屬「非積極公民」（passive citizen），根據是有產者更有能力、經驗和理由參政。

㉕ 布里索（Jacques Pierre Brissot，1754−1793）日後就死於德穆蘭的筆下，而德穆蘭也因此事悔恨終生，後面有詳細講述。

㉖ 1794 年馬拉波的罪行被揭發，遺體被遷出，改葬新的革命偉人馬拉，而馬拉的遺體又因政局改變於 1795 年 2 月被遷出。

第二章　說故事：幹掉路易　從勝利到鬥爭

　　　　路易復辟不遂，歐洲諸王干預，保守力量抬頭，革命面臨危機。
革命分子敵愾同仇，攻杜伊勒里宮，俘虜路易，血洗巴黎。以貧下階
層為骨幹的長褲漢暴力開始支配革命方向。

　　馬拉波一死，政治出現真空。路易也知保王勢力主要在巴黎以外的地
方。要恢復王權，就得要逃出巴黎，就要到保王勢力的據點，組織分佈在
各地方的保王力量，爭取人民的支持（尤其是保教會的農民），然後奪回
巴黎。他在 1791 年 5 月就開始籌劃潛逃，由王后出計，背後還有瑞典王
資助，準備 6 月 20 日起行。按計劃是國王、王后與眾人扮成平民，夜裡
從沒人守衛的小門出走，坐小車，繞小路，用偽造的通行證出城；城外面
會準備一隊騎兵等着，護送到 250 公里外法國東北部一座由保王軍控制的
城堡。預計是一整天急行軍的路程，沿途換馬 20 趟。但人算不如天算，
那晚上，拉法耶特覲見國王，遲遲不退。王后先出宮，又迷了路，找了多
時才找到預先安排的小車。到了城門又碰上一場婚禮的遊行，共延誤了一
個半小時。途中，路易的馬車翻倒了，並摔壞了車套，又拖延了一個多小
時。那時雖已天亮，但也走了一半路，看來逃出來了。就在這時，巴黎那
邊發現路易跑了，馬上派出一隊國民警衛軍去追。巴黎民情洶湧，有認為
是反革命反撲和外敵入侵的證據，有認為是拉法耶特幫路易出走。離目

的地 80 公里左右，路易被人認出（據說是從錢幣上的肖像認出他的）。當地的革命政府得知，就快馬傳消息，在下一站截住。這是 21 日晚上 11 點，距離目的地只有 50 公里。第二天早上 7 點，正要押解路易返回巴黎時，大隊保王軍開到，並準備營救，但又恐怕傷了路易，遂退。

路易被帶返巴黎，其實就是被捕。如何處置這個陽奉陰違的路易，引發出國民會議中激進派和溫和派的大分裂。國外來的消息更是火上澆油。7 月 5 日，神聖羅馬帝國的里奧波特二世（Leopold II，在位期 1790－1792），也就是王后安東妮的哥哥，號召全歐王族援助路易。革命政府做出反應，就在 7 月 14 日國慶日的第二天，國民會議宣佈國王不容侵犯，名是效忠，實是示意外國不容干預法國內政。當時國民會議的代表們大多數都是傾向英式的君主立憲。

國民會議中反對君主立憲的革命分子（也可稱是左派）也開始分裂為三派。吉倫特派（Girondins）屬溫和：反對王權，但也不大信任民主，並主張自由經濟，支持者是上流社會的富人、紳士、專業人士（尤其是律師），勢力分佈巴黎和外地。雅各賓派（Jacobins）屬激進[1]：主張共和政制、集中政權、管制經濟，支持者是中上有產階層，主力在巴黎。科德利爾派（Cordeliers）屬尖銳：鼓吹直接民主和政治暴力，支持者是有產階層和勞動階層，包括長褲漢[2]，主力在巴黎若干貧困區。

有關路易的處置，德穆蘭又是走在前面 —— 18 個月的前面。在1791 年 6 月份出版的《法國革命》中他的論點是：「這個叫『國王動物』（King-animal）的東西，是人類中可有可無的，但天真的人類既然已經把他當作政治體制中一個不可缺的部分，那麼就一定要他遵守社會的法律：這法律宣佈，任何人拿起武器攻擊國家就得處死。他也要遵守人類的法律，這法律宣佈，我有天賦的權去殺死攻擊我的敵人。我們這個國王把槍對準了國家，是的，他打不中，但現在是輪到國家去打他了。」德穆蘭非但攻擊路易的政治，更攻擊他的人身：肥胖、貪吃、呆滯[3]。他的攻擊也包括國民會議中的「不忠」分子，甚至拉法耶特統領的國民警衛軍。「在

現有編制下的國民警衛軍是人民胸口的累贅 —— 我們可以從他們『國王藍』（Bleu roi）的制服顏色看出他們的心向哪方 —— 直到他們用人民的毛小帽去取代他們的軍帽，否則情況不會改善。」

　　路易剛被解回巴黎後沒兩天，3 萬群眾聚集市中心示威，要求國民會議在未徵詢各省意見之前對路易命運不做出決定。7 月 9 日，科德利爾派先採主動，向國民會議呈請願書，到 12 日，更呼籲民眾起義。由於革命兩週年紀念日馬上來臨，群眾情緒高漲。17 日，也就是國民會議議決向國王效忠之後的兩天，吉倫特派首領布里索想在處理路易一事上先奪頭籌，起草廢王請願書，並發動 5 萬多人結集戰神廣場（Champ de Mars）簽署請願書。眾群結集之際，發現兩個鬼鬼祟祟的人躲在廣場，憤怒的人群把他們抓住，當場吊死。巴黎市長（他雖然反對王權，但又怕局面失控）命令拉法耶特帶領國民警衛軍清場，群眾散去。到了下午，科德利爾派首領丹東和德穆蘭要展示他們的實力了，發動更大人群重返戰神廣場，群情比早上的更激動，請願書比早上的更激進。原先，雅各賓派是支持這請願書的，但在羅伯斯庇爾力阻下，撤銷與科德利爾派聯盟。拉法耶特想驅散人群，群眾擲石頭襲擊軍隊，軍隊開槍示警無效，就向群眾開火，死傷的實數不清楚，估計十數人到數十人，大部分來自巴黎貧困區。這事件叫「戰神廣場大屠殺」（法國大革命就有多次類似的大屠殺）。共和運動被鎮壓，200 多人被捕，政治會社被逼停止活動，激進刊物被迫停刊，包括德穆蘭的《法國革命》④。但拉法耶特的民望就此一落千丈，對政局的影響也邊緣化了。奇怪的是，在以後的好幾個月，溫和勢力卻抬頭，不少還有保王傾向。

　　戰神廣場大屠殺幾天之後，奧、普兩王聯合發表皮爾尼茨宣言（Declaration of Pillnitz），恐嚇如果路易出事，定會攻法。路易一方面與奧、普暗通消息，去拉攏支持，一方面又承認國民會議的憲法，去收買民心。這憲法剛好是在攻佔巴士底獄之日開始起草，多次修改，但仍是君主立憲的路線，雖然對君主權力的規範隨着政局的改變，時寬時緊。到了路

易承認時，憲法仍容許國王保留若干實權，包括否決議會通過的法案和任命軍政官員。雖然激進派很不滿意，但國民會議總算達成《網球場誓言》的承諾。目的既達，就隨之解散，並按憲法成立立法大會（Legislative Assembly）。

新成立的立法大會在 1791 年 10 月 1 日正式開會。那時的派別是這樣的。右派的保王分子有 165 人；左派有 330 人，包括吉倫特派（自由共和分子）和雅各賓派（激進革命分子，裡頭有更激進的科德利爾派）；中間有約 250 名無黨派人士。

此刻，外敵當前，助長左派勢力。他們在立法大會的代表很多是年輕的、缺乏經驗 ⑤ 的激進分子。首先通過的法令是要所有貴族「出走者」回國，不然判死刑；所有未宣誓效忠國家的教士格殺勿論。宗教虔誠的路易斷然否決。

1792 年年頭開始，國內缺糧，暴動頻頻，國外敵人陳兵境上。當時立法大會有主立即開戰和主暫時不戰兩派，各有各的打算。主立即開戰的多屬吉倫特派，也是立法大會的多數。他們要把革命思想發揚光大，視歐洲封建國家的人民為兄弟（這也是革命口號「博愛」的詞義）；但當然也想藉對外戰事去緩和國內的不滿。路易也想通過對外戰爭去提高他在人民眼中的聲望。他的計算是即使戰敗，對他個人也有好處，因為革命的力量會被削弱。保王分子則認為對外戰爭勝算不高，但會促使革命走上更極端，從而使人民對革命反感。主暫時不戰的多屬雅各賓派，他們有兩個顧慮：擔心對外戰爭會增加王室和軍隊的勢力，又同時削弱革命的勢頭；擔心戰爭會使其他國家的人民對法國革命反感。擾攘幾個月，到了 4 月 20 日，以吉倫特派及其支持者佔多數的立法大會向奧地利宣戰，於 4 月 28 日進入奧屬尼德蘭（現今比利時），但士氣一點也不高，動員也很慢。大部分軍官仍屬貴族階層，出走了不少，更有整批向敵人投降的。軍中的保王情緒普遍，包括督軍的拉法耶特。

吉倫特派的首領布里索與德穆蘭是好友，還是德穆蘭的證婚人之一，

但他與德穆蘭的筆戰成為他日後 ── 也是吉倫特派日後 ── 敗下來的主要因素。事情是這樣的。布里索也是個有名的時事評論家和作家,有自己的期刊叫《法國愛國者》(Le Patriote Français),曾好幾次在刊物中責備德穆蘭過於鼓吹暴力,但最錯的是他叫德穆蘭作「年輕人」,大大傷害了德穆蘭的自尊。當初,戰神廣場大屠殺之後,德穆蘭的期刊被禁,重操律師故業。早在 1791 年頭,他曾為一個賭場女老闆辯護,失敗,被告被判 6 個月監禁。他認為過重,立即印製抗議海報,到處張貼。詞鋒是典型的德穆蘭,半諷刺、半認真。布里索為人嚴肅,幾近迂腐,對德穆蘭的語調很不滿,就在期刊中批評德穆蘭對聚賭的態度,結尾把話說重了,「這個人自稱為愛國者,因為他以為這樣子就可以無忌地去侮辱愛國。」

德穆蘭覺得被辱,毫不考慮就發表一本極度詆謗的小冊子《揭開布里索的面具》(1792 年 3 月),去攻擊布里索的人格和政策,日後被布里索的敵人利用來置他於死地。小冊子把以樸素和嚴謹著稱的布里索描寫為偽君子、革命敗類,潛伏在革命中去誤導革命方向,甚至連他的髮型也批評了。更要命的是德穆蘭利用一個謠言去徹底破壞布里索的聲譽。布里索的敵人曾經傳他以新書預購去騙錢,左派分子索性把布里索的姓醜化為詐騙的代名詞 brissoter。德穆蘭寫道:「我警告你,你休想 brissoter(誹謗)我的聲譽;把你的面具撕下來的將會是我。」在小冊子的版頭上,他還假風趣、真狠辣地用上一句聖經的話去影射布里索:「我成為了笑柄」(聖詠 69)。有史家認為《揭開布里索的面具》是大革命中最具影響力的政治小冊子,更為日後恐怖統治期間的政治鬥爭立下樣板:攻擊對方的政治與人身,質疑對方的人格與道德,並把對方形容為革命的臥底敵人。

這冊子發表之後一個多月,德穆蘭再出版新期刊《愛國者論壇》(La Tribune des Patriotes)。只有四期,但很反映 1792 年頭幾個月的政局:表面安定,內藏殺機。4 月 30 日的第一期是這樣寫的:

如果我去雅各賓會開會,如果我把那些口邊經常掛着「共和」的

共和人士拉到一旁，例如布里索……，又如果我問他有關拉法耶特，他會在我身邊說：「我向你保證，拉法耶特比西德尼⑥更共和，比華盛頓更共和；他會一百遍地向我保證。」然後，他會拉着我的手：「兄弟你，卡米爾‧德穆蘭，在《自由法國》不就是頭一個倡議共和嗎？為甚麼今天到拉法耶特堅持共和、完全共和、非共和不可，你又一定要抹黑他、詆毀他？」……真正的雅各賓人不要共和之名，要共和之實，因為他們沒有忘記英國在 1649 年的革命之後，名義上是共和，實際是君主，或者應該說是一個由克倫威爾⑦統治下的軍事專制；而法國在 1789 年革命之後，雖然叫共和國，也有一個共和政府……天可憐，我們有一個拉法耶特共和！克倫威爾口中不斷掛上共和兩個字，但騙不了了。

對「假共和」的看法，德穆蘭與羅伯斯庇爾是一致的，有人甚至說德穆蘭是羅伯斯庇爾的輿論代言人。

在這段時期，德穆蘭曾有意拉攏極端激烈的馬拉合作。馬拉的《人民之友》（*L'Ami du peuple*）有很濃的血腥味，而德穆蘭的敢言則只是理性上而非本能的。德穆蘭曾嘲笑馬拉是「愛國刊物中失落的孩子」，因為馬拉曾說革命成功，要 500–600 個人頭落地。德穆蘭這樣寫：「你知道我早已經從『街燈檢察官』的職位退下來了（他指他在革命初期寫的《巴黎街燈》，見上）。我認為這個偉大的職位，就像獨裁者的職位，只應幹一天，甚至只應幹一個小時……聽着，馬拉，你喜歡怎麼罵我就隨便罵吧。我批准你，因為你是在地牢裡寫東西⑧，那裡的空氣令你有怪思想。但我向你聲明，只要我認為你的狂言是為了保護革命，我會讚揚你，因為我認為我應該保護革命……不管你是人還是狗。」兩人在政見和性格上都有衝突，當然很難合夥，但馬拉給德穆蘭的回應也確實令人難堪：「鷹永遠獨飛，只有火雞才會一窩窩！」這些是法國革命中經常見到的：人人講革命，但講的是不同的革命；就算是講同樣的革命，性格的衝突也會導

致不可解（不可解釋和不可解決）的仇怨。

對外戰事進行得很不理想。很多人開始埋怨主戰的吉倫特派。路易趁勢開除軍中吉倫特派分子，並委任支持君主立憲的官員。吉倫特派知道危險，就想利用巴黎各區的革命情緒向路易「逼宮」。1792 年 6 月 20 日是網球場誓言的兩週年紀念，8 萬群眾在同情他們的軍警陪同下，到立法大會會場請願，措辭很具威脅性。跟着遊行到路易的行宮，路易好言接見，群眾要求他撤回他此前對立法大會通過的法案的否決（有關嚴厲處分「出走者」和「未有宣誓教士」的法令）。路易的回應是「現在不是時候，你們的做法也不合適」。但是為了討好群眾，他把一頂群眾送給他的小紅帽帶上，以示謙虛，也嘗了一個半醉的女示威者給他的酒，大家鼓掌，氣氛緩和下來。那時，立法大會的代表和衛隊也趕到，力勸群眾散去。這場遊行請願也就無功而退。路易的受辱嚴重刺激歐洲各國統治者，決議要替路易解困，國內若干地區的保王情緒也因而高漲起來。德穆蘭當然沒有直接參與吉倫特派的逼宮，他對此事件的看法反映了極左派接受了當時的政治現實，暫時按兵不動。

6 月 28 日，拉法耶特從前線返回巴黎，在立法大會上激昂陳詞，譴責雅各賓派和其他激進分子意圖組織武裝暴動（這是針對 6 月 20 日的「逼宮」，其實是由吉倫特派促成的）。羅伯斯庇爾反告他擅離職守，街上群眾燒他的模擬像。到此，主立即開戰與主暫時不戰兩派、激進與溫和兩派決裂。其時也，國內外局勢也急轉直下。

1792 年 7 月 5 日，立法大會宣佈「祖國危難」，調拉法耶特督軍抗敵。各地義勇軍（Fédéré）湧往前線（法國國歌《馬賽曲》就是馬賽義勇軍的戰歌）。25 日，普魯士的布倫瑞克公爵（Duke of Brunswick-Lüneburg，1735－1806）發表宣言，聲言如果法國王室有損分毫，必嚴懲法國人。8 月 1 日，宣言傳到巴黎，全城譁然，被解讀為路易通敵的證據。

1792 年 8 月 10 日，巴黎群眾進攻路易的行宮──杜伊勒里宮。這是大革命的轉折點，為王權敲起喪鐘。事件完全是有預謀的，但結局則有

點出人意料。

早在 7 月 3 日，也就是立法大會宣佈「祖國危難」前兩天，吉倫特派代表在立法大會上指責路易是一切亂事和戰事的因由，實質上已放棄了履行國王的職務，理應被廢。立法大會通過邀請各省的義勇軍在開往前線途中進京慶祝國慶，用意是再來一次逼宮。果如所料，這些義勇軍紛紛請願，要廢國王。國慶之後，還有很多不願開走。7 月 15 日，他們秘密成立中央委員會去與巴黎市內各區的革命分子互通消息，天天開會，協調起義。當初是準備在 26 日起事，後又改到 30 日。到 27 日，巴黎市長讓他們在市府設通訊處。其實巴黎 48 個區不全是要廢路易的，但在各區的會議中，雅各賓派與同路的長褲漢跟溫和派不斷衝突，漸佔上風。8 月 1 日，傳來《布倫瑞克宣言》（Brunswick Manifesto），巴黎革命情緒高漲到沸點，巴黎市長仍力勸押後起事。8 月 3 日，他向立法大會報告，說巴黎各區已決定要行使「獨立主權」，有些區更威脅，除非立法大會在 8 月 9 日前履行他們的訴求，否則就會發難。立法大會卻遲遲未有行動。

8 月 9 日晚上，終於起事。巴黎 48 個區有 28 個響應（雖然有 47 個區支持廢國王），成立「革命公社」（Insurrectional Commune）。這裡要說一說巴黎的政制。「巴黎公社」（Paris Commune）是巴士底獄革命之後的巴黎市政府，議事會有 144 個代表，來自巴黎的 48 個行政區。這跟革命前的大議會很有關係。當年為舉行大議會，要選舉代表，路易政府就把 34 平方公里的巴黎劃分為 60 個選區。革命之後，國民會議於 1790 年 5 月 21 日重新改劃為 48 個行政區，每區設一個民政委員會。當初，各區委員會的 16 個委員是由當地有選舉資格的市民（有產階層）選出來的，主要功能是作為與巴黎公社溝通的渠道。但從 1792 年春開始，也就是對奧屬尼德蘭戰事失利期間，區委員會越來越政治化。到了 7 月時，巴黎大部分市民要共赴國難，就取消市民選舉資格的財產限制，也就是真正的全民（成年男性）參政。馬上，中下階層就拿到政權，委員會變成長褲漢的政治機關，改稱之為「革命委員會」。8 月 9 日，由最激進的科德利爾派的

丹東、德穆蘭和坎貝爾 ⑨ 帶動各區組成「革命公社」，以別於由雅各賓派
支配的「巴黎公社」。可以說，那時的政治局面如下：全國性的立法大會
由吉倫特派支配，但未能壟斷；左右政局的巴黎公社則由雅各賓派壟斷；
巴黎激進地區和戰鬥力強的長褲漢隊伍就由科德利爾派帶領。

八月頭一週，德穆蘭給妻子寫信：

> 我的好露西爾，不要因為你見不到你那口吃的老公而哭。我完全
> 投身革命，你如果能夠看見我在市政府的車隊裡你一定會高興。這是
> 我第一次在公眾前露面，我像唐吉訶德般的驕傲……我在羅伯斯庇爾
> 家吃飯……我快寫好我的演詞，他們要我在下星期二在市議會宣讀。
> 我昨天在議會說了幾句就把那些應聲蟲一般的議員嚇壞了，很多人都
> 鼓掌……

信中提到的那篇演詞很長，結尾的幾句是：「警鐘一響起，就讓全國
人民集齊。讓每一個人，如同當年羅馬，都有權去處決陰謀者。一天的無
政府比四年的國民會議更能保障自由和拯救國家。」

8 月 9 日晚上，巴黎公社代表們正在市府開會，革命公社的代表也同
時來到市府。「合法」的巴黎公社與「非法」的革命公社就分別在兩個廳
開會。8 月 10 日早上 6、7 點鐘，革命公社正式通知在隔壁的巴黎公社，
決定取消巴黎公社，但會保留市長和部分官員的行政功能。一小時後，革
命公社的隊伍就開始向杜伊勒里宮進發，包括長褲漢、國民警衛軍和來自
各省的義勇軍約 2 萬人。

路易方面也有準備。不久前，他已經用錢收買了一些政客，包括巴黎
市長。但這些政客們看見事態嚴重，都借意溜開，更有建議路易退位。但
路易決定保衛杜伊勒里宮，早在 6 月 25 日（也就是 6 月 20 日吉倫特派第
一次逼宮之後幾天）就開始部署，兵力包括 950 人的瑞士衛隊，200－300
名武裝貴族，2,000 名親王的警衛軍和部分志願軍，理應是足夠應付。但

是，國民警衛軍的指揮被騙，說市政府要召喚他，他對革命公社的成立一無所知，就輕身前往，被扣留，稍後被殺。10 日早上 7 點，杜伊勒里宮的防軍就看見革命隊伍遠遠地開來。路易巡視防線時，保王的國民警衛軍中就有人高叫不會對兄弟開炮，但路易聽沒聽到就沒有史證了。

　　路易本人憎厭暴力和流血，不聽王后勸阻，就在此刻放棄督戰，帶着家眷和幾個隨從跑到杜伊勒里宮旁邊的立法大會會場。大會正在開會，路易進來，說：「先生們，我到這裡來是為了要避開一場罪行，我相信沒有比跟你們在一起更安全的了」。大會主席說：「陛下，你可以信賴立法大會的堅定。代表們都曾宣誓維護人民的權益和合法的政權。」路易就坐在主席旁邊，但有人指出，國王在場，大會不能議事，就請他避席到主席台後面的記者席。坐在那兒，路易臉上仍保持一貫的無采呆滯。

　　路易一跑，防軍士氣瓦解。武裝貴族率先離場，部署在外圍的親王國民警衛軍也開始加入革命國民警衛軍行列。在全無抵抗下，革命隊伍如同操演，直抵宮門。上午 8 時開始發動攻勢。首先，來自馬賽的義勇軍湧進外廷，駐守花園的警衛軍炮隊立即倒戈，剩下來就只有在宮內的 900 多人的瑞士衛隊。革命派向他們招降，回應是：「我們是瑞士軍。瑞士軍至死也不會放下武器，我們不能忍受投降的恥辱。我們可以被依法解散，但不會擅離職守，或交出武器。」雙方在宮內大樓梯一上一下的，對峙差不多一個小時。不知誰先動手，瑞士軍從上攻下，先把宮內的革命派趕出外面，然後就到花園奪回大炮，外面的革命派見狀四散，不知情的就以為中伏。從此，長褲漢對瑞士軍恨極了。

　　瑞士軍收復宮外陣地，革命派援軍也開到，把瑞士軍推回宮內。那時，路易也聽到槍聲，就寫了一張字條叫人立即送過去。字條寫着：「國王命令瑞士軍立即放下武器，回返軍營。」瑞士軍進退兩難，進則彈盡，退則死定。最後，還是撤退到宮後的軍營。革命派當然不放過，一路趕殺，900 多人只有 300 人保得性命 [10]。

　　露西爾的日記從一個旁觀者的角度，但又是當事人的身份，動人地描

述了這次驚人的行動。

1792 年 8 月 9 日，甚麼會發生在我們身上？我再受不了了。卡米爾，啊，我可憐的卡米爾。有甚麼會發生在你身上？我無力呼吸。今晚生死之夜！主，如果你真的存在，救救值得你救的人們。我們想自由，啊，主啊，代價何高！當我最淒涼的時刻，勇氣捨棄我。

8 月 9 日到現在，多寬的鴻溝！巨變發生了！如果我要不停地寫下來，會寫滿多少冊！我怎麼會記得這麼多！算了吧，讓我記下一些來。

8 月 8 日我從鄉下回來。群眾情緒已經醞釀，有人企圖暗殺羅伯斯庇爾。9 日，我們請了一些馬賽義勇軍的人吃晚飯，鬧得很高興。飯後大家去丹東家。他孩子的媽媽在哭，臉上一片愁容；孩子一臉驚訝；丹東很堅決。我就像個發狂的人，大笑，他們卻擔心大事不舉。雖然我自己是不敢肯定，但我好像胸有成竹地告訴他們說，大事會成。

丹東太太說：「你怎能笑成這樣子？」

我說：「是啊，這是因為今晚我會流很多眼淚。」

過了不久，我看見他們拿起武器。卡米爾，我親愛的卡米爾，拿着一支槍進來。啊，主！我躲在小廳的角落，用兩隻手掩着臉，開始哭。但，我不想人家看見我的軟弱，不想大聲告訴卡米爾我不願他混入這件事，我想找個人家聽不見的機會去告訴他我的恐懼。他說他一定不會離開丹東。我後來才知道他深入險境。

每隊人經過，我都想像是見他們最後一面。我走去小客廳躲着，因為那處沒有開燈，又因為我不想看見他們在準備。街上一個人都沒有，整個世界都睡了。我們的志士出發了。我坐在床邊，像被淹蓋了，不知所措，有時半睡，當我想開口說話，我游離。丹東卻躺下，他好像沒有甚麼擔憂，他一直在家裡。臨近半夜，他們多次來找他，他最後去了公社（即巴黎市府）。

科德利爾區的警鐘響起，響了很久。我單獨一個人，以淚洗面，跪在窗台旁，手帕掩着我的臉。我聽着那喪命的鐘聲。他們想安慰我，但枉然。這個喪命之夜的前一天好像是我最後的一天。

他們來來去去很多趟，告訴我們好消息，告訴我們壞消息。我想我知道他們的目的是杜伊勒里宮。哭着，我覺得我要暈倒了。

就這樣度過了一個無情而激動的晚上。卡米爾一點鐘回來，挨着我的肩膀睡了。丹東太太坐在我旁邊，好像準備隨時聽到他丈夫的死訊。「不，」她說，「我不能留在這裡。」天要亮了，我建議她應該睡一會兒，就在我身旁。卡米爾到床上躺下。我從小廳拿來一張長凳，放上一張睡席和夾被，她倒下去睡了。我自己，我也躺下來打盹，雖然周圍還都是警鐘聲。

我們起床，卡米爾出去，留下我。希望他不會遇上危險。我們吃了點早餐。十點鐘，十一點鐘過去，我們甚麼消息都沒有。我們拿昨晚的報紙，坐在小廳的沙發上，嘗試去讀。我們聽到街上的哭嚎聲，我們相信巴黎被血洗。

我們互相鼓勵並出去找丹東。他們叫喊：「打！打！」這邊走，那邊走。我們到了商業大樓，但門關着。我們又打門又叫門，但沒有人來開門。我們想從一個麵包店走出去，他在我們的面前嘭地一聲關上門。我惱火極了，最後他還是讓我們通過。很長的時間我們甚麼消息都沒有。但是，他們來告訴我們戰勝了。一點鐘，好幾個人來給我們送訊。有些馬賽義勇軍犧牲了，但消息都是殘酷的。

第二日，11 日，我們看見馬賽義勇軍的隊伍。啊，主啊，精彩啊！我們的心好像撕裂了。那晚，卡米爾和我在一起。我不知道我為甚麼這樣害怕，家裡好像是不安全的。翌日，12 日，回家時知道丹東被委任做部長。

丹東被委為司法部長。他委德穆蘭為司法部秘書長（但只做了一個

月）。德穆蘭給父親寫信：

> 你已經從報上看到有關 8 月 10 日的新聞，我只是告訴你有關我個人的事情。我的朋友，丹東，做了司法部長，這個血腥之日意味我和他是成敗與共。他在議會說：「若是這次我敗了，我就是罪犯。」

> 自由勝利了。看看我入住司法宮。雖然你從來都說我不會有甚麼成就，我看到自己被提升到我這行業的最高台階，但這沒有增加我的虛榮心，我的虛榮心比 10 年前已少得多，因為我雖然重視智慧、熱情、才幹和愛國心，但我同樣重視感情、人性和對同類的愛心。這些都沒有冷卻我的孝心，而你的這個做司法部秘書長的兒子，這個人稱為掌璽大臣的兒子，會在不久的未來向你盡孝道。我相信 8 月 10 日的革命落實了自由。接下來的工作是要法國既自由又幸福和興茂。為此，我會夙夜匪懈。今天，家鄉的紳士們心裡會是充滿妒意、憎恨、小氣和入骨的仇恨！我有着從未有過的愁意和焦慮，使我更強烈地感受到同胞們的罪惡和人生的悲哀。[11]

路易成階下囚，立法大會超半數代表逃跑，有史家稱之為第二次革命。但這次革命並未如第一次革命（進攻巴士底獄）獲得廣大人民支持。除了保王和保教會分子外，革命分子中也有人不滿這次革命的殘暴和極端。原本，起事的激進分子（科德利爾派和雅各賓派）想趁機解散立法大會，奪取政權，但由於革命公社是因起事而剛成立的，而且都是巴黎的激進分子，如果馬上奪權會驚動各省，所以決定暫時保留立法大會（主要仍是吉倫特派的地盤）。但立法大會要承認革命公社的合法性（取代舊巴黎公社），並宣佈通過全民投票（而不是憲法上規定必須是資產階層才有資格投票或參選）去選拔代表，召開國民公會（National Convention），定立新憲法（以共和取代君主立憲）。

這次革命有幾個嚴重的後遺症。

（i）　革命分子中，溫和和激進兩派的鴻溝加深，更不能互相容忍。

（ii）　巴黎革命公社支配巴黎，從而支配立法大會，成為法國實質政府。公社的代表也有大改變，之前大多是中產階層和律師，如今大部分是工人（artisans，指技術工人）。公社關注的利益從中產階層轉移到中下階層。

（iii）　巴黎革命公社對巴黎各區的控制力有限，實質是 48 個區組成的一個鬆散聯合政體。每區各自為政，有自己的武裝和軍需（從市府和國民警衛軍軍械庫搶來的）。

（iv）　以貧下階層為骨幹的長褲漢隊伍勢力和實力激增，支配大革命的方向。

　　路易雖被囚，但外敵仍未退。1792 年 8 月 16 日，也就是進攻杜伊勒里宮不滿一個星期之後，普魯士軍開入法境，勢如破竹；19 日，拉法耶特投奧；22 日，保王派在全國各地暴動，法軍處處失利；9 月 1 日，立法大會宣佈全國總動員。徵兵標語上寫着：「人民，起來武裝！敵人已到城門口！」很多人信以為真。市內一片混亂，有警炮聲，有戰鼓聲，此起彼落。

　　動員之際，又發生了嚇人的大屠殺。自從進攻杜伊勒里宮成功後，巴黎革命公社取得實權，馬上鎮壓所有反革命活動。從第二天開始，巴黎各區成立警備委員會（Vigilance Committee），10 天之內，扣留了 500 多人，大部分是教士，有收監，也有囚禁在教堂和修道院內（因為監獄都擠滿了）。8 月底，強敵壓境之際，謠言在巴黎傳開，說這些教士暗謀和敵軍裡應外合，推翻革命。9 月 2 日，普魯士聯軍攻陷巴黎的屏障凡爾登（Verdun）。以巴黎長褲漢和外地義勇軍組成的新軍在戰神廣場集合，準備開往前線。當中有人揚言，如內奸不清除就不上前線，因為如果軍隊一離開，獄中的內奸就會發動反革命，釋放路易。丹東在立法大會上發表他最有名的演說，最後一句是：「要敢作敢為，要更加地敢作敢為，要不斷地敢作敢為，法國才有救。」長褲漢激動得不得了。就在此刻，24 個教士從教堂被解到監獄，在監獄外遇到喊殺的群眾，教士們想逃入監獄避

難，但通通都被屠殺，屍體被肢解，獄中的 200 多人也差不多全被殺害。下午，長褲漢衝入修道院，又殺了 150 多名教士。從 9 月 2 日到 7 日，很多城市都發生類似的屠殺，好幾千人被處決。事後，沒有人被追究，但政治餘波不絕，先是名義上仍當權的吉倫特派被認為太無能，未能控制局面；同時，雅各賓派被指責太兇殘。有史家指出，這是法國大革命人民與精英關係的分水嶺，由革命理想引發的暴力成為爭奪政治權力的工具；日後的恐怖統治和白色恐怖不是啟蒙思想的產物，而是革命與反革命極端化的現象。此次的「九月大屠殺」是西方人對法國大革命正面評價或負面評價的關鍵性事件。

立法大會在 1792 年 9 月 19 日解散，翌日，國民公會成立。剛好在這一天，節節得勝的普魯士大軍在瓦爾密（Valmy）被法軍成功擋住，跟着撤退。大革命進入新階段：之前是資產階層與貴族階層對峙，之後是資產階層與無產階層對峙。

黨派之爭反映在國民公會開會的會場席位上，大致是這樣。以羅伯斯庇爾為首的雅各賓派激進分子，但也包括科德利爾派中人丹東和德穆蘭等（他們也同時屬雅各賓派），組成激進的「山嶽派」（Montaguards），坐在會場上端；坐在他們下面的是以布里索為首的國民公會當權派 —— 吉倫特派和同路人，相對比較溫和；在最低席的是以西哀士為首的中間騎牆分子，又叫「平原派」（Plains，或法文 Marais）。

對外，法軍擋住入侵的奧、普聯軍，從此節節得勝。但外侮消除卻加劇內爭，國內局勢迅速進入極端恐怖。國民公會的第一件事就是廢除王室，宣佈共和[12]。這是天翻地覆的徹底革命，連曆法也改了，定 1792 年 9 月 22 日，即共和的第一天，為元年 1 日。取消宗教按神以 6 天創天地，第 7 天休息而制定的 7 天一週，改為 10 天一週[13]。

吉倫特派和山嶽派都想共和，但山嶽派更關注平民利益，鄙視吃政治飯，而且不怕使用暴力。他們最大的分歧是對路易的審判（山嶽派主張國民公會全權決定；吉倫特派主張全民公投），及巴黎對革命的支配（山嶽

派主張在對外戰爭期間，巴黎為國家中心；吉倫特派不想巴黎在任何時間超越各省）。此中，巴黎與各省的矛盾是吉倫特派的最大苦惱。當時，各省都反感權力過度集中於巴黎，但吉倫特派的政治現實是它的權力基礎包括巴黎和外地，要兩者兼顧。一方面，他們想約束這個「充斥着煽動分子和媚民分子的首都」，但又不想各省有過大的權力，走向「聯邦」制度。他們當然明白，經過近二百年波旁王朝的經營，巴黎已成為不可取代的權力中心，但他們又想這權力只集中在中上資產階層的手裡。

此時，吉倫特派跟以雅各賓派為主力的山嶽派已勢同水火，但他們之間仍有一個共同目的，就是徹底消滅路易王朝。

吉倫特派從未想提審路易，但又知道如果路易沒罪，第二次革命（進攻杜伊勒里宮）就屬違法，共和的法理基礎就會動搖（羅伯斯庇爾也說過，「假若國王沒有罪，廢國王的就有罪」）。但如果路易有罪，就難免一死。屬溫和革命的吉倫特派中人不想見此，但山嶽派中人認為路易招外敵復位罪無可恕，而長褲漢更認為在杜伊勒里宮中伏（見上）是路易詭計。

11 月 20 日，路易的宮中被人發現有鐵箱，內藏與奧、普的來往書函，路易大限難逃。12 月 3 日提堂，11 日與 23 日被解到國民公會。山嶽派把事件定性為通敵，如此，路易就是叛國。吉倫特派希望以全民公投去決定路易命運，不遂。羅伯斯庇爾看穿了吉倫特派的困境：如果他們支持處決路易就會失去「溫和分子」，如果他們反對處決路易就會失去「愛國分子」（特別是長褲漢）。因此，他以「路易必須死，法國才可生」去迫使吉倫特派進退兩難，作為日後山嶽派與吉倫特派龍虎鬥的政治本錢。

1793 年 1 月 14 日，全體國民公會代表表決路易命運。每個人都要走上主席台前投票，並要說出理由。全體通過，路易罪名成立[14]。16 日表決處分辦法。吉倫特派內部產生嚴重分裂，贊成與反對處死的各半，致令山嶽派得勝[15]。一週後，路易上斷頭台。國民公會中，投贊成票與投反對票的成為死敵；國內保王分子化悲憤為積極復仇；國外勢力決心鏟除弒君的革命派。這就是山嶽派與吉倫特派生死鬥的背景。

註

① 雅各賓派是到此刻才變得激進，因為君主立憲分子在 7 月（路易出逃失敗之後）集體退會，另組保王派（Feuillant，以開會場址的修道院命名），留下來的就是共和分子。要注意，在此之前，雅各賓會從未正式表態共和。事實上，吉倫特派也是從雅各賓派分出來的，代表溫和共和。

② 長褲漢（Sans-culottes）或譯「無套褲漢」，是指「沒有馬褲、沒有把褲腳束緊的長及膝部的褲子」的人，而馬褲是當時稍有點錢的男人都穿的。他們是巴黎中下階層的激進分子，代表群眾暴力。

③ 革命筆伐往往包括人身攻擊，甚至面貌、衣着、髮型。日後德穆蘭攻擊布里索也是如此（見下文）。

④ 丹東逃往英國，德穆蘭躲起來。個把月後，事件開始平息。8 月 21 日，德穆蘭的身份從「追捕」改為「傳訊」，到 9 月 11 日還頒佈大赦。

⑤ 這是羅伯斯庇爾造成的。他在 1791 年 5 月國民會議通過「引退法」（Self-denying Ordinance）：國民會議在任代表不能在下屆再任代表。另外是早在 1789 年 11 月 7 日國民會議通過了代表不能擔任官職（擔任立法的不許擔任行政）的決議。

⑥ 西德尼（Algernon Sidney，1623－1683），英國內戰期間的政治哲學家，反君權、主共和。

⑦ 克倫威爾（Oliver Cromwell，1599－1658），英國共和政府的護國公，被法國革命分子視為反革命的獨裁者。

⑧ 馬拉患病，不能見光。

⑨ 他是革命激進分子中的最激進。下文有詳細介紹。

⑩ 日後，瑞士人為這批雇傭兵立碑景仰。

⑪ 這裡，我們可以看到德穆蘭的革命心態開始改變。這時距離恐怖統治還有一整年，中間還有很多政治血腥，使他從鼓吹暴力到反對暴力，最後被打成反革命的「姑息派」。

⑫ 這叫「法國第一共和」，到 1795 年 10 月 26 日國民公會解散時結束。

⑬ 招來勞動階層的抗議，因為每年 52 個星期天的休息日就縮少到只有 37 個休息日。

⑭ 罪名是陰謀摧毀公眾自由和整體安全；路易是以公民身份而非國王身份受審的。

⑮ 投票結果是贊成處死的 361 票，贊成免死或緩刑的 360 票。奧爾良親王投下致命的一票。

第三章　說故事：幹掉敵人　從鬥爭到恐怖

　　殺掉路易，擋住外敵，革命團結也隨之解體。以布里索為首的吉倫特派是革命後的新貴，在革命中屬右派，支配國民公會。對外宣戰遭敗績，成為屬左的「山嶽派」的奪權藉口。布里索等想先發制人，山嶽派發動長褲漢包圍國民公會，以反革命和通外敵之名將他們送上斷頭台。山嶽派奪得大權，極左的埃貝爾分子更是得勢。山嶽派中的丹東不滿他們的殘酷，羅伯斯庇爾則擔心他們的反宗教會破壞共和的穩定和威脅山嶽派的權力基礎。二人合力誅之。

　　路易一死，山嶽派與吉倫特派的共識不再。吉倫特派多屬中上有產階層，當初在國民公會擁有的和可賴的（特別是平原派中對九月大屠殺反感的）席位比山嶽派的要多，但派裡頭發國難財、吃政治飯的也比較多。同時，他們對山嶽派的不斷攻擊和對官職的壟斷使很多代表認為他們是結黨營私。相對地，山嶽派的骨幹分子雖也是中上階層，但對中下階層的苦況比較同情，為此能成功拉攏巴黎底層的長褲漢，作為政治鬥爭的武裝力量。在國民公會中佔多數的平原派則採「超然」姿態，實質是騎牆，主要按着長褲漢的激烈程度去決定行動方向。

　　從 1792 年 9 月 20 日在瓦爾密得勝到 1793 年春，法軍處處得利，更佔領了奧地利在尼德蘭的屬地 ①。可是人民的生活卻沒有甚麼改善，於是

自然感覺到未有享受到革命果實，也很自然地埋怨，以致遷怒於當權的吉倫特派。為了麵包價格，巴黎暴動頻頻。各地保王、保教會的反革命勢力也在蔓延。這是 1793 年開始時的局面。

此消彼長。吉倫特掌權派為平民憤、平動亂，心力交瘁之際，山嶽派的道德光環和政治實力卻迅速增長。為了政爭，吉倫特派甚至拉攏保王分子，而山嶽派就更依靠長褲漢。長褲漢到處毆打反對路易死刑的國民公會代表，更想把他們逐出國民公會，好使革命力量更加鞏固。

1793 年春，路易被殺後，英國、荷蘭、西班牙等聯手對付法國。戰局不利。1793 年 3 月 18 日，內爾溫登（Neerwinden）一役，法軍被奧、荷聯軍大敗，將領叛國。保王派又在西面起事，吉倫特派被指治國無能。在山嶽派的壓力下，政府成立革命法庭（Revolutionary Tribunal），加速處理反革命罪行；稍後更成立公安委員會（Committee of Public Safety），去肅清反革命行為。當然，吉倫特派也實在恐懼山嶽派的威脅，決定先發制人，於 4 月 12 日，拿下比山嶽派更激進的馬拉，指控他發表言論鼓吹謀殺（特別指他鼓動 1792 年的九月大屠殺，其實是指桑罵槐針對山嶽派首領丹東和德穆蘭）和意圖廢除國民公會。但當時的革命法庭已被山嶽派把持，再加上上上下下的民意都認定馬拉是當時政壇上眾多渾水摸魚、表裡不一的政客群中一個真正為民請命、為貧請命的愛國志士。結果，全部罪名不成立，4 月 24 日當庭獲釋。馬拉在群眾的歡呼和簇擁中，勝利遊行。吉倫特派這一招弄巧成拙，暴露了弱勢。

此時（1793 年 5 月中），德穆蘭再度攻擊吉倫特派首領布里索，出版了《布里索派的歷史》（*L'Histoire des Brissotins*，有說是羅伯斯庇爾主使他寫的），成為日後布里索和吉倫特黨人入罪的「罪證」。他再用他典型的刁嘴諷刺去「證明」吉倫特派其實是保王和反革命的偽裝。例如他說 1792 年 9 月成立的國民公會大部分代表都有保王傾向，去影射當時在國民公會佔多數的吉倫特派就是保王。當然，這是沒有根據的，唯一的「推理」是當時國民公會與巴黎革命公社處於對立，所以它「一定」是反革命和保王。

他力主要把布里索派從國民公會「吐出來」，從革命法庭「斬下來」。

但吉倫特派仍想掙扎，於 5 月 24 日下令拘捕埃貝爾和屬他派系的極端分子。埃貝爾派是個極端激進的左派，以保護貧苦人民為己任，是山嶽派最熾熱的支持者②。第二天，巴黎革命公社就號召要釋放「愛國志士」。吉倫特派也趁機把矛頭指向巴黎革命公社：「如果國民公會代表遭受攻擊，我們以全國的名義對你們聲明，巴黎將會被摧毀」。這措辭跟一年多前的《布倫瑞克宣言》太相似了，招來大禍。翌日，羅伯斯庇爾呼籲起義；再一日，吉倫特派不得不釋放埃貝爾。但箭在弦上，不得不發。革命公社動員的 8 萬長褲漢起義隊伍就在 5 月 30 日攻入國民公會會場，市內展開武鬥；6 月 2 日，山嶽派逮捕國民公會中的吉倫特派分子③，巴黎革命公社成為權力中心。幾天後，山嶽派更奪得公安委員會控制權。此刻，政權實質開始轉移到山嶽派手中，但大局很不穩定。

兩股力量同時衝擊國民公會：反革命武裝力量因各省不願聽巴黎號令，得以壯大；民眾暴力因物價不斷上升而增加，難於收拾。山嶽派知道局勢嚴重，決定先安內，尤其是安撫農民，個把月之內下達一連串的政令：從「出走者」沒收的土地以小塊的、多年期付款的方式賣給農民；按人頭分配公有土地；全部取消殘餘的封建特權。但為使中產階層安穩，山嶽派政府同時下令保護私產和約束群眾暴力事件。

當然，面面俱全是難做到的。其實，1793 年 7 月時，法國經濟已面臨崩潰，山嶽派政府想盡辦法去儘快通過新憲法④，好使山嶽派政府的政策有合法的憲法基礎，也為穩定巴黎以外各地的民心。7 月 24 日，終通過新憲法（史家稱《雅各賓憲法》，但只是通過而未公佈），擴大自由與平等的範圍，包括保障公共援助、工作崗位和公共教育，甚至「起義」的權利。

但局面仍是緊張、混亂：分離分子（federalists）在將近 60 個省份公開叛亂⑤；保教會分子在旺代（Vendee）形同割據。這些都反映保王與共和、教會與革命、農村與城市之間的矛盾。看來，內戰難免。幸好這些叛

區都不在邊境上，不然外敵會趁虛而入。但外敵的壓力也在不斷增加。上面說過，1793 年初，路易上斷頭台，歐洲諸國馬上組成大聯盟攻法，法軍全線崩潰。到 7、8 月份，在幾個星期內，普魯士、奧地利、西班牙、皮埃蒙特、科西嘉等軍隊都殺入法境，英國則包圍法國北部港口敦刻爾克，支持作亂的保教會勢力。前線局勢十分緊急，國內經濟情況也急轉直下。政府在 8 月份出台一連串的措施去控制糧食的生產和分配，嚴厲處分囤積和騙詐。就在此時，「恐怖統治」的引線被點燃了。

3 個多月前，吉倫特政府在群眾壓力下，釋放了被視為人民英雄的馬拉。但在 7 月 13 日他被剛失勢的吉倫特派同情者暗殺。群情洶湧，認為吉倫特派為奪回政權變得瘋狂和沒有人性。山嶽派把持的國民公會發動大規模的鎮壓。在 7 月 27 日，先委羅伯斯庇爾入公安委員會。第二天，21 名吉倫特派的國民公會代表，包括布里索，被指名為「國家公敵」。整個夏天，長褲漢騷動無日無之。

就在馬拉被暗殺的同時，德穆蘭身蹈險境，被指犯了革命中的大諱忌 —— 缺乏愛國心（incivism）。由於他好幾次國民公會開會缺席，有人借題發揮，說他與保王勢力有聯繫，這與他為好友狄龍將軍 ⑥ 辯護有關。狄龍將軍的保王傾向在當時是公開的秘密，德穆蘭為他成功說項，但花了很大的政治本錢。最後，非但德穆蘭付出了代價，連妻子也因此事被拖累。那時，有流言說狄龍與露西爾有特殊關係。事後，德穆蘭出版《致狄龍將軍信》，以自白方式公開他的看法。

　　　卡米爾的一個朋友問他：「你認識狄龍嗎？」

　　　「我當然認識他。我不就是因為他而與人發生摩擦嗎？」

　　　「你的太太跟狄龍是不是經常見面？」

　　　「我想她一生見他不多過四次。」

　　　「你這樣達觀，那你一定知道狄龍出賣了你，好像他出賣共和一樣。你不是個俏男子。」

「絕對不是。」

「你的妻子有魅力，狄龍仍英俊，女人如此善變。」

「起碼有些女人是這樣。」

「我為你可惜。」

「請你放心，我看出你完全不認識我的妻子，如果狄龍出賣共和，就像他出賣我的話，那他一定是無辜的，而我也一定會為他辯護。」

德穆蘭為狄龍辯護是對妻子表示信任，但他還要向雅各賓會交代。這一次，羅伯斯庇爾助他過關。在《致狄龍將軍信》中，他還不留餘地地批評當時的政治紅人，包括公安委員會的委員。其實，他對自己言多必失已開始有警覺 [7]。這也反映革命開始出現人人自危的先兆。

大變終於來臨。9 月 4 日，巴黎各區的革命委員會召集兵馬（長褲漢）意圖徹底消除吉倫特派。各區兵馬包圍國民公會，要求成立革命軍，逮捕所有反革命嫌疑分子，清理各委員會內不忠分子。國民公會代表們在「刺刀」面前屈服，但為了不淪為無政府狀態，國民公會把「恐怖」（Terror）一詞列入當天正式議程，並表決通過：「恐怖是當今的秩序」（Terror is the order of the day，也可譯作「恐怖是今天的命令」）。法國大革命的「恐怖統治」（Reign of Terror）就在 1793 年 9 月 5 日正式開始。

「恐怖統治」不是個普通名詞，是個法國大革命的專有名詞，是當時法國政府的官方名詞，也就是恐怖「合法化」，為期差不多一年（1793 年 9 月 5 日到 1794 年 7 月 28 日）的恐怖「正常化」。9 月 6 日，恐怖政治正式開始的第二天，山嶽派委任更多同路人進入公安委員會，加以完全控制。委員會以國民公會的名義去行使權力，但又同時支配着國民公會；利用群眾熱情但又同時約束群眾破壞力。這場賭博是勝負難料的。

跟着是兩週內一連串的革命性行動，差不多完全按 9 月 5 日的革命群眾要求：正式組織「革命軍」，其實就是長褲漢武裝部隊；規定糧食最

高價（跟着馬上擴大到所有物價和工資）；改組革命法庭；頒佈《嫌疑法》（Law of Suspects），即無需證據可捉人；指令各地方革命委員會提供嫌疑犯名單。

與恐怖統治差不多是同義詞的羅伯斯庇爾是這樣說的（《德行的共和》[Republic of Virtue]，1794年2月5日）：

> 我們想達到的目的是甚麼？和平地享受自由與平等……，我們想達到的境界是所有可惡和兇殘的情緒不再存在。……在我們的國家裡我們希望道德取代自我……，一言蔽之，我們想滿足大自然的理想、達成人類的命運、守護哲人的承諾，把神靈從長久的罪惡和暴政中解救出來。怎麼樣的政府能實現這些美事？只有民主和共和的政府。但是，民主和平民政府的基本原則是甚麼，換句話說，維持它和推動它的真正力量是甚麼？是德行。為古希臘和羅馬帶來那麼多美事的公眾德行（public virtue）一定會為共和的法國帶來更多使人驚訝的美事，這些德行中沒有比得上對祖國的愛和對它的法制的愛。如果在和平時期，平民政府的力量是德行，在革命時期，平民政府的力量是德行和恐怖。沒有德行的恐怖是災難，沒有恐怖的德行是無能。恐怖只不過是立時的、嚴峻的、不讓步的公義。……

恐怖統治雖是1793年9月5日正式頒佈，但真正行動要等到10月份有了充分部署才展開：首先宣佈暫停行憲，以「革命政府」為最高權力，「直到和平到來」；王后安東妮以叛國罪被定刑，隨即上斷頭台；通過反宗教法，凡未有宣誓效忠革命的教士和支持者，見一個殺一個（death on sight）；革命法庭宣判被指名的21名吉倫特派國民公會代表為人民公敵，幾天以後全部上斷頭台，為首的是布里索。

布里索判刑是德穆蘭的革命歷程的轉折點，他開始明白文字的威力，看到他的文字的毀滅力量，這使他轉向溫和，甚至寬仁。革命法庭成員之

一威拉特（Joachim Vilate，1767-1795）的回憶錄中有一段史家常用的記載，是這樣寫的：「我和卡米爾・德穆蘭同坐在陪審團席前的凳上。陪審員們（按規定是 12 名）商討完畢後回到席上。卡米爾站起來上前想跟最後進來的一個說話，但見此人臉色一變，卡米爾大聲跟他說：『我可憐你，你做的是可怕的工作。』跟着，他聽到陪審團的宣判，整個人倒到我臂膀裡，痛苦、悲傷：『啊，我的主，我的主！我殺了他們！我的《揭開布里索的面具》！啊，我的主，這毀了他們！』被告們進來聽判決，所有人的目光都集中到他們身上，一個極深沉的寂靜籠罩整個大廳。主控官最後宣判死刑。可憐的卡米爾，昏了，失去知覺，顫抖地說：『我要走，我要走，我一定要出去！』但他沒法動。」一個不可思議的改變要發生 —— 鼓吹暴力的德穆蘭開始發出寬仁的呼聲。

恐怖統治的特徵之一是公安委員會派出全權專員到各區、各地，尤其是反革命活動較多的地方，去動員當地的革命委員會揪出反革命分子，審訊、判刑。這些專員按當地實情和他們的個人風格去處置反革命，有的一個人都沒有殺，有的殺得連斷頭台也嫌慢，要集體槍決[8]。

這段時間是埃貝爾派的權力高峰。他們出自丹東（加上德穆蘭的大力支持）一手建成的科德利爾派。但自從在 6 月拉倒了吉倫特派之後，丹東以為大局既定，又加上續弦戀家，就享受起半退隱生活，大權遂旁落在比他更激進的埃貝爾和同黨的手裡。埃貝爾支配科德利爾會，科德利爾會支配長褲漢，長褲漢支配國民公會。埃貝爾意氣風發，這個徹底的無神論者決定把法國改造成一個無神社會。在 1793 年 11 月 10 日，他率領巴黎群眾在巴黎聖母院舉行盛大的「理性崇拜」（Cult of Reason）儀式，表示理性打倒了宗教。這犯了屬有神論者但又不是基督教徒的羅伯斯庇爾的大忌，他認為極端的反宗教加劇了地方上的保教會叛亂，影響革命的順利進行。

1793 年 12 月 4 日，國民公會通過《革命政府法》。在名義上，國民公會是權力中心，但實質權力則集中在公安委員會。公安委員會的職能是

演繹國民公會的法令和制定執行方法；管理所有政府機關和人員；指揮軍事與外交行動；委任將領和其他各委員會的成員，但最後仍需國民公會認可。為此，它擁有軍權、公安權和民生保障權，這不但固定了幾個月來的各種高壓恐怖政令和制度，甚至將巴黎革命公社和長褲漢隊伍都收入公安委員會的控制。

一連串的經濟管理措施的確使生產提高，物價穩定。但吃虧的是農民（因為國家強買糧食）、商人和技工（因為國家管制物價）；得利最多的是城市，特別是巴黎的工人（工資提高、物價穩定）。如此，巴黎確實是安定了些，尤其是長褲漢都當了正規軍或受僱於兵工廠，或加入了不斷擴充的政府部門，再沒有時間和動機去暴動。

軍隊的質和量也在提升。全民動員固然增加了兵源（但徵兵制度也成為周邊各省反政府的原因），更大的改變是將領人才。將領委任不再由貴族壟斷，而是憑才幹。軍事學院大量培訓來自基層的子弟，產出全歐洲第一支真正的、龐大的、訓練有素的國家部隊（這也是拿破崙日後稱霸歐洲的軍事本錢）。這支部隊在 1793 年底平定了內亂，在旺代地區擊敗以保王室、護教會和反徵兵為號召的最有實力的反共和政府武裝，6,000 人被處決。隨後幾個月，政府軍實施焦土政策和恐怖鎮壓。到 1794 年 2 月底，肅清了地方的反抗。與此同時，對外的戰事也站穩了，處於膠着狀態。看來，恐怖統治確實有效。

其實，早在 1793 年 9 月（也就是恐怖統治剛開始），激進革命分子已開始分裂為兩派，兩派都來自科德利爾會社。首先是埃貝爾派（雖然埃貝爾本人從未做正式領導人），主張徹底戰鬥，又採用仇富、扶貧的政策，得到長褲漢的支持，並通過他們實質支配了巴黎革命公社。他們跟山嶽派合作，是想通過山嶽派去支配國民公會。另一派是丹東派，以丹東為首，德穆蘭為輔。他倆原本是科德利爾會社的領導，但領導地位已被埃貝爾派篡奪了。他們開始不滿山嶽派政府權力過度集中，尤其是委員會（特別是公安委員會）的獨裁。他們的支持者是國民公會中較溫和的分子，包

括平原派。公安委員會不想遷就任何一方，因為它知道如果遷就埃貝爾派就會破壞革命的團結，遷就丹東派就會破壞抗外敵所依賴的經濟管制以及種種恐怖措施的效力。因此，它必須在兩者中找平衡。

有一個近乎傳奇的史料。1793 年夏天，吉倫特派被消滅後，恐怖統治還未開始，丹東退隱於奧布河畔阿爾西（Arcis-sur-Aube）前的一個黃昏，他和德穆蘭兩人在國民公會開完會，回家路上經過河邊一個碼頭，夕陽映在河水上，一片紫紅。丹東停下來，凝視着這片詭異的光芒，轉過身來，顫抖地跟德穆蘭說：「瞧，看到多少血！塞納河流的是血呀，流的血太多了！來，拿起你的筆，寫，力求寬仁 —— 我會支持你。」德穆蘭重新動筆，創《舊科德利爾》（Le Vieux Cordelier）期刊。第一期在 1793 年 12 月 5 日出版（也就是恐怖統治進行得如火如荼之際）。說是期刊，前 4 期是 5 天一次，跟着就差不多隔一個月才出一次，反映當時的政局變化和德穆蘭的個人遭遇，直到他被捕、被殺，可以說是恐怖政治的見證。這要從頭說。

丹東隱退後，羅伯斯庇爾對德穆蘭的影響比之前更大，前幾期的《舊科德利爾》肯定反映羅伯斯庇爾的想法。德穆蘭的筆鋒正好匹配羅伯斯庇爾的辯才。德穆蘭絕對有理由相信羅伯斯庇爾對他的支持，對寬仁的支持。但是羅伯斯庇爾也有「苦衷」：他要維持民望，也就是他的權力基礎，而當時是極端激進派的勢頭；他也要顧慮他在公安委員會中雖是全能，但不是萬能。

丹東東山再起，重返巴黎，12 月 3 日在雅各賓會上發言[⑨]，要求會員們抗拒那些把民眾帶離革命原旨的、煽動「超革命」（Ultra Revolutionary）行動的分子。對丹東擺出的這個「不冷不熱的革命態度」，會場上一片譁然。羅伯斯庇爾為他辯護，眾怒才稍息。從此，丹東派就被扣上「姑息派」（Indulgents）的帽子。德穆蘭的《舊科德利爾》的「舊」就是針對「超革命」的「超」。當年，科德利爾會是丹東和德穆蘭創立的，如今，新的科德利爾會已被極激進的埃貝爾分子把持了。

在《舊科德利爾》第一期（1793 年 12 月 5 日，即丹東在雅各賓會上出事後的兩天），德穆蘭用了反諷筆法，如同當年的《巴黎街燈》。在《巴黎街燈》中，他說反革命分子用「激將法」來刺激革命分子去採取過激行動，以致觸發人民對革命的反感。在《舊科德利爾》第一期，他「祝賀」革命大敵的英國成功以「激將法」去推使革命極端化，以顛覆革命。「我必須動筆，我必須放下慢工出細活來寫革命歷史的鉛筆，重新拿起那支使人窒息的鋼筆來寫革命狂潮，追蹤革命敵人的新詭計。羅伯斯庇爾只給你們說了大概，他在公安委員會的繁重工作使他不能像我一樣深入……沒有任何報刊說真相，起碼不說全部真相。我以全部的真誠和勇氣重返政治舞台」。德穆蘭哪知道這些真誠和勇氣日後會給他帶來甚麼！

「勝利屬於我們，因為眾多的德高望重之輩都倒下來之際，羅伯斯庇爾屹立不倒，因為他對愛國鬥士 —— 我們『舊科德利爾』的永久主席（指丹東） —— 在橋上獨抗拉法耶特和他的 4 千軍隊時，伸出援手（指戰神廣場大屠殺）。」德穆蘭肯定認為羅伯斯庇爾是站在他的一邊的，但公安委員會諸公則認為德穆蘭的革命意識明顯地「倒退」。在他們的壓力下，羅伯斯庇爾要求德穆蘭把以後的《舊科德利爾》在出版前交審。

第二期在 12 月 10 日出版，羅伯斯庇爾的影子清楚可見，尤其反映在對羅伯斯庇爾的政敵（11 月 10 日「理性崇拜」的推動者埃貝爾）的批評。「肖梅特 ⑩ 好像以為他們在推動理性巨輪，但實際是反革命。天主教在法國其實快要老死和悶死，教會的財富跑不掉，總要流入國庫。但是，我可以保證，你排斥和迫害參與彌撒的人只不過加強了保教會的政治勢力。」在這一期，德穆蘭主要攻擊的對象是極激進分子，因為埃貝爾派利用極激進分子的武裝實力（主要是長褲漢），而極激進分子則利用埃貝爾派在公安委員會和國民公會的影響力。

我們的敵人已經計窮了，在無計可施中他們使用當年羅馬元老院的故技。元老院無法推翻愛國的格拉古 ⑪，就用了以下的詭計。他們主

使一個護民官去故意誇張格拉古的政策。當格拉古提出一個受民眾歡迎的政策，這個護民官就會提出一個更受民眾歡迎的政策。最後，愛國與原則被誇張的愛國和誇張的原則謀害了。如果一個雅各賓派的格拉古建議把麵包的最高價定為八毛，保王派的德魯蘇斯[12]就建議定為六毛。這條詭計很成功，起碼在短時間裡，民眾再不以為格拉古是最先進的，而轉向德魯蘇斯，繼而對這個真正的人民保護者冷淡下來。一旦如此，代表貴族利益的西庇阿・納西卡[13]就會發難，把他拉倒。

德穆蘭很懂談古論今，給人的印象是深度和理性，很受知識分子歡迎。但對下層百姓，尤其是長褲漢們的感召力和影響力就不如埃貝爾的俚俗和野性的《杜薛老頭》[14]。德穆蘭的重武器是他的影射、暗示、誹謗和半真半假的證據，最成功的是把疑惑、顧慮植入人心。

第三期在 12 月 15 日出版，在詞鋒和道德意義上是最有名的一期。他的矛頭指向恐怖統治中最恐怖的《嫌疑法》。表面上是叫極端激進分子不要誤用、濫用，但對他們來說就是致命的指責，尤其是德穆蘭用上了借古諷今的手法。他自知會惹禍，但他挑戰他的敵人，去看他們敢不敢壓迫言論自由。現在把精要部分翻譯過來。

現今，共和政制與君主政制作生死鬥，最後勝利只能屬一方。如果我們從歷史中知道君主制度的勝利是怎樣的，我們怎會不希望共和制度勝利。羅馬史家塔西佗[15]留給了我們一個樸實和不加修飾的描述，我現在向尊敬的讀者們介紹。

奧古斯圖大帝是第一個把反革命違法定為王法的。一旦文字可以入罪，就很容易把眼神、愁容、憐憫、歎息甚至沉默都用來入罪。很快，努西亞城[16]的老百姓為紀念參加征伐摩德納（Modena）而捐軀的士兵立碑也是罪，雖然那時派兵的是奧古斯圖自己，但他那時是站在布魯圖斯[17]的陣營。

Fusius Gemmus [8] 的媽媽為她被害的孩子哭訴也是反革命。如果你不想得罪統治者,你就要對朋友之死、親人之死表現得歡暢。任何東西都可以開罪暴君。你受人愛戴?那你就是君皇的競爭對手,肯定是想挑起內戰。可疑。

相反地,如果你躲避受人愛戴,躲在一角,你這個退隱的姿態使你更惹人關注。可疑。

你有錢?你對人的饋贈可能就是收買人心。可疑。

你窮!等一等!無敵的君皇,你要緊緊盯着這個人,沒有人比一個一無所有的人更有野心。可疑。

你嚴肅、樸素,那你肯定是對國家的繁榮有所不滿。可疑。

但,相反地,你吃喝玩樂,你明知皇帝尿酸過多,雖然未出大事,但你肯定想矇騙皇帝,使他不多注意身體。可疑。

他德行高、行為檢點,好傢伙!這是個新布魯圖斯,他用他那作狀的面色和髮型去批評朝廷的歡樂和華麗。可疑。

他是個哲學家、演說家、詩人?他或許有可能比統治者更有聲望。一個住在屋頂閣樓的作家會比住在皇宮的皇帝更有聲望,有沒有這道理?可疑。

最後,如果有一個人以軍功顯名,他的才幹只會令他變得更危險。最好是除掉他。主上,最低限度你可否解除他軍職,要他馬上退伍?可疑。

做奧古斯圖大帝的孫子或親戚不是好事,因為有一天他會覬覦帝位。可疑。

跟着,德穆蘭用了很大的篇幅去辯證反革命(他以英國首相皮特為代表)在利用極端激進分子。到近尾,他更直言不諱地以古譬今。

有惡意的人肯定會在這第三期和我對塔西佗的解釋裡找到一些古

今類似的惡劣時刻。我當然知道，所以我要用我的筆武裝自己，去保證我們不要重複歷史，不要讓自由變成暴政。……在這期裡我不會指名譴責，……讓那些在讀過本文之後，發覺自己的行為與暴政有些相似的人趕快修改他們的行為，因為沒有一個人可以自圓其說地把一個被古代最偉大歷史學家（指塔西佗）稱之為暴君的人，在今天改稱之為現世的加圖 ⑲ 和現世的布魯圖斯；把塔西佗在 16 個世紀之前稱之為暴政和最劣的政制，在今天改稱之為自由和最優的政制。

要感受德穆蘭在第三期「一針見血」的筆鋒就必需明白極端激進分子是如何演繹《嫌疑法》的，而德穆蘭又如何抨擊這些演繹。德穆蘭在第二期指名攻擊的肖梅特就是極端激進分子的代表人物。他在巴黎革命公社上（1793 年 10 月 12 日）對《嫌疑法》作以下的解讀，而德穆蘭就是在《舊科德利爾》第三期以此來對比奧古斯圖的暴政。肖梅特這樣說的：

> 以下是可疑分子：
>
> 在群眾聚會中以精練辯詞、疾呼、屬色去激動群眾的；
>
> 那些比較小心地，神神秘秘議論共和的危機、歎息民生的困難和裝着愁臉去傳播壞消息的；
>
> 那些說話和行為像變色龍，對保王派和分離派的罪行默不發聲，對愛國志士的小瑕疵一方面批評，一方面又說不是批評的；
>
> 做個裝模作樣的共和分子，裝模作樣地樸素，裝模作樣地嚴肅的；
>
> 那些對革命沒有作出積極貢獻，以為可以用愛國捐獻去抵贖的；
>
> 那些對共和憲法冷漠的，和那些對憲法的制成和持續表示假擔心的；
>
> 那些沒有對自由作出破壞，但又沒有作出貢獻的；
>
> 那些疏忽參與區內的政治集會，託詞他們不懂發言，或因私

事不便的。

極端分子看到德穆蘭在第三期對他們的描繪怎能忍受？第三期出版轟動巴黎，據稱全國賣出 50,000 份，在當時是天文數字。當然，保王分子也利用它做攻擊革命的宣傳武器。因此，共和分子對德穆蘭的「敢言」大有親痛仇快之感。

第三期出版後的幾天，一個婦女請願團來到國民公會哭訴，要求代表們釋放被囚親屬。代表們大受感動，議決公安委員會成立「公義委員會」（Committee of Justice）去復核無辜，可以說是德穆蘭在那時倡議的「寬仁委員會」（Committee of Clemency）（見下）的實現。但羅伯斯庇爾可能害怕德穆蘭所屬丹東派的勢力會由此擴大，就以他的辯才誘導國民公會收回成命。

第四期在 1793 年 12 月 21 日出版，一清早就賣光，轉賣的越賣越貴，價錢高好幾倍。同情、憐憫的呼聲響遍整個法國。首先，德穆蘭那時仍是絕對相信羅伯斯庇爾是支持他的。在這期間他這樣寫：「啊，我親愛的羅伯斯庇爾啊，我的老校友同志，你還記得在歷史和哲學課裡我們學懂愛比懼更強、更持久？你已經走近這理想。」在這期的頁首他引用盧梭（Jean-Jacques Rousseau，1712－1778）《民約論》中的一句：「最強者也不夠強去永遠做主人，除非他把強轉化為理。」在這一期他特別為人家攻擊他不夠愛國作自辯：

很多人不滿我的第三期，他們說我惡意引用比擬去貶低共和和愛國志士。其實他們應該說低貶共和和愛國志士的是那些失度的革命和愛國冒險家。

不，這個從天堂降下來的自由不是一頂紅小帽、一件髒襯衣，或破衣（指長褲漢）。自由是幸福、理性、平等；她是公義，她的肉體就是人權宣言，就是你那高貴的憲法。你想不想我認識她，俯伏在她

腳下，為她流出我的血？打開你用來囚禁你稱之為嫌疑犯的 20 萬公民的監獄大門吧，因為在人權宣言中只有收禁罪犯的監獄，沒有收禁嫌疑者的監獄，那裡只應有被法律定罪的犯人，而不是被懷疑的人。不要以為這措施會危害共和，這其實是最具革命意義的措施。你想用斷頭台去消滅你所有的敵人！還有比這更愚蠢的做法嗎？你能否在吊架上殺掉一個敵人而不驅使 10 個他的親人和朋友成為你的新敵人？

在此，德穆蘭更強調擠在獄中的不是共和的死敵，只不過是婦孺老弱和懦夫 —— 沒有大志大勇，也不會是大奸大惡。

第五期在 1794 年 1 月 5 日發售（但在 1793 年 12 月 25 日已完稿），他逐個指名批判他的政敵。最犀利的詞鋒指向埃貝爾，特別是他出版的《杜薛老頭》。（德穆蘭撰寫這一期的時間正是埃貝爾影響力最大的一刻，他剛在 11 月 10 日才主持了「理性崇拜」盛典，見上。）

埃貝爾，你不知道嗎，當歐洲各國的暴君要誹謗共和，當他們想使人相信法國被黑暗和野蠻籠罩，相信巴黎的光彩與品味背後住的都是野蠻人，你不知道嗎，混蛋，他們只需抄錄你寫的東西放在他們的報章上？你以為皮特先生⑳會好像你一樣，相信法國人都是這麼無知和愚蠢嗎？好像你的髒話就能代表法國嗎？好像塞納河就是巴黎的一條污水溝嗎？

埃貝爾屢次攻擊德穆蘭娶了個富家女，這次，德穆蘭作出回應和反擊：

有關我的老婆，我只說一句話，我一直都相信靈魂不滅。為了自由和人民的幸福我作出大大小小的犧牲和奉獻，在被迫害得最厲害的時候，我曾經說過，「做好事總應有好報的」。我的美滿婚姻和幸福家

庭生活使我害怕，害怕我在今生已得到了好報，會使我失去對靈魂不滅的信心。但你對我的迫害、對我的憤怒，你的誹謗又使我完全恢復信心。至於我老婆的財富，她帶來的 4,000 鎊就是我的全部財產。我可以說，在這場革命中，我曾經擔任過分量不輕的角色，我做過政治作家，不同的黨派一次複一次的遊說我。所有人都認為我是不能被腐化的。在 8 月 10 日（進攻杜伊勒里宮，第二次革命）事件之前的一段日子，他們想收買我閉聲，並且出很高價。呀，還有，在這革命中我先後做司法部的秘書長和國民公會代表，我的財產並未有增加過一毛。埃貝爾，你能這樣說你自己嗎？

　　這不但反駁了埃貝爾，更暗示埃貝爾通過政治關係去銷售《杜薛老頭》的不光明收入。不但刺激了埃貝爾，更直指他的死門，日後更成為他的罪證。

　　在這段期間，尤其是在 1793 年 11 月的「理性崇拜」後，羅伯斯庇爾就不斷攻擊埃貝爾派，德穆蘭的《舊科德利爾》是他的犀利武器之一。

　　1794 年 2 月，屬埃貝爾派的督軍卡瑞爾 [21] 因鎮壓保教會派時濫殺無辜，被召回巴黎。埃貝爾派恐事件牽連擴大，就想重演像幾個月前（1793 年 6 月 2 日）推翻吉倫特派的把戲。3 月 4 日，在科德利爾會社開會時以布幔覆蓋自由神像，象徵「起義」。他們想逼國民公會驅逐羅伯斯庇爾和他的山嶽派同黨。但「起義」未得到巴黎革命公社的武裝支持，徹底失敗了。公安委員會決定趁機鏟除埃貝爾派，就在 13 日逮捕了他與支持者，並同時逮捕若干「出走者」（出走的貴族），把他們也算作埃貝爾派，遂構成了埃貝爾「與外國陰謀」之罪，24 日上斷頭台。這是典型的殺雞儆猴。當年埃貝爾幫羅伯斯庇爾打敗吉倫特派，現今羅伯斯庇爾卻拿埃貝爾開刀，以平息眾怒。但是，極端的埃貝爾派被鏟除，溫和的丹東派的平衡作用也就消失了。

註

① 法軍是打到哪裡，吃到哪裡，所以戰事得利也同時養活很多長褲漢，但長褲漢被收編為正規軍在日後倒變相地削弱了山嶽派的武裝力量。

② 埃貝爾個人強烈反宗教（娶了一個還俗的修女），是無神主義者（這是他日後與羅伯斯庇爾的最大矛盾），出版了一份極受底層社會革命分子歡迎的刊物，叫作《杜薛老頭》（*Le Père Duchesne*），以一個修爐老頭的聲音去批判時政，並通過其他派系的「戰爭部部長」，免費把刊物分給部隊觀閱（他本人當然有錢拿，也因此在日後成為他被控腐敗的罪證）。

③ 布里索逃跑，但在 6 月 10 日被捉回。

④ 在 1792 年 8 月 10 日的第二次革命後成立國民公會，就是為要定立共和憲法去取代君主立憲，只因為發生了山嶽派和吉倫特派的黨爭才拖遲了。現今山嶽派當權，當然就想立下山嶽派意識形態的憲法，千秋萬世。

⑤ 這些分離分子的勢力主要集中於吉倫特派的根據地（法國南部，尤其是馬賽和里昂），號召進軍巴黎去恢復吉倫特政權。鬧分離的原因主要是地方紳士們對巴黎的「獨裁」反感，但他們得不到民眾的支持。山嶽派政府（雖內裡仍有殘餘吉倫特派分子）鎮壓成功，有些地方兵不血刃，但有些地方卻兇殘異常，其中以里昂的鎮壓最甚，經兩個月包圍才攻陷，近 2,000 人被處決，是日後恐怖統治的樣板。

⑥ 狄龍（Arthur Dillon，1750－1794），是英國貴族，但投身法軍，參加美國獨立戰爭和大革命戰爭。在大議會上代表法國殖民地 Martinique，為保王民主派。身為貴族，在革命軍中很不爽意。瓦爾密一役後不久就被召回巴黎問話，隨之被捕。日後，德穆蘭妻子被牽連到狄龍被誣告在獄中陰謀做反的案件，成為丹東與德穆蘭的罪證。1794 年 4 月 13 日，狄龍與德穆蘭妻子、埃貝爾妻子同時被處決。

⑦ 穆德蘭在 8 月 10 日給父親的信就說：「附上我剛出版的《致狄龍將軍信》。兩天來它的驚人暢銷使我有些恐懼，因為我並沒有因此而自責。我有需要深入我的心底裡去問。我以前的愛國心未有改變，這樣，我才可以在『仇者快之際原諒自己』。」

⑧ 鎮壓反革命是風聲鶴唳，連當年力捧雅各賓派的奧爾良親王也未能倖免（1793 年 11 月 6 日被殺），其中一個罪名是他囤糧發國難財。

⑨ 雖然科德利爾和雅各賓是兩個不同會社，但無論新、舊的科德利爾派人都往往同屬雅各賓會，經常在雅各賓會的會場上展開罵戰。

⑩ 皮埃爾‧加斯帕德‧肖梅特（Pierre Gaspard Chaumette，1763－1794），是激進分子中的極端。年青時的興趣是生物與科學，並修外科手術，革命開啟就放棄行醫，先加入雅各賓會，繼而加入科德利爾會。口才很好，長褲漢很受他煽動。由於他私生活無瑕，所以公認是個典範革命家。1792 年 8 月第二次革命後被委巴黎革命公社檢察長（日後他以此身份主持由埃貝爾宣導的「理性崇拜」），繼而被選為公社主席。他成功發動長褲漢組革命軍，並力主路易該死。在國民公會中他是吉倫特派的死敵，審判布里索和同黨的主控官。1793 年 9 月恐怖統治成立也是他帶領群眾逼國民公會宣佈的。當時，他在會場跳上桌，叫道「現在是貧與富正式開戰」，呼召立即動員革命部隊去各農村打開糧倉，懲罰囤糧的富農富商。他極度憎恨

基督宗教，認為是迷信、荒謬，把教會（天主教）與反革命視為一體；把自己的名字也改了，以希臘古哲取代他受洗的名字（有史家說他憎恨天主教與他「愛男童」有關）。他和埃貝爾的狂烈反宗教觸犯了羅伯斯庇爾的大忌（德穆蘭在 1794 年 12 月 10 日的《舊科德利爾》第二期點名指摘他之後兩天，羅伯斯庇爾就在雅各賓會上譴責他，隨後他就被開除會籍）。1794年初，多次有人指他反革命。剛碰上埃貝爾在 3 月發動「起義」失敗，他就同時被捕，但並沒有跟埃貝爾上斷頭台。稍後，他被牽涉到「狄龍將軍支持德穆蘭妻子獄中謀反案」（見下有關丹東、德穆蘭受審），在 1794 年 4 月 13 日上斷頭台。

⑪ 提比略·格拉古（Tiberius Gracchus，公元前 168－前 133），雖然是高級貴族，但以為貧請命著稱，觸怒元老院。他在公元前 133 年被選為護民官，團結城市貧民和有產平民（有點像法國大革命的第三等級），倡議把羅馬新近征佔的土地平均分配，並控制個人佔地量。元老院反對，雙方堅持。德魯蘇斯（Drusus）屬元老院派，與格拉古鬥法，每次格拉古提出改革方案他就提出更「利民」的方案，以此去使格拉古難堪。格拉古的護民官任期屆滿，面臨被起訴和被暗殺的危險（羅馬憲法是國家絕對保證護民官的人身安全），就想再競選連任，但憲法不容馬上連任（需要中斷才可繼任）。格拉古要競選，元老院阻止不了他，於是發動西庇阿·納西卡（Scipio Nasica，格拉古的表親），率眾衝入會場，亂棍打死格拉古。幾年後，納西卡在睡夢中被殺，相信是格拉古支持者的報復。

⑫ 見上註。

⑬ 見上註。

⑭ 第一期在 1790 年 9 月出版，最後一期是 1794 年 3 月 24 日，也就是埃貝爾上斷頭台的當天。

⑮ 塔西佗（Publius Cornelius Tacitus，55－120）被稱為羅馬最偉大的歷史學家，特別是以客觀態度寫史。

⑯ 努西亞城（Nursia）又稱 Norcia，地居意大利中部翁布利亞（Umbria），為羅馬提供軍隊。

⑰ 布魯圖斯（Marcus Junius Brutus，公元前 85－前 42）是刺殺愷撒的主要人物。有史家懷疑他是愷撒的私生子。在政治上，他站在愷撒的敵人——元老院代表龐培的一方。愷撒很得民望，但有獨裁野心。愷撒與龐培啟動內戰，下令手下不得傷害布魯圖斯。龐培戰敗，布魯圖斯投降，愷撒馬上赦了他，並授他高官職。愷撒被委為終身獨裁者，元老院害怕羅馬共和會因此完蛋，說服布魯圖斯加入他們鏟除愷撒的陰謀。公元前 44 年 3 月 15 日，愷撒在元老院被刺殺，相傳最後一刀是布魯圖斯所刺。跟着，與愷撒分掌軍權的安東尼建議元老院大赦陰謀者（其實就是自己人）。但看見民情洶湧，安東尼就反悔，布魯圖斯與其他陰謀者被迫離開羅馬。愷撒的侄兒屋大維（Octavius，日後的奧古斯圖大帝、羅馬從共和轉帝國的第一個君主，被革命分子視為摧毀羅馬共和的暴君）要報仇，與安東尼合兵，在公元前 42 年 10 月大敗布魯圖斯與黨人。布魯圖斯見大勢已去，解下佩劍，令兩軍士緊握，然後把自己的身體挺入劍尖，死前詛咒安東尼，「宙斯神，不要忘記罪惡的始作俑者」。法國大革命中人把布魯圖斯視為犧牲自己，保衛共和的殉道者。

⑱ 可能是指 Gaius Fufius Geminus，被奧古斯圖大帝的繼位者提比略皇帝所殺。提比略的生母

改嫁奧古斯圖，所以他是奧古斯圖的繼子，後又娶了奧古斯圖唯一骨肉，女兒茱莉亞（Julia）為妻。但茱莉亞因通姦被奧古斯圖放逐，Geminus 的父親被牽涉。這可能是 Geminus 被殺的原因。

⑲ 加圖（Marcus Porcius Cato Uticensis，公元前 95－前 46）是羅馬共和國後期的雄辯家、政治家，「克制派」（Stoicism）哲學家 ——「清廉、操守、正氣」，兩千年來受人崇敬。他反對以愷撒與龐培為首的三人統治團。日後愷撒與龐培反目，引發內戰，加圖站在龐培一方。龐培戰敗，加圖不願生存在愷撒統治之下，甚至不願接受愷撒赦免（因為他認為接受赦免就是接受愷撒權力的合法性）在公元前 46 年 4 月自殺。從中古到啟蒙運動時期，加圖都有崇高地位。法國大革命中人更以他代表共和的殉道。

⑳ 小威廉・皮特（William Pitt the Younger，1759－1806），也稱小皮特，英國首相，任期為 1783－1801 與 1804－1806，被視為共和大敵。

㉑ 卡瑞爾（Jean-Baptist Carrier，1756－1794）於 1793 年 10 月初派往南特（Nantes）地區鎮壓反革命和教會。他在當地組織「馬拉部隊」（Legion of Marat，取名於鼓勵極端暴力的馬拉），以兇狠著名，特別是殘殺囚犯：把囚犯押到船上，開到河中，打開船底活門，淹死船上所有人。更有傳他在溺人之前，把年青的男女赤身露體的一雙雙挪在一起，叫「共和成親」。1794 年初被召回，9 月開審，矢口否認，直到馬拉部隊的成員指證。12 月 16 日上斷頭台。

第四章　說故事：幹掉自己人　從恐怖到抽搐

反革命的右派除了，危害革命的極左派也除了，丹東派認為應該收手了，羅伯斯庇爾則認為姑息只能養奸。革命元老被套上一個差不多是「莫須有」的「受賄」罪名，被幹掉，羅伯斯庇爾大權獨攬。外敵退了，內亂平了，恐怖政治帶來安定，但也帶來多疑。到此，人人自危。於是，布里索派的殘部、埃貝爾派的餘黨、丹東派的同情者合謀把他拉倒、幹掉。強人現身，收拾殘局，拿破崙幾炮就打散了革命。法國人革了有名無實的絕對君權，換來的是無名有實的絕對獨裁。

「溫和」（其實已經是相當激進）與「極端」（其實是激進中的更激進）之爭，可以從德穆蘭（革命初期是激進，現今被指不夠激進，太過溫和）與其政敵（比德穆蘭等更激進的極端分子）的周旋看出端倪。

德穆蘭攻擊敵人，但他的敵人也謀算他。他們對德穆蘭在布里索與吉倫特派人被判刑時表現出歉意很不滿意。那時，雅各賓會和科德利爾會在羅伯斯庇爾的主張下發明了一套政治儀式，叫「淨化」：允許被指摘「愛國心不足」的會員在大會上自辯，藉此淨化。如果眾人認為他無罪，就可以保存會籍，不然，就被開除會籍。被開除者絕無例外地提交革命法庭審訊，不逃亡就死亡。

被德穆蘭在《舊科德利爾》第二期點名的肖梅特，在刊物出版後兩天就被羅伯斯庇爾在雅各賓會上提出嚴厲指控，用的是德穆蘭所寫的東西，差不多一字不易，隨後被開除會籍。現在輪到德穆蘭要淨化了。他在布里索等吉倫特派人受審時的態度就是罪證。他被質詢為甚麼在國家敵人被判刑的時候表現出憐憫和後悔；為甚麼要為保王傾向的狄龍將軍辯護，並寫《致狄龍將軍信》。德穆蘭的自辯記錄是這樣的：

我相信狄龍的英勇和對國家的貢獻，所以我替他辯護。至於受審的吉倫特派人，我與他們的關係特殊。我從來都愛共和，效忠共和，但我很多時候被騙。我承認，我崇拜過馬拉波（那時，馬拉波與路易暗通的罪證已經曝光，遺體被遷出先賢祠）。我敬仰……但當我一知道他們不再是雅各賓派，我就馬上捨棄與他們的友誼和對他們的敬仰。好像上天作弄，在我結婚證書上簽署的 60 個革命分子，只剩下兩個朋友，丹東和羅伯斯庇爾。其他的不是出走就是上斷頭台。在 21 個被審的人（指布里索案）之中就有 7 個。在這情景下，傷感是完全可以諒解的。雖然如此，我發誓，我並沒有說，「他們是死得像布魯圖斯一樣的共和人」。

我說，「他們死為共和人，但是是搞分裂的共和人①，但我不相信他們之中有保王分子。」

這番話總算被眾人接受了。有人叫：「卡米爾不幸選錯了朋友，讓我們熱情歡迎他，去給他證明我們懂得怎樣去選我們的朋友。」羅伯斯庇爾也起來為他說話。

在《舊科德利爾》的第四期，德穆蘭表態堅持「寬恕」（這一期在 12 月 21 日出版，剛好是婦女請願團向國民公會請求釋放被囚家屬，而國民公會答應委任「公義委員會」去復核無辜的第二天，見上），他表達的立場間接為自己簽下死亡證。他寫到：

我不同意放棄恐怖統治。但是，我肯定如果我們有一個「寬仁委員會」，自由將會更鞏固。這個委員會將會代表革命的完滿結束，因為智慧地放發寬仁是個最有效的革命手段。笨人與惡棍可以說我是溫和，我不會以我的憤怒比不上布魯圖斯的憤怒為恥。

他非但把「寬仁委員會」比作革命的完成，更把自己比作革命的完人。這令他的敵人和朋友同樣吃不消。結尾的一段也很大膽：

作為一個新聞評論者，我依賴的是國民公會代表們所擁有的言論自由。由於我的聲音不響亮兼有口吃，我沒有其他辦法去表達我的意見，只可以用我的筆去寫出我認為是革命的最佳策略……我要說，如果我的同志們有人認為我的「寬仁委員會」不中聽和偏於溫和，我只可用當時馬拉被人指責他的言論過於暴力時所作出的回應：「你真的對我一無所知，噢，天啊！我要對你們說，我是不會後退的。」

在恐怖統治裡頭，談國是不是文人的筆戰，是生死決，敗者是要上斷頭台的。埃貝爾派也在找機會出毒招。此時德穆蘭的靠山丹東雖然重返巴黎，但在世事瞬息萬變之刻，幾個月的退隱使他在國民公會、雅各賓會和科德利爾會的影響力大降。羅伯斯庇爾雖然想約束極端的埃貝爾派，但他對丹東又憎又懼，不想見他重得威望。

就在第四期《舊科德利爾》出版的那天，雅各賓會所裡，有一個人② 起來指控德穆蘭，說他有犯罪和反革命傾向，又窩藏賣國賊，建議開除他會籍。應和者包括德穆蘭的死敵埃貝爾。此時德穆蘭四面是敵，包括剛被公安委員會召回巴黎，以血腥鎮壓里昂暴亂的德布瓦③，此君是日後革命窩裡反的主角之一。唯一未表態的就只有羅伯斯庇爾。

德穆蘭沒有在會上自辯，他說要在《舊科德利爾》公開地為自己辯護。這也就是《舊科德利爾》第五期的主題，在 12 月 25 日寫好（但要

到 1794 年 1 月 5 日才發售）。他對被人議論要開除他的會籍表示可笑。首先，他反控他的敵人貪污、腐化，這是典型的德穆蘭式反客為主。但他知道真正要整他的是極端的埃貝爾派，以至埃貝爾本人。為此，他先樹立自己在人民眼中的形象，復述當年他如何發動革命，又提他的《巴黎街燈》，去證明他對革命的熱忱和奉獻。最後晦氣地說句反話：「真的，法國公民，5 年來我一直用陰謀去謀求法蘭西的共和、幸福和豐盛。」跟着，他把矛頭指向埃貝爾。他絕未懷疑羅伯斯庇爾對他的支持已有所動搖。這裡，德穆蘭從激烈、衝動走向理想。

　　噢，同志們，我要用布魯圖斯跟西塞羅說的話跟你們說：「我們太害怕死亡、流徙和貧窮了。」……犧牲榮耀去延長生命，值得嗎？呀，怎麼了！當每日有 12 萬法國士兵面向佈滿大炮的陣地，從勝利走向勝利，而我們那些國民公會的代表們，他們不像士兵們在黑夜裡倒下來，在陰影中被射殺，他們的光榮沒有見證人。我們若是為自由而死，我們的死亡會是光榮、莊嚴，被全國、全歐和後世所見證——我們怎可以比我們的士兵們懦弱？我們要做甚麼……？我們不敢挑戰《杜薛老頭》的怒火嗎？並藉此去賺得法國人民等待的偉大勝利，擊敗極端革命和反革命的勝利，擊敗所有陰謀家、壞蛋、野心家和人民公敵的勝利？……同志們，不要讓我們像有病的人把精力放在保存生命，讓我們像共和人把精力放在保衛自由和原則上！就算萬一誹謗和罪惡暫時戰勝德行，就算我在吊架上臨刑那一刻，我會被曾經熱愛祖國和共和的情操支撐着，我會被將受萬世見證的期待支撐着，我會被所有忠誠共和者的景仰和痛惜圍繞着。我要問，誰可以說我會把我的命運去跟那卑鄙的埃貝爾交換？他，以他的文字驅迫 20 類的法國人進入絕望；把 3 百多萬他憎厭的法國人一下子送上死亡；為了抑止他自己的自責，他追求一種比酗酒還屬害的醉，他不斷地舔吃斷頭台下的血！在這戰亂的時刻，當我眼見我的兄弟因自由而被亂劈、肢解，斷

頭台算不了甚麼，只不過是刀傷。身為一個議會代表，要是死，哪有比作為勇毅與共和的犧牲品更光榮？

在幾天後寫好的《舊科德利爾》第六期（1793 年 12 月 30 日完稿，但要到 1794 年 2 月才面世），他再度尖銳攻擊埃貝爾：

> 「神跡！」他說道，杜薛老頭改變了他的信仰！他在最近一期這樣寫，「我已經說了上百遍，我要永遠說我們要效仿長褲漢耶穌！我們要完全按聖經的一字一句去和平地與所有人生活在一起」④。當埃貝爾這樣說的時候我將會帶頭叫，國庫花更多的錢也要買你這期刊⑤。繼續吧，埃貝爾，你說的那個神聖的長褲漢（指耶穌）也曾說過，一個悔罪的杜薛老頭比 99 個無罪的「舊科德利爾人」會在天堂上帶來更大的歡樂⑥。但你也要記着，這本書（指聖經）也寫着「你不要說謊」。

大難終要來臨。德穆蘭雖然仍以為羅伯斯庇爾會撐他，但羅伯斯庇爾猶疑了。剛從里昂回來述職的德布瓦是公安委員會委員，出了名的兇殘。他首先發難，在 1794 年 1 月 5 日《舊科德利爾》第五期公開發售的當天，在雅各賓會開特別會議時，起身發言，指控德穆蘭與溫和派中人交往，措辭倒相當客氣，主要說德穆蘭真心愛國，只是誤交匪人，勸他日後要小心選友。這種「教孩子」的態度，無論有意無意，是德穆蘭最不能忍受的。於是小事變大事，他堅持要立即公開宣讀他的《舊科德利爾》第五期作自辯。但埃貝爾強烈反對（他肯定看過，並知道內容對他不利），高叫：「卡米爾想轉移視線，節外生枝……他指我偷國家的錢──一派謊言！」德穆蘭回應：「我手裡有的是證據！」會場上譁然。羅伯斯庇爾的弟弟奧古斯丁（也是雅各賓會員）站起來安定氣氛：「不可以人身攻擊……我們開會不是為了保護個人的名譽。如果埃貝爾是個賊，這跟我們有甚麼關係？我們不能容許以指摘別人來擾亂會議的討論。」埃貝爾說：「我沒有值得

被指摘的。」奧古斯丁回質：「你撩起各區的鬥爭。」這個直接的指摘使埃貝爾無言以對。此刻，羅伯斯庇爾站起來，他對埃貝爾絕沒有好感，但仍想息事寧人，指出國難當前，大家要放下己見，但言下也好像暗示德穆蘭對埃貝爾的指控是人所共知的事實。跟着繼續開會，但事情並沒有了結。

兩天後，德穆蘭又被召答辯，他承認他的文字可能對溫和派太溫和。羅伯斯庇爾又站起來為他辯護，但說的話卻大出德穆蘭意表。「我好幾次為卡米爾辯護了。這陣子我反思了他的性格，今天，我的辯護與前不同。卡米爾答應過在他的《舊科德利爾》裡刪除滿紙的政治邪說、錯誤和不對頭的建議。但是，這刊物的驚人銷量和貴族們對它的高度讚揚使卡米爾趾高氣揚，並沒有放棄這條錯誤的路線。他寫的東西有危險，它們滋養敵人的希望、縱容公敵的歹毒。……卡米爾寫的東西需要被譴責，但也得小心分開他個人和他的寫作。卡米爾是個有好性格但被寵壞的孩子，交了損友而被誤導。我們需要對他寫的東西，連布里索也不敢表達的東西，表示抗議，但要保存德穆蘭在我們之中。因此，我要求把卡米爾的期刊在會上燒掉。」

德穆蘭呆住了。他以為羅伯斯庇爾會支持他寫的東西，他甚至以為他是羅伯斯庇爾的喉舌，他更不能忍受羅伯斯庇爾對他像恩賜的「寵」。於是，毫不考慮地叫出來，也沒有口吃：「這很好，羅伯斯庇爾！但我的答覆，就像盧梭一樣，『燒不是個答案』。」這句大膽的話也挑怒了羅伯斯庇爾。丹東見狀，想平息雙方怒氣，說：「不要害怕，卡米爾。羅伯斯庇爾剛才給你這個嚴厲的教育是出於他對你的友誼。」但羅伯斯庇爾也怒火難下：「既然卡米爾仍要為他寫的東西辯護，那麼，不燒也罷！我們就決定讓他污辱蓋身。既然他固執於他無理的抨擊和危險的意見，我們的雅各賓會就不再壓抑它的義憤。很明顯，我錯估了他僅是被誤導。如果他真是憑良心的，如果他只是因為心地單純而寫出這些東西的，他就會不敢堅持這些被愛國志士排斥、被反革命分子歡迎的東西。他的勇氣是假的，顯示

出後面有人主使，顯示德穆蘭是某些卑鄙派系的工具，利用他的筆去無恥地和無懼地散播毒素。就讓卡米爾用自己的嘴去審判他自己，讓他馬上在會上宣讀他的期刊。」跟着，轉身面向德穆蘭，怨恨和激怒地說：「你要知道，假如你不是卡米爾，我不會對你這樣縱容。你仍為自己辯護就證明你用心不良。」

德穆蘭勢成騎虎。會上馬上由一名記錄員宣讀《舊科德利爾》第五期，跟着是其他的期次（那時第六期雖已完稿，但還未出版），一直讀到第二天。最後由羅伯斯庇爾作總結，他指摘德穆蘭既講真話又講假話，既有聰明又有自欺；雅各賓會開除他的會籍與否無關緊要，他只是一個人；國家利益現在受到兩個黨派威脅——反革命和極端革命。「在我眼中，卡米爾和埃貝爾犯了同樣的錯」，這也許就是羅伯斯庇爾後來鏟除德穆蘭和埃貝爾兩人所代表的意識形態的伏線。

德穆蘭當然知道處境危殆，知道走下去會有甚麼樣的結局。羅伯斯庇爾的態度使他睜開了眼，但他並未後悔他的立場。當時，他並未被開除雅各賓會員的會籍，但從此很少去開會。而比雅各賓會更極端的科德利爾會（當初由丹東和他當家，現今由埃貝爾派把持，由長褲漢支撐）通過了一個有不祥預兆的決議：「卡米爾雖然曾為革命立了很大的功績，他已被開除會籍，並失卻我們的信任。」

摧毀埃貝爾和支持者，德穆蘭功不可沒。他可能希望功可補過，逃出大難，又或者他以為丹東可保住他。丹東鄙視公安委員會和它的所為，當他知道它陰謀陷害他的時候仍堅信「他們不敢」。但是，他在革命關鍵時刻退隱使他與群眾意識脫了節，大大削弱他的影響力。恐怖統治使這個發動第二次革命的元老顯得溫和，甚至軟弱。另一個角度來看，事事嚴謹的羅伯斯庇爾也許認為天馬行空的丹東對革命是阻力多於助力。德穆蘭知道他的革命戰友有些與他反目，有些與他疏遠，他位孤勢危，但他也許相信「人民」不會犧牲他。可是他仍未察覺到革命的領導人已經一一被「人民」遺棄——馬拉波、拉法耶特、布里索——現在要輪到他了。

《舊科德利爾》第 7 期寫於 1794 年 3 月，但要到他死後才出版。它的內容比前幾期更勇，尤其是有關羅伯斯庇爾的部分，「這些暴君永不缺藉口利用誹謗去消滅讓他們不悅的人」。這一期的形式是他與一個想像中的「舊科德利爾人」對話。他把羅伯斯庇爾比擬為屋大維，丹東比擬為安東尼⑦。當印刷商看到手稿，嚇得馬上說不能印行。我們可以想像，若是出版，德穆蘭更難逃一死。

3 月底，埃貝爾和同黨們都被羅伯斯庇爾策動的公安委員會送上了斷頭台（3 月 24 日），快要向丹東的姑息派開刀的消息傳得很盛。德穆蘭在街上碰上一位舊日老師，當時他腋下夾着一疊紙。這位老師說：「卡米爾，你夾着的是甚麼東西？」他回答：「是我的《舊科德利爾》，想拿一份？」「不，真的不！太危險，要燒的！」「懦夫。」德穆蘭笑道，跟着引述他經常愛用的一句拉丁銘言，「吃罷、喝罷，明天我們都會死！」

對姑息派的直接行動在 3 月中開始，也就是埃貝爾派被整肅之後（但處死之前）。首先是公安委員會驅逐親丹東的委員。丹東的親信勸他逃，他無動於衷：「有甚麼用？拒抗？不，血流夠了，我寧願自己死，我寧願自己上斷頭台而不是送人上斷頭台。」其他人再三地勸，他的回應是：「一個人是用他的鞋跟去愛國的嗎？」但他仍相信公安委員會不敢動他。

謠言到處說公安委員會要馬上動手了，但委員諸公們一言不發。有關羅伯斯庇爾的立場，那時的一個說法是他表態不會因與丹東的個人關係深厚而去營救他，他會為共和的存亡遺憾地犧牲朋友。

3 月 29 日，也就是埃貝爾上斷頭台後的第 6 天，巴黎突然爆發反革命情緒。極端派被整肅使某些人認為恐怖統治要結束，甚至會有平反。那晚，有人在雅各賓會上抗議，並把這些反革命活動歸咎於溫和派。公安委員會之一的德布瓦（也就是兩個多月前在雅各賓會上帶頭指摘德穆蘭的那個）馬上作出回應：「靜下來！這些計劃注定失敗。我們迅雷般打擊了欺騙人民的壞分子（他指埃貝爾派），撕下了他們的面具，但他們不是唯一的！⋯⋯我們會撕下所有的假面具。姑息派不要以為我們是為他們而作

戰！……不用等多久，我們會知道怎樣去揭發他們。」這可以說是公安委員會要對丹東派發難的先兆。

第二天，公安委員會召集相關委員會議事（這是公安委員會為加強重大決定的政治合法性的一貫做法）。會上，由羅伯斯庇爾的親信與夥伴聖茹斯特 ⑧ 為主要發言人，力陳丹東派的溫和主義和反動。建議逮捕所有姑息派人。各有關委員會共簽拘捕令，只有幾個人拒簽。會後，拒簽的就派人去通知丹東逃命，丹東拒絕。

禍不單行。當天早上德穆蘭接到父親來信，通知他母親去世。德穆蘭多次對父親說要回鄉探望，總未能成行，如今成永別。晚上，德穆蘭無法入睡，整晚坐着，愁思澎湃。露西爾陪着他，但最後支撐不住，到隔房稍息。為分散愁思，德穆蘭修改剛由印刷商送回來的《舊科德利爾》第 7 期稿。他一定知道這將是他的遺言。

早晨 6 時左右，寂靜的街上傳來一陣喧鬧，皮靴踏步聲，劍套着地聲。德穆蘭推開窗，伸出頭望，一隊士兵站立在他家門前。他早有心理準備，毫不猶豫地走到隔室，妻子睡着，幼子在她旁邊的小搖床上。看見妻兒那麼地安寧，他猶豫了，怎樣跟他們說？「他們來捉我了。」他靜靜地說。妻子醒來，不知所措。德穆蘭匆匆地拿了幾本書，放在小匣裡，包括《墓地的沉思》（*Meditating Among the Tombs*，James Hervey，1714－1758）和《夜思》（*Night Thoughts*，Edward Young，1683－1765）。他跪在小搖床邊，親吻幼子，然後轉過身來，與妻子作最後的擁抱。跟着下樓，開門，士兵圍上來，用大繩狠狠地把他綁起來。鄰居們有醒來的，在窗後觀看德穆蘭被帶走。

丹東和其他人也同時被捕，兩天後開審。48 小時內，德穆蘭寫了兩封長信給妻子，是情書、史書、絕命書。

頭一封。

　　我的露西爾、我的 Vesta ⑨、我的天使，命運帶引着我的視線從監

獄走到公園⑩，那裡，我追求了你 8 年。看見盧森堡公園令我想起一大堆對你的回憶。我雖然孤零零，但思維和想像力並沒有離棄我，我幾乎可以感覺到你的身體。你的母親，我的小霍勒斯⑪。

我寫這封信只是想拿些必需的東西。但我要用在獄中的所有時間給你寫信，因為我再無需執筆為自己辯護。我的辯護全在我寫的 8 卷文章裡。它們是我良心安息的好枕頭，正等待法庭和後世。

噢，我的好露娣⑫，談別的吧！我要倒在你的膝蓋上，我要伸手擁抱你，我抱不到我可憐的露露⑬……

送一個水壺過來，那個有「C」和「D」的：我倆的名字。送一張床單給我，和我幾天前買的那本 12 開的書，它有些空頁，是用來寫筆記的。這本書討論靈魂不滅。我有需要說服自己神是存在的，比人更公平，而我與你一定會相會。親愛的，不要太受我的想法影響。我對人和對自由並未絕望，是，我的至愛，我倆一定可以在盧森堡公園見面，但送那書過來。再見，露西爾！再見，霍勒斯！我不能擁抱你，但，通過我流下來的眼淚，好像我仍抱着你在我的胸膛上。

第二封，最後一封。

仁慈的睡眠短暫地消除了我的苦惱。睡着的時候最自由，沒有被囚禁的感覺，上天可憐了我。在夢中我只看到你一剎那，我輪流地擁抱你和霍勒斯，但我的小寶貝因意外受感染失了一雙眼睛，我很悲傷，就醒來了。我發覺自己在小監房裡，天也剛亮了。不能再見到你和聽到你……我起來，最低限度我可以給你寫信。但一打開窗口，孤獨的感覺，那可怕的把我倆分隔的門鎖，粉碎我靈魂的安穩。眼淚湧出來，或是我低泣，在墳墓裡叫「露西爾、露西爾，你在哪裡？」

昨天晚上，我也曾有同樣的一刻，當我見到我媽在公園，我的心在痛，我身不由己地跪在門鎖前面，我合掌好像在懇請她憐憫……

我在牆上發現一個小隙，我把耳朵靠着去聽，我聽到一聲歎息。我細聲地說了幾句，回應的聲音像個受苦的病人。他問我的名字，我說了，「噢，我的天！」跟着我聽見他跌回床上。我清楚聽出是法布爾[14]，我問他。「是，我是法布爾。」他應道，「但，你關在這裡！反革命成功了？」我們不敢再多說，如果被人聽到，恐怕仇恨會連這小小的慰藉也剝奪了……

但最親愛的，你不能想像單獨監禁是甚麼樣子的，沒有道理，沒有盤問，沒有一張報紙。就像既是生存，又是死亡，存在只令人感覺是存在於墳墓裡。人說清白使人平靜、勇敢。呀，我親愛的露西爾，我的至愛！我的清白使我軟弱，像個父親，像個兒子，像個丈夫！

如果是皮特或 Cobourg 如此苛待我[15]，但，是我的同志！是羅伯斯庇爾簽我的拘捕令，是我奉獻多時的共和政權！這就是我為她作這麼多犧牲的回報！……

是我在過去 5 年來因共和政權而招來對我的仇恨和毀滅。我在革命中堅守廉潔，我只求你的原諒，我親愛的露娣，只有你原諒了我，因為你知道我的心，雖然我有所有的瑕疵，你不認為我配不上你。是那些自稱是我朋友的、自稱是共和中人的把我扔到監獄裡，單獨囚禁，好像我是個陰謀者。蘇格拉底被判服毒，但至少他在獄中可以見到他的朋友和妻子。要與你分開是最難受的。最重罪犯的最重刑罰不是死，是與他的露西爾分開，死的感覺只是一剎那的痛苦。一個有罪的人不可能做你的丈夫，而你愛我只是因為你知我的生存完全是為了謀求我同胞的幸福。

他們要召我了……

剛才，政府的委員來盤問我，只問一條：我有沒有謀反共和。這麼地嘲弄，他們怎能這樣侮辱這個最純潔的共和主義者，我看見在等待我的命運。再見。

從我身上看到人的野蠻和忘恩。我的最後一刻一定不會讓你蒙羞，你現在知道我的恐懼是有道理的，我的預感是對的。我娶了一個德行如此之美的妻子，我做了個好丈夫、好兒子，我也可能會是個好父親，我抱負着所有真誠共和者、所有愛護德行和自由者的驕傲和遺憾。我死於34歲，但奇跡般地在過去5年裡無險地越過革命的許多懸崖峭壁，並沒有掉下去，我仍活着。我安詳地把我的頭放在我的文章堆起的枕頭上——數之不盡——但它們呼吸着同樣的對人類的愛、同樣的為同胞謀求幸福和自由的願望，暴君的斧頭不能觸犯。我清楚地看到權力使所有人陶醉，他們會像大狄奧尼奧斯⑯所說的，「暴政是個很好的墓誌銘」。

悽慘的寡婦，安慰你自己，你的卡米爾的墓誌銘會更光輝，它會是布魯圖斯的和加圖的，殺暴君者的。

噢，我親愛的露西爾，我生來是寫作的，去保護那些不快樂的人，讓他們快樂……我曾夢見全世界景仰的共和國。我不能相信人可以這樣殘忍和不公。我怎會知道我對刺激我的人的戲謔會使他們抹殺我的貢獻？

我不能自己欺騙自己，說我的死是因為那些戲謔和我與丹東的友情。我感激我的兇手讓我與他同死，既然我的同志們懦弱地捨棄了我們並接受了連我也不知道的誹謗，雖然有人告訴我是有關嚴重的事情，我只可以說我的死是由於我們有勇氣去指控賣國賊和我們熱愛真理。我們可以死而有知，知道我們是最後的共和者。

原諒我，我最愛的，我的真生命，我在分離後仍然念念不忘我們兩人的記憶。我的露西爾，我的好露露！為霍勒斯活下去，對他說我。你要對他說他現時不能明白的，我會好好愛他。我作了犧牲，我相信有神。我的血或會洗盡我的過失，這些都是人類共通的弱點，但神會賞報我努力去做的好事、我的德行和我對自由的愛。有一天我會與你相見，噢，露西爾。死亡是不是大不幸，如果它能夠把我從這個

罪惡的世界解救出來？

再見了，我的生命、我的靈魂、我在世的神明。我把你交託給我的好朋友——人類中有德行和有德性的人。我看見生命的彼岸在眼前後退。我仍看見露西爾，我看見你，我的至愛，我的露西爾！我用我被綁着的手擁抱你，我斷了的頭顱上的眼睛仍然望着你。

有史家說德穆蘭在獄中寫過信給羅伯斯庇爾，但未能證實。羅伯斯庇爾當時的態度可以在他妹妹的回憶錄上看到一點：

> 我哥哥很愛卡米爾·德穆蘭……他們是同學。當他聽到他被捕和收監在盧森堡，他去獄中探望他，去懇請他重返他因為親近保王分子而離棄了的革命原則。卡米爾拒絕見他。其實，如果我的哥哥能夠說服他棄絕政治異端，他可能會為他辯護，或者救下他，而不至於把他交給革命法庭的可怕審判。丹東和德穆蘭是緊密關聯的，他不可能救一個而不救另一個，所以，如果卡米爾不拒絕他的援手，卡米爾和丹東都不至於死……卡米爾出版的《舊科德利爾》責難革命分子，因此，是責難革命，這不但是不智，更是罪。我的哥哥曾對我悲痛地說：「卡米爾在毀滅自己。」他好幾次為他辯護，也好幾次把他挽救，像兄弟一樣地跟他說話，但都枉然……雖然他很受人愛戴且有非凡的影響力，他的話（指對卡米爾的辯護）只得到微弱的反應。之後，他明白嘗試挽救卡米爾只會帶來對自己的毀滅。

在恐怖統治的政治現實面前，羅伯斯庇爾要做出友情與自保的取捨。

丹東派被捕震驚整個國民公會，只有一個人起來發言辯護，但馬上被羅伯斯庇爾叫停，因為他不想丹東有在國民公會發言的機會，以致影響大局，要盡早把他們移交到革命法庭審訊。4月1日，犯人解往法庭，在

法庭的前堂，丹東發表了的他的名句，「是我建立了革命法庭，請神和人原諒我！我的目的是想防止新的九月大屠殺，而不是想它成為一個人類的災難。我留下了一團糟……這些該隱 ⑰ 們一點也不知統治為何物。羅伯斯庇爾會步我的後塵，我會拖倒他的。做一個窮漁夫比做一個統治者好得多。」⑱

　　4 月 2 日提審，有意地安排不同人等同時被審：有丹東派的 6 個人，又有被控受賄、偽造和其他反政府罪行的人，目的是把丹東等人打成普通罪犯。下面是來自一個被召但未被選上做陪審員的個人筆記：

> ……犯人繼續報名，丹東說：「我名字是丹東，以前是律師，之後是革命分子和人民代表。我居住的地方馬上就沒有了，之後，住在史書的眾賢祠。」德穆蘭的名句：「我三十三歲，是長褲漢耶穌的年紀 ⑲，每一個愛國志士的關鍵年齡。」丹東派的其他幾人都很精彩：「我叫……，就算在聖人中也不是個很突出的名字。我坐在這裡是因為國民公會諸公討厭我。」「我來自斯特拉斯堡（Strasbourg，法國北部城市），是步兵團的軍士，我要求在人民面前赤裸，好使他們看見我有 7 處傷口，都在前面，而後面只有一道傷口 —— 對我的誣控。」

　　頭一天提審的都是些經濟罪疑犯，法官儘量把丹東們的提審壓到最後，因為他害怕法庭上密集的人群會被丹東煽動。但丹東在最後還是有機會站起來，他要求一個由國民公會代表組成的委員會去審判他和其他丹東派分子，因為他抗議公安委員會的獨行獨斷。法庭當然不能答應，但又沒有足夠的理由去斷然拒絕，法官匆忙地宣佈退庭，跟着立即趕去公安委員會求請示。當時只有兩名委員，決定拖，因為革命法庭有規定，如果經過 3 天的聽審，陪審團就可以宣佈已有足夠的證供去裁決，無需再聽下去。

　　第二天，拖到很遲才開庭，但法庭不能不讓丹東發言了。法庭內外都擠滿了人，丹東站起，以洪鐘般的聲音去嚇唬證人。有人指控他被王室

收買，「我賣自己？像我這樣的人是無價的！指我受賄的人拿出證據來，半個證據、一點兒證據！……我太累了，我不想活了，活着是個負擔。」跟着一一回應別人對他的指責，又一一點評革命中人：「馬拉，火爆；羅伯斯庇爾，固執；……我，有我的用處。」一次又一次，法官制止他如奔流般的雄辯：「丹東，你的無畏不是你無罪的證明，你要答得有條有理。」丹東仍滔滔不絕。人群有微點頭，有暗鼓掌。法官開始焦慮和煩躁：「你聽沒聽到我的鐘聲？」丹東吼道：「一個為生命而辯的人鄙視你的鐘，他要大聲呼嘯……，只要我們被容許說話，自由說話，我肯定駁倒這些指控我們的人；如果法國人民真的是法國人民，我或許還要幫這班無賴求饒。」德穆蘭也插進來：「呀！我們一定要被容許說話，這是我們唯一的要求。」整個法庭的氣氛緊繃繃的，被告們堅持要召有關的國民公會代表作證，法官堅拒。丹東說：「你不傳證人，好，我就不再作辯。我要為我衝動的表現道歉，這是我的個性。」法官乘機抓住這一刻，說丹東好像累了，讓他延遲到明天再作辯，就宣佈退庭。其實公安委員會有委員在法庭旁邊一個暗室聽審，他們也知道如果不禁制丹東，定會出事。

第三天，也是很遲才開庭。雖然丹東要求立即發言，但法官仍先叫其他人答辯。被告們仍堅持要召證人，法官最後說：「好了，不要吵了，這對法庭和來聽的人都是丟臉的。我會寫張紙條去國民公會問他們想怎麼辦，然後我就照辦。」跟着他馬上寫，但不是給國民公會，是給公安委員會：

> 開審以來就是一場大混亂……瘋了的被告們要傳證人……法官和陪審團都很堅定。但他們煽動公眾，他們的抗議擾亂了法庭，他們大聲宣佈說除非證人作供，否則不會收聲……我們懇請你們給我們肯定的指示，因為司法規條不容許我們拒絕他們……我認為唯一可以制止他們的辦法是由你們下政令。

當然，下政令不是合法，只是權宜。公安委員會諸公也知一旦讓丹

東對質證人，情況就不好收拾了。但怎樣找藉口去拒絕，等拖到第三天結束時好讓陪審團有合法程序作出裁決？他們發覺手裡原來拿着王牌，是如此的。

狄龍將軍與德穆蘭夫婦的友情，眾人都知（見上）。此時，他也被囚在盧森堡監獄。酒後失言，被另外一個囚犯聽到了，此人想藉出賣他而獲釋，就轉告公安委員會佈置在監獄內的一個線人（這是恐怖統治期內的典型統治手法）。兩人於4月2日把事情告發給公安委員會，繪聲繪色地形容為獄中造反的陰謀，這個出賣狄龍的人說狄龍告訴他，真正的共和分子應該在此刻起來反抗暴政，說如果丹東在革命法庭上自辯成功而獲釋，可利用他已經匯給德穆蘭妻子的一大筆錢去煽動群眾暴亂。

公安委員會沒有追究事情是否屬實，就向國民公會遞報告，要求馬上召開緊急會議，商討如何處理。報告上是這樣寫的：「革命法庭的主控官通知我們，由於被告們擾亂，法庭程序被逼停止，要等待國民公會的處理⋯⋯無罪的為何會抗拒法律？被告們的大膽妄為就是足夠的罪證⋯⋯狄龍下令他的部隊向巴黎進發，並宣稱德穆勒的妻子收了他的錢去鼓吹暴動、謀殺愛國分子和推翻革命法庭⋯⋯。」最後，報告書還建議國民公會頒佈以下的政令：

> 　　國民公會命令革命法庭依以下訓示去處理有關丹東⋯⋯的陰謀。法官要採取任何法律容許的手段去使法庭的權威備受尊重，壓制被告們所有騷擾公共安寧和妨礙公義的行為⋯⋯政令是，所有被控犯陰謀罪的如果抗拒或侮辱國家司法就被剝奪公民權並立即被判處。

這雖然是公安委員會的「報告」，但一提到「狄龍將軍的監獄陰謀」，國民公會諸公早就嚇壞了，一致通過公安委員會建議的政令。

在法庭那邊，丹東已恢復發言，群眾也開始有反應。就在這關鍵的一刻，公安委員會的使者帶來政令，並立即宣佈。丹東跳起來叫：「我要所

有聽到我說話的人做我的證人，我們並沒有侮辱法庭。」人群中開始有人喃喃應聲。法官裁定丹東的暴叫就是構成「抗拒和侮辱國家司法」，馬上下令要把所有被告帶走，於是審訊結束。丹東等人憤怒得很，但最傷心的是德穆蘭，他悲痛地呻吟：「這些無恥之徒，這些臭名的無恥之徒！殺了我還不夠，還要害我的妻子！」他撕碎他寫好的辯詞，扔向法官，不肯離開，要幾個人才拖走他。

審訊結束就到了陪審團審議。有傳陪審團內部意見不一，甚至大部分陪審員想判無罪開釋。第二天大清早，公安委員會委員們就與法官和主控官開會，之後，法官和主控官就到陪審團審議的房間，說服他們在沒有更多的證據和證人之下就作出判決。事情就這樣決定了。死刑是逃不過了，而且在陪審團仍在審議之際，判詞已經在排版。

被告們被帶到法庭的前堂聽判詞，他們都拒絕聽。丹東嚴肅地說，「有甚麼用，你乾脆帶我們去斷頭台好了。我不會聽你的判詞。我們是被暗殺的，那就夠了。」德穆蘭縮在一角，雙手掩臉，全身顫抖地飲泣，零零碎碎，斷斷續續地聽見他說：「露西爾……，我的小霍勒斯……噢，我的愛人！他們會怎樣？」

當日下午，要做行刑前準備：剃頭、剪開襯衣領子、雙臂後置。德穆蘭完全崩潰，行刑官要把他縛在椅上，等到丹東把露西爾的一束頭髮放在他手裡才稍微安靜下來。五點鐘，兩架雙輪馬車來了，囚犯們一個一個上車，坐在木板凳上，發抖的德穆蘭坐在如磐石般的丹東旁邊，大群人在圍觀。車走得很慢，沿途聚滿了人，有謾罵的、有譏諷的。其他同車的都像夢遊，只有德穆蘭又激動又淒涼。

斷頭台下，囚犯們被逐個推上去受刑，輪到德穆蘭，他手中仍拿着露西爾的頭髮。他交給行刑官：「請把這送交她的母親。」行刑官把他的頭推到刀下，最後的半句，「噢，我可憐的妻子……。」這是4月5日。

露西爾在4月4日被捕，也就是德穆蘭上斷頭台的前一個晚上。有證人說露西爾自願地甚至欣然地被帶走。好像上天有安排，德穆蘭的妻子和

埃貝爾的妻子同囚禁在一起，同日上斷頭台。三天的審訊期間，露西爾保持安詳，被宣判死刑的那一刻，她雙目發出喜悅的光芒：「多麼地快樂！過幾個鐘頭我會再見到我的卡米爾！」跟着，她對法官說：「離開這個沒有愛情的世界，我比你更不需要憐憫。你的死將會是聲名狼藉，你死的時刻你會被所作所為的自責折磨。」埃貝爾的妻子跟她說：「你真幸運，沒有人說你壞話，你的性格無瑕，你會從華麗的大樓梯離開這生命」。她安慰被她連累的狄龍，但當狄龍反過來安慰她時，她說：「你看看我的臉孔，這是一個需要安慰的女人嗎？」她是 4 月 13 日上斷頭台。

　埃貝爾、丹東、德穆蘭都被殺了，科德利爾會社也跟着被禁了。同時，巴黎革命公社內部最激進分子也被肅清，革命軍被解散，糧食囤積檢舉督察隊被解職。公安委員會在不自覺地自掘墳墓，道理如下。名義上，公安委員會是國民公會委的，國民公會是主人，有任免之權。但國民公會代表們害怕的是公安委員會能夠號召和調動巴黎革命公社和長褲漢武裝（也就是最激進分子）。相對地，巴黎公社和長褲漢隊伍則需要公安委員會替他們出頭去爭取對他們有利的政策和資源。最激進分子被清除了，國民公會的代表們的膽子就大了。公安委員會諸公憑藉民間武裝，握了生殺大權，但這股力量又好像是任性的、失控的，誰能不害怕？如今，公安委員會的爪被拔了，國民公會代表們能不想乘機翻身？就算不是為公，也求自保。

　科德利爾派（包括最激進的埃貝爾派和次激進的丹東派）被打壓了，羅伯斯庇爾達到權力頂峰。但做了皇帝還想升仙，做了獨裁者還想做神。埃貝爾是絕對無神論者而且極端反宗教，因此他在最得意時建立「理性崇拜」。羅伯斯庇爾是盧梭的忠實信徒，有泛神意識，相信大自然本身就是神。同時，他清楚法國人民仍有強烈的基督宗教熱忱，絕對的無神主義會製造人民對政府不必要的反感。1794 年 5 月 7 日，也就是在清除了所有敵人之後（那時他仍未知敵人背後仍有敵人），他在國民公會上帶頭通過成立「最高存在者宗教」（Cult of the Supreme Being）的決議，並在 6 月

8 日帶領大眾舉行盛大慶典。當時,已經有人指指點點,說他有神化自己的意思。剛好兩天之後,他又成功策動國民公會通過新法案「Law of 22 Prarial」(以革命曆法命名,即西曆的 6 月 10 日),其實可稱為《新嫌疑法》(相對於 1793 年 9 月 17 日恐怖統治剛開始時通過的《嫌疑法》),容許革命法庭在沒有證人的情況下定罪,並且把判決簡化為不是無罪釋放就是上斷頭台(也就是取消監禁,部分原因是監獄都擠滿了)。從此,斷頭台不再是一個個人的處決,而是五六十個人,一批批地奪命。在人人自危之下,羅伯斯庇爾的敵人開始部署。

其實,這應該是革命最安穩的時刻,經過幾年改編和重新訓練的法軍在 1794 年 6 月 26 日擊敗普魯士和奧地利聯軍(稱「弗勒呂斯〔Fleurus〕大捷」),完全解除外敵的威脅。假如公安委員會團結一致,憑它的實力和號召力,內敵是無法得逞的,但他們之間卻出現內訌。要知道,委員們有共同的利益,但沒有共同的理想。工作的壓力使他們疲於奔命,累了,小分歧變成大衝突,小爭端變成生死鬥。羅伯斯庇爾的健康日下,易發怒、不饒人,使人覺得他冷酷(1794 年 6 月底到 7 月 23 日都未參加開會)。委員會內,他的對頭是代表長褲漢利益的比約・瓦倫⑳和德布瓦。這兩人當然也是山嶽派中人,但他們與羅伯斯庇爾的矛盾是他們極端反宗教,而羅伯斯庇爾則鼓勵宗教 ── 一個國家的宗教。委員會中也有人想調解,但羅伯斯庇爾疑心重,要先發制人,結果弄巧成拙。

謀算羅伯斯庇爾的人,有為了意識形態的,有為了自身安危的,也有吉倫特派的殘餘、埃貝爾派的漏網之魚和為給丹東報仇的。他們與右派合謀,但推翻羅伯斯庇爾的還是他自己。1794 年 7 月 26 日,羅伯斯庇爾剛恢復工作幾天,他在國民公會上指出「敵人在破壞政府團結」。但當代表們要他說出誰是破壞團結的賣國賊時,他又不說出來。於是,人們就作最壞打算 ── 誰都有可能被他整,人人自危。當天晚上,他的山嶽派中敵人就和騎牆的平原派密謀「政變」。翌日,國民公會剛好是由德布瓦當主席。聖茹斯特上台為羅伯斯庇爾辯護,堅稱《新嫌疑法》是絕對需

要的。憤怒的代表們竊竊私語，有幾個衝上台要拉走聖茹斯特，有人高叫「打倒暴君！逮捕他們！」關鍵的一刻，羅伯斯庇爾好像突然失卻他的辯才，窒口窒舌地向右派代表懇請給他發言機會，右派代表們不為所動。國民公會下令馬上逮捕羅伯斯庇爾和同黨。混亂中，他和黨人避入市府大樓。巴黎革命公社知訊，馬上號召各區，要「起義」營救，結集了兩三千人馬。國民公會也召集人馬，並宣佈凡支持羅伯斯庇爾的都會被剝奪法律的保護，也就是可以無需審判直接處死。市府前一片混亂，革命公社的人馬缺乏統一指揮，到了次日凌晨就星散。國民公會的一隊人衝入市府，逮捕了羅伯斯庇爾（他面部受了槍傷，但不清楚是被人射傷的還是自殺未遂）。當天，未經審訊就上了斷頭台。第二天，另外 71 名同黨（包括巴黎市長）被處決，是整個大革命中被處死人數最多的一天，史稱「熱月政變」[21]。

權力馬上轉移回丹東派（丹東雖已死，但丹東派勢力仍在，主要代表資產階層利益）。恐怖統治期間的所有法案措施差不多全面翻案，包括恢復宗教自由；《新嫌疑法》被取消（被囚的獲釋）；革命法庭被削權；巴黎革命公社被國民公會委任的行政官取代；公安委員會行政權被削；政府的行政分工於 16 個委員會。至於發動政變的德布瓦和比約・瓦倫，到年底時也被逮捕。

由丹東派支配的國民公會恢復自由經濟，取消物價管制，經濟大災難重現，物價飛漲、貨幣崩潰（實質價值只有票面價值的 3%）、瘋狂投機，經濟差不多停頓。1795 年開始更鬧饑荒，最苦的是農村的佃工。到處有起事，連巴黎也開始缺糧。有地區向國民公會發出訴求：「我們開始後悔我們為革命所作的犧牲。」國民公會宣佈，凡發表煽動政變的言論者處死，並開始分發武器給「好市民」（中產階層）去保衛政府。

其實，在熱月政變之後，雅各賓會社雖被關閉，雅各賓派仍有一定勢力和實力，只是等機會捲土重來。1795 年 3 月 30 日，巴黎各區開會，商討如何處置公安委員會中比較激進的委員、應否重新開放政治會社、如

何處理在 1793 年 7 月 24 日通過的憲法（也就是所謂的雅各賓憲法）。那時，巴黎各區也分裂為市中心與西面的親丹東派區（雖然丹東已死）和東面的親山嶽派區（雖山嶽派已敗）。兩天後，親山嶽派長褲漢衝入國民公會會場請願。國民警衛軍開到，群眾既沒有人領導，也沒有武器，被逼退出。他們認為雅各賓憲法才是解決經濟與政治危機的唯一辦法，有人（羅伯斯庇爾）甚至後悔恐怖統治不再。

那時，國外法軍節節得勝。恐怖統治期中的膠着的軍事狀態到 1795 年夏天，也就是恐怖統治結束後，有了轉機。荷蘭建共和，成為法國的衛星國，各國也放棄攻法。到 1795 年 4 月，除英與奧，其他各國與法媾和。這使政府信心十足。

但是到了 5 月，長褲漢再暴動，再次衝入國民公會會場，支持山嶽派的殘餘分子（叫「山頂」[Crest]），[懾服了其他代表，通過若干山嶽派的提案。但在混亂中，並未有正式解散國民公會就散去（也就是說國民公會仍可行使權力）。兩天後，國民公會召 2 萬軍隊，包圍作亂的各區，群眾猶豫之際，就被解除了武裝。從此之後，「人民」就只能做政治的旁觀者或犧牲品了。

1795 年 6 月 23 日，新憲法起草完畢，8 月 22 日通過，9 月 23 日公佈公投結果 ②。為避免立法代表們獨裁，新政制模仿美國式的權力制衡，立法權歸 500 人的下院，核法權歸 250 人的上院，並設立 5 人的「督政府」（Directory）行使行政權。為保證憲法不會被下一個議會改動，規定新議會的代表必須有不少於 2/3 來自現有的代表，叫「三分之二法」。憲法獲得絕大部分人支持，但對「三分之二法」就有不少人抗議，因為它維持「現狀」，而「現狀」是代表丹東派把持大權，跟當時的政治氣候很不吻合。熱月政變成功消滅激進左派的勢力，卻變相恢復蟄伏多時的保守勢力的合法性。新選的議會代表有不少是傾向保王、保教會的右派，與丹東派的共和意識有所衝突。右派進入國民公會之途被「三分之二法」擋住，於是右派的激進分子也要起義了。

其實，保王、保教分子對革命的反撲早在 1793 年 3 月已播下種子。在保教（天主教）根據地的法國西部旺代地區，保王分子（尤其是「出走者」）與保教分子聯手武裝叛變，並有英國在後面支持，初時屢敗革命軍。公安委員會派了埃貝爾派的督軍強力殘暴鎮壓，包括集體溺斃婦孺，當地稱這支革命軍為「地獄部隊」。雙方都有暴行，估計總死亡人數達 25 萬。有史家甚至稱之為「滅種」之戰。亂事雖暫時平息，但熱月政變之後，保王和保教勢力重獲生機，英國更以金錢和武裝支持（包括以大批法國貨幣偽鈔去顛覆法國經濟），但動亂仍不成氣候，被政府軍（那時革命軍已被改編）屢次打敗。到了 1795 年 10 月，英國索性直接派軍加入，聯合保王派向巴黎進攻。巴黎市內的保王勢力也開始到處示威，更有謠傳巴黎的國民警衛軍準備全體反叛。國民公會㉓意識到敵人正面威脅首都，遂重新召集熱月政變後被解散的長褲漢武裝，但只有 5 千人，而保王方面則有 3 萬人。委派的三個指揮官有兩個見勢頭不對，一個託病，一個按兵不動，只有一個開出來與保王派對陣，勸服對方暫時放下武器，這是 1795 年 10 月 4 日的事。但保王分子看穿政府軍的弱勢，號召全巴黎各區政變。暴動分子和支持他們的叛變軍隊已差不多佔領全市。國民公會另委指揮官去負責國民公會安全。此時，年輕的拿破崙將軍趕到現場，被指令加入防衛。他提出條件，一切要由他做主。拿破崙要對付的保王派暴亂分子究竟是些甚麼人？

這裡要說一說恐怖統治之後的另一種「恐怖」。羅伯斯庇爾上斷頭台（1794 年 7 月 28 日）的第二天，巴黎街上就出現聯群結黨的年青人。他們身穿華服，拿着重重的手杖（稱之為「憲法」），到處追打和搜捕雅各賓分子和同情者。他們多是落難貴族和紳士的子弟，包括吉倫特派的殘餘和在革命期遭殺害或被清算者的後人。他們要復仇，在政府的縱容下打擊激進左派。反革命的「白色恐怖」（White Terror）開始。

在巴黎，有一部分男的叫「香男」（Muscadines，以他們身上的麝香香水氣味為名，是百姓給他們的貶詞），核心人數其實只有幾千人，政府

利用他們去填補恐怖統治過後的治安真空，以防雅各賓派反撲。一部分女的叫「勁女」（Merveilleuses），她們以薄若蟬紗的暴露衣着和敗壞道德的荒誕行為為標榜。這些都不同於恐怖統治期間長褲漢的簡樸，但行為同樣極端。巴黎到處都是舞會、狂歡會，戲劇和樂曲都是諷刺雅各賓的「暴政」，同時歌頌「復仇」。在恐怖統治結束後的兩年裡，他們在國民公會中有點勢力，甚至成功地鏟除雅各賓派在國民公會中的殘餘，政府高層領導也有屬這幫人的。

由保王分子和富家子弟組成的「耶戶團隊」[24]，採用當年雅各賓派和長褲漢的伎倆，到處追捕和屠殺雅各賓分子和長褲漢，重複恐怖統治期的手段。他們的口號是「血債血償」（blood that cries out for vengeance）。

近一年長的恐怖統治已使法國老百姓對恐怖麻木，因此，對反革命暴力好像視而不見。那時，雅各賓分子被形容為天生殘酷、兇暴、貪婪，是人民公敵。恐怖統治期間以革命事件命名的街道現今被改名，紀念碑被打碎，被懷疑者可以不經審訊就被監禁。與恐怖統治一樣，白色恐怖也牽連很多無辜。

今時不同往日，在巴黎鬧暴動的不是長褲漢，是「香男」，當然也有殘餘的保王分子和軍中的同情分子，但全是烏合之眾。10 月 5 日凌晨 1 點，拿破崙命令一個手下快馬去市郊軍營拖來 40 門大炮，部署交叉火網。5 點鐘，暴動分子試攻，被擋住。10 點鐘，大舉進攻。他們與保衛軍的兵力是 6 比 1，但暴動分子沒有重武器，幾炮就被打散了。拿破崙下令反攻，保王派潰不成軍。日後，卡萊爾[25] 有詩云：「一點兒葡萄彈……我們特稱之為『法國大革命』的東西就被打散在空氣中了。（A whiff of grapeshot...... the thing we specially call French Revolution is blown into space by it.）」

事後，政府也沒有太大的鎮壓，白色恐怖也停了，但拿破崙則被捧為「救國英雄」。幾天後，國民公會解散，督政府上場，大革命告終。督政府為德穆蘭翻案，下赦令。

作為人民代表、國民公會議員的卡米爾・德穆蘭，被判賣國處
死。他對人類的貢獻早被遺忘，國家現應表彰。

此後，督政府越做越腐敗、越無能。法國大革命帶來的抽搐持續近
30 年，也就是整一代人。大革命的左右派之爭爆發了恐怖統治，恐怖統
治引發出白色恐怖，拿破崙以成功鎮壓白色恐怖而成為國家英雄。他利用
法國人對革命理想的浪漫、對革命暴力的厭惡，再加上對昔日大國雄風的
懷戀，把自己塑造成一個眾望所歸的強人，使法國的大抽搐變成了西方的
大抽搐。

註

① 德穆蘭用的是 federalist 一詞，當時是指贊同各省與巴黎權力對等的吉倫特派，而雅各賓的
　　山嶽派則堅持權力應該集中在巴黎。
② 此人為 Nicolas Ruault，革命法庭陪審員、羅伯斯庇爾追隨者、印刷商，為戰爭部和革命法
　　庭做印刷品發了財。
③ 德布瓦（Jean-Marie Collot d'Herbois，1749−1796），出身是演員、劇作家，有點聲名。
　　革命一開始他就積極加入，他的演戲能力、寫作能力和組織大規模群眾慶典的能力使他成為
　　革命寵兒。當初他有君主立憲傾向，但越來越走向共和。第二次革命後他力主處死路易，也
　　是山嶽派中帶頭攻擊吉倫特派的主力。他與比約・瓦倫（見後）形影不離，同屬極端，主張
　　完全平等，打擊投機。1793 年 9 月，他加入公安委員會；10 月被派往里昂鎮壓保王和保教
　　動亂，極端殘酷，包括集體處決教士、修女，並開始拆毀城牆。公安委員會把他當嫌疑犯召
　　返巴黎。1794 年 5 月，他與羅伯斯庇爾都被人企圖暗殺，他知時日無多，就串同其他反羅
　　伯斯庇爾的人發動「熱月政變」。7 月 27 日那天，剛好是由他主持國民公會的議程，在會上
　　他就讓反羅伯斯庇爾的代表們展開行動。但是，他也同時被指控與羅伯斯庇爾通過公安委員
　　會實施暴政，他自辯得脫。但到了 1795 年 3 月，他終與好友比約・瓦倫同被流放到法屬圭
　　亞那（Guiana），死於 1796 年。
④ 埃貝爾是出了名的反基督宗教，德穆蘭譏諷他引用了聖經神跡。
⑤ 諷刺埃貝爾利用政治關係向國家，特別是軍部推銷《杜薛老頭》。
⑥ 德穆蘭是引用聖經上耶穌說的「一個罪人的悔改比 99 個無需悔罪的好人更能使神高興。」
⑦ 安東尼（Mark Antony，公元前 83−前 30），屋大維的對手，屋大維先依附他，但當羽翼長

　　成就消滅安東尼的勢力稱帝。

⑧ 聖茹斯特（Louis Antoine de Saint-Just，1767－1794），是國民公會的最年青代表。少年時代狂妄、放任，加入革命後變得嚴峻、無情。先有孟德斯鳩式的君主立憲傾向，但路易逃亡之後，就力主要把他當作賣國賊，立刻處死。得羅伯斯庇爾賞識，從此兩人形影不離。先被委入憲法修改小組（雅各賓憲法）再委入公安委員會。消滅吉倫特派不遺餘力。前線督軍，扭轉戰局，凱旋式回返巴黎。他鎮壓反革命但不屠殺，並召回若干殘酷督軍。在肅整埃貝爾派和消滅丹東派的大事上，他是羅伯斯庇爾往國民公會的「打手」。羅伯斯庇爾是恐怖統治的代名詞，聖茹斯特也被人稱為「死亡天使」。他的名言是，「革命之舟要通過鮮血染紅的海才能抵彼岸。」

⑨ 羅馬處女女神，主管家庭。

⑩ 政治犯囚禁在盧森堡公園（Luxembourg Gardens）旁的監獄。

⑪ 霍勒斯（Horace），德穆蘭孩子的名字。

⑫ 露娣（Lolotte），德穆蘭對妻子的暱稱。

⑬ 露露（Louloo）也是德穆蘭對妻子的暱稱。

⑭ 法布爾（Fabre d'Églantine，1750－1794），是演員、劇作家和詩人，相當有名。他認為戲劇有領導革命的使命，曾任科德利爾會秘書和主席，是丹東的私人秘書。他極端反宗教，是革命曆法修改的主要人物，主張「以理性的事實取代無知的幻覺，以自然的真理取代宗教的權威」。他個人私德好像有點問題。1793 年 9 月，羅伯斯庇爾已有意幹掉埃貝爾派，就在雅各賓會上譴責該派主要人物肖梅特的反宗教。法布爾覺得這對他也是危機，因為他也是極端反宗教。為討好羅伯斯庇爾，他就做了一分報告交公安委員會，說肖梅特有參與反政府陰謀。肖梅特當然逃不了，到 11 月，輪到法布爾了。羅伯斯庇爾得到密報說保王分子收買了法布爾去投票支持國民公會在關閉東印度公司之前做些動作，好使股東們賣空賺錢。羅伯斯庇爾對法布爾的犯罪行為很不滿，但他同時也明白這會對丹東極不利，因為法布爾與丹東有密切關係。於是，他在 1794 年 1 月 12 日先拿下了法布爾，之後，到 3 月 30 日，要向丹東開刀時，這就可以成為丹東入罪的證據。因為這樣，德穆蘭才在獄中遇上法布爾。最後，他們都在同一天上斷頭台。

⑮ 前者是英國首相，後者是普奧聯軍指揮，都是革命共和的大敵。

⑯ 大狄奧尼奧斯（Dionysius I of Syracuse，公元前 432－前 367），在西西里島和意大利南部建立希臘當時最強的殖民地。此人被公認為古代最差的暴君──殘忍、多疑、記仇，但同時他又有軍功和文采。

⑰ 該隱（Cain）是亞當與夏娃的長子，殺其弟亞伯，代表謀殺親兄弟者。

⑱ 丹東臨終前重歸天主教，有人指出，他這句話差不多肯定來自聖經，指聖彼得。聖彼得做耶穌門徒之前是漁夫，而耶穌招他為徒時要他放棄「漁魚」，轉去「漁人」。

⑲ 耶穌死時也是 33 歲。

⑳ 比約‧瓦倫（Jacques Nicolas Billaud-Varenne，1756－1819），父親是巴黎議事會的律師，雖然學法律但未執業，選做教師，但與校方意見不和，遂在巴黎議事會買了個律師名額。革

命開始就加入雅各賓會，極力反王室，主張共和，積極參與第二次革命，並有份九月大屠殺。路易死後，他把矛頭指向吉倫特派，主張向富人徵收特別稅、剝奪「反革命」分子公民資格、成立革命部隊、監視軍中前貴族分子、要求處死戰敗指揮官。因督軍有功（但特別殘忍），於 1793 年 8 月委入公安委員會。之後，他同時攻擊埃貝爾與丹東。埃貝爾與丹東被整後因感到自身情況危險，遂攻擊羅伯斯庇爾，把他形容為「溫和丹東分子」。對他來說，熱月政變來得有點意外，就在雅各賓會上表示不滿政變，有人在國民公會上指控他，國民公會成立專組追查（也包括追查其他公安委員會委員）。稍後，因雅各賓派反熱月政變起義失敗被牽連，與德布瓦等人被流放。拿破崙當政後輾轉紐約、海地，死於痢疾。

㉑ 熱月政變（Thermidorian Reaction），Thermidor 是法國共和曆的 11 月，相當於西曆 7 月 19 日到 8 月 17 日。這次政變也被稱「反革命」，以「熱月第 9 日」（即西曆 7 月 27 日）定名。

㉒ 新憲法摒棄 1793 年的雅各賓憲法，並且恢復「有資產才有投票權和公職權」。這憲法是以 1791 年路易承認的憲法（吉倫特派思路）為基礎。

㉓ 新憲法雖然在 1795 年 8 月 22 日通過，但國民公會仍未解散，督政府仍未上場，要等這場亂事結束，到 10 月 26 日才正式行新憲。

㉔ 耶戶團隊（The Companions of Jehu），耶戶是基督宗教古經時代的人物，他篡奪古以色列一個暴君亞哈（Ahab）的王位，殺掉萬惡的王后耶洗別（Jezebel），而這王后是用來代表雅各賓派的。

㉕ 托馬斯・卡萊爾（Thomas Carlyle，1795－1881），蘇格蘭散文作家和歷史學家，著有《法國革命》《論英雄、英雄崇拜和歷史上的英雄業績》。

第五章　解故事：第一次革命　半革命

　　國庫空虛，路易的稅改觸犯了貴族與教會特權，權貴與王權之爭驅使路易拉攏第三等級（平民，主要是中產）支持，撩動起他們對權力的慾念，造成四角互抗：國王、貴族、教士、第三等級。但是貴族與教士、貴族與第三等級之間也有矛盾，甚至貴族與貴族、教士與教士、第三等級內部的士農工商之間都是矛盾多多。奪權團結了革命，分權會肢解革命。

　　民生困難，外戰不休，路易王朝開始動搖；國庫空虛，被逼稅改，王權與貴族利益對峙。路易想利用資產階層力量抵消貴族與教會力量，遂召開大議會，並增加第三等級的名額，意圖平衡貴族（第二等級）與教會（第一等級）的勢力。

　　路易 20 歲登位。那時代，開明思潮澎湃，他也想像自己是個開明愛民的君主。但他的缺乏果斷和渴求民望是個可怕的組合，他下的旨意往往都表達愛民之意，但總因財力有限和貴族阻撓做不成愛民之事。他恢復地方的議事會（parlement），但結果是議事變成對時政的批評。在財政上他更把持不定：先用杜爾哥去搞自由經濟，人民不滿；改用內克去搞管制經濟，貴族不滿；起用卡隆去搞妥協，兩面不討好；罷免卡隆，任用代表貴族和教士利益的德布里安去推動稅改，但貴族們仍不買賬；於是再用有民

望的內克，以圖利用資產階層去平衡貴族階層，但又發覺內克太親近中上資產階層（內克本人就是金融家），遂罷免了他。兩天之後就爆發了巴士底獄事件，揭開大革命序幕。木訥、呆滯的路易在那天的日記裡只寫了一句話，「沒事」①。

如果沒有路易十六，法國大革命會不會發生？這是無法回答的。但可以肯定的是，大革命的觸發和軌跡與路易是分不開的。

絕對君權埋下了種子，路易開明顛覆了君權。但革命走上極端，路易十六的搖擺不定難辭其咎。若是他果斷，革命或不會發生，因為他會全力鎮壓或會拱手相讓；要是發生了，也不會走上恐怖，因為他會速戰速決，勝敗一早了斷。

路易的搖擺不定，一方面是性格使然，一方面是他面對的現實確實是錯綜複雜。事後看得清楚，但當時的情景的確會使人迷離。一個搖擺不定的人處於一個錯綜複雜的歷史背景，失措是難免的，可惜的是路易乃是一國之君，可憐的是法國人民因他的失措淪為芻狗。

路易召開大議會是想推動稅改。他登位後多次的稅改意圖都因為貴族和教士的反對（以貴族勢力為主）而無法開展。大議會的用意是利用平民，主要是積極支持稅改的資產階層，去抑制貴族和教士。1789 年的革命其實就是平民鬥貴族與教士。錯綜複雜之處就是貴族與教士之間、貴族與貴族之間、教士與教士之間也有矛盾，造成大議會中少部分貴族與大部分教士投向平民，完全顛覆了等級之間的平衡，而平民之間的資產階層和非資產階層的矛盾更是日後革命走向極端的主因。在絕對君權的政制下，所有這些矛盾產生的張力都指向路易。假如路易是雄才大略，假如法國是國泰民安，也許啟蒙思潮會引導這個國家從一個冷漠的絕對君權社會慢慢地走上一個在政治權力上比較開放、經濟分配上比較憫人、社會等級上比較平等的社會。但經過一百多年的人事滄桑，路易十六的絕對君權不再如路易十三、十四的絕對。國家既沒有財力，國王更沒有威力去解決因積習與因循而僵化的舊矛盾，和因新思想與新經濟而觸發的新矛盾。路易雖搖

擺不定，但基本上他仍有政治開放、經濟憫人、社會平等的傾向，只要不觸動路易王朝的根基。但當時的經濟與社會背景使法國人有一種急不可耐的改革衝動，催生了一群逞強犯難的精英。

教士與貴族同是特權階級，但特權各有不同，互相覬覦。由於絕大部分的高級教士來自貴族等級，為此，教士的特權也就是貴族的特權，雖然貴族的特權不一定是教士的特權。第三等級的成分最複雜，有高級資產階層，有一般的商人和店主，有技師、技工和勞工，還有農民。

三個等級之間的關係縱橫交錯：（i）他們都反對絕對君權，但貴族和資產階層想要的是開明君主專制（權力大但又讓他們自由發展的「明君」）；（ii）第三等級聯同貴族跟教士對立，因為他們對教士的特權反感；（iii）第三等級中的開明人士特別鄙視教士的愚昧和憎恨教會限制他們的言論（書刊）自由；（iv）在莊園制度下，農民感覺他們在飼養一批傲慢的寄生蟲，特別是貴族，而他們對教士，特別是與他們一樣被壓迫的低級教士有同情和共鳴。

第一等級是教士。教士內部也分很多等級，低級教士與高級教士往往站在對立面。低級教士想改善生活環境，要求更合理地分配教會財產去滿足宗教和濟貧的需要，所以他們支持「財產同有」的理念；恢復「十一稅」的原來意義，也就是維持教會和救濟貧苦；回復教會內部的選舉制度和議會制度，也就是走向「內部民主」[②]。在俗教士與正規教士也有對立：在俗教士鄙視正規教士腐化僵化；正規教士自命獻身侍主，比在俗教士高超。

第二等級是貴族。最高級是軍功貴族（nobility of the sword，有佩劍特權，都是在 15 世紀就開始的望族），其次是為國王服務的長袍貴族（nobility of the robe，穿司法袍），再次是在地方任職的地方行政官員（nobility of the bell）。當然，用錢買來的更次，這些「新貴」特別惹人反感，雖然他們對貴族名銜特別嚮往。

貴族特權很多：（i）大部分都有封地（fief）特權，包括收稅、免役、品位等，賣掉了封地的貴族都堅持保留這些特權；（ii）豁免若干對國王的

責任，例如義務勞動、修理公路、提供軍隊食宿等；（iii）在司法上，只有議事會才能審訊他們，但議事會中人都是貴族，因此，在實質上，貴族犯事只能由貴族處理，在貴族與平民的訴訟中自然佔上風；（iv）只有貴族才可任高級教職和軍職（校級之上），還有很多非長子的貴族子弟在年青時就「剃度出家」（tonsured）去接收世襲式的教職（包括產業），就算成年後放棄教士生活仍可保留教職的特權。

貴族中也有不少接受了自由、平等的新思想，但總地來說，他們很想保有特權。他們反對王權的獨裁（特別有關稅改），因為路易的稅改就是要他們也交稅；他們強調自由，因為這會消弱王權的專制；他們害怕平等，因為這會損害他們的特權。在平民眼中，貴族的嫖、賭、騙、暴的確為人側目，但最令人反感的是他們的特權和寄生③。

作為一個等級，貴族之間也存在很多矛盾，他們沒有階級利益，只有個人和家族利益，所以，他們沒有統一的陣線 —— 地方小貴族比平民們更仇視巴黎的在朝貴族，尤其是新貴。第三等級與貴族等級的最大分別是，第三等級無論貧農、富商，以至知識分子，都有反特權、反所有特權（無論是貴族特權或教士特權）的共識。但貴族等級裡面就複雜多了。（i）地方貴族反在朝貴族的專橫，在朝貴族反地方貴族的自主；（ii）新貴族（尤其是靠財力上來的）反舊貴族的特權（尤其是壟斷公職和軍銜），舊貴族反新貴族的奢浮；（iii）高級貴族反低級貴族的愚昧，低級貴族反高級貴族的倨傲。貴族之間的唯一「共識」是反國王專權，但國王行使權力時所賴的都是貴族，尤其是在朝貴族。

第三等級是平民，是頂複雜的一個群體。最大比例的人口從事農業，但貧農、富農之間有極大分歧。從事工業只佔很少數，但因為聚集在城市，尤其是巴黎，所以對革命的影響極大。資產階層（以商人為主）是革命的中堅。知識分子為數不多，但是革命的催化劑，他們的革命理論引導革命方向。農、工、商、知識分子各有不同的利益取向和政治意識。

首先看農民。法國農民的人身自由和產權自有是全歐洲最高的。17

世紀以來的農業革命（見《西方文明的文化基因》）開發出大量新耕地，製造了不少富農[④]。小農民擁有小幅土地，生計難保。

佃農也不少，尤其在法國北部。他們以合約方式使用貴族土地，由地主提供種苗和牲口，收成與地主對分。佃農擁有自己的農舍，合約一般是9年期，可續約。這個莊園制度當然是建立在貴族的利益之上。

到了18世紀後期，莊園制度已不合時宜，再加上莊園主的濫用權力，出現很多令人反感的不合理現象[⑤]。此外，由於人口增加、工業化開啟、資源需求量上升，地主（主要是貴族）大量開發從前未投產的土地。貴族地主賺錢，富農、富商也賺錢，貧農的生計則更苦，造成尖銳的社會矛盾。

工業都是小本經營的製造業，包括紗織、皮革、玻璃、紙張、燃料、洗衣，只有很少數雇傭超過100名工人，主要是技師、技工、學徒制度。

一個新興的工業模式是「商人工業」，商人資本家藉此支配農村製造業。在農業比較發達的地區往往有大量農民無地可耕（土地被富農、富商買了），因此有大量的剩餘勞動力。如果碰上就近的城市工業比較發達、工資比較高，商人資本家就會通過提供原材料和小量資金去吸收農村的剩餘勞動力（很多農民，尤其婦女，都有一定的縫衣、織布等基本技能），也就再無需依賴城裡工資比較高的工人。這也造成城市工人和農村工人（農民轉工人）的對立[⑥]。

商人也有等級。最高級包括批發商[⑦]（日後大工業資本家的前身）、航運商人（兼做代客買賣和保險生意）、大工廠（雇傭過百工人的）的董事、礦場持牌人。他們對舊制度特權的攻擊引發出革命；革命後他們為自己創造新特權，引發出不斷革命。

工資在上升，但生活成本上升得更快，相較之下，工人越來越窮（城市比農村的好些），不少淪為乞丐，尤其是革命前的一兩年（1787－1789）。商人資本家是第一次革命的帶頭人，但工人和技師們積極地加入革命行列並不是「勞工問題」，甚至不是「特權問題」，更多是「生活問

題」、「飢餓問題」。

路易遲疑地走上自由經濟之路。自由經濟與保護經濟的選擇既是革命前的難題（路易十六好幾次更換財相，最後還是取捨兩難），也是革命後的鬥爭。帶動革命的資產階層主張採取對他們有利的自由經濟，但支持革命的工人、農民，包括同情他們的長褲漢，則視自由經濟為剝削貧苦。

工商業背後還有銀行家⑧。他們對民生的直接影響看來不大，但間接影響巨大，尤其是稅荷（政府向他們借錢，還債就要加稅）和物價。他們也助長投機，加劇物價動盪。

資產階層也有等次，最高的是城裡的豪族。他們形同貴族，「自成一國」，排斥其他資產階層。中小資產階層主要是商人、小工廠老闆和專業人士（律師、醫生、教授、藝術界等）。在革命醞釀期中，資產階層與其他的第三等級人士的矛盾也多。（i）貧農與富農對立。貧農反對富農的連鎖農莊制度（富農之間互相勾結）。地方資產階層（尤其是富農）以農民名義向朝廷訴苦，尤其是反對教士與貴族的特權，但一般農民拒絕認同地方資產階層就是他們的合法代言人。（ii）城市豪族與中小資產階層雖是互相歧視，但又共同反對貴族的特權和對公職的壟斷。為壯大聲勢，他們把農村反封建也拉進革命的範圍。（iii）革命期最活躍的是律師⑨。商人、工業家等是從資本利益的立場去反對政府約束和貴族特權，但律師們是針對整個政制。啟蒙運動的意識形態都是由他們來演繹，支配革命方向。

利益交錯的張力、人心思變的壓力，路易不可能不知道、不感覺到，但萎縮的王權和空虛的國庫也着實使他無能為力。他的掙扎、他的猶疑把原本困難的形勢弄得更困難，把原本難解的形勢弄得更難解，法國人被他弄昏了。

註

① 也有解釋他的日記是記錄打獵的。那天沒有打獵，他就記上「沒事」。

② 這等級是 10 年一會，全國每省委派四名代表（兩名代表高級教士，兩名代表低級教士）。

③ 路易財相杜爾哥這樣說：「全國的富人就是全國不用交稅的貴族（也就是有錢的都是貴族，雖然貴族卻不一定有錢），他們的特權造成富人對窮人的壓迫」。

④ 他們在革命後更買來大筆從教會沒收過來的土地，發了大財。在革命初期的反特權鬥爭中，他們是反教士、反貴族的中堅，並藉此增加了他們的財富和經濟自由。但當革命走向「社會主義」形式的財富分配時他們就開始感到威脅，開始走上反革命。

⑤ 比較顯著的包括：(ⅰ) 以記錄有誤為藉口去多收或重收各種稅費；(ⅱ) 以「地租連坐」(solidarity of rents) 為理由去強逼佃農付超額稅費去彌補付不起的佃農的差額；(ⅲ) 遲交稅費的罰款；(ⅳ) 隨意估值去提高稅費；(ⅴ) 在度量衡上騙詐。

⑥ 在比較落後的地區，也就是工業不發達的城市和農業不興旺的農村倒沒有這個現象。

⑦ 同業公會是封建的組織，不能適應大量生產、大量消費所引發的批發行業，因此沒有「批發同業公會」之類的組織去約束批發商人。

⑧ 這些大資本家都住在巴黎，做的是兌換（尤其是西班牙在美洲屬地的貨幣和法國貨幣之間的兌換）和國家債券（特別是貸款給路易政府）。

⑨ 1790 年 9 月巴黎市選國民會議代表的記錄顯示在總數 781 個選舉人（electors，是由積極公民直接選出來的，有權選議會代表和有資格被選為代表）中，有 45.1% 是商界，30.6% 是法律界。

　　1792 年 9 月 20 日成立的國民公會的代表總人數是 749，差不多一半是法律界，55 名教士，9 名貴族。

第六章　解故事：第二次革命　全革命

　　原先，革命走向君主立憲。製造出中產階層的新貴、新特權。把
持大局的馬拉波猝死，保王民主派群龍無首。路易想逃被捉回，外國
勢力要支援他，保王派屠殺反王派，到此，保王與共和勢不兩立，但
都拉攏中下層群眾（長褲漢）的暴力作支撐，埋下暴力爭權的伏線。
路易除了，但革命中的左右之爭反趨激烈。

　　1789 年初的政局令人興奮，同時也令人憂慮。大議會在 5 月 5 日召
開前各方呈上政見書，到處開會起草。農民們難得地聚在一起發議論、吐
苦水，特別是針對王室稅收和封建捐役的改革，一片樂觀和期望。消息傳
來，第三等級成立了國民會議，取代大議會；不到幾天又作出「網球場誓
言」，不建新政不休。在巴黎，謠言漫天。傳得最厲害的是保王分子和反
革命分子串通外國軍隊（特別是英國）和收買土匪，要以暴力鎮壓革命，
並容許他們洗劫地方和隨意破壞。到 7 月下旬，全國沸騰，各地方的農民
都以為土匪馬上殺到。極度的神經緊張使無事變成有事，小事變成大事。
遠見塵頭起、近見陌生人都會引發極大的恐慌，馬上全村動員，於是到處
成立團練去保衛家園。更有全村出動，四處搜索壞人、土匪。當然，貴族
的別墅、教會的莊園是首當其衝，拿的拿、拆的拆、燒的燒，保衛家園變
成搶掠暴亂。最亂是 7 月底的法國東南部，流竄的農民在 5 天內瘋狂地毀

掉數不清的房舍、財產，直到政府召集的民兵開到才收拾局面（但餘波要到 1790 年才平息）。這次「大恐慌」破壞驚人，但死人不多，估計全國只有 20 多人被殺害。要注意的是，雖然叫「農民」起事，但裡面包括了技工和資產階層，因為打倒封建特權對他們也有很大好處。

在某種程度上，大恐慌開啟了不斷革命，最後弄出恐怖統治，因為它使奪權者看出發動民眾暴力的重要性，又使當權者感覺到民眾暴力的威脅性。當權者以「合法」暴力去抑制奪權者的「非法」暴力，為此，合法暴力與非法暴力之別是當權與奪權之別。如果當權就是合法，那麼，權就是法的基礎。但是，如果有權就是合法，人怎會不拼命奪權，社會怎會不不斷革命？

為控制大恐慌，國民會議開始通過一連串的「八月法令」，廢除封建。在政壇紅人馬拉波的引導下，革命走上君主立憲方向。此時，立憲和共和相互制衡。馬拉波成立「巴黎革命之友會社」，鞏固保王民主派。而德穆蘭則出版《法國革命》週刊，激烈攻擊保王分子和貴族。

把持大局的馬拉波是孟德斯鳩（Montesquieu，1689－1755）的信徒，與他同聲同氣的還有拉法耶特。孟德斯鳩屬貴族階層，把貴族利益視為國家利益。在《論法的精神》（1748）裡，他主張保護個人自由的君主立憲：國王與王室、教會、地方權貴與城市政府三權的制衡。

馬拉波建議路易儘量避開政事，讓他在國民會議中斡旋，把軍政大權委給有保王傾向的拉法耶特，以維持一定程度的社會秩序，然後讓革命各方的矛盾利益互相鬥爭，直到革命活力消耗殆盡，再圖重建立憲王權。馬拉波預料內戰難免，但仍想保王，力勸路易避開與國民會議正面衝突。但路易對他不放心。

馬拉波日理萬機——外交、內政、財政，甚至國民會議的議事守則他都管。他最擔心的是歐洲諸國以武力干預法國，所以他每天都與外相議事，指點他如何去消解外國對法動武的藉口，又要在國民會議上為這些避戰的外交政策辯護。

但人的精力是有限的。私生活的消耗、公家事的繁重，馬拉波終於倒下來。第一次革命（進攻巴士底獄）之後的相對穩定是不是馬拉波在各方利益中間積極幹旋的功勞？第二次革命（進攻杜伊勒里宮）的促成和隨後的極端是不是馬拉波在各方訴求之中玩弄權術的後遺症？史家辯論不休。

他領導的君主立憲派在第一次革命後是當權派，但拿不出各方都能接受的分權辦法（路易更是固執行使否決權和任命權）。馬拉波身屬貴族，從「開明」貴族的角度去帶引革命。但權貴階層的內部矛盾很多（地方與在朝、新貴與舊貴、高級與低級），帶領追求自由和立憲的只是少數。馬拉波真正所屬的階層不支持革命，他的理想也不是革命群眾的追求。革命初期缺乏有政治經驗的領導人，馬拉波適逢其時，把握機會，但始終是勢孤力弱，如果他不死也會被取代。但他的早死和猝死也確實留下權力真空，帶來暴力後遺症。

革命非但是變，更是疾變。疾變往往產生或帶來暴力。不斷革命就是不斷暴力。它有沒有內在的規律和邏輯？

第二次革命之前的「蜜月期」，由中上資產階層領導的政府以相對平穩的步伐走向君主立憲，起碼是革命分子之間的平穩。通過打擊貴族與教會特權，特別是充公教會的土地、財產，很多革命分子也發了財。這段共富的日子（起碼是對中上階層來說是如此）製造了新貴、新特權，但也暴露了第三等級的內部分歧。出走貴族與外國勢力合謀想推翻革命，保教會分子與地方權貴反抗革命對教會的迫害和中央對地方的敵視。這些是第二次革命的背景，革命過程是這樣子的。

馬拉波突然去世，保王民主派群龍無首，革命方向發生變化。路易失掉了保護傘，決定出走，但被捉回。神聖羅馬帝國（大本營是路易王后娘家的奧地利）皇帝里奧波特二世馬上呼籲全歐王族支援他的妹夫。反保王群眾齊集戰神廣場示威，拉法耶特率國民警衛軍鎮壓，釀成戰神廣場大屠殺。從此，中上階層的保王和中下階層的共和變得勢不兩立，但中下層群眾才是革命的實質力量。

　　1792 年開始，國內外形勢極度緊張。先是巴黎糧荒暴動，繼是奧普結盟對付法國。立法大會向奧宣戰（吉倫特派的主張），但軍心不振、軍紀不嚴，戰事失利。立法大會宣佈「祖國危難」，而奧普聯軍則發表《布倫瑞克宣言》恐嚇法國會受「永不能忘」的報復。就在奧普聯軍攻入法境之際，左派奪權。最尖銳的科德利爾派在丹東領導下成立巴黎革命公社，發動長褲漢進攻杜伊勒里宮，逮捕路易，是為第二次革命。

　　路易一天還在，左派（吉倫特派及以雅各賓派和科德利爾派組成的山嶽派）仍能保持團結，以抗保王勢力，包括蟄伏在國民公會和散在外地的保王分子。但路易一上斷頭台（1793 年 1 月 21 日）左派共識就瓦解了。

　　在這段期間，法國革命的方向不斷被外敵和內亂影響。外敵是歐洲諸國保路易，雖有法國貴族「出走者」參與，但主要還是這些國家的利益驅動，是「利益」導向，戰與不戰取決於利益的得與失。內亂是百姓保教會，雖有留在法國的地方貴族參與，但主要還是宗教信仰所驅動，是「價值」導向，亂與不亂取決於價值的包容或排斥。這非但影響革命的方向和進程，更影響革命之後的社會復原和安穩。

　　先談外敵。法國軍部是受大革命衝擊最甚的政府部門，大部分軍官（都是來自貴族）不是出走就是被捕或被殺，軍心渙散，一聽要動員開戰，士兵們大規模逃役，甚至連司令官也謀殺了。正當政府頭痛之際，普奧聯軍統帥普魯士軍布倫瑞克公爵發出指揮宣言（由保王的「出走者」執筆），聲稱要恢復路易所有權力，對所有反抗者軍法處置。宣言一公佈，效果適得其反，法國人非但沒有被嚇倒，反而軍心大振。長驅直進的普軍終被擋住了。

　　這場近乎打成平手的戰役（雖然普軍在撤退中因飢餓、疾病而死的佔全軍 1/3）對法國革命有極大的意義，首先是解除了歐洲最強陸軍的威脅[①]，法軍稍後還攻入德國（當時的神聖羅馬帝國）的西面（普魯士在東北）。更重要的是，這戰役是現代戰爭中首次「人民兵」（citizen army，主要是長褲漢）為革命意識而打的勝仗。在法國人心中，士氣十足的志願

軍在高唱《馬賽曲》中殺退強敵，印象最深。就在這天，巴黎的立法大會把權力正式移交國民公會。隨後的兩天裡，在捷報頻傳中，國民公會代表們表決廢除王制，宣佈成立共和。

內亂又怎樣？這與地方上的保教情緒有絕大關係。

革命還未夠一個月，國民會議就宣佈國家接管教會財政。當時頒佈的《人權與公民權利宣言》並沒有給予天主教會任何特殊地位，也就是沒有憲法保障。稍後，國民會議通過「教會所有財產由國家處置」的決議。當初支持革命的教士們（佔大多數）開始懷疑革命的動機②。

國家既然接管教會財政，自然要改組教會。革命一年後，國民會議通過《教士民事法》。由國家管理教會，包括教區重新劃界去配合行政區界線；教士工資由國家發；神父、主教由人民選。教皇拒絕接納，國民會議內的保守分子也抗議，這更使革命派懷疑教會對革命的支持。於是國民會議宣佈全體教士要公開宣誓對憲法效忠，否則解雇。在某種程度上，這個宣誓是要教士在「效忠教會還是效忠革命」中作出抉擇。全國約 50% 的教士宣誓，但各地分歧很大，抗拒最力的是西部和西南部地區，也是日後最亂的旺代地區。

1793 年 2 月，中央下令全國徵兵 30 萬，以抗外敵，規定旺代地區的名額，所有未婚男丁經抽籤決定誰要入伍。徵兵官員由巴黎派來，當地革命政府官員的子弟很多免役，使人聯想起革命前路易時代的中央集權（現在是革命政府集權）和偏袒權貴（現在是偏袒革命新貴），不滿情緒到達沸點。徵兵令一下，馬上就爆發暴亂。革命政府派遣長褲漢部隊去鎮壓。

到這裡，要說說長褲漢是誰。

長褲漢屬社會的下層③，他們之間也有高低之分。高層的包括小店主、工匠、技工（約佔 40% 左右），收入較高（有交稅的資格），而且識字，是長褲漢的「領導層」。但他們處於資產階層與無產階層的夾縫，因此，最後還是敗於屬資產階層的雅各賓派。低層的包括勞工、流浪漢、貧農，他們的人數最多，但都是「被領導」。雖說是長褲「漢」，但也包

括很多婦女。長褲漢主要是個城市現象（因為城市中聚集比較容易），從1789 年革命開始就活躍，直到 1794 年「熱月政變」。最活躍的是巴黎比較窮的區（中心區和東區），他們被視為革命的真兒女，備受表彰④。

長褲漢並沒有鮮明的階級意識，對他們來說，「愛國」就是「好兒子、好丈夫、好父親，也就是公德和私德的總稱。」「平等」與「民生」是他們最大的訴求。在政治上，他們要求人人平等（男女平等、社會平等、經濟平等、政治平等）⑤，廢除王室、貴族、教會（天主教）的權力和特權，特別是堅持有錢人要交稅。稍後，他們反對資產階層綁架革命。他們不反對私產（農莊、商店），但反對大企業、大地主，他們主張把大地主、大農商的囤糧發放。有關民生，他們的訴求是救濟窮人和控制物價（尤其是麵包）。他們對反革命的警覺性特別強，口號是「對付出賣革命的和革命叛徒永遠要先發制人」。

長褲漢與暴力好像是分不開的，但是，社會下層不是從開始就把他們的政治和民生訴求訴諸暴力。其實，他們的艱苦生活與他們的政治意識是分不開的，甚至可以說，他們的政治意識反映麵包的價錢。大議會開會前幾天的暴動就是抗議工酬低、糧價高。那時還沒有長褲漢這個理念。進攻巴士底、全國大恐慌和凡爾賽遊行使他們開始認識到「暴力的功效」，也使革命領導層認識到「群眾的力量」。

整個革命的方向實際是被巴黎各階層市民和巴黎長褲漢所支配⑥。揭開革命序幕的巴士底獄坐落在貧民區中心，進攻的群眾大多數是工匠（補鞋的、造鎖的、開小店的），其中一半是外地人，但都是住在附近，這就是最早的長褲漢（雖然進攻人群裡也有在役軍警中的革命分子）。嚴格來說，進攻巴士底獄不是革命。大議會中第三等級離場，成立國民會議，才是真正的革命。進攻巴士底獄只是代表巴黎群眾對國民會議革命方向的認同，但也同時顯示出群眾暴力的威力。從此開始，以巴黎下階層為骨幹的長褲漢就關鍵性地影響革命的方向⑦。

長褲漢一開始就有「革命保衛者」的意識。(i)1789 年 10 月 5-6 日，

他們的「凡爾賽大遊行」⑧是逼路易和國民會議從凡爾賽遷往巴黎，好使革命群眾好好「監視」他們。（ii）1791 年 7 月 17 日，他們集結戰神廣場請願，被有保王傾向的拉法耶特「大屠殺」，從此，他們就組織起來去「保衛革命」。（iii）1792 年，他們兩度進襲杜伊勒里宮。首先是 6 月 28 日由吉倫特派發動的，未成功；隨後是 8 月 10 日由科德利爾派組織的，成功達成第二次革命。到此，巴黎各區都有「警備委員會」，監視可疑反革命分子。這些委員會就是長褲漢的組織核心，擁有武裝力量⑨。

長褲漢向左傾是有歷史的。由資產階層支配的革命把法國人民分成有產的「積極公民」和無產的「非積極公民」，只容許資產階層有選舉權，道理是他們擁有資產就證明他們有政治（治事）能力，而且政治的決定對有資產的人來說會有較大的影響。為此，長褲漢階層沒有正式參政渠道，唯有參加政治會社或走上街頭，這兩者很多時候是一致的。羅伯斯庇爾極力反對積極公民與非積極公民的劃分，成為長褲漢心目中為民請命的英雄。

第二次革命之後，長褲漢與極端、愛國、共和差不多是同義詞。「非積極公民」，也就是差不多大部分的長褲漢，開始對立法大會和稍後的國民公會施加壓力，要求參政。與此同時，很多長褲漢被國民警衛軍與巴黎各區的職位和武裝隊伍吸納。

對長褲漢與恐怖統治的關係，史家有兩種看法：（i）未能達到目的的嗜血暴民醉於權力與暴力；（ii）精忠革命分子致力於鏟除特權、腐敗和反革命。這段時間是長褲漢對革命影響的高峰。史家估計巴黎長褲漢的核心人數只有 6,000，但他們隨時可發動數十萬人。他們在軍隊裡佔大多數，戰意和士氣都強，特別是鎮壓地方上的反革命（保王和保教），手段往往很殘酷（錘斃、淹死、燒光）。他們有一套語言、生活方式，被視為革命的榜樣⑩。

對他們來說，雅各賓派仍不夠左，因為它是代表資產階級利益、仍維持社會不公和容忍經濟剝削。憤怒派最能代表他們的心聲，埃貝爾最懂利

用他們的心態。

　　進攻杜伊勒里宮是長褲漢組織的轉折點。之前，是一闋而起，一闋而散，之後，是有組織、有策劃，包括每晚在巴黎各區開會（多數在教堂和修道院）。到武力衝擊國民公會，逮捕吉倫特派，巴黎革命公社成為權力中心，由它指揮的長褲漢支配巴黎各區。隨之又逼國民公會宣佈恐怖統治。但 1794 年開始，公安委員會成功通過恐怖統治把權力集中，使中產階層權力穩固，長褲漢勢力下滑，開始被邊沿化。他們的主要政治支持者——被整：埃貝爾、丹東、羅伯斯庇爾。熱月政變後，長褲漢想反撲，被鎮壓，繼而被追捕，被解除武裝。政府關閉巴黎革命公社和雅各賓會社，長褲漢的政治影響力告終，但其興衰的過程與革命走向上極端的軌跡是完全平行的。

註

① 布倫瑞克為甚麼未敗而退，至今仍有爭議。有說他認為法軍防守堅固，不能速戰速決，而且後方供應線有截斷之危；有說他顧慮普軍是在法境內作戰，法國援軍會不斷增加；有說他想保留軍力以對付東面俄羅斯入侵波蘭對普魯士構成的威脅。此外，更有說路易恐怕普軍攻進巴黎引發革命派殺害他，他甚至以王室珠寶賄賂布倫瑞克退兵。是真是假難有定論，但事實是當時歐洲最強的普魯士軍被擋住了（雖然是普魯士主動撤退），此後，普軍士氣低沉。當時在場的歌德（他是神聖羅馬帝國子民）眼見一切，感歎地寫道：「在這地方，從今天開始，世界歷史進入新時代，你們諸位可以說是目睹這時代的誕生。」

② 在通過「教會財產由國家處置」之前的幾天，國民會議中有人訴說某女修道院強迫兩個女人出家。代表們馬上提出禁止任何人發宗教願。反宗教情緒高漲，要關閉所有修道院和遣散全部出家人。關閉令在 1790 年 2 月 13 日頒佈，並計劃儘快賣掉修道院及其財產去平穩國家財政。

③ 革命小冊子《誰是長褲漢？》這樣寫：「他是用腿走路的人，不像你們這些有錢人……他和他的妻兒住在四五層上的閣樓，過着寧靜的生活。」雨果的《悲慘世界》是這樣描寫的：「野蠻人。這些在翻轉了的巴黎街上亂跑的、穿着破衣的、狂野呼哮的、高舉斧頭長矛的怒漢們想要的是甚麼？他們想要的是結束壓迫、廢除極權、終止戰爭，男人有工做、孩子有書讀、女人有教養，自由、平等、友愛，人人有麵包、個個有思想。」

④ 1793 年 10 月 24 日公佈的曆法是每年 12 個月，每個月 30 日，餘下的幾天就叫「長褲漢

日」，但熱月政變之後就被廢。

⑤ 也就是不分開有產的「積極公民」（active citizen）和無產的「非積極公民」（passive citizen）。

⑥ 在外地，長褲漢的影響力主要是通過「革命部隊」（revolutionary armies）。

⑦ 有史家推測，假若沒有長褲漢的訴求和干預，以中上資產階層利益導向的革命在 1791 年就已經達到目標了（建立向資產利益傾斜的君主立憲）。

⑧ 「遊行」隊伍有大批婦女，並有 2 萬國民衛軍隨行，這支警衛軍是在攻佔巴士底獄前一天（1789 年 7 月 13 日）由國民會議下令成立的，並參加了進攻巴士底獄。初時，警衛軍大部分是路易軍隊中的革命分子組成，稍後，長褲漢開始加入，到 1793 年大徵兵的時候，更是長褲漢的天下。

⑨ 在 1793 年 3 月，也就是外敵與內亂最嚴重的時期，巴黎市分 6 個軍團（legions），每個軍團有總指揮，兵源來自 8 個區（巴黎共 48 區，所以組 6 個軍團）；每區有自己的指揮和副手，最基礎的單元是連（company）；每連有 120－130 人，由軍曹和副手指揮，每區都有炮兵連（60 人，兩尊炮）。

⑩ 在恐怖統治期，政府官員和中上階層都穿長褲漢的長褲，帶革命小紅帽，以示愛國，還披上大翻領和金屬扣的短夾克衫（carmagnole）和穿木屐。他們最愛用的武器是長矛，因為簡單有效。

第七章　解故事：不斷革命

　　　　化友為敵，羅伯斯庇爾、丹東、埃貝爾幹掉布里索；殺雞儆猴，
　　羅伯斯庇爾、丹東幹掉埃貝爾；兔死狗烹，羅伯斯庇爾幹掉丹東；眾
　　叛親離，羅伯斯庇爾被狐群狗黨幹掉；強人現相，收拾殘局，拿破崙
　　打散革命。

　　左右派之爭是敵我之爭，是擊敗敵人的事情；左派內部之爭是正統與
異端之爭，是消滅叛徒的事情，革命不斷，直到筋疲力盡。

　　第二次革命到路易斷頭的一段時間，左派分裂大曝光。國民公會在
1792 年 9 月 20 日成立，代表人數共 749 名，分三大派。山嶽派（以羅
伯斯庇爾為首的雅各賓派和丹東、埃貝爾等人的科德利爾派，佔人數最
少）、吉倫特派（由布里索領導，屬溫和左派，佔 1/4 左右人數）、平原
派（獨立、騎牆，佔人數一半多）。沒幾天，掌權的吉倫特派人就指羅
斯庇爾有獨裁野心，很快，吉倫特派與山嶽派就變得勢同水火。就如何處
置路易一事，雙方公開翻臉，山嶽派主殺、吉倫特派主免，各有理由。一
票之差，路易斷頭。山嶽派開始支配國民公會。

　　但對外戰事很不順利。1793 年 3 月中到 4 月頭，法軍在內爾溫登被
奧軍大敗，統帥變節。這一役對革命有很大的影響，大大動搖了革命政府
對軍隊的信心：一方面加強監管，弄得人心惶惶；另一方面插進大批長褲

漢，他們的狂熱瞬間變成殘酷。

內爾溫登一役之前，軍隊服從將領，之後，隨軍的中央政治委員掌大權，戰敗的將領每每被視為不忠於革命。巴黎也會秘密委人監視將領，向巴黎告密，將領們會因此被罷免或被殺害。為要協調力量抗外敵和平內亂，國民公會在激烈分子（特別是科德利爾派的丹東）的推動下，於 4 月 6 日成立公安委員會，把持軍、政、民生大權。政局變得詭秘極了。

名義上仍掌權的吉倫特派感覺到公安委員會和它後面的長褲漢的威脅。在捉放馬拉事件中盡露弱點，但仍不放棄，再圖以國民公會名義奪回公安委員會的權力。為示威勢，遂下令逮捕埃貝爾和其他極端分子，結果引出長褲漢包圍國民公會，逮捕吉倫特派領導層布里索諸人。這個山嶽派不遺餘力要鏟除的布里索是何許人？

博學多才、嚴肅認真，但抉擇之際常常猶疑不決，書生論政的布里索是革命時代的典型悲劇人物。他從小好學、博聞強記，在革命人物中算是學問最好的一個。家裡原本想讓他當律師，他讀了法律，並且在巴黎律師事務所工作，但他自己最終選擇當時事評論員。結婚後移居倫敦，住了幾年，很受英式經濟、政治制度影響，尤其是邊沁（Jeremy Bentham，1748－1832）的功利主義和自由經濟。30 歲前已經是個多產、多元作家，包括刑法理論、立法哲學、文學批評和哲學專論，並同時做兩份大報章的評論員。他與當時的名人書信來往頻密，辯論時政。雖然多產，但無創意，也缺乏文采和感染力。為組織起全歐的知識分子，他在倫敦辦報，推廣人文思想，但未成功。1784 年返回巴黎，但因為寫了一篇被指侮辱路易王后的淫穢文章，被關在巴士底獄四個月（這是他日後出事的原因之一）。跟着的幾年裡他成為巴黎上流社會文人沙龍的寵兒、啟蒙人文主義「文人共和」（Republic of Letters）的要角。

他對美國社會和制度很認同。在他的想像裡，美國是個純潔、簡樸和活力充沛的國家。他對美國的農耕生活特別欣賞，認為是培養國民道德的最佳條件，他希望法國也如是 ①。

　　在革命之前，布里索早就被盧梭的政治思想吸引，特別是民約理論、人民主權和共同意願。他接觸盧梭早於其他革命分子，對盧梭是全盤接受，致使他對社會和政治改革的意見差不多全是盧梭。他認同盧梭，認為文明導致人類墮落，嚮往一個不再的原始社會，為此，他意圖全面地、系統地改變社會[2]。

　　革命爆發，布里索辦《法國愛國者》期刊（1789 年 5 月 6 日開始出版）[3]，名聲大噪。1791 年，他被選為立法大會代表，跟着是國民公會代表。他同時也是雅各賓會員，在雅各賓會、立法大會和國民公會上的演講都是有名的。但是在革命進程中他慢慢成為一批政見相似但組織鬆散的吉倫特派領導人（史家甚至稱他們為布里索派，Brissotins），慢慢地一起走上「保守」。他的領導地位是因為其他的「志同者」都有不足之處，或缺激情、或太懶散、或太衝動、或太高傲、或太現實。他自認沒有領導才能，又不善人際關係，但奇怪的是他重朋黨、派系，甚至有時犧牲原則，視黨的團結重於公義。有說他以黨性來定原則和對錯，甚至殉道[4]。

　　革命初期，布里索肯定屬左派（反封建、反王權）。但慢慢地他被打成右派。在法國大革命中，左與右是動態相對的：相對於保王與復辟，主張君主立憲（國王與國會分權）的是左派；相對於強勢國王、弱勢國會的君主立憲，主張弱勢國王、強勢國會的是左派；相對於弱勢國王、強勢國會的君主立憲，主張共和的是左派；相對以資產階層為主導的共和，主張全民平等的是左派；相對於全民平等，主張馬上全民平等的是左派。布里索和他領導的吉倫特派就在弱勢國王、強勢國會的君主立憲和以資產階層為主導的共和之間徘徊，但總是站在歷史時刻的右邊。以左派（起碼是開明）自居的布里索總發覺有比他更左的，敗事的是左面容不了他，而左面的力量總是隨着革命的進程越來越強，吉倫特派追得越來越吃力。布里索也曾說，「富人的財富既屬於富人，也同時屬於貧苦和飢餓的人」，但比他左的埃貝爾和憤怒者們要馬上平分財富；布里索是共和分子，但是向資產階層利益傾斜，比他左的羅伯斯庇爾則主張不分資產與無產的共和。

他在君主和共和之間總是猶疑、多慮，像是書生論政。他多慮，但多慮不代表不失。在 1792 年的革命進程中兩件關鍵的政治決定 —— 對外宣戰與處置路易上，他所領導的吉倫特派都走錯了棋。

布里索認為戰事會逼路易表態，他估計路易的表現一定不會積極，那麼就可以指出他對祖國不忠，甚至出賣祖國。當羅伯斯庇爾說戰爭會給反革命分子製造機會出賣革命時，布里索的回應是法國人民知道怎樣處置賣國者，「唯一的害怕是害怕我們不被出賣。我們要的是大大地被出賣，這才使我們獲救」⑤。當然，戰爭如果勝利也會大大加強他對路易的控制和削減激進山嶽派（羅伯斯庇爾、丹東等人）在立法大會中的勢力。

為戰，布里索要爭取保王派的支持（這也是日後他們被控反革命的證據），把吉倫特派人安置到政府部門去（他是利用吉倫特派在立法大會的支配力去達成的），破壞對外和解的種種嘗試（他是利用他的外交經驗和人際關係去干擾的），更重要的是要刺激路易宣戰（因為憲法規定只有國王才可向外宣戰）⑥。他用的手法是「法國榮譽」，也就是把戰爭和愛國放在一起。他甚至用上封建的語調，把對外戰爭形容為貴族文化中的「決鬥」：「你們要刺激對方，要拿一個『滿意』（satisfaction，是決鬥所用的挑戰詞），不要再作無謂的焦慮」。他成功了。

但一開戰，馬上潰不成軍，敗的敗、逃的逃、叛的叛。奧地利也不饒人，長驅直進。路易趁機開除政府部門中的吉倫特派主戰分子。要扭轉殘局，吉倫特派人發動群眾「和平示威」，進迫杜伊勒里宮，展示他們的政治實力，意圖以此影響路易和立法大會，但群眾被路易好言說退。此着非但無功，更刺激各地的保王情緒。進退兩難之際，布里索態度曖昧。在《法國愛國者》上他指出人民想自由，但又想有法治；認識他們的權利，但又知責任。他辯稱他們逼宮是被煽動者所惑；但他又同時指路易雖然承認憲法，卻不是真心皈依革命⑦。沒幾天，保王情緒好像越來越高漲，布里索就改語調，在國會演說上不再說路易的不德，改強調立憲的重要和共和的不智⑧。他剛講完，就有人叫「打倒雙面惡棍」，在公眾席有一個人朝

他擲出兩個葡萄，打中，更有人傳他被人收買了。兩週後長褲漢就進襲杜伊勒里宮，逮捕路易，是布里索和吉倫特派被消滅的先聲。

布里索的第二次敗筆是杜伊勒里宮被攻後對路易的處理。這裡有兩個決定：路易的罪，路易的罰。國民公會代表們以 707 票對 0 票表決路易叛國有罪。但怎樣處分他？布里索主張保存路易性命，一方面作為與外敵談判的籌碼，一方面避免觸動保王勢力作亂。羅伯斯庇爾等人則認為若路易叛國不處死，第二次革命的合法性就有疑問了。在這件事情上，布里索要考慮他代表的吉倫特派的權力基礎。吉倫特派的勢力分散全國，不如激進的羅伯斯庇爾、丹東、埃貝爾的勢力集中在巴黎，甚至巴黎裡的幾個區。布里索主張全民公投，或起碼讓各省的革命委員會有權參與表決路易的命運，因為他知道巴黎以外的法國比較保守，對路易生死的看法跟巴黎不一樣。羅伯斯庇爾堅決反對，因為他害怕如果各地意見不一，就會引發內戰。在若干程度上，布里索代表美國式的聯邦制度，而羅伯斯庇爾代表路易王朝的中央集權（唯一分別是革命後的中央不再是一個人，而是一個寡頭政權）。這個分歧也反映出革命其實仍走不出絕對君權（專政）的意識。

結果，國民公會否決全民公投和各省分別表決，交由國民公會的代表們直接表決。表決中（每個代表要到主席台前投票，並說出理由），激進左派保持團結，吉倫特派則分裂。判死的 361 票，判免死的 360 票（包括先判死，後赦免的 26 票）。從此，處死和免死兩派互視為反革命，成為死敵。而吉倫特派內部的分歧使他們勢力大減。

在處決路易之事上，山嶽派與吉倫特派的共識盡失，勢成水火。布里索被控反革命和通外敵（特別是英國，因為他住過英國，跟英國上層保持聯絡，而且英國與諾曼第地區的保王派有緊密關係）。對他的人格攻擊最甚的是德穆蘭（馬拉、羅伯斯庇爾也不饒他），指他出版和販賣淫猥刊物、做路易政府的線人 ⑨、侮騙生意合夥人等等。對反革命罪名，布里索或可以忍受，認為只不過是不同觀點與角度對革命的不同演繹而已，但對他人格的指責是這個以盧梭為榜樣、自視清白、事事嚴謹的布里索絕不

能忍受的。他遂據理力爭，但改變不了結果。斷頭台路上，仍高唱《馬賽曲》。吉倫特派是典型的啟蒙知識分子，如巴黎貴婦沙龍的羅蘭夫人 ⑩、女權主義者奧蘭普・德古熱 ⑪、數學家孔多塞等，紛紛斷頭。

　　布里索的個性與際遇其實很代表他領導的吉倫特派。這派除了資產階層之外還有很多文人雅士。這類人很自負、很難指揮、很難約束，雖然大家政見相似，但組織鬆散，在重要關頭上往往不能進退一致。他們或有濟世的情懷但對民間疾苦只有遠距離的認識，沒有近距離的體驗，再加上不自覺地被階層利益支配，未有好好分配革命的果實。而升斗小民看見他們吃好、住好，甚至趁革命發國難財，不由地心懷怨氣。在政壇的龍爭虎鬥之中、長褲漢橫衝直撞之際，布里索的文章是談理論、演講是談理想、提的建議是概念性多於操作性。他和同路人曾掌大權，但未能成大事，處處處於被動、無奈，有時甚至啼笑皆非 —— 既發動革命戰爭，又挑不起革命軍士氣；既裁定路易的罪，又不願把路易判死；既打造了有實權的公安委員會和革命法庭，又控制不了它們。在逞強失序的社會，他鼓吹各省多點自主（當然也反映吉倫特派的勢力有一半在外省），這自然跟權力基礎集中在巴黎的各派衝突，遠水（外省的力量）救不了近火（巴黎的長褲漢）。最後，還是敵不過人數比他們少很多，但戰意比他們強得多、行事毫不猶豫、事後絕無內疚的山嶽派。以愛國者自居的布里索被打成賣國賊，當年由他做證婚人的德穆蘭竟然是整他最狠的一個。

　　布里索是盧梭信徒。但是他嚮往的是《愛彌爾》的純真、《新埃洛伊茲》的純情，不是《民約論》的強迫自由、《論不平等》的不平怨氣。為此，他跟不上革命的左轉，被淘汰了，被暴力地淘汰了 ⑫。

　　說實在的，吉倫特派掌的權其實是保王與共和之間勝敗未明的過渡權力。保王敗下，布里索等人確想逞強，但書生論政就是少了一套能服人又能操作的政治思想，有的只是一些沒有法國氣味的美國式共和仿製品 —— 中央與地方分權（自立自主）、各自為政（互相包容）。長久以來的中央集權使法國人 —— 無論是保王還是共和 —— 無法理解，更遑論接

受和支持這一個鬆散和低效的美國式政治模式，結果只延長了社會的傾倒。同時，沙龍清談的布里索派缺乏政治魄力，既看不清勢頭，又猶疑不定，屢次意圖逞強，無論是逼宮路易、捉放馬拉、捉放埃貝爾，都是尷尬收場，自暴其醜，只令山嶽派坐大。在篡奪的社會裡，他們打造了權力工具（革命法庭、公安委員會）卻被山嶽派奪取，導致篡奪的激烈與政治的恐怖同步遞升；他們想支配路易（對外宣戰）卻被路易反牽制（罷免吉倫特派官員），導致政治秩序茫然，越亂越瘋。

不夠左的布里索與吉倫特派人被捕後，山嶽派完全控制公安委員會。其實，1793 年的 6、7、8 月份，內外形勢惡劣到不得了。剛幹掉了吉倫特派，山嶽派亟需鞏固權力，外敵和內亂為恐怖統治的合法性提供了基礎。

先平內亂。中央派遣精銳部隊到旺代，三戰三勝，但也埋下日後殘酷鎮壓的伏線，是恐怖統治期中的最恐怖。公共安全委員會命令執行一個毀滅性「綏靖」（pacification）行動，派遣 12 支「地獄部隊」（infernal columns）去執行。總指揮官請示如何處置叛區的婦孺，如果要殺，就要政府明確指令，公安委員會命令他：「消滅匪徒，至最後一人，這就是你的責任……。」政府軍按指示進行清野，燒毀村莊、村落，破壞耕地、林地，濫殺無辜，包括婦孺。估計從 1794 年 1 月到 5 月，「地獄部隊」屠殺 2 萬到 5 萬平民。總指揮向公安委員會報告：「旺代已經不存在……依照你們的指令，我把孩童踐踏在我們的馬蹄之下，我們屠殺婦女，使她們不再生育匪徒。一個囚犯都沒有，我完全消滅了他們。」估計雙方死亡共 11.7 萬到 45 萬之間，而地區總人口只有 80 萬。但地方並沒有安定，甚至拿破崙時代也發生好多次動亂。當地人保教會、保王，與中央格格不入[13]。

極端分子也知道鏟除舊東西後仍要有新東西去取代，於是發明一個新的革命宗教，去紀念革命烈士、聖人，供奉革命聖物（如三色帽章，紅色

自由帽等）。此中以埃貝爾的「理性崇拜」為代表，崇拜的對象是「理性女神」（Goddess of Reason）。1793 年 11 月 10 日埃貝爾主持「理性崇拜」慶典，是反宗教的最高潮，也觸犯了羅伯斯庇爾的大忌。羅伯斯庇爾擔心無神主義會損害虔誠法國人對國家的向心力，同時他懷疑其他的革命崇拜背後有政治野心。埃貝爾派狂熱反宗教的督軍卡瑞爾在旺代大開殺戒，1794 年 2 月中被召回巴黎作辯。那時，羅伯斯庇爾已覺極端分子實在威脅革命，也威脅他。埃貝爾意圖扭轉頹勢，在 3 月 4 日發動政變，不遂；13 日，公安委員會逮捕他和支持者；24 日上斷頭台。

埃貝爾出身中產階層（父親是首飾匠，也曾做法官），學法律，因被判誹謗一名醫生而破產，後逃往巴黎。生活無着落，在劇院打工，但因偷竊被開除。後被一個醫生雇傭，據稱靠行騙度日。

革命爆發，他就開始寫政治小冊子，寫了一篇攻擊保教會分子的文章「Petit carême de L'Abbé Maury」[14]，名聲大噪。1790 年 9 月，他開始出版《杜薛老頭》，以下層社會（長褲漢）為對象讀者，鼓吹平等和暴力，代表革命的極左。

原先他是站在羅伯斯庇爾和丹東一方的，激烈攻擊吉倫特派。當時，科德利爾會是丹東（還有德穆蘭做他的副手）的地盤。1793 年 2 月丹東喪妻，7 月續弦，之後就退出了巴黎（到年底重返），埃貝爾派等人看準這個權力空檔，就篡奪了領導地位。9 月 5 日成功逼使國民公會宣佈恐怖統治，聲勢奪人。

好勝、逞強兼功利的埃貝爾對長褲漢的號召力大大威脅國民公會裡山嶽派中人，特別是羅伯斯庇爾，使他覺得埃貝爾與其同黨不除，革命就會由他們把持了。此時，很多法國人對埃貝爾的反宗教開始厭倦。「理性崇拜」是反宗教的高峰，也是他跟有泛神論傾向和國家宗教理想的羅伯斯庇爾最終決裂的主要原因。

1794 年頭，在科德利爾會上，有人聽見埃貝爾說羅伯斯庇爾為丹東派的德穆蘭辯護證明羅伯斯庇爾已被革命叛徒誤導了，而真的革命分子應

該起義了。到此，羅伯斯庇爾不再理會公安委員會中有人遲疑，決定先發制人，逮捕了埃貝爾和其同黨。很諷刺的是，埃貝爾自命革命忠實的兒子，但在審判時他被控腐敗、詐騙，甚至與外國陰謀，而不是革命過激。斷頭台上更被戲謔，連反革命也當不上，只當小賊。行刑官要娛樂觀眾，斷頭刀落下，到了頭頸上一點點就停了，三次如此，到第四次才身首異處。這也是革命暴力的鬧劇。

埃貝爾的政治本錢是他寫的《杜薛老頭》，先後 391 期，是革命中最受底層社會歡迎、最具煽動力的刊物。每期只有一兩千字，內容鄙俗而詼諧，充滿暴力和破壞，粗言猥語，是長褲漢最過癮的讀物。街頭報販往往以「杜薛老頭今天怒極了！」做招攬。這老頭的形象是頭戴革命小帽子、嘴含煙斗、滿臉鬍子的粗漢，內容是他跟某個虛構的王室中人或政府官員的對話，當然是把對方描得一文不值，罵得狗血淋頭。

對吉倫特派的攻擊、對丹東派（尤其是德穆蘭）的指責，埃貝爾的筆都是刻薄、狠辣和不留餘地的。

在一定程度上，馬拉是埃貝爾的政治教父，馬拉對暴動的歌頌，尤其是對巴黎長褲漢的看重，給埃貝爾啟發。馬拉不是理論家，是辯論家。埃貝爾的《杜薛老頭》其實是粗俗化的馬拉，使長褲漢看得更過癮、更衝動。

馬拉對盧梭的崇敬是人所共知的，但與盧梭不同，他深信群眾暴力的效用，可以說，在革命分子中，馬拉是真正相信不斷革命的。他辦報的目的就是要鼓勵群眾暴力，希望通過暴力去實現盧梭式的理想社會[15]。

馬拉認為政府要保護人民不被國家敵人損害，但他更堅持人民要保護自己不被政府損害。他不像盧梭相信人民要被迫自由，他相信人民已經是自由的了。他更相信人民，特別是窮人，本性是德行的和良善的，不會把自己的利益放在整體利益之上，因此無需強迫或控制人民。相反地，政府才是危險的，政府的壓力會腐化官員，會使他們把個人利益放在整體利益之上。為此，馬拉的社會控制是由下至上[16]：不是政府通過壓迫去控制人民，是人民通過暴力與恐怖去控制政府[17]。

大革命中，沒有比馬拉更宣傳政治暴力的，他視之為直接參與政治的具體化：暴力就是人民的聲音，人民對立法議員不滿的衡量，人民面對墮落政府的自我保護，人民爭取權力的出路。他鼓勵的不是個人暴力，是群眾暴力，「公民大眾，我們只有一個辦法避過這個可怕的命運——緊靠你的武裝同志……讓復仇之斧劈下這些罪有應得的官員們的頭顱。最要緊的是不要拖了，要馬上集合起來，進攻議會，喝止這些所謂國家之父，要他們立即收回那些他們正想急急通過的災難性的法令。」⑱

他完全擁抱盧梭的「獨裁」。人民是好的，但會被墮落的政客誤導，因此，要保護人民就要授權給一個有德之人去掃清革命的敵人：「那些不中用的領導們要把你帶到險境，你只有一個辦法脫身，就是委派給一個軍事保民官⑲、一個最高獨裁者，讓他逮捕主要的叛徒……讓我們選出一位最開明的、最熱忱的和最忠心的。」當然，其他革命分子很難接納這想法，因為這個被人民選出來的人不就是另一個絕對君權？於是馬拉修改，把一個人轉成一個委員會。公安委員會不是馬拉所創，但他極力支持把全權授諸於委員會。盧梭的獨裁者是有期限的，但馬拉則認為公安委員會應無期限，直到肅清所有叛徒。馬拉非但認為暴力的效應高，更認為不用暴力的成本更高，「劈掉五六百個人頭就能保證和平、自由和幸福。誤解人道會使你手軟，使你下不了手，這會犧牲你百萬兄弟的性命。」

埃貝爾對馬拉的崇拜可以從下面看出來（《杜薛老頭大樂》，1793年，第264期）：

　　杜薛老頭大樂，因為他在夢中見到馬拉，馬拉告訴他誰是想破壞共和的陰謀家、小賊和叛徒。媽的，他倆商量怎樣去解救長褲漢。修爐老頭發誓去跟着「人民的朋友」⑳走，不管政客們拿出甚麼刀棒、毒藥。

　　昨晚我在夢裡頭見到了他，他的傷口仍在流血，該死的，我笑了。我叫，「人民的朋友」，是你嗎？是啊，好老頭，是馬拉啊，從死

人中回來跟你說話，媽的 —— 就算到了墳墓，對自由的愛還是追著來……你講的話是長褲漢的話，在自由人的耳朵裡你那些令貴婦們昏過來的粗話實在美得很，美貴婦之中找不到自由人。你的喜和怒比那些政客的夢有用得多。他們是知道你，這些操他媽的賤種，就是因為知道你所以他們才迫害你，好像他們迫害我……

是的，老頭子，用你的鐵槌、鐵鉗去追打他們，一個也不放。三個月前我說要在杜伊勒里宮架起300個吊架去吊死這些混蛋的人民代表，有人說我瘋了，說我血腥……鬥爭已經開始，是場生死鬥。

打敗他們，一個都不赦，因為，該死的，如果他們打贏，6個月內一個愛國志士也不剩。這些惡棍已經證明了他們可以幹得出的。在馬賽，所有雅各賓派都被屠殺；在里昂，保王分子把100多個共和分子送上斷頭台；在亞維農，自由之友的血在街上流；在巴黎，如果這些政客捉到我們 —— 你同我，老頭 —— 他們會同樣地把我們宰了。但是這些沒用的雜種未見識過我們的長褲漢……

馬拉，我聽到你的教訓了……我發誓不怕他的刀棒、毒藥，永遠跟隨你的榜樣。媽的，我的座右銘就是對陰謀家、奸人、叛徒，永不休戰。鬼魂對我說：「這也是我的誓言。」跟著就消失了。守你的諾言。是，媽的，我會守的。

馬拉、埃貝爾、長褲漢最針對的是「潛伏」在革命之內的反革命分子。他們這個疑心導致不斷革命、不斷暴力。

如果埃貝爾是盧梭信徒，如果長褲漢是盧梭信徒，他們信仰的是盧梭的平等 —— 經濟平等。盧梭在《論不平等》上寫：「那個人率先以籬笆把地圈起來，說：『這是我的。』而其他人也天真地相信，這個第一人就是文明社會的創始人。你將把人類從不知多少的罪行、戰爭、謀殺中，不知多少的慘事、不幸中解救出來 —— 如果你把圈地的地標拔起，把圈地的壟溝填滿，並大聲地跟你的同胞說：『提防啊！不要輕信這些騙子們！』

如果你們忘記了地球上所有萬物是屬於所有人的，而地球本身是不屬於任何人的，你們就完蛋了。」以埃貝爾的話來說就是：「地球是為每一個生物而做的，每一個，從螞蟻到那隻自稱是人的高傲昆蟲，都一定要從這個眾生的母親身上找生命的滋養。……生存是最高權利，不管怎樣，人總要吃。」

雖然埃貝爾打着經濟平等的口號，但同時也可以說是個機會主義者。就像馬拉波與路易暗渡陳倉，憑此過奢華的生活，存拜相的夢想，埃貝爾則以「投其所好」，以粗言穢語的謾罵去號召長褲漢，憑此政治本錢在革命中揩到了油水。他聰明地看透了時機 —— 從丹東發動的第二次革命就看出長褲漢的威力。吉倫特派被丹東發動的長褲漢推翻後他就開始篡奪丹東在科德利爾派的領導地位，也就是長褲漢的指揮大權；跟着號召長褲漢包圍國民公會，開啟恐怖統治；之後，在平定保教內亂中更立下大功。做小偷出身、藉朋黨致富、以逞強立命的埃貝爾到此時應該是躊躇滿志，但他的個人自大和反宗教衝動耐不住了。

啟蒙思想是反宗教的（尤其是天主教），反教會的特權、教士的愚昧、教條的迷信。解藥是理性與自由，但用的仍是宗教的模式，也就是集體的膜拜和公開的儀典。恐怖統治期間，也就是鎮壓基督宗教最殘酷的一段時期，埃貝爾派就在全國各地強行建立「理性崇拜」（雖然不一定叫「理性」，例如也叫「布魯圖斯節日」[Feast of Brutus]，但意義是一樣的），把教堂改為崇拜廟堂。丹東當時就警告反基督宗教走上了極端，羅伯斯庇爾也說服國民公會代表們不給「理性崇拜」法律地位。但埃貝爾等人一意孤行，於 1793 年 11 月 10 日在巴黎聖母院舉行最盛大的崇拜儀式。

時人有形容這些各地都有的類似的慶典放蕩、駭人、墮落。無論是否屬實，很多革命分子都避開這些崇拜。羅伯斯庇爾的形容是，「荒唐的鬧劇」。

山嶽派中人當然知道埃貝爾派極端（包括他們的同路人 —— 憤怒者），幾近狂妄，但因為要依靠他們的長褲漢去抗外敵、壓內亂，就放縱

了他們，對他們的暴行熟視無睹，近乎姑息。埃貝爾派有恃無恐，更縱容長褲漢，以極端暴力去達成他們的政治目的。但物極必反。他們從丹東派奪取了科德利爾會的控制權，其實就是對長褲漢的控制權；有了長褲漢為武器，就想拿下山嶽派大權。但埃貝爾派行為兇殘，不得人心，雖然對國民公會有震懾力但也直接影響共和的穩定和威脅山嶽派的權力基礎。殘酷鎮壓內亂是一時之功，但招來丹東的不滿；理性崇拜有一時之快，但觸犯羅伯斯庇爾的大忌。最後，群起圍攻，倒了下來。從此革命不斷，顛倒的社會也延綿不斷。

埃貝爾原是山嶽派中人，但山嶽派的團結是他首先打破的。山嶽派中人是意識形態最重的革命分子（特別是對盧梭的共同意願），因此分裂不單引發敵我之爭，更是正統對異端、信徒對叛徒之爭。為此，山嶽派內部的鬥爭比一般從利益着眼的朋黨之爭更無情、更殘酷，把法國人嚇怕了、弄昏了。

埃貝爾肯定是個篡奪能手，先奪丹東的科德利爾派領導地位，再想奪羅伯斯庇爾的公安委員會，但他代表的專制與共和的組合加劇了政治失序的氾濫。奪人者，人奪之，埃貝爾派敗下，更加劇了政治的失序。

極端左派的埃貝爾派被鏟除[21]，以溫和分子來平衡極端的作用也消失，而且溫和也略帶反革命的意味，於是，以穩定革命為重的公安委員會就醞釀打擊丹東的姑息派。1794 年 3 月 29 日，巴黎爆發反革命情緒（可能是因為極端革命分子被消滅而引發），姑息派被指與此事有關。第二天，丹東、德穆蘭等被逮。

丹東是大革命的關鍵人物，公安委員會首任主席委員。他的歷史定位頗有爭議：推翻王權、建立共和的大功臣，中和恐怖統治期間的恐怖和暴力；毫無榮譽感、原則和道德，只為一時之快意，一日之成名；一個物質主義的政客，以造勢去求名求利；忠貞、慷慨，為家人、為朋友、為國家，放棄個人野心去維護共和的團結；以群眾的尊嚴、慰藉和幸福為己任

的政治家。

他生於富農家庭，受過好教育，從家鄉轉巴黎，任律師。身體健碩，聲如洪鐘，但面貌醜陋、痘皮（幼時更被動物抓傷臉孔）。革命中初露頭角是在 1790 年創科德利爾會社，並任首席主席。科德利爾會在眾多政治會社中最力主全民民主，最先堅持王權與自由不能兩立，最先鼓勵激烈行動。

丹東雄辯是有名的，最著名的當然是對 1792 年布倫克瑞宣言的反應：「要制止敵人就得以恐怖加諸保王分子。我們要敢作敢為，更敢作敢為，永遠敢作敢為。」這喚起法國的鬥志，但也啟動了長褲漢瘋狂暴力，造成駭人的九月大屠殺。

丹東有共和理想，但這些理想往往是模糊和含糊的。對他影響最大的是狄德羅 ㉒ 和盧梭。他的政治理想表現在法律和制度的設計，特別是恐怖統治的機制與共同意願的結合。他對革命法庭諸公是這樣說的：「給我證明你們希望法治，但更要給我證明你們希望人民幸福。」對他來說，法律只是為要顯示出共同意願。他總是想在現存制度下設計和加強革命的組織，特別是革命法庭與恐怖統治所賴的法律工具。

丹東沒有寫下甚麼，有的是別人寫下他說的話。雖然他沒有留下很多文字，但法國人到今天也樂道他的豪情，也經常把他和馬拉波放在一起，稱他為「長褲漢的馬拉波」，意指他和馬拉波一樣，以下一個階層的代言人自居：貴族的馬拉波自命中產階層的代言人，中產的丹東自命下階層的代言人。馬拉波一死，大革命平穩過渡君主立憲無望；丹東一死，大革命平穩過渡共和無望。

從進攻杜伊勒里宮到成立國民公會、廢除王權、建立共和，丹東的勢力與日俱增。奧軍入侵，巴黎震動，丹東呼喚動員，發表他歷史上有名的「敢作敢為」演詞。雖然同屬山嶽派，他不滿意馬拉的誇張，也看不起羅伯斯庇爾，只有德穆蘭是他的親信。但共同目的（廢王權、建共和）把這幫人綁在一起。吉倫特派害怕他，害怕他能支配街頭群眾的激情和衝動，

指摘他攪出九月大屠殺。但丹東認識到極端的巴黎長褲漢是抗外侮和平內亂的唯一可靠力量:「巴黎是自由法國理所當然的中心,是光明的中心,若巴黎淪陷,共和也隨之消滅。」他出了名的豪氣,路易斷頭一刻,丹東在國民公會發出吼聲:「歐洲的國王們膽敢挑戰我們,我們就要應戰,就在他們腳下扔下一個國王的腦袋。」

革命法庭是恐怖統治的主要工具之一,是在吉倫特派仍當權的時代由丹東建議成立的:一方面從暴民手裡拿走武裝力量,一方面給鎮壓反革命提供有效手段。他相信法律的目的包括保護人民不傷害自己,以此減少革命暴力(諷刺的是最激烈的革命暴力是由他啟動的㉓)。

丹東看見群眾暴力的可怕:革命引發激情,但革命也把社會約束打散。雖然他堅信人民,但群眾暴力又使他不安。他感覺到革命的最大威脅來自人民自身,是隱藏着的、陰險的。理論上,他同意盧梭的「強迫人民自由」,實踐上,他不想人民太自由,太濫用他們的暴力。因此,他設計機制去同時解放並約束人民。

公安委員會集中軍、政、民生大權在一身,也是丹東的主意。他是首任委員之一。他的主要任務是監督部隊,所到之處都能憑他個人魅力振奮軍心。他負責重組政府,曾意圖調解吉倫特派和雅各賓派,但雙方積怨難消,徒使吉倫特派對他猛烈攻擊。

肅整吉倫特派之後,山嶽派就是主人㉔,要做真正的工作了。工作是交給公安委員會。之後的 9 個月,政治鬥爭的焦點就轉為公安委員會對抗巴黎革命公社(長褲漢的基地)和對抗國民公會(公安委員會的政治老闆)。丹東發揮他的說服力,在國民公會上建議賦給公安委員會近乎獨裁的權力、近乎無限的資源。丹東看見周圍都是國家和共和的敵人,認為必需革命獨裁才可渡過難關。當外敵、內亂當前,他決定給公安委員會開出一張空白支票。為表示對革命的無私,他在公安委員會成立 3 個月後辭去委員職位㉕,置身於外去做公安委員會的支持者和精神領導。但事情並不如他想像。

　　恐怖統治是 1793 年 9 月開始，也是由長褲漢逼宮而成的。但這一次不是丹東發動和領導，是比他更激進的、篡奪了科德利爾會領導權的埃貝爾。這是法國大革命很血腥的時刻，處決反革命和鎮壓內亂，起碼死了 25 萬人。國民公會中的山嶽派有不少認為比較過分，認為恐怖只是親痛仇快，反助長國內外的反革命情緒和宣傳。他們以丹東為首，要求公安委員會從寬：「我們一定要趕盡所有叛徒，無論他們怎樣偽裝，但我們一定要分清錯誤和罪惡，它不應傷害無辜。沒有人想看到一個因為對革命沒有足夠熱誠的人被當作罪犯看待。」

　　1794 年頭正是公安委員會權力最大、氣勢最盛之際。相對地，丹東則好像銳氣突然減了。有說是他在比利時督軍之際，愛妻難產去世，使他傷心欲絕。這是 1793 年 2 月的事。他 7 月續弦，娶了 16 歲的孩子保姆（而且還秘密地用了被禁的天主教儀式），又變得戀家，留在離巴黎百多公里外的家裡，連巴黎也少去了，到 11 月底才復出。他的敵人有機可乘了。羅伯斯庇爾藉助他和德穆蘭對埃貝爾派的攻擊鏟除了埃貝爾，但在攻擊埃貝爾的過激時，埃貝爾的反擊也暴露了丹東的姑息，成為不可饒恕的「反革命」。

　　埃貝爾被整，丹東也知餘日無多，已作了準備。但致命的一擊卻不是他的姑息，而是他也可能意想不到的「私心」。丹東身家豐厚，在巴黎有不少物業，使人有來歷不明之感，他也沒有好好解釋，於是構成大罪。最嚴重的倒不是丹東拿錢，是他的親信法布爾㉖把他牽連進賣空案。丹東交友隨便，人所共知，此中有不少是斂財之輩。法國東印度公司破產，在 1785 年（革命前）被王室接收，革命後，國民公會指摘公司發國難財，要關閉，但若干國民公會代表意圖以立法手段去為公司在關閉前造勢，催升股價，然後通過賣空去發財，被法布爾識破，勒索 50 萬鎊，雖然沒有證據指向丹東，但丹東為法布爾力辯，被指串通，入罪。

　　丹東與德穆蘭諸人被捕，受審，異常的過程在「說故事」中交待過，不贅述。但要指出的是公安委員會要費九牛二虎之力，包括採用 7 個人的

陪審團（因為沒法找到 12 個可以事先應承入丹東罪的陪審人）、國民公會下特別政令（容許法官以疑犯不尊重法庭為理由拒絕其答辯）和檢控官威嚇陪審員（如不入丹東罪，陪審員會被指控）。

丹東與羅伯斯庇爾唯一的共識是打擊吉倫特派和埃貝爾派。但兩人的理由絕不相同：丹東還想挽回吉倫特派去同建共和，羅伯斯庇爾則從來容不下吉倫特派；丹東是反對埃貝爾派的殘暴，羅伯斯庇爾是害怕埃貝爾的威脅。兩人背景可能類似：中產、律師、共和、雅各賓、殺路易，但性格完全不一樣：丹東碩大、慷慨、隨便、調笑、聲大如雷，羅伯斯庇爾瘦削、拘謹、小氣、嚴酷、說話服人但不動人。

敢作敢為是丹東的作風，無論是鼓勵暴力還是呼籲慈悲，他從未改變過他的共和理想，他相信自己有一種「自我犧牲」（self-sacrificial）的情操。在建立他一手促成的革命法庭時，為避免使人覺得他獨裁，他自己動議永不參與。在革命法庭受審時，他說：「我的家快要湮沒，我的名字快要進先賢祠！這是我的人頭！」在斷頭台下，他說：「最要緊的是，不要忘記把我的頭顯示眾！它值得大家一看。」

丹東眼見埃貝爾派的暴力對共和穩步前進的破壞性，更擔心他自己一手促成的恐怖統治走向失控，遂生悲天憫人之心、恢復革命團結之意、達成真正平等之望。他想把革命帶回理想，起碼把革命帶離自毀，但時不再與，暴力的不斷革命像脫韁之馬，他拉不住，反被拉倒。

極端和溫和的革命分子都清除了，羅伯斯庇爾獨攬大權，但 4 個月內就煙消雲散，且死無全屍。事情發展得很快。

1794 年 5 月 7 日，國民公會通過「最高存在者」崇拜，這個泛神論和國家宗教的理想完全是盧梭的思路。羅伯斯庇爾想以一個最高神祇去吸引和凝聚虔敬法國人的宗教情操，以一個不滅的靈魂去鼓勵道德行為，以保證共和的穩定和德行。6 月 4 日，國民公會全體通過選舉羅伯斯庇爾為公會主席；8 日，羅伯斯庇爾主持「最高存在者」崇拜大典。全國各地同

時舉行盛大慶祝，但這些耀目的崇拜都抓不住人心，尤其在巴黎之外更是被人漠視。

表面上，恐怖統治帶來了安定，但恐怖也帶來孿生的「多疑」。6月10日，國民公會通過（當然是公安委員會推動，而羅伯斯庇爾是極力支持《新嫌疑法》），容許革命法庭在沒有證人的情況下仍可定罪。12日，羅伯斯庇爾在國民公會上宣稱有人陰謀危害公會，但未指名。在人人自危之際，6月26日，法軍在弗勒呂斯一役擊敗奧軍，間接帶來恐怖統治的毀滅。

此役戰略意義重大。奧地利、漢諾威、荷蘭共和國聯軍退後，法軍長驅直入荷蘭。到1795年底，粉碎荷蘭共和國。從此，法軍保持戰場上的主動，直到1797年革命戰爭轉為拿破崙戰爭。政治上的意義更大：恐怖統治的合法性是共赴國難，如今外敵已退，內亂又平，恐怖統治沒有存在的需要了。

公安委員之間的共識隨之消失，內訌開始。1794年6月29日，比約‧瓦倫與德布瓦指責羅伯斯庇爾獨裁，羅伯斯庇爾在雅各賓會上說在國民公會和公安委員會中有人謀害他，稍後又說他已有陰謀者名單，但卻拒絕舉出他準備逮捕的人；7月26日，他在國民公會激情發言要逮捕陰謀者，但又未點名，比約‧瓦倫在會上堅持要羅伯斯庇爾說出名字，國民公會把事件交還公安委員會處理；27日，羅伯斯庇爾被捕，號召長褲漢拯救，但因巴黎革命軍已被解散（鏟除埃貝爾派之後）而群龍無首；28日，不經審訊上斷頭台。這跟弗勒呂斯大捷相差僅一個月。同一天，巴黎革命公社被廢，恐怖統治結束，史稱「熱月政變」。

羅伯斯庇爾是恐怖統治的同義詞。他在生時被稱為「廉潔者」（incorruptible），死後對他有褒有貶。政治理論上他屬浪漫，政治行為上他是現實。他認為整個法國的文化要完全改造才能配得上共和（盧梭式的共和），也就是要法國人從子民（國王的財產）轉為公民（國家的主人）。文化是他的使命，德行是他的焦點，政治組織是他的手段。他對政治組織

的敏銳使他能與權力中心經常保持近距離。

他小時候品學兼優（與德穆蘭是同學），讀法律，崇拜盧梭和孟德斯鳩，特別相信建立在「良知」上的「個人德行」（virtuous self），更相信法國人基本是善良的，提升國民品質是可能的。在家鄉曾被委任做法官，但因為看不過嚴刑峻法，決定還是做律師，特別是為貧困的人打官司。他的學問文章都很有名，屢屢得獎。

大議會前夕，他成功爭取到做家鄉第三等級的代表。初到凡爾賽（大議會當初的場址），他是無名小卒。但很快，他的為民（特別是巴黎的下層）請命使人矚目，但也同時被打為左派（相對以資產階層利益為主導的絕大多數代表）。馬拉波譏諷大議會中左派人數少得可憐，叫他們做那「三十個聲音」（the thirty voices，相對於第三等級的 610 名代表或大議會全體的 1,204 名代表）。

他加入了雅各賓會（當時是馬拉波做主席，他則是在 1793－1794 年當上主席的），當初的雅各賓會社是來自法國西北面布列塔尼地區的代表們的組織。國民會議在 1789 年 10 月 5－6 日從凡爾賽宮被迫遷到巴黎之後，雅各賓會會員開始擴大到巴黎的中上資產階級，慢慢地，中下層的小店主、工匠等也進來了[27]，羅伯斯庇爾有如魚得水之感。1791 年 9 月 30 日，國民會議解散之日，巴黎市民表揚他，稱他為不能被腐化的愛國志士，具純正的原則、過樸素的生活，而且不受賄賂、不圖功名[28]。

1792 年初，戰與不戰之爭分裂左派，從此，雅各賓派（山嶽派的主要成員）與吉倫特派成敵對。當時，羅伯斯庇爾屬少數 ── 絕對少數，他堅持戰爭只會對反革命有利，特別擔心戰爭會增強將領們的政治野心。但是，由吉倫特派支配的立法大會最後還是宣戰。

戰爭失利，羅伯斯庇爾擔心他心目中認定是反革命的拉法耶特會趁機政變（或幫助路易復辟，或自己獨裁）。在這件事情上，丹東與羅伯斯庇爾是完全同一陣線。拉法耶特則指摘羅伯斯庇爾太激進，並建議打壓雅各賓會社。1792 年 8 月 10 日，丹東領導比雅各賓派更激進的科德利爾派發

動長褲漢，進擊杜伊勒里宮，一天之內瓦解王朝。

跟着就是如何處置路易。當權的是吉倫特派，人數多但組織散，已感覺到佔少數但組織嚴謹的雅各賓派及與其同一陣線的科德利爾派的威脅，尤其是他們背後的長褲漢，於是就開始一連串對羅伯斯庇爾的攻擊。

有關路易判罪，羅伯斯庇爾有句名言：「……如果假定路易無罪，那麼革命是甚麼？如果路易無罪，擁護自由的就是誹謗。」這裡，羅伯斯庇爾表現出他對「理論」的重視，他要為他的一切言行找到理論基礎。「我自己看來，你們（國民公會）的死刑法是難以忍受的。至於路易，我對他沒有愛，沒有恨，我只是恨他的罪。我曾經在立法大會上要求廢止死刑，我也不怪你們認為我這個理性的第一原則是個道德和政治的異端……也難怪你們在這個充滿邪惡的時代放棄這個原則。但是，為甚麼你們在處置這個罪大惡極的路易時倒想起這個原則？你們為甚麼要為他法外開恩？是的，在一般情況下，死刑本身是罪惡，因為它違反了大自然的不滅原則，只有在保護自身和社會的安全時，才有例外。一般的罪行從來不會危害大眾的安全，因為社會總有其他辦法保護自己，使犯法者不能危害它。但是，一個在革命中被推翻的國王、一個仍要依靠法律去鞏固的革命、一個單憑他的名字就可以號召諸國來侵犯我們的國王，是不可以單靠下獄或放逐去保證他的存在不會危害大眾的幸福。只有在這情況下、只有在他特殊的罪行下，法律的公義原則才不得已地出現例外。很遺憾，我要說出這個奪命的真理：路易一定要死，這個國家才可以生。」

路易死後，左派的共識消失，羅伯斯庇爾（以至雅各賓派）處於夾縫，左面是進攻杜伊勒里宮和在路易處死事上佔盡上風的科德利爾派和由他們支配的長褲漢[29]，他們想奪大權；右面是因對外宣戰而失利和因路易判死而失威的吉倫特派，他們想維持在國民公會中岌岌可危的當權地位。羅伯斯庇爾為革命、為己身，就得恰當地處理來自左右兩面的壓力。他明白要推進革命就要消滅吉倫特派；要維持平穩就要控制科德利爾派，特別是科德利爾派的權力基礎 —— 長褲漢。事後來看，他高明之處在先讓渴

求平等（尤其是在經濟上平等）的長褲漢去消滅製造新不平等的吉倫特派（為中上資產階層利益服務），事成之後，他就利用國民公會與長褲漢之間互相猜疑和顧忌去增強公安委員會對雙方的支配。在國民公會面前，他展示公安委員會後面有長褲漢支撐，藉此使國民公會就範；在長褲漢面前，他展示公安委員會可以促使國民公會去滿足他們的訴求，藉此使長褲漢聽命。羅伯斯庇爾的手法是在不太損害中小資產階層利益（也就是國民公會和雅各賓派的利益）的大前提底下儘量滿足長褲漢的平等和民生訴求。他要用這套互惠互制的手段去確保革命平穩過渡和維持公安委員會，以至他個人的領導地位。

早在 1789 年的《人權與公民權利宣言》動議時，羅伯斯庇爾的立場就已經非常清楚。「人民就是主權，政府是它的產物和僕人，官員是它的助手……法律是人民意願的莊嚴體現……沒有任何人或團體可以行使全民的權力，但這些人和團體的意願應該被尊重，並應被視為共同意願的參考……當政府侵犯人民的權利，全體人民和每一部分人民都有神聖的權利和必需的責任去起義。」這裡，羅伯斯庇爾的主權理念完全是盧梭的：全體人民是主權所在；他們的緘默代表對政府合法性的認許；法律是共同意願的體現，它的合法性來自它對共同意願的代表性。但是，這個代表性（合法性）是由人民裁定，人民有自由在任何時刻通過起義去撤銷法律的合法性 ㉚。

中上階層的吉倫特派被群眾，特別是由科德利爾派發動的群眾制住了，羅伯斯庇爾被委入公安委員會，開始踏入他事業的「高峰」。

此時，內外戰事不利的消息不斷，巴黎的糧荒、糧價有增無已。長褲漢騷動差不多無日無之 ㉛。9 月 5 日，以公安委員會為中心的恐怖統治正式出場。當時的公告這樣寫：「這刻，是平等的大鎌刀架在所有人腦袋上的一刻。這刻，是嚇窒所有陰謀者的一刻。為此，立法代表們把恐怖二字放在這天的議程上！讓我們把自己放在革命之中，因為我們的敵人到處製造反革命。法律的刀鋒要在所有有罪的人的頂上懸旋。」羅伯斯庇爾把恐怖

與德行（共和德行）放在同一地位。這是典型的羅伯斯庇爾，把所有的政治理論與行為回歸到德行、道德、正義、公平，並且堅申不惜生命去挽救革命，因為他堅信不斷革命。從羅伯斯庇爾的觀點去看，個人與整體都要改造。

在《論革命政府的原則》（*On the Principles of Revolutionary Government*，1793 年 12 月）裡他是這樣說的：「德行是簡單、樸實、窮困，往往是無知，有時是粗魯，是不幸者的專利，是人民的傳統」。可是，雖然人民是德行的，但有些人會墮落。因此，應立法鼓勵個人向善。於是，他在《論政治道德的原則》中給予國民公會代表們忠告：「因為共和的靈魂是德行、平等，而你們的目的是建立和鞏固共和，為此，你們的政治行為的第一規則就是所有的行動都應該是有關維持平等和發展德行的……因此，你們應該採取或建立任何可以激勵熱愛國家、淨化道德、昇華靈魂和把人心引導向公益的行為。任何引導他們趨向自我與卑鄙、對小事興奮而對大事輕蔑的東西，你們都要拒絕和鎮壓。」這就是等於說，雖然人民是道德的，因此可以決定共同意願，但政府應該通過立法去培養德行和壓抑惡行。這樣，通過人民本身的德行和政府對這些德行的不斷提升，國家才可以不斷自我更新。為此，羅伯斯庇爾以不屈不撓的精神、嚴酷無情的手段去根除所有有損共和的人、事和制度。他視恐怖統治為公義、暴力和德行的結合，去實現盧梭的共同意願。在追求人民的純潔中，羅伯斯庇爾忽視每個人民付出的代價，他追求一個無人能達的完美公民理想。

到此，大革命進入獨裁。他說：「一個立法者對人民的最高服務就是強迫他們做老實人。」同時，他認為道德德行，也就是所謂「老實人」的德行，是人民參與政事的先決條件，也就是自由 [32] 的先決條件。因此，雖然他未提倡盧梭的「強迫自由」，但他認為政府的重要作用是引領離群的羊回棧。

在羅伯斯庇爾主持下，恐怖統治好像馬上見效，外敵擋住了，內亂也平息下來（這跟長褲漢被收編入正規部隊，增強了士氣很有關係），一連

串的經濟政策也改善了民生，尤其是巴黎的民生。極端分子的作用銳減，相對地，極端分子的極端訴求開始對公安委員會構成威脅。羅伯斯庇爾必得收拾他們，尤其是支配長褲漢的埃貝爾派[33]。再加上埃貝爾派的強烈反宗教，使有泛神傾向的羅伯斯庇爾（跟盧梭一樣）很難認同，使相信宗教有穩定人心作用的羅伯斯庇爾很擔憂。1793 年 11 月 10 日，埃貝爾在國民公會的旗幟下率眾舉行「理性崇拜」大典。羅伯斯庇爾要動手了。他支持德穆蘭寫《舊科德利爾》去攻擊埃貝爾的極端[34]，埃貝爾當時意氣風發極了，非但不以為然，更想乘機把仍有相當勢力的丹東派（包括德穆蘭）打低，挫挫羅伯斯庇爾的銳氣，結果是丹東派和羅伯斯庇爾聯手扳倒埃貝爾派[35]。

埃貝爾與黨人被捕，極左的勢力消除了，但同時，極左與溫和之間也失掉了平衡。公安委員會不能讓溫和分子動搖革命；羅伯斯庇爾不能讓溫和的丹東派威脅公安委員會。他不念丹東派助他鏟除埃貝爾之功（尤其是德穆蘭的筆）和與他的長期戰友之情（他雖然與丹東性格不合，但一直共同進退，而且德穆蘭與他更是同窗好友），斷然把丹東派送上革命祭台。埃貝爾被捕後才過十多天，丹東、德穆蘭等人就被抓起來了。

到此，羅伯斯庇爾可算是大權在握，可以實現他的理想了，他念念不忘建立一個盧梭式的、泛神論的革命宗教。

他推動國民公會成立一個正式國家宗教——「最高存在者崇拜」[36]。成立大典的那天，羅伯斯庇爾披大藍袍，穿金褲子，率眾到戰神廣場（為慶祝大典，全巴黎出動[37]，戰神廣場在當天被改名為「重聚廣場」[Field of Reunion]，可能是為紀念戰神廣場大屠殺的犧牲者）。他像大司祭一樣宣讀祭文：「……祂在人心中刻上正義與平等的永恆之手，不也是在人的心裡寫下暴君的死亡狀嗎？不也是在宇宙初開就頒佈給全人類自由、忠誠和公義嗎？祂沒有創造吃人暴君；祂沒有創造教士去把我們像畜生一樣拴在君王駕御的戰車旁邊，使我們變得卑鄙、倨傲、貪婪、放蕩、虛偽。祂創造宇宙去顯示祂的大能；祂創造人類去彼此幫助、相親相愛，通過德行去

得到幸福。」大典中，他容光煥發，談德行、談自然、談反對無神。躊躇滿志的羅伯斯庇爾從高高的祭台上走下來時，有人說像摩西從西奈山下來向猶太民族宣佈十誡一樣。在許多人心中，他在神化自己。

羅伯斯庇爾末日的到來快得令人難以置信。恐怖統治期間，公安委員會派出到各地督軍和鎮壓的政治指導員往往是「酷吏」，地方上怨氣沖天，甚至逼得他們從支持革命轉為反革命。羅伯斯庇爾想控制局面，就被激進分子視為姑息，早存反意。1794 年 4 月，若干激進的督軍被召回巴黎述職。他們聞風逃脫，潛返巴黎，一方面散播說羅伯斯庇爾要準備向國民公會開刀，一方面籌劃推翻羅伯斯庇爾。他當然知道位高勢危，在暴力時代更是殺機重重。5 月 27 日，有人在他住所附近持械被捕，他更是杯弓蛇影。《新嫌疑法》在 6 月 10 日出台 —— 沒有實證，稍有嫌疑就可以入罪，人心惶惶更甚。極端分子、溫和分子，甚至保王分子和關鍵的騎牆分子都因為恐懼羅伯斯庇爾而合謀害他。羅伯斯庇爾清除了布里索、埃貝爾、丹東，這次，卻在羽翼盡失之下被狐群狗黨幹掉。

埃貝爾與丹東盡除，羅伯斯庇爾應安然無憂，但在不斷革命中，他想做最強者，更要徹底改變法國人。他有的是才幹，缺的是魅力；他可以辯服人，不能感動人；他有理論、組織、魄力，但沒有吸引力。相對來說，布里索有書生的純，埃貝爾有無顧的狂，丹東有儡人的勇，「不能被腐化」的羅伯斯庇爾總有點冷。更糟的是他固執、多疑，致使周圍的人，無論是順他的還是逆他的，都沒有安全感。

羅伯斯庇爾獨特的理想原則和彈性的朋黨組合則使他成為當時朋黨政治的最佳導演。每上演一場政治整肅，他都能掌握理論上、結盟上、行動上的主動。他的政治理論偶像是盧梭，他把盧梭的共同意願演繹為恐怖統治的終向，為自己打造「廉潔者」的道德光環。他確實廉潔，也相信自己廉潔，但他也確實利用了這個光環去推行他的政治理想。可惜，成於朋黨，但也沒於朋黨。革命初期，從差不多是孤軍作戰的唯一左派，靠着雅各賓會締造出一批與他共同進退的同道者。不斷革命下，他不斷地化

友為敵地除了布里索，殺雞儆猴地滅了埃貝爾，兔死狗烹地排了丹東，直到差不多無朋無黨，就被狐群狗黨吃掉。以理論家、雄辯家自居的羅伯斯庇爾，事前周密策劃，事後清晰分析，但在事發中，在生死關頭，竟然結結巴巴，轉過身來向他從來看不起的右派哀號：「右派代表們、講正義的人、講道德的人，我的刺客不給我發言的機會，請你們給我機會吧！」

羅伯斯庇爾一死，恐怖統治結束，保守勢力馬上抬頭。若干前雅各賓派領導人被刺殺，白色恐怖開始。但左派也反撲，亂得不得了。到 1795 年 10 月，保王軍在英軍支持下向巴黎推進，巴黎保王分子響應暴動。拿破崙的機會來了，他用葡萄彈打散暴動，也同時打散了革命。

此時，宗教也解凍。法國的歷史和革命的歷史證明，政與教實質不能完全分開，宗教仍是個威脅，保王派的叛亂顯示保教與保王很難完全隔離。於是政府又恢復對教士的壓迫，甚至再創「神與人之友」[38] 的崇拜，但都無法收服民心，反而促成天主教徒的凝聚。政府開始明白任何政權要獲得民心就得為天主教保留一定的空間，直到拿破崙與天主教會在 1801 年定立「和解」（concordat）[39]。

拿破崙（Napoleone Bonaparte，1769－1821，革命時才剛 20 歲）極懂創造和掌握機會，或可稱他是個真正的機會主義者。革命前，他支持科西嘉脫離法國運動 [40]。革命開始，他屬雅各賓的共和，並率領一團志願軍。到法國進入「祖國危難」，為他帶來一個大展身手的大好機會，被委任為法國正規軍的一個團長（雖然他在科西嘉曾作亂攻擊法軍）。

1793 年 7 月，吉倫特派被整，山嶽派初掌大權，但叛亂四起之際，拿破崙寫了一本支持共和的小冊子《博凱爾的晚餐》（*Le souper de Beaucaire*）[41]，得到羅伯斯庇爾的弟弟奧古斯丁·羅伯斯庇爾的青睞，被委任為共和軍保衛土倫的炮兵指揮官。他利用高地佈陣，把英國援助保王派的軍船趕出海港，然後再奪城，立下大功，升準將，並被公共安全委員會委任為意大利遠征軍的炮兵指揮。他籌劃進軍方案，在 1794 年 4 月進

攻，又勝。

1795 年 4 月，他被西調去平旺代地區保教亂事，但只委任他指揮步兵，因為炮兵指揮名額已滿。這可以說是降級，因此他稱病不去，公安委員會把他安置文職。熱月政變，他也被牽連 ⑫，被軟禁。他力辯，兩週後被釋。但當軍部名單發佈時，他的將軍銜被除名，這回是因為他拒絕參與旺代戰役。他的收入減少，前途也黯淡了。

但只不過兩週，他又復活了。1795 年 10 月 3 日，巴黎保王分子暴動，響應從西而來的保王軍（英國介入）。國民公會震驚，拿破崙被邀保衛國民公會會場杜伊勒里宮。他幾響大炮就打散了保王軍，成為救國英雄，從此名利雙收，更被國民公會器重，委任為意大利遠征軍統帥，開始他的霸業。

有史家認為拿破崙是為歐洲走向現代奠基的「開明專制者」（enlightened despot，典型的伏爾泰理想），也有認為他是在希特拉之前為歐洲帶來最大災難的「妄自尊大者」（megalomaniac）。一方面，他結束了革命後的無法和失序；另一方面，他也是暴君和篡奪者。卡萊爾從「英雄論」去論法國大革命，聚焦於失序與秩序之間的動態：「雖然很多現代英雄都是『革命性人物』（revolutionary men），但我們可以說每一個偉大人物，真正的人，都嚮往秩序，而不是失序。真的，要一個真正的人去搞革命是很悲哀的，因為革命就是失序。偉大的使命就是秩序，其實每一個人的使命都是如此。他要把失序、混亂矯正為秩序、正規。他傳的教義是秩序……為此，所有的人類，包括法國大革命中瘋狂的長褲漢，也是一定嚮往秩序。我可以說，他們之中沒有一個，在他最瘋狂的一刻，不是有一種內在的推動去向秩序。他們不是在亂動，是想找到一個中心去運轉。如果人類是人類，長褲漢的必然結果就是克倫威爾或拿破崙（While man is man, some Cromwell or Napoleon is the necessary finish of a Sansculottism）。真是奇怪：在那反英雄崇拜的時代卻有一個英雄現身……成功地穩定局面……革命的時代，當君主立憲制度要被消滅和廢除之際，克倫威爾、

拿破崙出來，君臨天下。」為建立帝國，他對人命的犧牲好像視而不見，毫不尊重國與國之間的條約和成規。有史家指出拿破崙破壞國際秩序終使法國喪權辱國，還傷了國家元氣，再無力成為龍頭。17 年的戰亂，歐洲 6 百萬人喪命，法國破產，海外殖民地盡失。也有說，他帶來的戰亂使歐洲的經濟落後了一代人。當然，如果拿破崙不打歐洲，歐洲打不打他？

姑勿論拿破崙的功過，卡萊爾一針見血地指出：「他就是長褲漢的必然後果。」而拿破崙則說：「虛榮造就革命，自由只是個藉口。」這可以說是拿破崙自己的寫照，也可以看見伏爾泰的影子。法國大革命廢了絕對君權，建立了共和，但到了拿破崙手裡，法國人拿到的是假共和、真獨裁。路易十六有名無實的絕對君權，到拿破崙終成為無名有實的絕對獨裁。但在這個過程中，法國與西方就賠上了千萬生靈。

註

① 他在 1788 年 6 月訪問美國，大受歡迎，稍後被授予文學與科學學院名譽院士頭銜。他甚至考慮移民，但大革命迫在眉睫，只好趕緊回國。

② 但布里索與盧梭也有很大不同。他相信「科學」，靠近「科學主義」，認為科學的政制可以使人能夠控制國運，相信政治可以科學處理。這跟盧梭的「反科學」很不一樣。早在 1783 年的《有關真理》(Of Truth, a Meditation on the Means of Reaching Truth in All Human Knowledge) 中他就認為政治與道德可以跟「化學」一樣去研究：要發現政治與道德的真理就要發現為人類帶來整體和個人幸福的手段；發現這個真理就可以藉此建立社會和政治的秩序。「要自己幸福，要為別人創造幸福，這當然是我們的目的。(哲學家) 要達到第一個目的，就必需提升他自己的知識；要達到第二個目的，就必需把他的知識傳達給人類。錯誤的知識會致命，因此，如果他不想毒死自己或他人，他要肯定他的知識是真的。……在尋找真理之前……不要把自我檢討看作小事情。你的靈魂是你的坩堝，有哪個化學家會用他的坩堝如果他不知道裡面放的是甚麼東西，或者不先把雜質清理？如果他不走這個程序，他怎能確定他的結果？可是，多少哲學家會像化學家這樣做？如果是這麼大意、這麼不慎，得出來的發現或道理怎可以信？」

③ 《法國愛國者》是每天 (除了星期日) 出版，稍後，連星期天也有出版，篇幅比一般報刊多，有時還有增刊。內容包括：(i) 報導新聞；(ii) 刊登所有政府告示和國會辯論記錄；(iii) 各省議事會議程；(iv) 時事評論；(v) 評論其他政治刊物；(vi) 英美政事研究。每期發行 1 萬多

份，國內外都有大量讀者，比德穆蘭的《法國革命》和埃貝爾的《杜薛老頭》的銷售總量還要大得多。

④ 他生活簡單、謹慎、着緊，但自視高，尤其對自己的德行，因此往往看不清自己弱點。自信使他倨傲，不容異己，強烈譴責與他政見不同的人，再加上他有種殉道精神，終成悲劇主角。有史家説，他應留在哲學領域，不應從政。

⑤ 有人提出一個布里索主戰的理由。在 1791 年底，也就是宣戰前幾個月，布里索已經有一套完整的戰爭計劃和時間表。他認為法國人口增長太急，加上革命帶來的動盪，很難維持社會安定和革命的平穩過渡。對外戰爭可以舒緩革命衝動以維持國內穩定，又可以增加領土去供養增長的人口。他估計法國要削減 200 萬人口，也就是要在 6－7 年內，每年遞減 25 萬到 30 萬人。他想法國政府堅持戰事，絕不議和，直到目標達成，他稱之為謀求法國政制健康所需的「放血」。這是 1785 年俄羅斯外交部的檔案，至今仍有爭議。

⑥ 憲法上是國王才能宣戰，但必須立法大會同意，理由是國王往往因個人自大而想戰，而立法大會就是提供一個反思的機會和約束的機制。但這回不是國王想戰，是立法大會想戰。布里索出計，指「出走者」（逃往外國的貴族，集中在神聖羅馬帝國境內的科布倫茨 [Koblenz]）陰謀反革命，要立刻加以討伐制止。這些出走者是法國人，因此討伐他們不是對外戰爭，無須宣戰。當然，如果討伐法國人帶來外人干預，法國就不惜與干預的外人一戰了。

⑦ 《法國愛國者》，1792 年 7 月 6 日。

⑧ 1792 年 7 月 25 日布里索在國會演説的記錄這樣寫：「沒有比殺王更能保證王朝的長存。不，殘殺一個人不會消滅一個王朝。在英國，王朝的復興就是因為查理士一世被害，人民的反感使他們跑到查理士兒子的腳下。弒君的共和分子絕對是愚笨的共和分子 —— 國王們還想出錢請他們去破壞共和理想呢。姑勿論怎樣，如果有弒王派，如果有人想憲法的殘骸上立即建立共和，法律的利刃應架在他們的頸上。」第二天他繼續説：「諸位，我知道，如果證實國王勾結外敵而不審訊他、判決他，就是出賣人民、叛國。但我知道，一個反革命的國王會希望議會輕舉妄動，採取一個人民不支持的暴力措施，那他就會償所願……何解？大部分的人都希望法律面前人人得到公平，希望判決之前都有嚴謹的審訊，如果在怒火之下，不考慮清楚或是匆匆忙忙地就處決這個國王，我告訴你，大部分人都會責怪你們。雖然這不代表他們放過這個國王，但他們不會支持你們的行動。」這聽來好像布里索反對廢王，這與他先前對共和的堅持好像背道而馳。在很多人眼中，搖擺不定就是缺乏誠意。

⑨ 布里索於 1784 年從英國返巴黎，因被指寫過淫穢文章侮辱王后，被關在巴士底獄幾個月，但後來不明所以地被釋放了，有人説是政府收買了他為線人。

⑩ 羅蘭夫人（Madam Roland，1754－1793），革命政府內政部長夫人，以沙龍著名，廣交名士與貴人，在吉倫特派中極具影響力。從小意志力強，求知慾強，對盧梭極度崇拜，尤其是盧梭的女性模式：女性化、做男性背後的支持者。她家是巴黎社交中心，但保持低調，不參加討論，只觀察聆聽。由於與羅伯斯庇爾、丹東、馬拉等政見不一致，遂與布里索組吉倫特派，她的丈夫也成為吉倫特派掌權的國民會議的內政部長。吉倫特派被鎮壓，她幫助丈夫逃離巴黎，自己則下獄。1793 年 11 月 8 日上斷頭台，行刑前向自由女神像鞠躬説：「自由啊，

以你的名字犯了多少罪行！」

⑪ 奧蘭普‧德古熱（Olympe de Gouges，1748—1793），劇作家、女權主義者，寫下《女性權利和女性公民權利宣言》。她出身資產階級，丈夫死後，與多個有錢男人同居，並在沙龍出入。她以「公共知識分子」自居，寫了很多小冊子，談離婚、婚外情、孤兒撫養權等等。路易受審時她主張免死。吉倫特派失勢後她下獄，寫了很多自辯文章。於 1793 年 11 月 2 日上斷頭台。

⑫ 偶像盧梭被圍攻，尤其是被伏爾泰和休謨輩圍攻，特別感動他，使他有點孤芳自賞的「犧牲者」情操。盧梭在《懺悔錄》中這樣說：「對任何朋黨、派別、集團的抗拒使我能夠保持自由和獨立，除了我的心靈驅使之外，不受任何牽制。孤獨地，我被視為外人，單憑着自己的原則和責任，我勇敢地走正直之路，既不奉承，也不犧牲正直和真理。」布里索的回響是：「偉人哦，誰能批判你！讀盧梭，你很難分得開甚麼更誘人，文筆還是理念。他的道德是如此地純潔、如此地慰藉。我可以完全理解為甚麼那些已經腐化的人和那幾個所謂的學者對他如此苛刻。他揭開他們的面具。對邪惡的人來說，德行之光會砸碎他們，但真正的哲學家會在盧梭的肖像中看到自己。我聽知這位捨棄世俗事的哲人從不讓他自己被世俗的邪惡理念腐化，他是人類的希望……這位不容任何朋黨去拉攏的哲人，以真誠去求真理。」好像布里索對自己將被革命「吃掉」，有點預知。

⑬ 史家對旺代亂事的論證很有分歧，尤其在 19 世紀。支持共和的叫「藍派」，他們以官方文獻為研究素材；支持教會和王室的叫「白派」，他們以當地口傳為素材。比較中肯的說法是，「法國西部的反革命的成因是中央政府直接管治地方的手段出了問題：在管治上忽視了地方權貴和教士們的緩衝作用，把國家權力直接交給地方資產階層去行使」（來自 Charles Tilly）。問題不在革掉舊政權，是在建立新政權中未尊重人民可接受的政治原則和管理模式：行政和管理上獨裁；迫害不宣誓效忠的教士們。在某種程度上，是官逼民反。

⑭ 翻譯為「莫里教士的講道」，寫於 1790 年復活節前（分兩期）。內容以耶穌被魔鬼試探和耶穌顯聖容為引子，一方面指着天主教會追求享樂和讚美，迫害其他宗教（尤其是新教），一方面激勵法國人去追求光榮與平等。

⑮ 盧梭一般不提群眾騷動和暴力，但暴力是馬拉的主題，特別是以誇張對敵人的恐懼和敵人的殘酷去煽動群眾。典型的是，「他們會絕對無情地謀殺你們，他們會撕開你們的妻子的肚皮，為要窒息你們心中對自由的熱愛。他們會用血腥的手在你們的孩子的腸臟裡搜索他們的心。」由於馬拉不給這個「他們」定義，使得他的讀者感覺到處都是「他們」，風聲鶴唳。因此，使人感覺非用暴力去保護自己，打擊這些「他們」不可。馬拉要千萬人頭落地，「直到群眾的頭腦變得足夠清醒，識破這些騙子；直到群眾的行動變得足夠堅決，嚴懲這些惡人」。

⑯ 這跟盧梭的看法不一樣。盧梭認為整體利益、個體利益差別越大越需要大權政府；但給政府大權力就要同時給人民大控制。

⑰ 馬拉是如是說的：「如果你們不趕快打低市政府、省政府的所有墮落官員，不愛國的太平紳士，國民會議中最腐化的代表，你們就肯定永不超生。……不要忘記，國民會議是你們最危險的敵人。」又說：「公民們，你們的得救完全在你們的手中。最高的國法是整體的得救。

你們要踏碎那些議會代表們的可疑和危險的法令，直到今天，他們的表現都是不值得你們信任的。」

⑱ 馬拉的「人民」跟盧梭的「人民」有個重要分別。盧梭對「城市人」不放心，在《愛彌爾》中他寫到：「法國人民不是在巴黎，是在都蘭（Touraine，法國西部地區，比較偏僻）⋯⋯在這些比較偏僻的地方，一個國家呈現出它的真性格，表現出它的真面貌。」馬拉的群眾是城市的中下階層，他們才是他的讀者，外省的一般不讀馬拉。

⑲ 保民官（Tribune）是古羅馬平民選出的護民官，有絕對權力。

⑳ 革命分子對馬拉的稱呼。

㉑ 埃貝爾派所賴的長褲漢也被鎮壓。1794 年 3 月 24 日，埃貝爾等人上斷頭台；3 月 27 日，長褲漢為主力的巴黎革命軍被解散。很諷刺的是這也是日後羅伯斯庇爾被捕時無力招架的原因。

㉒ 狄德羅（Denis Diderot，1713－1784），是啟蒙運動的經典文獻《百科全書》的主編。此人多才多藝而且精力過人。他命途多舛，從未得到官方認可，但影響力深遠。早期代表作品包括《哲學思想》（Philosophical Thoughts，1746），強調理性與感性之間極需和諧；《疑惑者的漫步》（The Skeptic's Walk，1747），描繪有神論者、無神論者和泛神論者之間的對話，反映三套宇宙觀；《盲者之信》（Letter on the Blind，1749），被評為最早的進化論思想（對盧梭和伏爾泰都有影響）。《百科全書》是 1750 年動工的，差不多一開始就有爭議，特別是有關宗教和自然法則。當時的王室、貴族、高官很多自命開明之士，往往包庇對教會、對朝政的批評者（做官的一方面下令搜捕煽動言論，一方面把煽動性文稿收藏在自己家裡）。《百科全書》是「文人共和」的集體創作，前後 20 年，此中有人熱情加入，有人不滿而退出，包括另一個主編達蘭貝爾（Jean le Rond d'Alembert，1717－1783）。最後仍在 1759 年正式被禁。書商甚至把狄德羅寫的文稿在製版的過程中抽出而不告訴他。狄德羅經常鬧窮，最願意救濟他的是俄羅斯的耶卡謝蓮娜女皇大帝（Catherine the Great）。1773 年，她要買狄德羅的藏書，又委任他做藏書管理，一次先付他 25 年的薪酬，只需他去見她一趟。他去了，住了幾個月，每天跟她見面。這也是典型的開明獨裁君主的做法 —— 聽開明思想，行獨裁統治。

㉓ 丹東跟其他極端左派的分別是他認識到暴力是雙刃劍，非必要就不用。有史家評他發動長褲漢摧毀吉倫特派是為了法國穩定（吉倫特派雖然把持國民會議，但他們在意識形態上比較散漫，並且有很多內部派系，以致在國策上往往是舉棋不定，出爾反爾），特別是希望減低法國與歐洲各國的摩擦（特別是吉倫特派的主張）。這與他的外交任務和視野很有關係。

㉔ 早在國民會議時代，是沒有山嶽派之稱的，馬拉波曾譏笑他們是國民會議 578 名代表的「30 個聲音」；在立法大會時代，他們也屬很少數；甚至國民公會的前 9 個月，他們還在戰戰兢兢地與吉倫特派作生死鬥。

㉕ 有説是被羅伯斯庇爾支持者逼走，好讓羅伯斯庇爾入會。

㉖ 指 Fabre d'Églantine，見上文有關德穆蘭獄中候審一事。

㉗ 他們的政治意識都是比較左的。這一來，比較右傾的，尤其是有保王意識的雅各賓中人就越

來越被邊緣化。到 1791 年 6–7 月，這些右傾的脫離雅各賓會，另組「保王派」。其實，直到 1791 年 6 月 20 日路易潛逃被捉前，羅伯斯庇爾自己的立場也是「非保王也非共和」（當時很多人都有類似立場）。

㉘ 1791 年 5 月，他在國民會議成功通過現任代表不能在下一屆重任的動議。這當然包括他自己。

㉙ 在此刻，科德利爾派還是丹東和德穆蘭把持（日後才被埃貝爾派篡奪）。但長褲漢的戰意和戰力在不斷增長，對平等和民生的訴求也在不斷上升。

㉚ 與盧梭不同的是羅伯斯庇爾聚焦於共同意願的反面：「法律是用來阻止對共和的損害的。除非是起義，也就是代表全民的反對，不然每一個國民要像信仰宗教一樣服從法官（法律的代言人）和官員（法律的執行人）。也就是說，人民只有整體權力——一起使用的權力，不然他們就是個人，是法律的子民。」

羅伯斯庇爾還認為，全體人民是主權所在，而全體人民包括立法代表和普通公民，因此，共同意願與個體意願會有不同演繹，這點他要到恐怖統治期才澄清。羅伯斯庇爾對立法代表這樣說：「國民公會對所有它關心的事情和所有影響革命的事情都會作莊重的討論，我們懇請國民公會不要讓任何人和任何隱藏的利益篡奪共同意願和不滅的理性。」他知道如果代表們把個體意願放在共同意願之上，革命會停頓。對普通公民，他這樣說：「當同胞快要餓死的時候，沒有人有權去囤糧……活命所需的東西是全社會共有的財產……損害同胞的投機不是商業，是強盜行為和謀殺兄弟。」

㉛ 這也顯示長褲漢有自身的利益。公安委員會對他們有利時他們願意被調動，對他們沒有利時他們就不會聽話，甚至抗拒、作亂。

㉜ 羅伯斯庇爾談的自由不像自由主義那麼包羅萬象，從政治到經濟到道德的自由（參看《西方文明的文化基因》，2014）。他是單指跟其他人平等參與政事的自由，甚至可以說是政治平等而已。

㉝ 支配長褲漢的科德利爾派分裂為元老丹東領導的丹東派（保留原有的共和理想，但縮減了暴力手段，因此被對手打成姑息派）和後起的埃貝爾派（比原來的科德利爾更激進、更暴力、更能發動長褲漢，自視為「新科德利爾」）。羅伯斯庇爾左右平衡，使它們互相牽制。

㉞ 可以說羅伯斯庇爾利用德穆蘭恰到好處：(i) 科德利爾會是德穆蘭和丹東一手弄起來的，如今，埃貝爾篡奪了他們的領導地位；(ii) 原來激進的德穆蘭開始厭倦激進，走向溫和，被埃貝爾派打為姑息。因此，無論在情在理德穆蘭攻擊埃貝爾都是不遺餘力的。

㉟ 那時，羅伯斯庇爾與丹東還沒有破裂，並相當認同丹東與德穆蘭對恐怖統治中無辜牽連者的「寬容」心態，事實上，他也覺得需要分開有罪和無辜，而且無辜受害者的怨氣也開始動搖革命的熱情。

㊱ 法案共 15 個條款，主要有以下：

1. 法國人民承認最高存在者的存在與靈魂不滅。

2. 承認崇拜最高存在者的最好方法是承擔做人的責任。

3. 最重要的責任是憎厭不誠實和專制、懲罰暴君和賣國賊、幫助不幸者、尊重弱小、保衛

被壓迫者、儘量對鄰人好、正義待人。

4. 舉辦慶典去提醒人有關神明的存在和祂的尊嚴。

5. 慶典以革命的光榮事跡、人類的高貴德行、大自然的恩賜祝福來命名。

……

13. 肯定信仰自由。

14. 鎮壓任何貴族集會或任何有違公共秩序的活動。

15. 如任何公開的崇拜惹出事故，凡以激進言論或反革命意見和不公平或不合理暴力去引發事端的將會受法律的嚴肅處分。

㊲ 慶典像軍事操演。早上 5 時，全巴黎響鐘召集。每戶人家以鮮花、彩帶、錦旗裝飾，然後在各區預定地點集合。14 到 18 歲男孩帶軍刀、長矛或長槍，12 人一批結成方陣，中央舉起軍旗。男人和男童手持橡樹枝，婦女和女童穿革命顏色的衣服，母親們手持玫瑰花束，女孩手持花籃。每區選派人員到大典的祭壇下站崗：10 個男長者，10 個母親（穿白袍，右上左下掛 3 色彩帶），10 個 15 歲到 20 歲女孩（穿着像母親，還要把花朵紮在髮上），10 個 15 歲到 18 歲的青年（持劍），10 個 8 歲以下男孩。準 8 時放炮起行；男女分隊，6 人一排，女左男右，中間是男童。左右兩隊要保持一致長短……

㊳ 「神與人之友」（Theophilanthropy）很像羅伯斯庇爾的「最高存在者」崇拜。恐怖統治之後的督政府時代（從 1795 年 11 月國民公會解散到 1799 年 11 月拿破崙奪權），政事混亂、政客昏庸，保王勢力膨脹，甚至有在議會選舉上取得多數之勢。

督政府的 5 人執政團其中 3 人獲得軍隊首肯，在 1797 年 9 月 4 日發動政變，回復雅各賓的專制。「神與人之友」崇拜獲得政府大力支持，直到 1799 年 11 月督政府下台，拿破崙掌權，才被解散。

㊴ 這個和解雙方有不同利益。它承認「大部分法國人是天主教徒」，但沒有給予天主教會特別的政治或社會地位，並同時承認其他的宗教自由；主教由法國政府提名，教皇保留否決權，教會放棄索取在革命期間被沒收和特賣的土地；國家發給教士薪水但教士需宣誓效忠國家。總體上，拿破崙拿到的好處比教皇庇護七世的要多。談判時只有拿破崙和教皇的代表，法國主教們，無論國內或逃亡的，都沒有參與。

㊵ 他是這麼說的：「我出生於國家破碎的時刻，3 萬法國人在我國的沿岸嘔吐，潮水般的血淹沒了自由的寶座，這就是我初懂人事時所見到的令人作嘔的情景。」

㊶ 這是記錄他 1793 年 7 月駐在博凱爾時的一件事。博凱爾在法國南部，與保王派的據點馬賽、土倫距離不遠。晚上用餐，他與四個當地商人聊起來，發覺當地人與中央的衝突不是當地反對共和，更不是因為保王，而是因為不服氣巴黎支配一切。拿破崙提出鞏固共和之策。

㊷ 有說他跟羅伯斯庇爾，尤其是他的弟弟奧古斯丁‧羅伯斯庇爾的關係，但也有說軍中有人妒忌他。

第二篇　論方法
── 文化基因法

　　文化基因的不同組合產生不同的文明現象。這些組合有沒有邏輯？民族性格、時代心態、歷史背景和關鍵人事會改變文化基因的組合。這些改變有沒有規律？且看可以不可以從法國大革命找出來。

第八章　關鍵人事與歷史背景

　　　　時勢造英雄，英雄造時勢，不能缺一。人類歷史是由人和事組成的，是人類經「歷」過的「史」實。大革命過程中，每個關鍵人物或事件都有與其因果相連的歷史背景。

　　有史以來，人類就被「人」吸引，任何一個歷史時代都有代表性的人物，任何一個歷史時代的變更總有一些劃時代的人物。這些人物以他們的魅力、機智、智慧和政治手段，又或者由於他們的愚昧、卑劣、無知、醜惡，決定性地影響了歷史的進程。把這些人物作為歷史研究的對象、作為歷史的解釋，也就是「以偉人去論歷史」[1]（the Great Man Theory of History），是 19 世紀的事。

　　卡萊爾說：「世界歷史只不過是偉人的行實。」通過他們個人的特徵和上天安排的際遇，他們塑造歷史。他的《論英雄、英雄崇拜和歷史上的英雄業績》（*On Heroes, Hero-Worship and the Heroic in History*，1840）分析了幾個「英雄」，包括穆罕默德、莎士比亞、路德、伯里克利[2]、拿破崙等。

　　這套歷史觀曾在 19 世紀大行其道。《大英百科全書》的第 11 版（1911 年）就以大量篇幅去詳細描述歷史人物，甚至把當代的經濟、社會、科技、文化也寫為名人傳說的一部分，也就是把歷史放在人物之內，而非把人物放在歷史之內[3]。如果你要在那時的《大英百科全書》裡找羅馬帝國滅

亡之後歐洲人大遷移的史實，你得要在「匈奴王阿提拉」④的傳記中去找。

很多 19 世紀的哲學家也走這條「偉人」思路。尼采在《不合時宜的沉思》中指出：「……人類的最終目的是達成他的最優品種。」⑤ 克爾凱郭爾（Soren Kierkegaard，1813－1855）在《恐懼與戰慄》（*Fear and Trembling*，1843）中說：「……可以把跌倒的一刻變成是站着和走着的一刻，可以把生命的亂動變成一種漫步，完美地結合超凡與平凡 —— 只有這些為信仰而戰的勇士才可以做得到，他們就是唯一和獨有的天才（prodigy）。」

在黑格爾（G. W. F. Hegel，1770－1831）的理論中，這些英雄就是「世界精神」（World Spirit）的代理人，「世界－歷史」（World-Historical）的化身：他們不是創造歷史，他們是開發無可避免的未來。「偉大的『歷史性人物』（historical men）就是這樣的人 —— 他們個人的目的連接上世界精神。」卡萊爾則這樣說：「大自然創造偉人，也創造所有其他的人，但不是用同一個模板……不同的人有不同的天賦，但我們關注的往往只聚焦於他們不同的際遇和處境。但際遇和處境只可以用來解釋普通人做普通事。際遇和處境可以使一個有天賦做工匠的人成為一個鐵匠、木匠或石匠，但他也只可以是個鐵匠、木匠、石匠，技止此矣……一個偉人從甚麼際遇和處境產生出來？一個有英雄本質的人物，他將會成為一個征服者、君王、哲學家還是詩人？他與他的世界之間有一套複雜的、無從解釋的矛盾關係！他會從世界中看出一套法則，而世界會有一套他能夠看出的法則。這個世界容許他、要求他去幹的事就是這世界最關鍵的事。」

卡萊爾還意猶未盡地說：「這個年代最大的詛咒（curse）是『膚淺的懷疑主義』（Sceptical Dilettantism）。這個詛咒會有結束的一天，但未到那天之前，它會被視為人類的最高成就，它使我們變得殘廢、盲目、癱瘓，使我們對偉人失去崇敬，甚至辨認不出甚麼是偉大。我們崇拜表面（的偉大），大多數人甚至不相信表面底下有甚麼真正值得崇拜的真東西……希望上天眷顧，人類有一天會把表面崇拜掃光，代之以一種真誠……英雄崇拜永不消失，也永不能消失……忠誠（loyalty）與權威（sovereignty）

是世上常存的，因為它們落根不在表面和虛像，而是落在真誠和真相。英雄崇拜不是閉上眼的、不是個人的想法，是睜開眼的、是真有所見的！」「……不要放棄英雄崇拜，而是讓我們都成為英雄。如果英雄是一個忠誠的人，為甚麼我們不能人人忠誠？……英雄崇拜永遠有，到處有……英雄崇拜就是從我們的兄弟身上看出一點神的品質！」

　　19 世紀也同時是歷史社會學的時代，把歷史的研究聚焦於歷史的「動力」（force），而非歷史的「人物」。此中，英國哲學家和社會學家斯賓塞（Herbert Spencer，1820－1903，把達爾文進化論引入社會學，提出「適者生存」）對英雄論批評得最尖銳，認為其原始、幼稚、不科學。他的見解是英雄乃歷史的產物，也就是歷史造英雄，不是英雄造歷史。在《社會學研究》（*The Study of Sociology*，1873）中他這樣寫：「你必得承認，長期和複雜的因素產出人種，人種慢慢地進展產出社會現狀，這是創造一個偉人的過程……在他能夠重塑社會之前，社會先塑造他。」從一個完全相反的方向，托爾斯泰走到同一個結論，他認為人是歷史的奴隸，而歷史是神的旨意。同期的美國哲學家和心理學家威廉‧詹姆斯（William James，1842－1910）也是典型的斯賓塞理論者，堅持人與他所處的環境是分不開的：環境與個人互相塑造，猶如進化論中環境與物種互動。今天，學界主流是否定「英雄論」的。

　　其實，斯賓塞的批評也是很表面的，是典型的「社會決定論」（Social Determinism）。他既然是個「達爾文社會論者」（Social Darwinist），自然地把「社會動力」（Social Forces）作為一切人類行為的解釋。這是「達爾文社會論」的學術意識形態，它的政治意識形態是通過改變社會制度去把人類從社會壓迫和扭曲中解放出來。問題是，如果人是社會塑造的，他用甚麼去塑造社會？更關鍵的是，他對社會的認識是社會支配的，他從哪裡認識到他需要塑造社會？最基礎性的社會學前提是「社會有沒有意識」？如果沒有，怎可以說它「塑造」人？如果有，它怎可能會讓人「塑造」它？如果只是說社會「影響」人，那是合理不過。但若是如此，有甚麼

不「影響」人？

斯賓塞在他的《社會學研究》中批評卡萊爾「沒有能力去『科學地』演繹社會現象」，因為卡萊爾「視文明的進程為某些名人的行事記錄」。斯賓塞把英雄論視為人類原始的、未有文明之前的傳統（他特別指出基督宗教前身猶太教古經中的歷史人物，如亞伯拉罕、撒母耳、大衛等），他認為英雄論是所有「野蠻人」都有的傾向，並舉出以下理由：

（i）對某些人物的特別愛憎是人類共性，野蠻人或市井之徒都如是，因為他們愛聽故事，無論是警察的報告、法庭的檔案、離婚的記錄、意外事故的報導，以至出生、死亡、婚姻的表冊。就算是道聽途說、是是非非，男人愛之，女性尤甚。絕少數能夠從許多的故事中抽象概括，絕大多數就是以故事論世事。（ii）英雄事跡往往被視為有教化作用，這種寓教化於娛樂特別吸引人。讀名人傳記會使人懂事明理就是一舉兩得，既滿足聽是非的衝動，又滿足求知識的幻覺。（iii）故事性的東西簡單易懂，但需要你不求甚解。正如故事把神以祂大能之手創造天地說得有條有理，但你不能深究這隻大能之手實在是怎樣子的；正如故事把偉人以他偉大的行徑去創造社會說得引人入勝，但你不能深究這些偉大行徑實實在在怎樣改變了社會。斯賓塞認為如果你不願苟且、不能含糊，如果你要清楚、精確，那麼故事就完全不能滿足你的需要。如果你進一步去問，英雄是怎樣來的？英雄論就馬上崩潰。

英雄從哪裡來？斯賓塞說只有兩個答案。（i）是超自然的。那麼就是靠神了，這只可以是神話。（ii）是自然的。那麼他就是個社會現象，就跟所有社會現象一樣，來自於他先前的社會現象。英雄是當代社會制度、語言、知識、儀態等千千萬萬的表達與實踐的一個小小的部分，是亙古以來龐大和複雜的社會動力之間互動產生的結果。「沒有社會遺傳和累積的物質和精神條件，任何偉人都是無能為力的；同樣，沒有當代的人口、性格、智慧和社會結構，他也是無能為力的。」斯賓塞最大的批判是，聚焦於偉人如何以他的所作所為改變了社會是忽略了他的成功是由於他有能力

啟動龐大的社會潛力，也就是忽略了這些龐大的社會潛力和他啟動這些潛力的能力都是來自數不清的前因累積。

斯賓塞又指出：「英雄論或可能用來解釋原始社會，而原始社會的歷史只不過是一連串的武力征服或毀滅別人。因此，在原始時代，一個有能力的領袖可能是最重要的因素（就算如此，這理論也忽略了在他領導下的眾人的質和量）。但這些原始部落的爭奪行為已經早過去了，通過他們的爭奪很快就出現大部落，很快就不再是所有男丁都要參戰了；很快，社會的發展出現架構和分工；很快，龐大和複雜的架構和分工帶出新的制度、活動、意識、情操、習慣。這些制度、活動、意識、情操、習慣都是不經意地出現，完全沒有甚麼君王、政治家。就算你讀盡所有名人的傳記，那個貪婪的腓特烈⑥，這個奸詐的拿破崙，把眼睛都看到瞎了，你也不會明白這些社會進化的現象。」

雖然「社會決定論」是現今的學術主流，卡萊爾與斯賓塞之辯卻從未停止過。其實，「英雄造時勢還是時勢造英雄」是不必要的「為辯而辯」。我不相信有人會認為英雄人物是歷史的唯一解釋，也不相信有人會否認歷史中確有關鍵性或代表性的人物。歷史，起碼人類歷史是由人和事組成的，是人類經「歷」過的「史」實。

當然，從不同角度（治與亂、穩與變、宏觀或微觀、整體或部分等等）和不同維度（經濟、社會、政治、科技等等）去研究歷史會聚焦於不同的人和事。因為關鍵人物是歷史動力的媒介，關鍵事件是歷史內容的標誌。為此，關鍵人事既是描述歷史的必要元素，也是解釋歷史的必需因素。

以歷史背景作為文明現象的解釋是現今學界普遍的做法。至於哪些具體的經濟、社會、政治背景，和它們如何直接或間接地影響哪些具體的人與事，就是典型的學者研究對象和典型的學者論戰戰場。現今，主流的歷史研究都有「社會決定論」的傾向，非但不重視時代心態、民族性格之類的歷史解釋，甚至抗拒和排斥。但是，單憑經濟、社會、政治等背景元素

也實在很難完全滿意地解釋歷史（這也是為甚麼學者有如此多的論戰）。由於這些元素本身來自對現實的觀察、抽象和歸納，而觀察的焦點、抽象的範式和歸納的原則都有很大的主觀因素，包括意識形態。所以從同一的世界，可以作出不同的觀察、抽象和歸納，為此，同一的現象可以有不同的解釋。這不是說歷史背景不能解釋文明現象，而是說它不足而已。學者們的爭論往往不在事實的「客觀性」（雖然有時對歷史證據的可靠性仍有爭議），而在對事實的選擇和對事實之間的因果關係的演繹。如果學者們不認識或不重視人類行為後面的動機和心理，他們就會有意或無意地引入他們的假想或臆測，也就是以他們自己的意識形態去選擇和解讀客觀事實。但由於他們堅信他們是「客觀」（只談事實）的，所以他們會堅持他們的「主觀」（對事實的選擇與演繹），怎會不爭？而且，這種爭是無法仲裁的，因為他們不接受來自非「社會決定論」的證據，例如時代心態和民族性格。其實，時代心態和民族性格是人類行為後面的心理和動機，其「客觀性」不低於歷史背景的「事實」（包括對「事實」的選擇和演繹[⑦]）。

「社會決定論」者聚焦於社會、經濟、政治等「動力」，但這些「動力」必然需要媒介去「發力」，而這些媒介（也就是斯賓塞所指的制度、活動、意識、情操、習慣等）都離不開人，無論是個人或集體，以及他們的行為；而人的行為總離不開他們的心態和性格。這些，在「社會決定論」成為現今時尚之前，已經有了具相當深度、相當智慧的探索（見下兩章）。

在法國大革命走向極端的歷史過程中，我們辨認出三套關鍵的事件和與其相應的關鍵人物：反封建特權的第一次革命（路易十六）；反君主立憲的第二次革命（馬拉波與長褲漢）；不同共和理想的鬥爭產生的不斷革命（布里索、埃貝爾、丹東、羅伯斯庇爾、拿破崙）。

這些關鍵人事嵌在具體的歷史背景之中。沒有路易十五遺下的爛攤子和路易十六對美國獨立戰爭的資助就不會造成國債纍纍，就不需要稅改，就不需舉行大議會，就不會釀成三個等級與絕對君權對抗，掀起革命。沒

1
3
7

有三個等級之間的經濟、社會、文化矛盾就不會弄出一次又一次的反特權鬥爭，特別是第三等級與第一、二等級的鬥爭引發出的第二次革命和第三等級內部的有產階層與無產階層鬥爭引發出的不斷革命。沒有外力的干擾就不會導致布里索派對外宣戰而失利，以致被山嶽派乘機奪權。沒有內亂的威脅就不會攪出九月大屠殺以及以後對宗教的瘋狂鎮壓，助長埃貝爾派的氣焰，以至「理性崇拜」，觸犯羅伯斯庇爾的大忌，殺雞儆猴。

　　這些只是最簡單的歷史背景，內裡還有很多的關鍵細節。例如，路易十六年代的荒年連連、麵包暴動是群眾暴力的先兆；開明教士們大批放棄第一等級身份轉投到第三等級陣營是大議會解體的原動力；王后瑪麗·安東妮與奧地利的血緣關係是奧、普對法用兵的主因；偏遠農村對宗教的熱忱是保教勢力與革命勢力長期對峙的成因。

註

① 在本書，「偉人」與「英雄」會按文意互用。一般的研究聚焦於仁者、知者、勇者，但影響歷史的往往是奸者、愚者、懦弱者，他們也應是本書研究的對象。

② 伯里克利（Pericles，公元前 495−前 429），古雅典政治家，統治期（公元前 460−前 429）為雅典文化和軍事的全盛期。

③ 很奇怪的是，當「偉人論」還未成為一套歷史理論之前，18 世紀的法國就有一種「反偉人」的政治意識，因為在啟蒙哲學家的眼中，當時的所謂歷史偉人都是天主教會的聖人或封建的王侯，所以啟蒙中人有「先天性」的抗拒。代表啟蒙思想的《百科全書》就根本沒有傳記式的人物描寫。

④ 匈奴王阿提拉（Attila the Hun，406−453）越過多瑙河和萊茵河，直攻到現今法國奧爾良和意大利北部，是當時歐洲和東羅馬最恐懼的大敵。

⑤ 《不合時宜的沉思》（Untimely Meditations，1873−1876）包括 4 篇文章，「偉人」思路來自第 3 篇的「生命歷史的用和誤用」（On the Use and Abuse of History for Life）。在此，尼采的「精英主義」表露無遺：「對我來說，只有在 3 種情況下，群眾才值得我看一眼：作為偉大人物的粗糙、劣質和模糊不清的複製品，作為偉大人物的阻力，作為偉大人物的工具。除此以外他們只是無關緊要的統計數字。」

⑥ 指普魯士國王腓特烈大帝（腓特烈二世，1717−1786）。

⑦ 尼采更乾脆說，「沒有事實，只有演繹」。

第九章　時代心態

　　　　時代心態驅動該時代的社會行為。大革命過程先後反映三種心態：孟德斯鳩的悲觀（所以要約束王權）、盧梭的浪漫（應該行民主專政）、伏爾泰的犬儒（最好是開明君主專制），但走上極端和恐怖就完全可以追蹤到盧梭。他的浪漫燃點起革命薪柴，革命烈火延續革命中人對他的膜拜。乾柴遇烈火，直到柴薪盡成灰燼。

　　黑格爾談時代的「精神」、「思想」、「絕對理念」或「神」，是指事物秩序（order of things）背後的意識，和事物延伸過程（succession of one state of affairs after another）底下的規律。這些意識和規律驅動着時代。他說：「沒有人能夠超出他的時代，因為時代精神也是他自己的精神。」可以說，時代精神是一套嵌在每一個人心裡的、支配性的理念和信念，驅動這時代的社會行為，我稱之為時代心態。它不是指一套人人同意的理念，而是指一套當人們形容、解釋和處理社會現象時人人都使用的共同「語言」（language，包括文化和理念）。

　　法國大革命的時代心態很怪異：繼承「啟蒙」（Enlightenment），走向「浪漫」（Romanticism），焦躁地徘徊於理性與感性、現代與古典、君權與民權之間。啟蒙思想對革命的影響人人都知，這裡只作非常簡短的演繹。浪漫主義則流行於啟蒙後期的 1780 到 1850 年，正是法國大革命醞

釀、爆發、走上極端、帶來拿破崙獨裁、引致歐洲大抽搐的大半個世紀，後面會比較詳細地交代。

先說啟蒙。一般指 17 世紀中（1637 年笛卡兒的《談談方法》，或 1687 年牛頓的《自然哲學的數學原理》）到 18 世紀末、19 世紀初。啟蒙（是後人起的名詞，在英語世界要到 19 世紀後期才開始有共識）聚焦於法國哲學，尤其以由狄德羅和達蘭貝爾所編的《百科全書》為代表思維。啟蒙的定義很廣、很雜，大思想家康德說得很簡單，「啟蒙就是理性的解放」。羅素則認為從古以來理性總是挑戰現有秩序，更認為啟蒙是 16 世紀宗教改革的延續，是新教對天主教反改革（Catholic Counter-Reformation，17 世紀中，見《西方文明的文化基因》）的反應，尤其是有關民主的理念（相對於絕對君權）。

且看法國。18 世紀中（1715 年路易十五登基到 1789 年法國大革命）的巴黎是全歐啟蒙的基地，代表人物有三：孟德斯鳩、伏爾泰和盧梭。三個人對大革命都有關鍵影響，他們不同的政治思想代表革命的三個階段：孟德斯鳩的君主立憲、權力制衡無可置疑是大革命前期的指導思想；但伏爾泰的開明君主專制、打倒宗教與盧梭的愚人民主、國家宗教在革命展開後引出激烈的意識形態衝突，帶來恐怖統治和拿破崙專政。

此中，盧梭是關鍵中的關鍵。他既有啟蒙思想，又有浪漫意識，他的話可以有多方面、多層次，甚至有先後不同、互相矛盾的演繹。法國人對他理論的佩服、對他文采的欣賞、對他際遇的同情，近乎崇拜。他的啟蒙—浪漫組合把法國人弄瘋了。最突出的是盧梭的兩句名言，同出於《民約論》——「人生來自由」（Man is born free）、「他要被強迫自由」（He will be forced to be free）。「生來」與「被強迫」之間的矛盾挑起爭議，爭議心態，尤其是政治爭議，容易引發出堅持己見。於是，同出於盧梭，但對盧梭的不同演繹產生出比敵我之爭還要狠的異端與正統之爭。這場各方自以為是，把對方視為叛徒（比敵人更可恨）的政爭使大革命，以至整個法國，甚至這個世界付出很大代價。有人說：「如果盧梭不曾出生，這個

世界不就會好些嗎？」（來自約翰・莫利〔John Morley，1838－1923，英國政治家和新聞評論員〕）。盧梭的自由、平等、博愛成為法國大革命的指導精神，支配全球的政治理論和政治運動，這要從由他開啟的浪漫主義談起。

啟蒙繼承和光大了文藝復興，到了 18 世紀，開始有人「感覺」（conscious）到啟蒙思想的不足，繼而感覺到不足之處正是因為它缺少了「感覺」（consciousness）：啟蒙思想家們太客觀、太理性，把人扭曲成一個沒有靈魂的思想機器，堵塞了情感和創意 ①。啟蒙運動以機械的宇宙觀取代了宗教的宇宙觀，結果就是把人類降格，扼殺了想像、敏銳、情感、自發和自由 —— 窒息至死。人類要解脫這些枷鎖。盧梭說：「人生來自由，而無論在何處他都被鎖着。」（Man is born free and everywhere he is in chains.）鎖着他的是現代文明加諸他身上的習慣、價值、法規、標準，而這個文明的基礎是理性（Reason，盧梭所指的是唯物的機械邏輯）。所以，我們要自由就得擺脫理性枷鎖。

盧梭渴望人類重獲自由。他眼中的人是多樣的、獨特的。浪漫就是實現自己、表達自己。有人指出，如果啟蒙的銘言是「敢於知道」（Dare to know），浪漫的指南就是「敢於存在」（Dare to be）。為此，浪漫的特徵之一是「叛」（rebel），強調個人、個性、主觀、內省。他有名的《懺悔錄》一開始就這樣寫：「我要開始一項工作，是前所未有，而且將來也沒有人會仿效的。我想在我的同類面前展示出一個完全反映一個人的真本性的真像，這個人就是我自己。唯獨我自己！我認識我內心的感覺，我認識人。我跟我所有見過的人都不同。我敢相信我跟世上所有人都不同。就算我不是比他們好，起碼我跟他們不同。」

啟蒙與浪漫都回歸到「自然」（Nature，大寫的「自然」，也就是「大自然」），認定大自然是美與道德的標準。但雙方對大自然有不同的演繹。啟蒙的「大自然」是完全「牛頓式」的物質世界，有秩序、可解釋、依規律、合邏輯。啟蒙的知識取自洛克式的經驗求真，憑官能、憑理性。

啟蒙崇拜人類的理性（reason），特別是經驗的歸納：觀察社會可以歸納出有關人性的自明之理，作為建設社會道德規範的基礎。啟蒙的倫理觀是「個人至上」（individualistic/atomistic）；啟蒙的宇宙觀是唯物，宇宙最終是台機器。因此，社會組織也應按這套理念構建，目的在滿足人類的天然需要。以往的社會（中古，路易王朝）未能滿足這些需要，並抑制人類的進步，為此，要重新塑造社會和政治制度去改造人和改良社會。

相對地，浪漫主義認為整套啟蒙思想都是過度簡化，並是個充滿危險的錯誤。單是物理（physics）不足以捕捉人的經驗，人類需要重新思考知識的基礎和科學的意義。名詩人濟慈（John Keats，1795－1821）寫：「美就是真，真是美 —— 這是你在世上唯一能知的，也是你唯一需要知的。」浪漫主義者的世界是有機和生活的，他要在「生命的科學」中找他的靈魂。這個尋找是雀躍的、爆炸的、解放的 —— 人不是啟蒙哲學家所形容的一個沒有靈魂、唯有物質的思想機器。

浪漫主義者要把「神」重新注入大自然，要復蘇中古人的世界 —— 看不見的、超自然的、神秘的世界。他從歷史的角度去看大自然 —— 延續的、有機的、演變的、展現的（unfolding）、生成的（becoming）。為此，他要欣賞一個活生生的、充滿潛質的、多姿多彩的大自然多於他要追求一套普世的法則。可以說，浪漫主義者擯棄絕對，追求相對。他特別留意大自然裡微細的、精彩的多樣化，並以此去比擬人類的道德和情感。啟蒙哲學家是冷漠、機械、邏輯和沒有感情的；浪漫主義者追求心靈的溫暖，認為與大自然溝通（相對於支配大自然）會提升這個溫暖。「心有它的道理，非機械理性能懂」（The heart has its reason which reason knows not）。心也是知識的源頭 —— 在這裡，理念是被感知的，而非思考的。人可以憑實驗和邏輯求知，但人更可以憑直覺和感受，也就是憑信任他的本能，去知得更多。浪漫主義者不信任數據，並強調實證科學的局限性，因為工具理性不足以看透真相的全貌。邏輯分析分裂了官能經驗的完整性和延續性，為此，它往往導人於錯。

　　浪漫主義者認為有一種與理性有明顯不同但又比理性優越的求真能力——想像力。想像力可以捕捉「立時真相」（immediate reality），並按此去發揮創作力。未受文明熏陶的原始人，因為他不受理性的束縛，會使用想像力，所以他對事物真相的認識非但跟我們不同，而且比我們好。為此，浪漫主義者拒絕以物質主義（Materialism）和功利主義（Utilitarianism）作為個人行為和哲學的範式。他追求「再生」（regeneration），就像中古的苦修者和聖人，追求一種「無私的熱誠」（selfless enthusiasm），一種來自信仰而非實用的熱誠。他推崇感性（emotion）——不受約束、不顧後果的感性。浪漫主義者認為啟蒙強調的思想生活（life of the mind）不令人滿足，他選擇心靈生活（life of the heart）。他的相對主義使他接受和欣賞人和自然的多樣化，對他來說，絕對法則、普世法則不存在。

　　在政治思想上，啟蒙是後古典，聚焦於希臘與羅馬，柏拉圖、亞里士多德、西塞羅、（老）普林尼，重邏輯、理性，相信古哲們的思想已達到最優、最高境界，後人不能超越，中古基督宗教的政治觀是種倒退。古哲的理論、法則為我們定下模式和榜樣。為此，政治與道德的權威性是以這些外在的標準來衡量。人有兩性：獸性和理性。人與獸之別是人可以用理性去控制他的獸性，強調控制、自制、適度。

　　但是，一個多世紀的啟蒙②主流慢慢成為一種「思想的獨裁」。對古典的模仿漸漸變得呆滯、蒼白。新一代的反應是焦躁，他們要創新、要革命。盧梭帶頭，在 1777 年他開始用「浪漫」（romantique）一詞。啟蒙的勢力在法國比在英國強，因此，浪漫的反衝法國比英國早。甚麼是浪漫？有風趣的說法，「凡不是伏爾泰的就是」（All that is not Voltaire）。

　　盧梭與伏爾泰兩人代表兩套「革命」思想。他們反映在對同一個現實作出截然不同的解釋，提出互相矛盾的解決方案，把理性的法國人弄昏了。羅素這樣觀察：「盧梭與伏爾泰兩人最終鬧翻，絕不出奇，出奇的是兩人不早鬧翻。」③

伏爾泰以古典思想為樣板，以普世原則為指引，強調理性；盧梭反對任何樣板，推崇獨特、唯一，強調想像。伏爾泰出了名地反宗教（特別是天主教），認為宗教愚昧、迷信、制約自由、製造特權。他聚焦於理性與政治層面。為此，他提出政治上鏟除宗教勢力，理性上鼓勵科學教育。但在某種程度上，盧梭更極端，他要取代宗教，徹底顛覆宗教的基礎——罪。他否定人性中罪惡的存在，認為罪是出於政治社會和工具理性腐化了人性。他聚焦於感性和道德層面，因此，他提出以感性取代理性，以國家宗教取代基督宗教。

兩人對革命有不同影響，做事的風格也不一樣。伏爾泰是要扳倒王權、教權，推銷自由、憲政。狡獪的他以賴皮去拉王權的後腿（因為他不想開罪有實力的王權），以譏嘲去顛覆教權的威信（因為他不怕得罪無實力的教權）；功利的他歌頌英式自由（特別是對他有利的言論和道德自由）；鼓吹開明君主專制（特別有助於他得到明君青睞，也反映出他對民主不信任）。他的貢獻是為革命鋪路，但他代表的反民主精英傾向使革命走向失落，並助長了 19 世紀的獨裁統治（包括拿破崙）。盧梭則是觸發革命情緒，鼓勵愛國民主。純情的他力抗理性的掣肘、制度的枷鎖；浪漫的他追求大同社會、共同意願。他的貢獻是燃點起革命的火炬，但他代表的浪漫民主理想也促使革命走向失措，並助長了 19–20 世紀的國家主義（包括納粹）。兩人代表的兩套思想在革命過程中糾纏，互不相讓，使革命走上極端。

浪漫主義有三個主題：原始人高貴的本性；「未被腐化的普通人民」（unspoiled common people）；恢復自然狀態（state of nature）。為此，在政治意義上，浪漫主義的衝動是要擺脫基督宗教（尤其是天主教）的人性墮落論（原罪使人性墮落，要神恩來拯救）。怎樣擺脫？用民主——「共同意願」（General Will，有譯「公意」）下的民主，邏輯如下：人性是好的，罪惡是來自無知或不良的社會和政治影響，因此人是無需改造的；需要改造的是社會與政治，並應該按共同意願去改造，因為共同意願就是人民的

意願，而人民才是真正的「神」。在當時感覺到被教權和王權壓迫的法國人當然受落，這啟動了革命力量；對以共同意願代言人或演繹者自居的革命精英們來說，更像拿到一張空白支票去支配革命方向。

盧梭把「人民」（people）與「國家」（nation）連上 —— 用一個浪漫（感性）的「共同意願」去連上，創造出一個浪漫的「國家」理念，徹底地、顛覆性地影響法國大革命的軌跡。日後更演化出民族主義、國家主義，影響世界至今。④

共同意願是盧梭政治哲學的中心思想，集合三個理念：集體主權（popular sovereignty），個人自由（individual freedom），政治權威和國家主權的基礎是人民的「同意」（consent as basis of political authority and sovereignty of state）。它基本上繼承了英語文化的霍布斯和洛克的「民約」（social contract）理念，但得出完全不同的結論。霍布斯和洛克的「民約」需要「民」在結「約」的時刻放棄他的自由⑤，但盧梭有不同的出發點：在自然的狀態下人非但是自由的，而且不能放棄他自己的自由，為此，他需要協調個人自由和國家權力的關係。盧梭提出以共同意願為基礎的「民約」理念：「約」是指當一個人加入一個「政治共同體」（commonwealth，也就是「國」）的時候，他把他個人的意願「捻合」（merge）於這個政治共同體的「主權」（sovereignty）之內，而主權就是這個政治共同體的共同意願的具體化（稍後會談如何找出共同意願）。為此，一個自由人在加入一個政治共同體之前他是自由的，加入之後他仍是自由的。政治共同體是由很多個人組成的集體（collectivity）；共同意願是政治共同體的意願。每個人都是共同體的一部分，而每個人的意願都捻合於共同意願之內，也就是每個人都參與了共同意願的組成，因此每個人（人民）都要服從共同意願；但每個人仍保留自由，因為他只是服從經他自己參與而組成的共同意願，而不是服從任何一個人⑥。

盧梭認為單憑共同意願就足夠指引國家，因為建立國家的目的就是為整體幸福（common good），相對於每個人都具有的「特殊意願」（particular will，也可以叫「個體意願」）和所追求的「個人幸福」（individual good）。《民約論》中把它們清楚排位：「在一個完美的法制裡，來自私人的個人意願應該是微不足道的，來自政府的「團體意願」（corporate will）⑦應該是低下的，出自主權所在的共同意願才應該是所有意願的主人」。共同意願與整體人民是不能分割的，但是當人民有自由去抗拒統治者而不去抗拒，那麼統治者的命令就可當成共同意願，「整體的完全沉默可以算是同意」。

對盧梭來說，共同意願永遠是對的⑧。既然如此，如果有任何一個人的利益跟共同意願所表達的共同利益有不同的時候，他一定要被強制地去服從。盧梭的共同意願把人放在社會之下，但也認為最後這其實還是把人放在他們自己（整體）之下，放在他們自己真正利益（共同意願）之下。在《民約論》中他對「主權行為」（act of sovereignty，在這裡也可以理解為一個合法政府的行為）有這樣的演繹：「它不是上司與下屬之間的合約，而是身體與它各部之間的合約……除了整體利益之外絕無其他目的。」這個「主權」是非同小可的。「如果這合約不是空談，它行使權力的唯一原則就是：誰拒絕服從共同意願將會被全體強迫去服從，也就是等於要強迫他自由（be forced to be free）。」可以說，在國家的大前提下，個人是可以被犧牲的⑨。

但是，國家權力的界限在哪？在《民約論》中他寫道：「每一個攻擊社會的壞人，因為他違反社會的法律，就成為社會的叛徒，不再是社會的一分子，甚至是與社會為敵。在這種情況下，保存國家與保存他是背道而馳的，其中一個一定要毀滅，處死他不是處死一個公民，是處死一個敵人。」但馬上，盧梭就把這個清楚的理念弄混：「我們要補充說，多刑罰往往反映政府的無能和失職，沒有任何一個做壞事的人不可以改過。國家沒有權去處決任何一個人，就算是殺一儆百也不應該，如果這個人的生存不危及國家。有一個治理得好的國家會少刑罰，不是因為它從寬處置，而是罪犯不多。只當一個國家腐化時才會罪犯眾多。」

小結：「共同意願」（i）是共同體的意願；（ii）謀取共同利益；（iii）是道德的；（iv）是個人的真正意願（如果這個人是真正地自由）；（v）永不會與個人的「真正」利益有衝突；（vi）是絕對的，因為誰也沒有任何權力違背它；（vii）是不能轉讓的，因為它是集體的意願，不能由任何其他人表達；（viii）是不會犯錯誤的，因為它不會違反共同利益。大革命走上極端，原因之一是人人都用盧梭，但人人有不同的演繹，而人人堅持自己對。

怎樣去找共同意願？理論上說得通，但實踐上頗困難。盧梭的論點是：共同意願不是個人意願的總合（totality），因為個人意願中有共同利益也有自私利益；也不是多數人的意願，因為多數人仍只是部分整體，而不是全部整體。共同意願必需同時來自全體，用諸全體。共同的意思是全體人的共同利益與全體人的不同利益之差，也就是不同自私利益互相抵消之後餘下來的共同利益。因此，共同意願表達的是共同體的利益。但盧梭又指出，國家的權力應該與人民的個人意願和共同意願的差異成正比。在《愛彌爾》中他說：「個人意願與整體意願的差距越大，也就是行為與法律的差距越大，鎮壓的力度也應越大。」但同時，國家的權力越大，人民控制國家的權力也應該越大，「一個強勢的國家會賦予政府（公共權力的託管者）越大的引誘和越多的工具去濫用權力，因此，當政府需要越多權力去控制人民的時候，人民應有越多的權力去控制政府。」恐怖統治就是前半句與後半句的矛盾弄出來的。

史家和哲學家們的共識是盧梭的共同意願很模糊，因此在實際情況中和具體問題上很難辨認和釐定 ⑩。難上加難的是盧梭把共同意願和國民德行放在一起。他認為共同意願的實質意義和目的是人民的德行 —— 私人生活和公眾生活的應有德行。對他來說，公眾德行（public virtue）是一個好的政治制度的基礎，也就是個人意願必須服從整體意願 ⑪。但是，公眾德行（服從整體意願）的基礎是私人德行。盧梭在《愛彌爾》中談到的私人德行是這樣子的：「成長得好，身心發展得好，強壯、健康、活

躍、技巧、健碩、懂事、理性、仁慈、人道、有好道德和品味、追求美、做善事、不受激動情緒支配、不受社會偏見左右、尊重朋友的意見。有了這麼多的美德，他不會看重財富，以自己雙手去謀生，無懼匱乏和任何環境。」⑫

可是，單是靠有德行的人民還是不夠的，有時候仍有爭議、有衝突，可以來自國家內部，也可以外來。那時，一般的治理制度和手段會不足以保護政權的正常和效率運作，就需要把權力委託給一個人去按國家利益作出決定，也就是一個「獨裁者」，羅馬式的獨裁者。這點，他在《民約論》中寫道：「在這些罕有的情況下（死板的法律危害國家）就要有法律去把公眾安全⑬的保障委給一個最有才能的人……如果複雜的條文和程序危及整個法制的保存，就應該提名一個最高統治者，給他權力去壓抑所有法律，暫時取消人民的主權。在這樣的情況下，共同意願是絕無疑問的：保存國家是全民的意願。他可以採取任何行動，除了不能立法……但這個重要的信託必須是非常短的期限，而且不能延期（羅馬時代是 6 個月）。」

共同意願有重大的歷史意義：（i）它否決了人的天然權利是絕對和不能轉讓的理論；（ii）它把國家權威放在人民同意的基礎上；（iii）它提供一套集體統治權（popular sovereignty）的理論，從此，政治共同體是集體統治權的載體；（iv）統治主權的理論基礎是共同意願，而共同意願是道德的和謀求共同利益的；（v）盧梭用共同意願來協調個人自由和國家主權的關係，他的共同意願雖是從個人自由出發但最後還是毀掉了個人自由的保證。

盧梭崇拜者遍佈各革命派系，包括吉倫特、雅各賓、埃貝爾、丹東等派。羅伯斯庇爾更是忠實信徒，整天滿口盧梭。盧梭崇拜可分兩段時期、兩種崇拜。前期是崇拜他的文采，後期是崇拜他的政見。與此同時，也有伏爾泰崇拜。但在革命走上極端的日子裡，盧梭比伏爾泰的影響力大得多。兩人之間的恩怨之爭、政見之別，使崇尚理性、堅持真理只有一個的法國人要作出非此即彼的取捨、非我則敵的抉擇。焦躁與失措之中，政局

瞬息萬變，民為芻狗。

1761 年與 1762 年盧梭出版兩本書：《新埃洛伊茲》（*La Nouvelle Heloise*），原名《住在阿爾卑斯山腳下的兩個戀人的信》；《愛彌爾》（*Emile*），全名《愛彌爾，或論教育》。前者是有關愛情與奉獻，後者是有關教育與宗教，奠下盧梭文壇泰斗地位。兩本書正好彌補法國人在啟蒙大氣候裡的失落感。讀者在盧梭文字裡感受到愛情與操守、自然與純真，和一種虔誠的有神論（theism）。對那些能夠接受盧梭的粗糙外表和含蓄性格的人來說，他的個人際遇和迷人風采使他的文字更具吸引力。他有一群極具忠心的「門徒」⑭。

大革命爆發，盧梭崇拜進入第二期。他的文學地位未降，但他的政治先知之名驟升。《民約論》自 1775 年出版以來一直沒有引起很大的轟動，但到了革命之前的幾年，盧梭的政治思想開始被重視⑮。撰寫革命早期「聖經」《甚麼是第三等級？》的西哀士就用「共同意願」去論證提升第三等級的權力。緊隨着巴士底獄之後的一段日子，國民會議是以國家「共同意願」的演繹者和表達者的身份去頒佈一連串廢除封建的關鍵法令。《人權與公民權利宣言》更明確地肯定「這法律是共同意願的表達」。革命群眾遊行時高唱盧梭的政治口號；革命刊物滿篇盧梭；路易正式承認憲法時也答應「保護和維持經共同意願認可的，得我同意的……」；立法大會上代表們經常說，「正如盧梭在《民約論》裡證明了……」；政治會社和革命儀式都供奉他的半身像和《民約論》；國民會議宣佈為他立像，並寫上「自由的法國有盧梭」，更發動把他遺體遷葬先賢祠。對盧梭的政治崇拜雖然不如對他文采崇拜的那樣個人化或感性化，但是更廣泛和更具影響。

盧梭思路浪漫感性，既有理想，又帶神秘；既有個人，又帶泛人。加上表達上含糊不清，思路上先後有別，帶來解讀和演繹的困難。他肯定有革命精神，在《民約論》中他說：「在一個國家的生命裡有些時刻是暴力的……一個國家發生革命就如一個人發生危機。當一個國家爆發內戰，當一個人無法忘卻恐怖的往事，他們就要從炭火中再生，從死亡的擁抱逃

出來去重獲青春的生命力。」但他又懷疑革命和革命的暴力。在《懺悔錄》中他記錄年輕時曾發誓「永不參與內戰，永不為自由動武。」在《愛彌爾》中他是這樣寫的：「讓我們維護公共安全。在每一個國家裡，讓我們尊重法律，讓我們不要騷擾法律規定的宗教信仰，讓我們不引導人民不服從。我們不知道要人民改變他們的主意是不是件好事，但我們非常清楚不守法是件壞事。」他的《第二論文》（*Second Discourse*，也稱《論不平等》，全名是 *Discourse on the Origin and Foundation of Inequality Among Men*，1754）裡說過：「他們的革命差不多永遠是把他們送到唆使他們革命的人的手裡，徒增他們的枷鎖。」他晚年為波蘭設計共和憲法時說：「沒有一個憲法會是好的和穩的，除非它能取得人民的心。」這些都反映出他同時是保守和浪漫的。

雖然並沒有很多人認真讀過《民約論》，但盧梭的政治思想和理論成為政治鬥爭的武器。黨派之爭，無論保守、保王，還是進步、開明，無不引用盧梭。他的聲名越盛，他的理念越被濫用。盧梭崇拜缺乏中心思想。下面是一些典型例子。

保王分子如斯塔爾夫人（Madame de Staël，1766－1817，是當年路易財相內克的女兒，名作家、文藝理論家、沙龍主人）在盧梭墓上寫下他強調過的「自由的價值比不上一個無辜者的生命」。反動分子引用盧梭去指出解放被長久奴役的人民並為他們建立政制是不實際的。吉倫特派中的信徒有帶頭的布里索、刺殺馬拉的夏洛特·科黛、沙龍名媛羅蘭夫人。埃貝爾派中的信徒多得很，包括逼國民公會宣佈恐怖統治的那位巴黎革命公社主席肖梅特。雅各賓派中人一早就以盧梭正統自居，差不多任何人提出任何意見都要沾上共同意願。相應地，共同意願被他們用來支撐任何行動的合法性。

羅伯斯庇爾更是一早就把盧梭捧上天。跟騎牆派的西哀士一樣，他質疑任何不能追蹤到盧梭的共同意願的法律。他的「最高存在者」崇拜與盧梭的「國家宗教」理念極其相似。有傳他在被整的前夕曾到盧梭墓地「朝

聖」，並譴責那些曾經迫害過盧梭的人。他經常引用盧梭，在他權力最高峰的一刻（1794 年 5 月）他是這樣寫的：「我談到當代的文學與哲學名人時，我特別想提到一個人，他高尚的靈魂和偉大的人格使他值得做人類的老師⋯⋯啊！如果他能看見這場以他為先導的革命⋯⋯誰不會相信他慷慨的靈魂會狂喜地擁抱正義與平等的理想。」⑯

熱月政變之後，差不多馬上要把盧梭遷入先賢祠，一方面作為對恐怖統治的否定，一方面作為對盧梭理想的肯定。羅伯斯庇爾引用盧梭去支撐嚴峻的恐怖統治的道德性；熱月政變之後的政府則以盧梭去批判嚴峻的恐怖統治的不道德性。移葬儀式是從國民公會會場遊行到先賢祠。被稱為「立法明燈」的《民約論》供放在紅絲絨墊上，隨後是盧梭的塑像，用 12 匹馬拉的車子載着，跟着是高舉旗幟的各行各業代表。全國各地同時舉行慶典。當天晚上在先賢祠廣場舉行歌舞大會，並上演專為這盛典而編的戲劇。雅各賓派中人以馬拉屬最極端，他特別愛引用盧梭。熱月政變之後的白色恐怖期間，很多馬拉的半身像被換了盧梭的半身像，有時更有在像的墊坐旁焚燒香紙，以示清洗馬拉的戾氣，以免褻瀆盧梭。熱月政變之後保守勢力反撲加劇，引用盧梭去批判革命，而《民約論》也開始被視為危險讀物。到拿破崙奪權，盧梭思想的政治地位繼續下滑。拿破崙也到過盧梭未移葬先賢祠之前的墓地，據稱他說過像英國的約翰・莫萊（John Morley，1838－1923）所說的，「假若沒有盧梭，法國會更好」。

其實，盧梭崇拜是時代產物也是時代需求。對他的文采崇拜到政治崇拜以至其後的衰落，跟時代的變化亦步亦趨。路易王朝末年，社會動盪不安，《新埃洛伊茲》和《愛彌爾》的浪漫、感性和非主流的生活觀使世人既能賴之逃避現實，又能用之抗議現實，產生對盧梭文采的崇拜。大革命來臨，《民約論》和《文藝與科學》及《論不平等》的浪漫意識為革命初期的狂熱提供理據、象徵和渠道，遂產生出對盧梭政治思想的崇拜。隨後，革命本身成為一種崇拜的對象，以致革命不斷。這也反映了盧梭浪漫的特徵 —— 反叛。不斷革命引用不同的革命意識，但各不同的革命意識

都好像能夠從盧梭浪漫感性的思維和悲天憫人的情懷中找到理論依據和行動指引。共同意願中的「共同」有民主的情懷,「意願」有浪漫的吸引,看似實在,但又彈性。盧梭崇拜成為革命崇拜的一種依屬,左右逢源。⑰盧梭浪漫燃點起革命柴薪,革命烈火延續盧梭崇拜。乾柴遇烈火,直到柴薪盡成灰燼。

屬保守的伯克⑱首先提出代表革命三個階段的三套政治思想(稍後的托克維爾⑲和阿克頓男爵⑳也有同見)。這三個階段其實就是三次革命,每一次都是完全推翻上一次,但每次都可以從啟蒙思想找到理據、找到支撐。這裡,我們要分開古典啟蒙和浪漫啟蒙。

首先是孟德斯鳩思想,屬古典啟蒙的前期,以他的《論法的精神》(*De l'esprit des lois*,1748)為代表作。他把歷史看為一個成長與腐朽的過程,特別來自內部的衰敗,以雅典和羅馬為例。他的歷史觀大致上是悲觀的,但他認為保護個人自由的君主立憲是比較好的政制,因為這政制把權力分散,通過互相制衡,避免了任何一方獨裁。他以英國為榜樣:國王、國會和法庭分庭抗禮。用諸法國就是三種勢力的制衡:(i)國王與王室,(ii)教會,(iii)地方權貴與半自治的城市政府。他的政治理想是權貴當權(包括王室世族和地方權貴,是他本人所屬的階層),這也是革命初期的方向。權貴階層(但不包括王室)和資產階層把他們的利益看成國家的利益。

革命初期的政壇紅人馬拉波就是孟德斯鳩信徒,鼓吹君主立憲。但追求自由和立憲並帶領革命的權貴只屬少數,馬拉波與拉法耶特是典型。他們所屬的階層不支持革命,支持革命的群眾又不屬於他們的階層。勢孤力單,終敗下去,產生權力真空,帶來暴力後遺症。

孟德斯鳩雖以英國政制為樣本,尤其是洛克式的以維護個人自由為基本的君主立憲,但他沒有一套像洛克提出的天賦人權(自由、生命與財產)理念去作為政治權力分配的理論依據和道德原則。法國的貴族革

命家們如拉法耶特等早在 1789 年 8 月（也就是革命爆發的第二個月）就公佈《人權與公民權利宣言》。但宣言歸宣言，在實際上沒有清晰和權威的標準去分配權力。後來路易潛逃復辟失敗，完全暴露出統治權屬誰的困難──路易不想分權，國民會議也不想分權。君主立憲派雖仍主持政局，但沒法拿出一套各方可接受的憲法。「統治權很難分」的現實引發出「統治權不可能和不應該分」的理論。孟德斯鳩的君主立憲讓位給盧梭的共和。

第二次革命之後，法國走上共和，是盧梭思想的時代。政治精英們，無論是爭權奪利還是追求理想的革命分子，都以標榜他來抬高自己身價，特別是在平民百姓（包括革命武裝隊伍長褲漢）眼裡的身價，並以共同意願的代言人和演繹人自居。革命不斷吃人，關鍵在此。

不斷革命是從布里索開始，雖然他不是革人的命，是被人革了命。他是盧梭「粉絲」，自命共和鬥士，一早就肯定法國的共同意願是走向共和，而共和就是全國、全民、聯邦式的共和。這跟雅各賓派和科德利爾派以巴黎為中心的共和格格不入。但大家同捧出盧梭，互視為異端。就像他的偶像盧梭一樣，布里索被人圍攻，終於「殉道」。布里索相信他跟盧梭一樣是被小人圍攻，相信他具備盧梭所標榜的個人德行，最重要的是他對人的性善充滿樂觀和浪漫，上斷頭台仍高唱《馬賽曲》。

埃貝爾也相信人性良善，特別是窮人，特別是支持他的長褲漢。他可能是個機會主義者，正如他的政治理論「教父」馬拉自認為是「人民之友」。馬拉主張暴力也可以追蹤到盧梭，他認為人民「人性善良，不會把自己利益放在整體利益之上，因此，無需強迫或控制人民。相反地，政府才是危險，政府的權力腐化官員，會使他們把個人利益放在整體利益之上」，所以他主張人民通過暴力與恐怖去控制政府，這點與盧梭在《愛彌爾》的觀點一脈相承──「一個強勢的國家會賦予政府越大的引誘和越多的工具去濫用權力，因此，當政府需要越多權力去控制人民的時候，人民應有越多的權力去控制政府」。但是，強勢政府下，人民有甚麼權力？

只有「起義」的權力。這就是群眾暴力的理據，因為反對腐敗政權是人民的共同意願。當然，用在埃貝爾手上，這個共同意願已不是盧梭的「整體」意願，而是「眾人」意願，而「眾人」就只是長褲漢。長褲漢的意願是清除「潛伏」在革命之內的反革命分子。在恐怖政治的前夕，埃貝爾假借馬拉的口說：「……我說要在杜伊勒里宮架起 300 個吊架去吊死這些混蛋的人民代表，有人說我瘋了，說我血腥……鬥爭已經開始，是場生死鬥……打敗他們，一個都不赦……。」誰不害怕埃貝爾？但血腥殺人終招來殺身之禍。

丹東的共同意願也出問題。理論上，他同意盧梭在共同意願指引之下「強迫人民自由」，實踐上，他也不想人民太自由，太濫用他們的暴力。因此，他一方面強調符合共同意願的法律會避免人民行使他們的主權，以暴力抗拒法律；另一方面，他力促成立革命法庭和公安委員會去鎮壓抗拒法律者。但是，革命法庭和公安委員會卻成為政府暴力的工具。當他目睹濫殺無辜就動了寬容之心。盧梭說：「多刑罰往往反映政府的無能和失職，沒有任何一個做壞事人的不可以改過。國家沒有權去處決任何一個人，就算是殺一儆百也不應該，如果這個人的生存不危及國家。」發自丹東的口中，就是，「羅伯斯庇爾！你不人道的要求慢慢趕走最熱衷的支持者！……把革命帶回到人性處吧。」羅伯斯庇爾怎聽得進耳。丹東個性倔強，又不肯妥協，再加上一種自我犧牲的情操，唯有斷頭。

羅伯斯庇爾對盧梭比誰都更狂熱。盧梭的共同意願、德行、宗教通通收過來。他要改造法國人，使他們有公眾德行和個人德行；他要建立國家宗教，使法國人有高貴的精神。他對自己給盧梭的演繹有絕對信心。在共同意願上，他更是完全的盧梭，認定「人民就是主權，政府是它的產物和僕人，官員是它的助手……當政府侵犯人民的權利，全體人民和每一部分人民都有神聖的權利和必要的責任去起義。」但是，當恐怖期間殘酷和瘋狂地鎮壓各地的起義[20]時，他就自圓其說地把德行與恐怖放在一起，提出「恐怖只不過是立時的、嚴峻的、不讓步的公義」。更說，「革

命政府是去建立共和……革命政府關心的是國家自由……革命系統下，政府要自我保護免受不同派系攻擊。革命政府有全責保護良民，對人民的敵人它的責任是殺。」這不就是盧梭在《民約論》中說的，「每一個攻擊社會的壞人，因為他違反社會的法律，就成為社會的叛徒，不再是社會的一分子，甚至是與社會為敵。在這種情況下，保存國家與保存他是背道而馳的，其中一個一定要毀滅，處死他不是處死一個公民，是處死一個敵人。」共同意願之下，個人可以被犧牲。非但如此，羅伯斯庇爾更一力承擔德行與恐怖的演繹與實踐，這豈不就是盧梭指的，「在罕有的情況下就要有法律去把公眾安全的保障委給一個最有才能的人」，「一個最高統治者，給他權力去壓抑所有的法律，暫時取消人民的主權。在這樣的情況下，共同意願是毫無疑問的：保存國家是全民的意願。他可以採取任何行動……」這就是共同意願下獨裁的理據。

從布里索到埃貝爾，到丹東，到羅伯斯庇爾，他們對革命的方向、方法都有不同甚至矛盾的看法，但都在盧梭那里找到論證，都是「理直氣壯」。結果是革命不斷，死人不斷。

到拿破崙奪得政權，革命走上個人獨裁的階段，就是伏爾泰思想的時代。伏爾泰崇英貶法（孟德斯鳩是崇英，但未有貶法），特別崇拜英式自由。他把英國形容為自由樂土，把洛克稱為哲學首尊。但伏爾泰沒有像孟德斯鳩去引入洛克的君主立憲。他更接近另一個英國人 —— 培根。伏爾泰讚許培根為詹姆士建立絕對君權的謀略（削減教會和國會權力去增加國王權力，雖然未成功）。伏爾泰欣賞路易王朝開國君王亨利四世，和光大法國的路易十四 [22]。他認為自由的大敵不在君權，而是在囉嗦的教會和愚昧的鄉紳，尤其如果當掌權的君王是開明之士；而且，他相信權力集中於開明君王更有利於打擊教會和鄉紳。伏爾泰不相信權力制衡會帶來自由，他認為集中權力在開明君王手裡才是自由的保證。18 世紀的歐洲君主都想做柏拉圖式的哲學家君王 [23]，而伏爾泰很願意做開明君主專制君王的導師。生前，路易王朝用不上他 [24]，死後，拿破崙倒用上了 [25]。

拿破崙不相信共和，因為他認為人民是愚昧的，但他知道共和是定局，所以，他走的路線是說服法國人在民主制度下給他獨裁權力。他成功了，他的帝國保留共和特徵，就像羅馬帝國保留羅馬共和的特徵。在他的統治期間，他是伏爾泰理想的開明君主專制，但是用盧梭的共和包裝。法國老百姓對他的效忠（他統治期內沒有內亂，最後是敗在外敵手上）顯示革命並不是要鏟除絕對君權，只是要掃清教會和權貴擁有的特權，也就是鏟除「不公平」。整個革命過程就是環繞於此。

「不公平」的意識哪裡來？來自當時政治冷漠、貧富不均的歷史背景。不公平的演繹由誰？由「文人共和」的知識分子：古典啟蒙的演繹是王權、教權產生出特權，製造了不公平；浪漫盧梭的演繹是人類文明導致人性腐敗，帶來不公平。不公平的解決歸誰？歸革命精英和他們鼓動的群眾力量。不同精英對不公平用上不同的演繹，配上不同的群眾對這些演繹的不同共鳴產生出不同方式和力度去解決不公平：從約束王權、教權到廢掉國王、消滅教會，到打倒階級、改造人性；從遊行到暴力，到殺人，到瘋狂殺人。

凡革命都有領導精英。但是法國大革命的精英大部分來自法律界，而絕大部分更是「文人共和」的大師，如孟德斯鳩、伏爾泰、盧梭的信徒。革命群眾也接受知識分子的支配，人手一冊《民約論》，為甚麼？這與法國人的民族性格有關。

註

① 典型的批評是黑茲利特（William Hazlitt，1778－1830，英國哲學家、劇作家）說的，「我大半生所做的，就是想」（For the better part of my life all I did was think），和戈德溫（William Godwin，1756－1836，英國哲學家、無政府主義者）說的，「當我把所有的書都讀了，我將還要做些甚麼？」（What shall I do when I have read all the books？）

② 一般把歐洲的啟蒙起點定於英國三件事：洛克的《論政府》下卷，1689；光榮革命，1688；牛頓的《自然哲學的數學原理》，1687。也有推到更早的笛卡兒的《談談方法》，

1637；《第一哲學的沉思》，1641；培根的《新工具》（*Novum Organum*），1620。

③ 盧梭送伏爾泰《民約論》。刻薄、風趣的伏爾泰回信：「我收到了你反人類的新書，謝謝。從未見過這樣靈巧的手法去證明人類的愚昧。讀你的書使人渴望用四條腿走路，但我已經戒掉了這個習慣 60 多年了，我很不愉快沒法重新開始。我也不能到加拿大去尋找野蠻人，因為我的病迫使我一定要找一個歐洲的外科醫生；又因為那邊戰亂不息；又因為我們的行為榜樣使這些野蠻人跟我們差不多同樣差。」這是典型的伏爾泰，他給自己的形容最貼切，「我求神只有一事，求祂使我的敵人被譏笑，祂做到了。」

盧梭非但與伏爾泰不合，他差不多與整個法國的「文人共和」都過不去，因為他有一種極強烈的被迫害感。當他覺得在歐洲不能再立足時，蘇格蘭啟蒙運動主角休謨請他去英國「避難」，結果被他反控陰謀害他。別人與他的結交總有點慕名（慕他的名）而來，不歡而散。

④ 拿破崙把共和政制和民族主義輸出到全歐。當初，他是歐洲各國人民的靈感。民族自決與民族團結雙攜手使他和法國大軍處處得勝，但他走上帝國之路，引發出現代帝國主義（包括經濟帝國）與現代國家主義（包括納粹、法西斯）的對峙，迄今。

⑤ 霍布斯要求結約的民放棄全部個人自由，組成無所不管的強勢政府；洛克要求結約的民放棄適量的個人自由，組成只為保護人身安全和私產穩當的弱勢政府。

⑥ 對盧梭來說，政治共同體是一個由很多個人組合的、道德性和集體性的「體」（personality）。他說：「我們每個人在共同意願的引導之下把我們每個『人』（person）和他所有的權力『共同擁有』（in common）；在這共同體內我們對待每一個成員如同整體裡的一個分子。」因此，盧梭的論點是，在這個共同體內，每個人仍只是服從他自己，仍是如同在加入共同體之前那樣自由。這個個人的自由不會因加入共同體而削減，或因服從共同意願（共同體的意願）而削減，因為這個共同體不會有意願或意圖去違反共同體內的人的共同利益。他更指出，由於共同意願是共同體的意願，它永遠是謀取共同的利益，因此它是道德和絕對的。

⑦ 這裡，盧梭把政府看作是一個集團 —— 統治層的集團。可以說，盧梭的政府是「由人民」（by the people），也就是因人民同意而合法；「為人民」（for the people），也就是為人民的共同意願服務；但不是「是人民」（of the people），因為它可以是人民僕人，但又可以合法獨裁。

⑧ 盧梭認為人民或會誤解共同意願的內容，因而得出錯誤的結論。但共同意願本身是不可能錯的，因為在定義上，共同意願的目的就是整體幸福，它不可能損害整體，但它可能被邪惡的個體意願誤導。《民約論》說：「我們的個人意願永遠是為個人好，但我們不一定看出甚麼是個人好；人民永不會邪惡，但可以被騙，只有在那些情況下，它會好像意願不好的東西。」

⑨ 盧梭是把絕對權力交付給共同意願的載體 —— 國家，並把這主權（也可意會為統治權）演繹為絕對、全能、不可分割、不可轉讓（跟霍布斯一樣）。他強調國家是整體利益的唯一裁判官，沒有一個人有權違反國家。既沒有違反國家權力的個人權力，也沒有違反國家權力的自然權力（天賦權力）。「民約賦予國家政制（body politics）處理國民的絕對權力……是處理任何重大事情的唯一裁判。」可見盧梭在協調個人自由與國家權力的關係中，把個人完全放在共同意願和國家之下。國家主權是絕對、不能違背、不能轉讓和神聖的。

⑩ 對共同意願的批評有以下：(i)理論假設國家由民約而誕生。但實際上，國家不是約成的，是進化的，因此共同意願的基礎假設有誤。(ii)共同意願難找，甚至不可能找到。盧梭反對代議制度，因為他的共同意願是不可轉讓的；他又反對少數服從多數。他的設想是小城邦，所有成年人都可以直接參與政事。這與他當時的現實不符，與今天的現實更不符。(iii)假設共同利益與個人「真正」利益之間不存在矛盾是錯誤的。為此，把個人放在國家之下是否定他的個性，是消滅個人自由的極權。可以說，共同意願否定基本人權，而基本人權是民主的核心。(iv)主權不是絕對或神聖。主權的範圍應以主權的目的來決定。主權是工具而非目的。(v)共同意願或政治共同體的意願是個神話：把一個意願或性格賦諸一個國家純屬虛構。(vi)把強迫一個人去服從國家法律說成是強迫他自由和強迫他服從他自己的真正意願是個似是而非的謬論，正如說一個賊人被法律懲罰是他意願被罰是個荒謬。(vii)盧梭混淆了「追求共同利益的意願」(will for the common good)和「共同體的意願」(will of the generality)。共同意願可以說是追求共同利益的意願，但不能說它就是一個政治共同體的意願。

⑪ 《民約論》說：「事實上，每一個人，作為人，有他的特殊意願，這與他作為一個公民所應有的共同意願會有差異或衝突……他的絕對和獨立的存在會使他把對整體利益的責任視為無理或不必要的責任，承擔這個責任有損自己，捨棄這責任無損他人……他想享受公民的權利，但不想負公民的責任。讓這個不義存在下去一定會毀滅整個政制。」

⑫ 盧梭的個人德行其實是種生活方式，包括對己、對人。他在《愛彌爾》裡說得很清楚：「有德行之人是甚麼意思？他能征服他的情感，追隨理性、良心；他盡責任；他是自己的主人，沒有任何東西可以使他走上歧途……做你自己的主人，控制你的心，我的愛彌爾，你就會是德行之人……把自愛推至愛人就是把自愛轉化為德行……越能夠這樣做就越公義。對人類的愛只不過是愛我們心內的公義……。」

⑬ 盧梭用的是 public security，也就是公眾安全委員會的「公眾安全」。

⑭ 盧梭迷接近瘋狂。對他們來說，盧梭是完美的，盧梭的敵人，無論是真敵還是假想敵，就是他們的敵人。吉倫特派領袖布里索就曾經因為他的一個劇作家朋友在劇本中誹謗偶像盧梭而與友人反目。盧梭迷在書信中甚至直稱他為神明；女性讀者更把他視為閨中密友，把他的肖像當首飾佩戴。他在 1778 年突然去世（傳他是尿毒、血栓，甚至自殺），使對他的崇拜升級。他的墓地是聖地，吸引千百紳士淑女去朝聖、哭訴、禱告，向他的遺物致敬，與他的靈魂溝通，甚至有人為他自殺，以求可以葬在他墓邊。盧梭悼文成為學校作文比賽的題目，劇作家假想他的來世作為劇本靈感。他的《懺悔錄》死後才出版，敵人利用他坦白的懺悔去攻擊他的為人和學說，但他的門徒對他的崇拜非但沒有冷卻，反因此提高。難怪他的敵人 La Harre（1739－1803，劇作家、評論家）會說：「盧梭的門徒不能容忍任何對盧梭的批判。」的確，他的門徒在他的墓前焚毀批判他的書報。

⑮ 單在 1790 年，《民約論》就一下子出了 4 版，翌年，又再多 3 版。1792 年到 1795 年之間，《民約論》再出 13 版，其中一個版本更是像聖經的袖珍版，好讓上前線的士兵放在口袋裡。《民約論》的節錄本也非常流行，更有編者們序言希望《民約論》比利劍更厲害，更能推翻歐

洲各國的君主。還有大量的詩歌、悼詞、吟詠。代表性的幾句如下：

「他的著作，自他死後，

已經創造了大奇跡。」

「自由的法國人珍惜您，

您為他創造一個祖國。」

⑯ 但有人指出，雖然在 1790 年已有人建議把盧梭遺體移葬先賢祠，但要到羅伯斯庇爾死後才實現，部分原因是因為羅伯斯庇爾妒忌盧梭。

⑰ 盧梭理論對革命的影響非但是理論的本身，更是不同的革命家對他的理論的不同演繹。很多時候，關鍵不在民約理論的實質內容，而是在革命家們對盧梭的性格和他的「殉道」的感受，也就是「盧梭神話」的影響。

⑱ 埃德蒙・伯克（Edmund Burke，1729－1797）在英國國會中強烈反對法國大革命。他當初仍有猶豫，但到了凡爾賽大遊行之後就堅決支持反革命。

⑲ 見《西方文明的文化基因》有關法國大革命的註釋，特別是來自他的《舊制度與大革命》。

⑳ 約翰・達爾伯格－阿克頓（John Dalberg-Acton，1834－1902），英國政治學、歷史學家。名句是「權力腐化，絕對權力絕對腐化」（Power corrupts; absolute power corrupts absolutely），也有譯為「權力導致腐敗，絕對的權力導致絕對的腐敗」。我認為我的譯法更能反映原文的精煉。

㉑ 當然，這些都是反革命分子的動亂，但在盧梭理論中，也可算是羅伯斯庇爾在上面説的「一部分人民」的「起義」。

㉒ 雖然路易十四絕對不會容忍伏爾泰式的言論自由。

㉓ 例如俄羅斯的耶卡謝蓮娜二世（Catherine the Great，在位期 1762－1796，又稱耶卡謝蓮娜大帝）、奧地利的約瑟夫二世（Joseph II，在位期 1764－1790）、普魯士的腓特烈二世（Frederick the Great，在位期 1740－1786，又稱腓特烈大帝）。

㉔ 對他是愛憎參半，王后安東妮更保護他。

㉕ 拿破崙政權是獨裁，但也開明，包括政府科學化、教育普及化，並與教會媾和。這最後一點肯定大失伏爾泰所望。

第十章　民族性格

　　民族性格是一個民族集體的自覺、感情、行為的特徵，是實在的、可探索的、可研究的。法國民族的「理論型性格」驅使他追求秩序，以「理性」去征服一切。法國大革命走上極端和恐怖完全可以用法國民族的「理論傾向」和「秩序取向」去理解。

　　民族性格是甚麼？學術界爭議不休。不，不是爭議不休，是不敢爭議，因此是沒有爭議。大半個世紀以來，西方學術界（起碼是英語學界）基本否定民族性格的存在。在相對主義為學術主流的氣候中、在個人主義為文化主流的世界裡、在多元社會為政治主流的大勢下，談民族性格表現出落伍、無知、偏狹。

　　「民族性格是一個居住在同一個國家裡的居民的一套共有的自覺、感情、行為模式的表現」①。若此，談民族性格就是為一個民族的集體自覺、感情、行為的特徵「定型」（stereotype）。在現今的學術時尚下，這有三個大問題：（ｉ）性格肯定受社會環境影響，而社會環境不斷在變，怎能定型？相信性格可以定型是落伍。（ｉｉ）民族是個社會性的組合，裡頭每個人都可以有不同性格，哪來同一個定型？相信民族性格存在是無知。（ｉｉｉ）如果民族性格是共有的、同一的，哪來多元社會？相信有統一的民族性格是偏狹。

如果一個人去日本旅行，相信他在去之前腦袋裡會有一個日本人的「想像」，回來之後一定有一個日本人的「印象」。但如果有人問他，「你覺得日本人怎麼樣？」，他肯定會有答案，「日本人是這樣、這樣」。如果他老實，會補充一句，「我只能說我見到的日本人是這樣、這樣，其他的我不知道。」如果他是「政治正確者」（politically correct，代表跟上現今的政治時尚），或會說，「我不知日本人是怎樣，因為日本人個個不同」。這其實是很滑頭的迴避。假若不問「你覺得日本人怎樣」，而是很具體地問「日本人禮貌不禮貌？」，怎樣迴避？除非他不懂甚麼是禮貌與不禮貌 —— 這是不可能的，因為每個人都有主觀性的禮貌與不禮貌的定義（這當然可以與日本人對禮貌的定義相同或者不同，但關鍵是他仍有他的定義）。也就是說，按他的定義他肯定是可以說他見到的日本人是禮貌或不禮貌，或者有時禮貌有時不禮貌，或者大部分禮貌，或者大部分不禮貌，又或者禮貌的與不禮貌的時間相等，等等。當然，他見到的每一個日本人為甚麼禮貌（對你、對人）或為甚麼不禮貌，就是另外一個層次的探討。但禮貌與不禮貌是可以定義（起碼自己的定義）、可以觀察（起碼自己的觀察）的。

對他來說，「日本人」作為一個民族，按他的認識（可能很膚淺，也可能很深入，但不可能絕對不認識或完全認識），是禮貌的、不禮貌的、有時禮貌有時不禮貌，等等。但認識是「絕對」的，也就是說，如果認為他們禮貌就是絕對地認為他們禮貌，認為他們不禮貌就是絕對地認為他們不禮貌，認為他們有時禮貌有時不禮貌就是絕對地認為他們有時禮貌有時不禮貌。當然，可謙虛地、老實地說這些只是個人的看法（這是自明之理，因為一個人的看法絕對是個人的，絕對不是別人的看法，雖然跟別人的看法可以相同），是不精確的（也是自明之理，因為人不能分辨和歸納所有形形種種和不同程度的禮貌和不禮貌），是不完全的（又是自明之理，因為怎能認識所有日本人和所有日本人的所有生活行為，等等），但總有一個認識 —— 一個有限的認識。如果他是負責任的，會想認識精一點，多一點，深一點；如果是不負責任的，會傾向否認有日本民族性格這

回事，因為這樣就不用勞心費力了。為甚麼否認日本民族性格的存在是種不負責任？除非他對任何有關日本人或日本的東西都沒有意見（真正地沒有意見，不是不發表意見），否則他的意見會因為缺乏考慮日本的民族性格而變得不完整、盲目。這是對自己不負責任。如果他的意見會影響他的行為（這是必然），或影響別人的行為（這是可能），那他就會是對日本人不負責任。

現今西方英語學界否定民族性格的存在是種學術時尚（當然在某種程度上也同時反映社會主流意識的時尚，或精英主流意識的時尚）。但時尚肯定會變的（這也是時尚的定義），以時尚去否定根深蒂固的民族性格（包括否定它的存在）是不智，甚至是危險，因為這會導致在國際關係上失措[②]。

現從頭去追索民族性格的討論是甚麼時候開始的？怎樣發展的？為甚麼現在不敢談？

物以類聚，人也是以「類聚」—— 同類的聚在一起，產生出「自己人」和「外人」的分別。究竟是同類的聚在一起，還是聚在一起變成同類，是個雞與蛋的問題，但是在固定的歷史時刻和地域範圍裡，同類與不同類的辨別是相當容易的。雖然隨着科技的進展，歷史好像越來越短暫，地球好像越來越縮小，民族性格的分別好像越來越模糊，甚至民族的理念也好像越來越淡薄。

最初，對不同民族的性格描述是來自旅行者的觀察，是個趣味性的話題，例如希羅多德（Herodotus，約公元前 484—前 425）的《歷史》（*Histories*）。跟着是征服者描述被征服者的民族性格，藉此去提升征服者的優越感，如愷撒對高盧人、不列顛人的形容。

在西方，傳教士恆久以來宣揚信仰，先在歐洲，後至全球，視對不同民族性格的了解為救靈的工具。16 世紀開始，帝國主義到處殖民，全球擴張，帝國主義者利用被征服者的民族性格去設計管治的手段（中國的老話是以夷治夷，西方人就是 go native）。18 世紀啟蒙運動，現代國家主權

的理念抬頭，獨特的民族性格被視為民族自決的理據。19 世紀以來，國家主義膨脹，國與國的競爭往往以民族性格優劣的對比去相互較量。二戰前後，民族性格的研究成為戰術與戰略的重要參考。但冷戰結束後，以英語文明為主流的西方視自由民主為歷史的終結 ③。在全球資本、消費經濟引導下，國家理念開始萎縮；相對真理（相對於終極價值）、個人自由（相對於民族自決）、多元社會（相對於民族一統）成為主流，民族性格理念就變成代表落伍、無知和偏狹。

為甚麼 18 世紀「開明」的啟蒙運動帶起的民族性格研究熱潮到今天變得如此「反動」？我們可以籠統用「物極必反」來形容。但科學精神要求我們去探索為甚麼生出「極」，而「極」又怎樣帶來「反」。從民族性格研究的最高峰往前看、往後看，可以看出一點苗頭。

1945 年 8 月 6 日、9 日，美國在廣島和長崎投下兩顆原子彈，日本投降。投降之後的日本要怎樣收拾殘局、怎樣維持穩定、怎樣防止軍國主義死灰復燃？美國政府求教於在 1942 年參戰時成立的「戰爭資料處」（Office of War Information）的人類學單位，特別是首席研究員本尼迪克特 ④。她憑研究日本民族性格的心得，提出保留天皇地位去保證戰後日本安定，成為美國處理戰後日本的指導原則。

本尼迪克特與同僚們，如格雷戈里‧貝特森（Gregory Bateson，1904－1980）、傑弗里‧戈爾（Geoffrey Gorer，1905－1985）、克萊德‧克盧布哈恩（Clyde Kluckhohn，1905－1960）等屬人類學（anthropology）中的「文化與性格學派」（culture and personality school）⑤。這學派的開山祖師是哥倫比亞大學的博厄斯（Franz Boas，1858－1942）。他的門人（包括本尼迪克特）在 1920 年代，也就是一戰之後，研究過很多民族性格，例如德國民族性格 ⑥、中東歐的各不同民族性格 ⑦、墨西哥民族性格（西班牙人來前的墨西哥人的後裔和西班牙人合成的墨西哥性格）、巴西人性格（白人、黑人、美洲印第安人合成的性格）等等。到美國參與二戰，民族性格的理念首先用諸於鼓舞盟軍士氣，繼而用來分析敵與友，最後還用來

作為國際關係的重要參考。可以說，文化與性格學派以至民族性格概念被重視是有其歷史與政治因素的。

　　但隨着歷史時刻（及相應的時代心態）的過去，這些研究的政治合法性也隨之而逝。這與國家主義的興衰有關。18 世紀下半期，國家主義開始抬頭，民族性格從描述性的學術研究演化為指導性的政治意識，配合上當時的民族自決、國家統一運動。稍後，列強互爭。在某種意義上，一戰和二戰是國家主義對抗自由主義及資本主義的決鬥（見《西方文明的文化基因》）。國家主義最終被有全球資本意識的資本主義和全世界勞動人民意識的共產主義聯手擊敗。被國家主義利用來爭取政治合法性和指導政治行動的民族性格概念就被指為太親近「國家主義的本質論意識形態」（essentialism characteristics of nationalist ideology），尤其是當它被利用來製造優秀民族和低劣民族的意識。因此，雖然民族性格概念曾有功於自由主義和資本主義的龍頭大哥 ── 美國，幫助它擊敗德、意、日，但權衡它是個「危險」的意識，遂被打入冷宮⑧。

　　危險在哪？主要的批判有三：（i）流於「文化主義」（culturalism），因為它把從觀察得來的文化模式用來作為解釋文化模式的原則，因此構成一套自圓其說的惡性循環（也就是典型的現象與解釋的套套邏輯）；（ii）從觀察與分析「部分社會」進而抽象化和概括化，缺乏批判性地去研究這「部分社會」在整個社會中的定位，因而忽略了深層次的社會衝突；（iii）研究聚焦於文化與心理，雖然比單純考慮物理與生物因素豐富多了，但忽略了制度、政治等因素⑨。

　　與此同時，民族性格的研究從人類學的「文化與性格學派」方向逐漸轉移往「社會理論研究」（social theory studies），聚焦於「新國家主義」與國家歸屬感的關係。這個新的研究方向並沒有意圖去創造一套對民族性格的評價（好性格、壞性格）理論，只是建設一套「民族身份的實際類型」（practical categories of national identity）去探討不同的社會主體（social agents，也可稱社會角色）的行動和風格，從而追蹤國家歸屬感背後的社

會動力。研究的主題包括：（i）為國家歸屬感（相對於其他的歸屬感，如種族、地域）定位，繼而研究社會生活的普世原則；（ii）研究歷史文化基因與「共同身份」、「同一感受」的關係；（iii）為國家性格定位，用來對比國內和國與國之間的不同文化、社會、身份和性格類型。新國家主義與 18－19 世紀的國家主義的最大分別是認識到國家歸屬感是雙刃劍，既推動歸屬與團結，也助長排外和歧視。

到這裡，我們應該感覺到國家性格與民族性格是兩套不同的概念，有基本的相似，又有關鍵的差異。我們可以把美國作為典型例子去解釋英語（美國）學界對民族性格研究的尷尬。

中古歐洲是多民族，但沒有國家（起碼沒有獨立領土和主權的國家），只有在信仰一統下的封建世族。16 世紀的宗教改革打破了信仰一統，並引發出建築於宗教自主之上的國家理念（見《西方文明的文化基因》）。理所當然地，當時這些按宗教自主而產生的獨立國家往往反映着同一個民族、同一種語言、同一套文化。因此，在實質意義上，國家性格與民族性格是同一個概念，都叫「國家性格」[10]。18 世紀啟蒙運動鼓吹的國家主義更加是從單一民族的角度來想像一個國家。雖然每個國家都有一定的少數族裔（猶太人更是散佈各國），但就算他們被善待也被視為外人、客人，絕不會被視為「國家性格」的組成部分。所以，在那時是沒有，也不會有「多元」的理念。直到 19 世紀末、20 世紀初，在奧匈帝國解體、奧圖曼帝國在歐洲領土的民族自決運動之前，西方人的「國家」和「民族」是二而一的理念：英格蘭就是英格蘭人，法蘭西就是法蘭西人，德意志就是德意志人[11]。

但美國是例外。有人說，美國從開始就是個移民國家，民族多元、文化多元。的確，北美的開發雖然先是由西班牙、荷蘭、法國，到 17 世紀英國才趕上，但關鍵是英國才是真正地殖民，英國來的才是真正地生根。因此，直到美國獨立，英語勢力範圍所在的人口絕大部分是英裔（當然還有大批黑人奴隸），並且其中大多是新教少數派。雖然歐洲各國的移民不

斷,但清教思想、英語文化絕對是主流。一戰結束後的美國,也就是民族性格研究最時尚之際,歐洲非英裔移民大量流入,加上納粹抬頭,歐陸猶太人大量遷徙。以新教精神立國的美國開始走上文化多元,以宗教、族裔、語言來區別的「身份」越來越複雜。美國的文化、經濟和政治精英開始認識到這個現實,以及由它引發出的「身份政治」(identity politics)。二戰後到今天,身份政治逐漸成為政治博弈的基本原則,「身份」成為博弈的籌碼,政治身份越來越多、越複雜(從早期的黑人、天主教徒、婦女等到現今還加上猶太人、原居民、拉丁裔人,以至同性戀、殘疾人、移民、難民等等)。誰能夠創造身份、動員身份就能分得政治權力。但是,身份政治的合法性需要兩個假設:(i)每個身份都有不同特徵,(ii)每個身份都有同樣價值。為此,不可能有一個概括性的「美國人」概念,因為(i)它是危險的,侵蝕身份政治的合法性(因此它不道德);(ii)它是不理性的,違反身份特徵的事實(因此它不科學)。可以說,美國內部的多元化才是民族性格的研究被淘汰的主要原因,尤其是「文化與性格學派」的研究。今天是美式英語文明的世界,相對、個人、多元是美國的現實。由於世人追仿美式文明,民族性格的研究自然萎退。

但歐洲啟蒙時期可不一樣,啟蒙思想家們沒有一個不談民族性格[12]。早在 16 世紀法國文藝復興期,蒙田(Michel de Montaigne,1533-1592)就注意到氣候與民族性格的關係:熱氣候的西班牙人暴躁,冷氣候的德國人冷漠,中和氣候的法國人完美平衡。17-18 世紀時,民族性格之說非常流行,多來自旅行家、小說家、戲劇家等等。

有關民族性格的成形,主要思路有迪博(Jean Baptiste Dubos,1670-1742)帶頭的「地理決定論」:土地特徵決定氣候,土地和氣候決定營養、脾性、官感,從而決定性格。以 Francois-Ignace Espiard de la Borde(1707—1777,著有 *The Spirit of Nations*)為代表的就認為民族性格的成因來自物理層面,而結果則產生在精神層面(如脾性、風俗、意見等)。孟德斯鳩則認為民族性格是由道德特徵[13]與思想和行為習慣構成,其成因來

自氣候、宗教、法律、政制、歷史、舉止等的獨特組合與平衡，及它們之間的互動、互依。整個啟蒙運動是以「俗世」（secular）為標榜，也就是排除「神」作為世事的解釋，代之以「科學」、「理性」。因此，在民族性格的解釋中特別強調天然條件（氣候、環境等）和人為條件（教育、制度等）。典型的解釋是：民族性格是個概括性、普遍性的事實，但並不代表每個人如是；雖然有些民族的性格會比較明顯，但每一個民族的性格都是相當穩定的，因為性格反映對當地氣候、環境的適應；但持久的政治和社會制度也會影響民族性格。

在政治與社會制度的討論上，有兩個人值得關注。孟德斯鳩特別重視政治與民族性格的關係，他從亞里士多德的政治理論出發，描述各國的政治與其獨特民族性格成因之間的關係，強調國家法律一定要配合和適應民族性格，因為政治（政府、政制）與民族性格是互賴的。制度和法律的建設有賴人民的習慣與思想；如果這些制度和法律與人民的道德、儀態、娛樂習慣不一致，最好的制度和法律都會被視為暴政。但同時，制度與法律也在塑造社會、政治與文化行為。法律與制度跟民族性格的關係聚焦於法律與制度的質和量跟民族的道德標準與風俗儀態之間的關係，因此，以法律與制度去改變民族性格會受到民族的道德標準與風俗儀態限制。但要改變道德標準和風俗儀態最終還得改變法律與制度。

盧梭則把民族性格和國家意識連起來。他認為一個國家的「身份」（identity）來自一個鮮明的「精神」（spirit，也可譯作靈魂），包括性格、品味、儀典和法律，甚至無需有領土和政治的統一。每一個國家都有其獨特性格：脾性、體質、道德素質，再加上典禮和宗教與文化的傳統，就會產生一個國家一統的感覺（awareness of national cohesion），構成黏合、團結和內聚力量。因此，一個國家的民族性格至為重要。為此，他提出：（i）每個國家都應該有它的民族（國家）性格，如果沒有就應該建立；（ii）一個獨立和自由的國家的基礎是國家意識和愛國熱忱，而它們的基礎是民族（國家）性格，只有這樣才可維持愛國熱忱，不被外國征服和統

治；（iii）民族（國家）性格不單是個歷史的結果，還是個可以和應該創造的事實（realities）；（iv）不止可以為一個獨特的社會建立一個合適的政制，更可以為一個獨特的政制開發一個獨特的民族（國家）性格；（v）要建立一個鮮明的民族（國家）性格可以通過恢復這民族的原始品質（traits）和開發合適的國家制度、習慣、衣着、儀態、慶典、娛樂，這需要一套強調國家、歷史、地理的教育。盧梭認為當代（18 世紀後期）的社會與文化的融合、移民、城市化、奢侈和腐化等消滅了國與國的分別，因此，要恢復鮮明的民族性格特徵就需要返回一個較簡單的生存模式和鼓勵一套落點於民族性（國家性）的文化政策。

啟蒙運動的一個特色是尊重古哲。伏爾泰在《百科全書》「法國人」一節指出法國人的基本性格其實跟愷撒大帝和其他羅馬古哲形容的高盧人（Gauls）一樣，「迅速決定、勇敢戰鬥、狂猛攻擊、容易泄氣，在所有野蠻人中最有禮貌，是其他人的榜樣」。他認為這與當代法國人的輕浮性格其實是同出一源：巴黎人的輕浮、好玩樂，相對羅馬時代的認真、嚴肅，是沒有真正矛盾的，因為羅馬時代的巴黎是個小城，沒有甚麼娛樂，而當代的巴黎富麗、閒散，因此有更多的娛樂和藝術；從前高盧人在戰爭上是急躁、衝動的，跟現今巴黎人在追求享受上的輕浮、狂熱是同一性格的不同面。性格是不會變的，因為氣候、環境並未改變。他更提出一個悖論（paradox）：昔日愷撒說高盧人是「輕量級」，沒有分量，但這些法國民族前身的高盧人仍通過談判、手段和耐性去統一了法國並維持它的統一，表現出高度的政治和外交技巧，可以說，法國民族年輕時輕浮，年長後變得智慧。伏爾泰以古哲人對一個「蠻族」（法國民族的前身）性格的評價作為起點去詮釋法國文明的發展，指出在表面看來是矛盾的行為底下法國民族還是保留原來性格。這有關鍵的政治意義：他引進古哲是要證明法國民族性格的耐久持續、來源古老，比稱為「古老政制」（ancien regime）的路易王朝還要古老，更具歷史合法性；他要證明法國民族性格是獨立於絕對君權政制的，是一個統一的、均勻的獨立存在，從而暴露出路易王朝實

在是腐化了、扭曲了法國民族的基本優良性格。為此，要恢復法國民族的真正性格就得推翻這個王朝，還其本來面貌。這也是大革命中激進分子如馬拉和羅伯斯庇爾、德穆蘭等的典型論調。

當然，民族性格研究是知識分子的玩意，是上層精英的嗜好。但是在法國，知識分子的影響力特別大，通過在上流社會沙龍式的清談和在普羅大眾的小說、戲劇的傳播，民族性格的定型被普遍接受。但是，現今學界（英語）對民族性格這概念都很具戒心，有意識形態上的敵視。中肯地來說，對民族性格的三個主要批評（見上）都未證明民族性格不存在，只是提醒我們要謹慎和謙虛，不要混淆現象與解釋，不要把部分視為整體，不要忽略制度與政治的影響（見註 9，有關對三個批評的反辯）。

對民族性格這個概念的最大批評是「性格定型」（stereotype）的「不確定性」，可以用一個例子去演繹。在一般美國人的眼中，美國南方人的性格定型之一是「有禮」（南方城市往往被選為有禮貌城市），但同時也是「粗暴」（南方城市的兇殺率比北方城市高）。究竟南方人是有禮還是粗暴？伊利諾斯大學的 Dov Cohen 做了一個實驗。他選了一批北方人（男人）和一批南方人（也是男人）。每個參與者都要填一份表格，填好後交到另外一個房間，但要走過一條長而窄的走廊，走廊上還有一個人在幹活（這是實驗的一部分，但參與者不知），參與者需要這個幹活的人讓路才可以走過去。這個幹活的人會對半數的參與者說句粗話，而且在參與者擦過他身邊時有意撞他一下，對另外半數就不說粗話，也不碰撞。參與者在繼續往前的時候，迎面走來另一個人（也是實驗的安排）。由於走廊很窄，兩人之中一定有一個要讓路，但實驗安排的那個人不會先讓。實驗的觀察是參與者讓路時與對方的距離，以及參與者讓路時的表情和態度。實驗結果是：北方人，無論是被撞還是沒有被撞，表現沒有分別。南方人之中，被撞的要等到最近距離時才讓路，而且表現比較強悍和威嚇；反過來，沒有被撞的會比北方人在更遠的距離就讓路，而且表現有禮。為甚麼南方人有如此不同的表現？解釋是，從前的南方，地大人稀，治安難保，

要保衛家園就要靠自己，而最好的方法是建立一個「人不犯我，我不犯人；人若犯我，我必犯人」的形象。因此在南方就形成一個重榮譽的文化，這個文化的象徵就是「男子漢」作風，同時解釋了粗暴和有禮：粗暴保證榮譽不容侵犯；有禮保證對方不會誤會你侵犯他的榮譽。所以，南方人的性格是粗暴還是有禮，要按情況而論，特別是觸及這些性格的「扳機」（trigger）。要研究這些扳機就需要探討文化價值觀、行為準則和它們的歷史淵源。

在這個例子裡，有禮和粗暴有表面的矛盾，這類詞彙很難用來表達一個民族整體性格的統一性。「榮譽文化」是個比較合適的詞，它一方面有足夠的精確度去捕捉南方人整體性格的獨特性，從而跟別的民族作出比較；另一方面又有足夠的寬鬆度去涵蓋南方人行為的表面矛盾（有禮與粗暴），從而去探索引發這些矛盾行為的扳機。

用民族性格去解釋大革命走上極端，需要一個貼切的詞去描繪法國民族性格：一方面能夠精準地捕捉法國民族性格的特徵，另一方面又能柔潤地涵蓋革命極端化過程中不同人（和這些人代表的派別）的性格差異，甚至矛盾，也就是，有足夠的精度與寬度去演繹革命極端化過程中不同人的不同行為。[14]

啟蒙大師們的詞彙，如輕浮、好玩、好交際等都比較片面和表面，不足為用。比較近期的學者們更不敢說好壞，用的都是不着邊際的、沒有血氣的中性術語，如「共同身份」、「歸屬感」之類。我選用的是馬達里亞加（Salvador de Madariaga，1886-1978）在 1928 年出版的《英國人、法國人、西班牙人》中所提出的民族性格類別。

在他的時代，一戰的殘酷完全抹掉了啟蒙的樂觀，但同時，一戰後的歐洲是紙醉金迷的時代（與美國的「咆哮 20 年代」相對應）、科學大放光彩的時代（愛因斯坦、波爾、海森伯等創作力最旺盛的時刻），是個光怪陸離的大千世界。那時，法國大革命的痕跡仍可見，而個人、多元的意識形態還未窒息學界的思想。他用外交官和政治家的角度、國際的視野、

學者的心態去分析英、法、西的民族性格。他悲天憫人、不畏權勢，因在國聯指摘日本侵略中國東北，被人賦以「滿洲里的唐吉訶德」[15]之號。他濃厚的和平主義傾向使他對民族性格的分析不受當時狹隘國家主義污染（包括他自己的國家西班牙），所以應該比較中肯；他的政治與外交生涯使他的觀察特別到位；他的學問修為使他的分析特別有邏輯。更關鍵的是他用來討論民族性格的詞彙特別合適我的要求 —— 足夠精準、足夠柔潤。以下是他對民族性格的探索。

首先，他肯定民族性格的存在。他開宗明義地指出，跟他唱反調的會說：「把一個中國的嬰兒帶到英國去，讓他跟英國孩子一起生活，長大後，他會跟英國人一樣。」但馬達里亞加機智地點出這不是反調，是認同 —— 認同英國人有英國人的獨特性格，中國人有中國人的獨特性格，這豈不就是認同民族性格的存在？他又指出，民族的性格是怎樣成形的、怎樣演變的，意見不一，但大致上離不開人種、氣候、環境、經濟。可以肯定的是，歷史、地理、宗教、語言，甚至共同意志都不足夠定義一個民族（國家），民族是個「心理現實」（fact of psychology）。

先從「性格」一詞說起。一般人把行為與性格混淆。有禮、粗暴等等好性格與壞性格其實是形容行為：「有禮的行為」、「粗暴的行為」。馬達里亞加認為「人類行為是心理的實現」（the facts of psychology are human acts）。人類行為是他整個人的心理、生理、精神總結出來的果實；在他所有的行為中他整個身體和他整個靈魂合作無間。可以說，心理、生理、精神，以至身體、靈魂只不過是一套人工和抽象的概念去幫助我們理解驅使我們做出一個行為的動力底下的「生命力」（life-power），這些不同的概念只不過是代表着生命力的不同來源。

一般用來描繪性格的名詞，如善良、誠懇、公平、偽善等等，其實就像海上的波浪，一個一個連接、推動。但誰可以說，在這處，誠懇和謙遜融合了？在那處，誠懇和謙遜自身反摺疊成偽善？又在哪處，誠懇和謙遜沾上了自以為是？在甚麼時候，慷慨變成炫耀，仁慈變成軟弱，軟弱變成

犧牲，犧牲變成沽名？生命力產出性格，性格產出行為，都是有賴先天因素與後天條件的互動。因素與條件的改變都可以改變性格、改變行為。因此，我們只可以說，在特定的條件下，某個性格傾向會引導出某種行為。

為此，性格實在是種「傾向」，而傾向是種自發的力量，沒有好壞，只有強弱。就像一條拉緊的弓弦，拉力的強弱決定射程遠近。拉力是種「活力」（vitality），無關理性。性格裡頭每一個傾向都會發揮到它活力的極限。但其他的傾向也會部分地或完全地牽制它。為此，傾向之間的交叉、互抵、互補、互動構成一套牽制系統，這才是決定行為好壞的機制。性格傾向本身沒有好壞；好壞行為往往反映同一的性格傾向。

每個人都有着人類的所有傾向，但在每個人的內裡，不同傾向的相對強弱人人有別，傾向之間的牽制系統人人不同，遂產生獨特的個人性格。但每個人的性格都有其統一性、整體性。這個獨特的個人性格也不是靜態的，會隨着生命每一刻的獨特處境而不斷更新。通過觀察，我們或可發現不同傾向之間的強弱可能有其一定的排序，牽制系統也可能有其不同但可辨的範式。這會幫助我們開發出不同的性格類型。這些類型往往只能憑本能去感應，憑直覺去認識。這種認識不是不理性，而是不能完全滿足理性，但卻能完全滿足生命，滿足日常生活中人與人的相處。

民族性格與個人性格同出於同一的性格傾向，但需要更高層次的提煉才可掌握。它比個人性格更難捉摸，往往融化於時代的「氣氛」（atmosphere）之中。它是一個民族自發的、對民族整體的一個想像（vision），永遠是個人與整體之間的一種平衡。為此，民族性格肯定不能從個人性格歸納出來，因為個人性格的交叉、互抵、互補、互動產生質的變化。民族性格甚至不能直接觀察出來（違論歸納），只能臆測，是感覺多於邏輯、隱喻多於分析。它也是憑觀察者的本能感應、直覺認識，可以知曉但不能定義（understood but not yet defined），因為我們對性格的認識永遠是相對於我們的觀點，對性格的描繪永遠會局限於語言表達的差別。

馬達里亞加的結論是民族性格的認識是一種直覺的概括

（generalization）：一個直覺的快照（snapshot）、一個洞悉的剎那，在一舉中展露整個面貌的形狀。正如土地測量師和風景畫家的分別，前者以衡量去求知識，後者以領會去求明白，他看的是全景，並沒有衡量任何部分。為此，民族性格的研究不能稱之為科學，起碼不是實驗證明的科學，只是一種生活的見證，但已足夠滿足人類集體生活中民族與民族之間的相處⑯。民族性格研究的價值是以它對民族行為的解釋力來衡量。

　　馬達里亞加首先拿英、法、西對比，顯示英國人是行動型（action）性格，法國人是理論型（thought，可譯思想，但按馬達里亞加的思路，譯理論更合適）性格，西班牙人是情性型（passion）性格。

　　且看看他怎樣描繪英、法不同性格的關鍵分別和這些分別的實質意義：

（i）　英國人的行動性格使他聚焦於行動的每一刻，和關注支配行動的意志；法國人的理論性格使他聚焦於行動之前，和關注支配行動的理論。

（ii）　在英國人眼中，世事必須連上理性，因此，英國人的世界是有機性的（organic）；在法國人眼中，世事必須服從理性，因此，法國人的世界是機械性的（mechanical）。

（iii）英國人的心理重心是意志力（will），他思想（meditate）是為了明白行動；法國人的心理重心是理解力（intellect），他行動是為了實現理論。

（iv）英國人的思想放在核算、調查、評價，因為他要知道此行動需要甚麼，會拿到甚麼；法國人的思想不在拿，在理解，在衡量。

　　法國人的理論性格驅使他追求秩序，服從方法（method，思想的秩序），包括以概念去構建理論，在事前先制定方案，堅持理性不會錯誤，以此去回應生命的反叛。因為他不能忍受生命的無常，進而堅持世界可以被理性屈服。因此他想以理性去「征服」世界（自然）。這樣的社會裡，理性成為社會等級的基礎。為此，法國知識分子有特殊崇高的地位。

　　法國人強調抽象，把現實（reality）模式化（schematized）去維護理論的完整和一統，相對世界的反覆無常。他要預見、前知（foresight），因為他不信任沒有規律的生命。他追求的預見、前知意味着一種「自衛」（defensive）的心態，一種「不信任自然」的心態（因為自然是亂，guilty nature），為他帶來一個「戰爭的心理」（war psychology，也就是內心的鬥爭），要「強迫」生命去符合他的理論。他把行動理論化，為此，明天的行動就是今天的思考。他要通過理論去開發出一個「想像」（vision），用的方法是留心觀察世事，去把世事的各部分和每部分加以分析，然後再連接起來去構成一個和諧的整體[17]。

　　但是，要理論化就要立定義、定界限。這意味着「分隔」（separation）：眼睛與對象的分隔、主體與客體的分隔。要精準地觀察與分析世界就要清楚分隔，如下：

(i)　分隔客體的組成部分，叫「分析」（analyze），就像拆開一部機器去看出各部分的連接和互動，但又不破壞整體的秩序和美。目的在「看」。這有別於英國人的「清單式」（inventory）的看，法國人的看是種「量度」（measure），也就是量度各部分是否合度（right proportion）。

(ii)　分隔客體與它的周圍，叫「定義」（define），去保證思想的輪廓能夠清楚。這裡強調的是「界」（edge）。法國人喜用「微調」（mise au point，英譯是 tuning，特別用在音樂的調音，攝影的調焦）去把客體放在觀察者的聚焦點上，以求觀察精確。法國人很善於處理精細、微妙的理論差異（nuance）和對比（shades）。

(iii)　分隔主體與客體，也就是把思想以外的東西去掉。這裡強調的是「分類」（classification），通過類別去找物種（species）。這需要嚴緊的紀律去把世界簡化、模式化（schematize），目的在釐定理念之間的等序，藉此建立一套思想秩序。

　　法國人對他思想創造出來的理論有一種持之以恆的忠貞（esprit de suite），包括對這理論的進化過程的忠貞。法國人對清晰知識的追求和追求所用的「分隔」方法使他的思想的進化過程像條虛線，斷斷續續的。斷的地方就是當理論與生命不能一致時，續的地方是重新達成一致，然後又再不一致……過程中，理論不斷在改，目的是要理論與生命達成一致，但離不開以理論去支配生命的性格傾向⑱。

　　這套求知方法是抽象的、冷漠的、幾何化的。有如一張地圖，雖然它把地上的所有特徵都描繪得清楚、明朗、準確，但仍只可以是現實（這裡或可稱真相）的一個影子。而且這套外在的、主體客體分隔的方法不可能產生有機的、整體的、活生生的知識。在淨化思想的過渡中，世事的複雜性（complexity）、密切性（intimacy）被毀掉了，生命力也消失了。

　　法國人的理論性格放在行動上就是要把秩序（order）加諸生命。這是種思想的行動（an intellectual action）而非實質的行動，意味行動要服從理論。理論性格的優勢（相對於其他性格，例如英國人的行動性格）是在行動之前和行動之後。在行動之中就往往有種急躁感（因為在行動的動態中不能思考、不容思考）、過敏感（相對英國人在行動中的清晰感）。焦慮會使思想失措，好像一個遇溺的人在亂動，被本能和絕望支配，往往在拚死鬥爭中孤注一擲。

　　法國人行動的目的在獲取思想上的體驗（intellectual experience），但是，有關情性的東西，若是經過長時間的思想與官能的關注，就會逐漸提高，甚至激起（exasperate）一個人想去擁有它的慾望。這個心理的衝動會加速客觀事實的速度，使他急不及待行動的來臨，甚至主動搶先。為此，法國人傾向頑強、鍥而不捨。對戰爭與愛情都是如此。

　　奇怪的是，法國人的理論性格往往令他不理智。因為他的理論性格使他不單要用理論支配他的思想（相對於以行動或情性去支配），更要用理論去支配他的行動（要完全按理論定下的圖式去行動），為此，他總是低估了本能的重要性、動物衝動的重要性，和直覺的威力。

　　法國人對理論的忠貞使他難與人合作，因為合作是種行動，而法國人往往用理論的標準去衡量自己和別人的行為，所以很難有自發性的組織，也就是他不可能犧牲理論（包括包容矛盾）去跟別人合作。因此，他難與別人有共同的目的（為此，他難協調各人的意志）和共同的方法（為此，他難協調各人的氣力）。換句話說，法國人之間其實難有盧梭式的「共同意願」。法國人的理論傾向怎能忍受盧梭的不明不白、先後矛盾？馬達里亞加說得好，「當法國人不甘示弱的時候，他假裝明白」，也就是「強詞」，遂出現了對盧梭理論有不同，甚至衝突的演繹，並加以堅持，容不了異己。

　　對理論的忠貞是法國知識分子的性格特徵。這性格特徵栽培出觀點的多元化，但又局限了理性的妥協，在現實中遂出現政治的不容忍。但是，對理論的忠貞又同時意味着道德標準的唯一合法基礎是理性，而非信仰或傳統。因此，法國人性格和法國政治完全可以「理性地」接受享樂主義（Hedonism）。尤其是在政治越狹隘的時候，法國人的道德觀越開放 [19]。

　　馬達里亞加用「理論傾向」和「秩序取向」去定義法國民族性格。這是不是一個合適的概念去幫助我們解釋法國大革命的極端化就要看它能否：（i）足夠精準地捕捉革命極端化過程中法國的民族性格；（ii）足夠柔潤地容納革命極端化過程中不同派別和人物的性格類型。革命極端化的過程反映於不斷革命，不斷革命始於第二次革命之後，且看看法國的民族性格如何反映在不斷革命的過程上。

　　布里索以及圍繞着他的吉倫特派是大革命中最典型的書生論政，最能代表法國人的理論性格。他追求共和，比誰都早，但他的理論傾向使他把革命看作一本書，有章有節，每一處都是按部就班 [20]。但現實，尤其是革命的現實，哪來理論式的清楚、準確、純淨。結果是理論被一浪一浪的現實衝擊。法國人的理論性格，加上布里索本人的拘謹、執着，使他事事失措。尤其是在君主立憲與共和的重大抉擇上，他的理論傾向使吉倫特派與革命的歷史步伐脫節。如果他不是生時純情、死時從容，我們會說他是個

笨拙的機會主義者。但他個人的拘謹性格，他身為法國人的理論性格，生在瞬息萬變的歷史時刻，導致性格與現實極度不銜接。在治世裡，他會鬱鬱不得志過一生，但在龍爭虎鬥的亂世中，他注定做犧牲品。在個人層面上，他是個悲劇，但在民族的層面上，他是個災難，理論傾向使他行動失措，催生出不斷革命。

長褲漢的瘋狂在某種程度上也反映法國民族性格在革命衝擊下的失措。正如上面說過，黑格爾指出：「所有人類，包括法國革命中最瘋狂的長褲漢，也一定嚮往秩序。我可以說，他們之中沒有一個，在他最瘋狂的一刻，不是有一種內在的推動去向秩序。他們不是在亂動，是想找到一個中心去運轉。」法國民族性格的理論傾向不是為理論而理論，是為要回應生命的反叛、是為要征服自然的無常，其動機是追求理性秩序。這是典型啟蒙思路。埃貝爾主張暴力，其理論基礎是，在當時的歷史時刻，只有暴力才可以創造秩序 —— 共和的秩序，消滅所有反革命之後的共和秩序。

如果法國大革命是純粹啟蒙的產物，法國的民族性格跟大革命應該是天衣無縫；但是，如果那時代只有啟蒙，或許也不會發生革命，因為革命要有一種不可為而為的浪漫，而堅持理性的啟蒙就缺了一種對反叛的擁抱。大革命的時代心態是啟蒙與浪漫的交織，產出奇異的後果。不斷革命的條件就需要啟蒙與浪漫並存。單是啟蒙就只需一次革命（起碼在短期內如此），因為啟蒙革命家們會知道建設和驗證新秩序是需要時間的，所以不會不斷革命；單是浪漫也只需一次革命，因為純浪漫的革命之後人類就會被完全解放了，所以無需不斷革命。不斷革命需要有不斷的反，這只可來自浪漫的「普遍反抗秩序」心態；也需要不斷建新秩序（不然就沒有反的對象），這只可來自啟蒙的「不竭追求秩序」心態。不斷反、不斷建就是不斷革命，直到心力交瘁。首先倒下的往往是反方，但最後拿到的「秩序」也不會是很理性。這是法國大革命的寫照，也突出了長褲漢的歷史作用和埃貝爾的歷史角色。

　　第二次革命之後的日子裡，外面是大敵當前，內部是朋黨互爭、國力衰敗、政治分立、社會失序，共和就像個缺氧嬰兒，氣虛血弱。為要恢復秩序，三個大夫開出三條不同的藥方。埃貝爾認為是病菌作祟：反革命分子（包括利用革命去發財的資產階層）一日不清除，共和是假共和、沒有意思的共和。所以他堅持用重藥，寧枉勿縱，殺不清細菌就乾脆讓病人死掉算了。他的理論是共同意願（埃貝爾演繹為無產階層掌權的共和）必須通過群眾暴力去達成和維護。但作為機會主義者，他也同時用此作為暴力奪權的理證。丹東認為病菌要除，但身體也要補，殺菌不能連病人也殺掉。所以他主張因時制宜，應殺則殺、應赦則赦，主要是「順民之經」。他的理論是共同意願（丹東演繹為精英領導的全民共和）必須由大眾接受的精英領導，而領導精英則必須明白和順從民意。羅伯斯庇爾則認為問題在先天不足，再加病菌作亂；單殺菌保不了共和，必須改變先天條件。所以他強調以恐怖手段去殺病菌；以強制手段去固本培元。他的理論也是共同意願（羅伯斯庇爾也演繹為精英領導的全民共和）必須由有德行的精英帶引有德行的人民，當然是以他為榜樣、為領導。

　　為恢復社會秩序，丹東認為要除埃貝爾；同樣，為維持社會秩序，羅伯斯庇爾認為要除丹東。追求秩序成為不斷革命的動機，反映法國民族的理論傾向和秩序取向。羅伯斯庇爾是法國大革命中最講理論的一個，特別是盧梭的共同意願和德行的緊密相連。他甚至把「恐怖」（追求共同意願的手段）與「德行」相連。若為要達成共同意願，恐怖可以等於德行；若為要達成共同意願，他絕不介意被視獨裁。他每一件事都是為了建立和維持社會新秩序，也就是典型的法國民族性格。

　　還有一個不斷革命的特徵與法國人的理論性格很有關連：差不多所有革命分子都是反宗教的（主要是天主教）。如果他們只是反對宗教的特權，那就是關乎政治現實，特權廢了就無需反了。但是，他們是反宗教的愚昧，那就是關乎信仰的本質，要徹底消滅宗教才成。在這個意義上，埃貝爾的理性崇拜比他的長褲漢暴力更極端，因為他要徹底改造法國人的信

仰（跟羅伯斯庇爾改造法國人的性格同一動機，這也是為甚麼羅伯斯庇爾對埃貝爾如此憎惡）。按理，如果法國民族性格特徵是理論傾向，要他們崇尚理性不應是難事。為甚麼埃貝爾的理性崇拜是曇花一現，盛大登場，草草落幕？

馬達里亞加對法國民族性格的觀察提供一個解釋。他指出理論傾向使法國人「政治狹隘，道德開放」。「政治狹隘」使法國人難有政治共識，包括反宗教的共識（反天主教？還是主張無神？還是主張泛神？）。這倒給了宗教較大的理論和實質生存空間。埃貝爾激烈地反對所有宗教使人覺得他太無情，只增加了人們對宗教的同情；羅伯斯庇爾狂熱地提倡國家宗教使人覺得他太荒謬，只增加了人們對傳統宗教的尊重。這些都使當時的天主教得到喘息機會 [21]。另一方面，「道德開放」，尤其是對享樂主義的容忍，甚至放縱，確實釋放了法國人的動物性衝動；支撐享樂的理論確實使法國人對違反傳統道德少了內疚和羞愧。但人不單是求滿足動物性的衝動，也有非動物性的或超動物性的追求。越是滿足了動物性衝動，越是突出非動物性或超越動物性的追求，越是突出宗教的道德角色。反宗教，從沒收教會財產、強迫教士還俗，到流放，到鎮壓，到濫殺，到理性崇拜、到最高存在者崇拜，都未能清除宗教，反使人覺得革命走向極端，革命分子走上狂妄。

看來，馬達里亞加對民族性的論證確實有點說服力，對法國民族性格的描繪更是到位。法國人的理論傾向和秩序取向的確可以用來演繹大革命如何走向不斷革命，不斷革命如何走向極端。在這過程中，我們可以看見代表性人物和他們的行為都是反映這套法國民族性格的特徵。這套性格特徵使他們流於急躁和易於過敏，急不及待的行動加上鍥而不捨的頑強使革命分子不自覺地走向極端，然後不自覺地堅持極端，不求共識、不能妥協。就這樣，革命進入狹隘的政治意識（非人性的社會秩序），上了癮的暴力崇拜（理論化的不破不立），不吃人才怪。

註

① 這定義由巴西里約熱內盧聯邦大學社會人種學教授費德里科‧奈伯格（Federico Neiburg）發表在耶魯大學的專刊上。

② 當然，學界的否定不代表政治家也否定，但學界不認真研究就肯定削弱政治家的決策素質。

③ 以弗朗西斯‧福山（Francis Fukuyama，1952－）在 1992 年出版的《歷史的終結與最後一人》（*The End of History and the Last Man*）為代表。當然，他的老師亨廷頓（Samuel P. Huntington，1927－2008）不以為然，在 1996 年出版《文明的衝突與世界秩序的重建》（*The Clash of Civilizations and the Remaking of World Order*）作為回應。

④ 魯思‧本尼迪克特（Ruth Benedict，1887－1948），著有《菊與刀：日本文化的類型》（*The Chrysanthemum and the Sword: Patterns of Japanese Culture*，1946）。

⑤ 這學派的治學方法有兩個特徵：(i) 聚焦於「原始的社會化」（primary socialization），也就是以孩童時代的經驗去解釋文化類型和性格類型。最有名的宗師是米德（Margaret Mead，1901－1978，本尼迪克特的學生），以研究大洋洲土著孩童的性經驗去解釋土著文化（她的結論與盧梭的「純真孩童被文明腐敗」很相似）。(ii) 以文化組合的心理輪廓（psychologically profile of cultural configuration）去解釋性格類型，並設計文化模式（cultural pattern）。基礎假設是每一個文化，雖然是點滴地來自不同源頭，會發展出一個獨特的風格（style），而這個風格可以有能力組合出一個統一而獨特的整體，有別於其他文化體。

⑥ 結論是，18 世紀下半期德國人受文化精英們鼓吹的德國文化獨特論影響，以說德語去抗拒法語的支配，經一個世紀後成為傳統，再加上軍事精英和貴族們的支持，演變為德國人的集體自覺。

⑦ 結論是，一戰後，古老帝國的湮沒復蘇了匈牙利人、波蘭人、捷克人、羅馬尼亞人、克羅地亞人、塞爾維亞人等的民族性格意識，啟動民族自決的統一行動。

⑧ 到有需要時還是利用一下，例如在冷戰期間用來研究俄羅斯人、德國人性格，等等。

⑨ 對這些批評，民族性格研究的自辯集中於兩點：(i) 民族性格雖然是個人工的理念，是個「社會構成」（social construct），但這並不意味民族性格不存在，或抹殺了文化與社會的差異性。只需提醒研究者要小心觀察、謹慎演繹就可。(ii) 民族性格並不意味文化一致性，相反地，它可用來解釋社會現象的多樣化，以「分歧系統」（system of differentiation）去探索社會的主流與支流的形成。

⑩ National character，也可譯為國民性格，現今在多民族的國家裡，在爭取權益的博弈中，一個「民族」會自稱或被稱為「國家」，如加拿大的土著叫「第一國家」（First Nations），以法裔人為主的魁北克省的省議會叫「國家議會」（National Assembly）。

⑪ 當然英格蘭人也不是同一宗教、同一語言，他們之間甚至會有宗教分歧、語言不通，但遇到外人（例如法國人、德國人）他們就變得一致。同樣地，路德派的普魯士和天主教的巴伐利亞在宗教上勢同水火，文化上也是互相歧視，但一遇到外人，他們都是德意志。可以說，人與人之間肯定有各種各樣的同與異，關鍵是在甚麼處境下他們的反應是一致的。因此，民族

性格（國家性格）的意義和價值要視乎民族與國家的處境。在特定處境下，他們的民族性格（國家性格）會跟他們的態度和行動有直接的關聯和相互的影響。

⑫ 18 世紀是研究民族性格最盛的時代。狄德羅主編的《百科全書》（全名為《百科全書，或科學、藝術和工藝詳解詞典》）綜合啟蒙思想的精華，在「國家」和「民族性格」（caractères des nations，可譯為國家性格、國民性格）的欄目有以下的評述：法國人輕浮、意大利人妒忌、英國人惡意、德國人激昂、愛爾蘭人懶惰、希臘人欺詐，等等。欄目作者朱古爾特（Louis de Jaucourt，1704－1779，在日內瓦、萊頓和劍橋受過教育，也可說是受遍當時全歐最前端的教育）認為這些都是「公認」、「常識」、「毫無疑問」的事實，無需也沒有拿出甚麼證明和理據（這也反映當時一般知識分子的治學態度）。法國的民族性格是輕浮（法文是 légèreté，有不夠認真、不夠莊重和「輕量級」的意思），還有好玩樂、好交際和「愛他們的國王」（在當時的解讀是影射王室的反話，暗中批判路易王朝的絕對君權弱化了法國人的民族性格）。

阿爾根斯（Jean-Baptiste de Boyer，Marquis d'Argens，1704－1771）相信每個國家的居民都有其民族性格，雖然他也承認一國之內、各省之間也可能有明顯分別。他把民族性格定型：法國人是誇張、惡意、風趣；西班牙人是驕傲、狡獪、無知、褊狹、迷信、虛榮、諷刺、妒忌和儀式化；英國人的性格有好的，如聰明、公道、勤謹、慷慨，也有壞的，如自大、無禮、「民族第一主義」和比賽時兇猛。對於民族性格的成因，他認為單是地理與氣候或單是政治和教育不足解釋各民族的不同智力、領悟力和想像力。

愛爾維修也以德行（如勇敢、忠心、嚴肅）和惡行（如驕傲、軟弱、殘忍、輕浮）去定義民族性格。他認為民族性格的成因主要是教育（廣義的教育），而教育主要反映政制。因此，改變政制會改變民族性格。他主張政府有全權決定國民道德，認為公共罪行來自錯誤法律，因為人是在法律制定的賞罰系統下追求自利的，如果這系統不妥當就會陷民於不義，因此改變道德首先要改變法律（最基礎是政制）。

⑬ 這些道德特徵包括善行，如合群性、誠意、慷慨、老實；惡行，如虛榮、驕傲、懶惰。

⑭ 這些行為不一定是極端，甚至可能是很不極端，但它們是「推使」革命走向極端的因素。

⑮ Don Quijote de la Manchuria，這是取其諧音，因為故事中的唐吉訶德是來自 La Mancha，發音與滿洲里（Manchuria）很相近。

⑯ 馬達里亞加又指出，很多人會在理論上、談話中否定概括，但在實際上、現實裡肯定概括。民族性格的存在是個事實，無論你承認與否。如果民族性格可以改變，就顯示它存在；而如果它存在，它一定會變，但它的變會是在它特有的傾向強弱和牽制系統的支配下而變。

⑰ 法國人以「光」（light）來比擬思想（這是典型笛卡兒，見《西方文明的文化基因》），以清楚、精確、純淨作衡量，啟蒙運動（Enlightenment）的字義就是「光照」。

⑱ 在每一次的修改中，法國人總是企圖用「分隔」主體與客體的方法去把理念弄得更精確。再通過組合（composition），也就是利用結構（construction）和量度（measure）去創造更好的模型（form）。他要求模型的內外優雅（elegance）、平衡（balance）、和諧（harmony）、清晰（clearness）和整體美（beauty as a whole）。

⑲ 最明顯的例子是薩德侯爵（Marquis de Sade，1740－1814），他的名字已經是性虐狂的代名詞。法國大革命中很多人都寫過淫穢小説，包括馬拉波等（很多是影射王后），但薩德確實是典型的道德自由論者，強調性解放和性暴力，一生大部分時間被關在瘋人院裡（但很自由），但文人雅士趨之若鶩。他甚至被推舉為馬拉波、馬拉等寫輓詞。

⑳ 典型的是 1792 年 4 月的對外開戰。宣戰前幾個月他已有一套完整的計劃，通過戰爭去處理法國人口增長太急的問題，並定下長達 6－7 年的時間表。

㉑ 德穆蘭和丹東在後期談寬容，很大部分是對宗教寬容。丹東甚至重返天主教。

第十一章　文化基因法的架構

　　西方文化有其獨特基因（真、唯一真、個人、泛人）。文化基因的不同形態和組合產生不同文化類型，體現為不同文明現象。基因是有限的、基因的形態和組合也是有限的，所以文明現象也是有限的。這就是西方文明現象的總範圍。法國大革命過程中不同時期出現的不同現象可以從這架構中找到，並可以追蹤到與其直接相連的文化基因。

　　做菜需要主料、佐料、廚具、廚房、廚師，不同組合炮製出不同菜色。文化基因是文明現象的基本材料（主料）①，主料支配菜色，但不決定菜色；佐料是民族性格；廚具是時代心態；廚房是歷史背景；廚師是關鍵人事。當然，佐料、廚具、廚房、廚師都可以成為菜色的特徵。例如意大利廚師會做出意大利菜，無論他用的是甚麼主料、佐料、廚具和廚房。同樣地，如果只用蒸籠為廚具，做出來的一定是蒸菜，無論有甚麼主料、佐料、廚房和廚師。我們以文化基因為主料，除了是因為我們把所有文明現象都演繹為文化的體現之外，還要考慮到推測文明未來的時候，我們要有一些有關文明現象的基本屬性和必然規律，因為如果文明現象純屬偶有或偶然，就無從用理性去預測了。從民族性格、時代心態到歷史背景到關鍵人事，偶有性和偶然性好像越來越大，唯獨文化基因則不然。在理論上，

或起碼在劃定的時、空維度裡，文化基因是絕對的（不會因時、空、事而變）、普遍的（覆蓋所有的人與事），所以可用作預測文明未來的不變元素。關鍵是要找出這些絕對的、普遍的不變元素怎麼樣跟相對的（因人、事、時、空而異）、偶然的（不是必然發生的）民族性格、時代心態、歷史背景和關鍵人事互動，產生千萬的、獨特的文明現象（菜色）。

文明現象不會重複，也就是歷史不會重複。歷史只能給出端倪和啟發去推測未來。每個歷史「故事」都是獨一無二，故事的內容和情節都是獨特的。如果要從演繹歷史去推測未來，就得把歷史故事「理論化」，也就是從獨特的內容和情節去抽取普遍化原則和規律。

常理告訴我們，民族性格、時代心態、歷史背景和關鍵人事之間是互動的。關鍵人事之所以成為「關鍵」是因為他們的演出正處於關鍵的歷史時刻，也就是，歷史背景定義誰是關鍵人物，甚麼是關鍵事件；歷史背景之所以成為「背景」是因為它們是關鍵人事創造歷史的舞台，也就是，關鍵人事決定哪些歷史背景是有意義的背景。這是典型的時勢與英雄之間的互動關係。同樣地，歷史背景當然反映時代心態，但也在改變時代心態；時代心態一定受民族性格規範，但也在影響民族性格。關鍵是哪些歷史背景反映哪些時代心態，而又在改變哪些時代心態；哪些時代心態受哪些民族性格規範，而又在影響哪些民族性格。作為文明現象的解釋，民族性格、時代心態、歷史背景和關鍵人事是四類不同而又相連的因素，它們內部的運作和外部的互動應該是有蹤可循，但會是錯綜交叉，而且是動態萬千的。

如果一路追蹤下去，最終的結論可能就是人類進化的終極規律──物競天擇中去蕪存菁。這個結論可能對，但有啥「用」？它是宿命的：人類對自己的命運全無主動，唯一可以做的就是「認命」（對某些人來說這可能夠了）。如果我們相信（也許希望）人類或可掌握他的命運，起碼一部分的命運，我們就得突破這個宿命意識。如何去突破？

憑觀察，我們會發現不同的民族有不同性格、不同時代有不同心態、

不同歷史提供不同背景、不同人物參與不同事件、不同事件牽涉不同人物，因此，我們或者可以合理地想像，在具體的「人、事、時、空」內，物競天擇終極規律的實質運作可以通過很多不同的形式和途徑，也就是有很多的可能性。這雖然未能解決基本的宿命，因為我們不能擺脫普遍進化的元規律，但提供了我們一個理論空間去探索人類（永遠是嵌在具體的人、事、時、空內）如何可以利用這些可能性去創造自己的命運。

假若物競天擇是人類文明進化的大故事，人、事、時、空之異使這個大故事裡頭有數不清的小故事，而每個小故事裡頭會有更小的故事。每個小故事各有特色，沒有兩個完全相同的小故事。當然，大故事肯定規範了小故事的變化極限，也就是萬變不離其宗，但在極限之內仍有很大、很多的變化空間，產生多姿多彩的文明現象。越小的故事，越大的變動性。

「可變」就是代表「可塑」。小故事的時、空維度越小，可塑度越大。所以，人類仍有掌握命運的機會。一生幾十年，在宇宙的時、空維度裡，就算在人類文明的時、空過程中，也是微不足道。可以說，一代人，甚至幾代人的文明變化完全可以被納入人類文明進化的大故事裡。用同樣的邏輯，也可以說，在人類文明進化的大故事裡，仍有很多機會去創造「我們的故事」。

但是，創造「我們的故事」不能違反大故事的總原則。「適者生存」是大故事的總原則，但有點套套邏輯的味道 —— 適者才生存，生存的就是適者，物競無關優劣，天擇沒有標準[2]。若是如此，生命的終向是「沒望」，生命的過程更是「沒趣」。但很有趣地，沒有標準的進化反給我們提供了掌握命運的端倪。如果適者才能生存，那麼生存者就一定具備適者的屬性。誰是未來的生存者要到未來才能揭曉，但是過去的生存者絕對可以從歷史中辨認出。如果我們劃定一個時、空維度，我們就可以追尋在這段歷史、這個地方的生存者是誰[3]。最粗淺的觀察，其實也是最基礎的層次，生存就是文明的延續和繁殖。他們就是適者，他們的民族性格、時代心態、歷史背景、關鍵人事可以告訴我們做「適者」的竅門。為此，我們

不但有機會，還更有「抓手」去創造「我們的故事」。但我們要定下我們的故事的時、空維度。

西方文化基因有它們的時、空維度。「真、唯一真」是在 4 世紀，奧古斯丁結合希臘理性與基督信仰時成熟的；「個人、泛人」是 17 世紀宗教改革之後開花，啟蒙時期成長，至今至多 300 年。（這些文化基因的內涵下面詳談。）在《西方文明的文化基因》中我談到宗教改革之後西方大國盛衰的 130 年週期：西班牙（1519－1648）、法國（1648－1789）、英國（1815－1945）、美國（1945－？）。無可否認，現今的英語文明在 1815 年擊敗拿破崙之後就唯我獨尊了。德國與蘇聯曾向它挑戰，但龍頭地位屹立不倒。按 130 年的週期，美國仍有 50－60 年光景。當然，以週期看歷史是頂危險的。一方面，說「天下合久必分，分久必合」，肯定對，但絕對沒用，因為沒有說出甚麼是「久」；另一方面，說 130 年一轉，是非常精，但很不準，因為可以影響週期的因素實在太多、太難預測。我們做個折中。唯一真基因，經上千年的歷史驗證，應該是相當穩定可靠；個人、泛人基因只有 300 多年的歷史，穩靠度要低些。但如果把推測未來的時間維度劃定為 50－60 年，把空間維度劃定為英語文明的世界，則文化基因的穩靠程度會使人比較有信心，而且也剛好覆蓋美國霸權的 130 年預測期限。就用這做「我們的故事」的時、空維度吧。

在這個特定的時、空維度裡，我們可以合理假定文化基因是絕對的（不會因人、事、時、空而變）和普遍的（覆蓋整個西方文明）；各個文化基因可以有不同的形態 ④，基因之間可以有不同的組合 ⑤；形態與組合的改變也有一定的規律 ⑥。如果這套假定是對的話，文化基因形態的組合模式和它們的變動規律將會構成所有西方文明現象的基本屬性和所有西方文明現象改變的必然規律。另一方面，文明進化因素（民族性格、時代心態、歷史背景、關鍵人事）是相對的（因人、事、時、空而異）和偶然的（不是必然發生的）。在文明進化的過程中，相對和偶然的文明進化因素牽動着每一個文明現象裡頭的基本屬性（文化基因的形態和組合），按着必然

規律變動，產生出各種各樣獨特的文明現象。

　　如果可以打造一個文化基因架構，有足夠的規模與精確度去涵蓋所有文明現象（也就是所有現象文明的基本屬性）和足夠的理論強度和操作能力去演算所有文明現象改變時的方向和力度（也就是所有文明現象改變的必然規律），就可以把任何一個文明現象定位，追蹤它的前身所在和從前身過來時的力度，推測它後繼所在和往後繼走去時的力度。文明現象的變化既然是由文明進化因素牽動⑦，按必然規律進行，那麼，就可以通過觀察一個文明現象變化時的方向和力度，用必然規律去演算出各相關文明進化因素的刺激力和牽動力。我們又知道，文明進化因素是相對的和偶然的，也就是說，它們是可塑的。那麼，通過塑造它們就可以支配文明現象的未來。這就是人類掌握命運的抓手。

圖 1　文明現象的本質

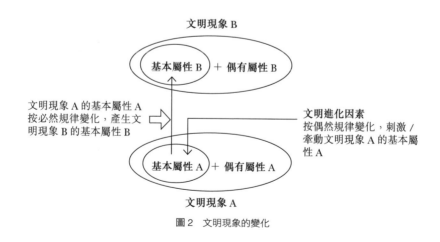

圖 2　文明現象的變化

　　怎樣打造這個文化基因架構？在《西方文明的文化基因》裡我已經討論過西方文化基因的形成和特徵。現把關鍵部分節錄一下。

　　經過千年淨化，基督信仰的唯一真神與希臘理性的唯一真理相互支撐着多個世紀的歐洲大一統。「真是值得追求的」、「真是唯一的」成了西方人不自覺的「自明之理」。「唯一真」文化基因造成西方人的排他性、擴張性和不接受模棱兩可及矛盾並存。

　　唯一真的意義就是只有一個真。「唯一真神」就是只有這位神才是真的；「唯一真理」就是只有這條道理才是真的；「唯一真科學」就是只有這套科學才是真的；「唯一真主義」就是只有這個意識形態才是真的。這個文化基因帶來三種文化性格傾向：

（i）　信服。既然是唯一真，怎能不完全拜倒？這個神、理、科學、主義完全支配你。正因如此，西方人對真是絕不隨便的，對求真是非常認真的。無論是出於自發還是從眾，自覺還是懵懂，西方人對他們相信的東西總是全信的、堅持的。他們會改變信念、信仰，但在信的一刻，他們絕不懷疑⑧、絕對信服。唯一真文化基因產生的正面傾向是忠貞，負面傾向是極端。

（ii）　捍衛。唯一真文化基因使西方人對其所信非常專一。既是唯一真，其他的就是不真，讓不真（別的神）存在就是褻瀆。因此，真主（神、理、科學、主義等）的信徒定要捍衛真主，不讓別人褻瀆。捍衛有兩種：對抗敵人，打倒異端。前者是外侮，後者是內奸。敵人不接受你的唯一真，有時還情有可原，因為他們無知或愚昧。異端是出賣真主、褻瀆真主，罪無可赦。唯一真文化基因產生的正面傾向是剛毅，負面傾向是霸道。

（iii）　宣揚。真既是唯一，別的就都是不真。見別人信的是不真，你怎能見死不救？唯一真神，加上基督的博愛，使西方人充滿普度眾生的熱忱。你有責任去宣揚你的神、理、科學、主義去使

眾人得救，去為眾人啟蒙。這並不全是自利的追求，很大部分是源自宣揚真神、真理的情懷。可以說，殉道與烈士都是天真的不識時務者，但也只有在西方唯一真文化下才會湧現。唯一真文化基因產生的正面傾向是慷慨，負面傾向是擴張。

　　過了上千年，維持西方道統的唯一真文化基因被兩個新基因衝擊。由笛卡兒開啟的理性主義（Rationalism）出自歐陸法國的內爭。世族爭權，全無原則，民為芻狗，創始人（笛卡兒、斯賓諾莎和萊布尼茲）個個命運多舛，激發出一種悲天憫人的情懷，對人性、對世界的秩序堅持樂觀。對求真積極。

　　理性主義注重精神的層面，追求生命的意義。宇宙觀是樂觀的：宇宙是美好的，有秩序、有規律；純、確、穩的真理是存在的、是可以尋找的，尋找的方法是內省和演繹，尋找的方向是內在的天賦觀念，人人都有（理存我心）。如此，真理面前人人平等。倫理觀的特色也是樂觀，先是對神、對宇宙的樂觀（宇宙是美好的），繼而是對自己、對人類的樂觀（人是可以慷慨的）。政治（社會）觀的特色是保守中帶浪漫：保守是出於理性 —— 破舊立新往往得不償失；浪漫也是出於理性 —— 個人慷慨會驅動社會慷慨。三套觀念帶有「泛人」的味道。

　　由洛克開啟的經驗主義（Empiricism）出自島國英倫的內戰，各持己見的原則之爭導致生靈塗炭。創始人（洛克、布克萊、休謨）個個經歷世態炎涼，但最終名成利就，看出生存之道有賴妥協、折中。對人性、對世事持有悲觀；對真和求真持現實、功利態度。由於經驗主義誕生於理性主義成為當代主流之後，所以有先天「反理性主義」心態。

　　經驗主義注重物質的層面，追求生活的素質。宇宙觀上堅持求知只可通過官能，因此真知難得，實用的知識只是種判斷；對宇宙是否息息相關意見不一，但認為是與否都不是憑理性可以分辨出來的。真真難求，近真足用。倫理觀上強調自私、自利是人性的必然；理智是慾望的奴隸；約法是為要保護個人。政治（社會）觀上有一種基於對人性悲觀而產生的現

實、功利。人是自由，也是自私，組織政府是為了保護自己的人身和財產安全；但執政者也是人，會被私利腐化，因此，政府是生於被統治者的意願，成於被統治者與統治者之間的約法。三套觀念都帶有「個人」的味道。

唯一真文化基因給我們兩套西方文化性格：正面的有忠貞、剛毅、慷慨；反面的有極端、霸道、擴張。個人和泛人兩個文化基因就複雜多了，因為它們可以有不同的形態，形態之間有很多的組合。先看形態。

洛克的個人是「每個人是自己的主人」。這可以通過精神、物質與感性三個層面表露，並且有正、負、極端三面。先說正面。(i)在精神層面上，這意味「自立」：自己管治自己（行為自己選，責任自己擔），也就是不接受別人的管治。(ii)在物質層面上，這意味「自足」：自己供給自己（自己努力，不靠別人），也就是不依賴別人的供給。(iii)在感性層面上，這意味「自尊」：自己尊重自己（潔身自愛、珍惜羽毛），也就是不參照別人的尺度 ⑨。

但是，自立、自足、自尊都可以被扭曲或走向極端，帶上負面意識 ⑩。(i)自立可以扭曲為逞強，意味在追求自立中，不考慮別人也追求自立。同時，正面的自立和負面的逞強都可以走上極端：自立可以萎縮為完全只考慮自己，變成自己只照顧自己；逞強可以膨脹為完全不考慮別人，變成獨裁。(ii)自足可以扭曲為自私，意味在追求自足中，不考慮別人也追求自足。同時，正面的自足和負面的自私都可以走上極端：自足可以萎縮為完全只考慮自己，變成自己只供給自己；自私可以膨脹為完全不考慮別人，變成獨得。(iii)自尊可以扭曲為倨傲，意味在追求自尊中，不考慮別人也追求自尊。同時，正面的自尊和負面的倨傲都可以走上極端：自尊可以萎縮為完全只考慮自己，變成自己只賞析自己（自憐自賞）；倨傲可以膨脹為完全不考慮別人，變成獨尊。

笛卡兒的泛人是「真理面前人人平等」，可以通過對每個人、對所有人、對其他人三個層面表露，並且有正、負、極端三面。先說正面。

（i）對「每個人」（everyone），這意味「平等」：持平公正，彼此尊重。這是「兄弟情」。（ii）對「所有人」（all），這意味「憫人」：悲天憫人、濟世為懷。這是「同情心」。（iii）對「其他人」（others），這意味「團結」：共同努力，成全大我。這是「大我心」。

但是，平等、憫人、團結都可以被扭曲或走向極端，帶上負面意識。（i）平等可以扭曲為失序，意味沒有次序。同時，正面的平等和負面的失序都可以走上極端：平等的極端是完全否定個人；失序的極端是顛倒次序。（ii）憫人可以扭曲為姑息，意味不分良莠。同時，正面的憫人和負面的姑息都可以走上極端：憫人的極端是完全捨棄個人；姑息的極端是完全不分良莠。（iii）團結可以扭曲為苟合，意味不辨是非。同時，正面的團結和負面的苟合都可以走上極端：團結的極端是完全埋沒個人；苟合的極端是完全沒有原則。

事實上，個人與泛人的各種形態往往同時存在，產生組合。每個組合之內的個人與泛人意識會有不同的分量，又會互相提升，或互相抵消。從個人基因生出 6 個形態：自立、自足、自尊及其相應扭曲的逞強、自私、倨傲。從泛人基因也生出 6 個形態：平等、憫人、團結，及其相應扭曲的失序、姑息、苟合。它們之間的交叉，產生出了 36 個組合，可歸為四類：（i）正面的個人與正面的泛人，如自立與平等、自足與憫人、自尊與團結等等（共 9 個組合）；（ii）負面的個人與負面的泛人，如逞強與失序、自私與姑息、倨傲與苟合等等（共 9 個組合）；（iii）正面的個人與負面的泛人，如自立與失序、自足與姑息、自尊與苟合等等（共 9 個組合）；（iv）負面的個人與正面的泛人，如逞強與平等、自私與憫人、倨傲與團結等等（共 9 個組合）。另外，6 個個人和 6 個泛人形態的極端化產生出 12 個極端形態。總共就是 48 個形態組合（36 個組合、12 個極端）。如果這些形態成為社會（尤其是精英）的主流，就會產生 48 個不同的社會（文明）現象（表 1）（參考附錄 1，「文化基因形態與組合」）。

表 1　文明現象類型和它們的基本屬性
（來自個人與泛人文化基因的不同組合，包括它們的正面、負面與極端）

泛人極端 ＼ 個人極端		冷漠社會	慳吝社會	孤獨社會	壓人社會	吃人社會	貶人社會
	個人 ＼ 泛人	自立	自足	自尊	逞強	自私	倨傲
窒息社會	平等	立己立人 互持社會	與人分享 互惠社會	尊重別人 互讓社會	立人 但要比人強 爭權社會	分享 但要比人富 爭利社會	尊人 但要比人尊 爭風社會
寂滅社會	憫人	同情弱小 慈悲社會	扶持貧苦 慷慨社會	包容別人 融洽社會	同情是種施捨 老大社會	扶貧是種投資 犬儒社會	包容是種威勢 自大社會
桎梏社會	團結	與人共存 安穩社會	與人共富 富足社會	與人共勉 廉正社會	共存之中 要多權 越權社會	共富之中 要多得 貪婪社會	共勉之中 要多名 重名社會
瘋亂社會	失序	亂立 失義社會	亂分 失公社會	亂尊 失禮社會	失序的爭權 篡奪社會	失序的爭利 掠奪社會	失序的爭風 趾氣社會
濫亂社會	姑息	縱容弱小 衰敗社會	縱容貧苦 疲弊社會	縱容異己 小人社會	姑息謀權 顛倒社會	姑息謀利 內耗社會	姑息謀名 傾覆社會
昏亂社會	苟合	權力圈子 分立社會	利益圈子 小圈社會	精英圈子 分歧社會	權力的苟合 朋黨社會	利益的苟合 營私社會	虛榮的苟合 浮誇社會

　　這 48 個現象是否有足夠的規模去覆蓋和足夠的精確度去定位西方所有的文明現象？也就是說，西方文明現象是否「必需」用個人和泛人基因才可滿意解釋，是否「只需」用個人和泛人基因就可充分演繹？還有一點要注意，48 個現象裡頭，個人與泛人的比重是「對等」的。例如，在「互持」社會裡，自立（個人基因）與平等（泛人基因）佔同等比重。但在實際情況裡，有時自立的比重會高些，有時平等的比重會高些，產生出不同程度的互持社會。如果自立比重高些，就會是一個互持之中稍具冷漠（自立趨極端）的社會；如果平等比重高些，就會是一個互持之中稍具窒息（平等趨極端）的社會。為此，這 48 個現象只是基本現象而已，內中會有變化，但變化應離不開基因組合的範圍。也就是說，這個架構是完全可以和應該不斷深化、細化。現在用「大革命走向極端」去驗證一下這個架構的功用 [11]。

大革命走上極端可以分成三個階段。

第一次革命：從路易登位到攻佔巴士底獄。

第二次革命：從攻佔巴士底獄到路易斷頭。

不斷革命：從路易斷頭到拿破崙打散革命。

絕對君權的路易王朝把封建貴族的傳統功能廢了，君與民的臍帶斷了。雖然貴族特權仍在，但在強勢君王凌駕之下，擾民不大。路易十三、十四時代，為王的外求戰功，內追奢華，但國庫廩實，民生無缺，打仗又不用徵兵（用常備軍和雇傭軍），只是加點稅，所以百姓甘做順民，且享受「法國光榮」的優越感。那時代的法國百姓有很大的自主權和自由度。上下各自為己，互不干擾，生存在不同的世界裡，是個冷漠時代。

昏庸無能的路易十五，在外戰無不敗，喪權辱國，在內弄臣寵姬擾亂朝政。王權衰落，貴族放肆；國庫空虛，稅賦逼人。路易十六登位後，稍有警覺，而且受到啟蒙時尚的感染，做些愛民的姿態。但他仍生活在絕對君權的泡沫之中，以為百姓對他擁護有加。「法國光榮」的虛像使為王的以為江山長穩，拚命享受。上位者不知，也不顧民間痛苦；為民的不理，也不顧國事艱難。傳說王后安東妮在革命山雨欲來之際，聽說巴黎鬧糧（麵包）荒，問「為甚麼他們不吃蛋糕？」[12] 無知出於無視，無視出於冷漠，一種自己只關注自己的冷漠。由於上下「不相往來」上百年，哪還會交心，有的是互相不放心。

在當代政治生活的空虛和苦悶中，啟蒙運動提供了顛覆性的政治理論。這群清談之客對政事既有不滿，也有理想，並且略帶犬儒；既挑撥民情，也攀附權勢。他們之間互相聲援，也互相罵戰，總是議論多多，形成一股新的政治力量。在政治理論上的三個代表人物是提倡君主立憲的孟德斯鳩、提倡開明君主專制的伏爾泰、提倡浪漫民主的盧梭。

當時的人對自由與平等都可以有不同的演繹，但追求一種理想化的自由和平等是當代心態的衝動。這些典型的啟蒙思想更包括了悲天憫人、團結互助。但是革命主要還是反特權，要所有人有同樣的權，這就是平

等——權利上的平等⑬。可是，權是個「關係性」的理念，代表「話事」，有人有權就代表其他人不能在同一件事上「話事」，當然，啟蒙也強調自由⑭，這使人人（起碼精英們）都想「話事」。但是，哪可以人人都「話事」？尤其是在理論多多、意見分歧的啟蒙時期，哪來共識？於是出現一種人人都說平等，但人人都想逞強的局面。各階層之內和之間不是喊着劫富濟貧的口號就是帶上悲天憫人的光環，不是高舉維持道統的旗幟就是貼上主持公道的金箔，就算不說捨己為人也暗示為己是為了人，這就產生出越權、爭權、人人都想做「老大」的社會。可以說，從路易登位到攻佔巴士底獄，法國是從一個相對冷漠的社會，受啟蒙理想的刺激和牽動，變成一個爭權的社會。第一次革命是代表以中上階層利益（他們所嚮往的自由與平等）為主導的奪權成功。

第一次革命成功，絕對君權肯定保不住了，但革命分子要選擇走君主立憲還是走共和，而且保王和保教的勢力仍在，所以在權力分配上和意識形態上各方面沒有共識。路易對革命曖昧是理所當然，但他的搖擺也使法國不能平安過渡到新政制。攻佔巴士底獄是群眾暴力首嚐的勝果，凡爾賽宮遊行逼路易遷往巴黎是群眾暴力再得的甜頭。暴力成為革命不可缺的元素，成為革命精英不可少的抓手，製造出法國大革命特色的長褲漢，把革命從爭權帶往暴力篡奪。同時，革命分子向教會開刀，埋下日後教亂的種子。如何去鎮壓教亂和抗拒外敵則成為革命精英之間逞強和篡奪的契機和藉口。

路易逃亡失敗，左派想乘機把革命推向共和。掌權但屬左的吉倫特派想輸出革命，向外宣戰⑮，戰況不利。羅伯斯庇爾與丹東發動長褲漢，血洗杜伊勒里宮，拿下路易，廢王權，建共和，是為第二次革命。左派暴力奪權成功，但內部出現嚴重分裂，開啟兄弟鬩牆的局面。這段時期是長褲漢勢力急升的時期。雖然早在攻佔巴士底獄時，他們已蠢蠢欲動，到凡爾賽宮遊行，仍是烏合之眾，戰神廣場大屠殺更是不堪一擊。但進攻杜伊勒里宮是他們火的洗禮，成長起來了，瓦爾密一役更是立下大功。抗外敵、

除內奸，他們的暴力帶上衛國的光環。

第一次革命是逞強的精英們發動爭權，權爭到了，塵埃稍定，大家發覺原來各人的目的不是一致的：有些想君主立憲但有些想共和，有些想發財、想當官但有些只想有工做、有飯吃。再來一次的革命又成功了，使大家覺得或許革命可以不斷下去，直到達到自己的目的。長褲漢的介入使大家更認為暴力才是革命的硬道理。對革命的理想、革命的意義、革命成果的分配，革命精英們之間各執己見，長褲漢則按自己的利益支持這派、支持那派。革命不斷、暴力不斷，革命走向極端，要吃人了。到此，革命行動發生基礎性的變化。原先的革命團結解體，是敵是我變成一種暫時性、功利性和權謀性的苟合，產生出朋黨的政治；原先的兄弟平等變成誰都可以革誰的命，產生出失序篡奪；原先的悲天憫人變成良莠不分的姑息，產生出顛倒是非的社會。

首先遭殃的是布里索和他的吉倫特派。他們的勢力在巴黎和外省參半，所以主張鬆散的、各省相對獨立的共和。可以說在當時逞強和失序的政局下，他們的理想是地方多拿自主權。這跟勢力基礎盡在巴黎，力主中央集權的極左山嶽派分子自然有很大分歧。吉倫特派雖說是溫和，但也頗懂利用群眾暴力。戰神廣場大屠殺的示威是先由他們發動的 ⑯，到外戰失利，欲挽回頹勢，又再發動群眾逼宮路易。在篡奪、顛倒、朋黨的社會中，他們想鞏固自身的朋黨力量，建成中央與地方分立之勢。以巴黎為權力中心的山嶽派怎能容他們？

埃貝爾派與布里索派完全相反。他們的政治現實是他們的勢力完全在巴黎，甚至巴黎的最窮困地區。長褲漢是他們的政治本錢，暴力是他們的政治工具，也是他們的政治本質。在政治意識上，除了強烈的反宗教外，就是絕對平等 —— 政治上、社會上、經濟上完全沒有等次的平等。他們對長褲漢的吸引力就是這個完全失序的平等。大部分長褲漢都是經濟掛帥：誰給他們好處，他們就跟（苟合），誰縱容他們（姑息），他們就捧。當然，如果好處沒了、縱容少了，他們就反。埃貝爾派最懂利用這點，尤

其是在第二次革命之後，中上階層與下階層爭奪經濟利益之際，他們成功發動長褲漢逼使國民公會實施恐怖統治。但成之者也可以毀之。當埃貝爾醒覺公安委員會要對他們開刀，就發動長褲漢起義，但無人響應。史書未說明甚麼原因，想必是長褲漢們已看穿埃貝爾派是沒奶的娘了。在當時已經夠失序的社會裡，埃貝爾派要走向極端失序；在夠顛倒的社會裡，他們想走向極端顛倒；在夠朋黨的社會裡，他們要去向極端朋黨。於是群起誅之。

丹東發動第二次革命為革命立下大功，但他覺得當權吉倫特派不冷不熱的共和會是革命的大患。他的科德利爾派帶頭發動長褲漢，以炮口對準國民公會，要求馬上交出布里索和同黨，成功了。這當然不是丹東頭一次使用長褲漢：第二次革命血洗杜伊勒里宮是最驚心的一場，跟着的九月大屠殺是最殘酷的一幕。個人魅力和逞強性格使他自然地成為長褲漢的精神領袖，對革命理想的貞忠與堅持使他對革命陣營的搖擺（尤其是吉倫特派）感到焦躁。革命走上極端暴力，他應負很大責任。當他領導多時的科德利爾會被更瘋狂於暴力的埃貝爾派篡奪，他已是噬臍莫及。再看到由他一手促成的革命法庭和公安委員會塗炭生靈，濫殺無辜，他自然心存歉意，寬仁之念遂生。他想把革命從篡奪、顛倒、朋黨之中解救出來，走回啟蒙理想的平等、憫人、團結，卻惹來殺身之禍。

剩下只有羅伯斯庇爾。他最後倒下也是因為他想做強人，他想做盧梭的理想獨裁者——在非常時期，以非常才幹去挽救共和。一方面是抱負，一方面是野心。他有政治理論，也有手段，長褲漢暴力他也很拿手。埃貝爾被吉倫特派的國民公會逮捕後是羅伯斯庇爾發動長褲漢起義去救回的（但這不排除他日後因政治理由把埃貝爾幹掉）；吉倫特派用來打擊極左分子的 12 人委員會也是由他發動長褲漢去強逼國民公會解散的。他憑朋黨，尤其是雅各賓派，擠上最高勢位。但多疑、臉皮薄使他羽翼盡失。羅伯斯庇爾廉潔，但忌才，有能者留不住。他以朋黨起家，最後卻孤立了自己。在篡奪、顛倒、朋黨的社會裡，他的極度逞強性格

使他在自以為是、追求最高個人和公眾德行之中走上唯我獨斷。羅伯斯庇爾以盧梭的理論去為他的獨裁打造道德光環，光環造成了，但獨裁卻保不住。

拿破崙才是真正的強人，才能成功地壓人。革命把逞強之輩一一吃掉後，真正強者出現，以共和之名，行獨裁之實。當然，到大權獨攬，就索性稱帝了。

總結一下革命走上極端各階段的社會現象。

第一次革命是從冷漠走向爭權、越權、「老大」。

第二次革命是從爭權、越權、「老大」走向篡奪、顛倒、朋黨。

不斷革命可以分開幾段：

布里索派的主題是中央與各省分治。代表在篡奪、顛倒、朋黨的局面下傾向分立。被權力集中於巴黎的山嶽派幹掉。

埃貝爾派的主題是暴力氾濫。代表在篡奪、顛倒、朋黨的局面下走向更瘋、更濫、更昏的亂。被感受到威脅的公安委員會幹掉。

丹東派的主題是從暴力走向寬容。代表在篡奪、顛倒、朋黨的局面下走回啟蒙理想的互持、慈悲、安穩。也被感受到威脅的公安委員會幹掉。

羅伯斯庇爾的主題是徹底改造法國人。代表在篡奪、顛倒、朋黨的局面下去向極端逞強。被感受到威脅的公安委員會的同僚、布里索派的殘部、埃貝爾派的餘黨和丹東派的同情者合謀幹掉。

拿破崙的主題是「虛榮造就革命，自由只是個藉口」。代表在篡奪、顛倒、朋黨的局面下走向真正的壓人獨裁，成功了。「革命已經過去……我就是革命。」

以上對大革命走上極端的分析，得出 15 個社會（文明）現象，全部都可以在我們的文化基因架構裡找得到 [17]（表 2）。這就是「文化基因法」的基礎。

表2　法國大革命走上極端各階段的社會現象

		個人極端 冷漠社會 路易王朝 自立	慳吝社會 自足	孤獨社會 自尊	壓人社會 拿破崙 羅伯斯庇爾 逞強	吃人社會 自私	貶人社會 倨傲
泛人極端	個人 泛人						
窒息 社會	平等	立己立人 互持社會 **啟蒙/丹東**	與人分享 互惠社會	尊重別人 互讓社會	立人 但要比人強 爭權社會 第一次革命	分享 但要比人富 爭利社會	尊人 但要比人尊 爭風社會
寂滅 社會	憫人	同情弱小 慈悲社會 **啟蒙/丹東**	扶持貧苦 慷慨社會	包容別人 融洽社會	同情是種施捨 老大社會 第一次革命	扶貧是種投資 犬儒社會	包容是種威勢 自大社會
桎梏 社會	團結	與人共存 安穩社會 **啟蒙/丹東**	與人共富 富足社會	與人共勉 廉正社會	共存之中 要多權 越權社會 第一次革命	共富之中 要多得 貪婪社會	共勉之中 要多名 重名社會
瘋亂 社會 埃貝爾	失序	亂立 失義社會	亂分 失公社會	亂尊 失禮社會	失序的爭權 篡奪社會 第二次革命	失序的爭利 掠奪社會	失序的爭風 趾氣社會
濫亂 社會 埃貝爾	姑息	縱容弱小 衰敗社會 （不求長進）	縱容貧苦 疲弊社會 （不事生產）	縱容異己 小人社會	姑息謀權 顛倒社會 第二次革命	姑息謀利 內耗社會 （貧苦正常化）	姑息謀名 傾覆社會
昏亂 社會 埃貝爾	苟合	權力圈子 分立社會 **布里索**	利益圈子 小圈社會	精英圈子 分歧社會	權力的苟合 朋黨社會 第二次革命	利益的苟合 營私社會	虛榮的苟合 浮誇社會

　　當然，這並未「證明」[18] 我所選的文化基因形態（個人正、負和極端，泛人正、負和極端）和以這些形態組合而成的架構有「足夠的範圍與精確度去覆蓋所有文明現象」（見上有關文化基因法架構的特徵），但給了我一定的信心去進一步探討這個架構有沒有「足夠的理論強度和操作能力去演算文明現象改變時的方向和力度」。這需要追蹤文明現象變化的軌跡。

註

① 要注意，我們聚焦於文化與文明的關係，所以把文化基因看成主料。如果聚焦點是生理、生態或環境與文明的關係，生理基因、生態基因、環境基因就是主料。有名的例子是 1997 年賈德·戴蒙（Jared Diamond）的《槍炮、病菌與鋼鐵》（*Guns, Germs and Steel*）。

　　還有一個環節要弄清楚：人的因素和大自然的因素要分開。我們關注的是人，包括支配歷史與被歷史支配的人。1783 年冰島火山爆發引起天氣變化，導致失收、糧荒、民憤，是大革命的導火線之一。火山爆發以致失收是革命的歷史背景，但屬於自然因素，與人無關；但糧荒引發的民憤就牽涉到人性與制度對革命的影響，才是我們研究的對象。又例如 1791 年 4 月馬拉波猝死導致路易出逃是第二次革命的主要導線。馬拉波之死是重要歷史背景，但屬自然因素，與人無關（雖然馬拉波的放縱生活也是他猝死的原因之一，而他的死確實影響革命的進程，但他「怎樣」死則與革命無關），路易為甚麼要逃才是發動第二次革命的人為因素之一，而人的因素才是我們分析的對象。

② 「適者生存」雖然是達爾文所創，但主要是斯賓塞推廣，帶濃厚的「社會達爾文主義」味道，有種族優越和帝國主義的傾向，現已少用。

③ 當然，我們用的時、空維度有可能劃錯，也就是說，生存者可能在劃定的時、空維度之後或之外馬上被淘汰。時、空維度越小，出錯可能性也越大。

④ 形態是一個基因顯露的方式。例如「個人」基因的形態可以是「自主」、「自足」、「自尊」；「泛人」基因的形態可以是「平等」、「憫人」、「團結」。

⑤ 指「泛人」基因（包括不同形態）與「個人」基因（包括不同形態）的組合。

⑥ 指形態改變和組合改變的規律。

⑦ 一般的歷史研究都未深究為甚麼通用的文明進化因素（民族性格、時代心態、歷史背景、關鍵人事）能解釋文明現象的過去，但卻不能推測文明的未來（起碼推不準）。一般的辯白都是指出這些因素的相對性、偶然性、不能重複性。若真是如此，用這些因素去解釋過去也可能是巧合或附會，而不是一定對（或理性的）。這變成「隨意」（或意識形態的東西）。如果我們接受（大部分人都接受）民族性格、時代心態、歷史背景、關鍵人事真是相對的（也就是按人、事、時、空而改變的），但又不接受（起碼不完全接受）歷史現象是完全偶然的，我們就得找出「非偶然因素」的所在。（這也是一般對歷史現象解釋的空白之處。）這些「非偶然」來自絕對的（起碼在一定的時、空維度裡是絕對）、普遍的（起碼在一定的覆蓋範圍裡是普遍）文化基因。絕對的、普遍的文化基因（包括各種形態和組合）被相對的、偶然的文明進化因素牽動，產生出非偶然但是獨特的文明現象。

⑧ 現代西方（英語世界）強調懷疑和相對。但是他們懷疑就絕對懷疑（沒有任何東西不需懷疑）；他們相對就是凡事相對（沒有任何事情不是相對）。可以說，他們的懷疑是絕對的，他們的相對也是絕對的。

⑨ 當然，個人基因可能不只有精神、物質與感性三個層面。在精神層面上也可能不單是自立；在物質層面上可能不單是自足；在感性層面上可能不單是自尊。但縱觀西方現代史，過去的

300 年其實就是個人與泛人基因的糾纏，我們可以合理地假設這些文化基因的形態相當足夠捕捉和演繹西方文明的各種現象。下面會有更詳細的描述和驗證。

⑩ 這裡，負面不是反面的意思，是扭曲。例如，自立的反面是不自立，因為不自立帶有依靠別人的意味，也就是非個人，不再屬個人的範疇了。自立的扭曲是「逞強」，仍是屬個人基因的範疇。下面有更詳細的演繹。

⑪ 一個案例不足以驗證架構的規模，因為它不保證其他案例涉及的文明現象會在架構中找得到。任何案例都只能驗證架構的精確度，而且只能驗證案例牽涉到的部分而已。就算大量案例的驗證也不能完全保證架構對未來預測的準確性，只可增加它的可信度而已。所以我們仍要不斷驗證去完善架構的規模，提升它的精確度。

⑫ 這是革命傳說之一，很難證實，但也表示時人對王室冷漠的反感。

⑬ 發動第一次革命的資產階層反對的特權在《人權與公民權利宣言》的第 6 條有關平等的定義上表達得很清楚：「所有公民，在法律眼中是平等的，應可平等地按他們的德行與才能，而非其他的識別，去取得名位與公職」。當然，下層百姓追求的平等則是經濟上的平等。

⑭ 《人權與公民權利宣言》第 4 條這樣寫：「自由在於可以做任何不損害他人的事，因此，每個人可以行使他的天賦權利，只要是不超過為保障其他人享受同樣權利而設的界限。」這是典型的英式（洛克式）自由。

⑮ 主立即開戰與主暫時不戰點起共和分子內部分裂的引線，並開始十多年的對外革命戰爭。每次的輸贏總牽起黨爭。1792 年 9 月 20 日，瓦爾密一役擋住外敵，國民公會就廢國王，立共和；1793 年 4 月，內爾溫登一役戰敗之後，吉倫特派開始與山嶽派作殊死鬥；1794 年 6 月，弗勒呂斯一役大捷之後，公安委員會開始內訌，引出熱月政變。

⑯ 他們在上午發動群眾，雖然情況緊張，但終散去。下午由科德利爾派再啟動的暴動終釀成大屠殺。

⑰ 如果文化基因法真的可以用來解釋過去和推測未來，這些現象必須可追溯到它們的文化屬性，也就是文化基因不同形態的組合。例如篡奪社會必須是來自逞強與失序的組合。王弟篡奪王兄，奸臣篡奪國王，都叫篡奪，但不能叫篡奪「社會」。我們關注的是社會現象。因為如果不是社會現象，就不能用文化基因法去解釋或推測。還有，逞強與失序造成篡奪社會，但其他因素也可以造成篡奪社會，例如貪婪或恐懼。我們關注的不是所有的篡奪社會，而是由逞強（一個個人文化基因的形態）與失序（一個泛人文化基因的形態）組合而成的篡奪社會。文化基因法的成敗取決於此。

⑱ 這是證明不了的，因為就算覆蓋所有過去的文明現象，也不代表它能覆蓋未來的文明現象。但是，不斷地驗證一定會提升文化基因法的可靠度和可用性。

第十二章　文化基因法的規律

　　　　文明現象的基本屬性是它內含的文化基因形態和組合。文明現象
不會自變。民族性格、時代心態、歷史背景和關鍵人事刺激或牽動文
化基因的形態和組合，產生變化，才出現新的文明現象。刺激或牽動
的方向和力度決定文明現象變化的類型和規模。大革命中每一個階段
來自哪方、為甚麼會來，走向哪方、為甚麼會走，都可以用這套規律
描述和推斷。

　　推斷文明現象變化的軌跡需要以下假設：（i）一個文明現象的基本屬
性來自它的文化基因形態和組合；（ii）文明進化因素（民族性格、時代心
態、歷史背景、關鍵人事）牽動這個文明現象的基本屬性；（iii）被牽動
的基本屬性按必然規律運動（文化基因形態和組合變動的規律），產生出
一個新文明現象。甚麼樣的必然規律？這要從文化基因的不同形態之間的
互動入手。

　　首先，每個個人基因形態（包括正、負和極端）跟每個泛人基因形態
（包括正、負和極端）可以產出 8 個形態組合，也就是 8 個文明現象。

　　個人正—泛人正，例如自立—平等的互持社會。

　　個人正—泛人負，例如自立—失序的失義社會。

　　個人負—泛人正，例如逞強—平等的爭權社會。

個人負—泛人負，例如逞強—失序的簒奪社會。

個人正極端，例如極端自立的冷漠社會。

個人負極端，例如極端逞強的壓人社會。

泛人正極端，例如極端平等的窒息社會。

泛人負極端，例如極端失序的瘋亂社會。

這就是說，有4個個人與泛人的組合 —— 正正、正負、負正、負負；有4個個人與泛人的極端 —— 個人正極、個人負極、泛人正極、泛人負極。這產生8種不同的文明現象。

這些文明現象是怎樣形成的？它們之間的互變有甚麼規律？我們可以用一個圖來演繹。如果8個角代表上面的8個文明現象，哪個角放哪個現象？

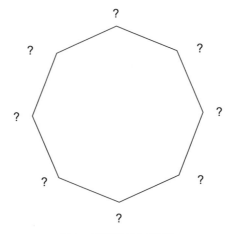

圖3　文明現象變化示意圖

我們用角與角之間的距離去代表文明現象改變的難度 —— 距離越近的越易互變，距離越遠的越難互變。改變是由文明進化因素（民族性格、時代形態、歷史背景、關鍵人事）刺激和牽動文明現象的基本屬性（文化基因的形態和組合）而形成的。因此，難與易的意思就是：角與角的距離越近，互變所需的刺激力與牽動力越少。反之亦然。這叫「距離律」（圖4）。

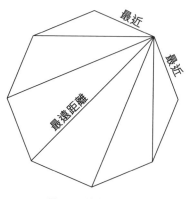

圖 4　距離律示意圖

　　個人與泛人兩套矛盾基因的不斷糾纏發生在「唯一真」的文化範式之內。為此，西方文明較易走向極端，較難留在平衡。由個人與泛人組合的文明現象會自然地向個人極端或泛人極端傾斜。個人與泛人越平衡越易生變；一旦生變就會向一方傾斜；傾斜越大，回返平衡的難度越高。這叫「穩定律」。

　　距離律與穩定律配合起來就可以把 8 個文明現象放在 8 個角上，如下。首先，文明現象的極端有正有負：個人正極端有與其相對的個人負極端，泛人正極端有與其相對的泛人負極端。我們可以合理地假設：從一個極端走向與其相反的另一個極端是比較難發生的。雖然我們說「物極必

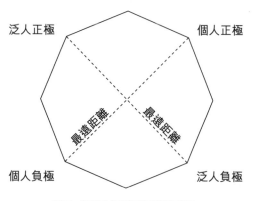

圖 5　極端現象與極端距離示意圖

反」，但是要到了極才反，而到極是頂難的。因此，我們就可以合理地把4個極端的文明現象安排在對角位置上（最遠距離）（圖5）。

　　相對於極端個人或泛人的文明現象，組合型的文明現象會比較不穩，因為唯一真基因使西方文明傾向極端。所以，在一個由個人和泛人基因組合而成的文明現象中，其個人基因會走向己身的極端，其泛人基因也會走向己身的極端，也就是走到最短距離（最近）的角上。相應地，一個組合型（個人與泛人基因組合而成）的文明現象也就順理成章地處於它相屬的個人極端和泛人極端的中間，如下：

　　個人正 ─ 泛人正的組合放在個人正極和泛人正極的中間；

　　個人正 ─ 泛人負的組合放在個人正極和泛人負極的中間；

　　個人負 ─ 泛人正的組合放在個人負極和泛人正極的中間；

　　個人負 ─ 泛人負的組合放在個人負極和泛人負極的中間。

　　這樣，8個文明現象就完全定位了。任何一個個人基因與任何一個泛人基因都可以組合成八個可以互變的文明現象，可以用一個「文明現象八變圖」去示意，下簡稱「八變圖」（圖6）。

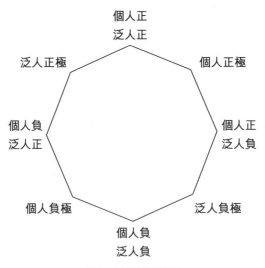

圖6　文明現象八變圖

　　由於個人基因是以 3 種形態現身（自立、自足、自尊，與它們的負面），泛人基因也是以 3 種形態現身（平等、憫人、團結，與它們的負面），遂產生出 9 個 8 角圖：自立─平等、自立─憫人、自立─團結、自足─平等、自足─憫人、自足─團結、自尊─平等、自尊─憫人、自尊─團結（圖 7─圖 15）。

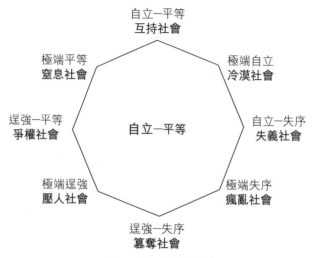

圖 7　自立─平等八變圖

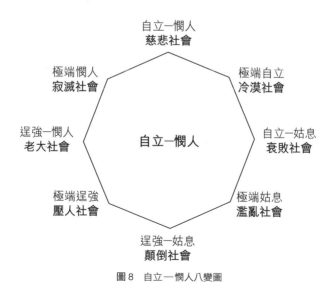

圖 8　自立─憫人八變圖

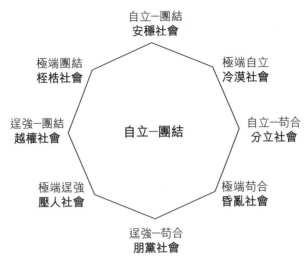

圖 9　自立─團結八變圖

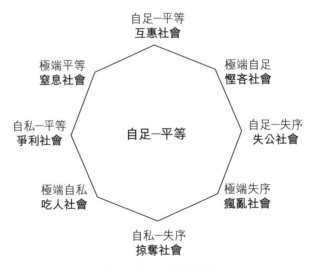

圖 10　自足─平等八變圖

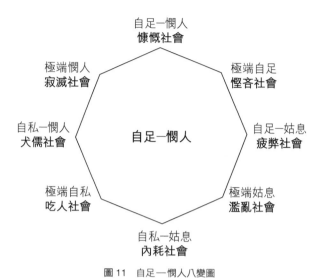

圖 11　自足—憫人八變圖

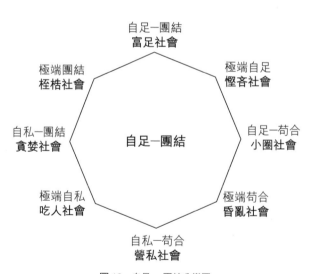

圖 12　自足—團結八變圖

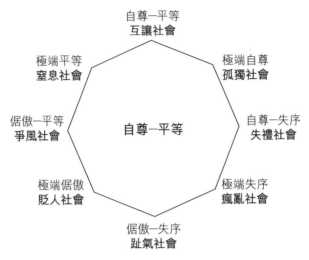

圖 13　自尊—平等八變圖

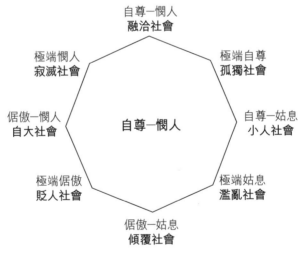

圖 14　自尊—憫人八變圖

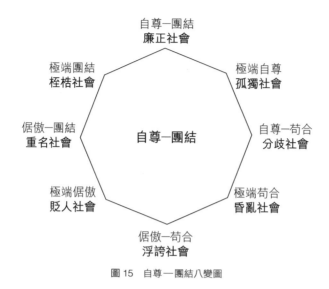

圖 15　自尊—團結八變圖

　　八變圖（代表文化基因組合的類型）可以重疊，意味文明現象可以在重疊的位置上上下跳動，這是「轉移率」。例如圖 16，逞強—失序（篡奪社會）可以輕易地變為或兼為逞強—姑息（顛倒社會）或逞強—苟合（朋黨社會），因為它們之間都有「逞強」基因。這些文明現象之間的跳動不需要很大的刺激力和牽動力。

　　八變圖（代表文化基因組合的類型）也可以交接，意味文明現象可以在交接的位置上左右移動。這也是「轉移率」。例如圖 17，自立—失序（失義社會）可以輕易地變為或兼為自足—失序（失公社會），因為它們之間都有「失序」基因。這些文明現象之間的轉移不會需要很大的刺激和牽動。而且，一旦從自立—平等的八變圖轉移到自足—平等八變圖，文明現象的可變性就更大了。

　　做個小結：當一個文明現象要改變的時候，它會傾向走往和它基本屬性最相近的另一個文明現象。基本屬性相差越遠的，就需要越大的刺激力和牽動力，這叫距離律，是最基礎的規律。還有兩個相輔的規律。（i）穩定律：越極端的文明現象（越極端個人或極端泛人）越能抗拒文明進化因

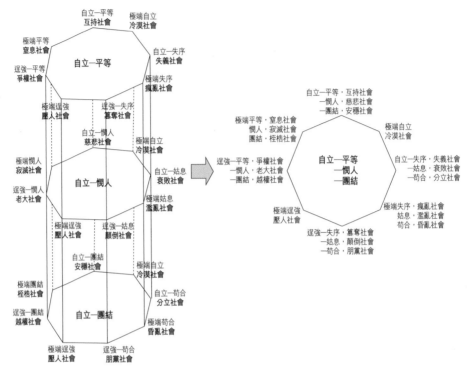

圖 16　八變圖重疊（以自立／逞強基因為例）

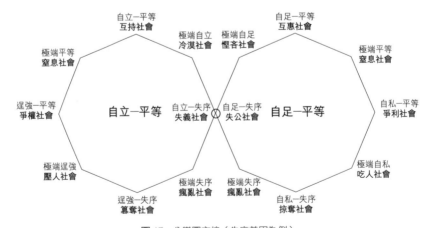

圖 17　八變圖交接（失序基因為例）

素的刺激和牽動；越平衡的文明現象（個人與泛人的成分越平均）越容易被刺激和牽動。（ii）轉移律：含有相同文化基因的文明現象可以互變，無需太多的刺激和牽動。這 3 個規律具備足夠的理論強度和操作能力去演算大革命走向極端的軌跡。

　　這個軌跡的粗略輪廓是這樣子的（圖 18）。從路易王朝的冷漠社會（極端自立）先到第一次革命的爭權社會（自立變成負面的逞強，配上平等，產生逞強—平等）、老大社會（自立變成負面的逞強，配上憫人，產生逞強—憫人）、越權社會（自立變成負面的逞強，配上團結，產生逞強—團結）；再到第二次革命的篡奪社會（逞強—平等變成逞強—失序）、顛倒社會（逞強—憫人變成逞強—姑息）、朋黨社會（逞強—團結變成逞強—苟合）。

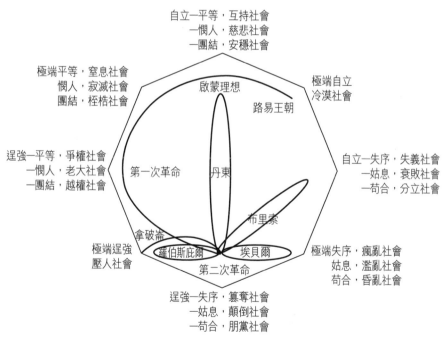

自立—平等，互持社會
　　—憫人，慈悲社會
　　—團結，安穩社會

極端平等，窒息社會
　憫人，寂滅社會
　團結，桎梏社會

啟蒙理想

路易王朝

極端自立
冷漠社會

逞強—平等，爭權社會
　　—憫人，老大社會
　　—團結，越權社會

第一次革命

丹東

自立—失序，失義社會
　　—姑息，衰敗社會
　　—苟合，分立社會

布里索

拿破崙

羅伯斯庇爾　埃貝爾

極端逞強
壓人社會

第二次革命

極端失序，瘋亂社會
　姑息，濫亂社會
　苟合，昏亂社會

逞強—失序，篡奪社會
　　—姑息，顛倒社會
　　—苟合，朋黨社會

圖 18　文明現象變化規律（以法國大革命各階段的軌跡為例）

跟着是不斷革命。第一次被革掉的布里索派是想從朋黨社會走向分立社會（逞強 — 苟合走向自立 — 苟合）。第二次被革掉的埃貝爾派是想從篡奪社會走向瘋亂社會（逞強 — 失序走向極端失序）、從顛倒社會走向濫亂社會（逞強 — 姑息走向極端姑息）、從朋黨社會走向昏亂社會（逞強 — 苟合走向極端苟合）。第三次被革掉的丹東是想從篡奪社會走向互持社會（逞強 — 失序走向自立 — 平等）、從顛倒社會走向慈悲社會（逞強 — 姑息走向自立 — 憫人）、從朋黨社會走向安穩社會（逞強 — 苟合走向自立 — 團結）。第四次被革掉的羅伯斯庇爾是想從篡奪、顛倒和朋黨社會走向極端獨裁的壓人社會（從逞強 — 失序、逞強 — 姑息、逞強 — 苟合走向極端逞強）。最後，拿破崙才是真正強人，成功實現極端逞強的獨裁。

文化基因法的思路會是這樣子的：法國的民族性格足夠解釋革命變得理想化；啟蒙的時代心態足夠解釋革命理想變得多樣化；當代的歷史背景足夠解釋多樣化的革命理想帶來鬥爭；當時的關鍵人事足夠解釋革命理想多樣化帶來的鬥爭終會訴諸暴力。

文化基因法的推理則是這樣子：（i）在堅持真理只有一個（唯一真），和泛人意識與個人意識互不相讓的西方文化裡；（ii）在傾向追求秩序並以理論指導行動的法國民族性格裡；（iii）在政治理論百花齊放（包括對自由和平等的多種演繹）的時代裡；（iv）在民生潦困、階層矛盾、內奸外敵、政制腐敗的歷史背景裡，法國人需要急切作出政治選擇。關鍵人物在關鍵事情上作出理論性（上 ii）的政治選擇（上 iv），但由於各人有不同的選擇（上 iii），遂產生政治鬥爭；更由於各人堅持其選擇（上 i），政治鬥爭遂走上暴力（上 iv）；而暴力也透過理論化成為合法（上 ii）。最後，理論性的政治鬥爭訴諸暴力就是革命；不能妥協的政治理論引發出不斷的暴力鬥爭就是不斷革命；不斷革命中暴力不斷地遞升終釀成恐怖。

這個軌跡中的各個階段代表不同的文明現象，各有其基本屬性（文

化基因的形態和組合），經文明進化因素（民族性格、時代心態、歷史背景、關鍵人事）的刺激和牽動，按必然規律（基本屬性的變向和變力）而改變。如下。

路易王朝後期極端自立（君主、貴族與人民各自為政）的冷漠社會經啟蒙思潮的刺激開始走上平等之路。自立與平等的組合理應產生出理想的互持社會，但由於逞強之輩湧現（包括貴族與資產階層），加上路易的搖擺不定，革命軌跡越過理想的目的地，過門不入，轉向爭權社會（逞強—平等）[1]。在文化基因的組合上，從冷漠社會走到爭權社會是個很大的改變，需要很大的刺激和牽動[2]，而當時的歷史背景（民生潦困、國庫空虛、階層矛盾、自然災害）和關鍵人事（路易不停換相、麵包暴動不休、參戰美國獨立）確實提供了極度的刺激和龐大的牽動（圖19）。

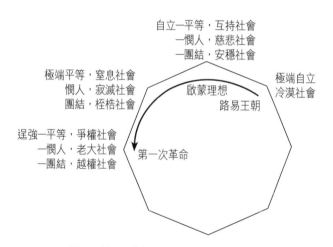

圖19　第一次革命：從冷漠社會走向爭權社會

從第一次革命（逞強—平等的爭權社會）走到第二次革命（逞強—失序的篡奪社會）都含有很大的逞強成分。按距離律，第一次革命產生的爭權社會（逞強—平等）應走向與其文化屬性最接近的壓人社會（極端逞強）。但是，第一次革命之後，當權的是馬拉波的保王民主派（傾向君主立憲），主要是為中上資產階層利益服務，強烈地突出了第三等級各階

層之間的不平等。在第一次革命，中上階層打倒了貴族與教士的特權，但他們卻成了新特權階級（包括制定積極公民資格、轉賣充公的土地、廢除同業公會，都使他們大大得利）。相對來說，中下階層關注的民生問題，特別是麵包的供應和價格，卻從未得到改善。於是平等變成了革命的新焦點。強烈的平等理想不斷地與精英們的逞強衝動互動，使革命軌跡從爭權社會（逞強─平等）越過壓人社會（極端逞強）③。過門不入，走向失序（沒有次序與共識的平等），遂產生出篡奪社會（逞強─失序）④。如果當時有極強的人，能夠成功地把一個平等的定義強加諸全國，那麼革命或可以結束。當然，若是如此，法國就會是個強者壓人的社會（日後拿破崙的確如此）。但是，當時政治理論意見紛紛，政治權力落在鬆散的吉倫特派和騎牆分子手上，一方面沒有一個能夠折服群雄的強者，而另一方面卻有很多自以為強的革命新貴，於是爭權社會越過了壓人，過門不入，很自然地就走上篡奪、顛倒、朋黨之路⑤。當時大動亂的歷史背景⑥和風雲幻變的關鍵人事⑦的確是強者湧現，但卻未有終極強者。在這個過程中，對平等的追求則走上了失序（圖20）。

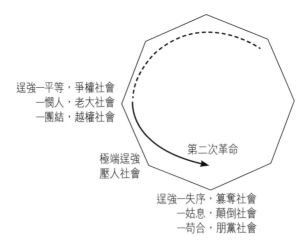

圖20　第二次革命：從爭權社會走向篡奪、顛倒、朋黨社會

到了不斷革命期間，整個社會就在篡奪、顛倒與朋黨的局面下一片凌

亂、恐怖。最先是吉倫特派：當權而無能，理論而不實際。布里索憧憬美國式的分權而治，加上吉倫特派的權力基礎分佈在外省與巴黎參半，自然想從朋黨社會（逞強─苟合）去向分立社會（自立─苟合），因為這會使他們在國民公會上可以通過議會程序以大多數席位來壓倒席位少但精悍的山嶽派，而在全國政局上則可以通過地方自治去抗衡權力集中於山嶽派手裡的巴黎。按距離律，這是一條比較長的路，需要一定的刺激和牽動，才能到達。但是，無論是四面楚歌的歷史背景[8]還是決定命運的關鍵人事[9]，都沒有給吉倫特派很多發力的空間。最後，非但事與願違，更惹來殺身之禍，並開啟了不斷革命（圖21）。

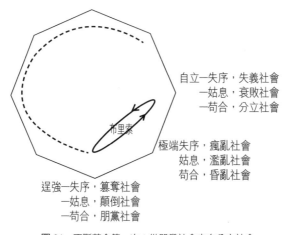

自立─失序，失義社會
　　　─姑息，衰敗社會
　　　─苟合，分立社會

布里索

極端失序，瘋亂社會
姑息，濫亂社會
苟合，昏亂社會

逞強─失序，篡奪社會
　　　─姑息，顛倒社會
　　　─苟合，朋黨社會

圖 21　不斷革命第一次：從朋黨社會走向分立社會

　　跟着是埃貝爾派。他們要的是瘋亂，也就是極端失序[10]。按轉移律，他們是同時走上瘋亂、濫亂、昏亂（圖16）。按距離律，從篡奪走到瘋亂，從顛倒走到濫亂，從朋黨走到昏亂都是最短距離，理應容易達到。確實，他們也差不多達到。有利的歷史背景[11]與有利的關鍵人事[12]都使他們佔盡上風，但焦土鎮壓教亂使人憎畏，理性崇拜更是鬧劇，最要命是觸犯了羅伯斯庇爾的大忌（非但在宗教意識上不合他意，在政治上也被他視為助長了反革命），於是殺雞儆猴（圖22）。

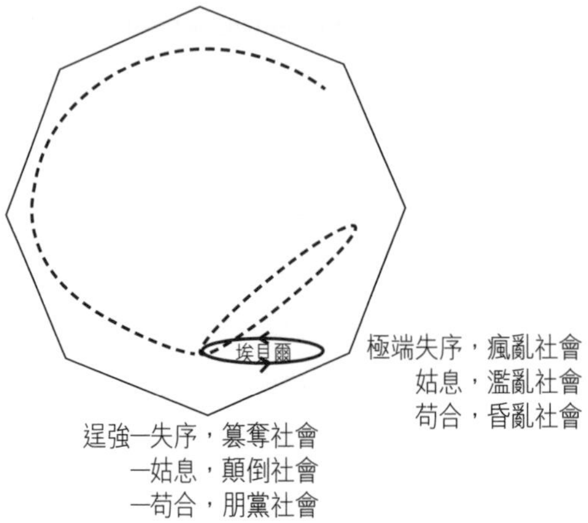

圖 22　不斷革命第二次：從篡奪、顛倒、朋黨社會走向瘋亂、濫亂、昏亂社會

　　丹東被殺，近因是埃貝爾派被整後，兔死狗烹。但他的革命生涯也的確是峰迴路轉。革命引發的爭權社會與篡奪社會都有他（前期的科德利爾派）的份。複雜的歷史背景⑬和交錯的關鍵人事⑭使他與革命中人恩怨交錯難分。第二次革命後篡奪社會既成，群雄對峙，他先與羅伯斯庇爾、埃貝爾聯手扳倒布里索的吉倫特派，繼而與羅伯斯庇爾齊力擊潰埃貝爾派。但他目睹革命中生靈塗炭，生慈悲之心，要恢復啟蒙理想。在文化基因屬性上，路遙遙也。而且在關鍵的幾個月，他戀家退隱，以致與大局脫節。在瘋、濫、昏亂的社會裡，在恐怖就是德行的政局下談寬仁只可能被人利用，肯定成不了事。按轉移律，他是從逞強—失序的篡奪社會，通過逞強的重疊，連上了顛倒社會（逞強—姑息）和朋黨社會（逞強—苟合），這是相對容易的（圖 16）。但之後，他想從恐怖統治的現實走向啟蒙理想：在個人基因層面上是從逞強走返自立，在泛人基因層面上從失序走返平等、從姑息走返憫人、從苟合走返團結。無論在個人基因或泛人基因的層面上，這些都是最遠的距離，失敗差不多是注定的（圖 23）。

　　羅伯斯庇爾肯定要把不斷革命的篡奪、顛倒、朋黨一掃而清，走向他的啟蒙理想。但與丹東有兩個不同：在政治上，他擁權而丹東是閒置；在

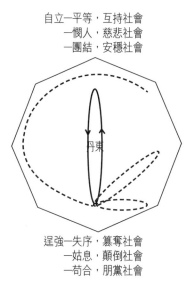

自立—平等，互持社會
　—憫人，慈悲社會
　—團結，安穩社會

丹東

逞強—失序，篡奪社會
　—姑息，顛倒社會
　—苟合，朋黨社會

圖 23　不斷革命第三次：從篡奪、顛倒、朋黨社會走向互持、慈悲、安穩社會

理論上，他的啟蒙理想是要法國人都變得完美，而丹東的啟蒙理想是接受和包容人性的缺陷。兩個人都有獨裁傾向，但丹東視獨裁為工具（他甚至為革命建立了革命法庭和公安委員會而自己卻不參與），而羅伯斯庇爾卻視獨裁為原則。於是羅伯斯庇爾走向爭權的孿生，也就是壓人。在文化屬

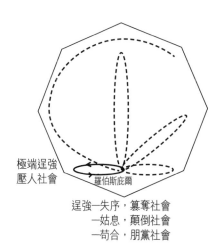

極端逞強
壓人社會

羅伯斯庇爾

逞強—失序，篡奪社會
　—姑息，顛倒社會
　—苟合，朋黨社會

圖 24　不斷革命第四次：從篡奪、顛倒、朋黨社會走向壓人社會

性上這是最短的距離，而且在第一次革命之後幾乎要理所當然地出現（圖18）。以羅伯斯庇爾當時已有的權勢，應該是易如反掌，但他變成自己最大的敵人。歷史背景對他極有利[⑮]，但在關鍵人事上出了禍[⑯]。雖然短短距離就可以達成目的，但他已是強弩之末（圖24）。

以上是用文明進化因素（特別是歷史背景與關鍵人事）去演算大革命走上極端的軌跡。假如解釋是正確的，這是否代表支配文明進化因素就可以改變大革命？假如當事人，特別是有能力的當事人（包括革命前的路易和革命後各階段的當權派）要掌握命運，哪裡是契機？可否憑分析文明進化因素對文明軌跡的影響去尋找掌握命運的抓手？

文明進化因素是相對的（因人、事、時、空而異）和偶然的（不是必然的）。既然如此，文明進化因素可以被塑造。控制命運就是通過塑造、支配、選擇或改變這些相對和偶然的文明進化因素，有 4 種：民族性格、時代心態、歷史背景、關鍵人事。它們之間的相對性和偶然性有大有小。一般來說，民族性格最穩定，起碼是好幾代人；時代心態次之，但也會是一兩代人；歷史背景有遠有近，遠則一兩代，近的就是當代；關鍵人事則是當前的了。[⑰]

在路易十六的時代，法國的民族性格與時代心態都應該很明顯。理論性格、追求秩序的法國民族性格與當時極端自立的冷漠社會是很相配的。這也解釋了為甚麼上百年的階層分歧都未有動搖路易王朝，起碼在路易十五時代仍然如此。但啟蒙思想在路易十五後期與路易十六登基之初就像狂潮般衝擊社會（主要是中上階層）[⑱]。以理論指導行動的性格碰上理論多而亂的時代，馬上產生「文人共和」，從上流社會的沙龍風氣擴展到中下社會的政治會社。一個誰都不談政事的冷漠社會突然間變成一個誰都只談政事的啟蒙搖籃。特權與民苦不是路易十六時代的特色，但是啟蒙帶動對自由和平等的嚮往（對法國人來說，這些主要還是來自英國的舶來品）使對不平和民怨的反感一下子變得尖銳。

如果路易知道啟蒙思想中的個人主義與泛人主義的糾纏遲早會走向極端（這是西方唯一真文化基因的終向），應怎樣做？路易選擇（也可能不

是選擇,只是昏庸)曖昧,把自己包裝成啟蒙式的開明君王,愛才[19]、親民,但後來,革命要來了,他就捉人、關報。前半期的寬使人更覺得他後半期的狠;前半期的風雅使人更覺得他後半期的狡猾。路易如果聰明,他應該知道法國的民族性格和啟蒙的時代心態一定會產生對時政的不滿,理論性的批判也遲早帶來政治性的行動。

當然,路易的政改、稅改面臨極大的阻力。也正因如此,他才背城借一,想通過大議會去拉攏第三等級來抗衡貴族。但路易把小虎當小貓帶回家捉老鼠,小虎吃掉老鼠便成了大虎,要吃人了。要認清,第三等級不是一下子都是啟蒙(尤其是盧梭)信徒。啟蒙思想先在中上階層傳播,到第一次革命之後,才通過政治會社深入中下階層,才變成大虎。路易如果認識到法國民族的理論性格碰上複雜矛盾的啟蒙理論就像引線插進火藥,他就不會附庸風雅去點火了。當然,單憑輿論渠道擋不住革命,但如果有足夠暢順但又是有秩序的、嚴肅的渠道,路易或許可以換來多點時間和多些空間去處理實質的民生和特權問題,革命或許可以比較平穩地過渡到君主立憲(如英國),而不至於上斷頭台了。

再讓我們看看八變圖(圖 18)。雖然啟蒙思想和民族性格刺激着絕對君權的冷漠社會去向平等,但路易是不可能走向共和式的平等的。可是,他完全可以主動地走君主立憲 —— 在實權的君主面前眾人平等。這樣,既能保住江山(當然不再是絕對君權),也可利用平等理論去削弱貴族的特權,一方面達到稅改的目的(貴族沒有免稅特權,國家稅收就多了),一方面得到愛民的美譽(這是路易夢寐以求的)。圖 18 顯示這將是花力最少的改變(文明現象基本屬性差異最少)。可以說,路易有利用第三等級去制衡貴族的機心,但沒有智慧去從理論紛紛的啟蒙思潮中篩選和抽取孟德斯鳩式的君主立憲、分權而治,去同時地整治貴族的特權和滿足人民對平等的訴求。這些,要到第一次革命之後才勉強由馬拉波去替他經營。但時機已過,革命已啟,路易已是完全處於被動了。

其實,在第一次革命前的好幾年,路易仍有不少掌握命運、國運的契

機。這裡只舉幾個有關歷史背景與關鍵人事的抓手。

（ｉ）　在某種程度上，他幾度換相都是形勢所逼，但主要還是民生（麵包）問題。如果他在國際事務上韜光養晦一點，例如不出兵去支持美國獨立[20]，財政困難會輕些，解決民生問題的能力會強些。這是當時有目共睹的，不是「事後孔明」。但從文化基因法的角度去看，還會看出一個更關鍵的點。支持美國獨立戰爭確實花錢，但單是花錢不會帶來革命，甚至稅改也不會鬧出革命，因為所有革命（與政變不同）都是要由意識形態推動的。關鍵是由於法國參戰，大批法國人到了美洲，把美國獨立宣言和憲法的理想帶回法國，並加以美化和宣傳，使法國人對法國的政治更加不滿，加劇革命的衝動。路易為的是法國光榮，得來的是王朝毀滅。

（ｉｉ）　財政困難在路易 1774 年登基時已是相當嚴重（路易十五的揮霍和七年戰爭害他很慘，但他個人與王室諸人也不節儉），但還是再捱了 10 多年，到得知國庫全空才考慮新稅，召開顯貴會議去尋求貴族支持。貴族對免稅特權怎會放棄？路易怎會不知？但還要等半年才去解散跟他搞對抗的顯貴會議，更單方面憑着已經沒有威信和實力的絕對君權去推行稅改，貴族自然不就範。之後，各地議事會（由貴族支配）紛攘了一年半多才考慮開大議會，而且理由也只是為了安定債主的心（而不是減輕民間疾苦）。長期地拖，使路易的每一個決定都完全沒有主動，好像是逼出來的，而逼他的是貴族。他的無能就這樣被貴族看穿，他對貴族的遷就也被第三等級看穿。到此，絕對君權破產。從文化基因法的角度去分析，路易王朝外強中乾已久，但因為當時的法國是個泡沫中的冷漠社會，上下不通，才遲遲未出事。但稅改一事擾攘多時，尤其是在大議會籌備期間各地紛紛選出代表，開會寫政見書，民怨就像決堤之水。當初是冷

漠地你不說，我不說，有苦自己知，如今是無事化有事，小事化大事。文明基因法的「穩定律」是指極端社會（無論是極端個人或極端泛人）都是比較穩定的，要較大的刺激和牽動才會生變。那時已是積怨、積怒多年，在表面穩定下隱藏的暴力就像火山爆發前的一刻，路易的猶疑給之以最大的刺激和牽動。

（iii）大議會召開，第三等級離場，自成國民會議，是因為表決制度[21]偏袒第一、第二等級。路易仍想維持三個等級分開，一直拖延到第一、第二等級的進步分子紛紛轉入第三等級的國民會議，他才改變初衷。大議會的原意就是以第三等級去抗衡第一、第二等級的聯手，而且，在大議會召開時，路易已經不顧第一、第二等級的反對而強行增加了第三等級的代表席位。為甚麼出爾反爾，去阻擾第三等級行使多數權？[22]路易要維持三個等級分開更使第三等級懷疑他實際是站在哪一方。他雖然拖延了不到一個月，但這是致命的拖延。第三等級是在退出了 3 個星期之後才作《網球場誓言》，宣誓憲法不立，絕不散會。如果在網球場誓言之前路易承認了國民會議，他還可以拿回些主動。但網球場誓言之後才承認國民會議就是「米已成炊」，非但處於被動，更顯得懦弱或奸狡。用文化基因法來分析，這個把月的拖延就是對革命逞強者們的最大刺激，同時也給激進分子一個很大的口實要去徹底改變政制 —— 這是從君主立憲去向共和的一個很大的牽動。

第一次到第二次革命的期間，路易對自己的命運還有不少抓手。例如，對八月法令的先拒認後承認，對教士還俗法、教士民事法、教士效忠法的抗拒，對奧地利介入法國時的曖昧態度等等，使路易的決定一步一步地被邊緣化。當然，馬拉波一死，君主立憲就群龍無首，這是路易出逃的近因。被捉回後，有保王傾向的拉法耶特原本可以出點力，但他在稍後戰神廣場大屠殺中盡失民望，失掉了政治本錢。到此刻，革命的方向就轉入

共和分子手裡了。

不斷革命的時期，被吃的有沒有可以改變自己命運的抓手？布里索走了兩個大錯着，先是向奧地利宣戰，後是路易斷頭的表決。前者影響吉倫特派的命運最大：浪費大量的政治本錢，包括說服路易開戰；戰況不利（其實是完全可以預見的）使吉倫特派在立法大會上的權力受到挑戰；最後，吉倫特派在處理戰事上的「無能」是丹東成功發動長褲漢血洗杜伊勒里宮的動機和藉口，把吉倫特派在第二次革命中完全邊緣化，致使他們日後在路易審判和處死上喪失影響力。

從文化基因法的角度去看，吉倫特派是想各省能夠與中央抗衡。為此，他們實在應該把政治籌碼押在這處，而無需和不應去攪風險極大的對外宣戰。戰與不戰絕不影響他們的實力（他們已是掌權派），也絕不加強他們在地方的勢力。反過來說，因戰事而引發出日後要徵兵，各省配額卻驚動了地方，反而衝擊他們的權力基地。可以說，如果布里索以文化基因法去處事，吉倫特派應會避開動搖權力基礎的對外宣戰，保留主動，並會發動分佈各省的實力去鬥垮權力過度集中於巴黎的山嶽派。

至於埃貝爾派，他們的抓手就少了。從文化基因法的角度去看，他們是從逞強—失序的篡奪社會去向瘋亂[23]。這種不顧後果的狂妄肯定招人圍攻，因為法國民族性格傾向秩序，哪容得下不斷革命，所以遲早群起殲滅之。當然，埃貝爾搞理性崇拜也加速了滅亡，滅亡是終避不了的。

丹東想「走回」啟蒙理想，提出寬仁，被打成姑息。以文化基因法分析，從篡奪社會走返互持社會，太遠了。假如他能把目標放低一點，接受當時是人人逞強的時代，就不會心存厚望。如果丹東明白埃貝爾和他的敵對關係其實是雙方安全的保證，也就是說，埃貝爾一天在，公安委員會不會向丹東開刀，那麼，在這個微妙的環境下，他或許還有機會去慢慢地把革命引向比較人性。這可能是他唯一的抓手。

羅伯斯庇爾想在篡奪社會中脫穎而出，唯我獨裁。歷史告訴他，當羽翼盡除之後，狐群狗黨就有機可乘。羅伯斯庇爾如果能夠包容丹東，他

或會安全得多，然後慢慢獨裁。假若他的獨裁不傾向殘酷（拿破崙就懂這點），丹東也不會跟他過不去，但他太心急、太多慮，而且又太小氣，容不下丹東。丹東一除，他也完蛋了。

以上只說了幾個都是可以通過文化基因法，相對容易找出來的命運抓手。當然，歷史的每一刻都在變化，而且變化萬千，不可能也不應該憑「假如」去改寫歷史[24]。但是，作為理論的驗證，這些分析也給了我們啟發：以文化基因法去演繹文明現象可以幫助我們從民族性格、時代心態、歷史背景和關鍵人事去找出哪些因素可能刺激和牽動文明現象底下的文化屬性，從而改變文明現象。關鍵是這些抓手是有相對性（會因人、事、時、空而改變）和偶然性（不是必然）的，因此可以塑造（當然是有難有易，但總是有可能）來改變命運。這跟一般的「假如」（what if）有所不同：假如法國的民族性格不是理論傾向，假如沒有啟蒙思潮的衝擊，甚至假如法國沒有財政困難、沒有階層分歧等等，這些都不是當事者可用的抓手。我們的抓手是當事者「可用的」：假如路易不參與美國獨立戰爭，假如吉倫特派不向奧地利宣戰，假如羅伯斯庇爾不除丹東，等等。最後，當然需要當事者有文化基因的智慧去分析時局和分析自己。

現在我們可以總結一下文化基因法。

它有一個基礎假設。文明是文化的體現；一個民族的文化是它的宇宙觀、倫理觀、社會觀；宇宙觀、倫理觀和社會觀的基本元素就是文化基因，有四個 —— 真、唯一、個人、泛人。一個文明現象的基本屬性就是它內裡的文化基因組合（也就是它的「本質」）。

它有一套核心理論。文明現象可以改變 —— 基本屬性的改變構成新的文明現象。基本屬性的改變是由外在因素刺激和牽動的，它們是文明進化因素，包括民族性格、時代心態、歷史背景、關鍵人事。文明進化因素的出現是偶然的（不是必然的）、相對的（因人、事、時、空而異）。文明進化因素刺激或牽動文明現象的基本屬性；基本屬性按必然規律變動，產生新的基本屬性（新的文化基因形態和組合）、新的文明現象。

　　它有一套操作規律。個人文化基因有 3 個正面形態（自立、自足、自尊）和 3 個負面形態（逞強、自私、倨傲）；泛人文化基因也有 3 個正面形態（平等、憫人、團結）和 3 個負面形態（失序、姑息、苟合）。這些形態的組合產生 36 個文明現象：9 個正正組合，9 個負負組合，9 個個人正、泛人負組合，9 個個人負、泛人正組合，共 36 個。此外，個人（正與負）的極端有 6 個，泛人（正與負）的極端也有 6 個，共 12 個。加起來總共 48 個基因形態和組合，亦即是 48 個文明現象，也應該是西方文明所有的現象。一個文明現象的變動是由偶然和相對的文明進化因素（民族性格、時代心態、歷史背景、關鍵人事）刺激或牽動這個現象的基本文化屬性而成的。三條必然規律決定變動的方向（走向哪個文明現象）和力度（走得難或易）：距離律（文化屬性越接近的文明現象越容易產生互變）、穩定律（文化屬性越極端的文明現象越穩定）、轉移律（擁有類似文化屬性的文明現象之間可以換位或轉移）。

　　我們用法國大革命走上極端的歷史驗證了這套文化基因法。在特定的時、空維度裡（1774 年路易十六登位到 1794 年恐怖統治結束），這個方法的架構確有足夠範圍與精確度去覆蓋大革命走上極端過程中每一個階段的政治現象（也就是可以精確地為每一個階段定位）；足夠的理論強度和操作能力去演算這些現象改變時的方向和力度（也就是可準確追蹤各階段的軌跡）。還有，這個驗證幫助我們看出哪些文明進化因素（民族性格、時代心態、歷史背景、關鍵人事）可以被用來改變文明的軌跡。

　　當然，一個案例，甚至多個案例都不足「證明」這方法一定對。而且，文化基因的形態類別和組合規律都是我「創造」出來的，沒有「必然性」。它們可以和應該被不斷地質疑、檢驗，需要時可以修改或摒棄。但這個方法的架構和邏輯仍是完整的。更關鍵的是，一個方法的價值不在對或錯，在有用或沒用。通過對法國大革命系統和詳細的驗證，確實增強了我的信心去使用這個方法去推測西方文明的未來，並希望從中找到一些我們能夠用來掌握命運的抓手。

註

① 通過轉移率（重疊）兼成為老大社會（逞強─憫人）和越權社會（逞強─團結）。

② 按圖 18，極端自立的路易王朝冷漠社會雖然被啟蒙思想刺激，但因為政治精英們的逞強所干擾未能進入自立─平等的互持社會。但為何不按「距離律」落點於較近距離的極端平等的窒息社會？關鍵是當時精英們的逞強衝動遠大於他們對平等的嚮往，所以在極端平等和逞強─平等的選擇上就多走逞強，少走平等。要注意，當時的革命精英們主要是中上階層，他們要的是自由多於平等（無論是在政治、經濟或社會層面上）。事實也證明精英們的重自由在日後跟重平等（特別是經濟平等）的長褲漢產生嚴重分歧。逞強的文化形態再加上理論化傾向的民族性格不正是拿破崙給革命的批判，「虛榮造就革命，自由只不過是藉口」？我們可以改說，「逞強造就革命，平等只不過是個理論」。

③ 要特別注意的是，壓人社會（極端逞強）是處於爭權社會（逞強─平等）與篡奪社會（逞強─失序）之間。三個文明現象都有逞強成分。按「穩定率」，凡是由個人與泛人基因組合而成的文明現象都是比較不穩定，有走向極端個人或極端泛人的傾向。所以，爭權社會或篡奪社會都不穩定，都有走上壓人社會的傾向。

④ 剛好與上面相反，第一次革命從冷漠社會越過極端平等的窒息社會，過門不入，走向逞強─平等的爭權社會是因為革命精英們的逞強衝動大於對平等的嚮往。但到了第二次革命，中下階層的革命群眾（包括長褲漢）都是極度嚮往經濟平等遠大於自由。這支配了精英們逞強的方向，並同時約束精英們對自由（經濟）的追求。

⑤ 按轉移率（重疊），通過逞強的重疊，逞強─失序的篡奪社會，可以相對容易地同時是個逞強─姑息的顛倒社會和逞強─苟合的朋黨社會（圖 16）。

⑥ 大恐慌帶來全國暴力，各省保教、保王，外敵壓境，「祖國危難」。

⑦ 馬拉波猝死；路易潛逃不遂；拉法耶特戰神廣場大屠殺；吉倫特派向外宣戰；戰況失利，吉倫特派向路易逼宮不遂；丹東成功發動長褲漢攻陷杜伊勒里宮，囚禁路易。

⑧ 對外敵和內亂都是先勝後敗、威望盡失；到了各路兵馬殺往巴黎，法軍統帥變節，所有責任都歸罪吉倫特派的主戰。

⑨ 布里索等人在處死路易和對外戰爭上都行了政治錯着。

⑩ 埃貝爾派人多同屬雅各賓會。當初，雅各賓會中人有左有右。但會中的左派勢力日長，比較右傾的，尤其是有保王意識的雅各賓中人就越來越被邊緣化。到 1791 年 6–7 月，這些右傾的脫離雅各賓會，另組「保王派」。其實，直到 1791 年 6 月 20 日路易潛逃被捉前，羅伯斯庇爾自己的立場也是「非保王也非共和」（當時很多人都有類似立場）。

⑪ 外敵、內亂中屢敗的政府軍要到他們加入才扭轉頹勢。

⑫ 在科德利爾會篡奪對長褲漢的領導地位；要挾國民公會實行恐怖統治。

⑬ 路易出逃不遂，奧、普聯軍壓境；第二次革命後擋住了外敵；全國徵兵引出保王、保教亂事；法軍先勝後敗，左派乘機奪權；外敵未退而內亂加劇，更有糧荒、糧價暴動不已；埃貝爾分子殘酷地把教亂壓下，也把外敵擋住。

⑭ 創立激進科德利爾會；發動長褲漢進攻杜伊勒里宮；再發動長褲漢弄出九月大屠殺；主持軍

政要事，再一次發動長褲漢肅整吉倫特派；續弦戀家，退出巴黎，致令埃貝爾派篡奪了科德利爾會領導地位；重返巴黎，批判恐怖兇殘，被打為姑息派；但又與羅伯斯庇爾合作，清除埃貝爾。

⑮ 他已有廉潔的民望；法軍戰場大勝，外敵威脅完全清除；內亂又平，雖然過程殘酷，但卻有埃貝爾派做了代罪羔羊。

⑯ 最高存在者崇拜使人覺得他太趾高氣揚；不斷地指控有人陰謀作亂使人心惶惶；鏟除黨朋使他在權力鞏固的表面下看不出在殺機四伏中他已經沒有屏障。

⑰ 當然，文明進化因素是互相牽引的，任何的改變都是牽一髮動全身。但是，這並未否定理論的邏輯，只不過提醒我們「要小心謹慎去追蹤因果關係，要兼顧全面去捕捉事實真相」。這應該是所有尋真求知應具的態度。另外一個考慮是「事後孔明」。為此，推測必須有嚴肅的紀律，只可依靠在當時當地可以合理地掌握到的資料和信息，絕不可以用事後的資料和信息去改寫歷史。文化基因法對絕對（不會因人、事、時、空而改變）與相對（因人、事、時、空而異）的分隔是極其嚴肅的，這也應該是所有科學求真的應有態度。但仍有一個問題是不能解決的。無論多少精力和時間都不可能驗證所有的臆測，只可以是選擇性地聚焦於「關鍵」的抓手。甚至可以說，能驗證的實在是很少，很皮毛。所以要不斷驗證，這也是理論建設和提升不可缺的過程。

⑱ 對法國大革命有關鍵影響的著作包括以下：孟德斯鳩的《法律精神》(1750)；伏爾泰的《有關英國人的信》(1733)、《老實人》(1759)；盧梭的《論不平等》(1754)、《新埃洛伊茲》(1761)、《愛彌爾》(1762)、《民約論》(1775)；狄德羅的《百科全書》(1751−1772)。

⑲ 很奇怪的是王后安東妮更是對名士們鍾愛有加，包括對王朝冷嘲熱諷的伏爾泰。

⑳ 當然，法國此舉主要是要報路易十五在七年戰爭敗於英國手上之仇。但關鍵是打贏了也沒有實質油水，只是「虛榮」。在某種程度上拿破崙說的「虛榮造就革命」非但可以用來形容革命分子，也可以形容路易——「虛榮引出革命」。

㉑ 三個等級分開投票而不是一視同仁，也就是第一、第二等級加起來永遠壓倒第三等級。

㉒ 主要是路易不滿第三等級自作主張，越了他的權。

㉓ 當然，如果從黑格爾的角度去分析，埃貝爾率領長褲漢走向「失序」，其實也是為了追求「秩序」——他們的理想秩序（經濟完全平等）。

㉔ 英國（蘇格蘭）的尼爾．弗格森（Niall Ferguson，1964−）最擅長這一套，他用此去重新評估第一次世界大戰。學界叫「反事實歷史法」（counterfactual history）。

第三篇　演方法

—— 英國工業革命

「文化基因法」可以解釋過去，但能否推測未來？這需要演試一下。英國工業革命從開始到成功並沒有顛覆英國的政治制度和社會結構。演試結果顯示，按工業革命起步時可知的民族性格、時代心態和歷史背景，「文化基因法」可算出工業革命軌跡的端倪。

第十三章　已知的

　　歷史教訓使英國人懂妥協、不極端；國王與國會的互相依靠培養出政治彈性；重傳統的階層架構維持住社會共識；農業革命成功增加了人口、提升了消費；宗教容忍開放了求財衝動，新發明、新理念、新商機湧現；龐大帝國充滿活力，但美洲殖民區要鬧獨立了。

　　「我剛知道，大陸議會宣佈聯合殖民區獨立。」這是 1776 年 8 月 10 日《倫敦憲報》①轉述英國駐紐約殖民區的總督通知英國政府美洲事務大臣的短短一句話。假如你是個英國人，在這一刻你會怎樣看你國家的未來，工業革命的未來？

　　不知多少人討論過英國工業革命成功的因素，大致有 8 類：(i) 天然資源；(ii) 人口與城鎮；(iii) 農業革命；(iv) 消費需求；(v) 帝國與貿易；(vi) 政治體制；(vii) 經濟體制；(viii) 科技創新。但是每一個因素都有人唱反調。究竟是水動力、煤動力推動了工業革命還是英國人聰明去利用水與煤，如果沒水、沒煤，聰明的英國人會利用別的能源；人口增加不一定代表消費和勞動力增加，人口下降反可以提升勞動力素質；城鎮化是工業革命的因還是果難定；農業革命帶來的農村勞動力向城鎮轉移和農業革命創造的資金是否推動了工業革命備受質疑；消費需求增加不一定帶動經濟發展；外貿刺激工業革命還是工業革命推廣外貿難下定論；政治制度早

已存在，政府肯定沒有明確的「工業革命政策」；工業革命是技術適應多於科學創新，是社會文化支持的知識與賺錢的組合。

從這些反調得出的結論是，有關工業革命的成因有些是誤導的，有些是不重要的，有些是不一定的（見附錄 2，「工業革命成因的辯論」）。

難道工業革命在英國成功是天意、是偶然、是無從解釋？那麼，以史為鑑非但枉然，更是荒謬。假如未來是過去的延伸，讀歷史就應該可以找到未來的端倪。關鍵是怎樣去讀，怎樣去找。「文化基因法」可不可以做指南？

假如有一位懂得用文化基因法的英國先生處在工業革命起步這一刻，他會怎樣推演工業革命的前景，會推演得準嗎？時間是 1776 年 8 月，美洲 13 殖民區宣佈獨立，要脫離英國；同年 3 月經濟大師亞當・斯密（Adam Smith，1723－1790）出版了《國富論》，解釋經濟成敗之道。且聽這位英國先生道來。

記憶猶新，10 多年前王上登基（1760），七年戰爭剛打了一半，勝機已露。3 年後的巴黎和約我們英國人站起來了，與盟友普魯士打敗了一個世紀以來從無敵手的法國，挫了路易王朝的威風，雖然還要走很遠的路才會超過法國，但起碼是平起平坐了。佐治王上勤政愛民，境內安定，帝國擴張，國際貿易不斷增加，應該是我們的時刻了。但是，現今北美 13 殖民區要鬧脫離、獨立，局面又灰暗了。怎樣看未來？

我們這個國家的歷史可算多姿多彩。從宗教改革脫離羅馬天主教會到今天，經歷了多次的起起落落，但國祚仍是保存，可不簡單。有一點是清楚不過的，我們英國人實事求是，能妥協、有彈性，死不掉的。但這個性格不是生來的，是練來的，從災難中學曉的。我們要安定，不愛搞革命，因為宗教的革命、政治的革命曾經把我們累得很慘。這些革命教曉我們要團結，不能再搞內訌。我們的外敵多得很，西班牙、法國都曾經想吞了我們，如果不團結早就完蛋了。

當初，亨利八世無嗣，王后十幾年只生了一個女兒瑪麗，亨利想休妻再娶。但離婚一事與教皇鬧翻後，亨利就站在改革派一方，帶頭脫離羅馬。前前後後六個老婆，但最終也只生得兩女一男。他想把江山永遠保存在都鐸世族裡，就威脅國會（其實那時的國會是形式多於實際），立了一個繼承法，讓三個孩子先後排隊等坐王位，連女的都可以為王。應該高枕無憂吧！

謀事在人，成事在天。三個都真的坐上了王位，但沒有一個有嗣。這把我們英國人害苦了。

他要脫離羅馬其實是很冒險的。在全民都是天主教徒的英國（其實當時全歐也是），要「反教」確實是險着，無論他是為了子嗣還是好色，他都要開罪全國人。於是他出兩招：一招是儘量少改教義、教規（離婚當然是例外）、儀式和制度；一招是儘量收買人心。兩招日後都招來大禍，特別要說說他的收買人心。那時代，宗教改革情緒確實高漲。羅馬天主教是全歐的宗教，但教義僵化，教會腐敗 ②。支持亨利脫離羅馬（不一定支持他離婚）仍屬少數，亨利的狠招是把所有忠於羅馬的貴族和僧侶的財產（尤其是寺院、修道院的土地）沒收，重新分配給他的支持者。短短幾年，很多人發了大財。有的留着土地，有的轉賣他人，創造了一群新富、新貴，叫鄉紳（擁有土地的紳士，landed gentry），是支持宗教改革（其實是支持亨利）的中堅分子。

亨利一死，年紀最小的愛德華登位。他比父親更熱衷於宗教改革。當時歐洲的宗教改革已趨成熟，「改革分子」不再把自己看成改革天主教會的天主教徒，他們自視為「革命」分子，革掉天主教會的命去創「新教」③。教義、教規、制度、儀式都在革命，對教會的組織和管治的革命更為激進，主要是否定「主教制」（episcopalian）④，創立比較平等的「長老制」（presbyterian）⑤，甚至不分教士與教徒尊卑的「公理制」（congregationalism）⑥。愛德華就有這些激進的傾向。從此，英國的新教就包括了國教（接近天主教而且保守，由亨利八世開始，但要到伊利沙伯

才正式稱國教）、溫和的新教教派和激進的新教教派。最激進的一部分稱「清教」（Puritans），它不是一個教會或教派，是若干新教教派的統稱，帶純潔的意思。當然還有憤憤不平的羅馬天主教。

跟着上場的是大家姐瑪麗，她是虔誠天主教徒，並且嫁給以肅清新教、保衛天主教為己任的西班牙國王腓力二世。瑪麗女王雖是天主教徒，但身份正統，所以合法登上寶座，這也說明我們英國人對傳統和正統的重視。她一上來就天下大亂，因為她要為天主教平反。亨利時代發了大財的要把財產吐出來還給天主教會，怎能不亂。這個瑪麗也毫不容情，抓的抓、殺的殺，我們叫她「血腥瑪麗」絕不為過。但是，為了保住傳統和正統，我們還是忍着，沒有造反。

好不容易等到她死去，妹妹伊利沙伯坐正，這個女王確實是全心為國，終身不嫁。那個無恥的腓力竟然向她求婚，想再造共治，她當然拒絕。軟功不成，就用硬功，他發動無敵大艦隊，想乾脆拿下英國。但上天保佑，歐洲最強的西班牙也奈何不了我們。女王也英明，為平息宗教之爭下隱藏的火藥庫，採取中立開明的宗教政策。首先是正式成立正統國教 ⑦，跟着是容忍新教的各種教派，只要不直接搞對抗 ⑧。但對天主教則絕不留情，以免死灰復燃。在她的領導下，國家太平了幾十年。

女王終身不嫁，哪來後嗣。亨利休妻、背教、辛苦經營，到頭來是一場夢，都鐸王朝中斷了。都鐸血統的確是有，但都是天主教徒，萬萬不成。我們英國人也的確是有辦法的，國內找不到就到國外找。蘇格蘭國王，斯圖亞特世族的詹姆士是個新教徒，雖然不屬英國國教，但也可以接受，就把他迎過來。

伊利沙伯女王是個極懂權謀的人，知道各宗教派系互相博弈，爭取她的青睞，她也表現出廣納言論，因此，國會議事漸成氣候。國會中人全是早年因支持亨利脫離天主教會而獲封、獲贈的鄉紳（以國教人士居多，但仍有不少被容忍的其他新教教派人士）。那時的國會選舉兒戲不過，全國不過幾萬選民，都是由地方權貴把持，有些選區甚至只有幾個選民，當地

的大地主說誰就是誰當選。可以說，那時代的國會是地主國會。他們維護傳統，雖然這些傳統不足一百年。他們思想保守，但不是為了維護一些歷史悠久的原則和法典，而是不想一變再變以致前功盡廢（亨利八世時代拿到的功名利祿）而已。因此，對他們來說，迎立詹姆士去維持政局安穩是「順理成章」。

迎立後，詹姆士就是英格蘭和蘇格蘭的國王。那時英格蘭與蘇格蘭未統一，而蘇格蘭比英格蘭小得多、窮得多，詹姆士自然想建立一個由他開始的英、蘇王朝（斯圖亞特王朝），於是他儘量逢迎我們英國人，主要是英國國教中人。當時，蘇格蘭的主流是信奉比較激進的長老制蘇格蘭國教⑨，而英國國教則是比較接近天主教的主教制。為討好英國，詹姆士要把英國國教的制度和教義加諸蘇格蘭。呆子也可以算到，此舉在蘇格蘭大受反對，在英格蘭大受歡迎。但另一方面，詹姆士有「君權神授」的傾向，觸動英國國會中人的敏感神經。他們的思量是，「如果君權是神授，那麼迎立你的英國國會不就是沒有權，而你坐上英王寶座不就是無需國會，只需要神？」但詹姆士懂得韜光養晦（多享受，少干政），所以他的時代還算風平浪靜，但到他的兒子查理士一世就壞事了。

首先，查理士一世跟他父親一樣，堅持「君權神授」。但跟他父親絕不一樣的是他同情天主教，甚至有人說他是個秘密天主教徒。這個組合是個大災難，對他是，對國家更是。再加上他為人木訥、寡言，令人摸不清，更使人介心。登位不久，就因與法戰事⑩要加稅，國會不允他就解散國會，然後從古法裡找個藉口⑪，未經國會同意就去收稅。首先是曼徹斯特拒交，繼而各地抗命。他就硬來，甚至以更改國教制度去收買蘇格蘭助他（把英國國教的主教制改為蘇格蘭的長老制）⑫。內戰就這樣打起來，一發不可收拾。擁國王派、擁國會派、新教溫和分子、新教激進分子、天主教分子，形形種種的組合（見附錄3，「內戰期間的宗教教派」），各方堅持站在真理或真神的一方，互不相讓、互相殺戮。父子破裂，兄弟相鬥，再加上土地財產之爭，真是慘絕人寰。此中，戰鬥力量最強的就是激進的

清教分子。他們在真神和真理的旗幟下，在貞忠無畏的驅動下，戰無不勝，敵人喪膽[13]。他們掃清政治上的保王分子、宗教上的溫和分子，天主教徒更被他們差不多消滅完了，查理士一世更是身首異處[14]。清教分子建立他們理想的、以他們的神為基礎的英國共和：沒有音樂、沒有賭博、沒有裝飾，甚至連聖誕節都不能慶祝，但也沒有貪污、沒有腐敗，只有神的光榮[15]。

共和是沒有國王的，只有護國公克倫威爾，但他議事時還是坐在國王的寶座上呢！十多年的共和使人吃不消，克倫威爾一死，不兩年就煙消雲散，可幸是沒有響過幾聲槍、死掉幾個人，只是旗幟改了而已。查理士二世坐上王座，叫「恢復期」。我們叫查理士一世被殺，查理士二世恢復之間的一段時間做「斷王期」，相信我們英國人永遠不想再見到了。

恢復期一片和平，但在內戰時得勢的激進教派就受限制，首當其衝的是與國教（國王）恩怨難分的長老制教派[16]。長老制分子被歧視，但有公理制傾向的異議者、分離者、獨立者則受更大的壓力。他們有些移民北美，有些致力賺錢，想換取一點宗教與政治的生存空間。

查理士二世是吃過苦的，包括被共和追捕，在各地逃躲，多數是由天主教徒掩護，所以他深知民苦，很得民心。雖然有天主教傾向，但表面上還是效忠國教（聽說死前則改奉了天主教）。跟着是他弟弟詹姆士二世登位。這位仁兄就公然走向天主教，更從我們的世仇法國處討來個老婆。法國非但是天主教，更是絕對君權（這時統治法國的是君權神授再加上絕對君權的路易十四），叫我們英國人怎吃得消？

歐洲差不多每一個民族都曾來過這島國，或來搶的、或來霸的，但都留下來，養成一種既能自立和強烈個人（對內），又能團結和強烈排他（對外）的民族性格 —— 不能迫他做順民，但他倒會自願做順民的性格。一個有強烈獨立個性的國會開始成形，以維護國家福利（從亨利時代開始的貴族地主和鄉紳地主的福利）、國教傳統（在天主教與激進新教中間經妥協創出的國教）為己任。詹姆士二世的政治和宗教傾向都是令人極端擔

心的：擔心他恢復天主教，擔心他再重新分配財富。

　　當時大家的希望是他年老無子，死後又會是另一番景象。我們英國人最懂得以時間解決問題。假若詹姆士二世死而無繼，天主教復辟不就是打空炮？但是，為了以防萬一，國會暗度陳倉，向新教荷蘭的威廉三世 ⑰ 示意，如果他有意過來取代詹姆士，大家會默認他的合法性，因為他的夫人是詹姆士二世的女兒，信新教。威廉當然是不吃白不吃。他跟法國打仗，正愁兵源和財源不夠，英國人自動獻身，能不大喜。但他卻擔心英國國會有沒有實力送他王位。這是 1688 年年頭的事。7 月份，王后老蚌生珠，詹姆士老來得子（有傳是偷送入宮），看來威廉好望要成空。英國國會不敢明目張膽去迎立，因為這實在有違國法，嚴格來說是搞政變、篡位。國王有了子嗣更是不能動手。國會不動手請他，威廉就動手「自請」了。他結集 5 萬大軍、5 千戰馬、5 千艦船，11 月強渡英倫海峽。未知是有心或無意，英國艦隊沒有攔截，但威廉卻在遠遠的西南岸登陸，並以慢得不能再慢的步伐向倫敦推進，走了個把月。詹姆士深宮不見人，他的臣子、國會的代表，一個個借題溜開，想觀望民眾的反應。民眾們一頭霧水，明明是荷蘭的兵，但又不見英國兵去攔阻。最後，威廉還是開入倫敦。詹姆士逃跑，被捉回，但威廉無意把他弄成是殉道者，就故意讓他逃到法國去。到那時，國會就正式迎立威廉，並且派我們大政治家洛克 ⑱ 去荷蘭把他夫人接來，成為威廉・瑪麗共治。這就是我們的光榮革命。

　　當然，國會廢詹姆士 ⑲，立威廉是個險着。誰知威廉將會是一個怎樣的君王？於是國會諸公趁威廉還未站穩就開門見山地講條件。當然，威廉的大軍是他的籌碼，倫敦還是軍事管制好幾個月。但威廉的目的是利用我們英國的軍力，尤其是海軍，去打法國，所以他也是投鼠忌器，不敢霸王硬上弓，就遷就了國會，接受了《權利法案》（Bill of Rights）。這其實就是他給國會和它代表的土地利益開一張空白支票 —— 接受了承繼法，也就是如果他無嗣，國會就有權另立新君（蘇格蘭不同意，帶出大問題，這是後事）。同時，他接受英國將領統率荷蘭海軍，並限制荷蘭擴建海軍，

好讓我們追上及超前。總地來說，迎立威廉對英國很有好處，既安定了政局，又兼併了荷蘭的軍力。更重要的是把那時的全球貿易和金融中心從阿姆斯特丹搬來倫敦。唯一的敗筆是把荷蘭人的杜松子酒癮也引進來，害得幾代人染上此傷身惡習[20]。

果然，威廉無嗣，只得再找一個屬斯圖亞特血統又是新教的安妮。詹姆士二世那時已經死了，他的兒子認為王位應屬他；法國又在旁推波助瀾，要為他討回個公道重登寶座。當然，這是不可能的事，但他與法國都不罷休，更捲入了愛爾蘭，從此更加多事。國會與安妮女王定下「合同」，要她答應如果無嗣就由國會選立。她知自己是個頂替的，也不堅持。

安妮也是無嗣。當她還在世時，國會就四處找可能合適繼位的人選。按血緣來找，但是一個又一個都是天主教徒，找到第 57 個，遠在中歐漢諾威的索菲亞公主（Sophia of Hanover，1630－1714）才有屬新教的繼位人。坐上英國王位確實是如做神仙，於是這位公主就放棄了漢諾威的路德宗改奉英國國教，做了英國人。安妮臨終之前的幾個月索菲亞公主也去世，她的兒子就順理成章繼承英國大統（兼領漢諾威大公），開啟現今的漢諾威王朝，是為佐治一世。一世不懂英文，日常用德文，大半時間在漢諾威。但他卻為我們英國人立下個大功，因為他把國王權力差不多全交給國會。

我們這個國家，原本是國王至上的。他是最高行政者，所有官員都是他的僕人，聽他命令。國會也只有他才有權召開，而國會的權也只是限於稅權而已。也就是說國王要加稅或改稅才需找國會，不然就可以像獨裁者一樣去統治。

不知誰的主意，或者是佐治要討好迎立他的國會[21]，就把王室大部分財產交給國會，換取國會每年供給他行政的經費和王室的使用。從此，國會就掌握國家全部財權，成為真正的「民主」（當然「民」只是少數的高級子民）。小貴族與約翰王在 1215 年簽下的《大憲章》在 500 年後終成事實。

　　還有一件事要提。佐治的王位是國會「給」他的，他當然知道。但國會中也不是一致的，分開兩派。一派認為國會有權迎立國王，他們主要是「開明」的有產階層，大部分是開明自居的高級貴族、富有商人、不屬國教人士（新教各派和非宗教人士，特別是仍在萌芽期的中產階層），被人貶稱為「輝格」[22]。另一派屬「保守」，認為傳統宗法至為重要，他們主張，但沒有堅持在斯圖亞特世族去找合選繼位人，被人貶稱為「托利」[23]，以地方鄉紳和國教教會人士居多。自然地，佐治對托利人心存顧忌[24]，就把大權委託於輝格人[25]，讓他們把持了國會差不多半個世紀，但也因此維持了國家穩定。

　　政黨是君子不為的，因為帶有權謀和作偽。我們英國人以獨立自主為傲，紳士們是不結黨的[26]。國王的臣子都是向國王效忠，怎應結黨？國會代表是體面的事，怎能營私？但出現了兩個環境。

　　政務大臣（尤其是首相和內閣要員）是國王委的。但是做事總要用錢，而財權則在國會諸公手裡。做官的政府大員怎能與管錢的國會脫節？慢慢地，國王只委在國會裡有發言權並且有能力去說服國會放錢的有能之士。這些有能之士也藉在國會有支持者而得國王青睞，委為高官，特別是首相一職。另一個環境就是自從佐治一世以來我們已經有三個佐治了，而每一個佐治的王儲都總是要跟父王抬槓，都是反叛，都是支持反父王一方的。佐治一世與王儲在宗教自由問題上不和；佐治二世的王儲連結反對派，氣得二世半死；佐治三世的王儲要挾父王給錢[27]。當然，做政客的，無論是為國為民，或是為名為利都希望現今的國王青睞，不然就拿到下一位的國王（也就是王儲）的青睞。於是，父子失和釀成政客結黨。很有意思的是，政客利用國王與王儲失和反而鞏固了王權，因為國王與王儲都是王權不可分割的部分。跟法國不一樣，在法國，政客爭權就得選擇站在王室的一面還是站在民眾的一面。選王室的變成保守；選民眾的就搞革命。在一定程度上，英國的國王與王儲失和反有助王權穩定。

　　老實說，英國的國王是有權還是無權、干預政事還是不干預政事是很

難說清的。當然，我們會很自傲地說法國佬是絕對君權，而我們是君主立憲。但佐治一、二、三世都曾在關鍵時刻改變政局[28]。可以說，我們英國的政局平穩，實在有賴國王與國會之間、輝格與托利之間的制衡、妥協。看來，這也是我們英國的政治文化 —— 折中任何走上極端的衝動。

當然，另一個安定社會的錨是我們獨特的「等級」架構。國教的《公禱書》寫着：「尊崇和服從國王和他的屬從⋯⋯對品位高於我的人崇敬和謙卑，在神安排給我的位置上盡我的責任。」當然，內戰掃清這些等級，但只是極端的十幾年，內戰的殘酷反令我們更珍惜這個傳統的社會等級架構，內戰結束就馬上恢復。這個架構，從上到下，可分為王室、貴族、世襲小男爵、爵士、鄉紳、專業人士、教士、自耕農（城鎮的叫自由人）、莊稼漢、田舍漢、工匠、粗工、僕人[29]。

除了少數有名望的職業，如國教神職、軍官、外交官、高級公務員、法官，其他職業都被上流社會視為丟臉的事。商人發了財都不想孩子經商，如果不是繼承父業的長子，就去參軍、入法律界，或做教士。今天，這個古老的、多層的、以個人或家族為單元的社會觀是絕對的主流 —— 一個從一國之君到他最卑下子民的等級大鏈條。這個等級架構的中堅是鄉紳，一般擁有 500 英畝以上的土地，可以完全靠地租收入，無需工作。他們低於傳統貴族，屬非世襲貴族的上層等級[30]。16 世紀後期以來，鄉紳階層在政治、法律上的影響力漸大（由於他們是宗教改革、內戰的主力）。到今天，郡（county）的選舉，有別於城區（borough）的選舉，必須是擁有土地才有權選舉。所以鄉紳佔國會代表的大多數，有些甚至幾代地支配某些選區。

我們英國人普遍認為社會結構是「天定」的，等級之間是有機性的互連。當然，這個結構有它的既得利益者，從國王到貴族、權臣、紳士、律師、教士、學者，但大部分都接受這是個確立已久、權威性的社會秩序，知道自己的身份和位置[31]。

這幾十年，人口大增，財富和職業的結構趨多樣化，但是，社會等級

之別仍相當清楚。我們的約翰遜博士[32]不就這樣說:「他們的身份是固定的、不變的、有外在規範的,互相之間沒有妒忌,因為這些規範不是人為可以改變的。」換句話,是個約定俗成和神意所許的社會結構。

中間的等級可通稱為中層(middle class)。他們被視為社會中堅,備受尊重,因為他們尊重和平、安寧、秩序,而不是那些無法無紀的亂民。他們是社會鏈條中連接貧與富的關鍵環節,是最有智慧、最有德行的一群。他們是英倫的光榮,在他們身上可以找到我們國家最大的智慧、勤奮和財富。

佐治王朝至今只有 70 年,威廉更短,斯圖亞特王朝也是斷斷續續的 60 幾年。可以說,每個年代都有新貴、舊貴交替。我們尊重正統、傳統,但真正的古老宗族不多。可能就是這樣,大家都覺得越古老的東西越珍貴。都鐸王朝過後,所有的王朝都是幾十年光景。這更令我們對傳統珍惜,尤其是從都鐸開始的傳統 —— 新教的傳統。

我們的社會,從都鐸時代到現今的過程既是漸進,也有銳變,但總地來說,我們建立了一個「穩定」的社會,和一套「賺錢」的意識。都鐸初期我們英國是相對安穩的[33]。農業改革從 13 世紀就開始,到 16 世紀加速,農業改革引發的圈地[34]使貧農失去土地(公地),但富人則越富(主要是羊毛),失地農民則湧入城鎮,或到處流浪。

17 世紀雖有內戰破壞,但繁榮繼續,農村與城鎮皆如是,包括倫敦。內戰不僅是兩個宗教(天主教、新教)之爭,更多是新教內部派別之爭:嚴峻和原教旨的清教對抗它認為是墮落和偽裝的國教。內戰產生共和。但百姓對嚴峻的清教共和吃不消,共和過後馬上轉回國教。查理士二世叫做「行樂君王」(Merry Monanch)是有道理的。他扭轉十多年來像軍營般的社會,恢復視聽之娛,追求時尚。帝國迅速擴張,財富雲來,奢侈湧現:海外來了千奇百怪的飲食和玩意(西印度群島的糖和咖啡、印度的茶、非洲的奴隸),打開了「消費經濟」之門,推動貿易和發展。到 17世紀末,商業已成為經濟的主要部分。工業也普遍發展,如玻璃、造磚、

鐵礦、煤礦。商人地位提升，開始被尊重。但政治的權力和影響掌握在富有地主手中。上層和中層的生活日有改善，但底層未有大變 [35]。

17 世紀也是銀行業突起的時代。隨着商業發展，金錢借貸越來越重要 [36]。這剛好配上 17 世紀後期光榮革命帶來的「金融革命」，這個革命包括國家財政和商業金融，是我們英國發大財的機遇。

先看國家財政。威廉是「迎來」的，國會趁機奪取財權（它早有稅權）[37]。但真正的革命是國家債務的處理。

荷蘭早就與法國交惡。「海灘頭一役」（Battle of Beachy Head，在英國東南海岸），英、荷艦隊被法艦隊擊得潰不成軍 [38]。威廉決意重整海軍，需要大舉國債。為鼓勵認購國債，國會通過容許認購者組成英倫銀行（1694年成立），有全權管理政府的收支平衡，並是唯一可以發行債券的有限公司。也就是說，國債認購者（債權人）給政府黃金但可以用買來的國債作為發行證券的儲備，而這些證券可以在市場買賣。一百二十萬英鎊的國債 [39] 在 12 天內認購一空。建行成功是因為國會握住財權，使投資者（國債的債權人）有信心，知道他們貸給政府（國王）的錢會經國會通過相應的稅源去本利歸還 [40]。這大大增加了政府的財源。同時，因為銀行可以用國債去發行債券，也大大增加了流動資金，從而刺激投資和投機。

在某種意義上這個財經創新也是君主立憲的實踐。國王要籌錢（主要是為了打仗）就要借債；債款是以稅收償還，而所有新稅要由國會批准。延續 25 年的戰事（中間 5 年休戰），軍費龐大，國會對國王（也即是政府）財務的控制權也隨之大增。因為國王打仗是由國會供給，國會就控制了國王 [41]。這就是我們政局穩定的主要原因，因為國會中經各黨派妥協而產出的集體決定比國王獨斷式的個人決定會較為平穩和漸進。

在商業金融方面也有革命性的創新，荷蘭確是我們英國的大哥，但我們是青出於藍，取其所長，補其所短。荷蘭金融以阿姆斯特丹為中心 [42]。阿姆斯特丹銀行在 1609 年成立，屬最早的中央銀行 [43]，主要業務是處理荷屬東印度公司股票的買賣 [44]、商人之間貿易的結帳 [45] 和銷售政府的債券 [46]。但

是，他們的股票買賣市場因為各省市互相顧忌而不能擴充規模，買賣形式又缺彈性；他們的貿易結帳方式有集中性的好處，但未能發揮全國資金的整體力量；他們的金融管理也是集中性的，但也因此而缺少了對市場反應和投資需求的敏銳性。

我們本身原先也有自己一套分散各地的商業結帳網絡[47]，這個網絡的信用有賴多方面的互相監督。總地來說，整個網絡的金、銀儲備是分散的，但整體實力是雄厚的。[48]

光榮革命之後，為重建海軍要籌措巨款，政府成立了英倫銀行去發行長期國債。[49]由國會授權和支撐的英倫銀行借錢，並允許英倫銀行以這些長期債券作後盾去發行證券，在市場交易[50]。這做法既吸納了荷蘭金融集中在中央銀行手裡的理念，又創出了長期而高息的國債（不像荷蘭的各省、市的低息短期債券）和全國籌措（整合英國龐大而分散的資金來源）的新意[51]。

英倫銀行的管理跟一般股份公司一樣：董事局是股東選出來的（不像荷蘭是由政府委的），凡持有超過 500 英鎊股份的就有投票權。為此，英倫銀行對顧客和市場的反應特別敏銳，對股票需求的反應也敏銳[52]。

到了此時，英國既有資本集中的英倫銀行，又有買賣分散的證券轉讓市場。也就是，我們整合了中央管理和廣泛集資，配之以彈性強、敏銳高的經營方式。荷蘭的資金和投機者都轉到英國市場[53]。不到 50 年光景我們就取代了荷蘭，執全球金融牛耳。

在 18 世紀，我們更打造出一個龐大的海外帝國：先是 1707 年與蘇格蘭合併；然後在七年戰爭（1756−1763）中拿下加拿大、印度及西印諸島。那年代還有農業革命，是這樣子的。18 世紀前，大部分土地是輪耕的，也就是分三幅，每年耕兩幅，一幅休耕。後來，從荷蘭人學曉在休耕土地上種瑞典蕪菁（芸薹，swede）和蘿蔔（turnip）去恢復土壤的肥田料[54]。這改變了土地的面貌。從前，一條村或一個小鎮周圍的土地劃分為三大地段，其中總有一個地段是休耕的。在每個地段裡的每個農民有一條又長又

窄的地是屬他的。如今，不用休耕就開始出現「圈地」——每戶農民把在三個地段中屬他的土地整合在一起，無需到不同的地段去耕作。每戶都可以按自己的需要和能力去耕作，農業生產就更方便和效率了。同時，出現科學改良牲口，使牲口變得更大、更多肉、毛和奶。

到 18 世紀中，全國人口才六百五十萬[55]。城鎮在繼續成長，但大部分不足 1 萬人[56]。擁有土地便擁有最大財富、最高地位、最多政治權力。最上層是貴族。由於他們擁有大量土地，農業革命給他們帶來大量的財富和不斷的收入，他們往往把財力放在工商投資。中產階層成長得特別快，尤其在城鎮。專業以律師最高，醫師次之。商人因帝國貿易而發了大財，分兩類：士紳資本家（gentleman capitalist），他們參與國家大事；獨立的資產階級，他們比較關注地方上的事情。中產意識開始成形[57]，有自身的一套社會文化觀。同時，消費社會也出現（品味、時尚、禮儀）。中產多了，追求時尚漸成風氣[58]。

漢諾威王朝到現在只有 62 年，但江山可算穩固。宗教改革以來的政治動盪已是陳跡。光榮革命後的《宗教容忍法》（1689）使內戰期產生的清教衝動有了出路，包括浸信、循道等教派。帝國廣大的版圖供他們到各地去宣揚他們的宗教（例如浸信會[59]）；工商業迅速發展的機遇吸收和宣泄他們的宗教情緒和精力（例如貴格派[60]）；他們的救靈熱忱也幫助舒緩經濟轉型帶來的社會張力（例如循道會[61]）。

佐治三代以來，漢諾威王朝已經根深蒂固，亂不了。當然，這也是得來不易，風風浪浪。

佐治一世登基之日（1714 年 10 月 20 日），全國 20 處暴動，因為反對王位不傳斯圖亞特世族而迎立漢諾威世族。不幾年，又出現南海泡沫經濟大危機（1721）[62]。佐治當時在漢諾威，雖然立即趕回，但他身為國王卻長期住在漢諾威，遭人詬病，幸有華波爾救駕[63]。

二世在 1727 年登基，決定不前往漢諾威參與父王葬禮（他與父親不和，人所共知），大得民心，認為是對英效忠[64]。歷史對他的批判是有

點「不屑」，特別是他眾多的情婦、急躁的脾氣、粗野的舉止、著名的吝嗇。但在他的朝代我們大英的勢力開始全球擴張，天主教斯圖亞特王朝復辟完全被粉碎⁶⁵。國會和內閣政府的權力基礎越來越穩定。

　　但英、法敵對加劇，特別是有關美洲移民。我們與普魯士結盟，法國則與奧地利結盟，打了場七年戰爭（1756－1763）。1759 年是「奇跡年」，捷報頻傳：陸戰有「明登戰役」（Battle of Minden）的反客為主⁶⁶，海戰有「拉各斯戰役」（Battle of Lagos）的大捷⁶⁷，在印度有「普拉西戰役」（Battle of Plassey）的以少勝多⁶⁸。這些都是大英帝國奠基的勝仗，二世在 1760 年 10 月 25 日逝世，可說無憾了。

　　當今王上是在英國出生，是第一個完全受英式教育的佐治君王，心已不在漢諾威了。我們叫他「佐治農夫」（Farmer George）其實是指他節儉、平淡，是個「像百姓的國王」（Man of the People），是國家應有的道德的化身，不像前兩個國王那麼奢華、浪費。他把個人收入半數辦慈善，又捐出王室的藝術和書籍收藏。我們欣賞他對宗教的虔敬、對王后的忠誠。可惜他有嚴重神經衰弱，有說可能是遺傳的卟啉症（porphyria）。

　　當今王上在 1760 年登基時，我們的農業革命已大致完成，糧食充足，近年來更有人開發工業，使用機器，將來的發展很有前景。王上登基的頭幾年，因為機械化而失業的織絲工匠也曾暴動，但事情沒有弄大。相信我們的政治和社會制度可以應付這些經濟發展過程中必需的適應。

　　王上登基那年，我們的經濟學大師斯密就出了一本《道德情操論》，說人是以個人的愛、惡作為道德基礎，而我們的愛與惡跟別人對我們的看法很有關係，因此我們會很自然地做眾人讚許的事。今天的英國是一個在傳統等級體制下人人為己的社會。上上下下都想發財，而且都有發財機會。阿克賴特（Richard Arkwright，1732－1792）、瓦特（James Watt，1736－1819）之輩都是寒微出身，都發了財，雖然有大財小財之別，但都被社會認許和尊重。

　　前幾年（1769），阿克賴特先生發明了水紡機（water frame）；同年，

瓦特先生發明了蒸汽機。跟着，阿克賴特先生又興建了用水力推動的織布廠，一條龍地從棉花做到布匹。差不多一夜間人人爭着模仿，全國到處建廠。運輸系統也在改變。布里奇沃特爵爺（Duke of Bridgewater，1736－1803）在 1761 年挖了一條運河，大大地降低了他從產煤地到用煤地的運費。在 1770 年，他又把這條運河開長了。現在好像處處都在挖運河。

最近的幾年，經濟一片好景。倫敦剛建成了股票交易大樓（1773）。多年來約束紡織業發展、限制粗棉布進出口的《棉布法案》（Colico Act）⑯ 終於在前年（1774）取消了。今年 3 月，斯密大師又出了他的《國富論》，提出保護主義的貿易不是國富之道，生產力才是。他又指出分工是提升生產的不二法門，這也正是阿克賴特先生正在做而各地都在效仿的大趨勢。斯密又指出，競爭是經濟的動力。這也是過去幾十年在紡織業、冶金業、礦業、交通業的現象，而且是有增無已。斯密先生又說私利的競爭會帶來公益，因為把餅做大了。但願如此。

這是英國先生在 1776 年已知和可見的東西。在這基礎上他可以用「常理」去推未來。

註

① *London Gazette*，是政府新聞報。

② 見《西方文明的文化基因》第七章。

③ 也稱「反抗教」（Protestants）。現今中國用的「基督教」其實就是所有「反抗教」的通稱。中國用的「舊教」其實就是天主教。這些我在《西方文明的文化基因》裡交代過了。

④ 「主教制」。教會由教士治理；教士分等級，最高是主教。典型例子是英國國教、路德派、天主教。英國國教中分主教（bishop）、教士（priest）和助理（deacon）。主教必須是「從宗徒傳下來的」，可以追蹤到耶穌的 12 宗徒（apostles），也就是「正統」之意。

⑤ 「長老制」。教會治理是通過長老議會（representative assembly of elders），強調議會式決策。長老分兩類：訓誨（teaching）和管治（ruling）。訓誨長老（牧師）負責教育、崇拜、聖事；管治長老（在俗）負責領導和栽培教會。還有助理（也有時叫長老），負責會產、財務、濟貧。議會分 3 層：教堂議會（session 或 consistory），教區議會（presbytery），地區或國家總議會（general assembly）。教堂議會負責紀律、教育、傳教，每個教堂自請牧師，但要由教區議會認可，每一個教堂自己推舉管治長老。教堂議會往上是教區議會，再往上是地區或國

家總議會。有時，在教區議會和總議會之間會設有集會（synod）。

⑥ 「公理制」。早期叫分離分子（Separatists）或獨立分子（Independents）。布朗於 1582 年發起的「Theory of Union」是源頭。起源是想恢復早期基督徒的教會治理模式。它不是個宗派，是個「運動」，以完全自治為目標。一個教堂裡每一個信徒有權參與決定禮拜儀式、信條和選舉執事。每個教堂處理堂裡所有事情，不受外人干擾（自治、自立）。原則是互相制衡（check and balance），特別是神職人員、在俗執事和信眾之間的制衡。

這套思想的基礎理念是：（i）每個教堂都是耶穌整個教會具體而微的實現；（ii）在世上，除了在當地的一個教堂外，整體教會都是「不可見」和理想化的。為此，每個教堂就是唯一「可見」的教會。教會的具體組織和治理有以下特徵。（i）信眾（個人與整體）的信仰自由保證了對神職人員和在俗執事的權力的監督。這個自由同時要求每一個信徒自制，這就是要求信眾之間在辯論上要有愛心和忍耐。（ii）所有人，包括執事，是通過一個共同的契約去約束個人的權力。這契約要明確地列明和經大家的同意，小至一個章程（chapter），大至整套憲法（包括教義、管理和對外關係）。為此，每個教堂都是個絕對的自願組織。（iii）神職人員絕不容許管治教堂，只可以在信眾的允許、同意下辦事，並有委員會監督。（iv）執事人員是信眾之一。他們和教堂的主理神職（牧師）共同決議（包括通過委員會去決議）。（v）教堂之間可以互相串聯（union），也包括與其他不同教派的教堂串聯。

⑦ 羅馬時代，基督宗教已經在羅馬帝國勢力未達的地區傳播。相傳英國的基督宗教是耶穌信徒之一的阿利瑪西亞（Joseph of Arimathea）傳來的。公元 5 世紀，羅馬帝國滅亡後，圍繞着愛爾蘭海的英倫三島地區就出現了「凱爾特式基督宗教」（Celtic Christianity），有自己的儀式、曆法，獨立於羅馬天主教會。

公元 596 年，天主教皇聖國瑞一世（St. Gregory I，540－604）派遣奧古斯丁來傳教，駐在坎特伯雷（所以日後英國國教的坎特伯雷天主教是國教中的首尊地位），並協調凱爾特式基督宗教皈依羅馬天主教。7 世紀中，英倫三島的「凱爾特式基督宗教」正式歸附羅馬天主教，但仍保留若干凱爾特特色。

1534 年，亨利八世的國會通過《至上法案》（Act of Supremacy），定亨利八世為英國教會的至上元首（Supreme Head of the Church of England），以滿足「英國人在宗教和政治上獨立於歐陸的意願」。但是，在教義和儀式上，仍保留天主教的模樣。在教會組織上則完全保留了天主教的「主教制」，只不過把教皇換成國王而已。到亨利兒子愛德華六世，英國教會開始出現它的特色，走向極端卡爾文宗（見《西方文明的文化基因》第八章，「充滿犯罪感的宗教改革」）的教義。

伊利沙伯一世（在位期 1558－1603）在 1589 年通過《統一法案》（Act of Uniformity）規定國教對國王效忠，一方面包容卡爾文宗的激進（激進、溫和和保守是指教義改革而不是指政治意識或暴力的使用，很粗略地說，天主教是保守，路德宗是溫和，卡爾文宗是激進），一方面保留天主教的保守。雖然激進分子極力想擺脫中古味道的天主教，但整體來說，英國國教的發展在 1560 年（伊利沙伯時代）到 1660 年（內戰結束）是「停滯不動」——既不是天主教，也不是新教，自視兩者兼收。

大部分神學家都認為「中間路線」不是種妥協，是一個「正面的立場，承認神的普世性和神通過在世的、不完美的英國國教去實踐神的國度」。「聖經是唯一真理所在，但聖經中存在和假設了理性和傳統（因為聖經要由理性解讀、傳統顯示），指向神與人、神與自然、神聖與俗世的合作。」但由於國教是「國會立法」和「教會傳統」的產物，因此凡有政治或宗教的變動就會產生張力。

⑧ 伊利沙伯看見從亨利到愛德華到血腥瑪麗，英國從天主教到保守新教（亨利）到激進新教（愛德華）再到重返天主教（瑪麗），都造成極大的政治和社會張力，她想以國教去統一新教中的保守和激進分子，共同對付天主教復辟。1558 年的《至上法案》正式成立「英國國教」，以國王為首；1559 年的《統一法案》把保守分子和激進分子分別收入國教的「高教會」（High Church）和「低教會」（Low Church），但以高教會為正統。

當時的想法是低教會可以吸納激進的改革分子，但結果是真正的改革分子都認為國教根本不是改革（只是把教皇換成國王），紛紛自創教派，帶濃厚的清教意識。產生的局面是一個曖昧的國教，裡面有保守的高教會和不想脫離國教的機會主義者以及仍想在國教之內去攬改革的輕微激進分子（低教會）。國教系統之外是清教分子和天主教。

⑨ 蘇格蘭在 1560 年廢天主教，組蘇格蘭長老制教會，成為國教。詹姆士一世未做英國國王（在位期 1603－1625）之前已經是蘇格蘭國王（在位期 1567－1625）。他在英國登基之日，英國是主教制國教，蘇格蘭是長老制國教。

⑩ 英法戰爭（1627－1629）是 30 年戰爭（1618－1648）的一部分。英國原先想與法國聯手去對付西班牙（那時是歐洲霸主哈布斯堡世族的實力所在）。1625 年，法國卻利用英海軍力量去摧毀國內胡格諾新教分子，英國大怒。1626 年，法國與西班牙訂秘密協約並擴建海軍。英國派人煽動法國新教貴族作反，並派艦隊支援，戰爭遂啟。

⑪ 「船錢」（ship money）是封建已有的特種稅，主要是保護沿海地區的軍費，一般是向沿海城鎮徵收，但查理士欲向所有城鎮徵收。

⑫ 這是一件奇怪的出爾反爾。查理士一世登位之初，為討好英國人，在 1637 年，與英國國教坎特伯雷大主教勞德（William Laud，1573－1645）意圖強迫蘇格蘭國教用上英國國教的《公禱書》，引發武裝叛變。大批蘇格蘭人簽誓《尊重同盟合約法》（Solemn League and Covenant），誓保長老制的蘇格蘭國教，稱「約法黨」（Covenanters）。約法黨在蘇格蘭專政 10 多年，後來出兵支持英國內戰中的國會派。

⑬ 克倫威爾召集了一支純樸而英勇的戰鬥力量（模範新軍），在當時是無人匹敵的。歷史學家麥考利（Thomas Macaulay，1800－1859）說：「無論在英倫三島或歐洲大陸，誰都擋不住他們。在英格蘭、蘇格蘭、愛爾蘭、弗蘭德斯（荷蘭），往往是困難重重，有時甚至面對三倍的敵軍，他們非但攻無不克，而且是徹底消滅敵方。最後，他們對每場仗都認為必操勝券，會不屑地、自信地面對全歐著名的勁旅。就算被他們打敗過的保王軍，看見這支由自己同胞組成的隊伍，在眾寡懸殊和孤立無援的情況下，仍然把西班牙最精銳的陸軍打得全軍盡沒，把法國人宣稱不能攻破的防衛工事掃平，無法不感覺到一種種族的驕傲。」克倫威爾這支軍隊與眾不同之處是上上下下都對神心存敬畏，並堅守嚴峻的道德規範。就算極端保王分子

都承認在他們獨一無二的營地裡，聽不到侮辱神明，見不到酗酒賭博，在他們漫長的軍旅生涯，他們視良民的財產、婦女的貞操為神聖。沒有女僕投訴這些『紅衣兵』（redcoat，因紅色制服而得名，日後是英軍的代名詞）對她們不敬，沒有從金飾店拿走一盎司的白銀」。

⑭ 1648 年查理士一世被擒，第二次內戰（1647－1649）結束，國會派派人與查理士談判。前些時候，在 1647 年第一次內戰（1642－1646）結束後，模範新軍的領導們也曾與查理士談判，深感失望，認為查理士在玩弄國會中的派系。這次，模範新軍中眾人對查理士絕不信任。在 1648 年 11 月 21 日，他們呈交國會《告誡書》。國會在 12 月 5 日以 129 對 83 票接納查理士提的條件，然後，在 12 月 10 日以 125 對 58 票拒絕了新軍的《告誡書》。第二日（12 月 11 日），步兵團的普萊德上校（Thomas Pride，終於 1658，這事件也稱「普萊德清場」[Pride's Purge]）在騎兵團的里奇上校（Nathaniel Rich，終於 1701 年）的支援下，親自站在國會大堂樓梯上檢查到場議員，核對投票名冊，有的被捕、有的被拒入場，一直鬧到 12 月 12 日。清場前，507 名議員中有 471 名是積極的（經常出席），在清場後只剩 200 多名。大部分被拒的都先被押，後釋放。實際議事的只有 80 幾人，此中新軍佔 70 多（上議院出席的更只十多人）。歷史稱這個被獨立分子清了場的國會做「臀部議會」（Rump Parliament，議期是 1648 年到 1660 年）。克倫威爾表面未有參加，但清場對他有絕大幫助。這是內戰期間最重大的政治事件。在國會「清場」之後，又在軍隊裡解除最極端的平均派（Levellers，追求極端民主）分子的職務，改由「大人物」（Grandee，軍中地主級，如克倫威爾）專權。

⑮ 1653 年，在克倫威爾干預下，臀部議會通過決議，鼓勵宗教生活，但禁止極端（如貴格派、喧囂派和清教）；出售國王和教會的財產；成立貿易委員會（Commission of Trade，1650）去禁止跟支持保王的殖民地貿易；定立《航運法案》（Navigation Act，1651）去保護英國貿易。

⑯ 第一次內戰期間，國會派的支持者有國教分子、長老制分子和獨立派（大部分屬公理制）分子。

內戰之前和內戰前期，皮姆（John Pym，1584－1643）領導的長老制分子在英國抬頭。1643 年，英國與蘇格蘭（1639 年到 1651 年蘇格蘭是由長老制運動的 Covenanters 統治的）的長老制教派謀結盟（Solemn League and Covenant）：英國國會與蘇格蘭國會同意「保存蘇格蘭改革了的宗教（當然是長老制，但未有指明），按神的指示和按最合適的宗教模式（當然是蘇格蘭的長老制模式，但也未有明言）去改革英格蘭和威爾斯的教會」。其實就是把英國改為長老制。結盟的目的是聯手打保王分子（保護有天主教傾向，同時是英格蘭與蘇格蘭國王的查理士一世）。條約內容仍多處遷就英國國會內的「獨立派」（Independents，他們的公理制宗教比長老制更「民主」），因為他們是英國國會軍的主力（模範新軍）。因此，對蘇格蘭來說，這盟約並不完美。1646 年，蘇格蘭軍與國會軍打敗了保王軍（查理士一世）。1647 年，查理士一世反過來暗邀蘇格蘭去幫他，去打共同敵人，也就是宗教的獨立派，答應事成之日英國國會更徹底地採用蘇格蘭長老制（答應在英國強行 3 年長老制），即取消遷就獨立派。此刻，蘇格蘭內部分裂，有人反對支持查理士，認為他會食言。反對者叫「教會黨」（Kirk Party，Church Party），贊成者叫「支持黨」（Engagers）。反對者被支持者暗算，支持黨遂掌權。1648 年，蘇軍（支持黨）南下，但被英國國會軍擊敗。查理士一世在 1649 年

初被殺，查理士二世被放逐（當時他身在法國）。

1649 年 9 月，蘇格蘭政變，教會黨奪回政權。這次，他們擁查理士二世為王（英王、蘇王），說服他去接受 1643 年的盟約（Covenant，也就是在英放棄主教制），答應助他返英（他那時在法國）。他對蘇格蘭教會黨反感，但仍勉強接受條件。1651 年，蘇格蘭軍（教會黨）被英國國會軍打敗。到此刻，長老制在蘇格蘭和英格蘭都告失敗。查理士二世逃亡，6 星期到處藏身，只有天主教徒助他，查理士也從此認識民生（尤其是天主教徒），臨死成為天主教徒。1658 年，克倫威爾去世，兒子無能，獨立派群龍無首。1660 年，查理士二世在蘇格蘭稱英王。這次，他在蘇格蘭共和軍（其實是英國的佔領軍）的英國統帥蒙克（George Monck，1608－1670）支援下，重坐上英國王位。1661 年，他廢除英蘇 1643 年的盟約，完全恢復主教制，公佈《克拉倫登條例》（Clarendon Code，是 1661 年到 1665 年間出台的 4 個法案，禁制非國教分子，包括驅逐非國教教士、教師和禁集會，以查理士二世樞密顧問和大法官克拉倫登定名）和立下《宣誓條例》（Test Act），不容非國教正統的任何人去擔任官職和軍職，又不准牛津與劍橋（清教根據地）授予他們學位。

在國教系統內有長老制傾向的國教牧師陷困境。1662 年的《統一法案》規定他們要完全接受《公禱書》（Book of Common Prayer，是國教的教義和規則大全，1549 年初定，經 1552 年、1604 年的修改，終以 1662 年的版本為正統），並要經過主教制祝聖才能當牧師。2,000 多人不能接受，被解除教職（包括不能在教堂住所居住）。這事件叫「大驅逐」，跟着是一個多世紀的迫害。

但國教也因此出現很多牧師空缺。為此，被逐的牧師繼續在所屬國教堂區「非法」施洗、婚配、講道（主要還是向跟隨他們的信眾），並在私人教堂（chapel of ease，不在國教系統內的教堂）或自己家中做禮拜。但到 17 世紀末，國教收回這些教堂，他們就自建教堂。他們視他們的教堂是國教的堂區的「另一個」教堂，但門是向所有人打開的（國教信徒和非國教信徒）。為此，他們的信眾比較開放，再加上他們自設神職和辦培訓、學校，越走越多元，有些甚至最後走上「一宗主義」（Unitarianism，有泛神論的傾向）和反聖三一（anti-Trinitarianism，而聖三一是國教的基本教義）。為此，國教對他們特別敵視，認為他們搞分裂。

⑰ 威廉三世（William III，1650－1702），他的身份是王子，領地奧倫治原在法國南部，但那時他是荷蘭若干城市聯盟抗法（路易十四）的領導人。母親是查理士一世的女兒，夫人是詹姆士二世的女兒。因此詹姆士二世是他的舅舅和岳父。

⑱ 見《西方文明的文化基因》第十四章，「做官的洛克帶出『天賦自由』」。

⑲ 在法律上，詹姆士不是被廢。他逃跑前把玉璽掉進泰晤士河裡，國會聲稱這是代表「退位」（abdication），所以把威廉（與瑪麗）迎上空位是合法的。這也是典型的英國妥協。

⑳ 要到 1750 年抽重酒稅之後才有改善。

㉑ 佐治為討好英國人，在「誰發明微積分」一案上，竟然犧牲了為他謀取王位的大功臣萊布尼茨，好讓英國的牛頓贏得發明人的雅譽，見《西方文明的文化基因》。

㉒ 輝格派（黨）叫「Whig」，來自貶詞「馬賊」（whiggamore）。他們也被指像蘇格蘭長老制的教徒（有別於英國國教的主教制），代表他們有共和、不依從國教（non-conforming）、反叛

合法權力的傾向（指他們反對合法的王位繼承）。後來，輝格人以貶為榮。

㉓ 托利派（黨）叫「Tory」，當初也是貶詞，可能來自愛爾蘭語的「不合法教皇派」（Papist outlaw）。後來，托利人也以貶詞為榮。

㉔ 1688 年後，大部分托利人接受了輝格的君主立憲理論，但他們的效忠被質疑。事實上，在威廉過後的安妮女王時代，他們就想把詹姆士二世再迎返，引發暴動（1714 年的事情）。到 1745 年他們又為詹姆士二世後人謀復位。光榮革命（1688）後的大半個世紀，托利都未有掌權（除了安妮的幾年），英國那時是「輝格至尊」（Whig Supremacy）。有意思的是，在工業革命時代（1770－1830）掌權的不是開明的輝格，而是保守的托利。

㉕ 輝格把持的國會在 1715 年（也就是迎立佐治的第二年）就通過了《七年法案》（Septennial Act），把國會開會期限增加到 7 年，也就是說已是國會代表的可以坐得更長，開啟了輝格天下。

㉖ 輝格與托利都沒有現代的「黨」的意識（組織選民，協調政見去爭取選票）。那時，只有有產人士才有選舉權，也就是有土地的貴族和富商。他們都認為組黨是「不老實、不體面」，因為一個紳士應該是獨立的——獨立的思想、個人的利益。他或者會跟別人結盟，但都只是暫時性的、務實性的，所以是沒有「黨性」或「黨紀」的。

㉗ 佐治一世的王儲（日後的佐治二世）支持反對父王者，尤其是他支持增加宗教自由（佐治一世在宗教上比較保守）。王儲甚至當眾侮辱佐治手下。事是這樣的。王儲得子，佐治一世按傳統委王室主管（紐卡斯爾，Duke of Newcastle，日後為相，但當時只有 23 歲，而王儲是 34 歲）為嬰兒教父之一。王儲不喜這人，在嬰兒受洗禮上發生口角。佐治一世把王儲軟禁了一頓，後要他搬出。王儲很懂得拉攏人心，他的民望使父親對他不信任，又嫉妒。他的住宮是父親政敵的聚會所。1720 年，佐治一世返祖業漢諾威（佐治經常在 5 月到 11 月回去），就決定不讓他攝政，另立「攝政會」。當時的政壇紅人華波爾（Robert Walpole，1676－1745，在 1721－1742 為首相，史家稱他為英國第一個首相）勸他們父子和好，但雙方芥蒂已深，未有成事。稍後華波爾被佐治一世重用，王儲更有被利用和被出賣的感覺。這也反映王室和政客之間的複雜關係。

佐治二世與王儲的關係也惡劣。佐治二世是登基後才把王儲從漢諾威接過來。他們之間 14 年未有見過面。王儲一到英國，馬上跟反對派聯繫上。佐治二世生病，王儲傳他快死，佐治被迫抱病露面去闢謠。王儲向國會要求增加使費，與佐治公開衝突。佐治出了名的吝嗇，要私下解決，但王儲拒絕。國會否決王儲的申請之後，佐治勉強增加供給。1741 年大選，王儲為反對派助選。華波爾未能拿到國會大多數，想收買王儲，答應讓國會增加他的使費，但不為他還債。王儲拒絕，華波爾被迫退休。1747 年又是大選，王儲又積極支持反對派。王儲女兒出生，他不許父母到場，夜裡把待產妻子移出宮外。佐治二世把他逐出王庭（就如當年佐治一世對他一樣）。1751 年，王儲突然去世，其子繼承（即佐治二世的孫子，也就是日後的佐治三世）。同年，佐治二世厚愛的女兒也去世，二世說：「這是我家傷亡慘重的一年。我失去長子——但我對此高興，如今女兒也去了。我知在我兒女年幼的時候我並未愛過他們，我討厭他們走入我的房間，但現在我像大多數做父親的一樣愛他們。」

佐治三世的王儲（日後的佐治四世）也是與父王政見衝突。保守的父親最恨的是他跟開明輝格政客福克斯（Charles James Fox，1749-1806）交往。他生活奢華，負債纍纍，1787年，他向國會申請撥款還債。他有一個半公開的秘密，就是他21歲就與馬麗亞‧菲茨赫伯特（Maria Fitzherbert，1756-1837）同居。這位女士是庶民，長他6歲，兩度離婚，並且是天主教徒。稍後，他倆秘密結婚，這違反了兩條國法（1701年的《王位法案》[Act of Settlement]，不容天主教徒坐王位；1772年的《王家婚姻法案》[Royal Marriage Act]，不容王族未經國王同意結婚）。如今，他要申請撥款，此事就要曝光，他就叫福克斯說這是誹謗的謠言。國會終給他還債，又批他錢修宮。1795年、1803年，他又要國會增加撥錢。他在1811年佐治三世因病不能視事時升為攝政王。攝政期間大權旁落國會，這也可能是他被國會（下議院）拿着了要害，要錢就要讓權，就要聽話！

佐治四世的王儲（是他的弟弟，也就是佐治三世的兒子，日後的威廉四世）也是負債多多，多次想找個有錢的老婆。他也想像兄長一樣要國會撥款，父親（當時佐治三世仍在世）不願，他就要挾要去競選下議院議員。下議院是平民政客，王族去競選，在當時是非常丟臉的事。佐治三世不想兒子去取悅選民，就把他封爵，讓他進上議院。佐治這樣說：「我知道又多一張反對我的票了」。

㉘ 佐治一世干政。1725年，佐治一世重開爵位作為政治本錢去收買支持者。

佐治二世干政，在奧地利繼位之戰（1740-1748）期間。英國首相是康普頓（Spencer Compton，任期1742-1743），但實權則在國務大臣卡特里特（John Carteret，1690-1763）手裡。卡特里特是佐治二世的寵臣，他揚言如果英國不出兵助奧，法國的實力會大增。佐治同意，他未跟他的政府（內閣）商量就雇傭了12,000雇傭兵，並把他們駐在漢諾威。1734年5月更親自率兵與法軍戰鬥，並且打贏（這是英國國王開往前線的最後一次）。他的英勇被英國人讚許，但一般英國人認為他與卡特里特把英國利益放在漢諾威之下。1743年7月，康普頓病死，由佩勒姆（Henry Pelham，任期1743-1754）組政府，卡特里特失掉國會的信任，辭職。佐治非常氣惱，雖是佩勒姆當政，但佐治仍然聽卡特里特的話。同時，他又阻止政壇紅人老皮特（William Pitt，1708-1778）入閣，因為他怒恨老皮特反對他的親漢諾威政策。1746年2月佩勒姆與內閣辭職，佐治就叫卡特里特找人組閣，但因為在國會找不到支持，48小時後退還國璽。佩勒姆勝利復職，佐治被迫委老皮特入閣（老皮特最終在佐治三世時拜相，為英國取得七年戰爭勝利）。

佐治三世干政。佐治三世登位之初，輝格的紐卡斯爾（在任期1757-1762）是前朝留下的首相，與老皮特分權而治。輝格與托利兩派相爭。三世委太后親信──托利黨的比特（Lord Bute，任期1762-1763）為相，但他做得很不開心（更有人傳他與太后有染），不夠一年就辭職，接任的是輝格人格倫維爾（George Grenville，任期1763-1765）。佐治不喜歡他，尤其是因為此人定立印花稅，擾起北美不安。佐治想老皮特為相，但說不動老皮特。稍後，佐治罷了格倫維爾，改任羅金厄姆（Rockingham，在任期1765-1766、1782，也是輝格人）。羅金厄姆在佐治與老皮特的支持下，取消了印花稅，美洲殖民大悅，為佐治與老皮特立像。這是1766年的事。

㉙ 從中古開始，歷史原因把不同的人安置在一個大一統的社會裡頭的特定位置，造成一個等級架構。貴族是王室的「屬從」（tenants in chivalry），包括伯爵（earls）、男爵（barons）、爵士（knights）。非貴族的自由人，包括自由民（自治城鎮的居民 [burgesses] 和農村的自耕農 [yeomen]），以及非貴族出身的地主（擁有世襲不動產，franklins）。下面就是莊稼漢（husbandman，也可指戶主 [householder]）和佃農（unfree peasantry）。紳士（esquire）和縉紳（gentlemen）是出於貴族最下層和非貴族最上層之間的「中上交界層」。

在 18 世紀初，等級是這樣子的：

(ⅰ)　王室（royal）：國王、王后的近親，王子、公主、王室家族。

(ⅱ)　貴族（aristocracy，peer，noble）：從男爵到公爵。貴族品位有複雜的繼承法則，一般是長子繼承名位和產業，沒有男丁就取消名號，但仍保產業。他們多數是大地主，在倫敦有豪宅，並是上議院議員。由於參與王室活動是非常花錢的，他們常常受賄去補貼開支。

(ⅲ)　世襲小男爵，是貴族之下的最高身份。

(ⅳ)　爵士。中古時代非常重要，是上級貴族（主）的屬從，負責組織當地武裝。到 17 世紀，變成一個名號，主要是封贈有軍功的。

(ⅴ)　鄉紳。他們全賴地租生活，不用幹活，有一定的教育水平，一般把地出租或雇工幹活。他們如果工作，也都是做律師、教士、政客或其他要有學問基礎而無需體力勞動的工作。未受封為爵士的通稱紳士。他們常常為孩子捐來一個軍職，好光宗耀祖。

(ⅵ)　專業人士和商家。城鎮的專業首先是律師，最高身份的是在倫敦的「律舍」（Inn，也可譯律師學院、律師協會、律師學會，有權授予律師資格）任職，共有 4 所：林肯律舍（Lincoln's Inn）、格雷律舍（Grey's Inn）、內殿律舍（Inner Temple）、中殿律舍（Middle Temple）。醫師的地位也日升。商家有大有小，以財富衡量，他們會在鄉間買所大宅和找一個爵士或小男爵的名號。

(ⅶ)　教士主要在農村，由鄉紳治理。主教有貴族身份，坐上議院，但身份不是世襲。

(ⅷ)　自耕農，或城鎮的自由人。自耕農有自己的土地，有不受貴族地主干擾的權利。16 世紀前他們是軍事主力，尤其是當大弓手（long-bow man）。

(ⅸ)　莊稼漢的前身是封建時代的佃農。他們要向地主租用田地或店戶，每年把大部分出產或生產所得交地主。

(ⅹ)　最底層是田舍漢（cottager）、工匠、粗工（laborers）和僕人（servant）。田舍漢比莊稼漢低一級，因為他要以替人幹活謀生而不是自耕（奴隸制度到 13 世紀已不存在）。比他更低的就是流民（vagabond）、流浪者（drifter）、乞丐（pauper）、罪犯（criminal）、被排逐者（outcast）。年輕婦女多為人僕（包括為鄰人打工），直到結婚；年輕男人多為莊稼漢幹活（每年定合約）。

㉚ 鄉紳分 4 類。(ⅰ) 小男爵原先在 14 世紀建立，1611 年，詹姆士一世時重新制定。擁有這個品位的有權要人稱他為「爵爺」（sir）。(ⅱ) 爵士原是軍階，但逐漸發給對王室有功的庶民（civilians），也有權要人稱他為「爵爺」，但名號不能世襲。(ⅲ) 紳士原先是用來稱呼想做武

士的武士侍從，中古之後，國王可以封贈此銜。習慣上，律師、市長、太平紳士和較高級軍官可被稱「閣下」（Esquire，或 Esq）。（iv）縉紳也是社會地位的名銜，一般用諸不用工作去謀生活的貴族子弟、高職位人士、高地位人士、有錢人士，是上流社會的低層，但這個稱呼也用來代表好行為有禮貌的男士。有貴婦人想詹姆士二世（17 世紀後期）贈他兒子「縉紳」的稱呼。詹姆士說：「我可以使他成為『貴族』，但全能的神也不能使他變成『縉紳』」。

這個鄉紳階層屬上流社會，是體面的（也是一般工商富人夢寐以求的）。如果是多代繼承祖產的家族，更被稱為「老家族」（old families，其實是亨利時開始的，而非中古時代），是上層社會的中堅。

㉛ 這個社會是個等級性的組合，品位的先後、受尊重的程度都很仔細地排列，每一層與另外一層的融合和混合差不多是不能覺察的（尊卑分明但不分割）。

18 世紀以來英國維持着一個完整的、複雜的、正規的名位和等級系統，從王室開始，由上到下。為此，顯赫與榮譽可以世代相傳，每個人的社會身份都可以按此排列。但與這個「正規」等級並列着另一套「非正規」的排列：一個英國人的階層可以按他的祖先、口音、教育、儀表、衣着、娛樂、住所、生活方式定位，當然這些標準往往以「正規身份」的行為舉止為參照。正規與非正規的身份和榮譽等級制度組成所謂「英式等級制度」（British Class system）。

英國人總是關注他是誰，他屬於哪個社會等級和他在這個等級中的位置。不是人人同意這些等級的區別，但不同意的往往只是有關等級的標準，等級的意識深入英國人的靈魂深處。

㉜ 塞繆爾·約翰遜（Samuel Johnson，1709—1784），英國作家、社會評論家，編有《英語詞典》。

㉝ 整個 16 世紀，糧食不缺，沒有鬧饑荒。雖然有失收，但都只是地方性的。在城鎮，麵包價格是法定的，糧荒時麵包造細一點而已。

㉞ 圈地早有，主要是把中古的公用私用模糊的土地產權模式劃清楚公與私之別。這可以通過買賣或協商，也可通過法律，後者才是問題所在。1760 年到 1820 年是圈地最活躍期。在都鐸時，圈地主要是把農地改為牧地養羊，因為當時農村人口下降、農地荒廢，但同時羊毛需求量高。政府反對圈地，主要是想維持農村穩定，避免流浪人口過多。農業革命帶來大量圈地，主要是圈地容許農戶（特別是富農和鄉紳）可以提高生產效率去滿足人口增長和工商需求。拿破崙大陸封鎖期（1806—1812）更為關鍵。

㉟ 估計那年代有一半人天天有肉吃，三分之一的人一週中有兩三頓肉吃，最底層的五分之一就一週只有一餐食肉，而且部分時候要受救濟。人均壽命只有 35 歲，三分之一到一半的人活不過 16 歲。但一旦長成，很多活到 50-60 歲。

每個堂區（教堂服務範圍）設有堂區督導員（overseer），有權強迫區內居民交濟貧稅，去救濟年老與殘疾，去為貧困而有工作能力的人創造工作崗位。不願工作的受鞭刑（後設改造所），乞丐的孩子送去做學徒。

㊱ 內戰之前，金飾店是借錢和換錢的地方。1640 年，查理士一世充公倫敦商人寄存在鑄幣廠的黃金，之後，人們開始把錢寄存在金飾店，由店主發收據，隨後，商人開始以收據當錢來

用。金飾店發覺所有寄存者不會在同一時間提錢，於是發行多於存在他們處的黃金量的證券，然後把這些證券貸出去收息。光榮革命之後，與法戰敗，威廉決定重建海軍，為融資，就在 1694 年成立英倫銀行。

㊲ 1689 年（光榮革命第二年），國會定下經立法規定的「王室專款」（Civil List），徹底改變國王與國會的關係。這筆錢是每年由國會議決撥發，用來供給國王生活所需，而非政府運作所需。從此，國王（王室）就要仰國會的鼻息。（按理是如此，但國王與國會的關係非常複雜：國會代表和黨派都想得到國王青睞去提升政治本錢，反映英國根深蒂固的社會等級觀念。）1690 年，國會又成立「公共財務委員會」（Commission of Public Account），去監管國王（政府）如何使用稅款，又開始加插「撥款草案」（Appropriation Bills）去指令哪些稅款應用在哪些項目。這些都大大增加了國會對國庫收和支的控制。

㊳ 詹姆士二世在光榮革命中被逼走，在愛爾蘭謀復辟。威廉決意征愛。路易十四派海陸軍去助愛爾蘭。1690 年 7 月 10 日，兩軍在英國東南部海峽的「海灘頭」（Beachy Head）海域相遇。八小時海戰，法軍大勝英荷聯軍，聯軍 56 艦掉了 5—7 艦，法軍 75 艦全無損失。英荷艦隊躲入泰晤士河口，法軍未追趕，但暫時控制英倫海峽。雖然海戰失利，英陸軍在愛爾蘭第二天戰勝詹姆士軍，詹姆士逃往法國，求助路易進攻英國。到 8 月底，英荷聯軍重組，巡弋英倫海峽。

㊴ 半數用來重建海軍，是英國將來壟斷制海權而稱霸的本錢。一個意料之外的結果是重建海軍引發出工業改良，尤其是鋼鐵工業。還有，海軍兵員增加 4 倍，飲食供應刺激農業生產發展。

㊵ 債權人的利益與國會決議息息相關。但債權人主要是貴族與富商，而國會代表也是貴族與富商，因此國會其實就是債權人的代表。所以，由國會定稅收就會使貴族和富商階層比較放心去買國債。從他們的角度去想，國會通過稅收就可以保證不會有賴債出現。這個信心使國債的利率可以偏低一點（這是相對於沒有國會，由國王專政的國家的國債利率而言）。為此，英國政府借錢打仗比較容易、比較便宜（這有沒有助長英國的國勢就未有定議）。

㊶ 這場博弈遊戲是這樣子的：15 世紀開始，國會（下議院）是財政草案的「動議者」，而國王是國會的「召集者」。也就是，沒有國王召集，國會不能擅自集會。因此，國王往往以解散國會或不召開國會去支配國會。在這場英法戰爭中，國會蓄意不提供足夠戰費，威廉及繼承他的安妮女王要保證戰費不斷就不能解散國會，國會也就綁住了國王。還有，國王不能（也不屑）參加國會議事，所以只有國會代表才可以在國會動議。當然國王可以邀請一個國會裡頭的代表去代他動議。這非但不方便，更惹人非議。為方便與國會的溝通，國王自然也想在國會中有正式代表資格的人做他的官員（內閣），這也是日後只有國會代表才能當上國王官員（政府）的濫觴。更日後，國王與政府分家（雖然在儀式上、檔案上官員仍是為國王服務），政府要員也必須有國會代表身份。到有正式政黨的時代，國會中的多數黨就順理成章地變成政府（雖然按憲法是由國王邀請他們去組政府）。

㊷ 原先，荷蘭的工商重點在安特衛普（Antwerp），那裡發明了一套「系列性擔保」的貿易結帳方法（serial endorsement）。是由富商擔保的私人借貸。當年，由於西班牙用了來自德國地區的白銀去投資葡萄牙的東印度貿易，安特衛普的商人就不夠銀子用，只好用私人債券去為

貿易結帳。安特衛普是當時荷蘭（包括現今比利時）最發達的城市。荷蘭原是西班牙的「屬地」，屬新教（特別是激進的卡爾文宗）的荷蘭要脫離天主教的西班牙，弄出一場八十年戰爭（1568–1648）。1585 年，安特衛普被西班牙兵洗劫。之後，荷蘭海軍巡弋安特衛普對外主要出口的斯海爾德河（Scheldt）河，終止了安特衛普的對外貿易。安特衛普淪陷後，資金逃到阿姆斯特丹，但阿姆斯特丹堅持只有它的銀行才可以做銀行業務，藉此去自保，不被安特衛普的商人支配（荷蘭是由省、市組成的「國家」，各省、市有很大的自治權），並堅持安特衛普商人要把賺來的錢放在阿姆斯特丹銀行，而阿姆斯特丹銀行則用這些金銀去支付借貸。阿姆斯特丹因此風光。

㊸ 八十年戰爭（1568–1648）中，「碎錢」問題促進了金融創新。籌措戰費的辦法之一是貨幣貶值，也就是在不改變金元、銀元的幣面價值之下，把金銀成分降低（通過重新鑄造）。不同時刻、不同規模的戰爭會引出不同的貶值。荷蘭各省市極度自治，各有鑄幣庫。8 個省份、6 個城市就是代表 14 種貨幣（各有不同的時間表，含不同的金銀成分）。成立阿姆斯特丹銀行的原意，就是為了處理這問題（big problem of small change）。成立的一年，阿姆斯特丹的兌換商要應付近 1,000 個不同類型的金幣、銀幣。

㊹ 荷屬東印度公司（Verenigde Oostindische Compagnie，簡稱 VOC），成立於 1602 年，是世界最早的股份公司，由 6 個城市結合實力組成，是遍佈全球的荷蘭殖民地和支配國的大老闆。荷蘭的城市自治權非常高。雖然阿姆斯特丹是當時最大、最有實力的城市，但誰都不想VOC 的控制權落在任何一個城市的手裡，因此阿姆斯特丹也不得擁有超過半數的股份，結果是每個城市的股份都不足構建交易市場，就算在阿姆斯特丹也只有一群「經紀人」做買賣而已。股份買賣就是股權轉讓，需要登記。但 VOC 的股票是要等到公司派息時才登記轉讓，所以股票買賣就有點像「期貨」，也就是要估計股票在派息日的價錢，增加了投資者的風險。還有，公司的決策權是按股份分配去委派董事，主要是想避開爭端和壟斷。資本額也是固定的，所以缺乏發展彈性。

㊺ 大的批發商和小的供應商及零售商之間的結帳也是通過銀行，但不是直接的，要靠中間人，叫 kassiers，或可譯做「收銀員」（cashiers）。他們的功能是做銀行在大商戶和小商戶的買賣結帳的中介。每個收銀員都有他的特長業務和專有客戶群。他們也曾利用在他們手上借貸的票據做儲備去發行貨幣，但被禁止，只准他們做銀行和客戶的中介。銀行也未有利用轉帳的方便去發行貨幣。可以說，荷蘭的金融業務是集中性的。

㊻ 在八十年戰爭中荷蘭的各省、市大量借債，都是以特別徵收的地方稅去還債，只有在戰情緊急時才把稅權交給「荷蘭政府」。戰爭結束後，各地政府的運作也多賴短期債券（也是以地方稅收去償還）。這些債券可以簽名轉讓，製造出一個活躍的「二手市場」。但這些「國債」的規模不會超過省、市的需要和支付能力，所以規模不大。

㊼ 貿易的清付是城市與城市之間的事，用的是「內陸匯票」（inland bills）——想借錢的人會到就近的市集去買「可以在倫敦贖的匯票」。買匯票的當然是擁有金與銀的人，特別是牛販，他們收了賣牛錢，又不想拿大批金與銀到處走，就會買這些匯票。這些「可以在倫敦贖的匯票」就成為一種貨幣。在倫敦就有買賣這些匯票的市場，主要是金飾店，是為商業借貸的

「銀行」。可以説，英國的金融業務是分散性的。

㊽ 這些「金飾店銀行」自己存着金銀，而不存交在中央，以免被充公。他們用這些所存的金銀去發行債券，形同鈔票（但有規定贖票期限），商業的通貨就增加了。再者它們互相擁有別人的債券，作為儲備金的保證（保證有足夠的金銀去應付贖票），這也保證互相之間不會擠倒對方（因為我存了你發行的債券，你也存了我發行的債券）。為此，他們之間構成一個借貸網絡，可以用來支撐融資需求。

㊾ 買國債的人要等待很長年期才可以要求政府去償債，甚至有的要等無限久，但在等待期間，政府每年派高息。

㊿ 雖然在光榮革命之前，英國沒有中央銀行，但有股票的買賣（例如在 1601 年成立的東印度公司股票）。所以，雖然沒有像荷蘭的正式股票市場，但很多英國商人早就有股票交易的經驗，並有一批專做股票買賣的「經紀」（brokers）。

(51) 英倫銀行是公開售股的公司（joint stock companies，如東印度公司、皇家非洲公司、哈德遜灣公司等）集資組成。這些組成的公司本身即是股份公司（有自身的股東），由他們組成的英倫銀行的資金來源就可以通過它們自身的股東（如金飾店銀行、倫敦小商戶、工匠、荷蘭投資者和入籍英國的荷蘭人投資者）變得廣泛和龐大。所以在 1694 年國債上市時 1,200,000 英鎊的國債可以在 12 天內賣清。

(52) 英倫銀行可以發行超過金銀儲備額的證券（荷蘭銀行就不行），並通過打折扣（discount bills of exchange）去跟商人、律師、金飾店、放債人等的「銀行」競爭。它更可以通過荷蘭的銀行去為歐洲商人的國際貿易提供金融服務。還有，英倫銀行本身的股票可以轉讓（跟一般股份公司一樣），轉讓要登記，當日登記，不像荷蘭 VOC 的股票要到派息日才登記，弄得好像買賣期貨，提高風險。

(53) 到 1720 年，也就是英倫銀行成立 20 多年，「南海泡沫」未破之前的大投機時期，近 20% 的英倫銀行股票是在荷蘭人手裡。在那個瘋狂投機時的時代，倫敦的「金飾店銀行」規模太小了，遂出現了創新性的「股票經管人」（stock jobbers）。他們不參與公眾交易，只與證券經紀交易，可以説是「證券批發商」，其實是投機者。他們的業務是開發新的金融產品，如各式各樣的「南海證券」。在阿姆斯特丹，由於逃離法國的資金要找安全港（那時是西班牙繼位戰爭 [1701—1714]，法國力戰歐洲諸國，遂出現「商人銀行」。他們的業務是管理私人財產，追求安全和高回報的投資，在當時就是各式各樣的「南海證券」。如此，倫敦的股票經管人和荷蘭的商人銀行就互相呼應，許多人發了大財。而南海泡沫破滅，荷蘭人的損失也特別慘重。

(54) 蘿蔔更可以用來作飼料，就不用因飼料不足而在冬天前宰牲口了。

(55) 英國人口簡表：

地區＼年份	1600	1700	18 世紀中	1801
英格蘭	4,000,000	5,200,000		
英格蘭與威爾斯		5,500,000	6,500,000	9,000,000
蘇格蘭		1,000,000		
倫敦		600,000		1,000,000

地區　　　　　　年份	1600	1700	1801
城市人口比例	8%	17%	28%
鄉鎮人口比例	22%	28%	36%
農村人口比例	70%	55%	36%

56 1800 年的主要城鎮人口數量表：

利物浦（Liverpool）	77,000
伯明翰（Birmingham）	73,000
曼徹斯特（Manchester）	70,000
布里斯托（Bristol）	68,000
錫菲（Sheffield）	31,000
列斯（Leeds）	30,000
李斯特城（Leicester）	17,000
樸茨茅夫（Portsmouth）	32,000
埃克塞特（Exeter）	20,000

57 由於帝國土地與財富日增，中產階層有走上流的機會，這使他們的政治改革和社會改革的衝動有所舒緩。所以，相對於美洲殖民地的獨立運動和法國的大革命，英國是相對穩定的。喪失美洲殖民地未有削弱和動搖英國國力，法國革命思想未有推倒政制與傳統。

58 很多傳統的消遣漸成職業化（賽馬、板球）。有錢人獵狐、上劇院、開舞會、泡溫泉、海邊度假、歐洲旅遊。當然中產的也想高攀。老百姓就逛娛樂場、看拳賽、鬥雞、鬥牛、鬥熊。公開行刑（吊刑）也是大眾娛樂，賭博更為上上下下所好。

59 浸信會源自荷蘭，相信成年信徒才能受洗（嬰兒不能），並要全身浸洗。受洗後重獲自由，因信得救。他們堅持聖經是宗教唯一的權威，教堂要自治（屬公理制）。在信仰上、禮儀上和跟其他新教教派的關係上，浸信會的每個教堂都有很多分歧。

一般追溯到 1609 年，英國分離分子史密斯牧師（John Smyth，1570－1612）在阿姆斯特丹以聖經為依據拒絕嬰兒受洗。後傳入英國，分兩個派別：普遍浸信派（General Baptists，相信基督救贖全人類，有異於卡爾文宗教的教義），特殊浸信派（Particular Baptists，相信救恩只施予「被選者」，也就是卡爾文宗）。

特殊浸信派提出政教分離，好讓個人有宗教自由。在詹姆士一世時代被壓害。1638 年開始在北美殖民區創建教堂。18 世紀中期在英國與北美出現「第一次覺醒」（First Great Awakening，1730－1743）宗教運動。浸信會（加上循道會）在美洲新英倫與南方發展。19 世紀早期是「第二次覺醒」（Second Great Awakening，1790－1850），南方信眾大增。現今，信眾最多的是美國的「南方浸信大會」（Southern Baptist Convention，美國民權運動的金牧師屬此），達 1,500 萬。

60 貴格派的正式名字是「公誼會」（Religions Society of Friends，可譯作「朋友們的宗教會

社」)。1650 年，創始人福克斯(George Fox，1624—1691)受審，法官指責他，稱他應該在耶穌的話面前「顫抖」(Tremble at the Word of the Lord)，所以人家叫該派信徒為「顫抖」(quake，中文音譯「貴格」)。也有説福克斯告誡信徒們念到「主(即耶穌)」的名字時要做顫狀。他們自稱聖者(Saints)、光的兒女(Children of Light)、真理之友(Friend of the Truth)。

福克斯生於宗教氣氛濃厚的家庭，但 19 歲時開始對周圍的宗教信仰和實踐反感，離家、離職。23 歲時(1647 年，那時內戰正酣)相信人可以體驗神(稱「內在之光」[Inner Light])，就開始全國講道，勸人皈依為「光之友」(Friends of Light)。他認為無需教會、教士，因為這些會妨礙人對神的直接體驗；他又反對戰爭，多次被打、被捕、下獄。1652 年，他又稱見神顯靈，就更加積極傳教，廣收門徒。1660 年後的恢復期受很大迫害(1662 年的《貴格法案》[Quakers Act]；1664 年的《集會法案》[Conventicle Act]。其實在內戰期他們也不受歡迎)，要到 1689 年光榮革命後才被容忍，但仍要註冊會堂，不容私下集會。但由於法律仍需要教士要向國王宣誓，而貴格派是禁誓言的，而且不交税，所以仍有困難。

貴格人可以移民，但留在國內就要創造生存空間，典型是做「自由人」(freeman)。從諾曼人建立英國(1066)開始，城鎮某些居民可獲國王批准去做買賣並有一定的治理權。倫敦的人口增加，貿易和工業也增加。自由人人數增加，但由於不可能全體直接參與倫敦的治理，遂出現一種通過工商協會(Master & Wardens of the Livery Companies)的代議權(12 個大的協會，包括「金飾協會」[Worshipful Company of Goldsmiths])。工商協會的會員一定要是自由人，自由人身份可以來自承繼、有功或贖買，因此，有錢的貴格派人就可以買個自由人身份，安全就有點保障了。

(61) 約翰·衛斯理(John Wesley，1703—1791)與查理斯·衛斯理(Charles Wesley，1707—1788)兩兄弟在牛津創「神聖會」(Holy Club)，每星期聚會，系統地(methodic，「循道」一詞出於此，代表有規律)去度聖潔生活：每週領聖體，守齊，不娛樂和奢華，探望病、貧與囚犯。循道當初是貶意，但信眾視為榮譽。

1735 年，美洲佐治亞殖民區創始人奧格爾索普將軍(James Oglethorpe，1696—1785)邀請他們前往服務該區並向土著傳教，未有很大成功。回國後，對當時宗教情緒低迷十分擔憂。1738 年，約翰被「莫拉維亞教派」(Moravian)的教義吸引(強調普度眾生、個人虔誠、傳教熱忱和音樂)，大受感動，決心傳福音，開啟「循道派」。又受荷蘭神學家阿米尼烏斯(Jacobus Arminius，1560—1609)的影響，強調「信者得救」，反對卡爾文宗的得救由天定和只有少數人得救的理念。但不是所有循道派中人都是如此想，如派中主力的懷特菲爾德(George Whitefield，1714—1770)就是卡爾文宗循道派，這在日後造成緊張，但終歸復合。

懷特菲爾德也曾去佐治亞，歸來後就開始使用非傳統方式傳道，在曠野、煤場、公園的露天千人大會，主要是向不上教堂的勞動階層的窮人傳教。聽道的人越來越多，衛斯理和懷特菲爾德就開始委傳道人和領導人，組織新入教的為「循道會社」(Methodist Societies)，每個會社分「班」(Class)，每班人數不多，但緊密聚會。他們互相懺悔，互相支持，叫「愛宴」(Love

Feasts）。外人的敵視更使越來越多的皈依者有強烈的歸屬感。1730 年到 1743 年 的「第一次覺醒」，使得國教以外的宗教情緒高漲。國教主流恐懼，批評他們的聲量、舉止和行藏會「使人發瘋」，把他們打為「狂熱者」（enthusiasts），代表盲從、迷信，有人對他們施暴力。衛斯理在 1743 年被暴徒襲擊，幾乎喪命，但產生反效果，循道派越來越人多和團結，終脫離國教自立教派。

㉒ 當年創立英倫銀行是為了戰費舉債，發行了高息的長期國債（甚至無限期），這些利息成了國家的長期負擔。南海公司（South Sea Company）建於 1711 年，主要是做南美生意和漁業。但當時西班牙繼位戰爭（1702－1713）正酣，而南美是敵國西班牙的地方，哪有生意可做，唯有投機。它向國家購入 1 千 3 百萬英鎊國債（佔總額 3/5），以公司的股權去交換，也就是國家拿南海股票，南海承擔國債，包括派息。這是靠政治關係，包括賄賂內閣大臣、他們的家屬，甚至佐治的情婦。南海公司以誘人的條件去吸引國債債權人把利息高但難轉讓的國債去交換利息低但好買賣的公司股票。南海股票激升（1702 年 1 月 1 日的價是每股值 128 英鎊，到 5 月公開發售時升為 500 英鎊，6 月 24 日達最高峰 1,050 英鎊）引發其他公司的股票也有投機的買賣。1720 年 6 月 9 日，國會通過《泡沫法案》（Bubble Act），禁止成立股份公司，表面是壓抑投機，史證是南海公司作怪，想壟斷投機。南海股票繼續急升，但投機不能持續，到 8 月開始急降，9 月底跌回原價。很多人損失慘重，佐治也被牽涉入醜聞。

㉓ 功臣是當時財相華波爾。他重新調整國債期限，提供有限補償，國家財政漸穩。同時他又幫助佐治脫身南海泡沫賄賂醜聞，極得佐治敬重。日後他成為「首相」是英國首相一職的濫觴，到今天英國首相仍按傳統兼稱「第一財相」（First Lord of the Treasury）。

㉔ 1736 他回漢諾威，英人又大不滿，可見人心易變。

㉕ 在安妮女王時代，繼位之事爭得不得了。托利派想在安妮死後迎入與安妮同父異母的「詹姆士三世」（James Francis Edward Stuart，1688－1766），他在蘇格蘭被稱詹姆士八世，在英格蘭被貶稱為「老偽者」（Old Pretender）。那時蘇格蘭已併入英國，以安妮為女王。老偽者在蘇格蘭兩次（1715，1719）發難，但徹底失敗，全部崩潰，主謀者逃法。佐治一世寬容處理，很得人心。1745 年 7 月，老偽者的兒子「幼偽者」（Young Pretender）在蘇格蘭登陸，擊敗英軍，南下，但支持者不繼，法國又未有軍援，遂退返蘇格蘭。1746 年 4 月，佐治二世的兒子率軍大勝幼偽者軍隊，幼偽者逃法，從此結束斯圖亞特對王位的覬覦。

㉖ 1757 年，法軍入侵漢諾威（英王佐治的祖業），普魯士軍在腓特烈大帝率領下趕走法軍，第二年聯軍發動總攻，法軍增援後做反撲，聯軍力抗。危機之際，英國與漢諾威的援軍開抵，打散法軍攻勢，反敗為勝，從此在歐洲戰場拿回主動權。

㉗ 英海軍在土倫港（Toulon，法國東南）外封鎖法海軍，因缺水和補給撤回直布羅陀。法艦隊突出土倫，開往大西洋，但經直布羅陀時被英海軍看見，直追。兩軍在拉各斯（Lagos，葡萄牙西岸）相遇，法艦隊因號令不清致軍力分散。1759 年 8 月 19 日，英海軍在優勢下擊敗法軍主力，同年 11 月 20 日，英海軍在比斯開灣（Bay of Biscay，法國西南，在伊比利亞半島和布列塔尼半島之間）徹底粉碎法海軍，稱「基伯龍灣之役」（Battle of Quiberon Bay），從此英海軍握全球制海權。

⑱ 1775 年 6 月 23 日，英軍在克萊夫上校（Robert Clive，1725－1774，日後是印度總督）領導下，以 3,000 軍大勝親法的孟加拉土王（是莫臥兒帝國沒落期最大勢力的土王國）的 50,000 大軍，從此英國支配印度。戰爭只打了 11 個小時，大勝原因是收買了土王的督軍臨陣棄甲。當時的英軍是由東印度公司管轄的。

⑲ 大多數英國的紡織工匠原是織羊毛布的。18 世紀初，印度來的棉製品威脅國內羊毛織工，於是政府就把進口棉製品加重稅。到 1700 年，更通過《棉布法案》，禁止進口。但處分力度低，引發大量走私。於是政府在 1721 年再通過新的《棉布法案》，禁止販賣任何國內外棉製品，但豁免粗棉布和棉花。棉製品禁了，但棉花進口激增，推動了紡紗、織布業。到 1770 年代，紡織廠老闆們更想打開整個棉製品市場。最後，國會在 1774 年廢了《棉布法案》。

第十四章　推斷的

　　宗教改革開釋出逐利衝動、歷史契機提供了逐利機會，工業革命開啟在英國並不意外。用「文化基因法」可以從英國人對傳統的重視、對等級的固執，加上他的務實性格、妥協精神去推斷出工業革命會在英國成功過渡。

　　英國先生用「常理」去推未來。這個「常理」其實就是英國民族性格、當時的時代心態和歷史背景。可以說，「文化基因法」是「常理」的系統化。先看看他會怎樣推。

　　我認為英國前景最關鍵的還是帝國的擴張。七年戰爭是轉折點。之前，天下三分：西班牙有南、北美洲；法國是全球帝國，有北美、加勒比、非洲、印度、東南亞；我們有北美 13 殖民區，在印度則與法國分庭抗禮。打完七年戰爭，我們拿下差不多法國在北美所有的土地，當然西班牙的土地也佔了不少，印度更全是我們的天下了。

　　海外帝國給我們原材料、市場，更為重要的是為這個地少人多的島國提供移民出路。聽說美洲殖民地的生活水平比這裡更好。從斯圖亞特王朝開始，我們的清教徒就大批移到那邊，非但減輕了島國人口壓力，更要緊的是降低了宗教張力。六年前（1770）我們的南太平洋探險隊發現了澳大

利亞，帝國面積又再激增。這些清教思想的激進分子總是要搞改革，就讓他們移民到那邊去搞吧！

我不明白這些移民為甚麼想完全獨立。為甚麼搞到如此地步？這幾天，全國沸騰，要跟獨立分子打，並且認為會很快打勝。我的看法是，七年戰爭我們在北美打敗了法國，但留下兩個後遺症：法國不服氣，他們會幫助獨立分子；我們曾經動員了北美的殖民去打法國，他們學懂了我們用兵的方法，這會對我們不利。當然，我們的軍隊有經驗、有組織，正面交鋒，獨立分子絕對佔不到便宜，但北美地廣人稀，目標分散，如果他們打遊擊，我們不一定贏得快，如果拖下去，戰場這麼遠，成本一定很大。這些都是未知數。既然勝算不能肯定，就得想想萬一之策。如果殖民區真的獨立，我們要怎麼辦。

我對未來的預測是這樣子的。

在今天的英國，賺錢的事情肯定有人去幹，阿克賴特先生的工廠這麼賺錢，相信越來越多老闆會建工廠。聽說阿克賴特的工廠裡有許多童工。是啊，童工便宜，而且他們細小，最適宜在車床中間、底下鑽來鑽去，紮線頭，拾垃圾。但這些日夜不停的機器也實在嚇人，一不小心斷手斷腳，甚至小生命也丟了。聽說阿克賴特老闆喜歡雇用全家大小替他打工 —— 孩子和婦女在廠裡，男性在家織布，他甚至在工廠旁邊蓋工人村。

這些鄉下人多數都是圈地之後在農村斷了生計才離鄉，到工廠可能是雙贏：窮人生活有着落，老闆有廉價工人。但他們的生活也實在苦得很，在鄉下雖然收入低，但吃、住總可解決，到城裡住在陋巷的破房子，不見天日，連吃的都比一百年前差，喝酒倒便宜。這樣子下去，老闆們一定發財，但國家可能會亂。當今王上登基以來屢次、屢處有亂事，都是與「工業化」有關，不是工資低、環境劣，就是失業。會不會弄出大亂？

我相信小亂難免，但大亂不會。

（i）　經濟好了，政府收入多了，就會有能力去改善工人的工作環境和生活水平。的確，有人很苦，現在的「勞動救濟所」實在是

人間地獄。失業的、破產的一朝進入就妻離子散，不能住在一起，而且脫身無望，因為說是有工可做，但工資少得可憐，七除八拆，怎可能還清債務，逃出生天？聽說格拉斯哥前兩年（1774）開始試用「外救濟」（out-relief），也就是領救濟品和救濟金而不需入住勞動救濟所，這是進步。我相信工業會發展下去肯定有很多人發財，也肯定有人會指求財就是剝削。工業發展會製造大量就業，吸納鄉下來的人，如果他們有足夠糊口的收入，只要他們不會覺得太受剝削，再拿到點福利，他們就不會作亂。當然，這會是第一代勞工階層的想法，但如果到了下一代生活仍未有好轉，而發財的繼續發財，他們就難忍受了。希望到時會有更好的福利制度去安置那些未能從工業發展拿到足夠好處的人、那些競爭不上去的人。

（ii） 宗教也會有點調劑作用，這幾年的循道會 ① 就是一種安定力量。傳統的國教早已疲憊，都是社會上中流人士作狀的地方。下階層對國教早已失望，但這些新興的、狂熱的福音派倒很能滿足他們的心理訴求，把不滿、不安情緒昇華為對神的虔誠和對教會中人的友情；以讀聖經、唱聖歌去宣洩不滿情緒，不搞政治、不搞鬥爭，這也有安定社會的作用。

（iii） 最能安定社會的將會是越來越龐大的中產階層。我們跟法國不一樣，中產階層非但不會動搖社會，甚至會鞏固現存的社會等級制度。法國是上下斷層，我們的中產是接上連下，是等級架構的守護神。傳統的尊卑觀念和宗教意識一方面約束有錢的不過驕，另一方面約束無錢的不作亂。我們這個社會，誰都知道他的身份和等級，人人都知的潛規則約束着和調節着不同身份、不同等級的言行舉止，非但人人堅守，更會監視別人遵守。亂得了嗎？

（iv） 我們英國人最務實，上、中、下層都是賺錢最實際。斯密說得

很準，個人逐利自然提高生產，生產提高自然國家富強。逐利致富在我們國家裡已經是種「氣候」，我相信未來幾十年不會有變。我們的強項就是這種致富精神，這要歸功於我們的宗教多元。我們是新教國家，但新教中有保守、有開明。在經濟層面上，我們用開明教義 —— 非但接受賺錢，甚至鼓勵逐利；富貴是神的眷顧，求財是為了光榮神。在社會層面上，我們用保守教義 —— 尊重傳統，鼓勵安分；國王是神的代表，等級是上天的安排。追求財富和尊重傳統組合出一種奇妙的心態：越是拿得財富就越想拿得品位。不少人甚至有把致富的企業放下，把生產的廠房、機器賣掉，到鄉下買個大宅，捐一個以不事生產為榮的鄉紳銜頭。可見，我們的傳統是如此根深蒂固，我們的等級是如此深植人心。這樣的社會亂得了？

（v）　還有我們的帝國。現今，大英是全球最強的海權國（見附錄4，「大英帝國」）。這個龐大帝國為我們提供原材料和市場，推動我們的工商業發展，同樣重要的是它為工商業發展帶來的社會不和、貧富不均提供舒緩和宣泄的渠道。無論是對宗教、社會、經濟還是政治不滿的都可以在帝國的海外殖民地和由我們支配的國家找到生存空間和發展機會。國內的矛盾和張力有這些出路就不會大亂了。

但是，也有陰霾。北美的 13 殖民區要搞獨立了。

帝國雖然龐大，少了 13 區也會是個很大的打擊，起碼在國威上很丟臉。法國佬可威了，上次七年戰爭我們打敗了它，它怎能服氣，恐怕在美洲的事情上它會插一手。但是，就算丟了 13 區，也不會是致命傷。我們還有龐大的印度次大陸，還有很多的亞、非地區。斯密大師不是說嗎，殖民地這玩意是不划算的，需要大量成本去維持。你看，這次 13 區搞出事就是因為我們保護他們不被法國佬和印第安人騷擾才駐軍那邊，才要徵稅去支付軍費。現在他們反咬，說未有徵求他們同意。天啊，稅是用在保護

他們的啊！其實，駐軍費大部分還是我們付的，他們連象徵式的茶葉稅也拒交。斯密還說，殖民地不要緊，與殖民地自由貿易才要緊。如果 13 區真的獨立了，這一幫唯利是圖之徒還會跟我們做生意的。對我們來說，他們的獨立是丟臉的事，但不是掉財的事。當然，如果戰事不速決，打下去，我們是遠水，他們是近火，我們有可能丟臉又掉財。

我們的經濟確實在擴張和發展，國內和海外都有很大的製成品市場。但是，我們的工業會不會是「阿克賴特式」和「瓦特式」的工業化？

阿克賴特的工廠和瓦特的蒸汽機都是以機器取代人手和人力的工業化，目的是提高生產效率（以最少的工人、最快的時間做出最多的產品），突破點在生產分工。這也是斯密力倡的，他在《國富論》頭一章一開頭就說出分工與效率的關係。

我不知道將來會發明甚麼機器，但我相信只要有需求、有市場，就總有人會發明。有一點可以肯定：分工的生產會是大規模的生產（小規模生產就很難分工和無需分工）。如果是大規模生產，機器與廠房的投資、原材料的供應都會是大規模的，因此需要大量資本。可幸我們英國人有的是資本，無論是這個世紀農業發達累積得來的，還是我們先進的金融制度籌措得出的，都可以用來創造和維持工業化。

規模生產必會帶來資本集中，機器生產必會取代工人。在社會層面上，貧富差距會擴大，可能導致窮人造反；在政治層面上，資本支配會加強，可能導致中產奪權。希望我們的政治體制（尤其是政黨之間的妥協）和社會結構（尤其是社會等級的穩定）能夠幫助我們安穩過渡。

我相信工業化不會是曇花一現，而是個長久發展的趨勢。industrial（工業化）與 industrious（勤奮）同一字根。我們英國人的確是勤奮，尤其是清教分子，勤奮是他們的教義，他們以勤奮去光榮神。他們的工業化成就遠遠超過他們在人口中的比例。這種勤奮精神已影響非清教分子，因為不勤奮就沒法在這個競爭激烈的社會出人頭地，甚至不能生存。

我擔心的不是我們會不會工業化 —— 阿克賴特式的工廠和瓦特式的

機器，有市場、有工人、有資源、有資金、有發明就肯定會走上這個方向，我們務實的賺錢精神會是最大的帶動力，我們崇尚行動的民族性格會使我們能貫徹到底，我們妥協的黨派政治、安穩的社會結構和龐大的帝國資源會幫助我們過渡工業化過程中的政治和社會風浪。我擔心的是競爭對手，尤其是法國。他們也在工業化，他們會不斷騷擾我們，包括支持北美13 殖民區的獨立。

英國先生說完了。現在用「文化基因法」去演繹他的觀察與推測。按「文化基因法」，改變文明的動力來自民族性格、時代心態、歷史背景和關鍵人事。工業革命生於英國可以用他們的行動（務實）性格和功利（賺錢）心態去解釋；工業革命成於英國也可以用他們的妥協（宗教與政治）性格和保守（社會等級）心態去解釋。歷史背景（宗教改革、內戰共和、帝國擴張）不會改變根深蒂固的民族性格但會孵育時代心態和催化關鍵人事。下面先交待民族性格，然後談時代心態的成形，最後組合民族性格、時代心態、歷史背景與關鍵人事去演繹工業革命如何生於英國、成於英國。

先談民族性格。這裡用的還是馬達里亞加在《英國人、法國人、西班牙人》中的觀察。他把英國人性格形容為「行動傾向」（action-oriented）。

行動是英國民族性格的底線（相對於法國民族性格以理念為底線）。行動來自意志（will）—— 通過組織、紀律、控制把思想與行動有機地連上。意志是一種內心力量，與外界阻力作鬥爭。在英國人的眼中，世事必需連上理性，但不應是理性的奴隸。為此，意志與理性的糾纏使他變得複雜。他往往是多邏輯、非邏輯、甚至不邏輯（allogic/illogic）。他的思想跟着意志走，所以他的邏輯往往是隱晦的（nuanced）。但他不害怕矛盾，不會因矛盾而失措。他有實事求是的傾向，他要知道行動需要甚麼？會拿到甚麼？這是功利，功利不一定代表自私（自私是以自己的利益為重心，功利是以利益的多寡為重心），但有物質主義和眼前利益的傾向。

英國人是實證主義者（empirical），包括他的態度與方法 —— 以經驗（體驗）去掌握一種有局限性和條件性的知識。他信任「常理」（相對於法國人信任「方法」），崇尚事實與道德（相對於法國人崇尚思想與邏輯）。他的國民經驗更教導他要合作、自制、自覺、集體團結。在行動時他不會左思右想，多多顧慮。

英國人視行動為一種競技，在這競技中，個人小於團隊，團隊小於遊戲。為此，他堅持「遊戲的公平」（fair play）。這個堅持使他對他的同胞有合作精神：每個人都知道自己的位置（這也是社會紀律的條件）；注重個人與社會的應有關係；在政治生活中老實；有服務公眾的精神②。

這個行動傾向的民族是怎樣思想的？

英國人認為生命是不規則的、不可預知的，而思想是規律的、固定的、規範的。他的思想裡頭既有邏輯又有不邏輯，因此他會作出邏輯上的妥協，稱之為「有良知的虛偽」。他以彈性去包容原則與生命的衝突，因此他說話時會給人一種迂迴婉轉（periphrases），或拐彎抹角（circumlocutions）的感覺。他信任「常理」和「習慣」。

對他來說，「智慧」（wisdom）是理性（reason）加上非理性的知識（irrational knowledge），再配上經驗。英國人的智力（intellect）是可以很高的，而最高效是用於行動。為此，英國人雖是複雜、沉重、動作緩慢，但不容易失衡。

這個行動傾向的民族的感性是怎樣的？

英國人以意志去控制慾念，他在行動中會保持但又控制他的慾念。他鎮定和有控制，因為他把慾念的爆炸力收着，但如果有一個意外的時刻，他的慾念會迅速燃發起來。

說英國人不起勁（phlegm）是錯誤的，他實在有強烈的慾念，但有更強烈的自制。可以說，英國人的慾念是非常複雜的，這也是「維多利亞式的虛偽」的根源。

他控制慾念是為了功用（utility），但由於他對團體忠心，所以團

體就成為功用的裁判，特別是清教主義。對慾念的控制驅使他要有強烈的倫理偏見，使他有「不吃禁果」的「禁忌」（inhibition），他用這些禁忌去調節（規範和控制）他的思想。這些禁忌有強烈的社會集體性（social collectivity），而且是「不言而喻」（taken for granted）的，也就是已經落入了潛意識。這些潛意識締造了整個英國民族在思想上有黏合力（cohesion）和一致性。可以說，社會秩序就是出於這個社會黏合力。

英國人有個人自由與集體忠誠的矛盾，認為個人有「獸性」，但這個「獸」（個人）又知道「主人」（集體）在家，所以他把慾念昇華成為一種「情操」（sentiments，可譯為感情），並以自制去約束它。但他並沒有放棄這些昇華了的慾念，因為情操有高尚的味道，而且，如果約束得好，對團體是有貢獻的。

英國撒克遜性格是內斂（沒有表現慾）和少說話。這個島國性格的特徵是集體性的自滿、自負、自制（相互監督），他有很強的自覺甚至害羞，在集體之內他是含蓄的，但對外則自滿。他更有等級性的勢利（snobbery），而金錢只是等級衡量標準之一而已。他愛國，他的愛國與愛民族是分不開的，是種本能。每個英國人就是一個「大英帝國」，愛國就是愛國王（國家的靈魂）、愛國家（國家的身體），因此英國人沒有「祖國」（父親）的理念。

他是個等級性強的人（class-man），甚至在語言上、發音上也會因等級不同而不同（每一個地方不同，甚至每一代人都不同）。他接受出生的等級和這個等級的標準，甚至培養這些標準，把自己看作大潮流中的漩渦，就算在自己的幻想和胡來中他也是實際和樂觀的。他相信存在一種傳統（漸進）的等級。他把英國的「英傑一族」（aristocracy，也可譯貴族）看作英國的整體民族（the whole English race），也就是把整個英國民族看成是一個英傑一族，無論他個人在這個英傑一族中是甚麼等級。

作一小結：英國的民族性格屬行動型，他信任常理和實據；功利但不一定自私，務實但不一定邏輯；原則可以妥協，但遊戲要有規則、有公

平。他的島國性格使他團結和排外，具民族驕傲感兼社會等級性。

這個英國特色的民族性格是工業革命的催化元素。另外一個元素就是時代心態。這要從亨利八世說起。

亨利的宗教改革並不是真的改革，只是想擺脫天主教會，離婚再娶，所以是生於曖昧，帶來嚴重後遺症。在宗教層面上，國教未有反映改革的激情，引出比國教激進的各新教教派（特別是清教教派）。愛德華六世鼓勵他們；血腥瑪麗迫害他們；伊利沙伯一世容忍他們，清教分子得不到安寧，但也不願妥協，構成嚴重的社會和政治張力。另一方面，亨利沒收天主教會的財產並重新分配給改革支持者，製造了一大批土地鄉紳，入主國會。他們忠於國教與國王，構成一股強大的保守力量，成為一種「新的傳統」。

都鐸王朝之後，來自蘇格蘭的斯圖亞特王朝有君權神授傾向和絕對君權意識，與有君主立憲傾向和傳統權利意識的英國國會格格不入。此際，在宗教層面上國教是唯我獨尊，而其他較激進的教派則渴望平等；在政治層面上則是國王與國會各不相讓。宗教與政治糾纏不清，僵持不下，終爆發內戰。

內戰其實是個「爭權社會」。先是國王與國會之爭，同時也是天主教（主要是代表外國勢力，如愛爾蘭和法國）與新教（國教與激進教派團結起來）之爭，查理士被擒是國會與新教得勝。跟着是國會中的國教分子與激進教派分子之爭，查理士被殺，克倫威爾建共和，是激進教派得勝。到克倫威爾去世，共和結束，恢復王制，驅逐激進教派，是國教分子得勝。到此，爭權暫息。

在恢復期，宗教容忍時緊時寬③，激進教派分子處政治弱勢，政治上逞強不了、宗教上平等不了。一條出路是移民，另一條出路是退而思其次，以經濟強勢去彌補政治弱勢。他們的教義（相對於天主教和國教）非但容許，甚至鼓勵他們生財 —— 財富非但可以保障生活，甚至可以換取政治地位④。如是，他們拚命地賺錢⑤，雖然是為光榮神，但往往超過自給

自足的需要，而走上自私自利了。

對當權的政府來說，對激進派分子的容忍也是宣泄政治張力的辦法；對激進分子來說，這代表有政治的空間，容許他們以金錢去換取政治權利。到了 1776 年，對賺錢的認可已經不是清教的特色，而是已蔓延到整個中階層了（上層社會對宗教的約束從來都比較陽奉陰違）。逐利當前，達官貴人與市井之徒人人平等，當權者（政治與宗教）對激進教派的教義或組織也許不容，但對他們的賺錢意識已不再厚非，甚至樂意加入。

宗教對英國經濟（賺錢有理）和對英國政治（保守妥協）有關鍵的影響。英國的新教很複雜。國教是個政治妥協，集合了亨利八世的私心（離婚另娶）和野心（都鐸王朝千秋萬載）、路德宗對王權的肯定、天主教對傳統的重視。但在教義上，國教用的是卡爾文宗的「原教旨」理想（重原罪、賴神恩）。這種改革在 16 世紀的宗教改革大氣候裡怎能滿足真正改革者？於是國教以外的新教教派湧現（甚至國教內部也出現加深改革的衝動），支配英國經濟與政治的軌跡。這要從新教的兩大宗，路德宗和卡爾文宗 ⑥ 說起，可分為政治、經濟和政經組合 3 個層面。

（1）政治層面

路德有「家長式的倫理觀」（patriarchal ethics），他眼見理想的社會在崩潰，因此對經濟剝削和暴力革命都不能接受 ⑦。卡爾文宗雖然來自路德宗，但沒有其濃厚的封建意識，它是一個國際性的運動，但是它不是和平之手，而是戰爭之劍，所到之處都要鬧革命。路德宗在社會行為上採保守，對政治權威存尊敬，突出一種個人的、差不多是寂靜的宗教虔誠。卡爾文宗則是種動態的、激進的力量。不單個人要更新，更要重建教會和國家，把宗教注入生活的每一個角落，無論是私人生活還是社會生活。可以說，卡爾文宗有強烈的政治意識，甚至可以叫它作「卡爾文主義」⑧。清教精神完全是卡爾文宗的產物。

在 17 世紀，清教精神最濃厚的是那些經濟自主，受過教育，對自己

身份有自尊，決定過獨立的生活，不向世上權貴屈膝並高傲地鄙視因性格軟弱或經濟無能而缺乏堅毅、活力和技能的人。代表性的包括那些接觸過城市生活和新思潮而對封建思想有所質疑的鄉紳們，以及那些意志高揚，不甘為奴的「自由人」或「自耕農」，尤其是在英國東部自由土地制度較流行的地區。但更多的是城鎮的商人和那些把紡織和造鐵工業向農村擴散的農村地區商人 ⑨。

有人叫清教做「商業的宗教」（religion of trade）⑩。在內戰期間，保王派的成員是絕對有財有勢的貴人和絕對無財無勢的窮人；反王派的成員則多是中產，既討厭有財有勢，但又鄙視無財無勢，自視為最好、最真的國民。

清教主義不僅是韋伯（Max Weber）所說的純粹個人主義，⑪ 它有保守和傳統的一面，也有革命的一面；有集體主義鐵一般的紀律，也有典型個人主義的鄙視人間法律；有清醒和精明的權謀去追逐世間成就，也有不顧一切的宗教熱枕去徹底改變世界。在英國，清教主義作為一股意識形態，跨越了宗教派別、政治派系、社會階層 —— 從長老制到公理制，從高級貴族到平權派政客，從工商分子到理想分子。它的宗教意識是要搞亂國教道統，它的經濟意識是要抗拒約束個人逐利。

清教主義對英國的影響大而複雜。城鎮的中產階層（主要是商人與工匠）和農村的自耕農（一般擁地不超過 200 英畝）都信奉，並接受為他們的政治原則。他們帶頭去爭取政治自主權；廣大的農民呼應和支持他們，並為他們提供武裝力量。但成功後，貧下農民非但沒有分到好處，更成為新經濟底下的奴工。古老貴族大地主被鬥垮了、自耕農小地主消失了、貧下農民被犧牲了，最後還是城鎮資產階層的天下。

（2）經濟層面

路德對商人與貸款人支配社會、對「經濟個人主義」（economic individualism）跟他對宗教的商業化同樣討厭。他對當時流行的，來自東

方的奢侈品、國際金融、投機交易、合併壟斷感到震驚。但卡爾文則沒有農業社會的理想 ⑫，他完全接受商業文明，並替這個文明的核心階層提供一套信念。他是從一個「務實的人」（man of affairs）的角度去看經濟。這些人社會道德觀很自然地是來自他們對資本、信貸、大型商業和金融以及其他實業和企業的認識和接受，自然而然地把來自貿易和金融的利潤與來自勞動力的工資和土地的租金放在同等的價值地位。卡爾文完全同意地說：「有甚麼理由做生意的收入不能高於來自土地的收入？做生意的收入從哪裡來，還不是來自他的勤奮和努力？」

卡爾文宗是基督信仰底下第一個認識和鼓勵經濟德行的宗派。卡爾文的經濟理論中，資金與借貸是不可缺的，金融家不是個可憎的壞蛋，是社會有用的一員；貸款收息，只要利率合理和不收窮人利息，本身不是種剝削，與其他的經濟交易完全一樣，是人類社會不可缺的部分。

「資本主義精神」早有，不純是清教所生。但在清教教義中，資本精神找到了興奮劑。清教運動的特色是結合了經濟利益和倫理原則，有這樣的說法：「精明與虔誠永遠是好朋友……如果你懂把它們放在它們合適的位置上，你會得到兩者的好處」。⑬ 意思是如果你把你的生意奉獻作為對神的服務你就無需為你的經濟行為的道德價值作辯，因為生意本身就是一種宗教。一個生意人首要的責任就是要完全明白神要他做生意是甚麼意思，並精明地去做好。若此，生意行為和宗教責任就是相輔相成。剛好，基督信徒應有的德行 —— 勤勞、克制、清醒、節儉也同時是生意成功之道。最基礎的是精明，而精明就是「把敬神的智慧用諸於實際事務上」。實際事務者就是做生意、辦企業。

（3）政治與經濟的組合

政治與經濟是分不開的，路德的理想社會是一個純真、簡單的基督社會。他接受商業，但只可以是生存所賴的交易 —— 賣方不能多收（超過勞動力的投入和風險的憂慮）。他同樣不接受懶惰和貪心，因為兩者都會

破壞基督團體的共存。在宗教上他想改革，在經濟上他要保守。

　　但稍後的卡爾文改革就走上不同的路。它代表一個新開始。在 16 世紀後期到 17 世紀早期，商業與金融活動在急速發展（成立股份公司、開拓殖民地，來自採礦、紡織、金融業的財富大幅增加），站在最前的是工商人士。他們的賺錢意識長久以來被視為離經叛道（個人主義），受保守政治的壓抑。內戰時期的國會派是少數的鄉紳、中產階層、自由人和自耕農，特別在城鎮和農村中紡織和造衣的。倫敦是最顯著的國會派，被視為「反叛的城市」，就算恢復王制後（1661 年），在保王派支配的國會中倫敦選出的 4 個代表還都是反國教者。在國會打壓長老制教派的時候，倫敦卻照顧長老制教派；在 1681 年主張宗教容忍的輝格黨被詹姆士二世打壓時，倫敦包庇輝格黨。有人批評倫敦培植了清教，因為它的貿易分佈全國，通過貨幣的流動，它荼毒全國。北部的布拉德福德（Bradford）、列斯和哈利法斯（Halifax），中部的伯明翰和李斯特城，西部的格洛斯特（Gloucester）、湯頓（Taunton）和埃克塞特都是清教中心，同時也是工商業最發達的地方。

　　清教分子在工商業上的成就催生出一股親商的政治力量。卡爾文完全贊同社會企業化，並在日內瓦推行。那裡，他在經濟企業化（個人逐利）上壓下一個像宗教法庭一般的社會體制（集體紀律）。他的忠實信徒對他的社會道德教誨是兢兢業業，但對他的經濟道德約束則陽奉陰違[14]。這種「上有政策、下有對策」的半邏輯對英國人很有啟發。對貴族地主來說，卡爾文的經濟道德解放了傳統道德下他們要照顧農民的責任；對工商階層來說，日內瓦的樣板使他們可以完全分開經濟與宗教。從此，封建貴族可以全無顧慮，中產階層可以全無內疚地去共同賺錢。貴族地主們保存了「金錢與地位」（Pelt and Place）[15]；金融、工業、商業的中產階層也拿到了經濟利益，並能左右國家政策。雙方認識到他們的經濟與政治利益是息息相關的。

　　清教可算是真正的英國宗教改革[16]（不像國教的曖昧），它最重要

的不是外在公共生活，而是內在世界的改變；它不遺餘力地追求「最終目的」，不到達不休止⑰。社會每一個階層 —— 貴族、鄉紳以至紡織工人 —— 都有清教徒，都在發揮清教精神。

作一小結。工業革命的心態肯定發自清教的經濟道德觀，而清教的經濟道德觀得以在英國植根和成長其實很曲折：亨利曖昧的宗教改革帶來宗教多元，清教得以植根；亨利賄賂的宗教改革埋下利益之爭，終爆出內戰；稍後清教政治失勢反驅動它以經濟發展去創造生存空間。清教徒賺錢是為光榮神，但他們的成功吸引了主流，開啟人人逐利的局面。

英國人的行動型性格和清教倫理的逐利傾向怎樣與歷史背景和關鍵人事配合去牽動出工業革命和支配革命的軌跡？這要從光榮革命說起。

光榮革命的《權利法案》強調私產保護，明確以經濟掛帥，政治與宗教更加開明。到此，經濟逐利意識開始取代政治平等意識。但自私膨脹，會導致失序、吃人。在這關鍵的點上，英國人對傳統的重視、對等級的固執，再加上他的務實性格、妥協精神，共同強化了、穩定了英國工業革命的成功過渡。

傳統意識和等級觀念一方面約束有錢的不過驕，一方面約束無錢的不作亂。為甚麼會出現這個微妙的局面，就要從歷史去找答案了。

英國人好像特別注重傳統 —— 大一統的傳統，這是可以理解的。這個島國的前身種族多元、文化多元。不像法國都是法蘭克人，英國有不列顛人、凱爾特人、威金人、瑞典人、德國人、法國人等等的血統。威廉大帝之後，才出現今日的英國。他其實也是外國人，所以當初還有安格魯—撒克遜人（本土，說英語的）和諾曼人（威廉從諾曼第帶過來，說法語的）的爭執，一個多世紀才安穩。到 14、15 世紀跟法國打的百年戰爭，嚴格來說是英國打敗，差不多盡喪威廉大帝當初在法境的所有領地。但這場戰爭卻團結了英國人，打造出一個文化與政治統一的國家：上上下下都說英語，國王寶座不容外人染指。十二世紀開啟的金雀花王朝

（Plantagenet）當然被視為正統之正統，應該是千秋萬載。但是，百年戰爭的敗績引發出蘭開斯特世族和約克世族之爭，打了一場玫瑰戰爭，兩敗俱傷。亨利七世異軍突起，開啟一個都鐸王朝。它的合法性是因為亨利七世略帶蘭開斯特和約克血統，為宗法所容，而宗法是出自傳統。這個新王朝對能夠使它合法也可以使它不合法的傳統當然特別敏感、特別重視，這包括政制、法制、宗教和社會等級等的傳統。

　　亨利用盡千方百計去保住的都鐸王朝，終是一場夢，但他在宗教上的曖昧和在社會階層中注入「新貴」則引發出一場慘絕人寰的內戰。內戰期間，這些新貴站在國教和保王的一面，在共和時期日子很不好過，到恢復王制才重見天日。這場戰火洗禮使他們榮升「舊貴」，成為社會等級體制中的核心階層、等級傳統的保衛者、維持社會安穩的主力。他們的祖先在風雲詭譎的亨利八世與羅馬天主教會相爭中行險僥倖拿到的名位和財富，在風雨飄搖的內戰中捨命保住了，能不珍而重之？這些地方鄉紳成了等級架構的守護神。從王上到乞丐，一層層尊卑分明的等級就憑他們在中間把持，容許攀登，但不容逾越。

　　在英國社會，誰都知道他身處哪個等級，久而久之就養成一種安分的社會文化。窮人當然不想窮，但也不覬覦有錢的；有上進心的有機會發財，但誘人的高貴身份不能單靠財富，還要有人脈和政治的關係才可以拿到。社會就是憑這些複雜但是人人都知的「規則」、柔細但是堅韌無比的「鏈條」，去約束富的不敢倨傲，貧的不會造反。

　　工商逐利的「企業精神」（entrepreneurial spirit）── 賺錢是光榮的，競爭是狠心的，人際關係是契約性、暫時性的 ── 引發出經濟與傳統之間的微妙關係。土地鄉紳也逐利，但是他們仍受封建傳統的約束，沒有那麼拚命。求自足多於自私，並且保留一點封建的主屬意識，對下人多照顧。在某一程度上，他們拖慢了企業精神的蔓延，但又中和了企業精神蔓延過程中產生的不平、不安。

　　17 世紀後期，工商中產階層已經露出頭角，但仍算謙恭（包括心

理與態度）。整個統治階層的共同意識是控制和壓抑龐大的勞動階層，他們製造出一套濃厚的、以主僕關係為基礎的等級觀念⑱。當時的說法是某些階層是「自然優越」（natural superior）於某些「自然低下」（natural inferior）的等級：一個店主「自然優越」於他的助手、雇員、家僕。

　　在光榮革命的一刻，英國仍是土地鄉紳的世界。光榮革命之後，英國從爭權社會走上爭利社會。農業革命、金融革命帶來的人口增長、需求增長，刺激了工商業的發展。到七年戰爭結束，帝國擴張，海外市場和原材料把工商活動大幅提升。英國人的行動型性格、務實傾向，加上清教式的勤奮、敬業已深入人心，在人人想賺錢的大氣候底下總會有人發明賺錢的辦法。從生產分工到生產機械化、規模化不應是意料之外的事。賺錢推動工業革命，不是工業革命推動賺錢。革命的意義是怎樣以低成本、新產品去滿足大市場；發明出來的東西完全是為了賺錢（無論是降低成本或是增加消費），而非為增加知識。可以說，工業革命是技術的創新，不是科學的發現。賺錢是光榮（無論是光榮神還是光榮自己的腰包），光榮哪有止境？這時的英國開始從一個人人平等逐利的爭利社會，去向失序的掠奪社會。就在此刻，政府卻變得保守起來。

　　經過半個世紀的輝格派獨尊，托利派於 1770 年（諾思任相）開始主政。托利以保衛傳統為己任，重宗法、重等級，權力基礎是土地鄉紳。他們保護傳統是出於務實（利益），成於妥協（原則）。他們的所謂傳統是宗教改革之後的國教和新貴的傳統，而非改革前，更古老的天主教和舊貴傳統。他們的「貴」是因為上幾代的先祖支持亨利八世宗教改革而得來的。如果比他們古老的天主教才是正統就代表他們的權位和財富是非法得來的，這個肯定不能接受；但他們又想有一個「傳統」去穩定社會秩序和保障他們的權利。在迎立威廉和迎立佐治上他們是很尷尬的。迎立威廉是廢詹姆士二世，跡近政變，違反憲法；迎立佐治是不承認詹姆士二世的兒孫，是違反宗法⑲。他們對傳統的曖昧可以說是從己身利益着眼的務實，但久而久之他們對由都鐸王朝在宗教改革後才開啟的傳統的堅持成為一種

條件反射，成為對一切傳統事物的堅持，成為一種根深蒂固的意識形態。相似地，輝格的權力基礎雖是工商人士，但他們也同樣以保衛傳統和等級去安穩社會，好讓他們發財，而且發財後更想晉升等級，洗盡銅臭。兩黨雖然相爭，但都有保衛傳統和等級的共識。18、19 世紀的英國首相有輝格、有托利，有父子、兄弟、親戚，更有當任、卸任、再當任。可以說，他們都是「自家人」。⑳ 這是典型的英式務實。

以反對絕對君權、高舉國會地位為己任的輝格派，主要是高級貴族和中產工商。他們功利、務實，有利的事才做。對他們來說，傳統、等級只是工具。高級貴族利用他們的社會等級地位去發財、中產工商發了財就去追逐社會等級地位。他們迎立威廉確實是因為害怕詹姆士二世會推動天主教復辟，但更使他們擔心的是，如果詹姆士二世成功復辟天主教，就代表他成功重建絕對君權，國會就沒有地位，他們也跟着沒有地位了。迎立威廉一事雖是他們的主意，但威廉入主不能算是他們的成功，甚至可以說是威廉的成功。在迎立一事上，威廉掌握主動，國會是配角而已；《權利法案》也不全是他們的成功，是威廉權謀的妥協而已。但迎立佐治一事則完全是國會的主意，是輝格派的主意。從此，國會的主動地位日高。佐治一世知道他的王位是國會給他的，特別是輝格派給他的，難怪他器重輝格人，介心托利人。從此，政黨之爭支配英國的政治。這也是西方政黨政治的濫觴。

英國式的政黨政治對工業革命成長的環境有很重要的意義。在一個深的層次，英國到此才踏上穩定的英國特色君主立憲。來自德國漢諾威的佐治王朝要在英國站穩就得遷就國會（無論是輝格還是托利做莊）；國會中各派系（包括輝格與托利，甚至它們內部的小圈子和分裂出來的支派）互相爭權也得利用和拉攏王室（特別是國王和王儲）去壯大聲勢或佩帶光環。久之，國王與國會之間衍生出一套遊戲規則 —— 互相利用、互相制衡。這些利用和制衡微妙地鞏固了君主，也牢固了立憲；安穩了政治，也安穩了社會。典型的英式妥協創造出典型的英式君主立憲。務實與妥協保住了政局的穩定。這是 1776 年的情況，且看 1776 年之後真正發生了甚麼。

註

① 在工業革命期間信眾人數急增。1791 年有 5 萬多，1836 年有 30 多萬，1851 年將近 150 萬。

② 他們甚至有「敵對性的議會制度」—— 就算是反對黨也是忠於國會、忠於國王，所以也叫「忠心的反對黨」(loyal opposition)。

③ -1661 年的《法團法案》(Corporation Act) 需要所有公職人員向國教宣誓效忠。1828 年廢。

-1662 年的《統一法案》(Uniformity Act) 逐出「不遵從國教」(Non-Conformist，主要是長老制) 的教士，要求所有教師都要有主教批准證，所有大學都要宣誓效忠國教教義。1689 年廢批准證；1871 年廢大學宣誓；驅逐令則至今仍執行。

-1662 年的《貴格法案》(Quaker Act) 禁貴格派。1689 年廢。

-1664 年的《集會法案》(Conventicle Act) 禁超過 5 個人的宗教集會。1670 年廢。

-1665 年的《5 英里法案》(Five Mile Act) 禁止沒有批准證的教士在任何城鎮的 5 英里範圍內活動。1689 年廢。

-1673 年的《宣誓條例》(Test Act) 規定公職人員就職時必須宣誓效忠國王、信奉國教。1828 年廢。

-1678 年的《禁教皇分子法案》(Papist's Disabling Act) 禁天主教徒為國會代表。1829 年廢。

-1689 年的《容忍法案》(Toleration Act) 禁止對不遵從「國教者」的刑事處分。1969 年廢。

-1697 年的《褻瀆法案》(Blasphemy Act) 處分 (包括死刑) 異端分子和無神分子。1813 年廢。

-1711 年的《臨時一統法案》(Occasional Conformity Act) 禁異議者 (Dissenters) 任公職。1718 年廢。

-1728 年的《保障法案》(Indemnity Act) 減低異議者的處分，並容許任公職。1828、1829 年《宣誓條例》和《法團法案》作廢後就沒有需要了。

④ 那時的國教對天主教徒特別仇視，絕對不給予政治權利。但對其他教派，甚至是非常激進的，只要是新教，都留點情面。所以，就算是被排斥的激進教派，也可以用錢去買社會和政治地位，如城鎮管理的參政權。

⑤ 這點與國教，尤其是有天主教味道而又是當權的國教高教會很不同。天主教與國教高教會都鄙視賺錢，尤其是通過商業和金融去賺錢，認為不道德。所以激進教派分子在商業和金融業上的比例高。但到後來，賺錢漸漸被大多數人接受了。

⑥ 有關路德宗和卡爾文宗的基本教義的分別請參考《西方文明的文化基因》附錄 3，「宗教改革時代各教派教義的分別」。

⑦ 他認為世上真正的基督徒是很少的，因此「需要有嚴峻的人間法規，不然世界就變得狂野，和平消失、共同利益毀滅……沒有人應相信世界可以不流血去治理，治世之劍應該是，一定是紅色和血腥。腐敗和失德的天主教會不再是基督道德的保衛者，需要敬神的君主去取代。這也是「兩把利劍」的思路 —— 神執天國之劍，君王執世上之劍 —— 成為絕對君權的基礎。

⑧ 卡爾文主義有兩個主要元素：在個人層面上強調責任、紀律和克己；在社會層面上營造一個

基督特色的社會體制。為此，卡爾文宗的影響力複雜而深遠，遠遠超過教堂與教徒。

⑨ 從 17 世紀早期的清教牧師的分佈，可以看到清教徒的分佈。在 281 名有記錄可查的牧師中間，有 35 名在倫敦，96 名在製造業集中的諾福克（Norfolk）、薩福克（Suffolk）和諜賽克斯（Essex）等郡，29 名在北安頓普郡（Northamptonshire），17 名在蘭開夏郡（Lancashire），其餘 104 名分佈在全國其他地區。這反映商業與清教的關係。

⑩ 清教主義是英國中產階層的「教師」：提升他們的品德，但不譴責他們做生意時某些「有利己身的劣行」（convenient vice，例如競爭上的狠和對下屬的吝）。就這樣，清教給信徒一個定心丸：德行也好，劣行也好，背後其實是全能的神的永恆之法。

⑪ 見《西方文明的文化基因》第十三章。

⑫ 農業社會的傳統階層是中古天主教和路德宗的神學理論背景，這是一個自然經濟而不是一個金錢經濟，主要是農民和工匠們在小市集的小交易。工業供給家庭的生活所需；消費與生產緊密地前後相連。貿易和金融是種偶有的事件，絕不是支配整個經濟的動力。他們對經濟不道德行為的批判主要是針對那些離開「自然」的行為 —— 企業化的生產、高回報的追求、無休止的競爭 —— 也就是破壞現存制度穩定性的「經濟慾」（economic appetite）。

⑬ 來自清教徒斯蒂爾（Richard Steele，1629－1692）的《生意人的神召》。

⑭ 日內瓦是由工商業有產人士統治的。他們會積極地約束華衣美服，或鼓勵大眾去聽講道，或送他們的孩子去教義班，但他們對卡爾文的經濟譴責就熱誠不高。教士們講道說不要出口平價酒，因為會誘人酗酒，他們就說需要大量出口酒是因為需要錢來買進口的糧食。教士們指責貸款者收取雙重高利貸，因為除了收息之外他們還賺了貨幣的升值，他們就反辯說貨幣確是在升值，但貨幣也可以降值。

⑮ Pelt 是皮革，是有身份的人才穿的；place 是地位。從亨利八世充公天主教會財產開始，血腥瑪麗的復辟、克倫威爾的共和、帝制的恢復，一次又一次的革命都要以土地去驅使革命熱枕和褒賞革命功績。每次革命用的錢都是從土地轉換得來（其實是從舊主人充公，賣給新主），製造了活躍的土地投機。大部分的土地都是由權臣以極低的價錢買入，然後轉到精明的富商手裡，作為投機之用。這些富商「中介」買入零碎的土地，等到價高，又零碎地賣出。在倫敦，一堆堆的商人 —— 做布匹的、賣皮革的、做裁縫的、釀酒的、做蠟的 —— 組成商團去炒賣土地。在農村的結果是加田租和改農地為牧地，導致農民流離失所。這些龐大的掠奪連當時的國會（新教）也看不過眼（掠奪天主教會財產是變相掠奪了天主教會辦學和濟貧所用的錢）。宗教改革後的頭 10 年內，這些改革支持者是做了一場極大的賭博（生命危險），自然把從這賭場賭博得來的收穫看得極重，自然對產權保護看得極重，他們的後代更經歷了復辟、共和的威脅，更視產權為神聖不容侵犯。有人批評說：「這些鄉紳對天主教修道院的惡行批判得很，但他們與修道院的僧人之別是他們更貪心、更沒用，對佃農更狠心，對自己享樂更自私，對窮人更無情。」

⑯ 在英國，從卡爾文宗延伸出三條分支：長老制的教派、公理制的教派和清教教派。長老制最古老，在伊利沙伯時代，經由蘇格蘭傳來，曾有機會成為英國國教，雖然有了根但未能成正統。公理制教派堅持每個教堂就是一個教會，一個自願和自治的組織，沒有政府干預。這些

教派在英國和「新世界」（美洲）力倡政治和宗教自由。清教沒有派別，嚴格來説是一個宗教運動，非但提供了神學和教權的理論，更包括政治理想、經濟關係、家庭生活以至個人行為的原則。

⑰ 它有一種不斷膨脹的動力和精神，不單是重造自己的性格、習慣和生活方式，更重造家庭和教會、工業和城市、政治制度和社會秩序，努力在這個黑暗世界去光榮神。清教徒把生活紀律化、理性化、系統化，像一個裝有發條的機器，以他的內在動力摧毀一切障礙。

⑱ 路德接受等級（social hierarchy），包括身份（status）和尊卑（subordination）。卡爾文在他的巨著《神學大全》（*Institutes of the Christian Religion*，1536）中更強調「每個人知道他的位置和責任」。

⑲ 在迎立威廉時托利派之中有人堅持不能廢詹姆士二世，雖然他有天主教的傾向，但仍是正統。威廉登位後，他們還有人暗助詹姆士二世復辟；到了迎立佐治時，他們之中有人力主詹姆士二世的後人才是正統。

⑳ 父子關係的有老皮特（任期 1776－1768）和小皮特（任期 1783－1801，1804－1806）、佐治‧格倫維爾（任期 1763－1765）和威廉‧格倫維爾（William Grenville，任期 1806－1807）。兄弟關係的有佩勒姆（任期 1743－1746，1746－1754）和紐卡斯爾（任期 1754－1756，1757－1762）。襟兄弟關係的有老皮特和佐治‧格倫維爾。岳婿關係的有德文沙爾（Devonshire，任期 1756－1757）和波特蘭特（Portland，任期 1783－1783，1807－1809）。遠親關係的有威爾明頓（Wilmington，任期 1742－1743）和珀西瓦爾（Perceval，任期 1809－1812）。重任的包括：紐卡斯爾、羅金厄姆（任期 1765－1766，1782）、小皮特、波特蘭特、威靈頓（Willington，任期 1828－1830，1834）、梅爾本（Melbourn，任期 1834，1835－1841）、皮爾（Peel，任期 1834－1835，1841－1846）、德比（Denby，任期 1852，1858－1859，1866－1868）、帕默斯頓（Palmerston，任期 1855－1858，1859－1865）、狄斯雷里（Disralli，任期 1868，1874－1880）、格萊斯頓（Gladston，任期 1868－1874，1880－1885，1886，1892－1894）。

第十五章　真正發生的

在當時的英國，工業革命引發出土地利益與工商利益的衝突，勞動階層的苦況和法國大革命引發出革命的衝動，確是危機四伏、風雨飄搖。但妥協與務實維持了社會穩定並保存了傳統等級，而同時，穩定的社會和傳統的等級是工業革命安全成長的保護傘。

在紡織業上，工業革命於 10 年內完成。1779 年出現第一間全自動的織布廠，組合克朗普頓（Samuel Crompton，1753－1827，發明走錠紡紗機）、哈格里夫斯（James Hargreaves，1721－1778，發明多錠紡紗機）和阿克賴特的水力紡紗機；1785 年，卡特賴特（Edmund Cartwright，1742－1823）發明機動織機；1786 年，阿克賴特的工廠改用水蒸汽，同年封爵。

與工業革命息息相關的運輸業也同時共進。1776 年之前開始的雛形運河系統如今大幅度升級。1777 年建成的大運河（Grand Trunk）連接中部地區（Midland）的工業據點與海港城市，如布里斯托、利物浦和赫爾（Hull）。1789 年，泰晤士－賽文（Thames-Severn）運河連接泰晤士河和布里斯托船道。到火車與鐵路出現才是真正的運輸革命。1801 年，理查·特雷維西克（Richard Trevithick，1771－1833）試用了第一台蒸汽火車頭（是沒有鐵軌的）；1816 年，佐治·斯蒂芬森（George Stephenson，1781－1848）註冊第一台有軌蒸汽火車頭的專利；9 年後（1825）他被委

任建設由利物浦（港口）到曼徹斯特（棉紡中心）的 30 里路軌，開始全球火車時代。

從一開始，工業革命就製造了大批窮人 —— 在農村沒有土地，在城市沒有工作。最初的處理辦法還是沿用古老（1388 年的《貧窮法》[Poor Law Act]）的「勞動救濟所」（work house），帶有「阻嚇」性。這些救濟所為失業者提供最起碼的生存所需，但要做粗活，並且拆散家庭，用意是鼓勵被收容的盡快離開去找工作。狄更斯對 19 世紀初期的悲慘世界描述得淋漓盡致，大大震撼中產階層的同情心，賢達之士紛紛為貧請命。首先是 1782 年的《濟貧法》（Relief of the Poor Act），把「勞動救濟所」改為「濟貧所」（poor house），不容地方政府把當地乞丐趕到別處，要就地救濟。1795 年，英國南部使用「外救濟」（out relief）①，也就是窮人無需入住濟貧所，也可領取救濟金去維持生計。但是很多雇主卻乘機削減工人工資，變相強迫他們去拿政府救濟來補貼低工資。

貧窮問題與勞工問題是分不開的，因為工業革命的硬道理是以機器取代工人，一開始，勞資雙方就處於對立。1791 年，曼徹斯特有工廠老闆定製 400 台機動織機。受威脅的手工織匠放火燒廠，政府鎮壓。1799 年，國會通過《組合法案》（Combination Act），禁止工人組織工會去爭取加薪和改善工作環境。反機器化的暴亂在 1811 年爆發，延續 5 年多，到處搗毀機器，叫勒德運動（Ludditism）②。1812 年國會立法，搗毀機器者處死。1813 年，14 名勒德分子，只經一天審訊就問吊。但各地亂事仍不斷。1819 年又發生曼徹斯特的「彼得盧大屠殺」（Peterloo Massacre）：60,000 多人結集，要求政治改革和救濟窮人，軍隊鎮壓（那時並未有警察），死 11 人，傷數百。

高壓之後，就是懷柔。工業革命帶來貧窮和勞工問題但也創造處理問題（起碼是問題的表面）的經濟條件。首先是童工。1819 年的《棉廠法案》（Cotton Mills Act）禁止 9 歲以下兒童在棉廠工作，禁止 16 歲以下的工作超過 16 小時，但未有貫徹執行。要到 1832 年，國會徹底調查童工問題，

並在 1833 年制定第一部《工廠法》（Factory Act），才真正約束紡織廠雇傭童工 ③。19 世紀早期，工運不絕，高壓無效，終在 1824 年取消《組合法案》，工人可以合法組織工會。

在濟貧方面也有改善。19 世紀初期，超過 35％ 的人口活在僅生存線或以下，10％ 是赤貧，不能滿足糊口。1834 年通過《救貧法修改法案》（Poor Law Amendment Act），全國建濟貧所，安置赤貧。但問題的基本（工資、工作環境和政治權利）沒有解決，到 1838 年，出現「憲章運動」（People's Charter Movement，見下）。

從 1776 年到此有 60 年了，工業革命算是「成功」了，但嚴重後遺症也相繼出現。當初有美國獨立、法國革命，都在威脅英國的安定與繁榮。天助人助，非但平穩過渡，更把英國抬上霸主地位，唯獨經濟繁榮後面的資本剝削帶來對社會結構的嚴重衝擊大大考驗英國政治體制的應變力和社會結構的凝聚力。細說一下。

佐治三世登位之初，國會仍是輝格的勢力，但他傾向托利，終於在 1770 年委諾思（任期 1770−1782）為相，接着就是小皮特（任期 1784−1806）和利物浦（任期 1812−1827），半個世紀的托利天下。可以說工業革命是在托利意識形態底下成長的。托利有強烈的傳統傾向，支持者是土地鄉紳。所以也可以說工業革命是奇妙的在農業經濟和傳統等級意識中成形的，而非亞當‧斯密鼓吹的自由經濟和激進人士嚮往的平等社會。這與法國革命的時代心態差不多完全相反。在整個工業革命過程中，政府（包括執政的和在野的政黨）都沒有指導的理論，也沒有實際的經驗，有的是務實的幹勁和妥協的精神。可以說，天翻地覆、冒險犯難的工業革命底下是漸進的政治和保守的社會。也許就是這樣才沒有發生大災難。

美國宣佈獨立時英國的國會和人民都主戰。1778 年，法國正式加入戰場，支持獨立，稍後，西、荷也加盟，英國處於孤立。由於戰費高，反戰之聲漸響。1780 年 6 月，倫敦爆發「戈登大暴動」（Gordon Riots）④。1780 年底，英軍主力被法艦隊圍困，被逼投降 ⑤。消息傳來，政府馬上崩

潰。佐治三世接受失敗，寫下退位詔書（但未有發佈），並下令議和。1783 年的巴黎和約承認了美國獨立，並要把在七年戰爭中辛苦得來的佛羅里達償還給西班牙。隨後，英國政局一度混亂。佐治干政，在 1784 年成功委小皮特為相⑥。此人被公認為英國歷史最優首相之一，開啟近 40 年的平穩政局，渡過法國大革命和拿破崙專政的大風浪。當然，佐治三世也是功不可沒。

1789 年，法國爆發革命，英國土地鄉紳（多屬托利派）與資產階層（多屬輝格派）大恐慌，反而造成他們的團結，拒法國革命思想入英。1793 年，也就是法國恐怖統治前夕，法國對英宣戰。英國備戰，徵入息稅、撤銷人身保護，堅決抗法。到 1795 年，恐怖統治剛結束，拿破崙上場，戰火稍息，但愛爾蘭又出事了。

當時的愛爾蘭實質是英國殖民地。當地人受法國大革命思想的鼓舞，開始作亂，法軍想趁機從愛爾蘭登陸英國。在小皮特威迫利誘下，英、愛議會（都是新教）通過《聯合法案》（Act of Union），成立「大不列顛愛爾蘭聯合王國」（United Kingdom of Great Britain and Ireland），在 1801 年 1 月 1 日生效。當時小皮特想收買人心，計劃解除對愛爾蘭天主教徒（佔大部分人口）的若干約束，但佐治認為解禁有違他登位誓言，堅決反對，英國民眾也反對，產生政治危機，小皮特被佐治免職⑦。

取代小皮特的阿丁頓首相（Henry Addington，任期 1801－1804）雖是托利人但有和平主義傾向，取消入息稅（軍費來源）並裁軍。到 1801 年 10 月更與法國議和。野心勃勃的拿破崙哪會真的想和？1803 年，戰事再起，英國人不信任阿丁頓會是個合適的戰時首相，小皮特在 1804 年復職，與奧、俄、瑞結盟抗法。那時，拿破崙進犯英國好像勢在必行。英國上下齊心，組成龐大的志願軍。10 月份，佐治閱兵兩天，每天有 50 萬人觀看。有傳佐治會親自帶兵，他說：「如果敵兵登陸，我會走在我們的隊伍前面去殺敵！」⑧ 1805 年 10 月，特拉法加一役（Battle of Trafalgar），納爾遜的海軍粉碎了拿破崙征服英國之夢。但小皮特也筋疲力盡，鞠躬盡

瘁，在 1806 年 1 月病逝。

就在此時，拿破崙拿出一個誰也不可能在 1776 年預測到的「奇策」⑨——他要餓死英國。實行封鎖歐陸大陸不讓糧食與原材料從大陸運往英國，也不容英國工業製成品運銷大陸。英國工業革命能夠成功要感謝拿破崙，他的封鎖保護了英國工業革命的種種發明不被歐洲諸國抄襲或盜用。英國有龐大的海外殖民地，原材料供應和製成品市場不缺，就算糧食也是價格稍高而已。反之，歐陸各國對英國工業製成品的需求有增無已，封鎖只製造了龐大的走私經伊比利亞半島大量滲入歐陸。另外的缺口是波羅的海的丹麥、瑞典和德國。拿破崙動用 30 萬大軍在半島攔截⑩，被英國 7 萬多遠征軍纏着（日後就是統領半島遠征軍的威靈頓在滑鐵盧大敗拿破崙）。可以說，拿破崙的奇策益盡英國，害盡法國。1812 年（封鎖了 6 年之後），俄羅斯終受不了，遂開放與英國通商，特別是供應英海軍建艦急需的木材。拿破崙一怒之下攻打莫斯科，走上滅亡之路。

在英國，小皮特死後，有一段極短的時期（一年多）是輝格人掌權，但到 1807 年，托利派重新拿回政權。先是珀西瓦爾任相，繼而是利物浦，一直到 1830 年都是托利天下。但是，1822 年後的托利政府是「自由托利」（Liberal Tories），從保護土地的利益開始走上開發工商的利益。他們的想法是，暴力高壓解決不了勞工和貧窮的問題，經濟開發才是硬道理，同時他們看到土地的開發已到尾聲，而工商的開發仍大有潛力。於是，托利決定放下土地利益，轉推行利工、利商的政策。這個將近 180 度的改變反映英國人的妥協和務實。妥協與務實都是為了維持社會穩定和保存傳統等級。但同時，穩定的社會和傳統的等級也成為工業革命安全成長的保護傘。工業革命的軌跡可以看出來了。

佐治三世晚年精神病重，不能視政，1811 年開始由王儲攝政（日後成為佐治四世）。英國進入一個詭幻時代：一方面是社會動亂、對外戰爭，一方面是生活糜爛、瘋狂享受，可謂是「前方吃緊，後方緊吃」。攝政王奢華、耀目的行為，加上報章的渲染，上行下效，連仿效不來的勞

苦大眾也覺得上流社會的光彩就是他們身為大英子民的光彩。珍奧斯汀（Jane Austen，1775－1817）的《傲慢與偏見》在 1813 年出版，正反映這個時代中上流社會的生活方式和態度。

那時，工業革命已趨成熟，工商精英也開始享受工業革命帶來的財富。但是勞動階層也開始察覺到他們對工業革命作了貢獻，但未有拿到果實，甚至做了犧牲品。微妙的是，這一切都是發生在一個仍然是為土地利益服務的政制和以傳統等級去定尊卑的社會之內。務實的政治驅動政府從服務土地利益轉向服務工商利益。土地利益和工商利益同樣害怕社會不安定，但代表土地利益的國會發覺單靠高壓不能根治社會不安，還要靠改善社會下層的生存條件。這要藉助工商發展，因此作出妥協，打開工商利益參政之門。工商利益參政並沒有引發他們去奪權（起碼沒有像法國革命的馬上和暴力奪權），是因為堅固而柔韌的傳統等級約束和安撫了他們的「非分之想」。勞動階層不滿仍在，但他們也被傳統等級理念支配，尤其是對中上層社會的行為舉止、生活方式好像着了迷，把他們作為閒談和艷羨的對象而不是鬥爭的對象。當然，工商利益終要取代土地利益，勞動階層的苦況和不滿也終要解決，但英國工業領先的優勢和龐大帝國的資源提供了處理這些問題的物質條件，至於新舊交替能夠安穩過渡就全憑英國特色的等級制度與政治妥協的奇妙組合了。

先看等級制度如何穩定工商利益取代土地利益的過渡。

1815 年，拿破崙戰事結束，和平到來。在戰時因拿破崙封鎖大陸而獲厚利的英國農業和地主們現今因對外貿易重新開放帶來的糧價下降抱怨不已，他們控制的托利國會在 1815 年通過《糧食法案》（Corn Law），採取經濟保護主義去維持國內的高糧價 ⑪。這法案代表土地利益的權力高峰 ⑫。

但與此同時，軍人復員，失業人數激增；戰事帶動的軍需工業、造船業等也因戰事結束而下滑；工業革命使更大量的工人（特別是手織布工）成為冗員。農業情況更惡劣：由於圈地和人口增加，農村勞動力大批

湧入城鎮。就算有工作的也因為工資太低、糧價太高，需要救濟。雖然在 1816 年廢除了入息稅，但只是造福了富人（收入高才需交稅，減稅只會造成富者更富）。1817 年，整個經濟進入不景，社會動亂有增無已。除了在 1811 年就開始的勒德運動更趨劇烈外，特別嚴重的事件有 1816 年的「礦泉場暴動」（Spa Fields Riots）[13]；1817 年 3 月的「毛毯遊行」（Blanketeers March）[14] 和 6 月的「德比郡起義」（Derbyshire Rising）[15]；1819 年的「彼得盧大屠殺」[16]；1820 年的「卡托街陰謀」[17]。政府的反應是強硬鎮壓。此際的英國，危機四伏，風雨飄搖[18]。這些都是政治權力快要轉手的背景。

1822 年，屬強硬托利派的外相卡斯爾雷（Castlereagh，1769－1822）精神病自殺（沒有政治因素），利物浦首相趁機改組內閣，引入開明人士，改變策略，以促進經濟發展去取代政治高壓。當時的托利想法是這樣子的：（i）政府除了維持法紀之外，還要鼓勵經濟增長，因為餅做大了，才好分配；（ii）經濟復蘇與增長可以使激進分子（特別是工會分子）失掉改革的藉口；（iii）經濟繁榮就可以證明以傳統和等級為基礎的政權的合法性，藉此去維護國教傳統和等級制度，拖延對天主教解禁和國會改革的壓力。推行這些政策的「四君子」就是坎寧（外相）[19]、皮爾（內相）[20]、赫新基森（貿易大臣）[21] 和羅賓遜（財相）[22]。

這些政策開始走離托利所賴的土地利益，走向輝格所倡的工商利益。1827 年，利物浦中風辭職，繼位的都是極短任期的首相。但在托利掌權時代仍未結束之前，國會就在 1828 年廢除了《宣誓條例》（Test Act）[23]，容許非國教人士任公職。到 1829 年終通過了《天主教徒解禁法》（Catholic Relief Act，或稱 Catholic Emancipation Act），天主教徒可進入國會，避過了愛爾蘭內戰危機[24]。但同時，由國教壟斷的國會也從此結束，整個建立於土地利益之上的等級制度也開始解體。

可以說，托利派是為了保衛國教傳統和等級制度而走上了開明路線，在不自覺下失掉了主動。天主教解禁表面的意義是國教不再壟斷國會，但深一層次的意義是土地利益不能壟斷國會，要讓位給工商利益，但更深層

次的意義是誰也不能再壟斷國會。土地利益與工商利益之爭很快就演變為工商利益與勞工利益之爭了。這也是整個 19 世紀的關鍵鬥爭。

天主教解禁使托利內部分裂，保守的「高托利」（High Tory）分子認為被首相威靈頓和內相皮爾出賣了。托利政權因內訌而結束[25]，國會再由輝格把持[26]。輝格走上為工商利益服務的開明路線。至為關鍵的是 1832 年的《政改法案》，主要是提升工商利益的政治代表權，一方面取消由貴族地主把持的選區，另一方面增加工業城鎮的國會議席。這事上，威廉四世是有功的[27]。到此，工商利益開始抬頭，與土地利益展開拉鋸戰，但要到 1846 年廢除《糧食法案》，恢復外國廉價糧食進口，使工商老闆們不用提升工資從而降低了成本，工商利益才終於擊敗土地利益。

工商利益抬頭也是工商中產的抬頭。整個 18 世紀，中產的經濟力量不斷增長，而政治力量也同時增強。這樣的經濟力量與政治力量同步增長在歐洲是看不見的，歐洲的情況是中產經濟力量增加但政治權利遠遠追不上，因而弄出暴力革命。英國的中產未因為政治權利追不上經濟力量而出現不滿的主要原因是，英國的社會等級架構吸納了中產，使它成為一個社會階層而非一個政治階級。

社會等級架構是指社會身份有上下、尊卑之別。這個架構中有「階層」（ranks，orders，是個社會身份的理念，有一定的政治意義，而且會有經濟特徵），但不一定有「階級」（class，是個政治身份的意識，並有一定的經濟特徵）。[28]階層，作為社會架構的元素，有黏合和互認（reciprocal）的意識；階級，作為政治架構的元素，有對立和鬥爭的意識。因為英國中產有濃厚的社會等級意識，所以英國未出現歐陸式的暴力政治鬥爭。相對地，出現一個龐大、無固定形狀的社會中階層，在它的邊沿上，一面連接上貴族與紳士階層，而另一面則連接上勞工階層，構成一個模糊和有機性的組合。特別是在金融中心倫敦，這個等級架構裡的中階層對外人來者不拒，而且不斷地擴張和創造大量就業。這對社會安定起到大作用。

　　18 世紀後期開始，中產的工商階層人數增加，權力與自信增強。工業和貿易使人致富，還創造新職業，如白領、技術工人，人的定義從家庭走向工作與職位。但是，由於根深蒂固的等級觀念，發了財的都想他的家族有個頭銜，除了買一個鄉間大宅和產業外，還會把使他致富的生意賣掉，以免污了名字，被其他高級人士視為「要幹活」（tainted by trade）[29]。

　　到 1830 年代（也就是上述的政改期），大部分英國人仍默許他們是一個以品位和階層組成的等級社會，認為這是最好的社會結構，並接受上階層的治理[30]。英國的政治沒有「社會階級性」帶來的訴求和紛爭，政治家不談集體的階級身份，就算抗議和暴動的也沒有意圖去顛覆這個他們也認為是歷史悠久、天意的、有效的等級社會。

　　那時的英國是歐洲城鎮化最高的國家，城市和農村分別很大：擁擠、混亂、流動、焦躁、沒有歸屬感。雖然傳統的等級類別已不足涵蓋整個社會，但一般來說，政治影響力仍是按傳統階層分配。比較清楚的有三個階層：越上層越參與選舉、立法、行政、越多政治權力，他們控制選區、入選國會、壟斷上下議院和內閣；中層支配地方、特別是城鎮（不包括倫敦）[31]，他們積極參與選舉、助選和選區內的政事；下層是「陪襯」，他們暴動、遊行、吶喊。

　　輝格黨是帶頭以代表中階層為己任的，認為給予他們政治選舉權是維持傳統等級的最佳手段。但他們又同時看不起工商中產，形容他們笨拙、自私、粗鄙、不懂禮貌、沒有教養，尤其是靠經商起家的都太熱衷時尚、豪華，買土地，妄想藉此得到社會地位，絕不是國家的力量和希望。托利黨更視中產階層威脅社會等級架構，更保守的托利人如伯克甚至把法國爆發革命歸咎於法國中產階層的坐大：這個以金錢來衡量價值的階層被財富腐化、被野心支配，把法國帶進血腥的無政府暴政。

　　總地來說，那時的等級架構仍非常鞏固，強調服從和尊重。工商中產絕少有嚴重的社會訴求和實質的政治訴求。上中層之間、土地與工商之間沒有基本衝突，有的只是某一人、某一事、某一地的問題，不影響整體架

構的安穩。英國人看自己是傳統王制中的子民，當然有人有共和和公民的理想，也有人有被排擠和隔離的感覺，但屬極少數，不合流的清教徒都移到美、澳去了。

工商中產的意識是「競爭」。他們爭取選舉權和自由經濟，相信無論甚麼家族背景和出身都可以在世上獲得成功；強調「自助」，認為不成功是個人不努力、奢華或驕傲（典型清教精神）；強調貧窮是個人過失，認為救貧是不智，因為消磨上進心（也是典型清教精神）。他們贊成用「勞動救濟所」，目的在制止養成依賴，但他們也知道自己收入高並不代表社會地位穩固。非但如此，競爭意識使他們經常處於與人比較的狀態，對等級的區別反而看得越來越重。為此，人人想有公認和穩定的社會等級標準，新發財的更擔心如何才「合格」。[32]

正當工商利益將要壓倒土地利益之際，它又開始被勞工利益直接挑戰。工商業資本家賺錢，但勞動階層的工資、生活未有很大的改善[33]。奇怪的是，等級傳統使下層社會還是那麼信任當前制度和國家統一。那時，大量出版有關貴族和鄉紳的參考書籍去證明世襲貴族的價值和功用；大建哥特式的建築去強調古代與現代的連貫性、延續性；大倡騎士精神、服從精神。特別是大搞「燦爛的大典」（great ceremonials），非但在倫敦，全國各地亦如是。遊行、接見、授封，形形種種，還有慶捷、慶功、感恩、國喪、加冕，社會各階層，上至國王，下至庶民、士兵都共同參與。這些盛大的場面，上層可能是「與民同樂」，但下面各階層都有「普天同慶」的感受，增加整個社會結構的穩固和共鳴。

1832 年的政改未把選舉權延伸到勞工階層，以代表勞工為己任的政治人物們聲稱這次政改是輝格政府為遷就中產，出賣了工人利益[34]。1834年的《濟貧法修改法案》又取消了「戶外救濟」，驅使窮人入住「勞動救濟所」，拆散家庭（典型的清教思路：人要勤奮、自助）[35]，引發出英國北部工業區（不景地區）的大規模抗議[36]。同時，中產階層很被狄更斯的連載小說《霧都孤兒》（1837－1838）描寫的下層社會苦況感動，支持改革。

1837 年，6 名國會議員和 6 名勞工代表成立委員會，並在 1838 年公佈《人民憲章》6 條方案，觸發出「憲章運動」（一人一票；無記名票；無資產人士可競選國會代表；國會代表有薪酬；選區人口多寡決定代表人數；每年一選），最高峰時幾百萬人大集會。1839 年到 1848 年，到處罷工、遊行、暴動[37]。

　　1848 年是全歐革命潮（共產宣言那年）。4 月 10 日，倫敦大集會（政府估計是 15,000 人，傳媒估計是 50,000 人，組織者估計是 300,000 人），軍隊恐嚇如果群眾向國會進發就會介入[38]。請願失敗，但群眾熱情未減。6 月，運動分子大規模武裝和操演，並準備發難，但都未成事，主事者被捕、流放。之後，運動走上社會主義路線。這運動顛覆了過去的精英統治[39]，但本身也分裂。1848 年底，熱情開始淡下來。國會中的中產激進分子繼續推行擴大投票權，是工黨的前身。

　　從 1830 年開始的維多利亞時代，英國是世界霸主，中產階層是主人（雖然仍維持社會等級），但中產與無產的「階級」利益分歧趨劇。到此，英國的等級社會引入了階級意識[40]。1867 年政改，城鎮工人取得投票權，憲章運動的建議大部分成為法律[41]。到此，工業革命可算完成[42]。

　　在整個維多利亞時代（1837－1901），傳統階層觀念仍很濃厚。當然有貧民區也有郊外別墅區，但大部分不同階層的人都是住在一起，工作在一起。對大多數人來說，傳統等級仍是最自然、普遍、悠久和天定的制度，每個人都知道自己處於甚麼位置。有人說，「誰能說上階層在哪裡終止，或中階層從哪裡開始？」這條社會等級紐帶好像是無盡的、細微的和互連的[43]。又有人說，「好幾個階層之間的實際分別是如此小 —— 沒有一個社會身份和個人的影響力會影響每一個階層」[44]。還有說，「從國王到農夫排序是細微的、相對的、互認的」[45]。著名美國小說家亨利・詹姆士（Henry James，1843－1916，晚年入英籍）這樣說，「無論一個外人怎麼去看，英國社會本質上是一個等級社會，日常生活的細節，無一不反映這事實」。王爾德曾說過，貴族制度是「英國人最美妙的虛構」（The best thing in fiction the English have ever done）。英國人，尤其是新富，對虛名的追求比法國尤甚，而且英國的貴族是沒有甚麼實質特權的。這反映英國民族性格的矛盾：務實又慕名、開明又保守、思變又傳統。

1840 年，政治諷刺漫畫家克魯克香克（George Cruikshank，1792－1878，為狄更斯作插圖）畫了一幅《不列顛蜂巢》（*British Beehive*）去描繪英國社會：最頂是王室、貴族和國會，中間是書商、機械技工、紡織匠、首飾匠、玻璃匠、茶商、發明家，下層是屠夫、織匠、工匠、開車的、擦鞋的、採煤的、掃煙囪的、掃街的。各層面互連的蜂巢影射英國社會等級是「最自然和不變的」，就像蜜蜂一樣：勤奮和合作，各安其位。他說，這幅圖「代表英國當代社會實況，以立法去干擾這個豐富的架構實在不智。圖內有 54 個小格，代表每類階級和職業，最基礎底層是海軍、陸軍和志願軍，最頂是王冠，一邊是王旗，一邊是國旗。」到 1867 年，他再繪《蜂窩圖》，基本一樣。多年的憲章運動、多次的政制改革，等級架構依然。

註

① 這叫「史賓漢土地制度」（Speenham land），是一批在英國東南部伯克郡（Berkshire）的鄉紳為解救當地農民因糧價高而陷困境的救濟辦法。主要是按農戶孩子數量和麵包價錢去定下救濟金額。這制度主要在英國南部實行，特別在拿破崙戰爭的高糧價時期。其實最早在 1774 年蘇格蘭的格拉斯哥試用過。

② 這運動先從英國中部諾丁漢郡開始，前後 5 年（1811－1816）。名字有兩個來源：一說 1779 年一名叫勒德（Ned Ludd）的學徒搗毀兩台織襪機，因以為名；另一說諾丁漢附近的舍伍德森林有位像傳說中劫富濟貧的「俠盜羅賓漢」勒德將軍或勒德王。動亂是因為拿破崙戰爭期，工廠大增，但只願用非技術工人，技術工人失業，歸咎於機器取代勞動。他們晚上集會，演習起事。1811 年在諾丁漢郡，1812 年擴散到約克郡，1813 年到蘭開夏郡。這運動沒有政治訴求，也沒有全國性組織，除搗毀機器外，還襲擊法官和糧商。出動鎮壓的軍力有一段時間比英國在半島戰爭與法國打的軍力還要多。

③ 1833 年的法案成立工廠督查；禁 4 歲以下兒童在紡織廠工作；9－13 歲兒童工作不超過每

天 12 小時，每週 48 小時，並每天要受 2 小時教育；13−18 歲兒童工作不超過每天 12 小時，每週 69 小時；18 歲以下不能開夜工（晚上 8:30 到早上 5:30）。煤礦的情況更嚴重，5 歲孩童就要下礦井。在 1842 年，政府禁女性和 10 歲以下男童下礦井；1844 年更禁止所有 8 歲以下兒童到工廠工作；1847 年，規定女性與兒童在紡織廠工作不能超出每天 10 小時；1867 年，把 1847 年的禁制覆蓋所有工廠（超過 50 人受雇的製造業）；1878 年，規定所有婦女工作不能超過每週 56 小時工作；1875 年，規定兒童不能做掃煙囪工作。1850−1860 年代，技術工人組織工會；1880 年後，非技術勞工也開始組工會。

④ 那時，英國的敵人包括美國獨立分子、法、西、荷，並有謠傳法、西會合兵入侵英國。出事原因是 1778 年出台了《教皇分子法案》（Papists Act），減輕對天主教徒的壓迫，目的在增加兵源。反對者示威，但隨後演變為暴動和搶掠，有說是倫敦有史以來破壞最大的暴亂。暴亂以領導人、新教卡爾文宗的戈登公爵（Duke of Gordon，1751−1793）為名。此人行為怪誕，日後改奉猶太教，死於獄中。

⑤ 從 1776 年開始，康華里（Charles Cornwallis， 1738−1805）到處追趕美國的革命軍（紐澤西、南卡羅來納），到北卡羅來納就沒有那麼順利了。兵疲馬倦，他領軍在維珍尼亞沿海地區的約克鎮休歇，以保持跟紐約的補給線，並在四周設置重工事。這是 1780 年 8 月的事。華盛頓命法國的拉菲德率美軍在陸上包圍約克鎮，他則聯同更多美法聯軍從紐約通海路通來。英海軍也來解救，但被法艦隊擋住。美法聯軍登陸，康華里被前後夾攻，而且沒有退路，被迫在 10 月 19 日投降。英海軍趕到時已經晚了。

⑥ 1783 年的巴黎和約承認美國獨立，謝爾本（Shelburne）首相下台，由波特蘭特為相，但實權落在福克斯（外相）和諾思（內政）手上。佐治極不喜歡福克斯的政治手段與為人，認為他沒有原則，尤其是對王儲有不良影響。但波特蘭特的政府支配國會，佐治唯有強忍。佐治特別發愁是因為波特蘭特政府動議《印度法案》（India Bill）要改組東印度公司，把政治權力移交國會委任的委員會。佐治不是不想國會控制印度政局，但他不滿委員都是福克斯的人。下議院剛通過《印度法案》，佐治主使親信坦普爾（Lord Temple）通知上議院的貴族，說誰支持這法案就是與他為敵。上議院否決法案。三天後，佐治解散波特蘭特政府（其實就是解散福克斯−諾思聯盟），委小皮特為相，坦普爾為外相。這是 1783 年的事，引出憲法危機。國會譴責國王干預國會的表決為「反國重罪」（high crime），坦普爾被迫辭職。那時，國會大多數對小皮特敵視（尤其是因為佐治的干預）。小皮特也聰明，邀福克斯入閣，但不包括諾思（製造了福克斯與諾思之間的矛盾）。但他的政府在國會仍是困難重重，1784 年 1 月就被國會投不信任票。但他不按「無形憲法」的常規引辭。這是史無前例的，但佐治支持他，不邀請福克斯−諾思去組新政府，並發動上議院多次通過小皮特的動議，各處地方也請願支持小皮特。這當然影響部分國會代表的心理，倫敦市給他「自由市民」的榮譽。榮譽典禮結束回家，由市民代表拉車，表示尊敬。路上經過一個輝格會所，有人想襲擊他。消息傳開，眾人認為是福克斯和同黨所為。民眾稱他「老實的比利」（Honest Billy）來反襯福克斯與諾思派系的不誠、腐敗和缺乏原則。國會中他屢次受挫，但堅不辭職。反之，對方的勢力日減，很多棄權投票。1784 年 3 月，時機成熟，他解散國會舉行大選，在佐治全力支持下大勝。有史家說

這證明佐治看透民意。在這段過程中，佐治對小皮特非常支持，特別在上議院增加新議席，委小皮特的支持者去坐。那時小皮特才 24 歲，在他的任內和之後，佐治大受英國民眾擁戴。

⑦ 將來屬輝格的格倫維爾首相也提起事，被佐治堅拒，但最後到 1829－1830 年終容許天主教徒參政。有人視之為傳統等級架構崩潰的開始。

⑧ 對中產（工業革命的主力，政治革命的可能帶動者）來說，佐治是反法國革命和革命意識擴張的象徵。英國政制有民主包裝（國會）、自由實惠（賺錢）、傳統光環（等級），因此中產階層未有被法國革命的激進思想和工業革命的顛覆現實影響而引發大亂。

⑨ 這個奇策叫「大陸封鎖」（Continental Blockade，或稱大陸系統［Continental System］，或叫柏林命令［Berlin Decree］）。1805 年 10 月，英海軍在特拉法加一役大勝法海軍；1806 年 5 月，英政府下令海軍封鎖法國和法盟國的港口。拿破崙知道他的海軍力量不及英海軍，不足入侵英國，決定打經濟戰。他知道工業革命在英國的成就使英國成為整個歐洲的製造業和金融業中心。他認為如果可以抵制英國貿易就可以令英國通貨膨脹和負債，引發經濟崩潰。1806 年 11 月，他頒柏林命令，禁止所有在他勢力範圍內的國家與英貿易。英國作出反應，在 1807 年 11 月下令禁止法國與英國、法盟國和中立國貿易，並遣派海軍封鎖所有港口。拿破崙馬上頒「米蘭命令」（Milan Decree），禁止所有中立國船隻使用英國港口和向英政府交稅。

對英國來說，大陸封鎖驅使它積極開發新市場和走私進入歐陸。法國海軍不濟事，拿破崙不能單靠在大陸設防去阻止走私，尤其是很多傀儡政府都是陽奉陰違。短期間的雷厲風行稍微有效（如 1807 年到 1808 年和 1810 年到 1812 年中的一段時期），但總地來說效力不大。英國對世界其他地方的貿易反而急速發展（尤其是南、北美洲）。但英國的 1807 年的禁運影響中立的美國，引出麻煩。美國是夾在英、法的互相封鎖之間，加上 1807 年英艦「美洲豹號」（Leopard）向美艦「切薩皮克號」（Chesapeake）開火，並登上美艦去捉英籍逃兵，引發美國出台對英禁運政策。但美國的禁運影響美國商人比英國商人更大，加上英艦到處在美國商船抓逃兵，而英國政府又支持美洲印第安人對美國的西部進行開發，美國終於在 1812 年向英宣戰。這次是英國打贏，火燒白宮。與拿破崙戰爭相比，這只是小插曲，但對美國人心理影響很大。此後，美國人要真正的獨立。拿破崙的大陸封鎖未有削減英美貿易。英美相吵才是真正的削減雙方貿易。

大陸封鎖也影響法國。依賴海外貿易的經濟活動銳減，如造船、紡織、做繩。南面港口如馬賽、波爾多（Bordeaux）一落千丈。意大利的絲業差不多被完全摧毀，但法國北部和東部、比利時南部的工業化地區就因為對英貨（特別是英國廉價紡織品）的禁運使它們沒有競爭對手，發了財。意大利南部的農業也得益。以貿易為主的荷蘭最慘（荷蘭的傀儡國王是拿破崙的親兄弟）。總地來說，除若干地區外，歐洲出現物價上漲。拿破崙迫不得已在 1810 年開放法國西南港口和西班牙邊境，容許與英倫有限度貿易。在 1810 年到 1812 年歐陸向英輸出農產，而英國剛好那幾年嚴重失收。

英國對大陸封鎖的第一反應是攻打拿破崙支配國中最弱的丹麥。丹麥名義上是中立，但拿破崙威逼它把規模不小的海軍交法國支配。1807 年 8－9 月，英海軍炮轟哥本哈根，掠奪丹麥

艦隊，成功控制北海和波羅的海航道，並在丹麥西岸設堡，保護私貨進入歐洲。

瑞典是英盟國，拒絕加入拿破崙的大陸封鎖。1808 年法國派軍入侵瑞典南部，但因英海軍控制丹麥航道，未成。英海軍在丹麥與瑞典離岸的小島上建多個堡疊，控制航道。

最關鍵的是葡萄牙與西班牙。葡萄牙與英國在 1793 年已有互助盟約，因此拒絕加入大陸封鎖。1807 年，拿破崙企圖掠奪葡萄牙艦隊和港口，捉拿葡萄牙王室。在英海軍護航下，葡王把整個朝廷和整隊艦隊移駐葡屬南美巴西。葡萄牙人民起來反抗入侵法軍，開啟把拿破崙弄得頭昏的「半島戰爭」（Peninsular War）。

到 1812 年，俄羅斯的亞歷山大沙皇受不了，開始與英國重新做生意，輸出英國極需要用來造戰艦的木材。拿破崙一怒之下進攻莫斯科，60 萬大軍去，不到十分之一回來，是拿破崙的致命傷。

⑩ 半島戰爭（1807–1814）是英國與葡萄牙和西班牙（稍後參加）對法國的戰事。

首先，英、法爭奪伊比利亞半島（Iberian Peninsular）的控制權。1807 年（大陸封鎖後一年），拿破崙進犯親英的葡萄牙，借路西班牙，1808 年 3 月索性佔領馬德里。1808 年 8 月，英國遠征軍在威靈頓帶領下登陸西班牙，在里斯本附近擊敗法軍。但上司約束他不追擊（當時威靈頓只是個將軍，還未封爵），因為遠征軍解救里斯本的目的已達，威靈頓憤而離任。

同年 10 月，西班牙抗法軍（那時西班牙帝國解體，入侵的法軍佔領，各地反抗，自組軍隊），在西班牙北部作戰。英軍增援。拿破崙親自督戰，在 12 月差不多完全包圍英軍。英軍急退，1809 年 1 月卒成功逃回英國，但統帥陣亡。

英國決定重新再來，委威靈頓統領，在 1809 年 4 月抵達里斯本。那時，法軍南下，進逼里斯本。威靈頓從里斯本北上襲法軍，西進攻馬德里。法軍施重大壓力，威靈頓退回里斯本，未有大傷亡。他決定力保里斯本作為伊比利亞半島的英軍基地，於是在里斯本以北建一條長 25 英里的堡疊陣線，以抗法軍南下。英海軍則巡弋里斯本海岸以保軍需供應。

有了這基礎，威靈頓就可以長期與法軍周旋。西班牙各地反法獨立戰爭從 1808 年 5 月開始，戰事不斷。1810 年，流亡政府在加的斯（Cadiz，西班牙西南端）成立，但被 7 萬法軍包圍。威靈頓保住了里斯本就同時為他們張開了保護傘和提供補給錢。他們最善遊擊戰，綁住拿破崙 30 萬精銳部隊。在 1812 年，威靈頓多次與法軍交戰，甚至攻入馬德里（只留駐短時期）。那時，拿破崙一方面打莫斯科，一方面在半島被英葡聯軍拉住，他叫半島戰爭做法國的「西班牙潰瘍」（Spanish Ulcer）。1813 年是關鍵性的一年。6 月份，威靈頓北上進襲拿破崙軍（由傀儡的西班牙王率領），奪取法軍全部輜重和大炮。10 月份，攻入法境，這是法國革命以來第一支外國軍隊攻入法境。

⑪ 主要是定下國內糧價，不容低於此價的糧食進口，其實也是壓低工人實收的工資（因為把工資花在高價糧食上就要放棄其他消費）。

⑫ 當時土地利益的論點是高糧價鼓勵開發新土地，但實情是，用來供應在全無進口情況下的戰事需求而開發出來的土地仍未全用盡。

⑬ 1816 年 11 月 15 日，在倫敦鬧市一處叫「礦泉場」（Spa Field）的遊樂場有倡議土地公有分子集會，吸引過萬人。原旨是要上書攝政王（那時是佐治三世與四世之間的攝政期〔1811–

1820〕，上層社會一片奢浮），要求改選舉制和濟貧。第二次集會是 12 月 2 日，有 2 萬人參加。原先是和平，但後來失序，有人搶掠槍店武器。終被軍隊驅散，主事人被捕，但稍後釋放。這是十九世紀第一次群眾事件，政府認為是醞釀革命，決定日後採取強硬政策。在 1816 年修改《人身保護令法案》，引發出 1817 年的「毛毯遊行」事件。

⑭ 1815 年的《糧食法案》限制糧食進口，糧價上升，1816 年失收，人民生活更艱難。1817 年 3 月曼徹斯特織工匠準備遊行到倫敦向攝政王提請願書，反對政府的《人身保護令法案》（Habeas Corpus Act，1816，削減人身保護）。3 月 3 日有 2 萬人集合。3 月 10 日，5 千人齊集，旁觀的有 2 萬。請願的背着毛毯，用來晚上睡覺，並表示他們是織工（因此叫「毛毯遊行」）；強調和平示威，分 10 人小組，以免觸犯《集會法》。但政府派軍隊驅退集會，秩序大亂，但仍有幾百人向倫敦進發。騎兵追趕，有人被刺刀擊傷，1 人被槍殺。群眾折回，政府大舉捉人。據說最後只有一個人抵達倫敦，並上請願書。曼徹斯特地方政府訴說事件背後有陰謀，說遊行分子準備攻擊軍隊和廠商，於是組織當地團練，中央也同意，卒弄出 1817 年「彼得盧大屠殺」。

⑮ 1817 年 6 月 9–10 日，在德比郡小村彭特里奇（Pentrich）2–3 百人集合（主要是織襪工人、礦工和鐵工），要鬧革命，並向諾丁漢出發。主要武器是棍棒長矛，但其中有八支槍。政府早有細作告密，一出發就被抓起來，三人問吊。

⑯ 1819 年 8 月 16 日曼徹斯特聖彼得礦地，6–8 萬人集會，要求政改，增加議會代表人數。政府事前早知，並派人先去會場（是處礦地）把可以用來做武器的木材、碎石搬走。當天天氣很好，聚集的人越來越多，政府領導人在遠處觀察並準備好上千正規軍和上千民兵。當集會組織者到場時，群情洶湧。政府領導層命令軍隊去驅捕組織者。軍隊闖入人群，引發大亂。死 11 人，傷幾百人。

⑰ 1820 年 1 月 29 日，佐治三世去世。2 月 20 日，陰謀者（主張土地公有）在卡托街（Cato Street，因此以名）會議。有人建議闖入內閣開會的地方，刺殺政府大員。但政府有細作通風。2 月 23 日，政府逮捕陰謀主腦，數人逃脫但稍後被捕，主謀 4 人問吊，其他流徙。

⑱ 1817 年，政府出台的《反叛亂集合法》（Seditions Act），並取消人身保護；派間諜潛入不滿情緒最高的工業區去窺探工人動靜；用軍隊（那時沒有警察制度）去驅散集合群眾。1819 年的《六條法令》（Six Acts）增加政府的搜查權力，在政治案件上取消陪審團；同時增加印花稅去抬高報紙價錢，使工人買不起報紙，就不會被報紙言論煽動。到 1820 年，經濟稍有好轉，亂事也才稍平。

⑲ 坎寧（George Canning，1770–1828）的政策是以維持國際和平去推進英國貿易，因此不鼓勵自由主義和國家主義。他不支持希臘獨立（1822），又派兵助葡萄牙鎮壓起義都是為了英國利益。他成功鼓勵美國實施門羅主義（Monroe Doctrine，也就是美洲事情由美洲人〔美國人〕處理），也是為了保障英國在美國的市場不被歐陸諸國搶走。在南美諸國爭取獨立的事情上英國先作保留，等到獨立完全成功才承認。這也是因為不想鼓勵任何對合法傳統政權的挑戰，怕引發英國內部亂事。

⑳ 皮爾（Robert Peel，1788–1850）改革司法、改革刑法、改善監獄、建立警隊（1829）。

1824 年，他推出《工會法》（Combination of Workmen Act），廢除《禁工會法》（Combinationa Act，1799，1800），但出現罷工潮，所以他在第二年又修改法律，約束工會談判和罷工的權力。這些改革與經濟改革是同步的。

㉑ 赫新基森（William Huskisson，1770－1830）鼓吹自由經濟，減進口稅，放寬航運法案，並與殖民地建雙邊互惠關稅。1828 年，他嘗試以減稅去降低糧價，因為保護土地利益的《糧食法案》（1815－1846）抬高了糧價。

㉒ 羅賓遜（Frederick John Robinson，1782－1859）的功勞主要是處理黃金與貨幣的關係。1825－1826 年間，60－70 間銀行同時倒閉。他向國民保證紙幣可換黃金。為此，他命英倫銀行鑄金幣，禁私有銀行發行紙幣，批准英倫銀行在各地開分行，允許私人銀行擴大股份。1826 年，經濟復蘇之後，他用財政盈餘償還國債和減稅，大受歡迎。

㉓ 1673 年恢復期後頒佈《宣誓條例》規定凡公職人員就職時必須效忠國王，信奉國教，主要是排擠不歸依國教者，特別是天主教徒。

㉔ 英、愛在 1801 年合併，很多愛爾蘭人反對（特別是受法國大革命思想的影響）。1823 年，奧康奈爾（Daniel O'Connell，1775－1847）成立「天主教聯會」（Catholic Association）對抗。1828 年，他以絕大多數票數當選國會議員，但因為《宣誓條例》未能獲准進入國會，出現憲法危機。6 百萬支持者示威使政府寒心，遂通過解禁法案。1840 年代，奧康奈爾想愛爾蘭脫離英國，未遂。南愛是在 1922 年才獨立。

㉕ 雖然在 1830 年大選時威靈頓仍取勝，但只能建弱勢政府，隨後倒台。

㉖ 這是英國內政的關鍵轉折點，此後就是輝格、托利輪流執政，後再轉為自由黨（由輝格衍生）與保守黨（由托利衍生）輪流執政；最後自由黨又分裂出工黨，變成工黨、保守黨輪流執政。一度光輝的輝格黨就成為歷史名詞，代表着「開明」與「自由」。

㉗ 15 世紀以來，選舉制度都是重農輕商，重鄉輕城。古城鎮如曼徹斯特、伯明翰都沒有國會代表（雖然它們所在地的郡有代表）。小城鎮的選區叫「腐爛選區」（rotten borough）或「口袋裡的選區」（pocket borough），都是由地方鄉紳或地主貴族把持。工商利益當然想在國會裡有他們的代表，遂發起政改。那時，主政逾半個世紀，以土地利益為基礎的托利黨因《天主教徒解禁法》而產生內部分裂，大選敗於輝格，開始托利、輝格輪流掌權的時代。

1831 年，仍由土地鄉紳掌權的下議院否決改革動議，首相格雷（Charles Grey）屬輝格黨，走開明路線，遂請威廉解散國會，舉行大選，好鞏固輝格勢力。威廉猶疑，因為大選剛過，民情沸騰，恐生亂事。但他又討厭反對黨托利黨聲稱要在上議院（那裡的貴族代表多屬托利）議決反對國王解散國會，因為這代表挑戰他召開和解散國會的國王權力。在格雷力勸下，他要親自到上議院去終止議事（prorogue，因為國王來臨，國會就要停止議事，也就是不能通過任何議案）。當侍臣回報說不能倉促預備好車馬，傳說威廉的反應是：「我就坐計程車（hackney taxi）吧。」當他在國會（上議院）出現時，《泰晤士報》這樣報導：「完全無法描寫當時的情景……高貴的爵爺們的狂態和喧聲……使在場旁聽的人驚異，使在場的女士害怕。」有位爵爺甚至揚起鞭要打政府的支持者，需要其他人把他拉住。威廉匆忙戴上王冠，進入議事場，解散國會。

這引發大選，改革派勝利。這次，下議院大多數通過政改，上議院還是堅決反對。全國譁然，示威群眾越來越暴力。首相格雷決定不接受上議院的否決（他也是上議院議長），再度提案，並建議威廉增加上議院議席，委支持他的人坐上去，好使通過議案。威廉雖然有權這樣做，但他不想增加永久性的席位，就告訴格雷他只會製造一些將來可以被現有席位吸收的新席位（上議院是高級貴族和教士的議會，而某些貴族的品位是可以歸納或拆散的）。上議院這回又弄把戲，不直接否決議案，改為修改議案，想扭轉議案的本質。格雷與內閣聲稱如果威廉不答應馬上增加上議院席位強行通過議案，他們就要辭職。威廉想恢復托利的威靈頓為相（他在 1831 年下野），但威靈頓在國會缺乏足夠支持。此刻，威廉的民望跌到最低點，有人甚至向他車駕擲泥。他最後還是同意重委格雷為相，並答應如果上議院仍堅持反對政改，他會增加議席。上議院確實擔心國王增席位，因為這代表削權，於是大部分反對者棄權。法案在 1832 年通過。民眾把中間的紛紛攘攘歸咎王后和王弟作怪，威廉的民望恢復。

㉘ 到今天，英國「class」一詞仍可用來指階層或階級。歷史上，階級意識要到維多利亞時代（1830 年後）才成形。

㉙ 要到 19 世紀後期工業革命帶來的新富越來越多，並有政治支配力，這種來自土地經濟的「幹活污了名字」的壓力才放鬆。

㉚ 19 世紀早期，王室中人對工業發展很感興趣，加上以土地收入為主的傳統貴族開始沒落，引發出上層社會也發生變化，出現土地貴族與工商富人的組合，特別在礦產和航運行業上。

㉛ 這是工業革命成功的因素之一。地方不理中央，自作主意，為工業革命成長帶來彈性、靈活性。

㉜ 這時出現大量的舉止、禮儀書刊，教人怎樣握手，怎樣禮貌地結束對話，怎樣發請束，怎樣處理手指甲，口氣，怎樣用餐，怎樣上劇院、上教堂、上書廊，坐的儀態、站的儀態，頭髮的樣式、鬍鬚的樣式等等。一個新中產絕不能在社交場合出醜。

大城市的近郊開始城鎮化，新建的小平房、半平房開發區通用上貴族住所的稱呼，例如王室的「溫莎堡」（Windsor Castle），愛爾維勒公爵的「布爾妮姆宮」（Blenheim Palace，2,000 英畝土地，187 個房間），有錢的更想模仿貴族們的宏偉宮室。中產婦女尤其認真，因為她們的社會地位不是來自工作或職業。丈夫上班，妻子在家，她們的日常生活是她丈夫名成利就的最有效廣告。丈夫賺錢就要有炫耀的家居，那時出現很多紳士家庭的配件：地毯、鋼琴、油畫，越貴越好。大量的婦女刊物鼓吹說，買奢侈家居和裝飾非但是財富的象徵，更是愛國的表現：一方面推動經濟，一方面通過購買大英帝國在全球各地的珍貴和高價產品有助鞏固帝國。她們每天更換衣服幾次，分早餐、晚餐，在家會客等。她們雪白的手臂，環圈的硬裙暗示她們未曾做過家務。中產們非常藐視做工賺錢，也不鼓勵家務，於是出現大批女僕、廚子、僕役。就算中產低層的如文員或教師，家裡都雇個打雜的去做粗重工作。

中產婦女如何協調奢華的生活方式和謙虛、勤儉的新教美德？那時，婦女比男性的道德觀更重，她們要為丈夫建立一個安寧和賢惠的家庭「綠洲」，待丈夫從營營役役的外邊世界回到家裡，可以洗淨貪念、妒念甚至淫念。做丈夫的，如果有更多錢，就可以做點慈善，為貧民蓋房子，讓他們也過過幸福家庭生活，好讓他緩解一下他在追名逐利中的良心不安。

㉝　勞動階層分三等：粗工（workingman，labourer）、巧工（intelligent artisan）、受過教育的工人（educated workingman）。

有些巧工（如造車匠[coach maker]）的收入會高於很多的中產，如文員。鐵路發展也創造大量職位，如的士司機、行李工、腳夫。公交車售票員可在車費上取若干工資。粗工的收入最低，僅足房租和簡單伙食。有很多街販，用騾車或獨輪車去販賣熟食、飲品、二手貨和收購廢料。

在街上賺錢的還包括腳夫（但要避開腳夫公會的地盤）；有男童為休歇的馬夫拉馬頭，賺幾毛錢，或賣報紙、賣速食和在泰晤士河邊的泥濘中撿破爛東西轉賣（狗糞可以賣給皮革廠、雪茄煙頭可以翻製當新煙出售）；有掃街（在泥濘和骯髒的街上為體面的紳士淑女掃出一條過街道路，賺幾毛）；行乞（乞婦可以租用孩子，甚至弄瞎、打跛孩子去賺路人同情）。晚上，有上進心和精力的會上「夜學」，學點科技、拉丁文、速記等，希望可以升為管工、監督。女的會學法文，希望升為淑女的貼身女侍。

散工每早在倫敦和英國東北部海港城市的碼頭和船廠等人雇傭，但工作是不固定的，雇主接不到訂單或天氣惡劣就無工可做，要等救濟或申請入「勞動救濟所」。

婦女找工比較易，因為有大量「廉價成衣店」（slop shop），主要是造軍服和囚衣，都是手縫，但晚上工作要自己買蠟燭。

娼妓也很多，有些貧民窟甚至整條街都是妓寨。年輕婦女做幾年，有了積蓄去開店。性病猖獗，妓女可以入性病醫院，但沒有根治的方法，出院多重操故業，性病蔓延。有救娼妓的善長，狄更斯也曾經想辦一所收容院，但這些婦女往往不想入住。

㉞　其實輝格黨從未站在工人那邊，工人利益的政綱要等到 1900 年部分保守黨和輝格黨分裂出來成立了工黨才出現。

㉟　疾病、傷殘，或因經濟因素失業的，可以申請住院。勞動救濟所用來取代之前的濟貧院，目的在阻止不應得救濟的申請者。院規非常苛刻，因為不想製造懶人。入院後家庭要拆散，甚至永不重聚；男的差不多像罪犯，要做苦工，打布頭、拆麻繩、撕麻絮（用來填塞船縫或管子接頭，主要供海軍）；伙食僅供糊口；按法律兒童會有基本教育，但往往不落實。

㊱　1834 年「托爾普德爾殉道者」（Tolpuddle Martyrs）事件，工人運動組織者被誣告，流放澳洲（後來翻案）。1836 年「倫敦工人協會」（London Working Men's Association）成立，強調階級團結、全民投票、戒酒和譴責 1832 年改革法案。稍後轉激進，一般在咖啡館、工廠甚至露天宣講。

㊲　1839 年頭，憲章運動分子組織「倫敦全國大會」（National Convention）並向國會遞交請願書（有自組國會的意味）。6 月份，130 萬人呈簽名書，但國會拒絕接見。大會有人建議總罷工，更有人準備起義。

11 月，東南威爾斯的紐波特（Newport）發生暴動。作亂分子設立秘密支部，暗製武器，準備攻佔市府，發動全國起義。3,000 人進入市中心。得知政府已逮捕了幾人，囚禁在市中心一間旅店內，由軍隊看管，於是發生衝突。開火中軍方佔盡優勢，憲章運動分子被擊散，約死 20 人，傷 50 人，但運動的熱忱並未下降。1840 年 1 月 12 日，錫菲（英國北部）起事不

遂；1月26日，布拉德福德起事也未成功。主要是官方細作在通風。

1842年5月，第二次大請願，有300多萬人簽名。那年出現經濟不景，雇主大量削減工資，要求恢復工資的呼聲高響。英格蘭、蘇格蘭到處罷工（停止工作，直到增加工資），但是否由憲章運動分子指使至今仍不清楚。有人指是工商利益的「反糧食法聯盟」（Anti-Corn Law League）中人故意關閉工廠去引發事端。從8月份開始，暴動包括破壞財物、暗襲警隊。政府軍隊鎮壓，終於9月底全部復工。政府秋後算帳，逮捕運動分子，幾百人下獄，幾十人流放海外。

恩格斯的《英國工人階級的景況》（The Condition of the Working Class in England）就是用1843年在曼徹斯特的觀察而寫成的。

1843年開始，有人提出「土地」是解決問題的根治辦法，成立「土地合作公司」（Cooperative Land Company，後叫「國家土地公司」[National Land Company]），由工人買股份集資買地，然後把地分割為小幅的2、3、4英畝（8,000、12,000、16,000㎡）建房，抽籤分配。1844年到1848年間買了五幅土地。1848年，國會成立委員會調查財務的可行性，下令關閉公司。

㊳ 後來改派代表向國會交請願書，聲稱6百萬人簽名。國會書記稱只有190萬，對運動的聲譽帶來負面影響。

㊴ 在這期間，若干宗教團體提出基督徒不應干預政事……所有教派應特別拒絕歸入政治團體，越少關注世事的越神聖和值得被仿效。當然，憲章運動中的基督徒則認為宗教應該實踐在現實生活中，不能與政治分開，遂出現「憲章運動基督教堂」（Chartism Christian Churches），和政治宣道家，更發起募捐去印刷聖歌集。運動分子對國教特別批評，特別是國家對不同教派撥款分配的不公，並質疑國立教會的理念，提出政教絕對分開的建議。

㊵ 當時的政治辯論主題是：為保存和保衛一個以等級為架構的社會，勞動階層應否有參政權，也就是應否有投票權？假設是，等級社會是政治穩定的基礎，但等級中的各階層染上了階級意識。有人恐懼如果不改政，會出現「階級鬥爭」，削減傳統階層的凝聚力；有人恐懼給予勞動階層投票權會加快帶來「階級鬥爭」，而國會會成為階級利益鬥爭的場所。

㊶ 當時保守黨首相狄斯雷里的想法是如果一方面擴大選舉權去回應勞動階層的訴求，而另一方面重新分配選區去照顧傳統的土地利益集團，就會阻擋得住階級政治和階級鬥爭，鞏固傳統的等級，鞏固天然的體制。他說，越大範圍的普選「天然的權貴等級」（natural aristocracy，他是指貴族們和對傳統等級意識的認同者，特別是中產階層）會越強。保守黨內的托利人（指保守黨裡的保守分子）則相信會發生相反的效果，階級戰爭會爆發，傳統階層會敗下來。

結果是，狄斯雷里「黑暗中一跳」（leap in the dark），超額地增加勞動階層投票權，一下子多了30萬選民。當時的主流說法是：權力在馴羊般可憐地從中產階層轉移到勞動階層，從精英轉移到亂民──「再見了，這些擁有大樹叢、野鹿林的大宅（指老貴族的豪宅）」。

㊷ 1867年之後的餘波包括1827年開始不記名國會代表選舉，1911年開始國會代表受薪，1918年更是全民投票權。同時，工人運動也開始被允許：1868年，工會聯合會（Trade

Unions Congress，TUC）成立；1871 年，《工會法案》（Trade Union Act）通過。

㊸ 戴西（Albert Venn Dicey， 1835－1922），英國憲法專家。

㊹ 亨特（Thornton Hunt， 1810－1873），《每日郵報》（*Daily Telegraph*）的編輯。

㊺ 斯蒂芬斯（Joseph Raynen Stephens， 1805－1879），循道會牧師、勞工環境改革者。

第十六章　推得準嗎？

　　「文化基因法」推出工業革命的軌跡：從爭權到爭利，到掠奪，然後徘徊於吃人（工商利益的極端自私）和瘋狂（土地利益和勞動階層的極端反應）。之後，未釀成大災難，直到革命成熟，衝突與矛盾也因而降溫。這與史實相當吻合。

　　英國先生以「常理」去推未來（第十四章），推得相當準（第十五章）。文化基因法其實就是這個常理的系統化、理論化、普遍化。現在用文化基因法的邏輯和詞彙去重新演繹 1776 年之後英國的社會現象。

　　在有極端傾向的「唯一真」文化裡，人人爭利的社會自然傾向走上極端的人吃人。國內是老闆（農莊老闆、工廠老闆）對勞工的剝削；國外是殖民者對當地人（美洲殖民除外，因為在那邊的殖民區只有少數印第安人）和當地資源的剝削。但是，那時的英國船堅炮利，海外殖民區和亞非弱國絕對沒有還手的能力，英國可以為所欲為。關鍵在國內。

　　在國內，宗教傳統約束富人（富不能驕），安撫窮人（神會公平）；等級觀念約束不想窮的人（窮要安分），安撫極想富的人（晉級有望）。因此，雖人人為己，也就是自私（包括窮人與富人），但未走上極端。

　　激進卡爾文宗教派中人的賺錢意識和能力都強：一方面是他們的教義鼓勵他們以賺錢去光榮神，一方面是他們的少數派身份與心態驅使他們依

靠經濟實力去創造生存空間。他們成功了，而他們的成功也改變了主流社會對金錢的看法，開始顛覆傳統宗教（國教、天主教）對金錢和賺錢的態度；他們被接受了，而他們的被接受也改變了傳統等級的尊（土地）卑（工商）排列，開始顛覆舊經濟秩序（土地先於工商）和舊社會秩序（鄉紳先於中產）。此刻的英國是個自私與失序的社會——掠奪的社會。

其實，工業革命的社會現象可分兩個時期。上半期大約是 1770 年到 1800 年，自私傾向極端，也就是「吃人」。談談兩個代表性人物：有「工業革命之父」之稱的阿克賴特和發明蒸汽機的瓦特。

阿克賴特是第一個採取「機器化規模生產」模式 ① 的企業家、現代工廠的始創人，成功推動了歐美的工業革命。他倨傲自大和具侵略性，是個典型白手興家（self-made）的大老闆（tycoon）。人所共知他「借用」人家的錢和人家的主意都是狠辣的 ②。他對家人也不親切：母親在他發財之後還要接受政府救濟；他在第一任妻子去世後就與岳父鬧翻；第二任妻子也是很早就不跟他住在一起；到 1780 年後，他更與兒子吵。他與夥伴和對手總是不和，而且對他們很兇。③ 他不好客，難交友，生意就是他的生命 ④。史家埃斯頓（Thormas Southcliffe Ashton，1889－1968）認為他沒有甚麼發明天才 ⑤，但有堅硬的性格（據稱是蘭開夏人的典型性格，但他卻沒有蘭開夏人典型的仁慈和幽默），每天從早上 5 時工作到晚上 9 時。10 年之間，他從只有 5 英鎊的身家到可以買下 20,000 英鎊的豪宅，但他的工人每日的工資就只有 4－5 便士。

從他的發跡更可以看出當時的「吃人」社會。他未曾正式上學，理髮學徒出身，兼做拔牙、假髮。做假髮要到各地收購窮婦女頭髮，他開始留意到棉布的需求高，棉紗的供應缺而且素質差。1767 年，他碰上一個叫凱（John Kay，1704－1779）的造鐘匠。此人正與一個叫希斯（Thomas Highs，1718－1803）的合作去造一台新的紡棉機，但兩人都缺錢，就放棄了。阿克賴特聽到後，很有興趣插手，要雇用凱去造這機器。這些都是秘密行事的，鄰居還以為他們做巫術，以為機器聲是巫咒。他們終於發明

出紡棉機台（spinning frame），並配上水力拉動，叫「水力紡紗機」（water frame），並拿到專利。到此，可以大量製造廉價棉紗了。阿克賴特找銀行借錢，銀行認為這個發明投產的機會不大，但介紹他認識兩個人，斯特拉特（Jedediah Strutt，1726－1797）和尼達（Samual Need，1718－1781）⑥，他倆願意投資。1771年在丹文特河（Derwent River，水流穩，不結冰，地點則比較偏僻）旁邊的克羅夫特小村（Cromford，屬英國北部德比郡〔Derbyshire〕）建個大廠，生產過程全部機械化。

工廠生產其實不是阿克賴特發明的。大多數人認為英國的第一間工廠是博爾頓（Matthew Boulton，1728－1809，他日後是瓦特的合夥人）於1762年在伯明翰建的索和製造廠（Soho Manufactory；「工廠」〔factory〕一詞出於此）。但阿克賴特的規模就龐大多了，廠房有30英尺寬、100英尺長，或更長，5、6、7層高，幾個月內已雇用600工人。他就近建了一個工人小村，又修路。

當初，阿克賴特的工廠生產的是造襪的紗線，但1773年後就以粗棉布為主。1774年，《棉布法案》被廢。馬上，棉紗、棉布的生產趕不上需求。阿克賴特大大擴充在克羅夫特的工廠，當地工人不足就從外地輸入，開始「工業區」的理念。1776年，阿克賴特買地建房，雇傭有大家庭的織工。他是全家雇用的：童工由7歲開始，婦女與兒童在廠紡紗，織匠在家織布。1,150名工人中，2/3是童工。工人每年一星期假期，但假期內不能到外地（主要是不准回鄉）。機器用很少人手，只需童工再加上監工就可以，一個童工一天生產比得上十個成人。年紀最少的撿廢料和連接斷棉線。機器不停運動，童工要在機器中連棉線；撿廢料更危險，因為要臥在不斷運動的機器底下。機器是沒有保護罩網的，斷手斷腳經常發生，有統計過差不多一半的童工會受傷。

1776年，美國獨立戰爭帶來不景。阿克賴特的工廠卻還是整天不停生產，成為失業織工的眾矢之的，因為他雇傭非技術工人，特別是童工。在蘭開夏建的最大工廠和最新工廠都被搗毀，但他仍繼續不斷在各地擴

張，因為他要支配整個行業。他的紡紗專利包括絲、麻和羊毛。人家見他成功就派間諜去偷他的秘密，包括來自俄羅斯、丹麥、瑞典、普魯士，尤其是法國。他的職員中也有人出賣如何組織工廠的秘密。到 1783 年夏，他的專利要到期，他就向國會請願延期。蘭開夏的棉紡企業家們從 1781 年已經用了巨資建廠，雇了 3 萬工人，當然堅決反對阿克賴特的專利延期，他們入稟法庭要求取消阿克賴特的專利。開庭開審時，凱與希斯作供，阿克賴特敗訴。判決理由是他對他的專利品描述不清，而且是「借」人家的發明，特別是當年希斯發明了精梳機 ⑦，合夥人凱要他做一個金屬複製品，而凱是阿克賴特雇傭過的，曾經把這個設計給阿克賴特看了。報紙有說：「老狐狸的長鬍鬚被他自己的陷阱捉住了。」阿克賴特大怒，指法庭的判決會毀滅發明，瓦特也表態同意（贊成延長阿克賴特的專利，那時阿克賴特是用瓦特的蒸汽機，而瓦特的蒸汽機也有專利問題，見下）。有傳他要買盡全世界的棉花，不實，但他的確在非洲建棉花園。雖然敗訴，但他仍是全國最大的棉紗生產商，仍繼續大建工廠。

　　他害怕勒德分子破壞他的工廠，但由於當地人都是他的雇員，都是站在他的一方，所以他可以在一小時內動員 5–6 千人保衛他的工廠。有人批評他做生意不顧原則，特別是對合夥人，博爾頓（瓦特的合夥人）更說他是暴君。他要他的工人每年唱一次「頌歌」：

　　　　來，讓我們聯同一起，

　　　　感謝他給我們所有的恩惠，

　　　　讓我們更多感謝他

　　　　除了建廠之外的種種恩惠。

　　　　舉杯淺嘗一下，

　　　　為誰的健康你會乾杯；

　　　　眾多的選擇中我肯定，

　　　　李察・阿克賴特爵爺是最好的 ⑧。

　　瓦特發明蒸汽機的故事⑨是工業革命的美談，有如牛頓的蘋果故事是科學革命的美談。但在工業革命期的吃人社會裡，瓦特用於發明的精力和時間遠比不上他用來制止別人發明和保護自己發明的精力與時間。究竟工業革命鼓勵了發明還是壓抑了發明？

　　首先要說明，有工業革命「耕馬」（work horse）之稱的蒸汽機不是瓦特發明的低壓蒸汽機，是後來別人發明的高壓蒸汽機。史家對瓦特的評價相當正面，說他把科學與技術結合，付諸實用（典型的英式行動性格——知識是為了行動）。他健談、平易，但不懂生意，不善交涉和談判，並且終身擔心錢。他數學強（祖父是數學老師）並且手巧，18 歲前往倫敦做儀器學徒，一年後返回蘇格蘭，想去當時商業非常發達的格拉斯哥發展。雖然他是蘇格蘭唯一的數學精準儀工匠，但被同業公會排斥。1757 年（瓦特才 21 歲），剛巧格拉斯哥大學買來的天文儀需要修理，他把儀器修好，三位教授聘他為儀器主管（其中一位是亞當・斯密）。

　　1759 年，有一個朋友指點他留意水蒸汽作為動力源。那時，由紐科門（Thomas Newcomen，1664－1729）發明的蒸汽抽水機已有 50 年歷史，但效率不高。瓦特開始注意到水的「潛熱」（latent heat）可以儲能（蒸汽在 100 度變成水的那一刻釋放出的熱能）。1764 年，他修理一台紐科門蒸汽抽水機的模型，得出結論是 3/4 熱能用來保持氣缸的熱度（因為要冷水注入氣缸去凝結水蒸氣），只有 1/4 的熱能量用來推動活塞。1765 年，他想出一個方法，在推動活塞的氣缸旁邊另設一個氣缸去保持恆溫，那麼每次活塞推動時失去的熱能就會少得多了，這個設計叫外氣缸（external cylinder 或 separate cylinder）。

　　1773 年，瓦特用他的專利跟擁有當時最先進的金屬廠索和製造廠的老闆博爾頓合夥。又有一個叫威爾金森（John Wilkinson，1728－1808）的朋友是冶金專家，為他解決了氣缸和活塞中間所需的精準公差（tolerance）的問題。1776 年，他在英國西南的康沃爾郡（Cornwall，是礦區，不是工業區）安裝第一台礦井抽水機。由於那裡遠離產煤區（也就是缺乏平價的

煤作能源），所以水蒸氣有用場。專利收費的方程式是按使用瓦特蒸汽機取代紐科門蒸汽機能節省下來的煤價的 1/3。瓦特不做機器，只監督別人使用他的專利去做機器來收專利費。

瓦特（與博爾頓）為保護專利，可謂完全自私。他的機器是上下抽動，而大家都知道旋轉動作會有更高效率，可是旋轉動作已有專利人，叫皮卡德（James Pickard）。皮卡德建議把他自己的專利與瓦特的外氣缸專利共用，瓦特極力反對，寧願另外發明一個低效率的代用機器（叫「太陽與行星」[Sun and Planet]）。十多年之後，皮卡德的專利權期滿，瓦特就急不可待地採用了他的發明。另外一個例子，布林（Edward Bull，1759－1798）是個工程師，他為瓦特造機器，但自己設計出一台比瓦特的更輕巧、更安全的機器，但仍是外氣缸的理念，因此涉及瓦特的專利。瓦特禁制他發明，又申請法庭禁止任何人竊用。那時，康沃爾地區的礦主們都認為瓦特的專利是無法執行的，因為外氣缸是個又概括又模糊的理念，於是他們開始不交專利費（因為機器不是瓦特做的，他只是監管安裝）。瓦特就以法律手段去追，他們紛紛與瓦特庭外和解，結果是瓦特總未能收足。

霍恩布洛爾兩兄弟（Jabez Carter Hornblower，1744－1814；Jonathan Hornblower，1753－1815）也在同期做蒸汽機。他們做的是多氣缸（compound engine，也是將來瓦特與博爾頓專利過後最主要的蒸汽機模式），但由於他們仍是用外氣缸理念，瓦特和博爾頓又禁制他們，要補付專利費。那個為瓦特解決公差問題的朋友威爾金森也為人家造了 20 台抽水機，未通知瓦特，於是瓦特又告他，要賠償。

瓦特身陷於不斷的糾紛（也是自願的），很久沒有大的發明。要等到1794 年，皮卡德的專利結束，瓦特放棄他自己笨拙的「太陽與行星」，馬上採用皮卡德的旋轉運動後，他的發明天才才再發揮，幾年內就提高了 5 倍燃料效率。

默多克（William Murdoch，1754－1839）是瓦特的雇員，非常能幹，

想嘗試採用高壓鍋爐，但瓦特不許他採用。這延遲了蒸汽火車頭的發展，要等到 1800 年瓦特專利期過後才重用高壓鍋爐，造出更輕巧更小型的機器，才出現蒸汽車、蒸汽船等等使用蒸汽動力的機器，才引起大革命。瓦特發明的機器主要只是用來抽水。有人算過，在瓦特的專利期（1775－1800）內，英國蒸汽機馬力每年增加 750 匹，燃料效率沒有大改變；專利期後的 30 年，每年增加 4,000 匹，1810 年到 1835 年間燃料效率增加五倍。

有意思的是瓦特在他自己的專利期過後也沒有吃虧，因為他的競爭對手只是想成本低，不是想發明，因此，瓦特仍可以通過不斷改良機器去維持價錢和拿到訂單。他是在專利期過後才真正地造機器，之前他靠專利費：製造商造好配件，他只是監管安裝。可以說，專利延誤了發明，起碼延誤了瓦特的發明。這是吃人社會裡失序的自私帶來的浪費，專利可能保護了發明家（或應該說捷足先登的發明家），但誤了發明。

「人不為己，天誅地滅」的邏輯是你要用盡一切手段去取得成功，成功後要用盡一切手段去保住你成功帶來的利益，因為你知道別人也如此想、如此做。所以，成功時要拿盡，因為失敗時會喪盡。你要吃人，因為你不吃人，人會吃你。這是工業革命上半期的現象。

工業革命下半期，大約是 1800 年到 1830 年，自私吃人引發出強烈反應。在工業革命出了力但拿不到利益的勞動階層也是利字當頭，他們對經濟平等的訴求變得完全失序，走向瘋亂。上半期是「吃人」（追求發財），下半期是「反吃人」（要求分財），最後是吃人與反吃人的拉鋸，但都離不開逐利。

英國得天助，也自助。工業革命剛開始，北美 13 殖民區就先失掉了，而且在過程中國力消耗不少。但是美國在政治上脫離了英國，在經濟上卻更依賴英國，英國失掉了美洲土地，但未失掉美洲市場和原材料，這正是亞當・斯密強調的，「擁有殖民地不重要，跟殖民地的貿易更重要」。當然他未有，或不敢指出，這些貿易是壟斷性的才會有真正的作

用。確實，獨立後的美國仍以英國為最佳交易夥伴 ⑩。在商言商，沒有永遠的敵人 ⑪。更妙的是，功利、務實的英國失掉了美國變得更積極地開發新財路，把矛頭指向亞（龐大的印度市場和資源）、非（利錢極高的販奴），並同時力保聚寶盆的加勒比屬地（巨利的糖、咖啡）。可以說，失掉美洲反使帝國經濟更趨興旺，積極把工商活動向全球推展，非但產品、金融，更包括文化與制度，打造出「國旗無落日」的大英帝國基業。

　　跟着來個法國大革命和拿破崙封鎖大陸。這是天意，誰也不能在1776 年預料得到的，起碼不能預料得到它對英國的影響。法國革命思想肯定衝擊英國，反傳統 —— 任何宗教、政治、社會的傳統 —— 肯定吸引過英國的中下階層。在法國革命期間和之後，英國也有工人暴動和工會運動。但當法國革命分子向英國宣戰（1792 年開始），英國人就團結起來，共同抗法。對英國的島國民族性格來說，無論是法國的革命分子或法國的拿破崙，全都是「外人」。英國是不容外人干預的，除非是請過來的（威廉），或願意同化的（佐治）。

　　打仗的戰費和消耗使工商界人人賺大錢，也助長了發明，尤其是在冶金和造船上；軍隊動員和軍事生產使低下階層人人有工做，也導致社會相對安定。但是機器生產的硬道理是取代勞工，越大的市場需求越吸引機器生產，越加速淘汰工資高的手工匠。拿破崙戰爭最高潮、軍需生產最興旺的時刻也是機器生產對手工生產最具威脅的一刻。1811 年開始的搗毀機器勒德暴亂持續 8 年。工業革命雖然帶來政治改革和社會改革的訴求，也創造了改革的能力和財力，最後引發英國走上福利社會之路，但是過程是崎嶇的。在過程裡，傳統的社會結構和等級觀念提供了緩衝的時間和空間，保住了工業革命的平穩過渡，但也成為革命成功過後的犧牲品。

　　當時是土地利益的托利黨掌權的，他們對工商界的新富、新貴看不順眼，但仍以保住社會安寧為重，大力鎮壓勞工。奇妙的是，經法國革命思想的衝擊，中產階層和低下階層都沒有強烈的政改訴求，反映了英國傳統等級架構的安撫力和凝聚力。此刻也是攝政期和佐治四世期，由上而下的

奢華氣派把中產階層牢牢吸引住，唯恐不及地模仿，非但不想改變傳統等級，更不讓別人去改變。底層百姓有經濟訴求，但沒有政治訴求，他們的傳統等級意識使他們接受尊卑有別，甚至把上流社會的豪華視為英國的驕傲、身為英國人的自豪。

當然，這樣的心態是不能持續的。經濟的不公與不均終會變為政治的訴求。拿破崙戰爭在 1815 年結束之後，軍需經濟結束，軍人開始退伍。為保障土地利益，托利政府推出《糧食法案》，糧價居高不下。1817 年經濟出現不景，各地亂事不絕，政府仍採取高壓政策。但到此時，尤其是以土地利益為基礎的托利已看出土地財富的時代已不再，工商財富才是未來，如果要維持社會安寧、要保存傳統等級，就得轉舵。當時的國策是以推進工商利益為主，以疏導老闆與工人的張力為輔，如果這樣做會損害土地利益，也在所不顧了。土地利益的沒落竟然是由以土地利益為基礎的托利黨派一手造成的。對眼前利益的妥協把托利派的政權基礎架空了，在跟着的一連串的社會改革、政治改革上，都處於被動了。工業革命是在托利時代成長的，但到工業革命成功後新經濟秩序就要出現，新社會秩序也隨之出現。

從工業革命的軌跡可以看出，這革命是自發的、適應的、迂迴的、漸進的。自發來自賺錢的文化，反映宗教的感染；適應來自務實的行為，反映性格的傾向；迂迴來自妥協的心態，反映歷史的教訓；漸進來自穩固的社會，反映傳統的力量。這些就是工業革命的外在因素，牽動着英國人的文化（宇宙觀、倫理觀、社會觀）底下的基因組合（個人、泛人、唯一真），產生一條獨特的工業革命（文明現象）軌跡：從爭權到爭利、到掠奪，然後徘徊於人吃人與大瘋亂之間，卒走上一個自私而失序的社會。

且看民族性格、時代心態、歷史背景、關鍵人事如何牽動文化基因？

亨利八世曖昧的宗教改革，播下兩粒種子：宗教自由（滿足當時的改革訴求）和宗教正統（滿足亨利的政治野心），把宗教改革複雜化。他又沒收天主教會的財產去收買支持者，把宗教改革政治化。因此宗教衝突

非但不可避免，更是不可解決。雖然宗教是自由的，但有正統與非正統之別，而正統宗教有權排擠非正統宗教，那豈不就是不平等？如果在宗教原則上互相逞強、在宗教地位上互不相讓，就會出現暴力。但是，如果大前提不變，也就是既有宗教自由但又有正統與非正統之別，而正統宗教又有權排擠非正統宗教，那麼暴力的結果只可能是排擠者（正統宗教）和被排擠者（非正統宗教）的位置不斷對調，那麼，就會暴力不斷。非但宗教如此，在政治上有關宗法（君權神授還是國會廢立）、憲法（國王至上還是國會至上）之爭也類此，這些都是西方「唯一真」文化基因的自然傾向（真理只有一個）。這就是英國內戰前後的原則之爭（包括沾上了道德光環的利益之爭），產生出一個由逞強（個人基因）與平等（泛人基因）組合而成的「爭權社會」。

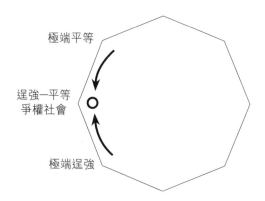

圖 25　內戰前後：在原則上的互相逞強，在地位上的互不相讓，
產生出一個爭權社會（來自自立—平等八變圖）

　　這些出自宗教原則或政治原則衝突而產生的暴力把英國人嚇壞了，教訓了他們只要性命、財產可保，就不要多計較。於是性命與財產，也就是安全與富足，變成英國文明的「最高原則」，這也就是《權利法案》的基礎。這個最高原則的具體表現是政治（包括宗教）妥協。光榮革命就是大妥協。之後，妥協成為英式政治的特徵。
　　到此，新教卡爾文宗的經濟倫理有用場了。內戰前，以城鎮工商階層

為基礎的卡爾文宗清教思想就已經從日內瓦傳來英國，特別吸引宗教改革情緒激昂的信徒。他們對當時國教的腐敗特別反感，所以他們的社會道德趨向保守；對當時國教對工商的歧視特別敏感，所以他們的經濟倫理趨向開明。這個組合使主流社會（國教）對他們又羨又恨：既羨慕他們賺錢又憎恨他們拒絕合流，所以他們受到相當大的壓迫，很多移民到美洲去了。內戰時，他們的宗教熱情和少數派心態使他們成為一股強大的戰鬥力，甚至建立以他們的宗教和經濟意識為綱的英國共和。內戰後，對他們的政治迫害時緊時鬆（按不同的政局而定）、有輕有重（對不同的教派而言）。那時，他們再沒有先前的戰鬥性，雖然仍堅持宗教原則但再不堅持以暴力去實現原則，而是在有限的政治空間裡兢兢業業，埋頭苦幹。他們賺錢成功是有目共睹的。慢慢地，上流社會和土地鄉紳對他們只羨不恨了。卡爾文宗的經濟倫理登上主流。

對宗教與政治原則的堅持轉成對安全與富足的追求。雖然卡爾文宗的賺錢是為了光榮神，但就算是卡爾文宗的信徒也未必全是為了神，非卡爾文宗的更不能保證了。賺錢成了主流就是人人逐利，精神層面上的逞強變成物質層面上的自私，「爭權社會」變成「爭利社會」，也就是自私（個人基因）與平等（泛人基因）的組合。

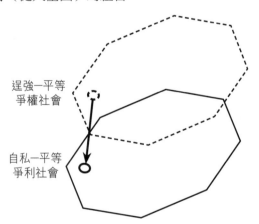

逞強—平等
爭權社會

自私—平等
爭利社會

圖 26　光榮革命前後：從爭權社會演化為爭利社會
（從自立—平等八變圖轉移到自足—平等八變圖）

　　爭利之門一開，爭利成為一種文化。光榮革命後，荷蘭帶進來的金融創新和全球商機刺激了英國的金融革命、農業革命以至帝國擴充。那時，法國波旁王朝的光輝開始趨暗，七年戰爭更使英國前景一片光明。加上務實的性格，妥協的心態，逐利的機會，對逐利的道德約束也越來越寬鬆。逐利導致自私（個個自私，人人逐利）和失序（覬覦之心、非分之想）。但宗教傳統和等級觀念提供了約束和安穩，以致未造成人吃人的極端，但失序的自私仍使英國在工業革命起步時出現一個「掠奪社會」。

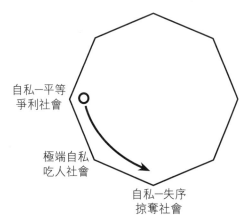

圖27　工業革命起步：從爭利社會走向掠奪社會（來自自足－平等八變圖）

　　在掠奪的心態下，自私走上極端，無論是企業家對勞工的無情剝削、發明家之間的巧取豪奪還是工商利益和土地利益的明爭暗鬥，工業革命前半期（1770－1800）有極端自私的「吃人社會」偏向。

　　但是誰也不甘心被吃。工業革命後半期（1800－1830）是被吃者的反抗：勞動階層的亂事不斷、工商糾紛的訴訟無休、土地利益反撲頻頻。但與此同時，社會卻一片奢華和浮誇，英國好像有極端失序的「瘋亂社會」偏向。

　　那時，法國革命思想不斷衝擊，社會不公現象不斷加劇，但政治制度未有崩潰、社會結構未有動搖、經濟活力不降反升。最大功勞是等級的規範、宗教的舒緩和政治的妥協，再加上法國的拿破崙激勵了這個島國民族

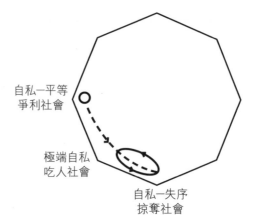

圖 28　工業革命上半期：掠奪社會中偏向吃人社會（來自自足－平等八變圖）

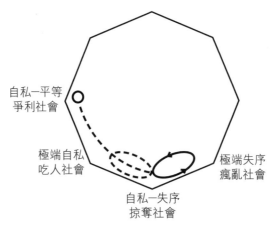

圖 29　工業革命下半期：掠奪社會中偏向瘋亂社會（來自自足－平等八變圖）

敵愾同仇的團結意識，淡化了很多內部矛盾。

　　到工業革命成功，也就是 1830 年之後，工業革命誕生和成長的抽搐已過，動搖國本的危機不再，而且已累積足夠的國力去處理經濟轉型帶來的政治和社會問題。雖然仍是人人為己，但稍有收斂，無度的自私也回歸到有度的自足，不再吃人了。日益壯大的中產階層對社會下層的同情心日增。

　　強大和龐大的帝國提供了自由空間和發展機會，國內不得志，可以在帝國的旗幟下在海外作威作福或大展抱負，光榮的大英子民身份使英國人充滿了責任感⑫。雖然政治制度和社會等級仍要重整去反映新的經濟現實，但走向新秩序的衝動已降溫了。19 世紀中期的英國仍是失序（泛人基因），但已從極端自私逐利走向自足（個人基因），組合出一個「失公社會」，但不再是「掠奪社會」，更不是吃人的「瘋亂社會」。之後的百餘年，它有時走向近一些的「慳吝社會」（戴卓爾時代的極端自足），有時走向遠一些的「互惠社會」（北歐式的福利國家），甚至有時跑得更遠些去搞計劃經濟。

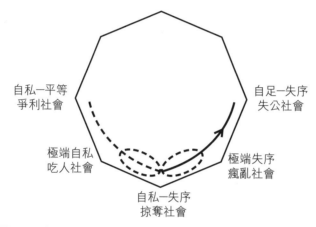

圖30　工業革命成功後：從掠奪社會走向失公社會（來自自足－平等八變圖）

　　總結上面。在 1776 年，用文化基因法可看出工業革命成功的元素已備（資本精神、行動性格），輪廓可辨（賺錢與科技的結合會帶來標準化的生產、規模式的經濟），軌跡已露端倪（土地利益與工商利益的競爭、中產的抬頭、有產和無產的矛盾將會帶來社會張力；但政治的妥協、等級的約束、帝國的資源會舒緩和調節這些張力，免出大亂），連未知數也不是全無徵兆（法國的干擾），還可預見工業革命成功的後遺會是消費經濟和錢的世界。

　　有關工業革命成因的辯論使人頭昏腦脹。每一個因素都有人唱反調。難道沒有一個是成因，難道所有都是成因？相信辯論者的問題出在對問題的因與果分不清、現象與真相分不清、基本與偶然分不清。但從工業革命時代前前後後的各種現象（天然資源的配置、人口的增長和城鎮化、農業的改良、消費需求的增加、帝國與貿易的擴展、政治體制的穩定、科技的創新）去找它的成因只會像剝洋蔥，一層一層剝下去，終歸虛無；像追影子，一步一步追上去，總追不到。因為這些都是表面的現象。工業革命也是個現象，從現象去推現象只能找出相應關係，很難找出因果關係。

　　文化基因法的假設是每個現象底下有它的基本屬性（本質），會被偶然的外在因素刺激和牽動，按一定的規律（因果）而改變。文化基因法聚焦於文明現象（有別於自然界現象），假設每個文明現象（工業革命的每個階段）底下有它的基本屬性（個人基因與泛人基因的組合），會被偶然因素（民族性格、時代心態、歷史背景、關鍵人事）刺激和牽動，按一定的規律（從一個基因組合轉到另一個基因組合的定向性和所需的牽動力）而改變。1776 年後工業革命的軌跡就是這樣推出來的，與史實相當吻合。

註

① 「批量生產」（mass production）：以標準化產品和標準化生產去組合材料、能源、機器和半技能勞動力。

② 有人說這跟他出道時做理髮有關，對顧客卑恭的職業習慣驅使他拚命向上爬，但又使他對比他高級的人卑恭。他在 1787 年封爵，佐治三世事後對人說他在受封儀式上很失禮，記載是這樣寫的，「這個『小偉人』（the little great man）不懂甚麼是跪着，他匍匐地又跪又走的怪姿態使王上心有不忍，所以也沒有叫他平身，免得使他丟臉。」那時他已富甲天下，但在英國的等級制度面前他還是卑恭，或者樂意卑恭，而這種卑恭也幫助他往上爬。

③ 也有例外。合夥人斯特拉特是個溫馴的人，他們兩家人倒很和洽。

④ 他的腦子裡就好像只有生意，有人與他一起生活幾個星期，未曾聽他說過一句話。

⑤ 他發明一台以水力推動的紡機，叫「水力紡紗機」，拿到了專利，但後來被判無效，真正的發明人是希斯。

⑥ 從斯特拉特可以看出典型清教主義的經濟道德觀。他小農出生，和尼達都屬強烈不歸依國教的長老制教會。1758 年他改良了織襪機，想找投資者，未成。稍後，他與人合夥生產這台機器，多次離合。1762 年他與織襪的尼達合夥，迅速發展起來。1769 年結識阿克賴特，除了與阿克賴特合夥外，二人還共建棉廠。尼達去世，他也與阿克賴特分手。後成為「唯一神派」（Unitarian），認為財富是負有責任的。他是個好雇主，為員工建房子，雖然用童工，但用的是比較年長的（10 歲以上）。他自寫墓誌銘：「這裡安息着斯特拉特，他從沒有財富、家庭和朋友，到有財富和社會名聲。沒有超人智力，因此更懂珍惜知識。他度過誠實和德行的一生，未知死後會發生甚麼，但他完全相信如果有未來，德行與善行一定會獲賞。」

⑦ Reed maker，是織機（loom）的一部分，作用是拉緊織布時的經紗（warp）和緯紗（weft）。

⑧ Come, let us here join as one,

And thank him for all favours done,

Let's thank him favours still

That he doth done besides the mill.

Modestly drink liquor about,

And see whose health you can find out;

This will I choose about the rest

Sir Richard Arkwright is the best.

⑨ 故事是瓦特看見水壺噴汽，發明蒸汽機。故事的真實性大受質疑，最有可能的説法是他的兒子虛構出來的，作為孩童教育材料。

⑩ 佐治三世也真是能屈能伸，1785 年接見美國駐英代表亞當斯（John Adams，1735－1826，日後美總統）時說：「我是最後一個同意分離的。但分離已成定局，無可避免。這裡就讓我説，『我要第一個以友誼去迎接獨立的美國』。」但在拿破崙封鎖大陸之後，英美交惡近十年。

⑪ 歐洲商貿鼻祖荷蘭當年在西班牙統治下作反，但與西班牙的生意照做。商人或會愛國，商業不能愛國，除非你不想賺錢，那你就不應做生意了。

⑫ 蘇格蘭傳教士利文斯通（David Livingston，1813－1873）深入非洲腹地從事傳教事業達 30 年，他以女王名字去命名他所發現的維多利亞湖和瀑布。

桂冠詩人丁尼生（Alfred Tennyson，1809－1892）在 1854 年發表的《輕騎兵旅衝鋒》（The Charge of the Light Brigade）中的名句是「他們不會反駁，他們不會追究，他們只會去做、去死」（Theirs not to make reply, Theirs not to reason why, Theirs but to do and die......）。騎兵們知道貴族上級無能，但也無怨地去送死，極度反映英國人的等級觀念和責任感。

英國作家吉卜林（Joseph Rudyard Kipling，1865－1936，1907 年諾貝爾文學獎）在 1899 年寫了《白人的負擔：美國與菲律賓》（The White Man's Burden: the United States and the Philippines Islands）一文，典型表達英語文明的優越感和責任感。

第四篇　美國文明

　　立國之前是自立、自足、務實、團結。工業革命推動逐利意識，到南北戰爭後社會一片逞強、自私。一戰洗禮後是亢奮而冷漠。大蕭條帶來大醒覺，勵精圖治，二戰後成為全球霸權。1960 年代對社會桎梏的反叛和 1970 年代對經濟現實的妥協定下 20 世紀後半期的文明軌跡：一邊是謀權、逐利，一邊是自疚、姑息。政治越來越顛倒、國力越來越疲憊，美國走上失序。

第十七章　美國文明現象

　　美國的全球霸權從二戰後開始。大蕭條與羅斯福的「新政」是前奏，是霸業的基礎。「戰後一代」在 1960 年代中期到 1970 年代早期成長，支配美國文明幾十年，初是反叛，後轉自我，影響至今。1980 年代列根拖倒蘇聯，美國人相信美式文明是「歷史的終結」。與此同時，美國成為全球資本的尖兵。但 2001 年的恐怖襲擊和 2008 年的金融危機動搖了信心。未來的美國會由「世紀一代」支配。

　　美國，一個沒有貴族的貴族國家、一個不平等的民主國家、一個不自由的自由國家。沒有世襲的名位，有世襲的權利——經濟精英的權利；人人有權選舉，但只有少數人決定誰會當選——政治精英的權利；人人有自由，但只有少數人決定是甚麼自由——文化精英的權利。他們不一定是同一個群體，但有同一套文化——美國文化。雖然，他們的表達方法和方式往往大相徑庭，但他們都在承傳、保衛這套文化，並加以發揚光大。

　　美國是個自由為主，民主為用的國家。精英決定一切。精英定期要委派一批批的代理人（文武百官），和欽定一個執行總裁（總統）去為他們服務。挑選的工具是個花費龐大的民主參選體制。這樣，精英們才可以控制參選的合他們的用，保證當選的會聽他們的話。作為一個群體，精英之間的共同利益肯定是一致的——這是「入會」的條件，二戰之後，這

個共同利益肯定是資本下的精英利益。為此,精英間雖然有爭吵,但派系之爭有一定的底線,就是不能動搖資本制度的安穩;精英中雖然有新陳代謝,但代與謝有一定的規律,就是一定要提升資本累積的質和量。總統是精英欽點,但他在位長短和權力多寡不能超出精英所容許和賦諸的範圍。精英的意識形態和實質利益會因時而異,為精英服務的總統一定要隨之而動,所以,我們可以從一個總統的行為和動態窺視出美國精英的意圖和動向。下面就以總統「朝代」去組織美國近代文明史。

一戰因英、法與德、奧爭雄而爆發,這場戰爭正邪難辨,傷亡慘重。這場首次把全人類捲進去的全球戰爭把 19 世紀末期的樂觀掃清 [1],歐洲進入虛無主義,美國進入孤立,連威爾遜總統親力提倡的國聯也竟然被國會拒絕支持 [2]。戰爭過後,美國生產力從供應軍需轉為滿足民需。雖然 1919-1920 年曾一度經濟萎縮,但馬上恢復過來,規模生產(特別是小汽車)和規模消費把美國的總 GDP 和人均收入推向全球最大、最高。整個 1920 年代一片好景 [3]。這是個詭異、迷幻的時代,叫「咆哮 20 年代」(Roaring Twenties)。上戰場的年輕人叫「迷失的一代」(Lost Generation)。戰火過後,社會文化、生活方式變了,既興奮,又麻痺,處處要找新鮮、新奇,包括音樂(爵士樂 [Jazz])、藝術(裝飾派 [Art Deco])和對球星、影星的膜拜。通過小汽車、電話、電影、電器、航空等新發明,新行業迅速發展。但同時也是冷漠的時代,紙醉金迷,但毫無目的。

好景不常,1929 年 10 月 29 日「黑色星期二」,華爾街股市大瀉,大蕭條現身,徹底改變美國人心態和美國社會結構,甚至可以說改變全球。

胡佛(Herbert Clark Hoover,1874-1964,任期 1949-1932)總統任內,GDP 下降 15% [4],到 1933 年羅斯福(Franklin Delano Roosevelt,1882-1945,任期 1933-1945)上任時農產品價格跌了 60%,礦、林影響最大 [5]。金本位把經濟病全球散播,各國又採取貿易保護和互相反擊的政策,加速了全球貿易崩潰 [6]。1930 年底開始,全球經濟萎縮,到 1933 年才

見底。洛克菲勒在 1929 年股市大崩潰之後這樣說過：「這段日子令很多人沮喪。在我 93 年的生命裡，不景氣時來時往，繁榮總是重來，也將會重來。」

　　大蕭條成因雖然無共識⑦，但經濟的確在羅斯福任期內復蘇（除了1937－1938 年的小回落）。大多數人認為羅斯福的「新政」（New Deal）也許加速了恢復，雖然未完全恢復過來；有認為羅斯福的講話和行動有提升利率和恢復信心的效應；有認為大批的國際黃金注入，刺激了通貨增長才是恢復的主要原因，而黃金流入主要是因為美元貶值和歐洲政局不穩（但仍有人認為聯儲局當年扮演了負面角色⑧）。最大共識是二戰的政府戰備開支解決了就業⑨，龐大的戰爭開支使經濟增長率漲了一倍，大小企業都竭力擴大投資和生產去爭取政府的大批備戰生產合同。但這都是後話。

　　整個 1930 年代，失業與貧窮是常態，不單在美國，全球都是，⑩德國更是首當其衝。當初，一戰後，德國無法支付對英、法和其他同盟國家的賠款。美國銀行家查理斯・道斯（Charles G. Dawes，日後是柯立芝［Coolidge］總統的副總統）提出支助方案，叫道斯方案（Dawes Plan，他因此而獲 1925 年的諾貝爾和平獎）：由華爾街大筆投資德國，德國把拿到的錢賠償給歐洲諸國，而諸國又用錢償還在一戰時從華爾街借來的軍費，皆大歡喜。但大蕭條一來，銀根收緊，德國就苦了。不見頂的通脹，民不聊生，希特拉趁機崛起，帶來前所未有的全球災難。

　　羅斯福在 1933 年 3 月 4 日宣誓就職，正是經濟最低潮 —— 1/4 勞工失業、物價跌了 60%、工業生產跌了一半、200 萬人無家可歸。當日下午，他宣佈「銀行假期」，48 個州的銀行停業，並召開國會特別會議，開展新政。3 月 9 日，送交國會《緊急銀行法案》（Emergency Banking Act，也稱《格拉斯・斯蒂格爾法案》［Glass-Steagall Act]），即日通過。他向全國廣播，解釋危機成因和政府要採取的手段，請求國民協助。3 月 14日出台《經濟法案》（Economy Act）去平衡政府收支⑪，公務員減薪、退伍軍人減養老金。

羅斯福上任頭百日內迅速通過一連串法案和項目後，經濟馬上回升 [12]。3、4 月份，推出貨幣改革，取消金本位；救濟被大蕭條影響最深的 1/3 人口；以公共建設去解決失業；救助農業；開設學校午飯；在偏僻地方開路；重建和擴展國家森林。這些也稱「3R」行動：救濟貧窮和失業（Relief）、恢復經濟（Recovery）、改革財經以免蕭條重現（Reform）。

第一期新政是 1933 年到 1934 年，主要是處理銀行危機、發放緊急救濟、創造就業崗位、防止金融再崩潰、復蘇經濟 [13]。

第二期新政是 1935 年到 1938 年。1935 年春，最高法院裁定若干新政行動違憲；國會有人對新政有質疑，但又有人施壓，要政府擴大行動。第二期新政比第一期的更自由、更多爭議，重點在保護工會組織、以工作取代救濟、保護租田農民和流動勞工、住房法、勞工法 [14]。從此，民主黨與「自由」和「工運」分不開。

就業真正恢復要等到二戰。美國是在 1941 年 12 月才參戰的（歐洲戰事在 1939 年爆發）。當時的軍備、軍需合同是「成本＋利潤」，也就是承辦商不用投標、不用考慮成本，政府承擔所有成本，另加適當利潤。企業雇用大量工人，不問技能，培訓成本由政府承擔 [15]。數以百萬計的農民離開僅供糊口的土地，學生離開學校，主婦離開家庭，都加入了軍工業。政府只關注在最短時間取得最大供應，成本、效率在所不計。為此，雇主積極招工人（包括以工作取代參軍的 1,200 萬男性）、到處招工人（雇用黑人的門檻下降，尤其在西北部）。勞工和企業都很支持這政策：一方面是政府協調勞資合作，另一方面是政府以各種方法補貼勞方與資方。

戰時國會由保守派把持。為此，企業支持尤其關鍵。保守派把社會福利從按需要分配轉到按服務（對國家的貢獻）來分配，尤其是參軍和軍需的服務 [16]。1944 年的《退伍軍人重新適應法案》（Servicemen's Readjustment Act，也稱 G.I. Bill）對美國整個社會的發展方向和軌跡至為重要。它提供 160 萬退伍軍人住房、教育、失業資助，是戰後美國中產階層急速擴張的主因。工作機會和工資上升使貧富差距大降；戰時的物價控制和配給提升

國民營養；一人工作的大家庭變多人工作的較小家庭；工作與加時提高了收入，使藍領追上白領（從 1939 年到 1944 年，工資收入增兩倍多）；貧戶比例（按年收入低於 2,000 美元算）從 75% 跌到 25%。1941－1945 年的「戰時勞工局」（War Labor Board）為保持勞資和平，鼓勵工人加入工會去取得工會會員的福利（工時、工資、工作環境），這是美國勞工從未有過的好時光。新繁榮出現：消費增 50%，儲蓄升 7 倍。戰前最高收入的 5% 人口佔全國總收入的 22%，現跌到 17%；最低收入的 40% 人口則有大幅度提升。

從羅斯福開始，民主黨在美國政壇佔盡上風。直到 1960 年代，新政開支與民主黨票數成正比，美國開始走向福利國家。但同時，新政大大增加了聯邦政府權力，而總統更成為權力中心。羅斯福建立大批政府機關，保護工人和農民利益。從 1940 到 1980 年代，美國「自由分子」的共識是在資本經濟中擴大財富分配。

大蕭條期間，美國人發揮自立、團結和憫人的精神，渡過災難（這有點像殖民初期的清教，見後）。到了二戰，美國人更加在正義之戰的旗幟下，站在高高的道德台階上，團結一致。團結凝聚社會力量，但也導致社會保守和桎梏。災難過去了、戰爭結束了，更變成社會枷鎖與壓力，引發出未身歷災難一代的反叛。

生於大蕭條過後二戰結束後的「戰後一代」（也稱「戰後嬰兒」潮代，Baby Boomers）在 1960 年代末期開始成年。這一代的人數特別多[17]，他們的思想與行為主宰了 20 世紀下半段的美國。這要從戰後第一個總統說起。

民主黨杜魯門（Harry Truman，1884－1972，任期 1945－1952）總統時代，美國成為世界霸權。那時，國內外的經濟都是一片好景，他的支持來自南方白人、工會、農民、非英裔群體和北方傳統民主黨。國內，他繼承羅斯福利民的新政，改叫「公平待遇」（Fair Deal）。但那時，共和黨和民主黨的保守派控制國會，給他多方阻攔。1946 年一連串罷工，他被迫以強硬態度去對付支持他的工會，又運用總統權力提升黑人待遇。這些行

動削弱了勞工階層和南方白人的支持，腐蝕了民主黨的基石。

　　國際上，美國從孤立主義轉向國際主義。他發動了「馬歇爾計劃」⑱ 重建歐洲，又以紐約作為聯合國總部。但是，美蘇關係在 1947 年開始轉劣。他提出「杜魯門主義」，主張圍堵共產國家，冷戰遂啟，「鐵幕」一詞 ⑲ 也是這時開始的，重要事件包括柏林空運 ⑳ 和朝鮮戰爭 ㉑。在國內是一片恐共，包括羅森伯格核諜案和「非美活動委員會」的反共 ㉒。

　　杜魯門過後，由羅斯福開始長達 20 年的民主黨總統寶座終被共和黨的艾森豪（Dwight Eisenhower，1890－1969，任期 1953－1961）拿走。他行的是「進步保守」㉓（progressive conservatism），延續羅斯福的新政和杜魯門的公平待遇，所以他仍可以在民主黨控制的國會下有所為：他擴充社會保障（典型新政）；簽署 20 世紀最重要的《民權法案》（Civil Righets Act，1957），並派軍隊制止「白人至上主義者」抗議黑白學生同校。在國際關係上，這個曾是二戰盟軍最高統帥的總統是冷戰的主角，製造一種美國霸氣。1956 年爆發蘇彝士運河危機 ㉔，他使用美國的財力強制英國與法國終止佔領運河。從此美國左右英、法的國際行動，也就是支配世局。但在 1957 年，蘇聯成功發射人造衛星 Sputnik，美國上下震驚，恐懼核彈直襲美洲，憂慮蘇聯科技超越美國。他下令建立太空總署，奮起直追，這叫「Sputnik 時刻」㉕，代表着恐懼 —— 學校操演核彈應變，整個社會強調服從指揮 ㉖。他授權中情局（Central Intelligence Agency，簡稱 CIA）、國安局（National Security Agency）去推翻對美國不友善的政權和保護可靠的反共政權。他的國家安全性原則是依靠戰略性核武器的恐嚇力，俗稱「瘋狂」（MAD，Mutually Assured Destruction，亦即「同歸於盡」）。到後來，他察覺國家開始進入一種軍國的氣候 —— 軍事競賽與企業逐利開始苟合。在離任演詞上他首用「軍企組合」（military-industrial complex）一詞，這個組合支配美國國策至今。

　　艾森豪時代，美國經濟繁榮但社會保守。不愁溫飽而精力旺盛的年青人想追求刺激，但又被社會道德和制度約束，開始不滿，有意反叛。1961

年，政權重落入民主黨的甘迺迪（John F. Kennedy，1917－1963，任期 1961－1963）手中。那時國會兩院都由民主黨控制，完全是民主黨天下。甘迺迪年輕、樂觀，好像將會有一片新景象。他就任致詞的名句，「不問你的國家能夠為你做甚麼，要問你能夠為你的國家做甚麼」，至今仍為美國人津津樂道。一上任就建立「和平團隊」（Peace Corps，以技術援助發展中國家），全球宣揚美國價值。同時，他加速太空競賽，宣佈要在 1970 年前派人登陸月球 ㉗。為圍堵共產擴散，他在越南增兵（是艾森豪派駐兵力的 18 倍）。國內他提出「新疆界」（New Frontier）理念，激勵美國人積極往前 ㉘，但國會未有支持。他又極力支持民運，通過修改憲法第 24 條，取消人頭稅 ㉙。1963 年甘迺迪被刺殺引發不少陰謀論（黑社會、猶太人、古巴和蘇聯都有嫌疑），死後成為美國「神話」（他的「朝代」稱卡米洛 [Camelot]，是英國上古傳說中亞瑟王和圓桌戰士生活在一起的地方，代表着浪漫的樂園），美國年青人好像失掉一個好朋友、一個親人。

那時，美國因越南戰事要徵兵，年青人首當其衝，加上南方黑人要反歧視，引發社會大眾同情，於是反越戰、推民運與抽大麻、性解放混在一起，年青人既為民請命，也為己解放，規規矩矩的社會團結被打散了。繼任甘迺迪的約翰遜（Lyndon Johnson，1908－1973，任期 1963－1969）蕭規曹隨，更擴大社會福利。他是甘迺迪的副總統，甘迺迪死後坐正，但他原是甘迺迪的政敵，很多人對他不信任。他擴充新政，建「偉大社會」（Great Society），聚焦於濟貧和民運。在他任內時民主黨掌握兩院，本應大可作為 ㉚。但時不利兮，越戰擴大，美國兵員投入達 50 萬（當年甘迺迪也曾增兵，但到 1963 年也只是 1 萬 6 千），引發大規模反越戰（特別是戰後一代剛適服役年齡的學生）。1968 年，約翰甘迺迪的弟弟羅拔甘迺迪在快要成為總統候選人的時候遇刺，馬丁・路德・金（Dr. MartinLuther King Jr.，1929－1968）在幾個月後遇害。美國年青人對國家政治一片悲觀，示威騷亂無日無之。約翰遜終日愁眉苦臉，幹了一任就下台了。

1968 年是天翻地覆的一年 ㉛，全球都在亂。這是戰後一代成長期的洗禮。一般學者形容這是美國人（主要指戰後一代）「失掉純真」（loss of innocense）的一刻。當然，之前的美國是不是純真是個疑問，但無可否認，越南戰爭出師曖昧（美國人相信二戰是義戰，甚至朝鮮戰事仍掛有聯合國的名義）、甘迺迪遇刺有如噩夢 ㉜，美國人開始反思美國是個怎樣的國家。

年青人正鬧得熱哄哄、亂糟糟，保守的尼克遜（Richard Nixon，1913－1994，任期 1969－1974 年，任內辭職）一上台就叫停。年青人哪肯罷休，一直與他對抗，到今天，戰後一代的人都把他定性為歷史最差的總統。他屬共和黨，但國會兩院都在民主黨手裡。自由、進步人士一直把他與神話般的甘迺迪比較，諸多不滿。他任內是反越戰高峰、反傳統高峰。那時，罪案激增，他重回保守，提出「新聯邦主義」（New Federalism），要把從新政以來不斷集中到聯邦政府手裡的權力回歸給州政府，而州政府一般比聯邦政府保守和傳統。他取締南方學校隔離黑白的政策，結束徵兵，並運送太空人上月球。國際關係是他的重點，與上幾任的民主黨政策不同，他的「尼克遜主義」是不直接軍援友邦，而是把戰爭當地化，為此他終止美軍在越南作戰並與北越談判。他是美國第一個訪華總統，同時，又與蘇聯搞和解，達成《第一戰略軍備限制條約》（Strategic Arms Limitation Treaty，簡稱 SALT I），約束雙方部署反導彈飛彈。他活躍的外交活動其實反映了美國天然孤立主義的傾向 —— 美國勢力範圍外的事不管別人（典型的自給自足），美國勢力範圍內的事不容別人管（典型的門羅主義）。

從 1973 年開始，「水門事件」（Watergate）㉝ 消耗他大量個人精力和政治本錢。其實他結束越南戰事和與中國修好（為對抗蘇聯）對美國是有點功勞，可是不爭氣的水門事件把他弄得身敗名裂 ㉞。從此，美國人對政治變得極度犬儒，「政治家」（statesmen）通通變成「政客」（politicians），也就是以政治為職業的「吃政治飯的人」。

就在此刻，來了一個經濟大炸彈 —— 石油危機 ㉟。這是阿拉伯國家跟美國支持的以色列硬拚不成而弄出來的絕招。油價暴漲，經濟馬上下滑，低迷一直持續到 1980 年代。繼任尼克遜的是福特（Gerald Ford，1913－2006，任期 1974－1977），他是共和黨，而國會則全是民主黨。福特想儘早清除水門事件的陰影和反越戰的戾氣，一上任就赦免尼克遜，又同時赦免越戰逃役者。結果是兩面不討好（左派反對赦免尼克遜，右派反對赦免逃役者），政治開始失控。早期反叛的戰後一代都是不愁溫飽，現在要愁了。於是出現兩個方向：反叛到底和轉向冷漠。

要反叛到底的一群多屬「較早出生的戰後一代」（Early Boomers，1946－1955 年出生），他們是「原則」驅動，堅持憫人之心，開始建立在主流政黨（共和、民主）以外的政治力量去為「邊緣群體」（marginalized 或 minorities，如黑人、婦女、同性戀者等）爭取政治權利，遂出現「身份政治」（identity politics）。有動機、有決心、有政治或經濟能力的強者現身，把各類邊緣群體團結起來。美國性格是少數意識特重（詳細討論見下面美國民族性格一章），因此身份政治的出現絕不意外。當年清教在英國也是邊緣群體，為了追求自立才來美洲，所以對邊緣群體特別同情。身份政治是以某種社會群體的利益和觀點為基礎的政治立場，然後通過組織去實現這些利益和觀點。它的基礎假設是政治立場是「身份」塑造的，這些身份可以是年齡、宗教、社會階層或階級、文化、政黨、語言、方言、體能（殘病）、教育、民族、種族、國籍、職業、退伍人員、性別、性身份、性取向、居所、城與鄉等等。1960 年代開始有這個詞，但不同群體用它代表不同意義，一般的共識是通過提高醒覺和意識（consciousness raising）去為那些感覺到被迫害的群體表達他們被迫害的經驗 ㊱。因此，身份政治的一個基本假設是「有些群體是特別受壓迫的」，凡屬於這些群體的人會因為他們的群體身份而較易受壓迫。為此，按不同身份去劃分社會群體會有助這些群體爭取權利，終會使社會更公平。在理論上這些群體可以是左派或右派。在 1970 年代則是左派或激進分子，聚焦點是婦女解

放運動 ㊲ 和稍後的同性戀 ㊳。最近幾年，右派的身份政治活躍起來，特別是「白人身份」㊴。

從反叛轉向冷漠的一群則多屬「較晚出生的戰後一代」（Late Boomers，1956－1964 年出生）。他們也曾反叛，但不是為了甚麼崇高原則，只是要掙脫傳統社會的桎梏去找「自我」（主要表現在與人不同，起碼是與主流不同）、找「自由」（去做主流社會不容許做的事），帶有任性的意識。經濟不景的現實使他們任性不來，而且年紀大了一點，老練了，知道在資本社會裡，有錢就有自我、自由。由於他們多是較晚出生，成長期錯過了反叛的高潮，但感受到能源危機後經濟不景氣和彈劾尼克遜的政治鬥爭，看透了經濟和政治的現實，於是出現一個自戀式的「自我一代」（Me Generation）：我的身體、我的成就、我的快樂，拚命地賺錢，拚命地享樂。熱鬧底下有一股冷漠的空氣瀰漫整個社會，徹底改變社會的雄心收斂了，但當年看不過的貧富不均、種族歧視仍在，而且因為人人逐利（包括自己）而變本加厲，遂撩起一種自疚。放棄逐利和享受是做不到的，但同情和扶持邊緣人群（弱小）也許可以平衡一下良心的不安。

這裡，不能不介紹一個綜合反叛、冷漠於一身的代表性人物 —— 珍芳達（Jane Fonda，1937—）。

嚴格來說，她比戰後一代早了幾年，但她總是站在這代人的最前端，可以說是精神領導人。這位「阿姐」美貌動人、多才多藝、反叛自我，但名成利就。男的對她有神魂顛倒的，也有視若蛇蠍的；女的對她有豔羨崇拜的，也有不以為然的。她代表了戰後一代的任性與矛盾，對美國文化同時是貢獻與破壞。

父親亨利芳達是著名的演員，弟弟彼得芳達也是電影明星，可以說是藝術世家。父親對她要求很高，她這樣說：「我成長於 50 年代，父親給我的教育是我的相貌是唯一重要的東西。他是個好人，我為他瘋狂，但他給我寫的信是一個父親斷不應該寫的：『除非你完美標緻，否則你不會被愛』。」她的一生與父親的關係是緊繃繃的（尤其在政治上面，她左他

右），但到父親晚年，她出資買了一個好劇本，讓他做主角，拿到奧斯卡獎才去世。

她小時候對自己的相貌缺乏信心，自慚形穢。據她的自傳，她從小就被性侵犯和強姦。母親在她 12 歲的時候因為丈夫移情別戀入住精神病院，治療期間自殺，父親馬上續弦，後母比珍芳達只大 9 歲。她上最好的大學瓦薩學院（Vassar）[40]，但未念完就退學了，去做模特。因為相貌出眾，兩度成為《時尚》（*Vogue*）雜誌的封面，這是後話。

退學後她去巴黎念藝術，在那裡接觸了法國左翼知識分子（1960 年代的人文科學和藝術前沿在歐洲，特別是法國左派），尤其是他們的反越戰（越南原是法國殖民地，1954 年法軍在奠邊府一役被擊潰後美國才開始介入）。6 個月後她返回美國，幹了幾個月秘書，被炒，住在家裡很不開心。機緣巧合，一個朋友介紹她到有名的導演和戲劇演員培訓大師李·斯特拉斯伯格（Lee Strasberg，1901－1982，強調「體驗」，是芳達朋友的爸爸）的學校上課。

坐了一個多月（瑪里琳·門羅也是同學，坐在一起），不敢說話。一個晚上，老師要她上台，表演喝一杯橙汁，之後說，「你有真天分」。她說這是她記憶中第一次被人誇讚，從此醉心演藝。

首先是舞台劇，1962 年，她就拿到「最有潛力新人金球獎」（Golden Globe Award for Most Promising Newcomer），跟着進軍電影界。1965 年，她做配角的《女賊金絲貓》（*Cat Ballou*）獲 5 項奧斯卡提名，男主角拿獎，她也憑此平步青雲。1968 年，她在《太空英雌：巴巴麗娜》（*Barbarella*）裡一場慢動作的太空脫衣使她馬上成為性偶像。這部使美國哥們兒血脈賁張的電影是她當年的丈夫羅渣·華汀（Roger Vadim，1928－2000）執導。此人擅拍半淫穢電影，前妻是有名的性感小貓碧姬·芭鐸（Brigitte Bardot，1934－），也是憑他捧紅的。芳達與他在 1965 年結婚，是人所共知的開放婚姻，兩人共同公開亂搞性關係，烏煙瘴氣。

久了，芳達有點倦意，開始找其他出路。此時，民運方興、越戰正

濃，她投入反政府陣營。1969 年，與其他學術界和影藝界知名人士去支持美國印第安人佔領阿爾卡特拉斯島（這是三藩市對岸的一個聯邦監獄所在地，現今是旅遊熱點）。他們的運動是要為印第安人爭回該島主權，促使聯邦遵守早年與印第安人簽訂的條約。

她又支持幾近恐怖組織的「黑豹黨」（Black Panthers）。她說：「革命是個愛的行動，這在我們的血液中。」她叫黑豹黨為「我們革命的先鋒」，「我們一定要支持他們，用我們的愛、錢、宣傳與冒險。」同時，她又投入反越戰。1970 年 4 月，她和幾個荷里活演員成立反越戰劇團，巡迴在美國西岸派往越南部隊候命出發的駐紮地演出，批評和諷刺政府。

但她的反叛和革命好像對她的事業毫無影響，美國人好像「公私分明」。1971 年，她拿到第一個奧斯卡獎，1978 年再多拿一個。她的演戲能力很高，名導演弗雷德・金尼曼（Fred Zinnemann，1907－1997，他曾在 1977 年導演過芳達）這樣描述她：「她是個出眾的女演員，有很強的分析能力……對情緒控制有不可置信的能力，按劇情需要，她可以隨時哭，或大灑眼淚或咽咽飲泣。」

她的苦惱是雖然出錢出力，真正的左派卻看她不起，認為她只是個被寵壞的白人資產階級。1971 年，她遇上了一個真正的革命家，湯姆・海登（Tom Hayden，1939－2016）。他是民權運動、反越戰和反正統文化的激進分子和領導人，很有革命資格。芳達出錢出力支持他，搞競選、搞活動。1972 年 7 月，海登鼓勵她訪問河內。她到了河內就自薦做兩週的電台廣播，指摘美國。她一張坐在北越高射炮台上鼓掌歡樂的照片，使美國全國譁然，有人指她叛國，叫她「河內珍」（Hanoi Jane）[41]。

1973 年，她跟羅渣・華汀離婚，三天後就嫁了海登。她為他洗盡鉛華，把豪宅賣掉，連洗衣機、洗碟機都不用了，甚至收養一個黑豹黨人的女兒視為己生。雖然加入革命，但她的性關係仍然極隨便，當然對象不再是羅渣・華汀時代的文人雅士，而是革命中人，她曾誇口說她唯一的遺憾是未搞上切・格瓦拉（Che Guevara，1928－1967，是拉丁美洲偶像性的革

命家，那時他已去世）。

　　海登視她為搖錢樹。芳達為多賺點，就在 1982 年推出健身操視頻[42]，剛好趕上戰後出生的「自我一代」對個人健康着迷，成為當年最暢銷的視頻，風靡一時，跟着出了好幾集，被視為健身大師。哪知海登對她更厭煩：「現在，珍不只是個電影明星而已 —— 她是個『一人的企業集團』、一個偶像。」他酗酒，搞女人。1988 年，芳達生日的晚上，他告訴她愛上了別人，她馬上把他趕出去。1990 年離婚。

　　但不到一年，她又把自己寄託到另一個男人身上。這一次是右派大亨泰德·透納（Ted Turner，1938– ），當時他是 CNN 電視台的老闆和美國最大的地主（雖然近年來生意沒有那麼順利，但按 2017 年的估計，他的身家值 23 億美元）。透納是個強人，芳達的養女（上面說過從黑豹黨人收養的）形容她被透納「生吞」（ate her alive）。婚後，芳達把精神放在事業上，尤其是她的健身操出版和婦解運動。但兩人還是終於在 2001 年分手，理由說簡單也不簡單、複雜也不複雜 —— 芳達信了教。透納是激烈反宗教（雖然後期比較溫和），他說芳達未跟他商量過，他受不了。兩人分手倒很和氣，她拿到 7 千萬，到今天仍說透納是她最好的丈夫（透納之後她沒有再婚，但有同居）。

　　離婚後，她好像對所有事情都有強烈意見。在以色列與巴勒斯坦之事上，她站在巴方，但又說不反以；她反對伊拉克戰爭，在 2005 年她還說要組織反戰巴士團，但又因不想搶了別的反戰活動的注意力才取消；她是環保分子，反對奧巴馬批准北極探油。但她最投入的是婦女解放。1970 年代，她不穿胸圍反越戰遊行是傳媒矚目的。2001 年，她成立「珍芳達年輕女性生育健康中心」去防止女童懷孕，說她早年是個「想討男人歡心」的病者和犧牲品。她要幫助阿富汗受壓迫的女性，拯救肯尼亞性器官被割損的女孩，調查墨西哥沿邊城市被謀殺的婦女，支持瑞典的婦解黨競選，做變性人劇團的導師。2017 年，她接受《人物》（People，是美國最大眾化的雜誌）訪問時說：「婦解運動最偉大的事業之一是讓我們知道強姦和性襲擊

不是我們做錯了甚麼。我們被侵犯了，這是不對的……我曾經被強姦，我孩童時代被性侵犯，我曾經因為不願意跟我的老闆睡覺被解雇……我一直以為是我的錯，是因為我做得不對或說得不對。我知道被強姦的女孩甚至不知道是被強姦，她們想『一定是因為我說不的時候說得不對』。」在進步的同時，她整容、隆胸，維持一個男人愛死、女人羨死的形象。

2005 年，她出版《一生到此》（*My Life So Far*），說她曾擔心過叫自己做「女權分子」（feminist），因為她曾以為所有「女權分子」都是反男性的，如今她明白女權主義對男女都有好處。她「仍然愛男人」，她認為真正的問題在「男性至上主義」（patriachy）。她說，當她跟泰德‧透納離婚時，她覺得好像是跟「男性至上主義」的世界離婚，這使她非常快樂。書中，她說，她的生命好像是個 3 幕劇，每幕 30 年，第三幕會是最重要的，因為她信奉了基督宗教。但她信的不是傳統的基督宗教，是種個人靈修多於依託神恩的宗教，是種參禪與瑜伽的結合。《華盛頓郵報》的書評是：「這書就像珍芳達本人，既引人入勝又使人惱怒（as beguiling as maddening），一束美麗的矛盾。」這可能是對戰後一代比較慷慨的評價，也是戰後一代的典型寫照。他們本身就是美國的過去 60 年。

再回到我們的故事。尼克遜面目無光地走了，總統寶座到了民主黨的卡特（Jimmy Carter，1924-，任期 1977-1981）手裡。那時，國會兩院仍是民主黨控制，應該能有點作為，但他優柔和姑息，美國的國威和經濟在他任內最低迷。他是美國近代最倒楣的總統[43]。首先是經濟失控，一面是經濟停滯，另一面是通貨膨脹（叫「滯脹」[stagflation]），傳媒整天喊日本要超過美國了，他的對策是削政府開支去減赤字。為應付從 1974 年開始的阿拉伯產油國禁運他推出國家能源政策，聚焦節能和開發新能源。但是，1979 年的能源危機（伊朗革命和兩伊戰爭使石油停產）使經濟更衰退。他的福利改革、保健改革和稅制改革也都未成功（國會雖然是在民主黨手裡，但與卡特的關係不好）。在外交政策上，他轉向鼓吹人權（他

是非常虔誠的南方浸信會教徒），平衡美中和美蘇關係。1979 年 12 月，蘇聯入侵阿富汗，卡特改變修和政策，開始建軍備。但他在外交上最使美國人失望的是 1978 年頭開始的伊朗革命推翻美國支持的政府，還在 1978 年底挾持美使館人員為人質，扣留了 444 天。卡特派特種部隊營救，笨手笨腳，賠了夫人又折兵，成為國際笑柄。伊朗原本講好要放人，但還要落一落卡特的面子，等他任期結束，列根（Ronald Wilson Reagan，1911－2004，任期 1981－1989）宣誓就職的那天才釋放人質。卡特非但連任落選，更把國會也從民主黨手裡送歸共和黨。

列根以放任經濟手段把市場攪得大熱，把蘇聯拖得半死。外交政策上他完全反共，叫「列根主義」（Reagan Doctrine），主要是以打擊蘇聯的全球影響力去結束冷戰。他的政府大力建軍，包括發展新軍事技術。1983 年，美軍入侵拉丁美洲的格林納達（Grenada），是越戰後第一次國外軍事行動，要重振國威。他贊助各地推翻左傾政權（拉丁美洲、阿富汗）。一方面與蘇聯搞軍事競賽，另一方面又與戈巴卓夫扮老友，簽《中射程導彈條約》（Intermediate-Range Nuclear Forces Treaty）。他巧妙利用經濟、軍事、外交手段拖垮蘇聯（見《西方文明的文化基因》第二十三章，「自由、功利壓倒平等意識：資本主義腐蝕共產主義」）。但他秘密賣軍火給伊朗，然後又秘密把錢轉給尼加拉瓜反左傾政府的自由鬥士，被視為美國外交污點。還有，他極力支持以色列，使巴勒斯坦問題無法解決，更帶來日後極端伊斯蘭分子製造的全球恐怖。但卸任時，民望高達 68%，媲美羅斯福。他有時代的代表性，稱為「列根時代」。

老布殊（George H. W. Bush，1924－2018，任期 1989－1993）在 1989 年以壓倒性票數接任列根。美國的世界霸主地位好像穩如泰山：越南戰敗的陰霾一掃而清；1989 年底入侵巴拿馬，把人家的總統當作毒販逮捕，解返美國；1991 年 1 月更發動波斯灣戰爭，把伊拉克從科威特趕出，以示國威。福山甚至把美式自由、民主形容為政治、經濟與社會制度的「歷史終結」。

但放任經濟的尖兵是金融業，其實質是不負責任的放任借貸，當然有後遺症 ⑭。1980 年就出現儲蓄與貸款公司（Savings and Loans Companies）醜聞 ⑮。這只是冰山之頂，當時無人醒覺頂下面的龐然大患。其實，列根經濟是大大有利企業利潤，大大不利國家財政。列根的減稅再加上軍費使 1990 年的財政赤字達 1980 年的 3 倍，當然國債負荷也因此急升。老布殊建議徵新稅。冷漠、自戀、享受至上的戰後一代怎麼甘心把袋裡的錢還給國家？大選就敗在克林頓手裡 ⑯。12 年長的共和黨總統寶座，再由民主黨重坐上去。

這位克林頓（Bill Clinton，1946－，任期 1993－2001）本人就是戰後一代第一個當上總統的。他着實厲害，同時加稅（討好民主黨人）和減福利（討好共和黨人）去削減政府赤字（討好所有人），但保留甚至擴大放任經濟（討好大商家、財閥）⑰。這些全都是利益的苟合。

在身份政治上他更是討好有錢的婦解、同性戀分子，而不是沒錢的黑人、窮人。朋黨之風大盛，國會兩度因黨爭未能通過財政預算，以致政府運作停頓（1995 年與 1996 年）⑱。國外的耀武揚威終引發好戰伊斯蘭的反擊，1993 年 2 月 26 日紐約世貿大廈爆炸事件是「恐怖時代」的先兆，「反恐」、「防恐」將會改變美國的一切。

戰後一代到此時支配了美國的經濟、政治與社會。無論是政、商、教育、傳媒、娛樂都是他們的天下。1960 年代的理想與反叛，經過 1970、80 年代的磨練，走向冷漠和自戀，到 1990 年代初就變得更老練和實際，出生於 1946 年的克林頓最具代表性。1996 年的「白水醜聞」（Whitewater Scandal）牽涉他在未做總統之前（那時是阿肯色州的州長）的一宗地產投資中有詐騙嫌疑。他被調查，未被起訴，但朋友和政治夥伴罪名成立。最尷尬的是 1998 年的性醜聞，被指與白宮女實習生發生性關係。當初他矢口否認，在文字上大做文章自辯 ⑲，又說他身為俗世傳教士驅使他給女實習生慰藉。結果是共和黨控制的眾議院彈劾他，但參議院則放他一馬，才不用革職。總統的尊嚴因他而掃地，朋黨之爭也因此而趨烈 ⑳。

克林頓左右討好，但人家認為他是變色龍。1993 年以「新民主派」

（New Democrats，也稱「第三路線」〔Third Way〕）姿態當選總統，其實就是討好各方的騎牆路線。共和黨指他其實是個「加稅收、增開支」的「自由派」（liberal，是共和黨用來貶人的典型詞語）。1994 年的中期選舉，共和黨以「精簡政府」為口號，吸納很多民主黨內的不滿分子（主要在南方和西岸傾向小政府和自由經濟的分子）奪回國會控制權，兼拿得多個州長和市長位置，稱「共和黨革命」（Republican Revolution），反映國人對克林頓的不滿。他任期內被迫遷就共和黨的國會。到 1996 年大選時，共和黨總統候選人指他為「寵壞的戰後一代」（spoiled Baby Boomer），但他仍獲大勝，反映「寵壞的戰後一代」支持他（他是 1930 年代的羅斯福之後第一個連任總統的民主黨人）。

第二任雖然當選，但共和黨重掌國會，奪回立法主動權。雖然如此，克林頓的政府仍達成 1960 年代以來首次財政盈餘[50]，大受企業界和財經界好評。但他在資本家眼中最大的成就是 1999 年的《金融現代化法案》（Gramm-Leach-Bliley Act，簡稱 GLBA），容許投資銀行的業務與商業銀行的業務合併，廢除自羅斯福開始的 60 多年來民主黨的經濟公平立場。這使他成為財經寵兒、列根（放任經濟）真正的繼承人。這法案對金融經濟是個極大的放寬，當然大受財經界歡迎，但也成為 2008 年金融危機和大衰退的主要伏線（見後）。雖然性醜聞與生意醜聞影響他的聲名，但卸任後企業界多多關照，出書、演說都收重金。

克林頓的政績，尤其是對資本家的功勞，仍不足為民主黨保住總統寶座。人們都看通他在經濟上比共和黨還右，在社會道德上比民主黨還左。但他的經濟政策只益了大資本，中產的好處不多，他的社會道德姿態則大大開罪了保守分子。於是，保守與中產聯手，把總統寶座從民主黨手中轉回共和黨。

小布殊（George W. Bush，1946- ，任期 2001-2009）上台。他的當選其實是一場鬧劇。一般來說，將卸任的總統會為自己政黨的總統候選人助選，但民主黨候選人艾爾・高爾就對醜聞纏身的克林頓敬而遠之。小布

殊也屬「寵壞的戰後一代」（與克林頓同年出生），他得的選民票數比高爾低，但選舉院的票數[52]則稍高，因而當選。當時鬧出點票風波，要找最高法院裁定[53]，這其實反映了美國左右派既分歧嚴重而又旗鼓相當才可釀成僵持。這也是下來的 21 世紀的美國新常態：戰後一代的時代會過去，新的力量要抬頭了。

就是因為左右分歧這麼嚴重，所以大選雖有結果，但不服氣的仍不罷休，反對、抗議小布殊的事件無日無之[54]。部分原因是主流傳媒大部分是進步、開明分子，偏民主黨（至今如是），所以報導中早有反布殊意識，加上他的當選實在有點曖昧，缺了政治光環。他是典型傳統和保守的共和黨，一上任就減稅 1.35 兆美元，又推出「沒有孩子會被留下來」的教育改革和以宗教團體為骨幹的社會福利政策，稍後又禁止晚期墮胎，在傳媒引導的民意中跌落低谷。上任幾個月，一件轟天的事情發生，是他的幸運，美國的不幸。

2001 年 9 月 11 日，兩架飛機撞入紐約世貿大樓。一日之間，恐慌、憤怒統一美國人的情緒、心態，大家一起支持三軍統帥的總統，小布殊馬上宣佈全球反恐。同年 10 月，進軍被認定是包庇恐怖分子的阿富汗（到今天仍未退出，是美國歷史最長戰事），又簽署《愛國者法案》（USA PATRIOT Act）[55]。2003 年 3 月，入侵被指藏有「大規模殺傷性武器」（Weapons of Mass Destruction，簡稱 WMD，但始終未發現）的伊拉克。40 天後宣佈「任務完成」，成為國內外笑話，因為戰事非但未結束，打到 2007 年還要大增兵。2008 年 9 月 15 日，美國金融界第四大投資銀行雷曼兄弟投資公司（LEHMAN BROTHERS）宣佈倒閉，金融風暴爆發。小布殊就是在這風風浪浪的時刻卸任。

奧巴馬（Barack Hussein Obama，1961－，任期 2009－2016）接手的是不景氣與恐怖。把他推上寶座的是 1981 年－1996 年出生的「世紀一代」（Millennials，因為是在世紀轉換期間出生，另一個稱呼是 Y 一代）。他們在戰後一代的影響和陰影下成長，兄弟姐妹不多的小家庭，自幼就事事有

父母照顧，加上在物質豐富的環境裡長大，養成不勞而獲的心態。成長期，社會給他們一個前途無限的憧憬；長大後，社會給他們一個人浮於事的現實。他們是消費的一代，不事生產，更遑論投資。買房是沒有希望了，買車也只可能是二手，但買手機、手袋倒可以。這也是為甚麼發明和生產這些手機、手袋的資本家賺得盆滿缽滿。

奧巴馬一心想仿效甘迺迪、羅斯福，他的總統大選口號是「我們可以信得過的改變」（change we can believe in）。這裡有兩個重點：「變」和「可信」——不變是不成的了，但政府、政黨，特別是總統的公信力是成敗的關鍵。奧巴馬大勝當選，連兩院都歸民主黨，於是他大展拳腳去救市，甚至行「社會主義」經濟，收購兩大汽車公司（通用和佳士拿）。他還要壓縮企業高層的收入，以抑民憤。但實行起來就是雷大雨小，金融管制像隔靴搔癢[56]，企業高層（尤其是金融界）的收入仍是天文數字[57]。但確實，股市在一年左右平穩，跟着就是指數不斷創高。唯獨實體經濟停滯不前，雖然失業率下降，但都是短期工或自創業居多，除了少數的高科技行業外，年青人找工作越來越難，很多重回學校，但也只是暫時「避世」而已，30 歲或更老但仍留在父母家或重返父母家的越來越多。

第二任期，他把重點放在氣候變化，簽《國際減排協議》（也稱巴黎協議，在特朗普執政時美國會退出），並與伊朗和古巴達成諒解協定，阿富汗也持續撤軍。2014 年，共和黨奪取參議院，到此，兩院又重回共和黨了，與奧巴馬力鬥，長期不通過總統的財政預算，以致政府運作停頓，在移民政策和最高法院任命等事情上處處掣肘白宮。

到處防恐、反恐非但花錢，更要犧牲美國大兵，於是奧巴馬開始把力度放緩，以空襲、特種部隊去取代大規模的軍事行動。2011 年刺殺 9‧11 恐襲的主腦拉登（Osama Bin Laden，1957－2011）使他聲名大振，但用在防恐、反恐的經費（國內、國外）不斷消耗。除物資資源外還有社會資源，尤其以國家安全為理由對國民私隱的刺探更是政治熱題。對奧巴馬的總結是這個以搞民運和組織社團群體出身的第一個黑人總統的 8 年主政是

心有餘而力不足。

特朗普上台反映美國權利苟合和朋黨政治的升級，暴露出美國人在經濟、社會、政府、道德上的嚴重分歧。南北戰爭之後，資本經濟是黏合美國社會的膠水，不斷擴充的經濟保證美國人的自立（自由）和自足（富有）不斷提升，也就保證了美國的安穩。一旦自由與富有停止增加，安穩就難保。

資本主義的邏輯是不斷競爭，競爭當然有勝有敗。假若勝者沒有進路，社會不會安；敗者沒有退路，社會不會穩。因此，為了安穩，國家的經濟資源要不斷增加，經濟範圍要不斷擴充。殖民時代以至工業革命，地大物博的美國有很大的開發空間去供勝者繼續發展，讓敗者休養補充。到 20 世紀，美國經濟往外擴張，機遇不絕，二戰後更是龍頭大哥，控制全球經濟命脈。但自從列根時代開始，經濟全球化出現，當初是美國經濟支配全球經濟，但不多久全球化的經濟（生產鏈帶全球化、金融經濟全球化）就開始支配美國經濟了。

特朗普的「美國第一」（America First）是為被全球化經濟淘汰的美國中下階層討回個公道。這違背全球經濟的動向，違反全球經濟的邏輯，恐怕不會成功。未來十年八載是美國的決定性時刻，要挽留全球經濟還是離棄全球經濟？全球經濟會留在美國還是拋棄美國？去與留決定於甚麼因素？會不會產生暴力（美國內部的暴力、美國對外的暴力）？多大的暴力？

註

① 19 世紀末，美國進入「進步時代」（Progressing Era）。這是個社會和政治運動，有很重的「社會達爾文」（Social Darwinism）思想，認為通過科技和教育可以改造人、改良社會，對前景一片樂觀。其中兩件事特別有意義：（i）婦女選舉權；（ii）全國禁酒令。

（i）1848 年 7 月 19 日，婦權分子在紐約循道會教堂起草宣言。原因是早些時候，參加解放黑奴的美國女代表到倫敦開會被拒入席，所以她們決定組織運動。幾百人開會，起草《情緒宣言》（Declaration of Sentiment），以《獨立宣言》為藍本，也就是以「天賦權利」為基礎，強調歷史上男性對女性的傷害，尤其篡奪已婚婦女的工資、金錢、財產（當時的法律是盡交丈夫，叫「coverture laws」），指出女性缺乏教育和就業機會，在教堂中地位低微和沒有選舉

權。1850 年召開婦女權利國家大會（National Woman's Rights Convention），決定定期續開。內戰結束後，很多婦權分子在禁酒運動工作，學懂組織政治活動。1866 年成立了美國平權協會（American Equal Rights Association），1868 年憲法修改第 14 條，給予所有男性投票權，分裂了婦權運動：支持或反對修憲。在紐約，激進派組織「婦女投票全國聯會」（National Woman Sufferage Association，簡稱 NWSA）。1870 年，修憲第 15 條給予黑人（男）投票權，NWSA 拒絕支持，主張全體有投票權。1869 年，懷俄明州首先給予女性投票權；1870－1875 年，多次有婦女堅持投票；到 1872 年，甚至要競選總統，成為平權黨（Equal Rights Party）。1873 年，「婦女基督徒禁酒聯盟」（Women's Christian Temperance Union，簡稱 WCTU）成立，大力推行禁酒運動，從 1878 年開始兼推婦女投票權。1878 年，修憲增選舉權，未經國會通過。但到 1920 修憲第 19 條，婦女終於可以投票。

19 世紀的酗酒、家暴和以酒鋪為根據地的政治腐敗引發禁酒運動，由新教虔敬派帶頭去治療社會病和政治腐敗。19 世紀末，地區性禁酒引發大辯論。「乾派」（Drys，代表禁酒）主要是虔敬新教分子（Pietistic Protestants），特別是循道會和當時的社會進步分子（Social Progressives），民主黨、共和黨都有。草根組織是婦女基督徒禁酒聯盟。1900 年後，由「反酒團隊」（Anti-Saloon League）協調。「濕派」（Wets）主要是天主教徒、德國路德宗教派（1917－1918 年後，因美國與德國戰事被邊緣化）。最初是各州自禁，最後是憲法修改 18 條，全國禁（1920 年）。聯邦的法例比較鬆，不禁擁有和自用，某些州比聯邦嚴，全禁。1920 年代，「咆哮 20 年代」，很多人不理法律。犯罪組織加入，賣私酒，發生很多駭人案件。「濕派」發動全國運動，指禁酒令製造有組織犯罪、削減地方稅收並且以農村新教道德觀加諸城市人。1933 年 12 月 5 日再修憲，以 21 條取代 18 條。

但「一戰」使西方人變得犬儒。

② 威爾遜總統是進步分子，在帶領美國加入一戰時說，「這場戰爭是要使民主在世界得到安穩」（the war to make the world safe for democracy）。但戰爭的殘酷使他失去道德光環。

③ 歐洲好景比美國稍晚，在法國叫「瘋狂年代」（Crazy Years），在德國叫「黃金的 20 年代」（Golden Twenties）。

④ 2008 年金融海嘯期也只下降了 1%。

⑤ 整個 1920 年代，農產急增（機械化、化肥、殺蟲）但農價不穩，到 1933 年就全盤崩潰：農民不收割、農作物腐毀、牲口屠後丟在曠地；銀行存款沒有保險，數千銀行倒閉，存款化水；沒有失業保險、沒有社會保障，濟貧的責任落在家庭、慈善事業和地方政府身上（這跟英國在前一百年工業革命成長期的情況差不多）。

⑥ 各國經濟狀況簡表：

1929－1931 年	美國	英國	法國	德國
工業產出（%）	-46	-23	-24	-41
批發價格（%）	-32	-33	-34	-29
外貿（%）	-70	-60	-54	-16
失業（%）	+607	+129	+214	+232

⑦ 「凱恩斯主義經濟學派」(Keynesians)的解釋是大規模的喪失信心帶來突然的消費和投資下降；跟著是恐懼和通降成形，人們相信遠離市場可減少損失，於是價格繼續下降，也就是現金更值錢——同量的錢可以買更多的東西，於是加劇消費下降。為此，政府應該以赤字財政去把經濟帶出困境（因為單靠企業投資不足以保住正常生產水平）：一方面增加政府投資和消費，一方面減稅。羅斯福就是用這套做法：大建公共設施，大派農莊補貼。但由於他仍想保持政府財政收支平衡，為此他從未有投入足夠開支去突破不景，直到二戰來臨。「貨幣學派」(Monetarist)的解釋是，大蕭條其實是由小衰退開始：聯邦儲備局任由大銀行倒閉，牽連地方小銀行出現擠提，造成恐慌；由於通貨不夠，企業不能貸款，甚至不能把已借到的錢拿到手裡，被迫停止生產。他們認為小衰退變大蕭條的關鍵在黃金儲備（當時的《聯邦儲備法案》規定 40% 黃金儲備）。1933 年 4 月 5 日，羅斯福禁止私人擁有金條、金幣、金債券，去減輕聯邦儲備的壓力。一般的說法是兩種原因都存在：總通貨供應和總消費是相連的。當大蕭條開始時，大部分經濟學者都相信市場會自動調節恢復平衡（self equilibrating）。
此外還有好幾個比較偏的學派。
「奧地利學派」認為不景氣是好事。不景氣會使不效率的投資和企業破產（因為它們的生產技術過時了），於是解放出生產要素（勞動和資本），從低效利用重新分配到科技進步的領域。值得注意的是證據顯示確有大量企業破產，但資源並未有重新分配，只是消失了（特別是在大蕭條的早期）。為此，奧地利學派的商業週期理論（business-cycle）指的其實是週期性的大災難。奇妙的是該派名人海耶克（Friedrich Hayak）在 1929 年準確預料聯儲局在 1920 年代放寬通貨和借貸會引發一個不可持續的繁榮。
「離合器瘟疫」(Clutch Plague)認為大蕭條是通降與欠債過多的惡性循環。
「預期論」(Expectations Hypothesis)認為是公眾期望過高，處理公眾的期望是復原的關鍵。
「馬克思主義者」認為資本主義製造不平衡的財富累積，引發資本過度累積，一定出現危機（急劇的衰退），稱之為瘋亂的資本主義發展（chaotic capitalism development）。
「貧富差距論」(wealth gap)認為一個經濟體的產出會比需求多，因為消費者沒有足夠收入去吸納生產。大蕭條是 1920 年代的財富不均帶來的（這很影響胡佛），也就是全球在重工業的過度投資遠超工資和私人企業所能吸收。
「生產力震動」的解釋是 20 世紀前 30 年的經濟大發展（電氣化、農業工業化）導致大量剩餘生產力。
「商業週期論」認為羅斯福的工資和物價管制把週期延長 7 年。

⑧ 1976 年諾貝爾經濟學獎得主密爾頓・傅利曼（Milton Friedman）和安娜・施瓦茨（Anna J. Schwartz）寫的《美國貨幣史》(A Monetary History of the United States)特別強調這點。

⑨ 1937 年，英國的失業人數達 150 萬。1939 年，一戰動員，失業問題解決。美國在 1941 年參戰，失業率跌破 10%。

⑩ 與此同時，蘇聯則迅速工業化，終在二戰後追上美國，為世人提供另一個經濟、政治模式。差不多半個世紀的冷戰就是這兩個模式的競爭。

⑪ 羅斯福正要大搞建設和濟貧,如何平衡財政?他的妙策是兩套財政:「正常」財政要收支平衡,「非正常」財政(個別項目)可以暫時赤字。

⑫ 工業生產指數在 1932 年 7 月見最低點 52.8(以 1935-1939=100 為標準),1933 年 3 月他上任時仍是 54.3,但 7 月就急升上 85.5。

⑬ 第一次新政(1933-1934)的具體行動如下。

有些政策是在胡佛總統時期已開始,包括以下:1931 年成立「國家信貸公司」(National Credit Corporation),由大銀行注資小銀行,但大銀行不願。1932 年出台《緊急援助法案》(Emergency Relief Act),成立「重建財務公司」(Reconstruction Finance Corporation),以 20 億去救濟銀行,但只是杯水車薪。又設「聯邦緊急救濟局」(Federal Emergency Relief Administration,簡稱 FERA)去創造無需技能的工作職位。日後羅斯福加以擴充,在 1935 年以「工程進度局」(Works Progress Administration,簡稱 WPA)取代之,但救濟金則由州政府支配。

1933 年 3 月 4 日,羅斯福就職。當日宣佈 3 月 4 日到 9 日為「銀行假期」(United States Bank Holidays),下令所有銀行關門,直到新法案通過。3 月 9 日,他送交國會《緊急銀行法案》(60 多年後由克林頓廢除),當日通過。主要是管制投資銀行(investment bank)的債券買賣活動和管制商業銀行(commercial bank,可接受儲蓄存款,並要有一定的儲備金)與債券公司(包括投資銀行)的連接,藉此打擊投機。5 月 11 日,在聯邦儲備局系統裡的 3/4 銀行重開。政府可貸款給銀行,但銀行要接受監管。到 3 月 15 日,股市升了 15%,銀行存款開始高於提款,恐懼停息,大量民間屯存的黃金和貨幣一個月內重返銀行,情況安定下來。到 1933 年底結算,有 1,004 間較小的銀行永遠倒閉,損失存款 5.4 億,存款者每元最後取回 85 美分。

跟着就是一連串的金融政策。1933 年 3-4 月放棄黃金本位,總統下「行政令 6102」(Executive Order 6102,至今仍保留),規定貨幣再沒有黃金擔保,禁止黃金出口,規定黃金轉貨幣價格,限定黃金不能作為合法貨幣。從此,美元自由浮動。1934 年出台《黃金儲備法案》(Gold Reserve Act),金價由 20.67 美元每盎司轉 35 美元。這使聯邦的黃金儲備突然升值,就可多發貨幣,市場反應極佳,因為預期通降見底。「聯邦存款保險公司」(Federal Deposit Insurance Corporation,簡稱 FDIC,至今仍存)擔保銀行存款,上限為 2,500 美元,擠提遂停止(1920 年代每年超 500 家銀行破產,1937 年後每年不超 10 家),並監督州立銀行。《證券法案》(Securities Act)創「證券交易監管局」(Securities and Exchange Commission,簡稱 SEC,至今仍存),規定投資要準確公佈收支帳目、利潤和損失、公司行政人員的姓名和薪酬、交易債券的企業,並要核數師驗證(1929 前是沒有任何管制的)。1934 年更監管股票市場,禁止企業在發行債券、股票和財務報告時作弊。

有關就業的主要政策:

(i)「平民維護工作隊」(Civilian Conservation Corp,簡稱 CCC,1933-1942)雇用 25 萬年輕人幹鄉村非技術工作(由陸軍部監管,是羅斯福最愛項目,也是新政最受歡迎項目)。

（ii）「田納西河谷管理局」（Tennessee Valley Authority，簡稱 TVA，仍存）幫助貧困地區現代化，在田納西河建水壩來發電。

（iii）「公共工程管理局」（Public Works Administration，簡稱 PWA，1938 年結束）通過民間（私人）承建商建大型公共設施，政府則大建機場、醫院、學校、道路、橋樑、水壩，但並未直接雇用失業工人。1933 年到 1935 年用了 33 億，建 34,599 個工程項目，包括重新回林（reforestation）和防洪。有人說「新政改變美國地貌」。

（iv）「土建工程管理局」（Civil Work Administrtion，簡稱 CWA，1933−1934）為失業工人提供數百萬臨時就業。

有關救濟的主要政策：

（i）「買房貸公司」（Homeowner Loan Corporation，簡稱 HLC）幫助居者保住居所，支助銀行不倒閉和刺激建築業。政府從銀行購買因不能交抵押而被收回的住房，然後容許住者按能力分期償還政府；定立全國一致的住房估價方法，簡化抵押程序。

（ii）「聯邦住房局」（Federal Housing Administration，簡稱 FHA）定立全國住房建築標準。

有關農業的主要政策：

（i）《農業調整法案》（Agricultural Adjustment Act，簡稱 AAA，多次修改，現今仍有大津貼）通過控制主要農作物和牲口出產以維持農價，建立配額限制生產。地主可拿脫耕補貼，補貼的支出由農產製成品（food processing）的新稅收來支付。民意大部分反對這法案。1936 年，最高法院指不合憲法。羅斯福取消荒田補貼後再出台。

（ii）《農民救濟法案》（Farmers Relief Act）通過賠償去降減生產，以提升農價。農民收入到 1937 年翻了一番，但農價仍低。

有關工業的主要政策：

（i）《國家工業復蘇法案》（National Industrial Recovery Act，簡稱 NIRA，1935 年結束）。各行業內部設立規矩去減少不公平競爭以提高物價，這是自由經濟中的「計劃經濟」。

（ii）早在 1929 年 3 月，通降迴圈不絕，全國總商會倡議政府發起各行業組「集團」（cartel）去穩定價格。雖然反壟斷法律（反托勒斯法）不容此，但羅斯福極感興趣，認為過度競爭帶來生產過剩，壓低工資物價。專家也指出通降增加了債負，會延遲經濟復蘇。新政經濟學者拒絕國會把工時限制到每週 30 小時的想法。他們與大企業共同設計了 NIRA，再加用 WPA（見下）的錢去刺激物價上升。他們相信《勞工法》（National Industrial Relations Act）會提升工會力量去要求加薪（工人就會有錢增加消費）和減少有害的競爭。NIRA 的重心是「國家復蘇局」（National Recovery Agency），呼籲全國每一行業定立一個「全盤規則」（blanket code）：最低時薪為 20−45 美分，工時 35−45 小時，終止雇用童工，並發起「藍鷹」（Blue Eagle）運動去爭取國人對「工業自治」（industry self-government）的認可。最主要是定下物價和工資底線和生產與就業協議。在很短的時間內，全國各主要行業達成協議。1935 年 5 月 27 日，最高法院一致裁定這是違憲。1935 年 5 月，國家復蘇局結束時全國已有 200 萬雇主直接受了協議。

⑭ 第二次新政（1935−1938）的具體行動如下。

有關就業的主要政策：

（i）「國家青年局」（National Youth Administration，簡稱 NYA，1943 年結束）為 16－25 歲青年提供工作和教育。經費來自工程進度局（見下）。

（ii）「工程進度局」（Work Progress Administration，簡稱 WPA，1943 年結束）是個全國性的勞工項目（由每個州主辦）。羅斯福堅持項目要屬勞動力密集型，但不能與企業競爭，目的是早日使失業工人重回工作崗位。男性無技術的幹建築，女性幹縫紉。失業藝術家、音樂家、作家甚至馬戲班都有項目（日後被指共產黨滲透）。

（iii）《國家勞工關係法案》（National Labor Relations Act，簡稱 NLRA，也稱 Wagner Act，仍存，但在 1947 年修改為 Taft-Hartley Act）成立「國家勞工關係委員會」（National Labor Relations Board）去監管勞資關係。在 1930 年代，政府向工會傾斜，保障勞資談判和加入工會的權利，但不強制勞資一定要達成協議。工會人數因這法案激升，成為新政的強力支持者，助羅斯福在 1936 年、1940 年和 1944 年勝選。

有關救濟的主要政策：

（i）《社會保險法案》（Social Security Act，簡稱 SSA，仍存）以財政支持老年人和殘疾者，資金來自雇主與雇員工資扣額。美國是當時工業國中唯一沒有全國性社會保險制度的國家。

（ii）「剩餘產品項目」（Surplus Commodities Program，仍存，現叫「補充營養協助項目」，Supplementary Nutrition Assistance Program）將糧食免費發放給貧民。1939 年設「食品配給票項目」（Food Stamp Program）。窮人，尤其是城市貧民，以政府糧票向零售商購買食品。1943 年因戰事帶來繁榮而結束。1961 年再來，至今，項目大受歡迎（包括貧民、農業、批發、零售）。

有關農業的主要政策：

（i）「農戶安置局」（Resettlement Administration，簡稱 RA，後被改為「農戶保障局」[Farm Security Administration]，簡稱 FSA）。

（ii）「聯邦農作物保險公司」（Federal Crop Insurance Corporation，簡稱 FCIC，1938，仍存，但已修改為農作物與牲口的生產損失或收入損失保險）。

（iii）「農村電力局」（Rural Electricity Administration，簡稱 REA，仍存）以公私合營和合作社形式去承擔農村公共設施（電、電話、水、污水）。

有關工業的政策：

《公平勞工標準法案》（Fair Labor Standards Act，仍存）定立每週最多工時為 44 小時（現今是 40 小時）。法案出台，30 萬人加薪，每小時最低工資為 40 美分；130 萬人減工時；取締大部分童工（16 歲以下全禁，18 歲以下不能做危險工作）。

其他的主要政策：

（i）《財產稅法案》（Wealth Tax Act）管制財富分配。超 500 萬收入的稅率定為 79%（只有 Rockefeller 一人有資格），預料稅收只有 250 萬美元。因此稅收不是主要目的，主要目的是政治：羅斯福以此奪取民主黨內政敵的支持者。富人反對，稱他「出賣自己的

階級」（A traitor to his class）。

（ⅱ）《不放發利潤稅法案》（Undistributed Profits Tax Act）主要目的在稅收。為要付給一戰退伍軍人 20 億美元，國會定下了《公司紅利修改法》（Adjusted Corporation Payment Act），議決企業不發放的利潤（retained corporate earnings）要交稅，而放發出去的利潤（股份紅利）則可作免稅，用意是刺激企業派利，把錢放到個人消費手裡來推動經濟。在大量和激烈的反對之聲下，於 1938 年取消。

（ⅲ）《司法程序改革草案》（Judicial Procedures Reform Bill，1937）建議最高法院每出現一個超過 70 歲的法官，總統有權委新法官（這是羅斯福對最高法院判他違憲的反擊）。國會不通過。

（ⅳ）《住房法案》（Housing Act）建「住房局」（Housing Authority，屬內政部）。這是新政策最後的一個機構，獲共和黨的支持，因為他們想藉此清除貧民區。

⑮ 聯邦政府財政總支出在 1929 年是國民生產總值的 3%，從 1933 年到 1939 年，聯邦支出升了三倍（但國民生產總值與國債的比例則沒有大變，因為國民生產總值也在大升）。 1944 年，聯邦政府支出是國民生產總值的 40%，但同期經濟急劇增長，因為政府控制物價和工資。

⑯ 1940 年的《社區設施法案》（Community Facilities Act，又稱 Lanham Act）資助因國防需要而被影響的社區的基礎設施（軍需工業使某些社區人口激增，公共設施短缺，為此政府資助建房、供水、衛生、醫院、託兒、學校）。 1942 年的《軍人眷屬津貼法案》（Servicemen's Dependents Allowance Act）供養參軍的家眷、在軍需工作婦女的託兒、殉職軍人的無助兒女。戰後，1944 年的《公眾健康服務法案》（Public Health Service Act）更擴大保健。

⑰ 在大蕭條和二戰的十多年，人口繁殖率很低，但戰爭結束後，成家的和生孩子的猛升，所以這一代比上一代的人口多得多。到這一代成長後，雖然繁殖率不斷下降，但因為基數高，所以他們的下一代人數也不少，人口學家叫這兩代人的現象為「爆聲與回聲」（boom and echo）。

⑱ 「馬歇爾計劃」（Marshall Plan）是 1948 年開始的 4 年計劃，援助西歐經濟復蘇，共 120 億美元。主要是重建戰區，拆除國與國之間的貿易障礙，工業現代化，目的在阻止共產主義擴散。資助按人口與工業化階段分配（英國佔 26%、法國佔 18%、西德佔 11%）。原本計劃包括東歐，但蘇聯不容。

亞太地區的「哥林堡計劃」（Colombo Plan）是以扶持英聯邦國家制止共產主義為主，但資金來源主要是美國。原先是 6 年計劃，從 1950 年開始，但不斷延長，至今。

⑲ 「鐵幕」（Iron Curtain）是 1946 年 3 月 5 日邱吉爾應杜魯門邀請到他密蘇里州家鄉出訪時第一次提到的。

⑳ 1948 年 6 月 24 日到 1949 年 5 月 12 日，蘇聯陸路封鎖在東德境內的西柏林。美國與英、法等盟國空運糧食與物資，平均 30 秒鐘升降一架飛機，共輸物資 230 萬噸。這是冷戰的第一次重大對峙事件。

㉑ 從 1950 年 6 月 22 日到 1953 年 7 月 27 日（休戰）。北方的軍力主要是朝鮮和中國，少數蘇

聯；南方的軍力主要是南韓和美國，少數聯合國軍。傷亡估計：北方死 40 萬到 93 萬，南方 18 萬。平民死傷約 200－300 萬。

㉒ 美國有兩次大規模的「恐共」。第一次是俄國革命之後的幾年（1917－1920），傳媒大肆渲染美國共產革命在即。1916 年到 1917 年幾次罷工都歸咎外國特工煽動國內極端分子的陰謀。1918 年，威爾遜總統力請國會立《叛亂法案》（Sedition Act）去放逐反戰分子以維持士氣（一戰）。1919 年 4 月發生炸彈案，36 名政界、商界知名人士收到郵寄炸彈（包括總檢察長）。6 月 2 日，8 個城市，8 個炸彈連環爆炸。證據顯示極端分子所為，全國各地大搜捕，數千外國居民被解出境。總檢察長預警左翼反政府分子會在 5 月 1 日勞動節發動革命。5 月 1 日平安度過，總檢察長被指誤導國人（原本是有希望成為民主黨總統候選人，但因此事喪失公信）。1920 年 9 月 2 日，華爾街爆炸案，死 38 人，傷 141 人，懷疑無政府主義者和共產黨所為，但始終沒有起訴任何人。1919－1920 年期間，好幾個州立法禁制發表以暴力改變社會的言論，警方大舉搜捕左翼分子。

第二次恐共是二戰結束，冷戰開啟的十年期間（1947－1957），也稱「麥卡錫主義」（McCarthyism，以麥卡錫參議員為名）時代，同期也是冷戰（1945－1991）開始、柏林被圍堵（1948－1949）、中國國共內戰、朝鮮戰爭（韓戰，1950－1953）、美政府官員做蘇聯間諜（特別是 1950 年，外交部 Alger Hiss 間諜案和 Rosenberg 夫婦的核諜案）。那時候，蘇聯的經濟和科技水平猛升，共產主義在勞動人民和知識分子中具很大吸引力（美國共產黨在 1940－1941 年達高峰，黨員近 75,000 人）。1947 年 3 月，杜魯門總統簽訂政令 9825 號，稱《聯邦雇員效忠項目》（Federal Employees Loyalty Program），建立「政治效忠審核委員會」（Political-Loyalty Review Boards），「發現」了龐大的蘇聯間諜網。1950 年 2 月 9 日，麥卡錫在演說中揚言他手中有 205 名在外交部的共產黨員名單，這是「麥卡錫主義」的開始。麥卡錫在 1950 年提《內部安全法案》（Internal Security Act），杜魯門認為太約束國民自由，要否決，但國會否決他的否決，可見當時的恐共民意。在國會中，眾議院有《眾議院非美活動調查委員會》（House Committee on Un-American Activities），原在 1938 年成立去調查美國人的納粹活動，到二戰後才轉調查共產活動。最著名的是 1947 年 10 月的「荷里活十君子案」（Hollywood Ten），傳調 10 名導演、演員。他們以言論自由為理由拒絕合作，但卒被判藐視國會入獄。在今天的美國進步分子精英中這屬「殉道」（並可見荷里活文化與進步精英文化何等相似）。在參議院中主要調查共產活動的是 1950 年成立的「內部安全次委員會」（Senate Internal Security Subcommittee），一般比較慎重，尤其調查美國為甚麼失掉中國（losing China）。麥卡錫主持的是「參議院調查永久次委員會」（Senate Permanent Subcommittee on Investigation）。1953－1954 年是他的天下，先查外交部的《美國之音》（Voice of America）和海外的美國圖書館，跟着是陸軍部（公開在電視聆訊），與軍部鬧得很不開心。到 1950 年代中後期，有人開始投訴到最高法院去，最高法院裁定很多調查手段屬違憲。

㉓ 其實也是種苟合，跟日後克林頓的「新民主」（conservative progressivism）類似，也就是左右討好。但因為時代不同，左右的定義有別。艾森豪的「保守」是傳統道德，「進步」是繼續

羅斯福的利民新政。克林頓的「進步」是身份政治如婦解、同性戀，他的「保守」是繼續列根的自由經濟。

㉔ 1956 年 7 月 30 日，埃及宣佈把蘇彝士運河收歸國有。這威脅以色列、英國和法國的石油供應航線。以色列首先發難，10 月 29 日攻入埃及；11 月 5 日英法傘兵降落運河區。戰事到 11 月 7 日就結束，埃及戰敗，但成功塞住運河。蘇聯與美國分別警告英法退兵。艾森豪要挾英國，説會拋售美國手裡的英鎊債券。三國撤兵，聯合國維和部隊巡防以埃邊境（加拿大總理皮爾遜因建設維和部隊獲諾貝爾和平獎），英首相艾登辭職。蘇聯膽壯了，在 10 月份入侵匈牙利鎮壓革命。

㉕ 直到 1950 年代早期，美國好像是全球科技霸主。但 1955 年到 1961 年，蘇聯每年訓練的科學家比美國多 2–3 倍。1957 年 10 月 4 日，蘇聯成功發射人類第一枚地球衛星 Sputnik，震撼美國（其實美國日後發射「探險者 1 號」衛星的「Juno 1 號火箭」早在 1956 年已經準備就緒，但因保密而未公開）。當時美國已有計劃發射衛星，但重量不夠 10 公斤，而 Sputnik 則是 83 公斤。

對美國來説，蘇聯發射衛星證明它的科技水平已突飛猛進，超越美國，但更威脅性的是它的火箭能夠從蘇聯境內攜帶原子彈頭直射西歐和北美。美國歷史上的地理安全感被剌破了。Sputnik 之後，美國兩次試射。在 1957 年 12 月 6 日試射一枚 1.3 公斤的小衛星，赫魯曉夫叫它做「葡萄柚」；1958 年 2 月 5 日又試射一枚同樣重量的衛星，都失敗。這次發射的火箭離地 1.2m 就爆炸。但頂上的小衛星自動彈開，跌在發射台旁邊的曠地，並開始發通訊電波，好像已上了軌道，弄得美國啼笑皆非。當時傳媒有人説，「還不叫人出去找着它，一槍把它打碎？」並叫美國這枚衛星做「完蛋」（Kaputnik，是 Sputnik 的諧音，而 kaputte 是德文「完蛋」之意）。美國要到 1958 年 1 月 31 日才成功發射一枚不夠 15 公斤的衛星。

Sputnik 升空後 5 天，艾森豪還説：「有關衛星本身，我一點也不擔心，一小點也不。」因為幾十公斤的彈頭根本不是威脅。但到了 1958 年，他轉口氣，指出三點「明顯的事實」：蘇聯的太空科技超越美國、超越整個自由世界；如果繼續下去，美國的威信和領袖地位就會受損；如果蘇聯在太空的軍事力量超越美國就會構成對美國的直接威脅。他保證美國會投入人力、物力去處理。但仍是人心惶惶，有人甚至比擬「珍珠港」（氫彈之父特勒 [Edward Teller，1908–2003] 在全國電視廣播中的説法）。

當時傳媒把 Sputnik 大肆渲染，引發一種全國的恐慌。國會決定撥款去追趕，太空競賽開始。1958 年 2 月，艾森豪授權成立「先進科研項目署」（Advanced Research Projects Agency，後改名「國防先進科研項目署」[Defense Advanced Research Projects Agency]，簡稱 DARPA，是美國國防最主要的科研機構），到 7 月，更成立「太空總署」（National Aeronautics and Space Administration，簡稱 NASA）。1960 年代中期，太空總署佔聯邦政府資助大學科研經費的十分之一。但更關鍵的是國會通過《國防教育法案》（National Defense Education Act），4 年內投入幾十億去提升科技教育，為美國創造整代的科技人才，並支配科研方向：以數科與理科去保持美國的科技與工程優勢；以外國語言教育與文化研究去支撐情報工作；以歷史與人文學科去建設國民意識。但那時的政治氣候比較梏

梏（麥卡錫主義的「恐共」活動剛過），所有接受政府經費的學府教授們都要簽約效忠國家，引來很多反感。

1960 年的總統競選中甘迺迪以消除「導彈差距」（missile gap）為口號，上任後部署 1,000 枚「義勇兵」（Minuteman）導彈。1961 年 4 月 12 日，蘇聯太空人加加林（Yuri Gagarin）升空，為人類首創。甘迺迪的反應是，「如果蘇聯控制太空就能控制地球，就像幾世紀前控制海洋就能控制大陸」，決定以登陸月球為目標。有人指出私底下他認為探月是浪費，但他不能不安撫美國的人心惶惶。

1980 年代，日本經濟聲勢浩大，也曾一度引起恐懼，也用上「Sputnik 危機」一詞。2011 年，也就是美國剛從 2008 年的金融危機站穩之際，奧巴馬也引用「Sputnik 危機」：「這是我們這一代人的 Sputnik 時刻，我們需要又一次像當年太空競賽高峰時一樣向科研和開發投入」。他以登月的「阿波羅計劃」為例，強調要以同樣力度投入生物醫藥、信息科技、清潔能源。

㉖ 美國在內戰之後就有「效忠宣言」（Pledge of Allegiance），在公私場合一齊頌念，以示效忠於一個不可分割的國家。在 1942 年，由國會正式採用。但在 1954 年冷戰正濃之際，加上一句「一個神」，以示美國與蘇聯之別：「我宣誓對美利堅合眾國國旗效忠，和對它代表的共和效忠，一個國家，在『一個神之下』，不可分割，賦予所有人自由與公義』。」當時學生天天都要公開宣誓，到今天仍有不少人這樣做。

㉗ 1961 年 4 月，由中情局訓練和資助的反卡斯特羅分子在古巴豬灣空降，想重奪政權，但訓練不足、後援不繼，數日內被消滅。1961 年 8 月，東德在蘇聯支持下建柏林圍牆，冷戰升級。1962 年 10 月爆發古巴飛彈危機，美蘇對峙（有史家認為是人類核戰爭的最危險時刻），終是蘇聯讓步。

㉘ 此詞是他在 1960 年接受民主黨總統候選人提名時用上的，「今天我們站在一個新疆界的邊沿——1960 年代的疆界、未知的機會與危險的疆界、還未達成的希望和還未出現威脅的疆界……跨出疆界是未曾探索的太空和科技、未有解決的戰爭與和平、未被克服的無知與偏見、未有答案的匱乏與過剩」。

㉙ 美國內戰結束後有一段「重建期」（Reconstruction Era，1863－1877），有關釋放後的奴隸的參權爭議紛紛。1877 年，聯邦政府結束軍事管理南方，南方白人勢力再抬頭，用種種方法約束和限制黑人的政治權利，其中一個是州政府立例規定有交人頭稅的才有資格參加選舉（殖民初期，人頭稅是政府主要收入，但後來工商、交通、房地產值錢之後，政府就不再依賴人頭稅），用意在排擠黑人和窮白人參政。1962 年，國會修憲禁止，1964 年各州同意。

㉚ 其實他建樹也不少：一方面是大減稅，另一面是簽署《清潔空氣法案》《民運法案》，修改社會保障、建立醫療保障（包括 1965 年為老年人醫療保健的 Medicare 和補助窮人及傷殘者醫療的 Medicaid）、結束移民限制、約制對黑人參政的歧視（《選舉權利法案》）。在國際關係上他主張與蘇聯和解（為 1970 年代尼克遜和解鋪路）。

㉛ 1968 年是美國民運高潮，尤其是金博士在 4 月被刺殺後，全國暴動。8 月的奧運會中代表美國的黑人選手在頒獎禮行黑人敬禮，全球矚目。同年也是反越戰高潮，11 月份民主黨芝加哥大會連續 5 日暴動，要出動國民警衛軍。9 月份，婦解分子搗亂「美國小姐」競選也是

大事。學生全球示威包括西德、墨西哥、瑞典、捷克（布拉格之春，蘇聯 8 月鎮壓）、西班牙、意大利、英國、巴西等地。其中，以法國的 5 月學生運動影響最大，全國停頓，如同政變。戴高樂被迫逃離法國（雖然只是幾個小時）。當時的主題是反資本主義、反消費主義、反美帝國主義。

㉜ 美國人到今天仍有説，「你記得聽到甘迺迪遇刺的那一刻你正在做甚麼嗎？」在很多美國人的心理上，二戰後半個多世紀的「歷史性事件」就是甘迺迪被刺和 9‧11 恐襲。

㉝ 1972 年 6 月 17 日警察捕獲 5 名潛入華盛頓水門大廈民主黨總部辦事處的可疑人員。聯邦調查局追蹤疑犯身上鈔票的來源，發現是尼克遜連任競選委員會。1973 年 7 月，證據（包括尼克遜前下屬的供詞）顯示尼克遜下屬與此事極有關聯。又發現在尼克遜辦公室裝了秘密答錄機。他拒交出，但最高法院判他一定要交。錄音帶顯示他非但知情，而且意圖掩飾，並主使下屬誤導聯邦調查局。面對無可避免的國會彈劾，尼克遜在 1974 年 8 月 9 日辭職。而繼任人福特則在 9 月 8 日赦免他。

㉞ 他原是艾森豪的副總統，在艾森豪卸任後極有希望入主白宮。在與甘迺迪的電視辯論中（美國政治大眾化的一個轉折點）敗下來。戰後一代總是把他跟神話化的甘迺迪比較，醜化他為一個不擇手段去追求權力的壞蛋。

㉟ 1973 年 10 月 6 日（猶太人的贖罪日，是全年最神聖的日子），埃及突入西奈半島而敘利亞攻進戈蘭高地，意圖收復在 1967 年「六日戰爭」中被以色列佔領的土地。蘇聯向兩國輸送武器。10 月 12 日，尼克遜下令空運補給以色列。10 月 17 日，阿拉伯產油國減產 5%，並對以色列盟國進行石油禁運。沙特阿拉伯起初並未參加，但當美國答應軍援以色列 22 億美元之後，沙特就加入禁運。戰事在 10 月 26 日結束，以軍全勝。但產油國以石油做武器，到 12 月，石油減產 25%，全球經濟衰退。西歐盟國怪責美國軍援以色列，引發石油危機。產油國要以色列從 1949 年以後拿得的阿拉伯土地退出。1974 年 3 月 5 日，以色列撤清蘇彝士運河以西的所有軍隊。3 月 31 日，石油出產國宣佈終止禁運。不夠一年，油價從 3 美元一桶升到 12 美元。世界經濟秩序從此波動不休。

㊱ 早期的代表作是 1977 年黑人婦解運動的宣言：「……在提高醒覺的過程中我們開始認識到我們共同的經驗，在分享和提高我們的醒覺中建立一套可以改變我們生命和終止我們所受的迫害的政治。我們發覺唯一真心關心我們和不斷爭取我們的解放的就是我們自己。我們的政治是從一種健康的愛我們自己、愛我們的姊妹和愛我們的團體演化出來的，好讓我們繼續我們的奮鬥和工作。聚焦於我們自己受的壓迫就是身份政治的內涵。我們相信這個最有意義和有可能是最激進的政治是直接來自我們的身份，有異於為別人受的迫害的鬥爭。」（The Combahee River Collective Statement，1977）

㊲ 婦女解放運動（婦權）分 4 個浪潮。

第一浪是爭取婦女投票權，以 1920 年修憲為結束（上面敘述過）。

第二浪是 1960 年代開始。二戰期，女性從家庭走出去，尤其是沒有甚麼才幹的女性（與男性），參與戰時生產。戰後，中產急增，女性外出工作壓力也增。1963 年，貝蒂‧傅瑞丹（Betty Fridan，1921–2006）寫《女性的奧秘》（The Feminine Mystique），是受西蒙波伏娃

（Simone de Beauvoir，1908－1986）的《第二性》（*Second Sex*）影響。反對主流媒體對女性的描繪，認為女性留在家限制她們的機會，浪費她們的才幹和潛力。小家庭是不快樂的，貶低了女性。1965 年，格洛麗亞·斯泰娜姆（Gloria Steinem，1934－）假裝在《花花公子》做兔女郎，說要暴露「侮辱女性的內幕和抨擊男性主義」，成為婦解運動的主要代言人。以下是一連串的里程碑。

1963 年，國會通過《同工同酬法案》（Equal Pay Act）。1964 年禁止雇主性別歧視。1965 年最高法院裁定婚內人工節育合法。1966 年傅瑞丹成為剛成立的「婦女國家組織」（National Organization of Women）首任主席。1967 年，開明自居、極力討好進步人士的約翰遜下達總統行政令，優先雇傭婦女。1968 年再下總統行政令，命令招工廣告不容分性別。1969 年加利福尼亞州容許「無過錯離婚」，也就是離婚成為民事法，到 1983 年差不多全國都容許（最後是紐約州，2010 年才通過）。1970 年，政府支持人工節育。1972 年，最高法院裁定未婚人工節育合法。同年，政府修例不容在公立學校和大學有性別歧視。1973 年，最高法院裁定墮胎合法。1974 年，國會通過借貸信用不容性別歧視、女性住房權受特別保護、女性高等教育平等權等。整個 1970 年代，婚內強姦刑事法逐漸覆蓋 50 州。1978 年，國會通過法案，不容懷孕歧視。但到 1980 年代後期，性取向問題分裂婦解。

第三浪 1990 年代開始的。1991 年，Anita Hill 控告由老布殊提名的 Clarence Thomas 不應任最高法官（因為性騷擾），參議院 54：48 通過。被視為婦解運動的新浪頭，聚焦多種族，多文化，多事項去支持年輕婦解分子，特別是通過藝術的表達。主要是置疑、質疑、重奪概念、文字、傳媒去創造性別和性別角色（gender role）包括女人身（womanhood）、美（beauty）、性慾態（sexuality）。很多影藝名人活躍其中，包括麥當娜、安祖蓮娜祖莉、愛瑪屈臣、碧昂絲、Lady Gaga、里安納度狄卡比奧等。以音樂為焦點去討論女性身份、男性主義等等。

第四浪在 2012 年左右出現，聚焦於傳媒（特別是社交媒體），話題包括為婦女討回公道（justice for women）、抗拒性騷擾（opposition to sexual harassment）、抗拒對女性暴力（violence against women）、挑戰仇恨女性主義（challenge misogyny）、推進性公平（gender equality），特別針對在校園、街上、工作場地的性騷擾和強姦文化。很多名人男性被拉落馬，包括 Bill Cosby, Harvey Weinstein。批評者指這一浪的婦解集中在白人，特別是安格魯－撒克遜的群體中，忽略有色人種（包括他們對婦解的貢獻被忽視），遂出現交叉（intersectionality）觀念，指性別與其他身份特徵，如黑人、殘疾人等身份是不能分割的。

㊳ 同性戀解放運動始於 1960 年代末期，但要到 1980 年代後期才被主流關注。他／她們的身份政治戰略最初是強調「生活方式的不同」，繼而強調「自由選擇權」，最後是堅持「天賦人人平等」。2000 年代的美國社會接受了。

二戰後，很多人想恢復戰前秩序和阻擋變動，特別是恐共（麥卡錫時代）產生一種恐懼氣氛。無政府、共產、非美活動等都視為國家安全的威脅。同性戀者會被人勒索（因為被視為不正常、不道德行為）。1947 年到 1950 年，幾千人被聯邦解雇（大學也是），政府設置名單監視。同性戀被視為病態，很多人隱藏身份。1952 年美國心理學會列為精神病（要入精神

病院）。同性戀者，當時叫「喜好同性」（homophile）而不叫「快樂人」（gay）或「同性戀者」（homosexual）。

1960 年代，民權運動和反戰運動趨急，同性戀者模仿，包括在白宮前示威（1965 年），與警察對抗。小數分子，尤其男扮女裝者（transvestites）最惹人注目。1966 年，三藩市發生暴動，持續幾天（主要是男扮女裝者）。那時也是戰後一代反叛的開始。

石牆酒吧（Stonewall Inn）是全紐約唯一可以跳舞的酒吧。一般同性戀酒吧不是同性戀人開的，是意大利黑社會開的，警察每月收「賄」。此店無水、無酒牌、無走火通道，雖然沒有賣淫，但有販毒和其他非法活動。

1969 年 6 月 28 日凌晨，警察搜查。當時有 205 人在酒吧內，警察突然而來，大亂、四逃。由於有人不交身份證，警方決定把所有人帶回警局。但車不夠用，部分被釋。他們留在門前不走（一向是馬上溜走）。幾分鐘內就聚集了一百多人。有人高叫「同性戀權利」（Gay Power）、有人唱民權運動戰歌「We Shall Overcome」（我們會勝）。情況開始轉惡，有人向警察投酒瓶，群眾瘋狂起來。警察想控制場面，推翻幾個人，其他人更瘋狂。群眾要推翻一輛警車，其他警車馬上離場。那時圍上 500 到 600 人，很多跑到附近工地拿磚頭。警察隨便抓住幾個人，退入酒吧。群眾圍着，向吧內投物。有人跟着把垃圾點火，從破窗塞入酒吧。警察拔槍，打開門，準備射擊，有人噴打火機燃液，點着。警車、消防車開到。來的是特種警隊（Tactical Patrol Force，戰術巡邏隊）。那時警察怒了，見一個捉一個，推入警車。警察清場，群眾公開譏笑，與警察對峙，向警隊唱淫歌、跳大腿舞，甚至追警隊，共 13 人被捕，有人留院，4 名警察受傷。傳媒大力渲染事件，成為頭條新聞，謠言滿天。有說是由左派的學生民主會社（Students of Democratic Society）組織的，有說是民運極端分子黑豹黨（Black Panther），有傳是一個同性戀警察因戀人去石牆跳舞而被激怒。

第二晚，幾千人聚集，好奇的群眾，甚至遊客，都同情同性戀者。他們阻攔過路車輛，要人表示他們是同性戀者或是支持示威者，不然就搖車，恐嚇。整夜放火（燒垃圾）。上百名警察戒備。當地報紙《村民聲音》（The Village Voice）表示對暴動不大恭維，群眾包圍報館，要放火，警察干預。群眾搶掠商店，警察群眾都有受傷。

過後，同性戀者組織開始發起紀念日。首次是 1970 年 6 月 28 日在紐約洛杉磯、芝加哥同時舉行，是日後同性戀遊行（Gay Pride）的濫觴。第二年更多城市參加，並傳到歐洲的倫敦、巴黎、西柏林和斯德哥爾摩，成為報紙頭條。不久成立「同性戀解放前線」（Gay Liberation Front），首次使用「快樂人」（gay）取代「同性戀者」（homosexual），開始走向激進。向民權運動和反越戰運動靠攏，走「極左」路線。兩年內全美都有「前線」或「聯會」。他們向美國精神病學會施壓。1973 年，學會取消把同性戀列為精神病症。描述同性戀者自殺、酗酒、不歡的文學不再重印。

石牆事件成為同性戀奮鬥的里程碑，從此他們公開要求被尊重。2009 年 6 月 1 日，奧巴馬宣佈 2009 年 6 月是「女同性戀、男同性戀、雙性戀、變性者驕傲月」（Lesbian, Gay, Bisexual and Transgender Pride Month），但同性戀指他的演詞不夠力度，決定削減對民主黨捐款（同性戀者的平均收入比一般人高）。兩年後（2011 年 6 月 24 日），紐約立法同性戀

結婚合法化。2013 年，奧巴馬連任，就職演詞首次用「gay」一詞。2016 年 6 月 24 日，奧巴馬宣佈成立「石牆國家紀念公園」。

㊸ 這跟人口中白人比例下降可能有關，引發某些白人感到被邊沿化。也有説是拿不到資本全球化利益的白人勞動階層和感覺被道德自由威脅的保守人士的極端反應。

㊵ 在紐約州，是美國最精英的「七姊妹」大學之一，典型貴族學校。珍芳達入學時仍是女校，1964 年開始男女同校。與耶魯大學關係密切。

㊶ 她為此事幾度道歉，説是被人利用了。但很多人對她的解釋質疑，説是為了賣書和宣傳電影。從 1967 年到 1973 年她曾被美國國家安全局監視。

㊷ 芳達若干年以芭蕾舞去保持身材。但因為拍電影折了腿，改做健身的「有氧運動」（aerobics）。1982 年推出《珍芳達的鍛煉》（Jane Fonda's Workout）。

㊸ 有點啼笑皆非，卡特被認為是「最佳的卸任總統」，在任後做了很多慈善工作。

㊹ 在實體經濟上，放任經濟是生產鏈帶全球化，中國也沾了光。它的後遺症要到特朗普時代才現形。

㊺ 特別注目的醜聞包括眾議院代表在 1988 年 6 月被議會調查，嫌疑濫用權力、干擾聯邦儲備與貸款公司保險局的運作。議長於 1989 年 5 月辭職以避開議會公開聽證；參議院道德委員會於 1989 年 11 月開始調查 5 名參議員在 1987 年干擾政府處理一間儲蓄與貸款公司倒閉事件（政府損失了 30 億美元，並導致 23,000 人的投資化水），最終譴責議員們判斷失誤。儲蓄與貸款危機起源於政府放寬對企業，尤其是金融的管制。儲蓄與貸款公司的目的是鼓勵節儉，業務是吸納中下階層存款並貸款給他們買房、買車等民生用途。1979 年，聯邦儲備局把貸款給屬下銀行（包括儲蓄和貸款公司）的利率從 9.5% 提升到 12%，意圖控制通脹。但當時的儲蓄和貸款公司已經以低利率貸出大批款項，而且是長年期的（主要是買房抵押），而同時，客戶存款則下降（因為在 1970 年後期的「滯脹」年代，儲蓄與貸款公司以高利率、多優惠去跟其他商業銀行競爭存款客戶，但當聯邦儲備局提高對銀行貸款利率時，很多儲蓄與貸款公司存戶就轉到其他銀行去了）。兩面受敵下，很多公司實質破產。為了續命，政府在 1980 年代不斷放寬管制，好使這些公司通過發展（不斷擴大）去避開破產，遂引致公司瘋狂擴展業務，特別是風險高的投資（投機）。但紙包不住火，從 1986 年到 1995 年全國 3,234 間公司有 1,043 間倒閉。聯邦動用 1,050 億美元救市。到最後算帳（1999 年），納税人的總損失達 1,300 億美元。

㊻ 老布殊在 1988 年競選時有著名的一句「看我的嘴唇，沒有新税」（Read my lips, no new taxes）。但任內兩院都在民主黨手裡，要加税去減赤字，老布殊最後還是簽了字。到 1992 年大選期，左、右派都指他食言，大失民心。

㊼ 日後的演講費、基金等等都是經此部署。他的貪婪使美國人尷尬。

㊽ 從他開始，政府因政爭停止運作變成正常。克林頓之前也有停頓，但都是一兩天的事情。在克林頓任內，頭一次是 1995 年 11 月的 5 天，跟着是 1995 年 12 月到 1996 年 1 月的 21 天。奧巴馬在 2013 年也停了 16 天，特朗普更破記錄。

㊾ 當他被聯邦獨立調查律師盤問他與女實習生的關係時，問他説的是否真話，他的回答是強

詞與遁詞的組合。他堅持他在作供時説的「我倆之間是沒有（性）關係」是真話，因為當他被盤問那一刻他的確是沒有跟女實習生有（性）關係。他説，「要看這個『是』（is）字的意義。如果『是』是指是，和從來沒有 —— 這是另一回事。如果這個字的意思是，『是沒有』，那麼我的供詞是完全正確的。」（It depends upon what the meaning of the word「is」is. If「is」means is and never has been, that is not —— that is one thing. If it means there is none, that was a completely true statement.）

⑤ 都是進步和自由分子打共和黨。先是小布殊贏了民主黨的艾爾 · 高爾（Albert Arnold Gore Jr. ，1948−，美副總統，任期 1993−2001）之後，自由派去打他。特朗普當選後，自由派又要打他。過去 100 多年的自由派都是民主黨人，而美國對外的大型戰事都發生於民主黨執政期（一戰、二戰、朝鮮、越南），或者可能是民主黨比較有原則性，而共和黨比較務實。

⑤ 1998−2001 年是美國政府自 1970 年到 2016 年之間未出現赤字的幾年，同時也是國債總額下降的幾年。

⑤ 美國總統是間接由代表 50 個州和國家首都的選舉人（electors）選出來的。每州的選舉人數按該州的國會代表席位多少（參、眾兩院）而定。一般來説，這些選舉人按他所代表的州的普選結果而投他的選舉人票（elector vote）。現時，取得 270 張選舉人票者當選。

⑤ 大選結果最後取決於佛羅里達州的選舉人票（共 29 票）是歸小布殊還是高爾。兩人都需要這批票去獲選。

大選在 11 月 7 日舉行。11 月 8 日，佛羅里達州大選組織處（Florida Division of Election）宣佈小布殊取得該州總選票的 48.8%（以 1,784 張選票勝出）。由於差距低於 0.5%，所以重新點票。11 月 10 日公佈點票結果，勝出的票差下降到 327 張（但仍有一個郡的票未點齊）。11 月 17 日，佛羅里達州最高法院制止該州宣佈誰勝誰負，要全州重新再點票。到此時，小布殊與高爾雙方已向法庭提出種種訴求。全國最高法院在 12 月 9 日叫停，12 月 12 日恢復原來結果，即小布殊勝。雙方都指摘法院偏袒（佛羅里達最高法院偏民主黨，全國最高法院偏共和黨）。小布殊的總選舉人票是 271，險勝。

事件結束後，全國傳媒組織重新點票，結果是如果全州來算，高爾獲稍多票，但如果以每個郡來算，小布殊會獲稍多郡。亦即是如果按現存制度（選舉人），小布殊應勝。

⑤ 由於左右分歧，以致每一任總統的政策到下一任馬上就改，非但浪費資源，更造成一種狠鬥心態。

⑤ 全名是《以提供攔截和阻止恐怖主義的合適工具去團結和鞏固美國法案》（Uniting and Strengthening America by Providing Appropriate Tools Required to Intercept and Obstruct Terrorism Act of 2001），每個字的第一個英文字母連起來就是 USAPATRIOT，即「美國愛國者」。

⑤ 奧巴馬 2010 年的《華爾街改革和消費者保護法案》，見下「美國與全球資本」。

⑤ 2010 年出台法律要把執行總裁的收入和這收入與公司員工平均收入的比例公開，5 年後仍未執行。但根據美國勞工組織（AFL-CIO，當然會有意識形態的傾向）的數據是差距不斷加大，1983 年是 41 倍，2016 年是 347 倍。

第十八章　美國民族性格

　　美國民族是多元，但性格是單元，因為美國是個文化大熔爐。基本元素是立國前北方清教和南方士紳構造的自主、務實、優越感和少數意識。清教的道德觀更調入了強烈的自疚感；士紳的權貴意識則調入了強烈的榮譽感。隨後調進來的是愛爾蘭天主教徒的普世價值觀（強調原則的普世性）和猶太移民的世界公民意識（推動資本的全球化）。破解美國民族性格的鑰匙是它的少數意識：孤立、恐懼、好爭、易怒。

　　美國精英的性格是「黃蜂」（WASP，White Anglo-Saxon Protestants）。美國的未來就要看這個性格會不會給予美國人足夠的想像力去找出一條生路，能不能有足夠的意志力去打出一條生路。且看誰是「黃蜂」，甚麼是「黃蜂性格」？

　　未談性格之前，先追蹤美國民族的來龍去脈。美國是個真正的移民國家，前身是北美的英國殖民區。它的文化來自移民從祖家帶來的文化，組合成一個大熔爐。最顯著的是來自英國的清教思想，但一浪一浪的移民，構成了今天的熔爐文明。

　　最早來的歐洲人不是英國人，歐洲人最先抵達的也不是北美，是加勒比地區，英屬 13 區 ① 也不全是英國的。

　　英國頭一個成功的殖民區是 1607 年在維珍尼亞地區開發的詹姆斯

敦，而不是北面清教徒的新英格蘭地區。種煙草的暴利引發第一個移民潮。一直到獨立戰爭期，維珍尼亞和馬里蘭地區是煙草莊園集中地，偏南方。清教徒的地盤在北面，比南面晚十幾年。

13 殖民區可大若分為北、中、南三塊，再加上外圍沿邊地區。先說一般人比較熟識的北面那一塊。

首批清教徒是在 1620 年乘「五月花」船隊來的，其實只有百人左右，在麻薩諸塞的普利茅斯開建小殖民區。但殖民（殖民是指美國立國前來的英裔人，其他族裔是移民；立國後統稱移民）之門一打開，數以萬計的清教徒大量湧來，追求宗教自由（清教是通稱，內部分成數不清的派別，甚至一個小教堂也可以自成一個教派。這種「自立、自主」的管治方式影響美國政治制度至今。新教派別可以按主教制、長老制和公理制來區別，但最多的還是比較民主和分權的公理制，參看第十三章，「已知的」）。英國光榮革命（1688 年）宗教壓迫放寬後，殖民潮稍退，但未有中斷。

新英格蘭區的移民大多來自英國的城鎮，而且教育水平也較高，中間還有技工、商人。開墾期雖有賴農耕，但仍不忘辦學（哈佛是 1635 年創立去培訓教士的）。早期殖民是小農、小村，互助合作精神濃，信仰一致，甚至有自己的武裝力量。除了農業外，還有經商、造船、打漁。這裡的氣候稍冷，但有助衛生（冬天寒冷令蚊子不能生存，其他帶病的昆蟲也少），加上糧食充足，致使死亡率下降、出生率增高。殖民潮退後，到 17 世紀中期，年均人口增長率超過 3%，死亡率則低於 1%。人口增加就需要向外發展，除了往東面與北面外，還有部分南下紐約，清教思想就傳開了。

中部一塊包括現今的馬里蘭州、紐約州、紐澤西州、賓夕法尼亞州與特拉華州。紐約州殖民區首先由荷蘭人開發，人種很雜，1700 年之後（已歸屬英國）成為重要商業中心。到獨立期，荷蘭裔約佔 27%，黑人約佔 6%，其餘主要是英裔和少量其他歐洲裔。賓夕法尼亞州殖民區是 1680 年由貴格派宗教人士開發的（參看附錄 3，「內戰期間的宗教教派」），他們來自英國中北部（North Midlands，日後工業革命重點地區），1680 年到

1725 年期間這裡是他們的地盤，費城更是貴格富人的天下，周圍的小農場和貿易站都是他們的人，但隨後又來了很多在歐洲被迫害的新教其他教派，以德國和北愛爾蘭居多。特拉華州河谷有貴格人，但也有很多德國移民和少量瑞典、芬蘭人，紐澤西州也是。宗教自由和土地便宜是最吸引移民的點。

南面一塊的開發條件比較差，早期來的很多死於瘧疾、黃熱病和其他傳染病，也有不少死於與土著衝突 ②。但殖民仍持續不斷，主要是來自英國中部地區和倫敦。這裡是大莊園開發模式，大地主都是英國委派的總督的朋友圈（小貴族）③。他們是當權的經濟與文化精英，經他們的手引入大批「合約傭工」（indentured servants，雇主付路費、供食宿，但沒有工資）。這些合約傭工一般都是在英國找不到工作的人，他們到了美洲 5–7 年左右（通常是滿 21 歲）就可脫身，結婚成家，大部分遷移到沿邊地區做小農。莊園的勞動力來源也慢慢轉移到來自非洲的黑人。獨立前，這裡的人口約 55% 英裔、38% 黑人、7% 德裔。獨立後，奴隸販賣也停止了，但要到 1808 年才不合法 ④，雖然仍有偷運進來的。

外圍沿邊地區開發得比較晚，約在 1717 年到 1775 年期間。主要是來自英國北面、蘇格蘭、北愛爾蘭的長老制教派 ⑤，也是為逃避經濟困難和宗教迫害的。他們雖然從費城入境，但會遠遠落腳在賓夕法尼亞的西面和南面，不久就成為從賓夕法尼亞州到佐治亞州的阿巴拉契亞山脈地區的主流文化，特徵是長老制宗教、自給自足、敵視土著和天主教。他們遠離市鎮，走近自然環境，有很強的反政府和開荒意識 ⑥。

雖然 13 個殖民區的成長過程和文化有明確的分別，但有更多的共通之處。

（i）　都是私人資金建設而成，沒有政府補貼或支持。所以都有小政府傾向。

（ii）　所有商業活動都是小規模、私人生意，並且在當地和在英國（祖家）都信譽良好。所以有鮮明的商業意識。

（iii）差不多所有地區都不依靠跟大英帝國貿易，因為所需的東西都是自己耕種、自己製造。所以自立性強。

（iv）大部分的殖民點都是家庭式或家族式的，通常都是幾代人一起。所以凝聚力強。

（v）人口集中於農村，80％以上自有土地。所以視私產神聖不可侵犯。

（vi）當初，各地用祖家語言，但英語是貿易語言。所以英語是統一的因素。

（vii）政制與法制主要是抄襲英國，雖然完全拋棄貴族制度。所以事事仿英。

（viii）殖民們自己建立民選政府和民選法院，各地自治、自助，差不多每個新開的殖民點都會在幾年間成立自治。所以自治性強。

（ix）每個殖民區一旦建成，人口增長差不多全靠自然增長，新移民數量極少超過 10％。所以有排他意識。⑦

美國獨立後差不多馬上就是法國大革命，跟着是拿破崙時代。到歐洲戰事塵埃稍定，移民潮又回來了，主要還是英國、愛爾蘭和德國，中歐和北歐也有。大部分仍是因耕地便宜而來，但美國的工業革命也開始吸引歐洲的技工。

大移民潮是 1830 到 1850 年的愛爾蘭人。與先前移來的北愛爾蘭新教徒不同，這一批愛爾蘭移民是天主教徒，引起在美國佔絕大多數的新教教徒的恐慌。其他的移民主力是德國人⑧，半數去中西部開墾耕地，半數留在城市做技工。

大移民引發反移民，民粹主義（Nativism）現身，特別是反屬天主教徒的愛爾蘭移民。這對美國政制帶來不可改變的後續影響。天主教徒和德裔路德宗的新教教徒加入民主黨（勢力在南方），其他新教教徒則轉向新成立的共和黨（勢力在北方，尤其是清教地盤），顛覆了一直以來民主與

共和兩黨的和諧，間接造成內戰的政治分立局面⑨。

內戰前後的移民潮以愛爾蘭為主⑩，內戰後以德國為主⑪。這些移民有一個共通點，都是往城市跑，是美國工業發展的動力，使美國一躍而成經濟巨擘。但是，這些新移民住在一起，自成一國，引起當地人恐慌和反感。

內戰結束不久，各州的政府開始立法管制移民。1875 年，美國最高法院裁定移民是聯邦政府職權。同年，聯邦政府出台第一個限制移民法案，叫《排亞法案》（Asian Exclusion Act，也叫 Page Act，因眾議員佩奇 [Horace F. Page] 主張「終止廉價的中國苦力和不道德的中國妓女」而得名）。1882 年，國會通過臭名昭著的《排華法案》（Chinese Exclusion Act），禁止華工進入美國。⑫ 1880 年代的美國是關閉的。

「新移民」一詞是 1880 年代後期開始用來形容這些來自南歐（特別是意大利）和俄羅斯（尤其是猶太人）的移民（之前的移民很少來自這些地方）⑬。大部分都是經紐約入境，然後聚居東北部。當時政府把船隻推到南面港口登陸，意圖把這些移民引進到別的地方去落戶。民粹主義者認為他們沒有政治、社會背景和技能去融入美國社會。起初是零零碎碎的排斥行動，一戰結束，美國馬上截停「非我族類」的移民，長達 40 年。⑭

1965 年的《移民和國籍法案》（Immigration and Nationality Act）是分水嶺。這是美國民權運動的產物（主要支持者是共和黨和北方民主黨，反對者是南方民主黨），規定進來的可以是家庭重聚或技術移民。法案的原目的是鏟除 1880 年以來民粹主義對外來移民的歧視，當時的想法是口一打開，湧進來的會是當年被排斥的移民，如意大利、希臘和葡萄牙。當初幾年確如是，但 1970 年之後就從亞洲、中東、非洲和其他發展中國家湧來。

1986 年國會通過《移民改革和控制法案》（Immigration Reform and Control Act，簡稱 IRCA），首次提出起訴雇傭非法移民，但又同時大赦約 100 萬的非法入境移民。結果是 300 萬人獲赦，大部分來自墨西哥⑮。

　　總地來說，近代移民來源國在 1900 年之前是德國、愛爾蘭、英國、加拿大；1900 年到 1960 年是德國、意大利、波蘭、俄羅斯／蘇聯、英國；1960 年到 2000 年是墨西哥、菲律賓。這些，加上原先 13 區殖民的後裔構成了「美國民族」。這個民族有沒有獨特的性格？

　　談到美國民族性格，或美國人性格，人人都有想法。有的根本不相信民族性格這回事，有的指美國是多元民族組成，哪來一個美國民族（除了原住民，而原住民也是分散各地的小民族），更遑論美國民族的性格。

　　政治評論家約翰・羅斯曼（John Rothman，1949－）說：「一直到 1960 年代……『美國有沒有一個全國家性格』是歷史學家非常關注的問題……之後，對民族性格的關注消失，轉向關注邊緣人群……偶有社會學家和政治學家談談而已……但他們聚焦在分歧者而不在結合者（splitters, not joiners），結論是美國人是多麼地多元化。現在，應該要找他們的共同處了。」社會學家斯蒂芬・門內爾（Stephen Mennell，1944－，都柏林大學社會學家）還作補充：「一個民族共有的、不自覺的、理所當然的假設和行為模式（也可稱『習慣』[habitus]）往往要在與別的民族交往時才能察覺。在同胞（國民）之間的交往中，個人與個人的性格差異顯而易見，以致國民性格（就是與別國人民的不同）就變得不顯眼了。因此，從外面看往往比從內部看得清楚。」

　　學者們指出美國性格是多元、矛盾、似是而非又似非而是（paradoxical）的：既自由又保守；既崇拜科技又堅持宗教；既追求物質又強調道德；接受離經叛道但又歧視不同類族；不容抽煙但可以攜槍。美國本身就是個反論：在全球它是超級強國，在國內政府處處受制；它要帶來全球民主，但本身就越來越像軍國。美國究竟是個大熔爐，把所有進來的民族融為一體，還是個沙拉盤，進來的各民族混而不合？

　　無可否認的是美國是個移民國家，但更關鍵的是美國不是個自然生成的國家，是個設計出來的國家。可以說，它的設計反映它的性格，同時延續這個性格。

　　行動、務實是從英國帶來的文化原材料，來美的殖民也有他們的特有
性格，把這些原材料炮製成特色的美國性格。北方的清教，南方的士紳，
一主一輔，媾和出今天美國人的基本性格。現在分開來談。

1. 清教徒

　　多元民族來到美國並沒有使美國文化多元。表面上，美國文明（現
象）是多姿多彩，甚至光怪陸離，但底下的文化（內涵：宇宙觀、倫理
觀、社會觀）都是來自清教 —— 如果不是清教本身的文化就是被清教吸
納的，或最低限度是被清教容許和容忍的。

　　清教徒原先是少數派、被壓迫者。他們是逃來美洲的，為的是要保存
自己。清教的經濟、社會、政治理想就是在這樣的環境下成形的。

　　一般學者都談美國立國的 3 個神話（見《西方文明的文化基因》第
二十一章，「英美交替：自由、資本交棒」）：安格魯─撒克遜民族的
天然優越感（Anglo-Saxon Superiority）、美國與眾不同論（American
Exceptionalism）和浪漫國家主義（Romantic Nationalism）。這些神話結合
了清教理想和美國現實。

　　清教不是一個統一的教派，是一個統一了許多大大小小宗教群體的宗
教理想。清教的「清」（pure）是純潔，有返璞歸真的意思⑯。清教徒是英
國人，肯定承傳英國的文化。他們在英國被排斥，但又同時自以為是比英
國主流社會還要道德的英國人，自然有與人不同和道德優越的意識。

　　清教徒的理想國是自由、平等（作為一個個體，清教要與別的宗教
平等），同時是服從、團結（作為一個整體，清教要教徒團結）。清教徒
屬卡爾文宗，對人性悲觀和有濃厚的犯罪感：人不能自管，所以要互管；
人不能自救，所以要神救。卡爾文宗強調人人工作，因為工作是「神的
召喚」（vocation）；勤力、精明工作賺到了錢是要為神帶來光榮。在清教
理想下，每個教會的治理屬公理制，強調自治、分權。他們堅信他們的

所作所為是神的旨意，驅使着他們勇往直前、攻堅犯難，無論在戰場或商場。

早期殖民主要落腳麻薩諸塞和賓夕法尼亞，多數受過教育（教士和商人），內心堅信高人一等（無論是教育、知識還是感性），但外表絕不表示對人高傲（清教式的平等理念），時刻檢討自己的行為，免招詬病（用別人對自己的看法去規範自己的行為）。

當初，清教支配新英格蘭地區，是當時的「正規教會」（Established Church，又稱 Church Establishment，是指有治理當地宗教事務的合法權力，實質就是地方治理權），「常青藤」大學都是他們的天下 [17]。由於清教徒先到美洲，並且群體性很強，所以他們可以成功把他們的制度、價值觀、道德規範移植各處（特別是中西部，當然要適應開荒的環境）。他們強調工作倫理（工作勤奮）、實事求是、宗教虔敬、社會秩序、禮節端莊，節儉的政府、直接的民主，並相信有超越個人和個別利益的公共利益。重視公共教育、誠實和公益，並相信他們是這個充滿罪惡和腐敗社會裡頭的義人和選民，以強烈的道德責任感去定義和執行社團和個人行為的標準。

對美國人最通用的別稱是「楊基」或「楊基佬」[18]。楊基源自清教，當初是指新英格蘭區 [19] 的人；在國外，特別是在英國和澳大利亞，楊基是指所有的美國人；在美國南方，楊基是對所有在南北戰爭中支持聯邦政府者的蔑稱；在美國其他地區，楊基是指東北各州的，特別是有「新英格蘭文化」的人，無論此人來自哪裡 [20]。清教怎麼產出楊基？

早期清教徒在新英格蘭聚居的典型是一撮撮的農莊組成的小村，雖然務農但很多原是商人、教師、銀行和專業人士。農村生活鼓勵地方性的民主，最典型的是公開的鎮民大會（town meetings），和鎮民行使地方政府的權力（在新英格蘭地區到今天仍是如此）。農村生活促進互相監察行為和強調公民道德。

隨着殖民區的人口增長和經濟發展，經濟野心 [21] 和宗教分歧深深地改

變了清教社會。雖然清教仍是正規教會，持有宗教和政治的合法權力，但當初來美避難的清教徒在幾代人之後已是有家業、圖發展之輩了，對財產、金錢和教會規矩也開始出現爭議。不滿情緒不斷升級，驅使政治和宗教（那時往往分不開）的當權者要適應大眾的訴求。1730－1740 年的「第一次大覺醒」（First Great Awakening）㉒是這些張力的發泄。清教徒的經濟野心和他對傳統教會（與政府）治理制度的不服從，使他產生嚴重犯罪感和自疚，所以特別被奮興式（revival，相對於莊嚴式）和重感性（相對於重教條）的宗教運動吸引。那時的清教分「新光」（New Lights，對經濟有野心，對權勢不服從）和「舊光」（Old Lights，強調教會秩序和社會安寧）兩派。當初，屬公理制（直接民主）的教會開始去向共和形式（代議民主，影響日後法國革命）以協調傳統的價值和 18 世紀的經濟現實（工商業發展、城鎮化加速），並提升了個人、政治和宗教的自由。這就是清教變楊基的轉折點㉓。

楊基意識是提升個人自由、減低政府權力。強烈的自立、自主意識使他易與人產生爭執。他除了有一種熱切的獨立性外還略帶貪婪（avarice）和近乎狡猾的機靈（shrewdness）。從前被譴責的逐利如今被接受了，未能約束的野心如今被通融了（想找新土地開發的農戶終分得到土地，需要錢去擴充生意的小資本家終爭取到貨幣發行權）。宗教理論家更把逐利演繹為為神增光，為逐利野心創造社會地位，使它變得受人敬仰。這樣，人人可以自由地、不怕譴責地以最厲害的手段去謀利了。逐利的大門打開，但也把楊基一詞污染。

當然楊基意識不單是逐利。他的清教祖先教訓他要為整體服務。這條戒命並未約束他拚命賺錢，但警戒他賺到了錢要做慈善。楊基企業家的清教良心驅使他把錢財與精力放在公共利益處。當然，公共利益是甚麼也由他們定義。

其實，清教文化中早已存有一種自我保護性的自立，逐利中又帶公益心、對理性堅持又對靈性嚮往。大覺醒只不過是個釋放。釋放之後，楊

基比清教徒自由，因為他可以更自由地表露自己的真面貌，不會像清教徒那般因為怕被神、被教會、被社團處罰而隱藏起真面目。楊基的社會制度比清教寬鬆、較適應多元的意願，無論在政治、宗教或經濟上都有更多空間。這些條件容許他發揮驚人的經濟力量。

在 19 世紀，楊基的定型是「機巧」（ingenuity）：發明能力強、以科技去處理實際問題、有實用的知識、能自力更生和具個人進取心。但是這些定型也有其負面：貪婪（金錢慾）、不容異己 [24]、令人討厭、好管閒事、自視比人道德高（holier-than-thou）。那時，新英格蘭的人也不介意這個稱呼，甚至樂意接受。當時，楊基從農村移到迅速發展的城市（東北部），有錢的更派遣家族到邊疆地區（西部、南部），特別是幹銀行業和報業。他們的影響力向全國以至全球散播。他們以東北沿岸海港（波士頓、賽勒姆、普羅維登斯等）為基地，建立國際貿易路線，到 1800 年已遍及全國。貿易賺來的錢再投資到紡織和機械工具的工業上。

這套楊基倫理觀和社會觀被其他後來的移民接受了，包括來自英國、斯堪的納維亞、瑞士、加拿大的英裔人、荷蘭、德國（特別是 1848 年革命失敗逃亡的富有、政治活躍、受過高等教育的人士）的移民，他們之間的關鍵共通點是新教徒。

1800 年之後，楊基是政治改革的動力，包括解放黑奴（他們是 1860 年林肯新共和黨的最強力支持者）、禁酒、爭取婦女選舉權、推行婦女教育。在南北戰爭後的「重建期」前往南方的大部分都是楊基，去教育黑人。

作一小結，清教徒有英國人的務實。他們因為宗教迫害，遠走美洲求自立，團結而排他。自立的必需條件是自足，因此英國人務實的性格大派用場。但在追求自足中易流於自私，有違宗教原則，遂產生自疚。先有大覺醒，減輕犯罪感的困擾；繼之以做慈善事，去舒緩不能完全化解的自疚心魔；最後，宗教原則與世俗利益達成妥協。獨立戰爭前夕到南北戰爭結束的一個世紀，楊基的個人主義和機巧、精明在經濟上、文化上大放異彩，但又產生無奈的憂傷 —— 自疚和孤單。

2. 南方人

　　13 區的中部與南部雖然都是安格魯─撒克遜民族，但走上與清教（楊基）不同之路。其實，這裡的殖民比北面還要早。伊利沙伯時代，兩度殖民都失敗。㉕1607 年建的詹姆斯敦（Jamestown，現今維珍尼亞州東）才算是首個成功殖民點，但仍比北面的「五月花」殖民區早了十多年。來詹姆斯敦的原本是想尋金，金找不到，人倒留下，但生計困難，幾百人死亡或失蹤。到 1624 年，開發殖民區的公司（維珍尼亞殖民公司〔Colony of Virginia〕）的准許證被收回，改由政府委派總督。從 1645 年開始引入高級殖民，大多是英國貴族士紳的孩子。英國是傳長不傳幼，長子繼承父親的名位、財富，其他孩子就要各尋出路。那時的總督極力吸引他們來開發，設「人頭政策」。首先給初來的分配大幅土地，如果能帶僕從來就按人頭再加配土地（一般是每個人頭分得 50 英畝，但產權不是歸僕從，是歸僕從的主人），到後來為吸引更多移民就設獎，如果再引入其他人，包括買來的奴隸，都可以按人頭加分㉖。結果當然是大財主就是大地主，大地主也是大財主。這些士紳級的精英帶來特殊的南方權貴政治和「階層」社會，㉗對美國歷史（包括南北戰爭）和民族性格有深遠影響。

　　北方是小農、小商經濟，人人逐利。南方是大農莊經濟，少數人壟斷，先是煙草，繼是棉花（棉花園規模比煙草園還要大）。當初雇用合約傭工（從英國來，雇主出船費，工人沒有工資，合約期滿後恢復自由身，一般去開小農場），因為雇傭比買奴隸便宜。㉘後來南方種棉需要大量勞動力，而合約傭工的來源日少，才開始大量買入非洲奴隸（非洲的奴隸原先是運往加勒比地區種甘蔗、種大米的），而奴隸的買賣是北方商人經手的。㉙

　　到 17 世紀後期，北方殖民區土地日少，而南方仍有很多土地可供開發。大莊園的奴隸經濟製造了大財主和貴族化的生活，此中以維珍尼亞地區最有代表性。這些英國次貴族（貴族的二子、三子）構成了美國的土地

士紳階層，主要在維珍尼亞州、馬里蘭州和美國南北卡羅來納州，落腳在詹姆斯敦和詹姆斯河沿岸。這是個小圈子，互相通婚。他們的政治共通點是在英國內戰中屬保王派（所以維珍尼亞也稱保王軍地區［cavalier country］），諷刺的是日後美國獨立（反王制）帶頭的也是來自這圈子。華盛頓[30]、傑佛遜[31]都是貴族家族出身，南北戰爭中，南方統軍的羅伯特·李將軍（Robert Edward Lee，1807－1870）更是出自維珍尼亞最顯赫的家族。但他們不像英國祖家的士紳階層一般不事生產，他們勤奮開荒（因為不是長子，沒有父蔭），雇傭大批合約傭工（稍後是奴隸），靠煙草莊園發大財，之後是販奴（賣給棉花園）。再後，北方的楊基富人也有南下的，加入這個大農莊的上流社會。

早在1660年，維珍尼亞議會的所有席位歸5個姻親相連的家族所有。到1775年，也是獨立前夕，議會代表通通都是1660年代的代表們的後裔。當然，他們都屬主教制（上下級別分明）的英國國教，而不是北方的公理制（民主、分權而治）的清教，這也是南北不同的關鍵所在。

南方是土地經濟，最好的土地是權貴家族所有，他們控制得很嚴，要把土地保留在同等社會地位的家族與家族之內（典型貴族作風）。政治權力也同樣地保留在這圈子內。北方則不同，它是商業性的社會，社會地位的移動力高（賺錢就是上流），因此，精英群的組合不斷按賺錢致富的成敗更改，沒有南方的穩定，但對有野心的人來說，自由得多。

可以想像，南北兩方的性格截然不同[32]，南方人特別反感北方人的功利和自由腐蝕他們的安寧和傳統。[33]南北戰爭之後，很多南方人移到全國各地，把南方的獨特性格傳開。[34]

姑勿論是神話還是真實，榮譽感（honor）是對南方人性格恰當的典型形容詞。這是探究南方人性格的起點，雖然不一定是終點。且看榮譽感是怎麼回事。北方清教和南方士紳都有與眾不同的優越感，但南方與北方不同之處是這個優越感的來處和表達。清教自認他們的優越感是來自神的特選，優越中帶有不被賞識，甚至是被迫害的委屈。為此，優越是要爭取

的（北方人易爭）。南方自認他們的優越感是來自悠久的傳統，優越中存有驕傲，甚至視為理所當然。為此，優越是不容侵犯的（南方人易怒）。

不容侵犯就是南方重視榮譽的主因。這個源自士紳階層的性格感染其他各階層。殖民早期，在無法無天拓荒時代的自耕農 ㉟ 闖出一個有仇必報、有恩必還的名聲 ㊱。18 世紀上半期跑去山裡開發的蘇格蘭裔窮移民 ㊲ 闖出一個不畏權勢、好勇鬥狠的「山巴佬」（hillbilly）稱號 ㊳。南北戰爭後去西南地區趕牛牧馬的「牛仔」㊴，闖出一個懲惡除奸、形同「騎士精神」的神話 ㊵。南方是個農業社會，一切來自土地，所以南方人對大自然特別尊重，一切要順其自然。就算南方的士紳有財有勢也不重架子（起碼在他們的理想中他們不會有，也不應該有架子），但要榮譽。

南方人，無論是上、中、下層社會，都有一套共同的性格 —— 自信（他們沒有清教的自疚，沒有楊基的反自疚）。有些南方人甚至認為他們才是真正的美國人（他們是創建英國的諾曼貴族的後裔而非被諾曼人征服的安格魯－撒克遜人的後裔），而且一直未動搖和改變。這個性格是在建國到南北戰爭的大半個世紀（1783－1861）內定型的。

建國最初期，南方的政治勢力和經濟實力要比北方強。南方的傑佛遜式的農業民主意識（agrarian democracy）強調聯邦儘量少管州政府的事。可是這個在獨立初期曾被採用的鬆散政制卒因經濟理由被發現不足用 ㊶，到 1787 年立憲時採用了合眾國政制。但南方各州仍成功阻止在憲法中直接提及廢奴，並且在憲法中納入追拿逃跑的奴隸（fugitive slave）和「五分之三妥協」（Three-fifths Compromise）㊷ 等條款。

1808 年，國會通過禁止奴隸進口的法案。南北雖然和平共處（那時是拿破崙時代，歐洲大戰，美國人不能不團結），但雙方的經濟利益和政制傾向其實是有大分歧的：北方是清教式（楊基式）發展工商利益的共和思想，南方是保護小農和自由經濟的民主思想。那時，南北都有奴隸，北方的奴隸多數是家僕或農場工人，南方 1/3 的白人家庭有奴隸，大部分是自耕農的人家。但北方各州都已開始廢除奴隸，遂出現「自由州」（free state）和「奴隸州」（slave state）的南北分界梅森—迪克森線（Mason-Dixon Line，界限的南面是馬里蘭奴隸州，北面是賓夕法尼亞自由州）。奴隸是南方社會與經濟制度的基礎，就算不擁有奴隸的都反對改變這套制度。

奴隸問題白熱化之前，南北之間已有很大分歧，特別是有關州政府與聯邦政府的權力之爭[43]和南方與北方的經濟利益之爭。1828 年，聯邦議會出台了《關稅法》，以重關稅加諸進口的工業製成品去保護國內工業，這極利北方（發展工業），極不利南方（出口農產品，進口製成品）。1832 年，南卡羅來納州議會引用 30 年前由傑佛遜定下的「98 原則」[44]，停止在州內執行聯邦關稅，與聯邦政府陷入僵局。雖然最終各方妥協[45]，但引發出日後脫離聯邦的念頭。當時南方很多刊物都強調南方的文化與北方不同。

在這個火藥庫上面，西部地區加入聯邦引發出的奴隸問題就成為導火索。19 世紀初，棉業大發展（英國工業革命成熟），南方引進大批奴隸。北方一方面認為奴隸制度不道德，另一方面感到南方日盛對他們的經濟和政治產生威脅。而南方也有顧慮。美國聯邦議會分參、眾兩院。參議院是每州兩名參議員，如果新加入來的州一半是自由州、一半是奴隸州，那麼雙方在參議院仍可勢均力敵。但眾議院是按人口設議席的。北方在工業化帶動下，自然人口的增長和外來移民的增加使它在眾議院的議席不斷增加。南方感到終有一天聯邦會被北方控制。

1850 年，加利福尼亞要加入聯邦。以自由州還是奴隸州的身份進來，這問題使南北關係更緊張，但終達成暫時妥協。[46] 4 年後，堪薩斯和猶他地區要加入聯邦（成為州），終出問題。國會決定由它們自決是自由州還是奴隸州。由於兩州都是新開發地區，為此，贊成奴隸和反對奴隸的移民爭先恐後去搶地，出現無政府狀態。

跟着是 1859 年的極端分子[47]生事和 1860 年的林肯當選。其實，林肯只拿到 40% 的票，在南方根本沒有支持者。因此，他上台是南方人不能忍受的，在他就職前就開始宣佈脫離。林肯仍希望妥協[48]。但南方要的是

全部的、完全的、永久的獨立，林肯怎可以接受？殘酷的戰爭遂啟 [49]。

南方人的自信和榮譽感帶來一種悲劇式的浪漫 [50]。南北啟戰是他們覺得被騙和被辱。1798 年的「98 原則」，以及 1832 年南卡羅來納州議會能夠停止聯邦關稅在州內執行，使他們覺得州權仍被尊重（見上），現今證明是他們一廂情願，被騙了。浪漫使他們不惜一戰。從任何角度去看，南北軍事力量強弱分明：南方 2,000 多萬的人口對北方的 9,000 萬；不到 9,000 公里的鐵路對北方的 20,000 多公里；全國軍火製造的 3% 對北方的 97%。當然，有人說，只要南方能拖長戰事就有機會從北方拿些好條件，但這不是獨立，是苟且偷生；有人說南方可以利用棉花去拖英國插手，但龐大的大英帝國總會找到其他貨源，怎會插手這場同是英裔的兄弟鬩牆？

南方人的榮譽感是頭可斷，志不能移 [51]。肯定不是所有南方人都贊成奴隸制度，但所有南方人都認為州權不可奪。他們活在過去中，認為他們是真正的美國人：國父華盛頓是南方人，亞國父傑佛遜也是南方人（而且他們也是奴隸主、大莊園主）。

南方的歷史充滿挫折和失敗 [52]，非但在軍事上被徹底擊敗，在經濟、社會和政治領域都是長期受挫，長期被北方嘲笑為愚昧、狹隘、落後。驕傲使他們不服氣，浪漫使他們不可為而為之。今天，南方是美國的新工業、高科技重點。[53] 奧巴馬之前的五個總統都是以南方為他們的地盤。[54]

南北都有英國人行動型的性格傾向，但歷史和土壤締造出兩種截然不同的性格。美國性格就是南北性格交媾生出的「黃蜂」。

3.「黃 蜂」

電影《好牧人》（*The Good Shepherd*，2006）講美國中央情報局的誕生。主角二戰前夕在耶魯大學時被招入聯邦調查局，屢次立功，終成為中情局反情報處主管。劇情中有一段是他盤問一個意大利黑手黨黨徒。黑手黨黨徒說：「我們意大利人有我們的家庭、我們的宗教，愛爾蘭人有他

們的祖家，猶太人有他們的傳統，甚至黑佬都有他們的音樂，你們有甚麼？」「我們有美國，你們都是訪客。」世界上不少人視美國人為「世界貴族」，美國人不少視「黃蜂」為「美國貴族」，好像全世界人都想做美國人，而所有美國人都想做「黃蜂」。誰不想上常青藤，入華爾街？

　　安德魯・哈克（Andrew Hacker，1927—，政治學家和思想家）在1957年首次提出「黃蜂」這個詞。當初 W 代表「富有」（wealthy）而非「白種人」（white）。「黃蜂」的特徵：有錢、安格魯—撒克遜血統、新教（特別是主教制）、多數聚居在美國東部和三藩市周圍、在預科學校（美國貴族中學）和常青藤大學⑤ 念書、家族有錢。其實主要是強調安格魯—撒克遜民族的優越。慢慢地「黃蜂」也包括了其他北歐民族，如荷蘭、德國和斯堪的納維亞。「黃蜂」是美國政治、文化、宗教和知識分子的樣板。⑤⑥上層社會是他們的地盤，共和黨是他們的黨派，但近年去向民主黨。社交禮貌也是他們定的：好儀態、溫和舉止、注重個人衛生和無謂的紀律。⑤⑦美國的「老錢家族」（Old Money，祖傳富戶）如范德比（Vanderbilt，1794—1877，航運與鐵路起家）、阿斯特（Astor，1763—1848，皮草起家）、洛克菲勒（Rockefeller，1839—1937，石油起家）、杜邦（Dupont，1870—1954，炸藥、紡織起家）、羅斯福（Roosevelt，1882—1945，雜貨、糖業、地產起家）、福布斯（Forbes，貿易、鐵路起家）、惠特尼（Whitney，工業、貿易起家）、摩根（Morgan，金融、鐵路起家）、哈里曼（Harriman，1891—1986，金融、鐵路起家）等都是「黃蜂」。

　　當初，「黃蜂」是指富有和有社會地位的白種新教徒美國人，主要是英裔，很多人的血統可追溯到殖民時代，北方是清教，南方是士紳。一直到二戰，他們完全支配所有政黨，在財經界、商界、法律界和科學界都佔主角地位。二戰後，「黃蜂」的自由思想推動高等學府開放入學限制，不少非「黃蜂」和其他族裔的子弟考進來。《退伍軍人重新適應法案》（1944年，對二戰後社會階層有極大影響，見上）幫助其他族裔的人接受高等教育，打破「黃蜂」對高等教育的半壟斷；二戰後經濟突飛，受過教育的都

找到白領工作，打破「黃蜂」對高等職位的半壟斷；1960 年，甘迺迪當選總統，是美國第一個天主教徒的總統[58]，打破「黃蜂」對最高權力的全壟斷[59]。

如果「黃蜂」就是美國民族性格的基本屬性，那麼，族裔融合的結果是其他族裔的精英也變成「黃蜂」。但在這個過程中，他們也精煉和豐富了「黃蜂」的性格。

今天，「黃蜂」不再只是中上階層的白人新教徒，也不分是共和黨或民主黨。他們是美國的「貴族」，有一種不自覺的統治階層的權利與義務意識。對他們來說，謀權逐利只不過是施展個人抱負、發揮個人潛力；得權獲利只不過是個人能力和努力的應有結果。為富不仁、謀權不義的自疚轉化為得權獲利後回饋社會的責任感（這是清教轉楊基的關鍵，見上）；行為舉止要低調，但基礎原則要強調；美國制度不是全世界最好的制度，但沒有比它更好的；美國夢是全人類的夢，他們是這個夢的保存者、維護者和宣揚者：這就是美國精神、「黃蜂」精神。但新移民也調入了些新元素，此中，以天主教徒和猶太人為著。當然，美國人口中，黑人（非洲裔美國人）和拉丁裔也佔很大比例，但他們並未有改變美國的民族性格。先說天主教徒，然後講猶太人。

4. 天主教徒（愛爾蘭）

1960–1970 年代，民運和反越戰最激進分子之一的湯姆‧海登（愛爾蘭裔，是上面說過的珍芳達的第二任丈夫）曾說：「做一個真正的愛爾蘭人就是挑戰『黃蜂』的支配（To be genuinely Irish is to challenge WASP dominance）。」美國天主教徒主要來自四個地方：愛爾蘭、德國、意大利和拉丁美洲。此中，對美國民族性格最具影響的是愛爾蘭天主教徒。[60]他們最早來，而且說英語（就算不是會了英語才來的，也很快、很容易學會英語）。他們主要來自南愛[61]。

在獨立戰爭爆發（1775年）前夕，整個殖民區的天主教徒只有4萬（一半左右來自愛爾蘭），佔總人口的1.6%，主要落足地區是南部的中型城市，如查爾斯頓、薩凡納和新奧爾良，並很快融入社會。1820年代，愛爾蘭天主教徒開始大批湧來。在南方，他們做粗重工作，取代了成本越來越高的奴隸勞動力；在北方，他們建運河、橋樑、公路，也是提供廉價勞力。從1820年到1860年，約200萬愛爾蘭人來美。此中，75%是在愛爾蘭「土豆饑荒」（1845－1850）期間來的。他們的落腳點是大城市⑫，並開始有愛爾蘭人的社區。當然也有往西部找工作和土地的。1854年，美國政府開放堪薩斯地區殖民，大量愛爾蘭人往那邊走。今天的堪薩斯市是他們建設的，美國的鐵路網也是他們的功勞。所有粗重和低薪工作，都有他們的份兒，這也是愛爾蘭天主教徒在工運中活躍的主因。東北的紡織廠、東南的煤區、大城市的家庭（愛爾蘭移民中有大批是生活無着的年青女性）都是他們的地盤。

但是，愛爾蘭人，尤其是愛爾蘭天主教徒（絕大部分愛爾蘭移民都是天主教徒）很受歧視。首先，他們在內戰時支持過南方（雖然也有大批加入北軍），但宗教是更嚴重的問題，尤其是在北方排他性強的新教教派地區，對他們的典型描繪是男人酗酒，女人當娼。甚至商店招聘時也掛出「NINA」（愛爾蘭人免問［No Irish Need Apply］），結果是愛爾蘭人自組社團。他們融入美國社會是漫長和艱辛的（可見甘迺迪在1961年當選美國總統是個了不起的大突破）。

愛爾蘭人無錢、無工作，住在大城市骯髒的貧民區。整個19世紀，他們和他們的後裔都是被歧視和被取笑的對象。

一戰後，若干州政府擔心新移民和外國價值觀（foreign values）影響美國的文化，要關閉天主教會辦的學校。這激發天主教徒組織地方性和全國性運動去維護家長為孩子選擇學校的權利，成為美國教育體制多元化的基礎（今天，天主教會辦的中小學超過6,500所）。

從1830到1960年，愛爾蘭裔的政治總傾向肯定是民主黨⑬，支持度

高達 80−90%。長久以來，愛爾蘭、天主教和民主黨好像是三位一體，特別是在大城市如紐約、費城、芝加哥、波士頓、三藩市、匹茲堡、澤西城。很多全國性黨組織的重要成員都是天主教徒。大城市的天主教徒比較多支持民主黨，大城市周邊的天主教徒比較多支持共和黨，反映一般美國選民政治取向的分佈。

天主教徒的選票佔全國 1/4，1960 年代開始，兩黨開始向天主教徒積極招手。共和黨的尼克遜在 1968 年的選舉（險勝民主黨，票差是 0.7%）只得 33％的天主教徒選票，到 1972 年的選舉（大勝民主黨，票差高達23.2%）就拿得 52% 的天主教徒選票（當時美國南方白人也從民主黨轉往共和黨）。1980 年與 1984 年，共和黨列根當選也是從民主黨手裡奪天主教選票。當時的「列根民主黨人」（Reagan Democrats）之中估計有 1/4 是天主教徒，這趨勢延續到今天。天主教徒是所有教派中最反映全國的政黨取向的。[64]

愛爾蘭人特別活躍的領域是市政[65]、警察[66] 和學校[67]，對美國工運有極大的影響。1840 年代來的愛爾蘭移民聚居城市，教會的領導層和信徒絕大部分是勞動階層。19 世紀下半期，反天主教移民和反工會的分子都聚集在共和黨，天主教徒很自然地走向民主黨。天主教的「勞工騎士團」（The Knights of Labor）是美國最早的工人組織，在 1880 年代也是美國最大的工人組織，一半以上會員是天主教徒。雖然天主教徒的影響力很大，但美國工會組織是宗教中立的。

一戰後，在美國的天主教會致力於社會改革。1919 年提「社會重建計劃」（Program of Social Reconstruction），要求政府更積極地幫助勞工和窮人，當時的勞工組織非常支持，而商團就反對。1930 年代，天主教徒多蘿西‧戴（Dorothy Day）開啟「天主教工人運動」（Catholic Worker Movement），在紐約貧民區建立「招待所」（house of hospitality），又建「集體農莊」，在全國擴散。1930 年代大蕭條時期是工運最蓬勃時期，此中，天主教會與天主教徒是主力。

　　天主教會辦的醫院是公立醫院以外的最大醫院系統。2002 年的統計顯示，醫院超過 600 所，雇傭超過 60 萬人。全國住院人數有 1/6 住在天主教醫院。有關社會服務，天主教會是全國最大的自願組織，特別是收容難民。此外，還有不少養老院、幼兒院和養老機構，雇傭超過 100 萬人。

　　現代天主教會的普世公義思路是從教皇良十三世（Leo XIII，在位期 1878－1903 年）1891 年頒佈《新事物通論》（Rerum Novarum）時開始的。他批判資本主義社會的財富與權力集中和對工人的不公平待遇，要求增加工人權利與保障，並鼓勵天主教徒組織工會，強調和平和正義。跟着的好幾位教皇都強調天主教徒對社會公義的責任。[68]

　　天主教會的公義原則可簡單列舉為以下。（i）人的尊嚴：特別是人的自由意志和與人共存。（ii）「由下至上」（subsidiarity）[69]：家庭有能力處理的事情由家庭處理，團體與國家不應干擾；團體有能力處理的事由團體處理，國家不應干擾；家庭沒有能力處理的事，團體一定要幫助；團體不能處理的事，國家一定要幫助。（iii）與公共利益休戚相關：每個人跟全人類和人類中任何一個人都是相連和互依的。（iv）愛是一切：非但在微觀的關係上，更包括朋友、家庭和團體，但要避開變質、跌落感情化。（v）公平分配：社會與經濟體制應提升社會公益，產權越分散越好。（vi）窮人優先（preferential option for the poor）：對任何一個社會的道德考驗是看它怎樣對待最脆弱的一員，在一切公共政策中，窮人的需要應優先考慮。

　　當然，不是每一個天主教徒都聽從教會的教導。事實上，很多教徒都是陽奉陰違，尤其是經過了 1960 年代的反叛。教會的「現代化」也趕走了不多教徒：1960 年代，全球天主教教會舉行梵蒂岡大公會議，鼓勵教會「地方化」，美國的天主教徒 [70] 走上「美國化」[71]，把天主教彌撒儀式從拉丁文轉為英語，並開放教會治理權給教徒，估計 2,200 萬教徒為此離開教會 [72]。美國天主教會的高級教士（樞機主教等）和教徒甚至與教皇公開對抗，特別是有關性道德 [73]。但近幾年又有走回傳統的跡象。

　　當然，不是說清教沒有悲天憫人，也不是說只有天主教才有悲天憫

人。但清教（以至大多數的新教教派，尤其是卡爾文宗）都相信只有少數人得救，而天主教對人類得救就樂觀得多。在意識上和事實上，它是個全球性的大教會，把自己看作「慈母聖教會」，來者不拒，普渡眾生。這個泛人和平等的意識在美國民族性格中注入悲天憫人，中和了清教式的自疚，並為自疚帶來一條舒緩的渠道。

另一方面，天主教的普世意識與清教的少數意識賦予美國民族性格一個很奇妙的組合 —— 孤立的傾向中卻帶有擴張的衝動。天主教徒多歸民主黨是因為民主黨的進步思想（主要是傳統的經濟公平和關懷弱小，而不是今天的道德自由）很有吸引力。而天主教的普世價值意識則驅使民主黨比較外向（相對共和黨的孤立主義），和在國際事務上比較強調普世原則（相對共和黨強調國家利益）。但負面是民主黨政府會比較容易「為義而戰」，上世紀的較大型戰事都發生在民主黨掌政時期 —— 一戰、二戰、韓戰、越戰。

5. 猶太人

猶太人佔美國人口比例最高時是在二戰期間，達到 3.3%。二戰結束後，原來逃難到美國的猶太人有的跑回了歐洲，更多是去了以色列。2012年猶太人佔美國人口的比例是 1.7%，計 550 萬人。

19 世紀，大量德籍猶太人湧來。1880 年後，還包括來自俄羅斯、波蘭、立陶宛、烏克蘭、莫爾達瓦、加利西亞和羅馬尼亞（都是說意第緒語〔Yiddish〕）。到 1924 年的《移民法》就限制入境了。後來的就比較傾向「自由」和「左傾」，他們在歐洲經歷過社會主義、無政府主義、共產主義和勞工運動，所以在工運上非常活躍。1936 年（羅斯福時代）以來，他們積極於民主黨的政治。到 21 世紀，共和黨也開始向他們招手。

猶太人一早就開始美國化。這與猶太歷史很有關係。他們從來就是少數，從來沒有「國」。為了創造生存空間，到哪處適應哪處，起碼在表

面上如此，時間長了就真的同化了。他們初到美國是幹小商小販，甚至耕田，但很快就學曉要安穩就要放棄一些猶太傳統和特徵，衣着當地化，安息日要從星期六改到星期日去遷就基督宗教的假日，安息日的嚴格規矩（例如不能開車）要放寬，等等。他們甚至考慮過從大城市疏散一些去小城鎮發展，盡量融入美國社會（例如「加爾維斯頓計劃」〔Galveston Plan [74]〕）。

20 世紀初，那些在 19 世紀後期來自中、東歐的第二代人加速進入主流。他們把一個用宗教和社會定義的猶太身份轉型到以種族和文化（ethnic-culture）定義的身份；把外來移民的身份轉型到由種族和家庭特徵（ethnic-family）定義的身份。那時的猶太人一方面恐懼失去他們的文化獨特性，另一方面想加入主流。

二戰期，半數猶太男子參軍。戰後，大批移出城市貧民區，移入近郊中產區，並與教外人通婚。當初 80% 是勞工，如今開始進入學界、商界。二戰使他們除了宗教和文化的身份之外，還多了一個「劫後餘生者」[75] 的身份。同時，因為西方人對二戰期間納粹屠殺猶太人定性為人類歷史最不義之事，引發西方人的內疚（因為他們認為納粹只不過是西方人兩千年迫害猶太人的最殘酷例子），對猶太人特別同情、遷就。

現今，除以色列外，美國是最多猶太人聚居的地方。但他們與猶太教的教義和傳統越來越疏遠，越來越是「文化猶太人」（cultural Jews）。雖然 80% 自認與猶太教關係非常密切，但很多已經不上猶太會堂（synagogues，主要是聽道）了。他們仍會守大節日和行猶太的割損禮、婚禮、喪禮，但在「唯一真神」的幾個宗教裡，美國猶太人算是最鬆散的宗教團體。[76]

宗教鬆懈跟追求自由（主要指社會和道德自由）相連。他們比較熱衷參與政治，成立了很多非宗教的猶太團體和做大量慈善。他們的政治熱忱高於宗教熱誠，在美國所有民族中投票率最高，參與最積極。雖然佔總人口不足 2%，但因為他們的 94% 居住在總統選舉最關鍵的州，所以他們的票有關鍵作用。

　　與其他移民不同，猶太人是個嚴謹內向的民族，所以永遠不會大大增加人口，也就是永遠做少數，因此永遠有被人欺侮、被人歧視之感，所以凡事必爭；但又對所有少數的被迫害的群體有強烈代入感，所以最着意為少數人或受害者爭取權利 ⑦。少數派「被壓迫的情結」（persecution complex）使他們有追求自由（無論是婦解、同性戀、吸大麻、工運、民運、宗教自由、無宗教自由、和平運動）和改革社會的自然傾向 ⑧。為此，他們是有名的好爭、好辯。但是猶太人對自己是白人還是非白人態度仍然曖昧。

　　當然，他們在經濟、社會、學術上的成就人所共知。在美國所有宗教群體中，猶太人的教育水平最高，平均有 14.7 年；其中 59% 有 4 年大學教育 ⑨；31% 有更高學歷 ⑩。但是，一直到 1950 年代，高等學府都歧視猶太人，有錄取限額（特別針對當時初移來的猶太人都是多子多女），招聘教授也有排猶政策。著名經濟學家如米爾頓・佛利民（Milton Friedman，1912－2006，1976 年獲諾貝爾經濟學獎）和保羅・森穆遜（Paul Samuelson，1915－2009，1970 年獲諾貝爾經濟學獎，是美國獲該獎的第一人）都找不到教席。但今時不同往日了，近幾年的哈佛、耶魯、普林斯頓和賓夕法尼亞大學的校長都是猶太人。美國前 200 名最具影響力的公共知識分子，此中 50% 的父母皆猶太人，76% 有至少父親或母親是猶太人。美國所有諾貝爾獎獲得者中有 37% 是猶太人（是猶太人佔美國人口比例的 18 倍）。

　　2018 年的數據顯示，44% 的猶太家庭收入超 100,000 美元 ⑪，平均個人收入是美國人的兩倍，⑫ 平均財產是 443,000 美元，是美國人的 4 倍多（99,500 美元）。早期的猶太人已經在財經界活躍，主要經營皮毛生意。稍後是做投資基金、投資銀行（尤其是來自德國的猶太移民）。1830 年代是做建鐵路、開運河的融資。如今，對沖基金、私人財富管理更是猶太人的天下（如 2008 年倒閉的雷曼兄弟和華爾街龍頭大哥高盛都是猶太資本）。紐約最富有的地產商人的前 20 名中有 18 個是猶太裔；聯邦儲

備局近期的 3 個主席都是猶太人 —— 艾倫‧格林斯潘（Alan Greenspan，1926－）、本‧伯南克（Ben Shalom Bernanke，1953－）和珍妮特‧耶倫（Janet Louise Yellen，1946－）。

　　猶太人分散於全世界每一個角落。他們有民族自立、自足性格，不被任何所在國家完全同化。他們國際化，能說多種語言，過的是都市生活（相對農村生活），流動性強，可以說是典型的世界公民。但是他們的成功和他們的「無根」（表面同化，但不完全歸屬），也引起很多當地人的不滿。

　　福特（Henry Ford，1863－1947）是典型的美國反猶分子。他反對美國加入一戰（他也是當時典型的美國孤立主義者），因為他相信這是猶太人發動的戰爭，從中圖利。他說：「所有戰爭後面是國際金融家。他們就是所謂國際猶太人：德國猶太、法國猶太、英國猶太、美國猶太。我相信除了在我們這裡，這些國家都是猶太金融家至上……在我們這裡，猶太是個威脅。」他認為猶太人對社會沒有貢獻。1915 年，美國尚未加入一戰，他就說：「我知道誰引發了這場戰事，德國的猶太銀行家。」到戰後（1925 年）他還在說：「我最反對的是每一場戰爭中國際猶太的錢的力量。這就是我反對的 —— 一個沒有國家，但又可以命令所有國家的年輕人去送命的力量。」[83] 在一篇名為《猶太人的主意塑造了聯邦儲備計劃》（Jewish Idea Molded Federal Reserve Plan）的文章中，他質疑聯邦儲備局和它的倡議人保羅‧沃伯格（Paul M. Warburg，1868－1932，德裔猶太銀行家）是個危害美國的陰謀。到今天，聯邦儲備局是猶太人天下的陰謀論仍未息。

　　像清教徒，猶太人也有極強的少數意識，追求自立、自足，也有作為神之選民的自傲。但他們的自疚與清教徒不同，清教徒的逐利欺人、爭權苟合引發出自疚，猶太人卻沒有。對他們來說，爭與逐是求生存，哪來自疚？他們有的是「生還者」的自疚：為甚麼在民族災難中自己倖存？是不是為偷生而苟且？這種自疚永不能清除。

少數意識使清教徒和猶太人都求自存，但歷史背景很不一樣。所以求存的方式也很不一樣。清教徒是自己跑來美洲的，所以他們要自存就要守住家園，有孤立主義的傾向。猶太人是到處被人趕的，到任何一處都守不住，所以他們要自存就要散佈四方，有世界公民的傾向。美國人的清教少數被壓迫意識使他們對猶太人的歷史際遇深感同情；美國人的楊基積極求財意識使他們對猶太人的經濟成就非常欣賞。猶太的全球商機對逐利心重的美國精英確實吸引，在資本全球化中美國與猶太是天作之合。

但猶太的少數意識也使他們好爭、易怒，使美國人心裡有一種「遠之則怨，近之則不遜」的感覺。所以美國猶太人的勢力雖然強（或者是太強），但往往招人反感。再加上美國猶太人在美國的一舉一動跟美國與以色列的關係分不開，也使美國人不安。但美國不少人，尤其屬原教旨主義的新教徒（相信猶太人復國是基督再度來臨的先決條件），包括總統們如小布殊和特朗普，都有強烈的支持以色列傾向。

6. 美國性格

總地來說，美國雖然是多元民族，但同放在一個大熔爐裡，而這個熔爐的火種是安格魯─撒克遜性格：行動取向、務實。傳遞這個火種的有兩種人：來逃難的清教（北方），來立業的士紳（南方）。他們都有少數求存意識，強烈追求自立、自足（清教徒是要光榮神，士紳們是要戰勝環境）。

清教徒與士紳都有高人一等的優越感。清教徒自傲是神的選民，士紳們自傲是天生貴冑。但清教徒是受害的少數，來美洲是追求政治（宗教）自由，因此團結而排他，有一種冷漠（nothing personal），對傳統質疑，對約束抗拒，為維權而易爭。而士紳們是尊貴的少數，來美洲是追求經濟（立業）自由，因此逞強和專橫，有一種狹隘（everything personal），重面子而易怒。

　　清教徒逐利，但對人性悲觀和充滿犯罪感的教義又使他們因逐利而自疚。逐利與自疚的交戰則從宗教道德層面轉移到社會正義層面——逐利致富與結黨謀權無需介懷，只要目的正確和多做善事。這就是美國北方的「楊基」性格。

　　南方的士紳們種煙草、棉花逐利，大量輸入奴隸，認為主奴關係乃理所當然，解放奴隸是破壞社會應有的等級秩序，挑戰他們天命主人的尊嚴。南北戰爭雖然明知處於劣勢，但驕傲感使南方人決心力抗，寧為玉碎，不作瓦全。這就是美國南方的「榮譽」性格。

　　北主南輔組合出一個美國的「貴族階層」——「黃蜂」。美國國歌不斷重複的一句就是美國人給自己和給國家的最貼切寫照：「自由的土地，勇者的家園」。「黃蜂」就是這個美國性格的創造者、監護人。

　　這個性格同時有自傲和自疚：道德卓越是他自立的基礎，這使他自傲，但達不到自己的理想、容不下別人的不同，使他自疚（覺得有失高貴）；物質文明是他自足的成就，這使他自傲，但成就底下的逐利不仁、謀權不義使他自疚（覺得做得過份）。

　　少數意識使美國人以自立、自足去求自存，但又使他易生恐懼——恐懼自存受威脅。恐懼使人容易失措——求自立可以走上極端變成冷漠，也可以扭曲變成逞強，而逞強的極端就是壓人；求自足可以走上極端變成慳吝，也可以扭曲變成自私，而自私的極端就是吃人。再者，美國的少數意識有自然的孤立傾向（出於團結、排外）和掊擊（lash out）的衝動（來自好爭、易怒）。

　　愛爾蘭移民 ⑭ 帶來天主教的普世意識，使美國人有種為善不甘人後的衝動，國內、國外如是。但清教原有的自疚性格又往往扭曲了善行，做成對弱者、受害者的姑息，大量消耗社會資源和物質資源。另一方面，悲天憫人的慷慨也可以帶來擴張的衝動，尤其是如果這衝動後面有少數意識的自傲或自疚作祟，擴張的衝動會更走向極端。

　　猶太移民帶來另一套普世識。兩千年來，他們處處被逐，但也造

成他們處處都能生存。在某一個程度上，他們是成功的民族：他們被驅逐是因為他們太成功，使收留他們的當地人感到不安或不滿。他們有世界公民意識，在全球商機下四海為家，這正合全球資本的邏輯。美國與美國猶太人有一個特殊的互惠關係：美國庇護猶太人，猶太人為美國開發全球資本，很難說誰利用了誰。[85] 但美國的代價是以色列成了不可擺脫的包袱，[86] 猶太人在美國成功地使美國承擔保衛以色列以至全球猶太人的責任。[87]

在國際上，美國的「自我」意識可以用來解釋 19 世紀的門羅主義和 20 世紀的孤立主義。但立國後的移民也帶來「泛人」意識，中和了「自我」。天主教的普世慈悲為美國人對自己道德不足的自疚開啟一條舒緩的通道 —— 向全球輸出美國的善意，但根深蒂固的少數意識使美國人往往把自己的慷慨強加諸別人，變成一種道德逞強。猶太人的全球商機把美國對逐利成功的自傲推上一個全球的舞台 —— 向全球拓展美式經濟，但根深蒂固的少數意識使美國人把自我保存看得太重，變成一種經濟掠奪。

我們可以小結一下。美國民族性格有六個成分。（i）來自安格魯 —— 撒克遜民族的行動型性格的務實。（ii）來自早期殖民「少數意識」的恐懼、團結、自立、自足。恐懼可帶來失措；團結的極端是桎梏，扭曲成逞強；自足的極端是慳吝，扭曲成自私。（iii）清教極嚴緊的道德觀跟經濟大發展引發的謀權與逐利衝動互相碰撞產生出一種常態性的自疚。（iv）來自北方清教道德高尚驕傲感的易爭；來自南方士紳品位高貴驕傲感的易怒。（v）來自愛爾蘭天主教普世意識的憫人。普世的負面是擴張，憫人的負面是姑息、縱容。（vi）來自猶太教少數民族長期流徙的一種極強的求生慾，甚至有苟合求存、全球逐利的傾向。一句話，「少數意識」是認識美國性格的鑰匙（附錄 5，「對美國民族性格的學術研究」）。

美國對世界有莫大的影響力，但它有自覺而沒有自知。美國人對個人主義的崇拜阻止了他們認真分析他們自己的社會。美國的輝煌成就 —— 技術、科學、文化 —— 改變了世界。也許有一天整個世界變成美國。社會學家斯蒂芬．門內爾（見上）指出這令人擔心。美國的成功使美國人

對自己的觀察很難清晰。我們可以從他們對 9・11 的反應看出一點點受辱與憤怒的迴圈。9・11 羞辱了美國，觸發了一個近乎狂怒的反應。問題是美國國力已過了頂峰，今後將會受更多的人的更大的侮辱（起碼從美國人的角度看會如此），會引發更不負責的反應。這是美式少數意識的好爭易怒的必然反應。門內爾叫我們好好思考，「世界要不要學懂如何去處理一個被激怒的美國會帶來的危險？如果要懂，怎樣去懂？（Will the world have to learn to manage the danger posed to it by an enraged U.S.A, and if so, how?）」

註

① 13 殖民區：
　維珍尼亞（Virginia）1606—1830
　紐約（New York）1614—1848
　麻薩諸塞（Massachusetts）1629—1833
　馬里蘭（Maryland）1632—1867
　特拉華（Delaware）1637—1792
　康涅狄格（Connecticut）1639—1818
　新罕布什爾（New Hampshire）1639—1877
　羅德島（Rhode Island）1643—1842
　佐治亞（Georgia）1663—1798
　北卡羅來納（N. Carolina）1663—1875
　南卡羅來納（S. Carolina）1663—1868
　賓夕法尼亞（Pennsylvania）1681—1790
　紐澤西（New Jersey）1702—1844
　以上年份是從殖民區成立到殖民區政教分離。

② 1630 年之後，土著人口銳減，因為歐洲人傳入了麻疹、天花和黑死病。最災難的是天花，早在 1510—1530 年就由歐洲人帶來了。

③ 也有一群從蘇格蘭北面來，不說英語的移民，主要落腳點在北卡羅來納州。但 18 世紀中期就被英語文化吞沒了。

④ 南北戰爭時期的黑奴大都是在美國出生的。

⑤ 18 世紀，來自蘇格蘭和北愛的估計 25 萬到 40 萬人。

⑥ 稍要注意的是在 18 世紀，約 6 萬名罪犯流放到佐治亞州。當然，那時的罪犯很多都是因為貧窮和失業。重罪犯是死刑，不會流放。

⑦ 稍後的賓夕法尼亞（1680 年開始）、南北卡羅來納（1663 年開始）、佐治亞（1732 年開始），是 13 區中最後靠外來移民建成的。但移民大都是來自英格蘭和蘇格蘭，雖然也有不少來自德國。移民當初從祖家帶來的文化、心態都保存了下來，而其中主要的是英國。

⑧ 不少是 1848 年全歐鬧革命引發的逃亡，內中不少知識分子和政治活躍分子。在人數來說他們是美國最大的少數民族。但他們來時不懂英語，被稱為「沉默的少數」（silent minority），在美國的政治上遠不如愛爾蘭人和猶太人的影響力，至今如是。

⑨ 內戰期（1861－1865），非英裔的族類都積極參戰，有親南方、有親北方。1863 年，在北軍控制區內的愛爾蘭裔和德裔移民發生大暴動，這是後話。

⑩ 1820 年，拿破崙戰事已了結，移民開始恢復，那年進來 8,385 人。1830 年來的有 23,320 人。10 年來（1821－1830）的總數是 143,000 人，是前 10 年（1811－1821）總數 60,000 人的兩倍多，之後也不斷上升。1831 年到 1840 年的總數是 599,000 人，升了 4 倍（此中，來自愛爾蘭的有 207,000 人，德國 152,000 人，英國 76,000 人，法國 46,000 人）。1841 年到 1860 年的總數是 1,713,000 人，20 年間又升了近 3 倍（此中，來自愛爾蘭的有 781,000 人，德國 435,000 人，英國 267,000 人，法國 77,000 人）。1845 年到 1849 年是愛爾蘭的土豆糧荒；1848 年的歐洲多處革命失敗；1849 年加州出現尋金熱（吸引 100,000 人從美國東部、拉丁美洲、中國、澳大利亞和歐洲湧來。那時加州總人口只有 90,000 人）。

⑪ 1880 年代是以德國人為主的移民潮。單從 1881 到 1885 年的幾年間就有 100 萬德國人來美，主要前往中西部。從 1850 到 1930 年的 80 年間共有 500 萬德國人移美。那時代，蒸汽船取代遠洋帆船，旅費大減，方便移民。南歐與俄國農業改革，製造大批剩餘勞動力，來美的都是 15 歲到 30 歲的年輕人。其他移民也如洪水湧來，總數達 2,500 萬。除德國外，還有意大利、希臘、匈牙利、波蘭和多個斯拉夫民族。同期，猶太人口從 250 萬增到 400 萬。

⑫ 原先是定下 10 年期限，但到 1892 年又延 10 年，到 1902 年又再延。

⑬ 一般學者把 1880 年後期到 1920 年看作新的移民期。這段時間約移入 530 萬意大利人（高峰期是 1910 年到 1920 年，有 200 多萬，絕大部分是天主教徒），主要是經濟移民，有一半在 5 年內回流。從斯堪的納維亞來了 150 萬人，是那裡人口的 20%，為了逃離貧窮和宗教迫害，主要聚居於中西部的明尼蘇達州和達科他州。中歐來了 200 多萬，主要是天主教徒和一些猶太人，以從波蘭來的最多。猶太人則來了約 200 萬，大部分是因為帝俄排猶。

⑭ 1921 年，國會通過《緊急配額法案》（Emergency Quota Act），然後在 1924 年演化為《移民法案》（Immigration Act），規定新來移民的配額不超過 1890 年代進來的 2%，甚至連後來逃避納粹的猶太移民也被限制。

直到 1965 年，這些法案鼓勵中、北、西歐移民，極度限制東歐和俄羅斯移民，完全禁止亞洲移民，但對美洲其他地區則採取開放政策，特別是墨西哥、加勒比和中南美洲。也有網開一面，但只是個別的案例，例如二戰前逃避納粹的猶太難民、二戰後僥倖得生的猶太生還者、從共產國家逃出的難民（1956 年匈牙利反共失敗逃難的和 1960 年古巴革命後的逃亡者）。

「格外開恩」的只有 1934 年的《同等國籍法案》（Equal Nationality Act），容許美國母親和非美國父親家庭出生、在 18 歲之前進入美境並居留超過 5 年的申請入籍；1945 年的《戰時新娘法案》（War Brides Act）容許美軍的外籍妻子移民，後包括未婚妻；1948 年的《流離失所人員法案》（Displaced Persons Act）終容許戰時失散的人員在配額之外進入美國（包括 200,000 成人和 17,000 孤兒；1950 年再補 200,000 人；1951 年又補 200,000 人）。

但二戰後歐洲移民配額還是增加了，因為那時美國工人短缺（戰時的婦女勞動力都歸家去了）。當然只是暫時，日後婦女大量重返勞工市場引發男女爭工。從 1941 到 1950 年超過 100 萬移民入境（包括德國 226,000 人，英國 139,000 人，加拿大 171,000 人，墨西哥 60,000 人，意大利 57,000 人）。可是 1952 年的《麥卡倫‧沃爾特移民法》（McCarran-Walter Immigration Act）又重申 1924 年的配額制，但每年的總配額改為 1920 年美國人口的 0.16%（175,455 人），而美籍人的妻兒和西半球出生的免配額。1944 到 1954 年墨西哥的非法移民增 60 倍。1954 年美國大量驅逐非法入境的墨西哥人。今天墨西哥裔非法居民問題的源頭在此。

⑮ 在 1980 年，合法的墨西哥移民連同家屬約 220 萬，1990 年是 430 萬，2000 年是 780 萬，再加上近 1,000 萬的非法入境者，總數超過 1,600 萬（是墨西哥人口的 16%）。他們也是美國眾多民族間的一個主要部分。

⑯ 麻薩諸塞殖民區首任總督溫斯羅普（John Winthrop，1588－1649）講道提出「山上之城」的理念，這是聖經裡的名句。「山上」是眾人仰視的地方，也就是榜樣；「城」不是城市的城，是城邦的城，是個政治團體、是個國家。

⑰ 尤其是 1636 年成立的哈佛、1701 年的耶魯和 1746 年的普林斯頓。今天，源自清教的楊基意識就是經高等教育滲透整個美國。

⑱ 原先是對荷蘭人的蔑稱，後移用作荷蘭海盜的諢名。18 世紀時，紐約的荷蘭人又用以來蔑稱新英格蘭康涅狄格區的英國人。從此這稱呼就用下來，主要是指這些人機靈。

⑲ 新英格蘭地區（New England），在現今美國東北，包括緬恩、佛蒙特、新罕布什爾、麻薩諸塞、羅德島、康涅狄格 6 個州，是 J. Smith 在 1616 年定名的。

⑳ 楊基一詞文化意義多於地理意義，特別強調卡爾文宗的清教信仰和公理制教會。馬克‧吐溫在 1889 年出版的《在亞瑟王宮廷裡的一個康涅狄格楊基漢》（A Connecticut Yankee in King Arthur's Court，把楊基一詞普及化，並把楊基與康涅狄格連起來）。今天，楊基已經滲遍全美，特別是美國東北部、中西部的北部（中西部地區的明尼蘇達州、威斯康辛州、密歇根湖上游的半島、北達科他和南達科他州、伊利諾斯州、愛荷華州，遠至西雅圖、三藩市、檀香山市）。

㉑ 傳統的土地共有制開始由私有產權和土地投機取代，普遍性的貪婪「破壞了社會安寧」。

㉒ 1730－1740 年，英國的循道會初到美國傳教，強調個人虔敬、奮興（通過神靈感應，重新做好人）和承擔公民責任。在神學理論上，比較溫和寬懷的阿米念主義（Arminianism，認為大部分人有得救機會，但人有選擇或不選擇得救的自由）取代比較嚴峻而狹隘的卡爾文宗（認為只有少數人能得救，而且是全賴神恩，得救或失落都是沒有選擇的）。見《西方文明的

文化基因》附錄 3，「宗教改革時代各教派教義的分別」。

㉓ 理查·布殊曼（Richard Bushman，1931－ ）的《從清教到楊基：1690－1765 年間康涅狄格的特性和社會秩序》（*From Puritan to Yankee: Character and the Social Order in Connecticut, 1690－1765*）是個很好的參考。布殊曼解釋，清教性格是從在家有嚴父、教會有「嚴父」、社會有「嚴父」、國家有「嚴父」的環境中產生出來的 —— 服從教士、服從政府。這不是一種姿態。統治者預期他的高位會帶出子民的尊重與服從。同時，嚴父會把力量注入他的子女，嚴父權威之手塑造子女的生命，建立起堅固和剛毅的性格，子女長大後會很像嚴父。為此，清教性格是同時專橫與服從（domination and submitting）。他們有很濃的少數派自尊，非常容易與別人發生糾紛，小小事情都要上法院，對認為是不義之事會大興問罪之師。他們抗拒權勢壓迫的意識極強，保護自己權利的意志極高。所以，雖然對統治者極為服從，但尊重權威又引出對權威範圍和界限的重視。書中，布殊曼描述 17 世紀後期開始的土地私有化和商業興起帶來的社會和經濟矛盾，衝擊宗教和政治。但他更聚焦於「心理」層面。他的分析是，清教徒對財富是含糊和曖昧的，就算最虔敬的也把財富視為社會地位的保障和神恩眷顧的證明。人人對有錢人都很尊重，並把他們視為理所當然的社會統治者。富有象徵德行。所有人都應該勤奮、節儉，而勤奮、節儉的結果往往就是財富。甚至可以說，財富是神恩的象徵。沒有人會不盡全力地在自己分內去爭取富足。當然，他們也知道財富會帶來危險 —— 靈魂得救的危險，因為有錢的人會有更多的引誘，容易失足。當然，財富來自發財的機會。1690 年之前（光榮革命之前），一般普通人的發財機會不多，之後，經濟不斷增熱，尤其是西印度群島的貿易。小本生意做大，地價幾年內加倍，人人都有希望發大財，銀行貸款又寬鬆得很，認真的清教徒處於一種令他不能忍受的焦慮之中。他焦慮與神的關係，神選擇誰會得救，不獲救的永不超生。但初來建設殖民區的先祖們把神的權威與治理社會的權力連上。清教徒相信宗教與政治的統治權就是神安排的。社會的法律是神的旨意，一個人遵守法律和服從統治就不會下地獄。但到 1690 年之後，求財之慾使教徒與法律和統治者發生矛盾，但反抗法律和統治者又使他覺得好像違反了神意。大覺醒運動的宣道者強調通過懺悔，拒絕再犯，然後「轉意歸神」就會使人不再需要對犯過的罪負責，而獲「重生」（reborn，也稱 born again）。重生帶來的喜悅和愛心會抵消當初的自疚、焦慮有餘。奮興或重生顛覆了傳統的社會秩序。自疚的形成是因為覺得離經背道的行為破壞了神授的社會秩序（表達在社會規律和統治者權力上）。大覺醒的宣道者並沒有叫人不守法律，只是強調守法不會使人得救：上教堂、讀聖經、做善事可以是出於慰藉自疚，但是沒有獲救的效用。「重生」的人雖然也會上教堂、讀聖經、做善事，但不會帶有想得救的目的，因為他「知道」服從統治者不會帶來神恩，不服從統治者也不會帶來罪遣。到此，信徒仍是反抗統治者，仍是不遵守社會法規，但不再有自疚。一個世紀的清教統治、法律、權威把他們壓得喘不過氣，如今，得救與守法分開了，焦慮解脫了。大覺醒解脫了自疚，但社會秩序，起碼是舊秩序就走上毀滅。「轉意歸神」的「重生」教徒得到了內心平安，他們仍然抗拒舊法規、舊權威，因為他的新慾望、新思想與舊法規、舊權威格格不入。最後，他們會完全離棄舊法規、舊權威，另創一套新法規、新權威去反映他的慾望與思想，也就是反映一種新人 —— 楊基。

㉔ 特別是 1692－1693 年在麻薩諸塞的賽勒姆地方的巫術案（Salem witch trials），處死 20 人。這被認為是美國歷史的一大污點。

㉕ 1585 年，沃爾特‧雷利（Walter Raleigh，1552－1618）在北卡羅來納州的羅諾克建殖民地，第二年就撤走了。1587 年再來，但殖民據點竟然失蹤，據稱可能被土著殺害或掠走，製造出一個「失去的殖民區」（lost colony）的傳說。

㉖ 例如買入 20 個奴隸就可以分得 1,000 英畝，也就是大約 4km²，是大莊園的規模了。而且更有報假數的，例如奴隸死於途中的也算是引入。估計分配的土地是實際引入的 4 倍。由於人頭配額可以暫時不用，保留到日後需要土地時才拿地，再加上配額可以在市場買賣，就釀成土地投機。1699 年之後，只有英裔人才可以拿得人頭分配，買入的奴隸就沒有分配了。

㉗ 在法律上，美國沒有貴族，但有貴族文化，出身和財富同是社會地位的基礎。

㉘ 最早的奴隸是在北部，主要是美洲土著，用作家僕。

㉙ 新英格蘭商人從加勒比地區運入糖，做冧酒，然後把酒運往非洲換奴隸，再把奴隸運來美洲（包括美國南方莊園和加勒比海蔗園）。到 1780 年禁奴隸進口後，奴隸的自然生育補充勞動力。可以說，南北戰爭中北方要解放的黑奴其實是先由北方販奴商引入的。

㉚ 直到特朗普當選，華盛頓是美國最有錢的總統。他有大煙草莊園，過上流社會生活（最愛獵狐）。在 1783 年和 1797 年他主動辭掉公職去耕田。

㉛ 傑佛遜也來自望族，但對小農情有獨鍾，認為他們才是一個國家的中堅分子。「在土地上耕種的人是神的選民。如果神有一個選民，祂會在他心胸裡存放一套特有的和真正的德行。」（Notes in Virginia，1785）

㉜ 當然，南方不全是士紳，他們只佔 5% 左右，還有大量的合約傭工和從非洲引入的黑奴的後裔（他們世為奴）。更有從英格蘭、北愛爾蘭移來的窮白人，和從英國流徙過來的欠債下獄的人。到 18 世紀更有在北方被「大覺醒」運動逼走的貴格、浸信和聖公會移民。但南方的士紳精英已經製造出主流（正如在英國的士紳，人數不多，但決定社會格局），其他的大多數不是艷羨，就是反感，但都是以他們的行為和意識形態為參照（包括正面和負面）。

㉝ 在美國南北戰爭之前還有一種種族歧視的說法，反映英國內部的仇恨。南方人自視為統一英國的威廉大帝的諾曼人後裔（也就是英國的貴族），而視北方楊基為安格魯－撒克遜人的後裔。諾曼人是比較接近赤道的民族，開化要比靠北的日爾曼血緣的安格魯－撒克遜更早、更優秀。極端者甚至說安格魯－撒克遜人是諾曼人的奴隸。

㉞ 特別值得一說的是「牛仔」性格。獨立、剛愎、榮譽都可以追溯到南北戰爭後 20－30 年他們在美國西南部開發的過程。

㉟ 他們是最初貴族殖民帶來的合約傭工，約滿後在荒野分得小塊土地。每家每戶要自己保護自己，不像北方清教徒聚居於小鎮。這種散居的農耕社會被傑佛遜歌頌，認為有民主的風範。

㊱ 自耕農地處邊陲，每每與印第安人衝突，申訴政府又沒有成效，卒弄出 1676 年的「培根叛亂」（Bacon Rebellion）。培根是總督妻子的侄兒，初來美洲，分配不到好地，與總督鬧翻，乘機發難，率大批自耕農和黑奴，以民主公平之名驅逐總督，火燒首府詹姆斯敦。英國來的援軍鎮壓，培根患痢疾而死，英國大力鎮壓，遂息。歷史對培根評價，貶譽參半。

㊲ 他們是 17 世紀初，蘇格蘭斯圖亞特王朝被迎入英格蘭為王時，被派往愛爾蘭去殖民定居的蘇格蘭人的後裔。在愛爾蘭殖民的大地主是英格蘭人，他們則只是勞工。幾代後他們已自視為英格蘭－愛爾蘭人，屬英格蘭的長老派教會。1660 年，英國內戰結束，恢復主教制國教，他們被排擠（雖然沒有迫害），再加上乾旱，地主又加租，生活困難。在 18 世紀前半段，大批移去美洲求出路。但那時南方的土地已是大莊園所據。他們只得走向山區（如今的阿巴拉契亞〔Appalachia〕），土地貧瘠，又接近邊境。他們以保守、兇悍、排外和反政府出名，到今天也是。他們是美國憲法第二修改條的最有力支持者（民間可以藏械，以抗政府暴政）。

㊳ 他們發動威士忌暴亂（Whiskey Rebellion）。美國獨立戰爭後，國會設威士忌稅去彌補軍費的債項。大釀酒商收 6 美分，小釀酒商收 9 美分。山巴佬都是小酒商，而且因為山區交通不便，不能賣到大市場，釀私酒風氣大盛，並不斷恐嚇和傷害聯邦收稅官員，又在各地發動暴力抗稅，終於武裝叛亂。華盛頓親率 13,000 人的軍隊鎮壓。

㊴ 他們主要是南北戰爭後的退役軍人和到處流動找工作的單身白人，被視為社會底層。有趕牛牧馬的，也有偷牛盜馬和打家劫舍的，但都是崇尚自由、能吃苦、性格獨立的硬漢和強徒。

㊵ 最有名的是「O.K. 牛棚槍戰」（Gunfight at the O.K. Corral）和厄普復仇行動（Earp Vendetta Ride）。1881 年，厄普警長兄弟三人和另一夥伴拿到拘捕令捉拿叫「牛仔隊」的匪黨。雙方在基石鎮（Tombstone）相遇，30 秒槍戰，射殺 3 匪徒，其餘逃脫。跟着逃匪處處暗算厄普兄弟，傷一殺一，但都因為有時間證人，無法入罪。厄普決定追蹤復仇，但因未拿到命令，反被人通緝。終於找到匪徒餘黨，盡槍殺之，然後逃亡離國。

㊶ 因為各州政府的阻撓，聯邦不能通過和執行外交政策。1783 年的《巴黎條約》規定美國要償還獨立前向英國私人借的債，而獨立時的保王分子可以向美國索取被充公財產的補償。這些條款當然不受各州政府歡迎，因此，無法執行，英國鑑於此就不撤軍。還有，在獨立後，英國商人向美國大量輸出工業製成品，影響美國工業發展。那時西班牙控制新奧爾良，不准船隻進出密西西比河道。南方各州要想解禁，北方各州則想藉此向西班牙換取其他商業利益，莫衷一是，無牙的國會無法決議。

㊷ 這是東北方與南方各州的妥協，容許將奴隸人口乘以五分之三，然後加上白人人口來計算該州的稅收分配和在眾議院的代表席位。

㊸ 1798 年發生 XYZ 事件（當時法國是恐怖統治結束而拿破崙還未掌大權的時刻，美法關係惡劣，美國派代表團前往法國談判，無功而返，美方民情大憤。美方用 XYZ 稱呼法國的談判代表而不用真名字），使聯邦政府擔心法國特務會在美國製造內亂。那時候的民主－共和分子（Democratic-Republican，主張傑佛遜式小農民主）則辦報刊不斷攻擊聯邦分子（Federalist，主張中央集權）。國會通過《外籍客和鎮壓叛亂法案》（Alien and Sedition Acts）原意是防範法國特務，但被用來逮捕有叛亂嫌疑的民主－共和的辦報人，其實就是逮捕維護州權的人。

㊹ 在 1798 年，南方肯塔基和維珍尼亞兩州的州議會，經傑佛遜動議，通過《肯塔基－維珍尼亞決議》（Kentucky and Virginia Resolutions），又稱《98 原則》（The Principles of '98，即 1798 年定下的原則），申明州議會有權以聯邦政府違反了國家憲法的理由禁止聯邦議會通過

的法案在州境內執行。這代表州權可與聯邦權抗衡。

㊺ 1833 年 3 月 20 日，聯邦國會通過《進口稅徵收法案》（An Act Further to Provide for the Collection of Duties on Imports，也稱 Force Bill）。傑佛遜總統想用來強制南卡羅來納州收取聯邦進口稅，並容許總統派軍隊去強制。

㊻ 當時的妥協是把加利福尼亞當做「自由州」，但同時從猶他地區和 1845 年加入了的德薩斯州劃出一部分土地為「新墨西哥地區」作為「奴隸州」，並同時通過法案嚴厲追捕由奴隸州分逃到自由州的奴隸。這是個很勉強的妥協，在某種程度上，這是美國在「天定命運」旗幟下，在美洲大肆擴張的代價。

㊼ 最嚴重的是在 1859 年 10 月 16 日至 18 日，廢奴極端分子約翰‧布朗（John Brown，1800－1859）與黨人共 19 人（14 個白人，5 個黑人）在維珍尼亞州哈珀斯渡頭（Harper's Ferry）攻佔一個槍械庫，意圖發動奴隸起義，但被聯邦海軍陸戰隊擊潰。布朗受傷，被捕，12 月 2 日問吊。

㊽ 1861 年 3 月 4 日，林肯宣誓就職，宣稱不會發動內戰 ——「我沒有追求去直接或間接干預美國現存的奴隸制度。我相信我沒有法律權力去這樣做，而也沒有意圖這樣做」。

㊾ 戰事非但兇狠，而且頻繁。強度高、死傷多。因為沒有「攻地」的目標，所以目標就是「殺敵」。開戰時全美陸軍只 16,000 人。南方在 2 月決定各州總供應 102,000 人，北方同樣回應。第一年，絕大多數是志願軍，熱血得很，遠超軍需供給和訓練能力。稍後，熱情退減，要徵兵。美海軍 1861 年只有 6,000 人；1865 年是 45,000 人。

海戰方面，主動的是北軍，意圖封鎖南方港口，控制河道，以最少流血贏取戰事。1861 年 4 月林肯封鎖全部南面港口（商船沒有人保險就不來了）。南方犯了大錯，在林肯未封鎖之前就自鎖，意圖引英法干預。它以為不出口棉花會影響歐洲經濟下滑，迫英國加入戰事。但英國沒有加入（英國人反對奴隸制），並且從亞洲、非洲找到更好的棉花來源（印度、埃及），這在日後會影響南方經濟復蘇。到南方發覺，已經太晚了。「棉王」地位終結，出口不足產出的 10%，南方慘了，經濟差不多崩潰、糧食短缺（特別在城市）、鐵路失用、河道失控。北軍焦土破壞，南方喪失海外棉花市場（但也有賣給北方商人，好像做生意與愛國是兩回事）。河戰中北軍控制密西西比河，截斷南軍為東西兩段。

陸戰分四條軸：

（ i ）東面主力直指維珍尼亞的首都列治文。

（ ii ）西面從俄亥俄，經肯塔基入田納西。

（ iii ）從密蘇里河沿密西西比河南進。

（ iv ）最西從堪薩斯發動攻勢。東面，南軍勝多敗少，甚至反攻指向華盛頓，林肯幾度易帥。西面，北軍勝，以格蘭特將軍（Ulysses S. Grant，以不屈不撓著名，後為總統，任期 1869－1877）為帥，以密西西比州維克斯堡一役為最主要一擊（1863 年 7 月）。密西西比河域則主要是遊擊戰，南軍實無力顧及。這裡還有 12,000 印第安人與南軍並肩（北軍則沒有印第安人相助）。

1864 年，林肯委格蘭特將軍為總帥，兩人都認為必需完全推毀南方才可結束戰爭。戰略是

儘量破壞田舍、樓房、鐵路。分四路進攻，南軍屢屢力抗，北軍每次失利都不退（不像戰事初期的東面戰場），是場消耗戰，目的在完全毀滅南方經濟（這也是日後南方美國人不能忘記的仇恨）。格蘭特率軍直指南方首都維珍尼亞的列治文。南軍的李將軍備戰。格蘭特繞道，攻稍南的彼得堡，圍 9 個月。李的軍力已經非常薄弱，突圍不成。這場戰役史稱「五叉戰役」（Battle of Five Forks），還有稱「南軍的滑鐵盧」（Waterloo of the Confederacy）。到此，北軍包圍了列治文和彼得堡，南軍被完全截斷後方補給。李將軍決意撤退，列治文失陷。李將軍原想投降，後想退到有補給的阿波馬托克斯法院村（Appomattox Court House）重整，但格蘭特追他，並比他先到。李再無別計，遂降。格蘭特特別禮待，讓李保持軍刀、戰馬，成為佳話。這是 1865 年 4 月 9 日的事，1 個月內南軍瓦解，但林肯則在南軍降後 5 天被刺（4 月 14 日）。

(50) 1850 年代，奴隸爭議升級。共和黨決心約束奴隸擴散，因為認為奴隸制度違反共和原則。他們採「圍堵」政策，不讓奴隸擴散，讓它慢慢「陰乾」而沒。南方認為這是干預他們的憲法權利，相信釋奴會破壞南方經濟，尤其恐懼「聖多明戈（Santo Donmingo）恐怖事件 」（海地奴隸革命成功，狂殺白人，造成「公眾腦海裡的病毒」[a disease in the public mind]），剛好那時約翰．布朗發動南方奴隸叛變（見上），使人更震驚。

19 世紀的美國人，發了財，人口大增，向西擴張。自由被定義為人身自由（personal liberty，奴隸是人）和財產權利（property rights，奴隸是財產），兩者衝突。國家主義和榮譽（nationalism and honor）是 19 世紀的強大意識，驅使南方走向南方國家主義，但北方未察覺南方的極端憤怒；北方也走向全美國的國家主義，把南方的脫離定性為叛國，不能容忍，而南方也未察覺北方的敵愾同仇。

(51) 20 世紀中「南方文學」最有名的福克納（William Faulkner，1897－1962，1949 年獲諾貝爾文學獎）對南方人性格中的歷史意識是這樣寫的：「每一個 14 歲大的南方男孩都有過這一刻，不只是有過一次，而是他想多少次就會有多少次。1863 年 7 月那個下午，兩點鐘未到……孤注一擲的一刻還未發生，甚至還未開始……此際，甚至不是 14 歲大的男孩，都會想到『這一刻』，盡失和盡得可能就是這一刻。」（譯自 *Intruders in the Dust*，1948）

(52) 北方、西方富起來，南方變窮長達一個世紀。至於「重建」（reconstruction）的成敗，爭議多多。

南北方經濟實力對比表：

	年份	北	南
人口 （人）	1860 1864	22,100,000（71%） 28,800,000（90%）	9,100,000（29%） 3,000,000（10%）
鐵路 （英里）	1860 1864	21,800（71%） 29,100（98%）	8,800（29%） 不足道
製成品	1860 1864	90% 98%	10% 不足道

	年份	北	南
軍火	1860 1864	97% 98%	3% 不足道
棉 （包）	1860 1864	不足道 300,000	450,000 不足道
出口	1860 1864	30% 98%	70% 不足道

「重建」是為鞏固北方戰爭勝利，使聯邦再合一；保證南方各州建立共和式政府；結束奴隸制，防止半奴隸。過程可分為以下幾個階段：

1865 年，約翰遜總統採取寬容政策。

1866 年，「激進共和」（Radical Republicans）黨人掌政，要徹底消滅南方國家主義，使「奴隸真的釋放」。

1872 年，「自由共和」（Liberal Republicans）黨人認為戰爭目的已達，「重建」應撤銷，但總統大選敗北。

1874 年，南方為主的民主黨奪回國會，反對「重建」。

1877 年，妥協（Compromise）。聯邦軍隊撤走，但白人奪回全部南方州議會。歧視黑人（前奴隸）的法律《吉姆．克勞法》（Jim Crow law）要開始了。

(53) 德薩斯州的侯斯頓地區是美國新製造業最興旺的地段。此外還有奧克拉荷馬州的奧克拉荷馬市、田納西州的納許納爾、德薩斯州的沃斯堡、猶他州的鹽湖城、阿拉巴馬州的莫比爾、維珍尼亞州的維珍尼亞海灘。

(54) 卡特 —— 佐治亞，列根 —— 加利福尼亞，老布殊 —— 德薩斯，克林頓 —— 阿肯色，小布殊 —— 德薩斯。

(55) 美國東北部的哈佛、哥倫比亞、耶魯、普林斯頓、康奈爾、布朗、達特茅斯、賓夕法尼亞八所大學。「常青藤」原是這些大學體育聯合組織的名稱。

(56) 查爾斯．H．安德森（Charles H. Anderson）在《美國新教白人：從種族起源到宗教團體》（*White Protestant Americans: From National Origins to Religious Group*，1970）中這樣說：「斯堪的納維亞人是二等黃蜂，但做二等黃蜂比不是黃蜂要好。」

(57) 我有一個同事，典型黃蜂。他會假自嘲、真自傲地說：「對不起，我是黃蜂。」與人說話，說到曾在哪裡念書，他會說：「在波士頓」。當然，如他所料，人家會追問：「波士頓哪裡？」他會很靦腆地、好像很不願意地說聲：「哈佛」。

(58) 他得票比尼克遜只多 0.01%。天主教徒的選票是決定性的因素，當然，他父親大灑金錢去助選也是原因。

(59) 聯邦公職原被黃蜂壟斷，特別是外交部等高級部門。二戰後，天主教徒和猶太人開始突破。最顯著的是天主教的佐治城大學（Georgetown University，在首都華盛頓）集中力量，把畢業學生系統地打進外交官仕途。到 1990 年，聯邦高級部門的官員比例是三分天下：黃蜂、

天主教徒（佔總人口的 25%）和猶太人（佔總人口的 1.7%）。在最吃香的企業律師（corporate lawyers）行業中天主教徒和猶太人的比例甚至超過黃蜂。但是，天主教徒和猶太人的精英也越來越變得像黃蜂了。

⑥⓪ 首先，不是所有愛爾蘭人都是天主教徒。蘇格蘭－愛爾蘭裔的多是長老制新教，比純愛爾蘭的早來，落腳在殖民區的中南部，而且對天主教極端仇視，因為未來美國之前在愛爾蘭已經和天主教鬥了很久。還有，不是所有天主教徒移民都來自愛爾蘭，其實比他們更早來的是德國地區的天主教徒（那時德國還未統一），但他們不說英語，影響力不大，而且日後的德國天主教主教們鼓勵他們儘早同化，所以未有發揮德國民族性格的影響力。此外還有波蘭、意大利、拉丁美洲的天主教徒移民，但因語言不同，未有很大影響。到近年美國強調多元文化，才開始出現不同族裔的競爭。可是，到此刻美國天主教徒已是美國化了。

⑥① 北愛來的是蘇格蘭－愛爾蘭人，是新教長老制，落腳南方西部山區，自閉、保守、兇悍，仇視天主教，上文已介紹過。

⑥② 特別是波士頓、費城和紐約，也有不少住匹茲堡、巴爾的摩、底特律、克利夫蘭、聖保羅、三藩市、洛杉磯。

⑥③ 要注意。1830 年代的民主黨是保守的，尤其是不支持解放黑奴。1960 年代的民主黨是開明的，無論是婦女解放或是民權運動。但愛爾蘭選民好像總是支持民主黨的居多。

⑥④ 早在 1960 年的大選，甘迺迪是第一個天主教徒當選總統。競選期間他有名的話是，「我不是天主教的總統候選人，我只不過剛好是天主教徒的民主黨總統候選人，在公共的事情上，我不是我教會的代言人 —— 我的教會也不是我的代言人」。這句話到今天還被認為代表天主教徒在美國政治生活中的分水嶺。有人認為他還「不夠美國」，有人認為他「太過美國」。

⑥⑤ 在 19 世紀，地方政府種種工作都是地方官員（包括立法的市議會議員和行政部門的主管都是民選的）指派的，主要是分配給政治支持者。當初，政黨為增加選票就招引愛爾蘭新移民入黨。慢慢地愛爾蘭人就把持黨務，以至參選，繼而支配地方政治。在 1900 年，紐約市的市政職位有三分之一是愛爾蘭裔。

⑥⑥ 整個東北地區的警察都是他們的天下。1855 年，紐約市的 1,149 名警察中有 431 名是移民。其中愛爾蘭人佔 344 名。1973 年，波士頓警務處的愛爾蘭裔成立聯誼會，會員佔整個警務處的半數。

⑥⑦ 第一代的愛爾蘭移民很多是單身女性，主要做家僕，第二代的主要當老師。兩代都有一個共通點，不嫁。當時天主教會開辦很多學校，主要是希望維持信仰。這些學校培訓出很多女老師，非但在天主教會學校教書，也到公立學校任職。那時的家長對女兒的教育比對兒子的教育還要重視（部分是因為男性找工作比較容易）。到 1890 年，紐約市某些地區的學校 2/3 的老師是愛爾蘭女性。

⑥⑧ 特別值得關注的有以下：教皇若望二十三世（在位期 1958－1963 年）在 1961 年頒佈《慈母與良師通諭》（Mater et Magistra），在「基督宗教與社會進步」（Christianity and Social Progress）一章把良十三世的思路推廣，特別提醒富有國家對貧窮國家的義務。在 1963 年

再頒佈《世上和平通諭》(Peace on Earth)，強調世界和平只可建立於地方性與國際性的個人、團體與國家的適當權利與義務的關係之上。

第二次梵蒂岡大公會議(1962–1965)，天主教全體主教與教皇共同公佈《現代教會的牧民原則》(Pastoral Constitution on the Church in the Modern World)，堅持人類每一分子應有的尊嚴，宣佈教會與受苦難的人和安慰苦難的人團結一致，休戚與共。教皇保祿六世(在位期 1963–1978 年)在 1967 年的《人類發展通諭》(Populorum Progressio)中強調單憑全球性的自由貿易不足矯正西方工業國家與第三世界的貧富不均，呼籲富有國家履行對貧窮國家的道義責任。到 1971 年，他又發公開信要求基督徒面向城鎮化和城鎮中的窮人。教皇若望保祿二世(在位期 1978–2005 年)在 1981 年的《有關勞動力運用通諭》(Laborem Exercens)中指出公共利益高於私人產權，人類生產是為全人類服務。1991 年是良十三世《新事物通諭》的百年紀念，若望保祿又發通諭譴責過分的集體主義和沒有約束的資本主義。本篤十六世(Pope Benedict XVI，在位期 2005–2013 年)提出一個「世界政治權力」(World Political Authority)的理念去處理泛人類的問題。現今教皇方濟各告誡人們警惕「金錢偶像的崇拜」，在 2017 年《讚頌通諭》(Laudato si')裡狠批消費資本主義和不負責任的發展。

(69) 字根是羅馬時代軍事上的用語 subsidium，是「坐在後面」的意思，也就是在有需要時給予支持和幫助。

(70) 今天美國人口的 23.9%(約 7,000 萬人)是天主教徒，新教教徒的總數是 1 億 5 千萬，佔人口半數。但新教派別則不可量計。

(71) 最初，教會幫助教徒在這個新教(尤其是清教)社會裡保存天主教身份，但同化運動早在 19 世紀後期已開始。當時的教會已有高層教士(以樞機主教詹姆斯 · 吉本斯 [James Gibbons，1834–1921，任期為 1877–1921] 為首)鼓吹「美國化」。1899 年，教皇良十三世批評美國化不合天主教真髓，因為它漠視宗教，追求物質，沒有絕對原則。

(72) 約佔美國教徒總人數的 1/3。當然，脱離的原因有兩個極端：不滿教會放棄傳統而脱離；因為教會放棄了傳統而變得鬆懈。有人説，脱離了天主教會的人數之多足可以成為美國第二大教派。

(73) 根據 2011 年的調查，60% 教徒不同意教會反對人工節育、46% 不同意教會禁離婚、31% 不同意教會禁墮胎。

(74) 20 世紀初，大量猶太移民從俄羅斯和東歐逃往巴勒斯坦，美國猶太領袖們不想他們移來紐約和東岸城市的貧民區。在 1907 年到 1914 年(一戰前夕)，通過該計劃把數以萬計的猶太人移往德薩斯州的加爾維斯頓港入境並落籍在周圍的小鎮。但不久，當地居民開始不滿猶太商人的競爭和猶太工人不遵守雇主要求(例如拒絕在安息日工作)，就不再歡迎猶太移民。

(75) 劫後餘生也使猶太人強烈自疚，為甚麼我的同胞、家人都死了，獨我生還？我的生還有沒有苟且？

(76) 調研所得：

	信有神	肯定有神	信沒有神	相信進化論
全美	79%	68%	9%	/
猶太	48%	24%	19%	80%
天主教	79%	/	8%	51%
新教	90%	/	4%	32%

猶太教的派別主要有四：改革（Reform）、保守（Conservative）、正統（Orthodox）、其他。在經濟意識上，四派都很相似，都是逐利；在道德意義上，改革派最鬆散、正統派最傳統，保守派居中，但也越來越鬆散。

1990 年統計顯示，改革派佔 38%，保守派佔 35%，正統派佔 6%，其他派或不屬於任何派別的佔 21%。到 2013 年的皮尤研究中心的調查，改革派仍佔 35%，但保守派就跌到 18%，正統派有 10%，其他派或不屬於任何派別的則超 36%。這個趨勢被視為美國猶太人的大危機，因為猶太人將會完全美國化。

最虔誠的是東北部和中西部，南部和西部次之，最鬆懈的在西北部（高科技集中的華盛頓和俄勒岡州）。非宗教的猶太人（他們以文化定義猶太身份）在 1990 年佔 20%，到 2008 年佔 37%（全美國無宗教人口的比例在 1990 年是 8%，在 2008 年是 15%），其中一個主要原因是教外通婚（1950 年只有 6%，1974 年是 25%，到 2000 年達 40.50%；非宗教猶太人教外通婚更高達 71%），低生育率也是問題。正統派的家庭比較大，但他們卻較窮。但近幾年有跡象顯示非宗教和輕宗教的猶太人回歸宗教，特別是走向正統派。

(77) 在 1963 年，民運領袖金博士領導了一場「向華盛頓進軍」（March on Washington）的運動，美國猶太聯合會（American Jewish Congress）主席約阿希姆・普林茨（Joachim Prinz，1902－1988）這樣說：「我們長遠歷史的起源是奴隸渴求自由……我們自身的痛苦歷史經驗使我們完全認同和團結。」

(78) 也會因派別而不同：正統派的社會道德觀跟比較嚴緊的基督宗教教派相似；改革和保守派就強烈支持女性神職、同性婚姻和吸大麻。有人說美國猶太人賺錢像主教制（代表高級經濟、社會地位），投票像循道會（即是 18 世紀新教「大覺醒」運動的帶頭人，崇尚自由，排除內疚）。

(79) 比他們更大比例的是印度教徒，全美的比例是 27%，在猶太教中最鬆懈的改革派的比例則達 66%。

(80) 全美的比例是 11%。

(81) 比他們同樣高的是印度教教徒，達 43%（全美是 19%）。在猶太教中最鬆懈的改革派則佔最高比例，達 55%，

(82) 當然，也有猶太窮人。在紐約市約 560,000（佔紐約猶太人總數的 20%）猶太人的收入接近或低於貧窮線。他們都是來自前蘇聯的移民，屬正統派。

(83) 從 1920 年到 1921 年，他在他辦的報紙《德寶獨立報》（*The Dearborn Independent*）上發表一連串有關猶太人控制金融的文章。他甚至刊登《錫安長老議定書》（The Protocols of

the Elders of Zion，見《西方文明的文化基因》第二十四章，「自由、功利戰勝民族意識：資本主義擊敗國家主義」）。在一篇叫《猶太人的力量與美國的錢荒》（Jewish Power and America's Money Famine）的文章中，他堅稱猶太人控制美國貨幣供應是陰險的，當農民和其他不屬於銀行界這個小圈子的人最需要錢的時候，他們收緊錢的供應。他譴責：「美國的黃金跑到哪裡去了？……它可能仍留在美國，但已經不屬於美國。」

⑭ 他們是首批大規模天主教移民，而且是説英語，從一開始就積極參政，所以影響力特別大。其他的天主教徒移民，如德國、波蘭、意大利和拉丁美洲來的，都壯大天主教在美國的影響力。

⑮ 當然美國猶太人越來越美國化，他們自認是美國人。但與此同時，美國文化與全球資本文化也越來越一致。無可否認的是美國猶太人的世界公民意識比任何美國的族裔都濃厚。

⑯ 他們在美國對外關係上的聚焦點自然是有關仇猶和以色列的問題。

1930 年代納粹德國迫害猶太人，美國持觀望態度，猶太人不滿。到羅斯福時代，他的左傾經濟政策和對歐洲猶太人的同情使他大得美國猶太人的支持。1948 年，以色列建國後，美國猶太人的關注聚焦於以色列的生存和以色列與阿拉伯諸國的關係。1967 年的六日戰爭帶來美國猶太人內部分歧。大部分接受並認為戰爭是無可避免的，但對自由分子的張力特別大，他們一方面反對戰爭，一方面支持復國。這是典型自由分子的矛盾 —— 自救與自疚。1977 年，以色列右翼的貝京（Menachem Begin，1913−1992）登場，在美國猶太人中產生左派與右派之間的張力。1982 年的黎巴嫩戰爭更加深內部分歧，美國猶太人對復國主義開始有不同意見，自由派的支持格靈頓。1993 年的奧斯陸協議（Oslo Accords），自由派支持格靈頓，但保守派則堅持以色列安全至上。

雖然 70% 猶太選民承認支持民主黨，但共和黨對以色列的態度也開始使他們轉向（特朗普對以色列的支持分裂猶太選民對希拉里的支持）。以色列是受壓求生還是恃強凌弱，分裂了猶太人。

⑰ 新教中特別是卡爾文宗對以色列建國特別支持，因為他們認為當全球猶太人回歸以色列的一天耶穌就會再來臨（Second Coming），是大審判和永遠和平的開始。

第十九章　美國時代心態

　　同一年紀的人在不同的時代裡會有不同的心態。戰後一代人數最多，支配整個 20 世紀。現今是他們的子女（世紀一代）上場，人數也是最多（回響效應），也會支配未來幾十年。他們的心態既受父母一代的影響（寵慣、自我），但是成形於全球資本、全球反恐的時刻（重利、恐懼）。這會決定他們面對未來時的反應。

　　史家用不同方法劃分時代：按年份，按朝代，按劃時代性的人、事等。「時代心態」是指一個具體時段的集體情緒狀態。「具體時段」是歷史維度，「集體」是社會維度，「情緒狀態」是心理維度。剛好，二戰後的美國社會研究學者們 ① 把這 3 個維度組合起來，聚焦於不同時段出生的人的集體情緒狀態。分「沉默一代」（出生於 1928－1945 年間）、「戰後一代」（出生於 1946－1964 年間）、「X 一代」（出生於 1965－1980 年間）、「Y 一代」（出生於 1981－1996 年間）、「Z 一代」（出生於 1995－2015 年間）。

　　一般來說，人的成長往往是青春期反叛性強，成熟期比較務實，年長期比較保守。但時代背景（經濟、戰爭、政治、社會）會影響這些階段來臨的早晚、快慢和階段與階段之間的變幅。相對地，這些人生階段也會按處於這階段的人數多寡、他們的增長幅度和節奏而影響歷史。但無可否認，在歷史時空中，人與事是互動、互變的。歷史是人創造的，因此不同

的「事史」裡面有不同的「人史」。在一定的時空裡不同的年齡群體會處於不同的生命階段。這些年齡群體會按其生命階段的特徵跟他們所處的天然與人為環境和所遇的天然與人為事件互動、互變。因此，研究在一個特定歷史時刻中處於不同生命階段的年齡群體，追蹤他們在這個生命階段為甚麼有某些想法與行為會幫助我們了解「事史」與「人史」的互為關係。

沉默一代（Silent Generation，又稱「大兵一代」[G.I. Generation[②]]）出生於 1928 到 1945 年間。因為他們生於大蕭條，再經麥卡錫主義時代（1947－1957）的恐共、反共洗禮，變成「不談國事」的一代。典型表現是埋頭苦幹、收斂野心，但求度過難關。從人數來說，這是人丁單薄的一代，因為出生於經濟困難期，父母不敢多生。

機緣巧合，這一代成長時剛是二戰後的經濟興旺期，所以也叫「幸運的少數」（Lucky Few）：經濟突飛，生活越來越好；就業機會比碰上大蕭條的上一代好得多（比下來的幾代人也都好）；教育機會空前（尤其是退休軍人重返學校）。這個苦盡甘來的一代的生育率非常高，生出人數空前的「戰後一代」。他們受過苦，想孩子有好日子過，他們奉公守法、兢兢業業，也想孩子以此為範。但他們的孩子過着父母供養的好日子，不知道是否日子過得太好就覺得平凡、乏味，質疑上輩謹守的國法、家規，認為是桎梏，要反叛。

戰後一代（Baby Boomers，也叫「嬰兒潮一代」）出生於 1946 到 1964 年間。這是美國歷史上人口最多的一代（7,600 萬人），極受資本主義重視。一開始，企業對他們的消費模式就極度關注，競爭吸納他們的購買力。在政治層面，到了 1980 年代，他們代表最大的選票群體，他們的利益是政客們最關注的事情。從 1960 年代後期到 1970 年代中期他們是反叛者；1970 年代中期開始（以 1974 年石油／能源危機來算），他們是逐利者；1980 年代之後他們是社會福利的享受者。美國的政治一直為他們服務：當他們大部分讀完了大學後，讀大學的費用就激增 600%（1980 年至今）；在他們的壯年時期（從 1979 年列根上台到 2007 年的經濟危機）

美國走放任經濟,使他們的發財機會大增③。

這一代又可分兩期(約 10 年一期):「較早的戰後一代」(Early Boomers,出生於 1946 到 1955 年)和「較晚的戰後一代」(Late Boomers,出生於 1956 到 1964 年)。他們之間有很大的文化差異,較早一代比較有代表性。一般談到 1960 年代美國社會、文化大反叛(counterculture),尤其是 1960 年代的民運和 1970 年代的婦解,多聚焦於他們。他們的特徵是崇尚個人、崇尚自由、樣樣嘗試,傾向社會公義,多屬民主黨。他們成長的里程碑事件包括冷戰(與恐共)、古巴飛彈危機、甘迺迪兩兄弟和民運領袖金博士被刺④、登陸月球⑤、越南戰爭和被徵入伍⑥、反越戰抗議、性自由、愛之夏⑦、吸毒嘗試、民權運動、環保運動、婦解運動、胡士托音樂大會⑧。

較晚一代的特徵是沒有較早一代那麼樂觀,對政治不信任,對任何事物存犬儒態度,比較多屬共和黨。他們在文化改革上比較早一代中立和保守。一般談到 1970 年代後期和 1980 年代的消費主義和「自我一代」就是聚焦於他們。他們成長的里程碑事件也包括了冷戰、古巴飛彈危機、甘迺迪兄弟和金博士遇刺、登陸月球,但還有水門事件、石油禁運、通幣激漲、石油短缺、經濟衰退、就業困難、卡特總統重新徵兵登記⑨、伊朗人質危機⑩、列根上台和救濟非洲(Live Aid)⑪。

戰後一代變成自我一代⑫(有點像清教變楊基的過程),有強烈的「自戀」(narcissism)傾向,強調「自我體現」(self-realization)和「自我完成」(self-fulfillment)。一切都強調自己找尋自己、開拓自己的潛力、認可自己的真情。

X 一代(Generation X;又稱「音影一代」[Musical Television Generation 或 MTV Generation];又叫「拴門一代」[Latchkey Generation])出生於 1965 到 1980 年間。成長期(1990 年代)的特性是懶惰、犬儒、冷漠。但到了壯年(2000 年代),調查顯示他們活躍、快樂和掌握工作與生活之間的平衡⑬。這代人的代表特徵是企業和創業精神特強。

美國出生率在 1957 年開始下降，1964 年之後降率更速。1960 年代早期，避孕藥上市，是生育率下降的主要原因之一，另外的原因是婦女離家工作和離婚率上升 ⑭。不少的 X 一代出生於冷漠社會（1970 年代中後期），他們的父母往往關注自己多於關注孩子。孩童成長過程是混亂和恐懼的：1960 年代的反叛與放縱和 1970 年代的冷漠與自我削弱了夫妻為了孩子而維持婚姻的決心。父母離婚後孩子跟着父或母，而父或母又會帶新性伴回家。因此，孩子與父母，尤其是父親的關係是有限度和疏遠的。他們也叫「拴門一代」，下課後或暑假期留在家裡，無人照管，把門拴上，以保安全。這是美國第一代人在成長期缺少成人在場，他們受同輩影響多於受父母或長輩影響。

與此同時，社會傳統道德約束趨弱，當他們進入青少年時期，毒品氾濫、艾滋病爆發。1990 年代的傳媒和學者把他們形容為漫無目標，甚麼都沒有興趣，只愛享受 ⑮。當時流行於這一代中間的一句話是，「隨便怎樣就怎樣啦！」（Whatever！）

這一代人既複雜又矛盾，包括以下：獨立性、有辦法、自己管自己、適應力強、犬儒、務實、對權威質疑、平衡工作與生活、企業精神、有高科技才能、有市場彈性（關注顧客需求）、靜靜地幹自己的事、勤力工作，對性生活、朋友、家庭都不依傳統。

Y 一代（Generation Y，現在比較多用「世紀一代」[Millennials]）生於 1981 到 1996 年間。他們大多是戰後一代的兒女，所以又叫「戰後一代的回響」（Echo Boomers）。他們是數字科技的一代，成長期是自由經濟、開放道德的時代。2008 年的金融危機和跟着的大衰退對他們影響很大，尤其是工作崗位的短缺。

戰後一代在 1970 年代中後期變成「自我一代」，但他們的兒女更被人叫做「自我、自我、自我一代」（The Me Me Me Generation）。有心理學家 ⑯ 形容這一代有自信和寬容 ⑰，但比上幾代的年青人有較重的「特權」（entitlement）和「自戀」意識。這代人在中學和大學時代比上幾代的更重

視財富[18]，多於關心政事[19]和生命的意義[20]，甚至連環保運動也沒有熱心了[21]。同時，他們很多不諱言是自我中心、浪費和貪婪。

世紀一代在年青時候就充滿自戀，物質豐富養成特權意識，認為享樂是應分的。還有他們有「直升機父母」（helicopter parents，在上面不斷盤旋），事事照顧、唯恐不周，因此養成「彼得‧潘心態」（Peter Pan，童話中一個永不長大的男孩），拖延長大成人。部分解釋是住房貴、教育負債高，因此自己不能成家，而父母（戰後一代）又比較豐裕，可以供養他們。2016 年的調查顯示在 2014 年，18 歲至 34 歲的青年人中有 32% 住在父母家（在 2000 年時只有 23%）[22]。

到成年後，世紀一代喜歡與朋友交往而疏遠宗教、社團[23]。他們對美國的未來比老人家（也就是 X 一代到了年老）更有信心[24]。雖然他們讀書借債很重，找工作也不容易，但他們對工作環境的要求卻比上幾代都高（可能是生於豐裕而不知稼穡艱難）。他們要求架構扁平的企業文化（flat corporate culture，也就是上司下屬的身份沒有尊卑之別）[25]、工作與生活的平衡（work-life balance，也就是不加班、多假期、小壓力）[26]和具「社會良心」的企業（social consciousness，也就是企業尊重環保、婦權、性取向等等「進步」政策）[27]。他們不願長期地在同一個崗位工作，要更換，要團隊性（相對個人性）的工作環境。

但這一代人中也有早晚之別。出生晚的比較「現實」，喜歡較穩定的工作、不介意加班；這可能跟他們成長中剛是 2008 年後的經濟大衰退有關。沒有念大學的最吃虧，他們找不到安定（有保險和養老金）的工作、遲婚或不結婚、不生孩子[28]。

在政治上，他們比上一代更趨向自由：經濟自由，雖然還強調企業道德；社會道德自由，尤其是同性婚姻、吸毒合法（其實這趨勢都是由克林頓的「新民主」開始）。他們也被稱為是「最沒有偏見的一代」。2015 年皮尤研究中心調查顯示他們 40% 支持「政治正確」（political correctness），也就是在語言上不能開罪「邊緣群體」（相對地，X 一代的

支持率是 27%，戰後一代是 24%，二戰前的沉默一代更只有 12%）。世紀一代的票是奧巴馬當選的主要原因。

這一代的未來也是美國的未來。如果年青人有工作做是社會安穩的主要因素，美國的前途未容樂觀。在 2010 年，年青人失業率高達 19.1% [29]，是 1948 年開始有統計以來的最高。貧窮、失業、與父母同住大幅增加，有人說，2011 年「佔領華爾街」（Occupy Wall Street）運動 [30] 反映這個現實（雖然參加的長幼都有，但世紀一代肯定佔多數）。他們的收入也在下降（2008 年之後的經濟復蘇是有史以來最不均的復蘇，上層與下層的收入差距急速擴大）。雖然他們的教育水平比上幾代都高，但很多只能找到低工資工作 [31]，估計到 2020 年，世紀一代佔全國勞工的一半。他們是有史以來教育水平最高、文化最多元化的一個群體，有人認為這個群體是雇主們難以討好的工人。

Z 一代（Generation Z）出生於 1995 到 2015 年間。他們感覺整個社會與經濟體制都有問題，但又不敢大改。他們大部分是 X 一代的孩子，不大相信有美國夢，因為他們的父母已不相信。這一代在經濟大衰退的陰影中長大，看見父母、兄長捱難，學曉要自主、要有企業精神。他們看見中產階層不斷萎縮，收入差距不斷擴大，家庭中的張力不斷加大。雖然他們沒有 9．11 的記憶，但一直都在由美國帶頭的反恐、防恐的大氣候下，有很大的不安全和不安定感。

這代人有一種分裂的心態。一方面，他們自認忠誠、開明、負責任、有決心、體貼別人；另一方面則認為同輩們（別人）好競爭、愛冒險、好新奇、有自發性。好像他們自己與他們的同輩是兩類人。

今天，這代人仍在成長階段，但看起來比較保守。20 歲左右的上教堂達 41%（同齡的 Y 一代只有 18%，X 一代是 21%，戰後一代則高達 46%），好像從谷底回升。他們比較謹慎、不冒險。據 2013 年的調查，十來歲青少年嘗試飲酒的有 66%，坐車不繫安全帶的有 8%（上一代同齡的比較是 82% 和 26%）。2014 年的青少年與 2008 年同齡的比較，墮胎跌

了 40%，吸毒喝酒下跌 38%，中學未能按時畢業的下跌 28%。

他們是互聯網與社交傳媒的一代，有人說他們是在逃避真實生活中遇到的精神和感情煩惱。在 2014 年，他們中有 41% 的人每天除功課外上網超過 3 小時（在 2004 年只有 22%）。在 2015 年，有 150,000 APP 是教育用途，大大改變教育方式，但好像好壞參半：一方面是教育個性化，有助學生完整地發展；另一方面製造對科技過度依賴和削弱自我管制能力。他們很注重在網上「分享」、「追隨」。有趣的是在網上交流最多的也是日常見面最多的。他們在網上創造「身份」去交友，少了真的見面，但又同時為此感到寂寞和離群。他們網上購物習慣使他們對甚麼東西都要「立時」。整體來說，這代人的感覺是孤單、焦慮、脆弱。女孩比男孩更受影響。

這代人支持同性婚姻、變性人權利、性別平等，但同時又比世紀一代保守，注重金錢、有企業精神和務實。也就是，經濟保守、道德進步的一代。

每一個時代會包括很多人的不同生命階段。一般來說，不同的生命階段會有不同的典型心態，例如年青的會有反叛傾向，壯年的會比較務實，年長的會希望平靜。以克林頓時代為例，也就是 1990 年代中期（以 1995 年算）。沉默一代（1928−1945 年出生）已經過了盛年，應該是回歸平靜；戰後一代（1946−1964 年出生）是精壯之年，應該是幹勁十足；X 一代（1965−1980 年出生）是剛成長起來，應該有反叛衝動。這些心態的組合肯定會影響歷史的軌跡。不同的心態使人對事物有不同的反應，創造出歷史。

繼續用克林頓時代為例。（i）那時，沉默一代是快到回歸平靜的時刻，有甚麼事會影響他們？回歸平靜的易與難。也就是，當時那些事會使他們覺得退休後維持自立與自足將會是綽綽有餘還是心力交瘁？克林頓放任經濟帶來的投資大賺錢使他們覺得退休後可以生活無憂，滿意了。（ii）相對來說，戰後一代剛處於幹勁十足的生命階段，有甚麼會刺激他們？大展拳腳的順與逆。也就是，當時那些事會使他們覺得選擇高度自立與自足將會是暢行無阻還是逆水行舟？克林頓放任經濟帶來的經濟大熱使他們

覺得海闊天空任鳥飛。他們的務實性格有出路，滿意了。(iii) 至於有反叛衝動的 X 一代，有甚麼事會刺激他們？反叛衝動的舒與壓。也就是，當時那些事會使他們覺得追求應得的自立與自足會是事事如意還是處處受制？克林頓的放任道德使他們覺得沒有壓力，克林頓的放任經濟使他們覺得沒有憂慮，滿意了。克林頓競選總統時傳媒問他有沒有抽過大麻，他的回答是典型的克林頓式：「我試過，但沒有吸進去（inhale）。」㉜難怪年輕人當他是朋友。可以說，克林頓時代，有樂觀的心態。當時的人對當時的事樂觀，反映當時的事（放任經濟、放任道德）是順着美國的文化基因（自立與自足），甚至可以說是太順（自立走向逞強、自足走向自私），並能滿足美國的民族性格（務實、驕傲）——老有所養、壯有所用、年青的有享受，能不天下太平？當然，這些當前的事是有其日後的代價的。

　　奧巴馬時代就要為克林頓買單。20 年過去了（以 2015 年計算），沉默一代老的老，死的死，已不代表時代心態了；戰後一代（51－70 歲）是退休年齡，回歸平靜的時候；X 一代（35－50 歲）是精壯之年，建功立業的時候；世紀一代（19－34 歲）是方剛之年，反叛衝動的時候。現在分開來看看這些不同生命階段的人的心態。(i) 有甚麼事會刺激年事漸長的戰後一代？回歸平靜的易與難。2008 年的金融危機和經濟大衰退給他們退休後能否自足、自立打了個問號。更悲的是，他們曾經反叛過、享受過、風光過，如今黃毛小子們要削減他們的福利、挑戰他們的權利，很難受。可幸他們人數仍多，政治勢力仍在，但保護權益要不斷鬥爭，日子不會太平靜。(ii) 有甚麼會刺激精壯之年的 X 一代？大展拳腳的順與逆。他們在成長期是享受人生，非但沒有反叛的衝動，更有點懈怠的傾向。9・11 的恐懼和憤怒喚起美國人少數意識，和敵愾同仇的團結。他們正是 20 來歲，參軍反恐給了他們生命意義。但不多久，在阿富汗、伊拉克（尤其是伊拉克）的戰事拉鋸，國內外指責美國師出無名（美國至今仍未有正式表揚伊拉克戰事的退伍軍人），他們當然難受。到 2008 年金融危機時，他們是 30 到 40 歲，正要大展宏圖之際卻來個大衰退。而且，

這個大衰退主要是克林頓時代以來在放任經濟中賺大錢的投機大鱷和助紂為虐的財經業界造成的，使他們有種被欺騙和被遺棄的感覺。2011 年的「佔領華爾街」是低級工人對高級工人（財經）不滿情緒的發洩。有部分發奮創新、搞新科技，成功了。但更多的變成犬儒，或見日度日，或憤憤不平，日子不會好過。（iii）有甚麼會刺激血氣方剛的世紀一代？反叛衝動的舒與壓。9‧11 的時刻他們大部分都不足 20 歲，恐懼雖有，但不深刻。2008 年開始的大衰退對他們就影響大了。那時他們是中學生、大學生，這些戰後一代的子女是被寵壞的一代。大衰退之前，父母師長唯恐他們不高興，養成「應得權利」心態。大衰退之後要出來找工作了，才知道稼穡艱難，但從小嬌生慣養，對生活要求高（自我、自我、自我的自戀、自憐和享受），對找生活投入低（不加班、多假期，小壓力，很多成年後仍靠父母供養）。由於他們已經有極大的道德自由，對道德的反叛衝動比父母當年低得多。倒過來，他們重視金錢、少理政事、接受現實。連 2011 年的「佔領華爾街」也是雷大雨小。所以，他們雖有不滿，但不會積極造反，只會加緊消費。可以總結，奧巴馬時代的心態是不樂觀但也不至於悲觀，無奈但不至於失望，反映當時的事（9‧11、大衰退）並不順美國文化基因（自立、自足），也未能滿足美國的民族性格（務實、驕傲）。老的為未來擔憂，壯的有被騙之感，年輕的就是不滿、犬儒、自戀，這就是克林頓風光的後遺症。

戰後一代的心態（包括不同生命階段的變動）支配了美國過去的幾十年。從奧巴馬開始，世紀一代（戰後一代的子女）已登場。他們會再支配美國未來的 20－30 年。按目前來看，他們是因循的一代，不會改變美國，也不想改變世界。但美國的政治顛倒會加劇、國力消耗會加速。到世紀一代的子女（2015－2035 年出生）登場，他們也將會支配美國 30－40 年，也就是 2030、2040 年到 2070、2080 年的時段。那時，世紀一代交給他們的是個怎樣的美國，他們接棒時又將會是怎樣的心態，就要看 2040－2050 年代美國的局面了。

註

① 如心理學家珍‧特恩格（Jean Twenge，1971－）、社會學家霍德華‧舒曼（Howard Schuman，1928－）、傑奎琳‧斯科特（Jacqueline Scott）。

② G.I. 是 Government Issue 的縮寫，也即為「政府裝備」，因為他們在二戰、韓戰當過兵。

③ 但也加速貧富差距。頂層 1% 的收入增長了 278%，而中等人家的收入（排在 40% 到 60% 的人均收入）只多了 35%。

④ 1963 年 11 月 22 日，約翰‧甘迺迪在德薩斯州遇刺；1968 年 4 月 4 日，馬丁‧路德‧金博士在田納西州遇刺；1968 年 6 月 5 日，羅伯特‧甘迺迪在加利福尼亞州遇刺。

⑤ 1969 年 7 月 24 日，阿波羅 11 號登陸月球，尼爾‧阿姆斯壯（Neil Armstrong）是月球漫步第一人。

⑥ 越戰期間，美國兵員只有 1/3 來自徵兵。地方的徵兵站有很大的自主權去免兵役，引起很大爭議。1969 年 12 月 11 日改用抽籤。當初，社會對逃避兵役者有很大非議，但當傷亡人數增加，戰事無限期延長，反戰情緒越來越高漲。

⑦ 愛之夏（Summer of Love）在三藩市開始，主題是反越戰、反政府、反現存制度、反物質主義，主張分享、共有、社團、冥想、迷幻藥、大麻、長髮、反叛。1967 年 1 月 14 日，3 萬多人在金門橋公園開音樂大會。跟着是學校 3 月份假期，大批青少年從全國各地湧來。那時，加州大學伯克利校區的海特—艾許伯里（Haight-Ashbury）街區成為嬉皮士（Hippies）集會中心。在社區報紙上發出宣言：「慶祝一個必然要從地下變成公開的理念，去認識它、分享它。這樣，會復興一個以同情、感知、愛情和體現人類大團結的革命。」從全美、全球湧來 10 萬人，整個夏天是吸毒、性交和搖滾樂。主題曲是《三藩市》(San Francisco，名句是「一定要在髮上插些花朵」，為此，嬉皮士也叫「花的孩子」[Flower Children]）和披頭四（The Beatles）的《你只需要愛》(All You Need is Love)。同年在紐約上演《毛髮》，歌頌吸大麻。

⑧ 1969 年 8 月 15 日到 18 日在紐約州胡士托鎮一個牧場舉行，聚集了 40 萬人，是「文化大反叛」的里程碑。雖然叫音樂會，但有濃厚的反戰（和平）意識。

⑨ 1979 年，蘇聯入侵阿富汗。卡特總統作出反應，在 1980 年 7 月 2 日重開徵兵。

⑩ 1979 年，伊斯蘭爆發伊斯蘭革命。1979 年 11 月 4 日佔領美國大使館，扣留 6 名美國外交官員和平民為人質，到 1981 年 1 月 20 日（444 天後）才釋放。美國國威大失，卡特更面目無光。

⑪ 1983 到 1985 年，非洲埃塞俄比亞的內戰和乾旱引發大饑荒，近 40 萬人死亡。1985 年 7 月 13 日，美國費城與英國倫敦同時舉行救災音樂大會，稱「拯救生命音樂節」，估計全球 40% 人口觀看即時現場廣播。籌得約 1.5 億英鎊，但很大部分被用去買軍火。

⑫ 美國作家湯姆‧伍爾夫（Tom Wolfe，1930－2018）起的名字。

⑬ 這是按成長過程的觀察。但或者這個觀察看到的不是同一時期出生的人的前後生命階段，而是兩類前後不同時期出生的人，也就是早出生人的壯年期和晚出生人的成長期。早出生的比

較接近 70 年代的「自我一代」，受其冷漠感染。1990 年代是他們的成年（1965 年出生，到 25 歲時是 1990 年）。晚出生比較遠離「自我一代」，沒有受大的感染，變得平衡一點。

⑭ 1960 年代中期開始，離婚率急升，最高是 1980 年，之後在高位平穩。

⑮ 有人指出，在 1990 年代這不單是 X 一代的狀態，整個社會如此。

⑯ 珍・特恩格，她專門研究各代人的心理特徵。

⑰ 「寬容」（tolerance），在西方主要是指對傳統道德鬆散，特別是性道德。

⑱ 戰後一代有 45%、X 一代有 70%、Y 一代有 75% 認為財富很重要。

⑲ 戰後一代有 50%、X 一代有 39%、Y 一代有 35% 認為要關心政事。

⑳ 戰後一代有 73%，而 Y 一代只有 45% 認為需要建立一套有意義的生活哲理。

㉑ 戰後一代有 33%，而 Y 一代只有 21% 願意參加環保清理工作。

㉒ 這是典型的白種中上人家子女，黑人和拉丁裔的就不同了。

㉓ 這一代的美國人有 29% 不屬任何宗教。X 一代是 15%，戰後一代是 7%。但同時，他們只有 3% 是無神論，75% 有某些信仰。

㉔ 這是皮尤研究中心（Pew Research Center）在 2014 年的報告。但在十多年前，X 一代在壯年時期也有同樣信心（見上）。這兩代人的歷史背景不一樣。X 一代是對克林頓經濟興旺期的反應，而 Y 一代是「大衰退」（2008 年金融風暴）過後慢慢恢復期的反應。兩個時代背景都是經濟向好轉。相對來說，當戰後一代踏入壯年期（1970 年後期）遇上經濟衰退時就顯得悲觀多了。

㉕ Y 一代的成長期的教育風氣不強調競爭，是「獎牌孩子」（Trophy Kids）的一代，甚麼活動凡參與就有獎，沒有排名。在學術技能的要求上也寬鬆。這可能養成「不爭」，但到了工作崗位上就不習慣被評價高低。他們想視上司為「導師」（mentor）而不是「老闆」，對任何事情不耐煩等候，要立即有回饋（這可能跟電子通訊發達有關）和參與決策。

㉖ 這跟戰後一代的工作倫理有很大分別，Y 一代特別強調家庭生活。

㉗ 他們的教育中有憫人、公益意識，這與他們的自戀發生矛盾。他們的志願活動（volunteering）比上幾代活躍，60% 想做公職，而不是賺錢，這跟戰後一代的逐利意識不同。2011 年（Y 一代已是壯年）調查顯示 64% 願意為自己感興趣的工作放棄 60% 收入。這一代不願做的工作中 40% 屬金融銀行業。

㉘ 估計到 40 歲仍是單身的女性有 30%（是 X 一代的兩倍）。在 2000 年，全國 18 歲到 34 歲的人口有 43% 已婚或同居，到 2014 年下降到 32%。受過高等教育的群體也有這趨勢：賓州大學沃頓商學院的女畢業生在 1992 年有 78% 預料有一天生孩子，到 2012 年跌到 42%。

㉙ 2010 年後不斷回落，到 2018 年 9 月只有 3.7%。關鍵在就業的性質也在變，再沒有長久的工作，工資也跟不上生活指數。兩極分化有增無已。

㉚ 是一個左派極端分子發起的運動。2011 年 9 月 11 日開始在華爾街中心小廣場上聚集，抗議社會與經濟的不公平。示威者稱，「我們是 99%」。11 月 15 日被驅離。示威者平均年齡是 33 歲，但分兩大群：20 來歲的和 40 來歲的，大部分是白人（81%）。當初，奧巴馬表示同情，不少著名人士也表態支持，但不久就好像泄了氣。批評者指出示威群眾沒有清晰的目

的、缺少小數群眾的參與、太醜化金融界、帶仇猶意識。

㉛ 大學畢業生在低工資崗位工作的比率從 2000 年的 23% 升到 2014 年的 33%。

㉜ 1992 年 3 月 29 日，他在總統候選人論壇上說：「我從來沒有違反過任何州的法律⋯⋯。但當我在英國時（他是牛津大學的羅德獎學金 [Rhodes Scholar] 學者）我曾試驗過一兩次大麻，我不喜歡它，我沒有吸入，也再沒有嘗試。」

第二十章　美國文明軌跡

　　戰後一代的先反叛、浪漫，後冷漠、自我，決定了 20 世紀下半期的文明軌跡。先是安穩社會（羅斯福時代）變桎梏社會（杜魯門、艾森豪時代）；戰後一代的反叛走向越權（甘迺迪、約翰遜時代）；經濟衝擊使越權衝動萎縮為冷漠（尼克遜、福特、卡特時代）；政治苟合和放任經濟驅使冷漠走上分立（列根、老布殊時代）；變本加厲的政治苟合和放任道德使分立變成昏亂（克林頓時代）；保守分子的反撲，造成左右拉鋸（小布殊時代）。

　　到此，「世紀一代」開始影響文明軌跡。他們的寵慣、自我、恐懼和重利增加了社會的混亂，一片混亂之中美國經濟實力和國際地位踏入逆轉期（奧巴馬時代），又回歸到冷漠與苟合（特朗普時代）。未來的軌跡會是精英逞強和權利苟合加劇，不斷削弱社會的凝聚力和經濟的生命力。

　　大蕭條是個醒覺：資本主義國家大蕭條，但國家主義的德國、社會主義的蘇聯卻在大增強（這是日後反納粹、反共產的伏線）。羅斯福透徹地摸通了美國人的民族性格和當時的時代心態，打造一個自立而團結（尊重互相的不同但團結大家的力量）的政治聯盟，稱「羅斯福聯盟」（第五政黨系統）①。他從共和黨手中搶走不滿黨內僵化的開明分子，又把民主黨的窗

口打開去吸納從 19 世紀末期開始大量湧入的非英裔移民。他的大刀闊斧和強勢姿態吸引所有對大蕭條心懷憂慮和恐懼的美國人。羅斯福和他以後的民主黨支持者主要是「自由分子」、新移民以及非新教徒。這組合包括天主教徒、猶太人、黑人（現稱非洲裔美國人 [African-Americans]）、南方白種人（他們很多是反對黑白同等的，但更敵視繼承林肯的共和黨，所以投入民主黨聯盟）、工會分子、操縱城市政治的龍頭大哥們（羅斯福鄙視他們，但互相利用）、進步知識分子、農業利益分子（農民是大蕭條中最受害的）。在他的領導下，這個聯盟支撐危難時期的「新政」，在不破壞資本制度下約束瘋狂逐利去建立一個自立而團結的安穩社會，並以一連串的福利政策去濟貧救苦、創造就業去增加國力，從而建設一個自足而團結的富足社會。

這位羅斯福是個甚麼人物？他是典型「黃蜂」，出身顯赫，中學就讀於新教主教制的美國格羅頓中學（Groton School，90% 是權貴子弟），校長恩迪科特‧皮博迪（Endicott Peabody）對他終生影響極大（主持他的婚禮），尤其是灌輸基督徒救貧助困的責任，並鼓勵他任公職。入讀哈佛（歷史）、哥倫比亞（法律），成績平平，但任哈佛校刊《哈佛深紅報》（*The Harvard Crimson*）主編，這是需要有野心、精力和管理才幹的。

因支持威爾遜（民主黨）競選總統成功，他獲委為助理海軍部長（任期 1913－1919，是海軍的第二把手）。1929 年紐約選州長，黨領導們說服他只有他才可擊敗共和黨對手，終以 1% 的票數領先贏得州長，成為下屆總統大選的熱門。上任才幾個月，華爾街崩潰、大蕭條現身。他馬上知道事態嚴重，成立就業委員會，是第一個支持失業保險的州長。1930 年 5 月，他競選連任州長，這次以 14% 的票差勝出，重申要資助農民、解決就業和設失業保險及養老金。這些都是日後新政的藍本。

1932 年，他建立智庫（Brain Trust），準備大選。民主黨認為經濟不景是他們的機會。羅斯福激勵威爾遜時代的進步分子和南方與西部的民主黨人支持他。接受提名時他強調管制證券、減關稅、救濟農村、資助公共建設。在當時，這些是屬進步（左派）的意見。提名後，他拿到了共和黨

進步分子的支持，並在民主黨內與右派和解，大選以 57% 勝出 ②。

他當了 4 任總統（1933-1945），既有進步和自由的思想，但又很務實和懂得操縱。他的傳記作者伯恩斯（James M. Burns，1918-2014）是這樣評他的：「這個總統利用他身為首長的正式和非正式權力去統領他的政府：提出目標、創造動力去激勵每個人對他的忠心，引發出每個人的最優點……有意地在助手之中培養競爭意識。各人間的意志衝突會帶來混亂、傷心、憤怒但又會爆發出衝勁和創意……他會把同一份工作分給幾個人去做，或者幾份工作交一個人去做，藉此去鞏固他作為評判者、聽訴者、協調者的地位……他會不理會或者繞過集體決策的機制，例如內閣……永遠是靠勸誘、奉承、玩弄、適應、重組、協調、修睦、操縱。」

羅斯福是公認的美國三大總統之一（其他兩人是華盛頓和林肯）。他的貢獻包括迅速擴大聯邦政府；重新定立美國政府功能；通過社會項目重定「自由主義」的意義；加強總統權力，削減國會權力。日後幾個美國總統都曾是他的助手（杜魯門、甘迺迪、約翰遜）。

他改變了美國政局。從他開始，民主黨在國會佔多數，1933 年到 1969 年的 9 任總統裡頭民主黨佔 7 任，都是以自由主義為政綱。共和黨則鬧分裂：保守派反新政，認為是反商業、反增長；自由派接受部分新政，但要求更高效率。從 1939 年到 1964 年（也就是到甘迺迪去世），新政聯盟（民主黨和共和黨中的自由分子）支配總統競選，保守聯盟則支配國會。

大蕭條經二戰終結束，而二戰後的美國更是大發展：富足社會建成，中產階層激增；國富兵強，美國走上全球霸主地位；美式中產夢是全球的榜樣；美式政治意識，經美國外援，從馬歇爾計劃到哥林堡計劃，更成為世界典範。

二戰後，戰前的團結延下來是蕭規曹隨的政治保守。新中產階級的保守道德，麥卡錫主義（1945-1954）的恐共，冷戰的威脅，核彈的陰影引致全社會一片桎梏氣氛。共產主義的蘇聯欣欣向榮，充滿朝氣的意識形態對美國知識分子和年青人發出強大的吸引力；來自西歐的存在主義對傳

統，甚至一切約束質疑，使衣食無憂但想追求新事物、新思維的年青人趨之若鶩。勝負不明的朝鮮戰事、不明不白的越南戰爭，還要徵兵，年青人的精神沒有出路，兼有徵兵送死的恐懼，生理又充滿無處發泄的精力，一觸即發。

1963 年甘迺迪被刺殺是先兆，1968 年金博士、羅拔甘迺迪先後遇害引發美國人特別是年青人的反叛狂潮。此際，正是戰後一代成長之日，鬧得震天價響：胡士托樂與怒、愛之夏、性解放、吸大麻、反越戰、民權運動。

這個年代的反叛，就像瓶裡逃出的妖怪，永遠不能收回瓶裡。但反叛很快就受到挫折。1971 年「尼克遜衝擊」（Nixon Shock）③ 暴露出美國經濟不穩。1974 年的石油危機使美國陷入 10 多年的經濟低迷。反叛的戰後一代到此刻開始踏入壯年，經濟與政治現實驅使他們為自己打算，去向「自我」。

第一個「我」是「我自己」，「自我」就是「實現（realize）自己」。在資本社會裡最能實現自己的就是錢：可以是瘋狂地賺錢，可以是瘋狂地花錢，更可以瘋狂地又賺又花。資本主義非但樂意奉陪，更刻意鼓勵，稱之為「拚命工作、拚命享受」（work hard, play hard）。在賺錢、花錢至上的社會裡是笑貧不笑娼。錢怎樣賺來不要緊，錢怎樣花去不用管，自然滋生和助長賺錢的苟合、花錢的苟且。可是，美國民族性格會使他對逐利的苟合產生自疚。

對缺乏逐利能力、被逐利排棄的貧苦的自疚，產生出一種「為貧請命」的政治產業（political entrepreneurship），它的功能是不斷地「拓展」或「演繹」不幸者（victims）。為擴充產業，不幸者的身份越弄越多樣化：無業遊民、單身母親、殘疾人、無家可歸者、有家不歸者，形形種種。為貧請命的精英們成功把不幸解釋為社會締造的，社會有責任供養他們，也就是多給福利，稱之為「應得權利」（entitlement，是指法律上規定的政府津貼、補貼、保障等）。慢慢地，有些家庭幾代人都靠福利，養成一種福

利文化 —— 有為貧請命的精英、有甘心為貧的不幸者 —— 一種沒有羞恥心的懶惰。國家的包袱越來越重，2010 年的估評估 GDP 的 19%、政府開支的 45%④。但是，這個包袱是「由逐利而自疚」催生和背負的，如果逐利而不自疚，包袱就會馬上減輕。但是，逐利與自疚都是來自美國文化的深層基因，催生一個姑息貧苦的疲弊社會。恐怕這會支配美國的命運。

另外一個「我」是「我的群體」。「自我」就是「實現我的群體」。在反叛的時代，我的群體就是被現存制度和傳統道德歧視或漠視的群體，也就是弱勢或邊緣的群體。反叛的強者（有政治本領和野心者）會出自群體之內，去「討回公道」，或會來自群體之外，去「主持公道」。這就是「身份政治」。在美式政治中要爭取政治權益必需「做勢」，也就是組黨結盟去壯大聲勢。這往往是違反原則的利益苟合：色情電影製片商與人權組織在言論自由的旗幟下發表聯合聲明；墮胎支持者與工人運動者在維護人身安全的口號下一起上街遊行；同性戀者與民權運動者在爭取平等的光環下共同支持一個政黨。可是，美國民族性格會使他們對爭權的苟合產生自疚 —— 對比「我的群體」更邊緣、更弱勢的群體的自疚，於是引發出「主持公道」的政治產業。它的功能是不斷地「發現」和「發明」受害者。「討回公道」的精英們成功提升「受害」和「被壓迫」的意識，教育不知是受害的人知道他其實是受害者，然後通過群體組織和政治苟合去為他們奪回應有的尊重和權益。這種沒有約束的政治野心在不斷增加，社會的凝聚力越來越被動搖，也就是越來越失序，身份政治的社會成本越來越高。但是，這個失序是由「爭權而自疚」催生和承擔的。如果爭權而不自疚、失序就會相對減輕。可是，爭權與自疚都是來自美國文化的深層基因，催生出一個縱容弱小的衰敗社會。恐怕這也會支配美國的命運。

這些政治產業包括「討回公道」的非謀利組織（nonprofit organizations）和「為貧請命」的慈善組織（charitable organizations），通稱「非政府產業」（non-governmental sector），它們不是民主（不是選舉出來的），但打着民主的招牌去監督民主（精英民主）政府，主要以維權

之名去謀權，以濟貧之名去取利，或兩者兼之。謀權、取利的手法是「民主」——由它們代表「民」，由它們去作「主」。這些「民」在不斷擴展，這些「主」是貪得無厭。社會張力越來越大，政府的負擔越來越重。

更要命的是，政治產業化完全消滅了「整體利益」的理念，政治行為變成市場行為（權力交易的行為），政府變成這個政治市場裡眾多利益之中的一個「利益主體」。政治行為就是眾多利益主體之間的權力交易行為；政治市場的運作邏輯跟一般商品市場的邏輯一樣，也就是自由競爭（爭權）會帶來最高效率的政治權利和社會財富分配。利益主體之間的離離合合被爭權的效率支配，爭權效率之外再沒有別的政治原則，但政治原則之名仍用來遮掩赤裸的爭權。可以說，政治產業化帶來以利益取代原則的政治苟合。在近代美國，政治苟合起源於過度追求自立、過度追求自足而產生的過度自疚，引發以「討回公道」和「為貧請命」為品牌的政治產業。

且看，美國「自我一代」如何支配美國過去的 40 年。他們成長於經濟豐裕但社會桎梏、精神空虛的時代，引出反叛。到 1970 年代，面對現實的考驗，革命的革命、逐利的逐利、享樂的享樂。更多是週內謀名利，週末談革命，日日尋享樂，都是為了「我」。外表熱鬧，底裡冷漠。

道德被任性顛覆了，身體被享樂掏空了，生態被消費破壞了，產生一種自疚。但是，任性制不了、享樂捨不了、消費慢不了。於是，就找些大題目去為天、為地、為人請命以平衡一下顛覆了的道德；做些健身、節食、素食以彌補一下掏空的身體；搞些環保、節能、省源以恢復一下破壞的生態。但資本主義也確實聰明，知道少了任性、少了享樂、少了消費，哪來的錢賺？因此，就把為天、為地、為人的請命，健身、素食的消費，環保、節能的運動，通通弄成賺錢的門路，而且是帶上了光環的賺錢。這些使人眼花繚亂的動作的確可以慰藉一下這代人不可自拔的自疚，但只是治標而已。

要治本就要否定自疚，自疚是因為有犯罪感，那麼，如果沒有罪就不

會有犯罪感，就不會自疚，於是雙管齊下。（i）把犯罪演繹為社會行為：犯罪是因為觸犯了社會，為此，社會以法治之。假如犯罪是因為犯了法，那麼沒有法就是沒有罪。戰後一代把傳統不合法的東西在人權、平等、自由、效率的掩護下合法化（吸毒、同性戀、高利貸、投機倒把等等），於是犯罪少了，自疚也少了。為此，戰後一代傾向於把個人責任轉移為社會責任。（ii）把犯罪的道德意識轉移為宗教意識：犯罪是因為觸犯了教規，為宗教所不容。但如果把教規定性為偏見、把教會定位為腐化，那麼違反教規就不等於違反道德，不用算是犯罪。為此，戰後一代儘量醜化和淡化宗教的約束。

到 1970 年代末期，戰後一代成長了，他們的「先反叛、後自我」定下了隨後 30 年的美國文明方向，製造出美國苟合式的政治，是這樣子的。

1980 年大選，列根打造出「列根聯盟」。他是共和黨，但成功拉攏「列根民主黨人」，也就是民主黨中傾向小政府和自由經濟的分子。但是這些人既然是民主黨，所以多是支持道德自由的，這與保守的傳統共和黨人和典型藍領階層的道德觀 ⑤ 格格不入。列根以反墮胎姿態去留住這些保守分子，拿到當時政治影響力極大的「道德多數」（Moral Majority）⑥的大力支持。這是列根極高明的政治手法。那時，最高法院已裁定墮胎合法（這是保守分子極力反對的），因此列根的反墮胎姿態是有聲勢、沒實際，所以也不犯「進步」分子之忌，可以說是左右逢源的組合，也可以稱為埋沒原則（共和黨原則）的苟合。⑦ 從 1980 年上任，1984 年連任到 1988 年交棒給老布殊，這個組合所向無敵。1984 年的連任是拿到總選票的 60%，橫掃 49 個州（全美 50 州）。羅斯福之後他開啟苟合式的權力和利益小圈。

他發明「列根經濟」（Reagonomics），又稱「供給側經濟」（supply-side economics）⑧，馬上，市場（尤其是股票市場）大熱。1987 年的荷里活電影《華爾街》（*Wall Street*）的名句「貪婪是好事」（Greed is good）就是那時的寫照。

　　這個時代，富人越富，窮人越窮。金融全球化，股市開始失控，虛擬經濟抬頭，支配華爾街。減稅和增加軍費帶來大赤字，引發全球性通貨膨脹。此時，戰後一代冷漠的自我已是主流，但經濟背景不再是 70 年代後期的低迷，而是 80 年代的蓬勃。資本邏輯是經濟越蓬勃，貧富差距越大 ⑨、越顯眼。一方面越引發出更大的逐利自疚，另一方面也提供更大的舒緩能力。加大的自疚和加大的能力把同情弱小與貧苦推向姑息、縱容。「邊緣」成為一種政治通行證，只要你被定位「邊緣」，你就會得到政治的認可或經濟的供養 ⑩。因逐利而自疚的經濟精英們同情邊緣群體，要為民請命的政治精英們組織邊緣群體，一般社會大眾都是聽精英、跟精英，於是乎身份政治成為主流氣候。

　　且聽聽歌頌美國文明寫出《歷史的終結與最後一人》的福山對身份政治的反思。他的著作《身份：對尊嚴的訴求，不服氣的政治》（*Identity: The Demand for Dignity and the Politics of Resentment*）聚焦於被他稱為自由民主政治文化下的一個「怪嬰」的「身份政治」。在 2018 年，他接受《高等教育記事報》（*The Chronicle of Higher Education*，2018 年 8 月 27 日）的訪問，節錄如下。

　　Q：身份比經濟更能解釋政治。

　　A：這個理念回歸到柏拉圖，他談及人的靈魂的三分之一是有關追求別人尊重你的尊嚴。在現代社會，這演化為身份政治。我們想像有一個內在的自己，被別人鄙視、輕視和漠視。現今大量的政治活動是要求這個內在的自己顯現、公開和被政治制度認許。這種要求是從 1960 年代開始的社會運動演化出來的，包括美國非洲人（黑人）、婦女、同性戀（各種性取向）、原住民、殘疾人等。這些群體被左派（羅斯福時代開始的工人運動和移民運動支持者）吸納，觸發右派（自由經濟與傳統道德支持者）的反應。他們問：我們怎麼辦？難道我們不值得被認許？精英是不是忽視了我們，貶低我們的訴求？這就是今天

民粹主義的基礎。

Q：少數群體要求被認許是問題嗎？

A：絕對不是。每個訴求都是合理的，問題在我們對「不公」的演繹和處理使社會碎片化。舉個例子，在 20 世紀，左派的重心是圍繞着工人階級和經濟剝削而不是針對某一個特定身份群體的被剝削（因此左派能成功促建福利社會），但如果貧窮問題被演繹為某個特定身份群體的特徵時，就會削弱大眾對福利社會的支持度。再舉奧巴馬的醫療保險政策為例，很多反對者把它演繹為提升某個種族的利益——一個黑人總統去為他的族裔去做點事……

Q：有關學府和傳媒與身份政治的關連。

A：我的朋友們跟我說，很明顯，美國大學中已經沒有言論自由。這好像說得過分點，但這個看法事關重大。大學裡的事情影響其他精英機構的氣候，在校園發生的事情最後過濾到整個社會……。這與美國社會生活逐漸去上一種「療傷」（therapeutic）的心態有關。從 1960、70 年代開始，「身份」意識抬頭。當時的人有一種「不被滿足」（unfulfilled）的感覺。他們感覺他們的「真實自我」（true selves）沒有被認許。由於長久以來以宗教為基礎的文化共識已經消失，人們感到失落。心理學、精神病學取代宗教。在醫療界，心理健康有「療傷」的使命。就從那時開始，「自我的尊嚴」（self-esteem）被提升為一個理所當然的社會發展目標……再演變為大學的使命之一……但是使學生對自己有種舒服和滿足的感覺不一定對他們的教育有好處……

Q：有關身份政治對言論自由的威脅。

A：我是曖昧的，有很多事情在校園裡談的確是有困難，但我不認為我們有言論自由的危機。……在 1980 與 1990 年代，我的意識形態屬於右派。沒有人要我閉嘴，因為我在政策學院教書，比較容忍，不像某些人文學科……近年來，校園重新出現 1960 年代以來未見的激進學生運動……我看見歷史重複……

雖然政治難離朋黨[⑪]，但身份政治的朋黨傾向特別強。所有邊緣群體都有少數意識，他們的現實也是身為少數。為生存，群體與群體之間會因利益偶同而聚，也會因利益衝突而散。主流政黨也會拉攏邊緣群體去增添政治本錢。因此，聚和散往往是種以原則換取權利的苟合，走向朋黨社會。誰會想到企業利益會與同性婚姻勾搭[⑫]，或道德保守的伊斯蘭與道德進步的民主黨人士互通聲氣[⑬]。這些都是值得反思的。

列根之前的政黨系統有 3 個特徵：（i）從開國到 1960 年代末，每個政黨都穩定掌權起碼 20－30 年以上；（ii）兩黨的政治原則都比較鮮明；（iii）選民選政黨多於政黨追選民，競選費用（政客籌款）未成為參政的絕對門檻。[⑭] 列根之後就不同了，共和黨和民主黨好像是輪流做莊。最長的一黨連任的是列根和老布殊，加起來也只有 12 年（這只是總統的交替，如果再加上國會控制權的交替，政治更不穩定）。政治原則（道德）和利益（當選）越來越分不開。共和黨會拿民主黨的原則或民主黨拿共和黨的原則去引誘對方的支持者來歸附。競選費用幾何級的遞升，政客們的精力不是去搞好國家而是搞掂捐款人。這幾十年來，競選費用是政治辯論的主要議題。

列根打開苟合風氣[⑮]，民主黨也不甘人後，克林頓是最成功的一個，他比列根更功利，更滑頭。[⑯] 羅斯福以來，民主黨自命是有原則、為民請命的政黨，經常貶低共和黨為功利、有錢人的黨。但克林頓最懂看風使舵，他憑組織「新民主派」（New Democrats）陣營登上總統寶座。「新民主派」也叫「中間民主派」（Centrist Democrats）、「溫和民主派」（Moderate Democrats），其實是民主黨內的「中間偏右」（center right）分子。這跟列根的「列根民主黨」（民主黨內偏右分子）非但是異曲同工，更是青出於藍[⑰]。

1980 年代，共和黨的列根陣營屢敗民主黨。民主黨高層開始反思，探索美國人民的政治傾向，認為要來一個徹底的轉向，在經濟政策方面去向自由經濟（典型的列根共和黨政策，若干程度上其實就是放任經濟）和

小政府政制（典型共和黨方向）。1984年，列根大勝連任。民主黨中一班同道中人組織「民主黨領導協會」（Democratic Leadership Council，簡稱 DLC），倡議用「第三路線」（Third Way）去打「列根主義」。雖然他們不是正式的黨組織，但發揮了很大的影響力（克林頓和日後的兩位副總統都是會員）。他們把經濟政策從左（羅斯福新政的政府干預經濟）推右（列根式的放任經濟）去吸引逐利之士，把社會（道德）政策從左推得更左去滿足進步人士。到1988年總統大選時仍未成氣候，共和黨的老布殊當選，但也引起更多民主黨人加入「新民主」陣營。

1990年左右，克林頓卸下主席一職去競選總統（1992的大選）。他特別討好曾經從民主黨跑到列根共和黨裡的中產白人，他又要吸引有反大政府傾向的白人勞工（多是共和黨人）。因此，他答應中產減稅，並給低收入勞工退稅。當時的民意調查顯示選民認為他是非常自由派的，最有代表性的形容詞是「包容」（inclusive），負面意義就是「苟合」。

克林頓當選後就大搞自由經濟（共和黨方向，特別是大大放寬金融管制，比列根更放任）和自由道德（特別是同性戀，以滿足共和黨和民主黨中的進步分子）。在稅制上雖然提高最高收入人士的稅率和降低最低收入家庭的稅率，但總地來說，中產階層的稅仍是增加的。當時的共和黨指它不是個真正的「新民主派」，是個「增稅收、增開支」的「自由分子」（liberal，主要是指他的社會和道德姿態）。共和黨中人決定在1994年的國會中期選舉中把所有力量集中在一個全國性反克林頓的旗幟下（而不是分散在各選區各自為政）。在保守傾向的共和黨和民主黨選民聯手支持下，共和黨大獲全勝，奪回被民主黨支配了40年的國會參、眾兩院的控制權[18]。同時，也是50年來共和黨首次控制超過半數州議會。這趟「革命」成功反映美國人對克林頓的反感，更開啟不斷的道德自由與道德保守的鬥爭。在經濟層面上，放任資本已經是共和黨與民主黨的共識，分歧不大。但在道德層面上保守分子與進步分子的分歧在加大。雖然大的方向是「進步」，但進步分子想走得更快，相對之下保守分子就變得好像越來越保守。

　　克林頓的貪婪更使人啼笑皆非，卸任後到處演講，最高叫價是 50 萬美元一場。他的基金收到的捐獻 [19] 每每出自大商人、大企業。這些人也是戰後一代發財人士，拿點出來可能是逐利自疚的舒緩，也可能是逐利成功的自得，或有可能是當年反叛不成的發洩。有人說克林頓斂財難怪，因為他出身窮困。這說法是對窮人的最大侮辱。

　　克林頓是典型的公家一個臉孔，私家一套行為。當年彈劾時有人替他辯說，做公家的事做得好，私事是個人的事，誰也不應也不能過問。姑勿論政治人物的言行很難分開公私，更不用說政治人物的榜樣比他的成就重要，能夠完全地把公家道德與私人道德分開的人肯定是性格分裂。選一個性格分裂的人去治理國家是明智的嗎？這就是典型的美國戰後一代。

　　克林頓時期的美國是繁榮與冷漠、逐利與自疚並存。國外在巴爾幹半島以武力保護南斯拉夫解體後各不同族裔和宗教戰爭中流離失所的邊緣群體 [20]，國內支持婦解、同性戀。他的政治魅力是他可以使人覺得他是個「真心」的人，他的名句是「我感到你的痛」（I feel your pain）。有一個奇怪現象，在美國備受同情的邊緣群體好像都是民主黨中的進步人士欽定的，都是挑戰傳統道德的。在美國，這是傾左。傾向傳統道德的，無論是反墮胎、反同性戀都被打成極端，與納粹、法西斯同流。在一定程度上，這也可以說是 1960 年代反叛的延續，但當時的反叛者如今是當權者了。

　　克林頓的苟合過後，小布殊是傳統的共和黨：自由經濟、保守道德。那時，自由經濟是左右精英們的共識了。雖然在自由經濟，特別是全球資本下被邊緣化的藍領階層心有不甘，但憤憤之情未被燃發（這也是日後特朗普的政治本錢）。從羅斯福以來，他們都是民主黨的主力支持，因為民主黨傳統的進步政策都是維護勞工和救濟貧困。但從 1960 年代末期的戰後一代反叛開始，民主黨的進步在經濟公平（進步的傳統演繹）上還加了道德自由（進步的時尚演繹），而經濟公平度好像越來越不足，但道德自

由度則越來越增強。這是一般比較保守的藍領階層（收入和教育水平都比較低）難接受的（雖然精英們的道德自由風氣也慢慢感染到下層社會）。民主黨對經濟公平與道德自由之間的平衡決定這批人的去留，並大大影響美國整個政局。由於這批人的投票率一般不高，使政治上的苟合更為複雜。「經濟公平式的進步」是花錢的，但是會吸引他們，可是他們的投票率不高，對政客來說是本大利少的生意，況且，經濟公平會使很多高收入、高稅率的中上層人士不滿。相反，「道德自由式的進步」是不花錢的，但會使一些保守的藍領不快，可是會吸引中上層，而他們的投票率高，是本少利大的政治生意。總地來說，民主黨走向自由經濟（其實兩黨都是越來越開放經濟，只是民主黨會比共和黨曖昧一點），但主力放在自由道德。共和黨則以自由經濟為標榜，輔以道德保守（其實兩黨都越來越開放道德，只不過共和黨比民主黨曖昧一點）。這只是形容兩黨之間的平衡狀態，隨時有個列根、克林頓、特朗普之輩出來，攪個大苟合。列根以自由經濟為口號，克林頓以更自由經濟為口號。今天，經濟不再是政黨之間的主要分歧，將來，道德自由將是左右兩派分歧所在。

這裡要說一說左與右在美國的意義，分開 4 個層面：經濟、社會、道德與政制。右派主要是共和黨，但有保守的民主黨。左派主要是民主黨，但有進步的共和黨。在經濟層面，右派主自由經濟，左派主稍為約束經濟，但總的方向都是走資本經濟，力度不同而已。在道德層面，右派強調傳統約束[21]，左派強調自由選擇，但總的方向是個人主義。在社會層面，右派是少福利，左派是多點福利，方向左右搖擺，但總的是要保住資本，有錢的會越來越有錢，窮的會越來越窮，福利是為要維穩。在政制層面，右派主張小政府，左派喜歡大政府，但凡當上總統的，無論是共和黨或民主黨，都想攪權，若是憲法不容就往往以「行政令」去繞過國會（立法）和法院（司法）。

特朗普在黨內提名時，被黨內所有人排斥；獲提名後，黨內大部分人跟着他。當選後，黨內、黨外反對他的處處聯手打擊他[22]。但他看得清

楚，看出從克林頓開始的「新民主」結合放任經濟（討好右派）與身份政治（討好左派）攪得越來越極端，又看出那些沒有從放任經濟和身份政治拿到好處，或對放任經濟和身份政治反感的人也越來越多，而這些人對經濟向右、道德向左的政治精英極度討厭。民主黨候選人希拉里是左派精英中之精英。她在競選演講時描述特朗普的支持者為「可憎者」（deplorables）:「種族歧視者、性別歧視者、同性戀歧視者、伊斯蘭歧視者等等，確有這類人，而他（特朗普）抬舉了他們」[23]。的確，特朗普的核心支持者就是這些被放任經濟、身份政治弄得生活困難、道德彷徨但又投訴無門的「另一類邊緣群體」[24]。在某種程度上，他們是新的少數、被遺忘的群體。為此，不少自疚心重的美國人開始把他們的同情心從婦解、同性戀群體轉移到這些被遺忘的人群去[25]。有人說，希拉里這句話使她失去不知多少選票。

　　總統大選最能反映全國的民心。列根以來，兩黨候選人的票差很少，一般是幾個點（二戰後，總統大選的票差在列根前有 5 次是超過 10%，在列根後一次都沒有）[26]。這反映兩極分化，而且是非常固定和肯定的分化。因此，決勝的選票也只是 2－3% 的向左或右轉移。爭奪這 2－3 點是整個選舉過程的聚焦點。大膽的政客會作戰略性的突破，可以是突破性的「組合」，例如奧巴馬在 2007 年和 2010 年的選舉成功吸引剛拿選舉權的年青人（1980 年後出生，剛成年的世紀一代），也可以是突破性的「苟合」，尤其是通過與身份群體的分與合，例如民主黨與伊斯蘭的結盟。「苟合」是沒原則的「團結」，有利則留，無利則去，是不能長久的。到此，我們得出美國文明發展的軌跡。

　　在文化基因法的邏輯中這條軌跡分主、輔兩線。主線是由自立（個人基因）和團結（泛人基因）組成，運行於自立與團結組合的八角圖之內。兩個基因都是來自美國殖民初期北方清教和南方權貴的驕傲少數意識。自足乃自立所需的物質條件，並承傳了祖家英國民族性格的務實，於是產生一條輔線，由自足（個人基因）和團結（泛人基因）組成，運行於自足與

團結組合的八角圖之內。

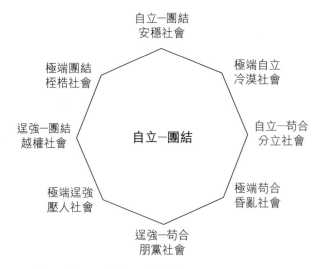

自立－團結
安穩社會

極端自立
冷漠社會

極端團結
桎梏社會

自立－苟合
分立社會

逞強－團結
越權社會

自立－團結

極端苟合
昏亂社會

極端逞強
壓人社會

逞強－苟合
朋黨社會

圖 31　自立－團結基因組合的八角圖（美國文明軌跡主線所在）

　　現在用總統的任期來劃分美國近代文明的各個階段。政府的行為與百姓的意願雖不一定同步，但一定相隨，有時政府走在前面（尤其是當有強人出現），但大多數時間走在後面。先談主線軌跡。

　　一戰前的美國是「進步期」（Progressive Era）。老羅斯福（Theodore Roosevelt，任期 1901－1909）任內，打擊資本壟斷、整頓政治風氣。1919年修憲全國禁酒，1930 年修憲賦予婦女選舉權。

1. 1920 年代的冷漠社會（過度自立）

　　一戰過後，全世界進入了一個興奮而麻痺的時代。歐洲走上虛無、美國進入孤立，連自己總統宣導的「國聯」也不參加，生命就是賺錢與花錢。1929 年 10 月 29 日「黑色星期二」，大蕭條現身，震醒「咆哮 20年代」。

2. 羅斯福時代：安穩社會（自主與團結的組合），美國晉升全球霸主

羅斯福了解國人的恐懼，關心國人的恐懼，知道要發揮立國的自主、團結精神才能渡過難關。他雄才大略，不避艱難，定下進步「新政」，支配以後半個多世紀的政治方向。二戰結束時，國內安定，國外揚威。

3. 杜魯門、艾森豪時代：桎梏社會（過度團結）

兩人雖屬不同政黨，但蕭規曹隨，繼承羅斯福新政方向。此刻，美國取代英國成為全球霸權。國外推行馬歇爾計劃、哥林堡計劃，慷慨支援他國，是「良善美國人」時代。但差不多馬上就是冷戰揭幕，與蘇聯展開軍事競賽。恐共的政治氣候、保守的道德風氣，一片桎梏。對外，良善美國人變成「醜陋的美國人」。

4. 甘迺迪、約翰遜時代：走向越權（逞強與團結）

此際，戰後一代成長，桎梏的社會使他們過盛的精力無法宣泄。甘迺迪當選像一股新鮮空氣，年輕人寄以浪漫的期待。他在 1963 年被刺殺，年輕人對政治失去信心，一片悲觀。

約翰遜缺凝聚力，他雖然力推「偉大社會」，但未能滿足年輕的一代，只增加他們的政治胃口，期待更多的改革。就在那時，美國在越南戰事升級，缺了道德光環的越戰使年輕人既反感又恐懼（當兵送死）。跟着是大徵兵。年輕人的反叛、犬儒和恐懼匯聚成一股從反戰到反一切現存制度的氣流。有說，越戰使美國人「失去純真」。

5.尼克遜、福特、卡特時代：從越權走向冷漠（過度自立），並開始走向分立（自立中帶上苟合）

尼克遜時代，反戰達高潮（雖然越戰是由他結束），加上罪案激增，他恢復保守政治（反新政，並把聯邦權力向州政府轉移，而州政府一般比較道德桎梏，政治保守）。1970 年代中期，一連串經濟危機和政府赤字使已達壯年的戰後一代回歸現實，出現「自我一代」。有走回冷漠，賺錢、花錢要緊；有反叛到底，但以「為民請命、討回公道」自居。水門事件使尼克遜喪盡政治本錢和道德光環，被迫辭職。

福特一上台就以總統特權赦免了他，求安穩反引大亂。身份政治現身，尤其是婦解和同性戀。運氣不佳的福特幹一任就放手了（其實是尼克遜留下的任期）。

卡特為民主黨奪回總統寶座，但他生不逢時，國內經濟「滯脹」，國外威信全失。他宗教虔誠，大講人權，但又沒有能力去貫徹。以人權為口號的身份政治成形，社會去向既冷漠（國民懶理）而又分立（精英專權）。

6.列根、老布殊時代：分立時代開始（自立、苟合的組合），美國鞏固全球霸權，引領資本全球化

列根看準美國人的彷徨，以放任經濟去鞏固右派的支持，以放寬道德準繩 [27]（也就是稍離開他所屬的共和黨傳統）去爭取左派的加入，建羅斯福以來的最大政治聯盟。但這是以彈性原則建成的，所以可稱苟合，開啟近幾十年來的政治樣板。確實，他成功肢解蘇聯（也有說是蘇聯瓦解）和刺激經濟（消費型經濟、全球化生產），但軍費和減稅帶來的政府赤字，和放任經濟推動的資本全球化埋下日後經濟嚴重失調的地雷。

7. 克林頓時代：分立走向昏亂（自主與苟合的組合，但越來越走向過度的苟合）

民主黨的克林頓看見列根的苟合成功，借用過來，創「新民主」。他把列根的放任經濟弄得更放任（遠離民主黨傳統原則）以吸引共和黨的右派；把道德自由弄得更自由以留住民主黨的左派，產生出比列根更苟合的苟合。身份政治達高峰，身份群體與政黨的苟合也達高峰。在克林頓性醜聞中開明與進步分子（特別是婦解分子）支持他把自己的行為分開為公一面（公職）和私一面（私德），去為自己開脫，把苟合者的陰一套、陽一套表露無遺。苟合被正常化，反映美國政治和社會的性格分裂。

8. 小布殊時代：昏亂與逞強拉鋸

克林頓任內雖然經濟大熱，但一身醜聞，連民主黨總統候選人都不想拉他來助選。共和黨以經濟自由、道德保守反撲成功，小布殊險勝（總票數是負差 0.51%，但因支持者的地理分佈使他獲得「選舉院票」的大多數）。民主黨不服氣，甚至要重新點票。從此，黨爭加劇，完全不在建設國家，完全在要打倒對方，苟合成為「新常態」：左右派的實質分歧不大（自由經濟是共識，自由道德則稍有不同），但意氣之爭反趨激烈（走向極端逞強）。2001 年，9·11 事件團結美國人，反恐、防恐成為國策，至今。小布殊以強勢姿態出兵阿富汗和伊拉克，是典型美國式的恐懼、易怒，帶來魯莽、失措。

9. 奧巴馬時代：昏亂與安穩拉鋸，世紀一代抬頭，美國經濟實力和國際地位踏入逆轉期

奧巴馬在 2008 年金融海嘯和反恐不力的時刻以高達 7.27% 的票差當

選，帶來一片新氣象。他打的旗幟是政治開明、道德開放。上任不到一年就拿到諾貝爾和平獎，是進步分子，尤其是主流傳媒的寵兒。推他上台的是世紀一代。他的競選口號是「可以信任的改變」—— 信任很快就消失，改變的方向又不知何去何從。他為救市，甚至採用「社會主義」經濟手段。任內黨爭加劇，政府運作因黨爭而幾次停頓。和平獎未帶來和平。反恐、防恐的成本雖未增加但也沒有大減，社會福利的開支反不斷上升，特別是戰後一代的養老和退伍軍人的醫療。雖是黑人總統，但黑人的經濟和社會處境未因他而改善。他的人權呼聲倒鼓勵了國內的身份政治和國外的「阿拉伯之春」。他雖想做羅斯福（自立與團結組合的安穩社會），但倒像卡特。

10. 特朗普時代：冷漠與苟合拉鋸

因放任經濟而被遺棄，因道德自由而感到彷徨的中下階層，投訴無門，特朗普答應為他們重造「美國夢」；因眼見全球伊斯蘭對美國的鄙視、敵視而感到憤怒，因眼見中國的經濟力量和軍事力量不斷擴張而感到威脅的美國優越分子，他答應為他們重振「美國國威」。他雖是共和黨人，但幾乎所有共和黨精英都看不起他。但他從政治小丑一躍而成為美國總統時，眾人唯恐不及地加入陣營，這也是另一類的苟合 —— 不是因爭權而組成的苟合，而是因分權而締結的苟合。當然，他的「美國第一」絕對是違反全球資本的邏輯，這種「反動」必不會成功。但他對希拉里所形容的「可憎者」—— 種族歧視者、性別歧視者、同性戀歧視者、伊斯蘭歧視者等等的確是有很強的號召力，顯示出美國的分立政治和苟合政治已到了無可救藥的地步。

從「咆哮 20 年代」到今天的美國文明蹤跡的主線就是這樣子。

這條軌跡顯示美國文化基因組合的變動，動力因素是民族性格、時代心態、歷史背景和關鍵人事。軌跡的移動是按「文化基因法」的「距離律」

進行（見第十二章，「文化基因法的規律」），也就是動力因素的動向和強度決定軌跡在八角圖中的移動方向和距離長短。

（ⅰ）從大蕭條的冷漠社會到羅斯福的安穩社會是短距離，無需很大的動力，有順水推舟的意味，羅斯福的「功」是他懂得美國人求安心切。

（ⅱ）杜魯門與艾森豪時代的桎梏社會也應是意料之中的事（近距離）。

（ⅲ）甘迺迪與約翰遜時代，美國年輕人開始挑戰「桎梏」，走向反叛（越權），這也不應是意外（近距離）。

（ⅳ）尼克遜與福特時代是個大變（改方向，長距離），需要相當大的動力。經濟危機湧現（與布雷頓森林體系的崩潰不無關係），加上越戰泥足深陷，戰後一代反叛年齡已過，水門事件

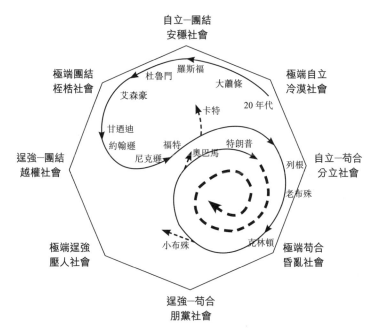

圖 32　美國近百年的文明軌跡主線（自立與團結的組合）

（細虛線顯示總統想走的方向；粗虛線顯示文明軌跡的未來）

帶來一片犬儒，都是把美國人從「太理想」推向「太現實」的因素。

（v）　卡特是個迷惘的時刻。美國人反思天之驕子、世界霸主的地位，在走向安穩或分立之間徘徊。

（vi）　列根時代的美國人其實有兩個選擇：走向羅斯福的自立團結（其實這也是卡特的理想，可惜他眼高手低）或者是走向功利的自立苟合。羅斯福選全民團結（約束富人、接濟窮人，仍不忘建設國家）；列根則選精英苟合（放任賺錢、放開道德）。美國人跟了列根，部分原因是上一任的卡特膿包，部分原因是列根魅力，但更有可能是沒有一個羅斯福。列根雖然贏得冷戰，其實蘇聯當時已筋疲力盡，但同時也埋下經濟地雷。「貪婪是好」的社會哪能長久？

（vii）　接下來就是分立與昏亂之間打圈子。克林頓的苟合比列根更甚，是個權力與財富勾結的社會。共和黨小布殊以險勝奪回寶座，但是坐得很不安穩。2001 年的 9‧11 事件是「時勢造英雄」。他走向強勢總統之路，但美國是天然孤立，任何時候的對外用兵都會很快失去衝勁。後期還來過金融海嘯。年輕朝氣的奧巴馬，在世紀一代的簇擁下登場，但經濟大衰退和伊、阿戰事脫身無期使美國人雄心大斂。卸任時外面國不泰、內面民不安。特朗普就是利用民不安去拿到政權。他把所有的不安分子集中起來，有不滿主流左派的開明道德，有不滿主流右派的放任經濟，創造出反主流的主流。這不但是苟合，簡直是烏合[28]。

　　看來，美國的政治未來會是常態地、動態地處於政治分立（自立—苟合）和昏亂（極端苟合）之間，不斷反覆打滾，但跳不出這個惡性循環。

　　自立與團結是主線（表現在政治與道德層面之上）。但自立需要自足，所以自足與團結是條輔線（表現在物質與經濟層面上）。輔線與主線應該平行。現看看這條輔線的軌跡。

　　1920 年代非但是個冷漠社會（過度自立），也同時是個慳吝社會（過度自足）。大蕭條時期羅斯福的新政非但強調自立與團結，還強調自足與團結，創造出二戰後美國的安穩（與人共存）和富足（與人共富）。1960 年代是戰後一代反叛桎梏社會，但不是自私，所以沒有走上貪婪。1970 年代的經濟危機驅使他們其中一部分（不再反叛到底的）轉向自我：賺錢、花錢，背後是一片冷漠、慳吝。卡特時的滯脹和能源危機只加多了一層悲觀而已。到列根的放任經濟抹清了悲觀，但未有改變慳吝，反使越有的變得越有，而且好像「有之無愧」。克林頓的加倍放任更是增加了逐利的昏亂。他的經濟政策是華爾街與聯邦政府的成功苟合，勞動人民的加速邊緣化。「佔領華爾街」其實是種哀鳴。奧巴馬處理 2008 年金融海嘯的手法是種「社會主義經濟」和「企業福利」的苟合，聚焦於保住那些「大得不能讓它失敗」（too big to fail）的企業，名義是維持就業，實質是維持資本。特朗普的「美國第一」是美國頭一次向全球資本「宣戰」，鹿死誰手是肯定的。

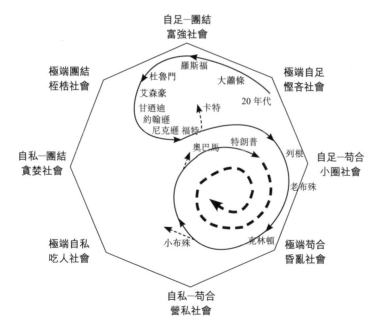

圖 33　美國近百年的文明軌跡輔線（自足與團結的組合）[29]

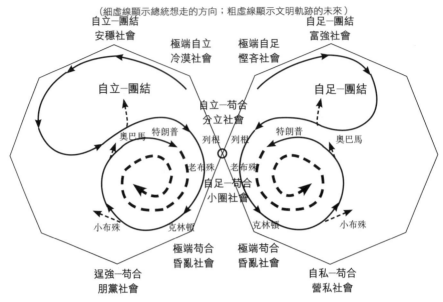

（細虛線顯示總統想走的方向；粗虛線顯示文明軌跡的未來）

圖34 美國文明軌跡主線（自立與團結的組合）和
輔線（自足與團結的組合）的重疊點（自立—苟合與自足—苟合）

　　看來，美國的經濟未來會像它的政治未來，也會是常態地、動態地處
於利益小圈（自足—苟合）與昏亂（極端苟合）之間，不斷反覆打滾，
但也是不能跳出這個惡性循環。

　　美國的權力分立和利益小圈文明使資本主義在美國得到豐富的滋潤。
爭權苟合是要用錢的 [30]，資本擁有者（和管理者）最有錢去資助政客來換
取政治庇護。在爭權苟合的社會裡，錢與權的關係不在個別的錢權交易，
而在整個政治機制與整套資本利益的苟合 [31]。因此國家利益與資本利益會
混成一體。到最後，國家利益就被資本利益支配、綁架 [32]。逐利苟合又同
時坐大了資本在整個經濟中的龍頭地位。

　　到這裡，我們可以看出主、輔兩線重疊在苟合：自立—苟合與自足—
苟合。在文化基因法裡（見第十二章，「文化基因法的規律」），這意味着
自立—苟合的權力「分立社會」與自足—苟合的利益「小圈社會」是可
以互相轉移的（轉移律）。

美國的楊基務實性格容許和接受爭權與逐利，只要爭得不過分，逐得不越軌。但苟合就不同了。苟合是違背原則的結合，驅使有清教道德高尚感的美國人覺得自疚；苟合帶來的不義、不公觸動有天主教憫人傾向的美國人發出同情。自疚與同情跟苟合的爭權與逐利是並行的，苟合越多會引

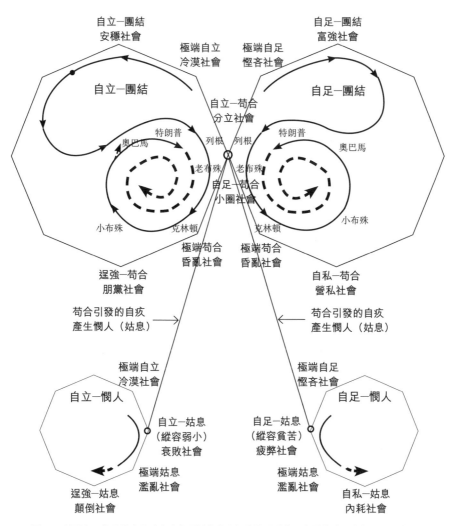

圖35 美國文明軌跡的主線（自立與團結的組合）和輔線（自足與團結的組合）牽發出的反應
（自立與憫人的組合和自足與憫人的組合）（虛線顯示文明軌跡的未來）

發越大的自疚與同情，以致淪於姑息。按文化基因法的「轉移律」，通過「重疊」，一個八變圖可以牽引另一個八變圖。在這裡，重疊之處先在「苟合」：自立—苟合與自足—苟合（見圖 34）；然後，由於苟合帶來姑息，於是自立—苟合牽發出自立—姑息，自足—苟合牽發出自足—姑息（圖 35）。

在政治層面上姑息過度就是無休止的身份政治，在經濟層面上姑息過度就是無了結的福利開支。最後，是社會秩序崩潰、經濟資源耗盡。這也會是美國文明軌跡的未來。

總的一句，美國的政治會在分立與昏亂之間打滾；美國的經濟會在小圈與昏亂之間打滾；美國的社會凝聚力會因政治苟合而生的自疚引發出越來越重的姑息（身份政治），卒會成為顛倒社會；美國的經濟生命力會因經濟苟合而生的自疚也引發出越來越重的姑息（福利開支），卒會成為內耗社會。成熟了的全球資本會願意伴着一個精（精神）血（物資）乾枯的美國嗎？

註

① 美國開國以來幾度大的政黨重組，反映政治精英的分分合合。

第一政黨系統（First Party System，1792－1824）是傑佛遜總統時代的產物，立國之初是沒有黨派的。政治實力派的「聯邦分子」（Federalists）力陳政黨的危險，華盛頓本人也是討厭政黨的。稍後聯邦分子的領導層內部發生分歧，漢密爾頓（Hamilton）一派的主張中央集權。另一派是麥迪森（Madison）和傑佛遜（Jefferson）組成「民主共和黨」（Democratic-Republican Party，不是民主黨與共和黨的組合），主張聯邦與州分權。1812 年戰爭（是英國與拿破崙戰爭在美洲的延伸，被美國人視為第二次革命戰爭）真正的團結了美國人要完全脫離英國，同時走上真正的獨立與孤立（有名的門羅主義是在 1822 年出台）。到此，聯邦分子被邊緣化，但政壇一團和氣，叫「好感的年代」（Era of Good Feeling，1817－1825）。

第二政黨系統（Second Party System，1828－1854）是傑克遜總統時代的強勢聯邦政府。那時，兩個政黨開始壁壘分明。由傑克遜領導的民主黨（Democratic Party）主張權力集中在總統身上，反對成立中央銀行，並反對以政府政策去推動工業發展（此時英國的工業革命

傳到美國）。唱對台的「國家共和黨」（National Republican Party）主張工業現代化，並以「貿易保護」政策去扶持國內工業。

第三政黨系統（Third Party System，1854－1893）是內戰時期和恢復期以及跟着的「鍍金時代」（Gilded Age，1877－1897）的黨派體系。林肯成功的把共和黨建成為進步黨派，主張釋放黑奴，成立中央銀行（主要是為了籌軍費）、建鐵路網、收高關稅（貿易保護以助工業發展）、大開發西部土地（免費土地供給開荒移民）。因此，黨的支持者是被釋放了的黑奴、工商業利益、技術勞工和專業人士，主要在北方。那時的民主黨仍是維持一貫的政綱，反對高關稅（因高關稅保護工業發展但不利靠出口煙、棉和進口消費品與機器的南方農業）。它的支持者主要是南方白人、保守的商業利益、傳統的北方民主黨人（他們反對北方啟動內戰）和天主教移民（因為他們在清教的北方難立足）。

第四政黨系統（Fourth Party System，1896－1932）是共和黨支配政權的時代（它是內戰的勝方）。這是個變化多端的詭異時代。先是「進步時代」（Progressive Age，1897－1920），首次約束從 19 世紀中後期到 20 世紀早期（1860－1920 年左右）通過高度發明創新又同時極度弱肉強食為美國創造了空前繁榮和空前不均的「強盜資本家」（robber barons）。稍後，美國參加了一戰但馬上恢復孤立，並帶領全球進入一個魔幻（表面紙醉金迷、底裡冷漠慳吝）的「咆哮 20 年代」（1920－1929）。這個時代的政治議題聚集於「反托拉斯」（Anti-trust，主要是打破鐵路和金融的財團壟斷）、保護性關稅、工人運動、銀行業的結構、政黨的腐敗（尤其在大城市裡的政客、工運分子、工商財團的互相勾結）、黑白種族的隔離、政府行政效率、婦女投票權、移民限制等。1929 年，一切都好像破滅，美國與全球進入前所未有的「大蕭條」。

第五政黨系統（Fifth Party System，1933－1960 年代中期，但有人説到現在還是這系統），這時代主要是羅斯福和他的影響。民主黨建成「朝代」是因為他成功打造了一個面目一新的民主黨大聯盟。相對地，共和黨內部就分裂為保守派和自由派，而自由派的影響也在不斷下降。支配黨事的保守派變得極端。

羅斯福新政後面的政治氧氣到了二戰結束後開始拽泄。二戰解決了大蕭條最嚴重的失業問題。戰後經濟繁榮但社會桎梏。60 年代中期戰後一代成長，反傳統與反制度戴上反越戰與推民運的光環，兼有性解放、抽大麻的藉口。年輕一代成為反叛一代。保守與傳統分子的反撲使整個 60 年代後半期與 70 年代上半期成為代表自由的民主黨和代表保守的共和黨的拉鋸戰，互相爭取支持者，不惜妥協原則、苟合利益。

② 從內戰到 1929 年，民主黨極少能控制兩院，在 17 次總統大選中只贏得 4 次。但從 1932 年到 1979 年（也就是到共和黨的列根上場）民主黨經常控制兩院，並在 12 次總統大選中贏了 8 次。

③ 停止以黃金支持美元、控制物價、控制工資。參考《西方文明的文化基因》第二十二章，「資本世界：功利文明全球化」。

④ 主要是國家養老金（Social Security）、老年人保健（Medicare）、窮人保健（Medicaid）、社會福利（welfare，包括食物補助、貧困家庭津貼、失業保障等）。1990 年佔 GDP 的 0.4%，

到 2010 年達 19%。此中，以老年人保健升幅最快。

「應得權利」的真正出台上溯到大蕭條時代。羅斯福在 1930 年代的福利政策把政府在這方面的開支提升到 GDP 的 1.5%，二戰前夕是 2%。到 1950 年也只是 3.3%，大部分是濟貧的福利；到 1960 年已升到 5%，此時養老金的比例開始上升。1965–1966 年，也就是約翰遜的「偉大社會」時期，相繼出台「窮人保健」和「老年人保健」計劃，「應得權利」開支暴漲，到 1976 年達 GDP 的 11%。1980 年代早期（列根時代），「應得權利」開支達 GDP 的 13%（此中養老金站穩 5%，社會福利也站穩 3–4%，而老年人保健則持續上升）。2000 年以來（小布殊到奧巴馬）開支繼續上升，高峰是 2010 年的 18%（此中養老金佔 6.4%，保健佔 7.3%，而社會福利則是 4.5%，主要是因為 2008 年金融風暴影響）。2010 年代，社會福利收縮，但養老與保健則續升。2015 年的數據是養老達 7.1%、保健達 7.9%，但社會福利則降至 2.5%。

可是，從政府開支的比例來看就是不同的現象。1900 年，「應得權利」是政府開支的 5%（GDP 的 0.4%），到 2010 年就佔 45%（GDP 的 19%），也就是政府的負擔比經濟的承載力要重得多。大蕭條時期，社會福利支出在政府的總開支裡從 2% 急升至 10%。到 1940 年，整個「應得權利」的開支達 15%（那時還未有保健，而養老支出也有限）。二戰時，社會福利開支因就業率上升而下降。但二戰後，再經約翰遜的「偉大社會」政策，到了 1970 年，總開支已是 20%（主要是養老增加）。1970 年到 1980 年代更是爆炸性上漲到 30%。列根年代則稍有收縮，尤其是社會福利。到 1990 年代（克林頓）又來一次爆炸性上升（從 1990 年的 33% 升到 1994 年的 41%）主要是保健。2000 年代的升幅不大，但 2008 年金融危機的壓力使總支出急漲到 49%（也就是政府總開支的半數了），跟着稍微回落。

還有一個現象要注意。美國的「應得權利」的 GDP 比例不算高，在 2016 年美國是 19.3%，很多國家都比它高，最高是法國的 31.5%，北歐的瑞典是 27.1%，德國也有 25.3%，連英國都有 21.5%。但關鍵是，（ i ）這些國家的經濟體遠小於美國，（ ii ）美國近十多年的增加率遠超過這些國家。從 2000 年到 2016 年，法國的加幅比率是 15%（從佔 GDP 的 27.5% 增加到 31.5%）、瑞典是 4%、德國是 0%、英國是 21%，而美國則增加了 35%（從佔 GDP 的 14.3% 升到 19.3%）。這些都反映美國政府的「應得權利」負擔在近 20 年來，也就是克林頓的加速放任經濟和加寬道德自由之後，在急激和不斷上升。

福利負擔的不斷增加會製造嚴重的經濟代價。

⑤ 當年的藍領階層的道德觀比較保守，但經過多年來政治與文化精英的灌輸和引導，今天的藍領階層很多已放棄了傳統道德觀。

⑥ 在 1979 年，由浸信會牧師傑瑞·法威爾（Jerry Falwell）創立，主要是團結共和黨和保守基督教教徒，是對 1960–1970 年代戰後一代道德自由的一種反應，雖然那時的卡特總統是虔誠新教徒，但保守分子認為他未有矯正社會道德的疏懈。列根當選和連任有賴他們大力支持。但內部不和導致在 1980 年代末期解散。

⑦ 唯一未被列根拉攏成功的是南方白人，這批人的力量會在特朗普時代現身。

⑧ 芝加哥學派最閃光的時刻。中國改革開放剛趕上這浪潮，是禍是福就要看我們了。

供給側經濟又稱「下淌經濟」（trickle-down economics，理論是減稅率會增加富人收入，引導增加投資，導致增加「供給」，使財富「下淌」到低收入人群）。列根稱之為返回「新政」之前的自由企業、自由市場。繼他任的老布殊暗地裡叫這做「巫術經濟」（voodoo economics）。

它主要有 4 條腿。（i）削減政府開支的增長（但增加國防支出，列根上任後佔 GDP 的 4.9% 或政府總開支的 22.7%，卸任時佔 GDP 的 5.8% 或政府總開支的 27.3%。是越戰結束後最高的開支，為此，政府平均赤字每年仍達 GDP 的 4%）。（ii）削減聯邦所得稅（income tax，包括個人和企業）和資本增值稅（capital gains tax）。（iii）削減政府法規，尤其是稅制。（iv）收緊貨幣供應去削減通脹。

到今天，「列根經濟」的功過仍有爭論。支持者的說法是：（i）結束了滯脹。通脹從上任時約 13.5% 跌到離任時的 4.1%。（ii）提升了 GDP 增長，任期內人均 GDP 每年增長 2.6%，相對前 8 年的 1.9%。（iii）提升了企業家精神。

反對者的說法是：（i）擴大了收入差距。中下層收入增長從 2.4% 下降到 1.8%；上層收入增長從 2.2% 升到 4.83%。最高收入的 1% 人口的稅後收入在 1979 年佔全國總收入的 7.4%，到 1986 年更高達 12.8%，雖到 1989 年（列根卸任）稍回到 11%。（ii）製造了一種貪婪風氣。（iii）國債增加了 3 倍。列根任內每年政府赤字是 GDP 的 4%，在他之前的 8 年的平均是 2.2%。美國從最大債權國變成最大債務國。1980 年（列根上任）到 1988 年（卸任），國債（聯邦與地方）從 GDP 的 26% 升至 41%。

⑨ 不是以絕對的溫飽衡量，是種差距的衡量。

⑩ 舉例，在醫療上投入到乳癌（女性）和艾滋病（同性戀者）的資源遠遠超過患者在人口中的比例。當然，艾滋病到現在已不是同性戀的「專利」，但當時確實集中在同性戀群體。

⑪ 當年立國的國父們都不願有政黨出現，但很快就「投降」。見上有關美國政黨體系的註。

⑫ 2013 年，最高法院要裁判《保護婚姻法案》（Defense of Marriage Act，簡稱 DOMA，主要是定義婚姻只容一男一女的結合，也就是不容同性婚姻）是否合美國憲法。超過 300 多間大企業聯名要求法院判決該法案違憲（結果是 5 比 4 裁定違憲）。今天，大部分的《財富》500 強企業都支持同性婚姻，叫得最響的包括蘋果、高盛、哥倫比亞廣播公司、星巴克、Twitter、迪士尼，有些企業如蘋果、星巴克等甚至挑戰反對同性婚姻的人士，說歡迎這些人抵制它們。可見同性婚姻是如何聲勢浩大。

同性戀者是最有閒錢的消費者，而他們的形象和消費模式帶領着消費時尚和潮流，是整個以消費為動力的資本經濟的支柱。但企業，尤其是大企業，支持同性婚姻的另外一個主要原因是企業成本。企業界認為不容許同性婚姻在聯邦層次上合法化（婚姻是州的權力，而不少州已容許同性婚姻）大大增加企業成本，並限制企業的運作（尤其國內、國外招募高層管理和高科技員工，特別是創新型產業和文化產業，它們好像是同性戀集中地）。研究都市發展的理查·佛羅里達（Richard Florida，1957–）甚至建議以同性戀者在人口中的比例去衡量一個城市的創新力。從前，企業支持進步是危險的，現今的危險是支持得不夠快、不夠響。

這些企業打出的口號是「多樣化（diversity）的員工」去反映整個社會和企業服務對象的群

體。但是，要保證員工對企業的忠心，企業要為多樣化的員工提供同樣的工資和福利，不能厚此薄彼，這是他們支持同性婚姻的理由。(i)把同性婚姻和異性婚姻分開會為企業帶來繁瑣複雜的人事管理。例如企業雇員的福利可能包括健康保險。在法律上，一個同性戀雇員的性伴(partner，一般是要長期和穩定，無論是已婚或同居)的健康保險福利會被視為這雇員的額外收入，要交稅，也即是這個同性戀雇員的實際工資就少了。很多企業用增加同性戀雇員的工資去抵消，但也即是增加了企業成本，並且企業還要成立一套專為同性戀雇員而設的報稅機制。類似的不便與麻煩確實不少。同性戀群體中，性伴一般比非同性戀者要多，所以誰是「長期和穩定關係」的性伴成為立法的難題(當然，有人指出，這起源於非同性戀群中，很多法律早已把結婚和同居視為同等。這些都是 1960 年代「性解放」之後才盛行)。(ii)某些企業會提供雇員夫婦共同儲蓄，異性夫婦可以取得部分免稅額的優惠。但同性夫婦就沒有這些優惠了。異性夫婦的病假、家庭緊急事件假期都不能用在同性夫婦上，企業退休金、人壽保險等都不能轉讓給同性伴侶。有人算過，異性夫婦可以享受而同性夫婦不能享受的福利高達近 1,000 種。(iii)在企業競爭人才之際，《保護婚姻法案》約束雇主在雇傭外國員工時不能為他/她申請「同性夫妻」的共同入境簽證，因此，難從同性婚姻合法的國家引入人才。(iv)婚姻是州政府的權力，《保護婚姻法案》是聯邦法律，不承認同性婚姻。所以如果是在一個容許同性婚姻的州，雇主遷就聯邦法律就容易引發訴訟。所以，支持同性婚姻完全符合企業管理效率和邏輯。

現在，在同性戀維權行動上，企業界尤其是跨國的「財富 500 強」是帶頭，比政府甚至民意走得更前。過去有些企業曾經被反對同性戀人士抵制，有些大企業(如 Chick-fil-A、Urban Outfitters)和它們的總裁也曾因支持反同性戀，而被同性戀群體大大批判。到 2013 年，也就是《保護婚姻法案》被最高法院判違憲的時候，58% 的美國人贊成同性婚姻合法、36% 反對(10 年前則只有 37% 贊成，55% 反對)。

美國人口只有 3.5% 自認同性戀。但同性戀群體和維權人士的組織能力強、經費充足。有人指是因為 1980 年代艾滋病流行使同性戀者積極維權，尤其當時比較保守的共和黨政府(列根、老布殊)對同性戀仍取敵視或者不理睬態度。同時企業全球化引發出多樣化。除了要吸引人才、減低管理成本外，小撮的員工(特別是高級員工)公開性取向也是個重要原因，影響同性戀的朋友和家庭成員慢慢接受，使同性戀變得人性化(humanized)和正常化。現今「對同性戀友善」(gay-friendly)成為企業競爭人才和顧客的口號。

企業支持同性婚姻可能是為了「公平」(fairness)，同性戀維權分子要爭取的也不只是一個「准許證」，而是一個「社會認許的證明」，也就是「平等」。但更大的理由是「務實功利」。沃頓商學院(Wharton School)的馬里奧·穆薩(Mario Moussa)一針見血地說「美國企業界的文化就是你好我好、一齊做事、互相合作。如果你劃清界限，不久之後就只有你一個人去幹活。」(Corporate America is all about getting along, working on teams, collaboration. If you start drawing lines on the land, pretty soon, you're going to be working by yourself.)在商言商，如果支持同性戀不減低生產成本，不擴大生意市場，企業會這樣積極支持嗎？這也是為甚麼同性戀身份政治比賺不到錢的民權運動成功得多的原因。

⑬ 2017 年，「北美伊斯蘭協會」(Islamic Society of North America) 年會在芝加哥舉辦。有兩個維權組織（「人權運動」[Human Rights Campaign] 和「支持進步價值觀的伊斯蘭」[Muslims for Progressive Values]）合辦一個會展攤位。但當大會負責人看到他們展出和分派傳單，呼籲歡迎同性戀者參加宗教祈禱和爭取伊斯蘭婦女平權，就馬上把攤位關閉，指他們違反年會的「宗教、私人和家庭取向」原則。這個小事件反映美國伊斯蘭與進步分子（主要是民主黨）的苟合。

2018 年的美國中期選中，伊斯蘭人首次大批參選和投票擁護民主黨。近期的調查顯示伊斯蘭成人中 62% 支持民主黨，17% 支持共和黨，21% 無傾向。

社會道德趨向保守的伊斯蘭信徒怎會跟力推道德自由的民主黨進步分子扯上關係？根據 2015 年的調查，美國伊斯蘭信徒比大多數的美國人有更強烈的信仰和頻密的祈禱，對「進步」價值觀如婦女外出工作、墮胎、同性婚姻的支持率比大多數美國人要低。在道德觀上接近激進的新教（evangelical）和傳統的天主教多於現世進步分子（secular progressives）。

一個解釋是伊斯蘭信徒知道自身是少數，也沒有意圖要藉政府力量把伊斯蘭信仰和道德觀傳播全美國（不如同性戀分子）。他們要政治空間在家裡和自己團體裡奉行自己的傳統，又同時容忍社會上任性的個人權利和性解放。有人指出，伊斯蘭難接受進步分子的男女平等和同性戀價值，但卻樂意支持進步分子為同性戀群體爭取法律權利。

另一個解釋是「群族性」(tribal)。在現今（特朗普時代）的政治環境中，伊斯蘭只有兩個明顯的選擇：一個政黨對他們越來越敵視，另一個政黨熱情地歡迎他們。伊斯蘭加入民主黨陣營不是因為它相信同性戀權利，而是想與同性戀維權者一樣去爭取一個可以容得他們的多元化（pluralistic）社會，一個更「棕色」的社會（相對於「白色」社會）。為此，它加入了更願意容納它的隊伍，放棄敵視它的隊伍。這是苟合，被迫的苟合。

原先不是這樣子的。9．11 之前，伊斯蘭對兩黨的支持相當平均。9．11 之後，共和黨開始敵視移民，加上白人至上主義抬頭，伊斯蘭難以容身。但民主黨則歡迎他們，唯獨要他們放棄對婚姻和性取向的傳統觀念。同時，「爭取公義」（討回公道）的左派精英從伊斯蘭教徒的「棕色皮膚」看出一個「受害人」。這些精英把伊斯蘭「扭曲」為一個以種族定義的「身份」，納入「自由政治」的意識形態去。當然，伊斯蘭是不統一的，起碼有中亞與巴基斯坦一組，阿拉伯另一組，以及其他地區，什葉和遜尼，也有很大分別，此外，還有美國黑人。他們對道德自由有不同的接受度、對經濟公平有不同的輕重觀。

伊斯蘭與民主黨的關係被形容為「便利婚姻」(marriage of convenience)。2016 年總統大選有一件被渲染得很厲害的事件。在民主黨大會上，一個在伊拉克戰死的陸軍中尉的父親上台，說了一段話，引起全國回響：「把票投給這個療傷的、最強的、最有資格的候選人 —— 希拉里・克林頓，不要投給那個搞分裂的」。這個伊斯蘭的父親沒有黨派，而且兩度投票支持過共和黨的列根，但他有甚麼選擇？那時候的特朗普要全面禁止伊斯蘭教徒進入美國。「恐伊」(Islamophobia) 之風吹遍美國，就算像為國捐軀的英雄的父親這樣的「好伊斯蘭」也保不住。結果是 3/4 伊斯蘭選票投了希拉里。今天，伊斯蘭是鮮明支持民主黨的宗教群體。但他們的道德仍是傾向保守，私下裡，他們守着傳統價值觀，信神、視同性婚姻為罪過（但

也有開始支持的)。共和黨的「恐伊」把伊斯蘭推向民主黨的懷裡。

但是這也掩蓋了民主黨與伊斯蘭之間的一些奇妙關係:不是伊斯蘭認為民主黨太過進步,而是不夠進步,並開始要求民主黨滿足他們更多的訴求。特朗普上台第一年,仇恨伊斯蘭罪案增加了 15%。他把美國駐以色列使館從台拉維夫遷往耶路撒冷更令美國伊斯蘭憤怒和恐懼。為此,伊斯蘭對進步的民主黨有更進步的要求,去向民主黨內更左翼的一面,要求勞工的經濟公平、全民保健、黨內民主,在民主黨內支持希拉里的對手(這是「道德自由」分子始料不及的)。伊斯蘭要藉民主黨的平台打入政壇,當然,他們的政治精英口中仍跟着黨的路線,支持同性婚姻合法和性取向(包括變性)平權,但更着意爭取增加工資、醫療保障等日常生活條件。所以他們在 2018 年的中期選舉中積極參與。他們只佔美國人口 1%(同性戀有3%),不能在全國性的政局有大發展(起碼暫時如此),但在伊斯蘭集中的選區就大起作用,所以集中火力在地方和州的選舉,更在民主黨內要求增強透明度。

有人說,在這場苟合中伊斯蘭增加了民主黨的政治光環 —— 多樣、包容,但伊斯蘭也要民主黨付出代價 —— 經濟公平、政治利益。民主黨付得起嗎?願意付嗎?美國伊斯蘭沒有黨派的忠誠,它現在是無家可歸才歸了民主黨,但也開了眼界,分得開甜言和實惠,隨時可以從民主黨轉向共和黨。

⑭ 可能是這個緣故,在過去「政客」(politician,也就是吃政治飯的人,有別於「政治家」[statesman])是個較少用和含貶義之詞。今天好像沒有人用「政治家」一詞,全都是「政客」了。

⑮ 其實羅斯福也有嫌疑,但他要處理大蕭條,所以他的大作為遮掩了小瑕疵,沒有污了名。

⑯ 這是克林頓的一個白宮助手(白宮特別助理和高級顧問同性戀者理查‧索卡里茲[Richard Socarides,1954-])在 2013 年的《紐約人》(The New Yorker,美國著名精英雜誌)的文章,談克林頓在任內支持《保護婚姻法案》的一段歷史演繹(這裡是節錄和意譯)。

「一個離任後的總統承認他任內的錯誤,更罕見的是他否定了他簽署的重要法案。克林頓在《華盛頓郵報》上發表文章,把他 1996 年簽的《保護婚姻法案》形容為『違憲』,並要求最高法院把它廢止。當時高院正準備聆訊和判決,結果是判該法案違憲,打開美國同性婚姻合法化的大門,但仍有些州以州權去禁止同性婚姻。

「我並不感到意外。雖然克林頓仍未有道歉,但這文章未澄清一個政治的神秘。克林頓明顯不滿意這法案,但未解釋他為甚麼簽了,只說一句『當年時事很不同』(It was a very different time)。為甚麼這個帶頭鼓吹同性戀者權利的總統會簽這個美國史上最歧視同性戀的法律?

「最簡單的答案是他當年競選(連任)時的同性戀立場超前於民眾的想法,而被他的政敵架空了。但另外一個事實是我們未想到同性戀權利會演化得這麼快,至令今天去矯正這個法案對同性戀者的傷害是這麼困難。

「20 多年前,克林頓競選總統,那時他是第一個向同性戀群體尋求支持和獲得支持的主要政黨的總統候選人。在 1992 年,共和黨已經控制了白宮 12 年。在這段時間,聯邦政府完全忽略了快速蔓延的艾滋病災情。克林頓則非常同情,因為他對人權敏感,而且很多朋友是同

性戀和艾滋病的維權分子，在國家層面上，他比其他政客更認識同性戀者的平權問題。

「1992 年 5 月，他在荷里活第一次大規模的男女同性戀助選大會上充滿情感地大談艾滋病危機，和忽略這些苦難的道德成本。1992 年大選中，他獲得同性戀者熱切和大力的支持。同性戀的政治捐款開始成為競選經費的重要部分。

「克林頓 1993 年上任，剛開始就遇上困難。他想同性戀可以公開地在部隊裡服役，但黨內和國防部都反對，退讓，達成『不問、不答』(Don't ask, don't tell) 妥協。同性戀維權分子大怒，但總統知道這件事上沒法贏。之後的幾年都沒有在同性戀問題上有甚麼作為，但他委任了很多同性戀者高級公職（包括本文作者）。

「1996 年總統大選，克林頓想連任。此時，共和黨想出一條高明戰術。那時夏威夷州有一件同性戀者權利的訴訟，在一連串的地方法院判決都顯露出同性婚姻有可能從憲法的演繹中找出合法性的依據。克林頓當時的公開立場是反對同性婚姻平等的。但共和黨相信他看見夏威夷的情況，會有信心去否決由共和黨發起的不容聯邦政府認可同性婚姻的法案，那樣他們就可以用來攻擊克林頓，說他不保護傳統的男女婚姻。

「但共和黨未想到在大選年克林頓會這樣害怕走在選民前面去爭取同性戀者權利，尤其是他有了前幾年推促在役軍人公開同性戀的教訓。於是共和黨在國會加速立法，要在大選前出台《保護婚姻草案》。當時，《紐約時報》報導為克林頓處理這事情的高級顧問這樣說，用這法案去醜化同性戀者是錯誤的，這些人只是想造勢。事實上，總統既然有了公開的立場，他就無法不簽署這草案。《紐約時報》指出這草案把克林頓迫入死角……他可能在禱告，希望這法案不會來到他的桌子上。（法案在國會通過後，仍要總統簽署才生效。這句話的意思是指克林頓希望國會不通過草案，那他就不用被迫簽字了。）

「白宮內部的人相信如果總統否決，他的總統連任就會有問題。內部在爭議，但總統的政治顧問們不敢行險。有指出，法案出台不會立即產出任何實際的情況，因為當時沒有任何被州政府容許的同性婚姻需要鬧到聯邦去處理，因此，不管是多麼高貴的原則，如果因為要否決一個絕不影響任何一個人的法案而斷送了連任，就不值得了。我們當時沒有意識到在無人預知的短時間內數以千計的家庭會被這法案傷害 —— 不能拿到聯邦福利、保障、認可，或移民家庭不能團聚。

「競選期，克林頓曾公開抱怨共和黨用這法案攻擊他。他很不屑地說：『這（同性婚姻）是個微不足道的小問題』。9 月份，法案通過，克林頓簽了，簽字時沒有拍照，沒有把簽名的筆分做紀念品。我叫白宮工作人員盡量安排得簡單，盡快簽完了事。那晚，總統忙了整天競選活動，深夜回來就簽了。

「克林頓競選連任大勝，又是由同性戀者和同路人大力支持。有一個在南方進行選舉活動的小組織曾在電台做廣告，讚揚這法案，但馬上就被叫停。

「否決《保護婚姻法案》會不會危及克林頓連任？我想不會，但是，在 1996 年，支持同性婚姻的不足 30%，就算 8 年之後，2004 年的總統大選，小布殊仍有效地利用同性婚姻攻擊他的對手。有很多人認為小布殊巧妙地在比較溫和保守的州把同性婚姻公投與總統競選安排在一起，使選民在投票時把兩件事連起來，藉此成功打敗民主黨候選人。

「當年，如果克林頓連任競選失敗，就不會出現他在第二任期中為同性戀者爭到的權利，艾滋病的治療和研究經費就會化水。況且，他否決了的《保護婚姻法案》仍會被重新由共和黨控制的參眾兩院恢復。

「連任當選使克林頓在同性戀維權上的膽子壯了。他訂立聯邦的《反仇恨法》（Hate Crime Statute），禁止歧視同性戀就業，並委任公開的同性戀者政府高職，包括詹姆斯‧霍梅爾（James Hormel，1933－）做駐盧森堡的大使。他簽署總統行政令禁止聯邦機構歧視性取向，打開企業界照顧同性戀的大門。

「到 2009 年，克林頓最後肯定同性婚姻。在接受 CNN 電視台的安德森‧庫珀（Anderson Cooper，1967－，也是同性戀者，但那時未公開）訪問說：『我說：你知道嗎？我發覺我已經 60 多歲了。我成長過程是另一個年代，我就是不能用這個詞（指同性戀）。我有所有這些朋友、這些同性同居的朋友，我就是不能用這個詞……我的立場是站不住的。』

「整件事件給我們甚麼教訓？最清楚的是如果你在原則上妥協，並假設世事永不會如你的理想，那麼你大有可能會後悔。克林頓從不認為聯邦政府有權歧視同性婚姻。但更關鍵的問題是，（競選）得勝是不是最重要的事情？如今回想，拒簽或會影響連任，這個險值得嗎？」

以上是當年克林頓簽署《保護婚姻法案》的內幕，是站在同性戀的角度去演繹，是同情克林頓的演繹，但仍可使我們看到苟合。

克林頓以「當年時勢很不同」去避重就輕，解釋他當年為甚麼簽署大大損害同性戀的《保護婚姻法案》，是典型的「此一時，彼一時」的推搪，顯示（但不是證明）他與同性戀群體的關係是種苟合。如果他對自己的原則是認真的，如果他支持同性戀群體是真心的，他絕對應該拒絕簽署《保護婚姻法案》。他是明顯地利益高於原則，在「不問、不答」的事情上早已表露無遺。又或者說，他是「被迫」的，因為他早有公開反對同性婚姻的立場才被共和黨有機可乘，迫他簽《保護婚姻法案》。但這裡更顯示他的沒有原則——「反對同性婚姻平等」真是他的原則嗎？如果不是，為甚麼要公開表態？跟着就是一連串的自辯，說政治人物不能太超前民意、說簽署法案時不認為會對同性戀群體有實際傷害。

其實，歸根結底，1992 年拉攏同性戀群體是為想當選，1996 年傷害同性戀群體是為想連任。連支持他的同性戀維權分子也尷尬地問一聲：「（競選）得勝是不是最重要的事情？如今回想，拒簽或會影響連任，這個險值得嗎？」其實就是對克林頓的怨言。至於同性戀群體氣憤他簽了《保護婚姻法案》，當然也知他是為了連任而苟且（討好反對同性戀的保守分子），但仍大力支持他（因為他比共和更能滿足同性戀群體的訴求）也是為了利益而已。利益的結合就是苟合。除了道德問題，苟合肯定不會長久，因為今天的利可以是明天的弊，離離合合總會有政治成本（朝秦暮楚，公信力下降），總會動搖社會安寧（無所適從，凝聚力消失），而且往往帶來經濟浪費（假公濟私，掏空國庫）。

⑰　其實，這個新民主的組合分幾個浪潮。

1980 到 1990 年代是第一浪，對象是在美國南部和西部有列根傾向（小政府）的白人勞工民主黨人士。到 1990 年代是第二浪，拉票對象轉移到東北地區的選民（日後克林頓當選的支持主力在此）。在 1994 年中期大選中，共和黨重獲參眾兩院，更把民主黨在南部和西部地

區的勢力掃光。

第二浪是 1990 年代到 2016 年，在共和黨小布殊任內發生。華爾街和矽谷的道德自由、財政保守精英們是第二浪的代表人物。這些「中間民主派」找的支持者不再是南部的白人勞工和西部人，而是在東北、中西部和西岸地區較溫和的共和黨人。他們同屬左右派：左是贊成「道德自由」（墮胎、同性戀、環保），右是反對「大政府」和政府赤字，也可稱「華爾街民主黨」。但是在 2008 年的民主黨總統初選時他們卻放棄了一手創建「新民主」的克林頓的夫人希拉里，轉去支持奧巴馬，因為到那時「新民主」已經不「新」了，它的經濟自由與道德自由已成為民主黨的「正統」（可以說，「新民主」的消失其實代表它的成功），而這個民主黨的「正統」想升級成為美國的「正統」。這就是奧巴馬任內不遺餘力去走的方向，引發出道德保守分子的強烈反應，成為特朗普當選的主要原因。

⑱ 這叫「共和黨革命」（Republican Revolution）。從 1933 年羅斯福時代以來到 1995 年，共和黨只有 4 年同時控制兩院。

⑲ 他的基金被人批評最甚的是不夠透明。當然，凡是政治人物都會受批評，但他的基金確實接受了不少外國的捐款，特別是中東國家。

⑳ 科索沃人把他視為聖人，為他立像，因為他在 1999 年未拿到聯合國的批准就發動北大西洋公約國採取軍事行動，去「保護」科索沃對抗當時的南斯拉夫。更有政治意義的是從此美國定下在國際上甚麼是「人道」，誰違反「人道」。

㉑ 當然傳統也在變。保守人士指的傳統只是二戰之前的共識：反吸毒、反墮胎、反同性戀等。

㉒ 來自黨內的是以約翰‧麥肯（John McCann）參議員為首。

㉓ 「...racist, sexist, homophobic, Islamophobic —— you name it, and unfortunately there are people like that. And he has lifted them up.」

㉔ 有別於當時差不多都要左派欽點才算的邊緣群體。

㉕ 當然，邊緣群體是多元化的，同情婦解的也可能對伊斯蘭歧視，同情同性戀的也可能歧視黑人。

㉖ 美國近代總統當選票差：

羅斯福

1932 年　17.76%

1936 年　24.26%

1940 年　9.96%

1944 年　7.50%

杜魯門

1948 年　4.48%

艾森豪

1952 年　10.85%

1956 年　15.40%

甘迺迪

1960 年 0.17%

約翰遜

1964 年 22.58%

尼克遜

1968 年 0.7%

1972 年 23.15%

福特　接任尼克遜

卡特

1976 年 2.06%

列根

1980 年 9.74%

1984 年 18.21%

老布殊

1988 年 7.72%

克林頓

1992 年 5.56%

1996 年 8.53%

小布殊

2000 年 -0.51%（負差）

2004 年 2.46%

奧巴馬

2008 年 7.27%

2012 年 3.96%

特朗普

2016 年 -2.09%（負差）

差額的半數是決定因素。例如 4% 的票差代表 2% 的轉向。

㉗ 列根是美國總統當選前曾有離婚的第一人，之後是特朗普。

㉘ 福山有先見之明，知道身份政治必會把政治弄得一團糟，早在他的《歷史的終結與最後一人》就談到特朗普（也就是他當選前的 20 多年），他曾說：「我在《歷史的終結與最後一人》說過民主加上市場經濟是好事，因為它會像海綿一樣吸納野心人士的精力，不讓他們變成愷撒大帝或希特拉。那時我提到特朗普，我們的政治制度要吸納這些人，安定他們。當時，我們的制度好像有效。他可以做個地產商或者稍後做個娛樂圈的賣藝人，但他不滿足，要搞政治。現在我們真的有問題。我們國家憲法的設計就是防止這些有瘋狂野心的人升上去，用權力制衡的系統去約束他們。如今，我們的制度面臨考驗。」（2018 年 8 月 27 日接受《新編年史》的訪問。）

㉙ 圖 33 與圖 32 很相似。主要分別是在杜魯門、艾森豪、甘迺迪、約翰遜時代（也就是1950–1960 年代）文明的主線走向「越權社會」，反映戰後一代的反叛；而文明的輔線則沒

有走向「貪婪社會」，反映那時的戰後一代雖然反叛但不自私。到尼克遜之後（1970 年代後期），他們才走上自我、自戀。

㉚ 近幾年美國總統與國會選舉費用（包括直接競選費用和經所謂「助選團」[Political Action Committee] 的投入）：

	總統選舉費用（美元）	國會選舉費用（美元）	總選舉費用（美元）
2016 年特朗普當選	24 億	40 億	64 億
2012 年奧巴馬連任	26 億	37 億	63 億
2008 年奧巴馬首任	28 億	25 億	53 億
2004 年小布殊連任	19 億	22 億	41 億
2000 年小布殊首任	14 億	17 億	31 億

從 1976 年到 2016 年，總統競選費用（不包括「助選團」）升了 21 倍，大幅上升是從 2004 年小布殊競選連任開始（也是大資本家索羅斯聲稱傾家蕩產也要拉小布殊下馬的那一年）。

㉛ 政府與資本的苟合除了開放經濟約束外還開放大量的「企業福利」（corporate welfare）。以下是一些典型的例子。（2014 年數據）

（i）州政府與城市政府為大企業提升最少 800 億美元補貼。通用汽車公司拿得最多（從 17 個州共拿到 16 億美元）。其他公司包括蜆殼石油、福特汽車、佳士拿汽車各得 10 億美元以上，亞馬遜、微軟、波音等各拿超過 2 億美元。

（ii）聯邦對企業補貼差不多每年達 1,000 億美元。

（iii）聯邦把企業所得稅從表面的 35%（特朗普上任後大減）削到實際的 13%，每年為企業省了 2,100 億美元。

（iv）對沖基金管理層的最高所得稅率（15%）低於一般人（35%）。為此，政府稅收每年少了 830 億美元。這幫人近 70% 月收入超過 46 萬美元。

（v）速食行業員工工資低，要拿政府救濟福利，每年超過 2,430 億美元。

（vi）住房抵押利息免稅，是變相補貼房地產行業，每年高達 700 億美元。直接收益的業主中超過 70% 的年收入超過 10 萬美元。

（vii）華爾街救市時聯邦儲備局動用 76 兆美元，實算的救市成本估計為 320 億到 680 億美元（並未包括因要托住聯邦國民抵押協會和聯邦住房貸款抵押公司而用去的 1,800 億美元）。

（viii）大企業因犯法而被罰的罰款可免稅。這一方面影響政府稅收，一方面縱容企業漠視法律。據稱大投資銀行 JP Morgan 曾被罰款 130 億美元，但因免稅而省了 40 億美元。

（ix）稅法中不斷為企業與富人開路。2013 年的稅例給予他們 670 億美元的方便。

（x）企業私用飛機補貼（每年值 30 億美元），高管層購房免稅（每年值 80 億美元）等等優惠。

㉜ 最明顯的是國家要保障就業（國家利益）就不得不保住「大的不能讓它失敗」的企業（資本利益）。

第五篇　全球資本的
　　　　過去和未來

　　全球資本追求「秩序」——資本支配下的
秩序：蔑視勞動價值、漠視弱者求存、忽視實
體經濟、敵視國家意識。功利、務實的美國文
化的確適合做全球資本的尖兵，但也付出了代
價。為滿足全球資本，國內失序（尤其是身份
政治）、國外樹敵（尤其是伊斯蘭），到美國精
血乾枯，全球資本會另覓新歡。

第二十一章　全球資本

　　　　工業革命的内涵是生產標準化，標準化生產衍生出資本密集型生產模式，形成資本獨尊。同時，資本密集型生產帶來規模生產，規模生產引發資金需求，需要融資，形成金融獨尊。全球資本是指一個實體經濟被資本支配，資本被金融支配，而金融逐漸脱離實體經濟的全球性現象，由一批散佈全球，有「世界公民」意識的精英把持，以具有美國住址為他們的標籤。

　　西方文明的未來主要是英語文明的未來，英語文明的未來主要是美國文明的未來。

　　現代美國文明與全球資本息息相關，互相牽動。可以說，全球資本的美國化與美國文明的全球化是未來西方文明，甚至人類文明的決定因素。先說全球資本，再談全球資本與美國文明的互相牽動。

　　西方經濟學沒有明確的「經世濟民」意識，它是這樣定義「經濟」的：分配和使用有限的生產要素去滿足人類無限的物質追求。「經濟學」是探索「最高效率」的分配和使用。為此，經濟的重點是生產與消費的效率。

　　「生產要素」是生產的投入，有三類：勞動力（體力與腦力）、資本（工具、機器、廠房等）和自然資源（包括土地）。最淺顯的演繹是人（勞

動）、工具（資本）和材料（自然資源）。

「分配」（allocation）① 是指每一件產品和它的生產過程中所投入的勞動力、資本和自然資源的比重。同一件產品可以用不同比重的勞動力、資本和自然資源製造出來。在經濟學上，這些不同的比重叫「生產技術」：勞動力比重較高的叫「勞動力密集型生產」、資本比重較高的叫「資本密集型生產」、自然資源比重較高的叫「資源密集型生產」。生產技術的選擇支配生產模式與消費模式。

何謂「最高效率」？生產效率② 是以生產成本來衡量，成本越低代表效率越高。而生產成本是以生產所用的勞動力、資本和自然資源的數量和它們的單價來決定。

資本經濟就是「資本密集型生產」的經濟，也就是獨尊資本的經濟。為此，資本主義有兩個政治意義：經濟支配社會，資本支配經濟。也就是在政治上資本效益先於社會效益，在生產要素中資本功用先於勞動力和自然資源的功用。為此，資本擁有者的權益會先於勞動力擁有者和自然資源擁有者的權益。但資本是怎樣成為一枝獨秀的？

英國帶頭的工業革命的表面現象是生產方式的改變，也就是「生產技術」的改變。技術的改變有兩個元素：發明和採用。人類會不斷地發明③，但只有某些發明被選用，然後被廣泛採用。被廣泛採用的理由有很多：戰爭的新武器、宗教的新建築、消費的新產品等等。但在當時的英國，農業革命和人口增加保證了消費能力（市場），因此發明與創新的動力來自降低生產成本（參看第三篇，「演方法」，有關工業革命的討論）。阿克賴特的工廠制度、瓦特的水蒸汽機都如是。可以說，降低生產成本是發明和選用特定生產技術的決定性因素。在當時的環境中，要採用甚麼樣的生產技術才會降低生產成本？答案是分工與集中。這就是亞當‧斯密，加中点的理論（分工）和阿克賴特（集中生產）的實踐。但要有一個先決條件 —— 標準化，標準的產品和標準的生產過程才可以分工和集中生產。工業革命的基本屬性就是標準化。

前面說了，生產要素有勞動力（人）、資本（工具）和自然資源（材料）。勞動力來自人的體力和腦力，腦力很難標準化，體力會有些可能，因此，標準化的生產會聚焦於機械式的勞動力——簡單和重複的體力工作。自然資源，包括土地，是「天賦」的，沒有標準不標準。但資本（工具）就完全可以標準化。因此，標準化生產就自然而然地走上一種依賴機器和機械式勞動力的生產模式。當然，機械式的勞動力也代表勞動力會越來越可以用機器取代。結果，機器支配生產模式，也即是機器擁有者（資本擁有者）支配生產模式。資本擁有者既然支配生產模式，自然想在產品和生產過程中把資本的比重（特別是相對於勞動力），提到最高，以取得最大的回報，也就是使用「資本密集型」的生產技術。可見，標準化衍生出資本密集型生產。資本密集型生產有兩個邏輯：（i）先把勞動力機械化，繼以機器取代之；（ii）通過資本的累積（機器不斷增加），資本擁有者的回報可以無限地增加（只要產品的需求不斷）。為此，資本擁有者有掠奪傾向和掠奪能力。可以說，英國工業革命的內涵是通過生產標準化去降低成本，產生出資本獨尊的局面。這個經濟模式怎樣成為全球的模式？

維多利亞女王時代（Victorian Era，在位期 1837－1901）是大英帝國的巔峰期④。從擊敗拿破崙（1815 年滑鐵盧一役）到普法戰爭結束（1870年，普勝，法敗）的半個世紀中，英國收穫了率先工業革命的果實，成為世界唯一的現代化工業國家，成為「世界工廠」（workshop of the world）。與其他國家相比，它的工業製成品的質是最好的、量是最多的、價錢也是最便宜的，因此最受歡迎。法、德（前普）和美國的國內市場，英國貨佔了一半。

但經濟的內涵也開始改變。工業革命的第一階段是工業家取代商人，是 18 世紀末到 19 世紀上半期的事情。到了 19 世紀下半期，金融家支配工業家，金融資本主義取代工業資本主義。工業的資產落入不直接生產的金融家手裡。這現象也是英國帶頭，美國緊隨。為甚麼會出現這個現象？我們回頭看看工業革命的基本屬性——標準化。

標準化非但是分工與集中生產的先決條件，也是規模生產的推動力，因為規模效應會更進一步降低成本。但是規模生產需要更大的廠房、更多的機器，也就是更大的資本。資本哪裡來？融資。融資是找錢（資金），然後用錢去買或造廠房、機器（資本）。可以馬上看出，資金的數量、條件、期限等等肯定會支配生產的運作，也就是資金利益支配實體資本的效率。

融資的渠道有兩個：借債和招股。借債的發債券、招股的發股票，然後通過中介去招人購買。發債券、發股票叫集資；買債券、買股票叫投資。15 世紀開始的「大發現時代」，歐洲人往亞、非、美洲擴展，大大提升全球性的商業活動。商業的借貸越來越成熟，出現「中介」。初期是為商人之間結帳、轉帳，慢慢開始做融資業務，也就是作為借方與貸方、招股與入股的中間人。

融資就是籌措（融）資金（資），引發出資本市場（capital market）：是「資金供應者」與「資金需求者」做買賣的地方。他們買賣的不是實體資本（機器、工具、廠房），而是資金（債券、股票等一切與金錢有關的證券）。投資者（資金供應者）把資金的「錢」投資於生產者（資金需求者）的運作而賺錢。他們之間的中介就是融資者（銀行、財務公司、投資公司），他籌措別人的錢去供生產者使用，從而賺取服務費、佣金。

債券與股票其實是種憑據：某人答應在某時按若干利息去贖回債券；某人答應按時給股票持有人發若干紅利。買了債券或股票之後，一般人會有兩個考慮：這張債券或股票的風險有沒有改變；自己有沒有用錢的需要（包括用來買別的債券和股票）。為此，會出現轉賣債券與股票的情況，轉賣的價錢要看其他人對這債券與股票的評價。所以，債券與股票都叫「有價證券」。它有永不變的票面值和不斷變的市場價，也是通過中介在證券市場上交易。這是金融業的基本功能。

金融怎樣主宰了經濟？第一次工業革命是 1780－1820 年間以煤為能源、蒸汽機為動力的生產方式革命；19 世紀下半期開始以石油為能源、

以內燃機為動力；跟着是電力與化工。在這些新能源與新科技的領域中，英國的第一優勢沒了，德國、美國開始超越它。在競爭的壓力下，英國要創新，它把籌碼押在資本的組織上。為了消滅競爭對手和掠奪市場，英國推出企業合併和聯營。這當然要涉及發行和交換債券和股票，大大促進了金融業的發展。這些資本組織的創新增加了實體經濟的產量和降低了成本（美國稍後會青出於藍），但產量增加也逐漸超過了國內和海外貿易勢力範圍區內的需求。19 世紀中葉，經濟開始不穩定，長時期的低價薄利開始把資本家的視線從國內生產轉移至海外投資，金融業漸成經濟主導。

這裡，要談談債券、股票買賣的邏輯。關鍵是風險，任何債券、股票都有風險[5]。發債券、股票是為了融資，融資是為了生產，生產是為了賺錢，賺了錢才可以按時還債或多發紅利。無論是工業或商業，一個企業的風險與賺錢永遠是正比。風險越高，賺錢可能性越高，反之亦然。買債券的，也就是投資者，也是這樣計算的：高風險企業的證券，回報也高，反之亦然。當然他也要考慮企業的風險也是在不斷變化的。投資其實就是處理風險與回報的平衡，不同的投資者追求不同的風險與回報平衡點，對風險也會有不同的評估。一個典型的處理方法是中介會把不同的證券縛在一起去創造證券「捆」，代表不同風險程度（高、中、低等）和風險特徵（科技風險、政治風險等），好讓投資者按他們各自不同的風險與回報平衡點去選擇買或賣。這些都叫「金融產品」，也可以通過中介在證券市場交易。

當然，有價證券不單是債券、股票，金融產品也不止是形形種種的債券和股票捆。債券、股票是企業用來融資的，但投資者感興趣的不單是企業，凡是有回報的他都會考慮。農產品礦產品（commodity）的價格、期貨（futures contract）的價格、貨幣的兌換率（exchange rate）、證券市場的指數（index）等都可以作為投機買賣的對象。買賣的合同也是種證券，這些合同也可以縛成證券捆，也叫金融產品。整個金融體制是在 17、18 世紀成形，這個體制後面是商業社會的逐利意識和借貸行為，這點從未改變。於是，凡金融產品都可以不斷整合、分割、縛捆，在證券市場交易。

到此際，金融產品裡頭包藏着的企業資產與風險已無法追蹤。通過不斷的買賣，金融產品好像有了自己的生命。金融的運作與融資的功能好像越來越脫節了⑥。

在理念上，工業革命通過標準化生產獨尊了資本（機器），資本遂支配了生產。為此，擴充生產必需擴充資本，擴充資本必需融資（資金），於是資金（錢）支配了資本（機器），繼而支配了生產。在道德上，以錢（資金）賺錢（從別人的生產拿取資金的回報）從被鄙視到被接受，再到被膜拜。在形式上，金錢從交易媒介和儲值媒介變成一種有自身價值的貨品（資金），出現買賣的市場，叫金錢市場（money market）。在這市場裡，買賣的貨品是金錢及其代用品、衍生品⑦。金錢的價格也是按金錢的供求邏輯而漲落。

再回過頭來看歷史。從 1870 年代開始，金融業對經濟和政治產生了史無前例的支配力。英國政府越來越關注英國資本家的海外投資，特別是購買外國政府的國債，也就是借錢給外國政府作發展資金（發展鐵路是當時最大的資金方向）。商業全球化開始轉型為金融全球化。

當初，英國對殖民地的態度是很寬鬆的，有點既來之則安之的心理。當然仍是以商業利益為主，但並沒有「帝國」的野心。但隨着實體經濟的下滑，英國資本家的海外投資不斷擴大，而投資地區又是不安定的（例如埃及與蘇彝士運河），越來越需要政府用武力去保護。再加上在 1871 年統一後的德國野心漸顯，英國遂走上強勢帝國之路。歐洲其他國家正在追趕英國，怎麼能讓它獨霸天下？第一次世界大戰終於爆發，由殖民帝國主義帶頭的全球化結束。一戰與二戰之間的 20 多年是一戰後遺的療傷期，之後是美國帶頭的全球化。美國與英國同是資本主義國家，但青出於藍，或可以說變本加厲（下面的歷史介紹由《西方文明的文化基因》節錄而來）。

南北戰爭結束後，美國的工業化才算是真正起步。經過馬克‧吐溫（Mark Twain，1835－1910）所稱的「鍍金時代」：一方面是前所未有的自

由競爭，發揮了前所未見的經濟活力；一方面是前所未有的弱肉強食，製造了前所未見的投機（尤其是土地開發）、政治腐敗、商業失德。到了1880年，美國開始超越英國，這是美國爆炸性發展時期。

19世紀末、20世紀初的美國工業產量和人均收入僅次於英國。空前的移民潮⑧大大增加了美國的經濟活力。這是個經濟搶掠的時代，出現了所謂「強盜資本家」，洛克菲勒、摩根等是代表人物。這些大企業家、大財閥代表着「美國精神」⑨：不斷地競爭，無止境地追求，而且往往是只顧目的，絕不考慮別的人和別的事。當時的商業道德觀念鬆弛得很，暴力、賄賂、欺詐，比比皆是。但當時的美國人對這批人卻崇拜得很，因為在這個移民的國家裡，這代表人人都有機會發大財。這批人物財雄勢大，支配着政府。在階級流動比較慢的歐洲，知識分子一般看不起商人，但在階級流動性強的美國，大部分人都擁護賺錢，認同商業風險和刺激，讚許商業成功帶來的名利和生活享受。

19世紀末到一戰結束是美國的進步期。這是個頗複雜的時代：對內整頓經濟秩序，對外擴充美國疆土。國內進步，但國外卻走上帝國之路。首先是美西之戰（1898年），搶奪西班牙的殖民地，包括巴西、波多黎各和菲律賓。繼是在1900年國會通過「門戶開放政策」（Open Door Policy）向中國施壓，要求自由貿易。這段時期其實是美國霸業的奠基時期，強盜資本家時代為美國創造了強大的國力。

美國介入一戰，投入大量物資，是盟國戰勝的關鍵⑩。一戰之後，美國進入「自閉」（Isolationism，又稱孤立主義）階段⑪。但同時，美國經濟與軍事力量卻不斷增長。對外關稅，對內減稅，每年以巨額盈餘大幅度償還國債。1920－1929年是「咆哮20年代」，特別是汽車業的發展刺激石油、玻璃、築路等工業，並帶動以小汽車為主導的旅遊和購物。大小城鎮高速發展，建築業蓬勃興旺，除了農業外，一片好景，直到股市崩潰。

1929年10月9日，股市大瀉。美國乃至全世界都進入大蕭條。1933年羅斯福登場，扭轉頹勢，打出新政：增加政府投資（包括赤字投資），

發動大量基礎建設。基礎建設在日後為美國的經濟騰飛創造了條件。

當初一戰開始時，英國仍是最大的債權國，倫敦仍是世界金融中心。但到了一戰結束，英國經濟絕對性地衰退。1929 年大蕭條開始，英國被迫放棄黃金本位的貨幣，又放棄自由貿易，採取保護政策（這也是當時各國的政策），經濟從此一蹶不振。1939 年，納粹德國攻入波蘭，二戰開始。英國實行外匯管制，又決定花掉其黃金和美元儲備向美國購入軍火、物資和工業機器。到 1940 年中期，英國的出口比 1935 年低三分之一還多，國庫瀕臨枯竭，就要破產。美國於 1941 年初通過《租借法案》（Lend-Lease Act）供應英國物資，戰後歸還。

美國在戰時已開始注意戰後發展，決定要打開從前自己沒有份兒的市場，尤其是「英鎊貿易區」（Sterling Bloc）。《大西洋公約》（Atlantic Charter）在 1941 年簽訂，布雷頓森林體系於 1944 年成立。在這些國際機構中美國佔的股份和發言權最大，要部署正式取代英國的霸權了。

二戰剛結束，美國馬上終結《租借法案》並要英國還錢，這一招使英國措手不及──英國原先以為美國會把法案維持到它經濟開始復蘇。那時，英國財政緊張，物資短缺，實行配給制，非但沒有能力還債，還希望向美國多借一些，以重建二戰中被破壞的基礎設施。跟美國談判借款的效果極差，附加條件特別苛刻：英國要在一年內解散英鎊貿易區，開放給美國進入，兩年內完成英鎊的自由兌換。從此，英國的國勢日縮，美元成為最有力和最安全的世界貨幣。

美國稱霸其實是資本主義稱霸。資本主義的動力是資本的增加與積累，這帶出一個怪異的經濟模式。經濟的實體是人類的衣、食、住、行。在這個實體經濟（物質經濟）裡要增加和累積資本就要增加消費。為此，資本主義的生產和延續是需要一個強調消費的經濟。如何加速和擴大消費？產品日新月異，轉眼過時；少數人的奢侈品馬上變成人人的必需品；產品損壞不能修整，必須更換；產品用舊不能翻新⋯⋯這些都是消費經濟的特色。消費經濟帶來消費文化，追求時尚、貪新厭舊、用完即扔、崇

尚奢華。消費文化產出消費文明，消費力成為個人價值的衡量 —— 有錢就是有社會地位，不管錢是怎樣得來的；價錢成為貨品品質的衡量 —— 貴的東西一定好，不管合用不合用。結果是一個笑貧不笑娼的功利世界，一個驕奢淫逸的淺薄社會。自古以來，人的經濟地位來自生產，如今，來自消費。

如今，資本家不再是從前的財閥，而是職業的「資本管理者」。財閥們會受個人的愛惡左右，不一定按資本主義的邏輯行事，但資本管理者就只是打工，他們在打工中忠於抽象的資本主義意識形態。全球幾千個最高層的資本管理者，他們的世界觀和倫理觀比他們同文同種的同胞更加一致。他們不自覺地定義着全球人類的生命意義，支配着全球人類的生活素質。

這是實體經濟的情況，金融經濟更甚。在金融經濟中，怎樣去增加和累積？答案跟實體經濟一樣 —— 增加消費。增加金融產品（金錢、信貸、金融衍生品）的消費自然會增加金融產品的生產（增加金錢供應、擴大信貸範圍、創造金融衍生品），生產與操作金融產品所帶來的利潤就會累積起來。

在實體經濟中，金融中介的經濟職能是融資，是個「市場促進者」（market facilitator），促進的是實體經濟的市場。但在金融經濟中，中介是個「市場創造者」（market maker），創造的是金融經濟的市場。金融市場中很多產品都跡近「無中生有」。首先是在有價證券如股票、債券、借據中東拉西扯，把風險大小不同、資產厚薄不一的混在一起，組成一件件的產品。然後把產品與產品再度組合、分割，去衍生新產品。誰都不知道這些不斷衍生的產品究竟風險多大、資產多少。

當然，這些創造市場的中介會請專家評風險、評資產（有時候中介自任評估）去「證明」產品可靠。從金融產品消費者的角度去看，這些中介與評估都是有頭有臉之輩，定然可靠。而且，產品一出台就好像有升無降，甚麼風險都放在腦後，跟風的唯恐失機，於是一片熱潮（當然，

一旦下跌也是人心惶惶，唯恐逃得慢）。金融中介不做買賣（起碼理論如此），而是從金融產品買賣中賺佣金、收服務費。因此，從他的角度去看，金融市場就像一個取之不竭的聚寶盆，因而會不斷推出新產品、開拓新市場。金融經濟漸漸成為整個經濟的支柱。當然，一旦供過於求，市場一定下滑，但中介們都是名人巨子，而金融業又是經濟支柱，政府唯有救市，結果損失的還是納稅人。個別中介或會有損失，但作為一個經濟階層，金融中介可以安枕無憂。這樣的生意怎會不吸引人？

人類早有求財之心，在西方只是因傳統與宗教約束才隱伏千年。宗教改革後開始釋放。但還是等到工業革命之後，實體經濟飛速發展，融資中介逐漸發達，才開始發現這條新財路。如何加速和擴大金融產品的消費只是近百年的事，到近幾十年才成洪流。這是怎樣發生的？全賴金融產品的大眾化、普及化。通過產品價格零售化，誰都可以玩得起，參加的人自然多了；通過產品式樣簡單化，誰都可以明白（雖然絕大多數人不是真懂），參加的人自然信心十足。產品的吸引力強，本少利大，而且贏錢的機會不斷，一玩自然上癮。一下子，金融產品的消費上升了千萬倍，中介們怎能不盆滿缽滿！但是金融經濟的消費與實體經濟的消費有一個關鍵分別。實體經濟的消費是衣、食、住、行用品，是物質性的，消費形式和數量與人類生存或多或少有直接關係[12]。金融經濟則不然，它的消費是金融產品，是以錢賺錢的產品，消費些甚麼、消費多少，差不多完全是由心理推動。

消費者大多數都知道在長期內是輸多贏少。但是，在短期內，甚至在片刻裡，那種贏錢的滿足、等待揭曉的亢奮、好勝逞強的爽意都給人難以形容的快感，令人上癮、迷戀。資本主義的金融市場確是西方自由主義的俏女兒，在她的擁抱中覺得自由極了。而且，奇妙得很，金融市場的反覆無常是她最大的吸引力，傾倒眾生。輸掉的馬上忘卻，翻身之念馬上湧起，對贏的憧憬永不消失。難怪這麼多人拜倒在其石榴裙下。

作一下小結。在實體經濟中，資本累積引發消費經濟，帶來消費文化和消費文明。消費文明不能持續，因為生產資源的開發終會追不上消耗。

結果有兩個可能：消費放緩（也就是累積放緩）或生產力枯竭（也就是資源短缺）。這是物質上的乾枯。在金融經濟中，資本積累（以錢賺錢）仍有賴消費，但消費的是金融產品。擴大金融產品消費就是把複雜、隱晦的金融產品大眾化，利用貪婪、亢奮和逞強的心理推動市場，但這些心理也導致市場的無常[13]。反覆不定的心情、行險僥倖的心態遍及整個社會。這是心理上的瘋狂。物質乾枯加上心態瘋狂，就是人類沉迷資本主義的代價。

現談談全球化。全球化主要是經濟全球化，經濟全球化主要是資本全球化，資本全球化主要是金融全球化。

全球是個空間理念。全球化是指經濟關係、社會關係、政治關係、生態關係的空間組織在延伸、加密、加速、加大。作為一個現象，就是世界越來越小、距離越來越短、事物的移動越來越近、事物的互動和互相影響越來越易。

西方學者們認為全球化自古已有。公元前的蘇美爾文明和印度文明已有貿易交往，跟着是以希臘文化為軸的商貿從西班牙伸展到印度、非洲，再有絲綢之路貫通了中國、印度、波斯、阿拉伯和歐洲。除了商業以外，各地的文化交流，包括宗教、語言、藝術、科技。19 世紀的「大分離」（The Great Divergence）[14]，西歐開始超前（起碼在經濟方面），海洋帝國興起，葡萄牙、西班牙在先，英格蘭、荷蘭在後，都有濃厚的擴張色彩（典型的是英國和荷蘭的「印度公司」）。

到了 19 世紀，生產標準化的工業革命帶來規模效應，人口急增創造需求，運輸革命開啟大規模的國際貿易，帝國主義塑造全球化新模式。一戰中斷了好幾個帝國[15]的全球霸主夢；大蕭條是全球經濟與政治調整期；二戰結束，全球霸權落在美國（雖然與蘇聯分庭抗禮）。這是現代全球化的起點。

1970 年代開始，廉價空運、貨櫃海運大大加劇國際競爭。中國的改革開放從農村開始，但快就轉向出口，帶動「供給鏈帶」革命性的全球

化，延伸出全球資金流動加速。1980年到1990年代，跨國的經濟活動激增，尤其是生產鏈條的全球化；1989年開始的蘇聯與衛星國解體增加了國際間的接觸範圍和頻率；1990年代的電腦和低價互聯網削減信息和通訊成本，大大推動全球化。

二戰之前，國家仍能支配（控制）資本，二戰後是反過來，資本支配國家，而且越來越嚴重。[16] 信息發達（互聯網、24×7的市場），加上不斷地放寬約束（從列根到克林頓），金融衍生品終於氾濫全球[17]。美國成為全球化的唯一警察，並毫無保留地推銷全球資本。

全球化可分幾個領域，但歸根結底是經濟，而經濟的下面（或上面）是錢。

(i) 經濟。國與國之間的經濟（消費、生產、金融）整合增加，引發出一個全球的市場（也有稱之為「單一的世界市場」[one single world market]），也就是競爭、科技、企業、工業都是全球性的。特別值得注意的是發達國家和發展中國家的整合（包括直接投資、降低貿易障礙、改革經濟體制、外判生產鏈條、生產與消費標準的國際化、移民等等）。

(ii) 文化。通過互聯網、影藝傳媒和國際旅行，文化和文化消費走上全球化。雖然在理論上，文化交流是雙線行車，在現實中也會有來有往，但總的來說，西方國家，尤其是美國是文化出口國。有人甚至說，文化全球化其實是美國化。美式文化的特色是「身份」的定位（identification）和創造（formation of identity），反映美式的「身份政治」（見上）和「有表演慾的個人主義」（expressive individualism）。

(iii) 政治。「國家」的意識和重要性削減。全球性、地區性（幾個國家）、多層次（包括國內與國際）的政體出現，還加上形形種種的非政府機構（Non-Governmental Organizations，簡稱NGO，可以是有關環保、人權、慈善、慈善與商業的結合，

例如「蓋茨基金」）。在這些現象底下是「全球公民」（global citizen，與「世界公民」[world citizen]同義）的理念 ⑱ 和「全球政府」的方向 ⑲。先是經濟擴張和發展，繼是民主的全球化，最後是建設全球性的政治架構。

全球化捧場客的理想是一個通過「世界公民」認可的社會公約去處理人類互依、互動的權利與責任，也就是超越（甚至廢止）過去來自「地緣政治」（geopolitical）劃分出來的不同國籍的公民身份。這個「泛世」（cosmopolitan）社會的關鍵特徵是「包容」：來自不同位置（地理區位、經濟等級、社會地位等）的人雖然有不同信念（政治、宗教、道德等），但在互相尊重的基礎上建立起一個包容性的道德觀、一套普世性的經濟關係和一個包羅不同國家的政治架構。他們指出，冷戰以後的美、俄安全合作是個驚喜 ⑳。環境保護、氣候變化、省源節能、防疾病擴散等的合作都是去向全球化。在他們心目中，這個全球化是以英語世界（以美國為主）的經濟、社會、文化和政治意識為導向。

從 1960 年代的傳媒大師馬歇爾‧麥克盧漢（Marshall McLuhan，1911－1980）以至幾乎成為美國第一個女總統的希拉里都用上一個非常傳統和充滿人氣的詞 —— 地球村（Global Village）㉑。但諷刺的是這些進步人士卻把傳統的「村」批判為狹窄、桎梏和偏見。在這個進步和包容的地球村裡沒有道德標準，只有資本邏輯。又或者說，資本邏輯（自由逐利）就是道德標準（包容一切）。

在理念上，國家資本與全球資本是一致的 —— 無約束地逐利，但在運作上就截然不同。國家資本不能容忍國內地區與地區之間的界線（追求資本全國化），全球資本不能忍受地球上國與國之間的界線（追求資本全球化）。國內資本成熟後一定走向全球。這是資本運作的不變邏輯。

在全球化的社會裡，政治會聚焦於全球資本精英關注的事情。但他們的意識形態又與普羅大眾關注的事情脫節。結果是普羅大眾的事情或會有激烈的辯論，但不會有任何解決。資本精英是「特殊的群體」，不受普

羅大眾的問題干擾，如工業衰退、失業增加、中產衰落、窮人增加、犯罪增加、販毒增加、城市危機等等。為此，全球化引發強烈的反應。聚焦於（i）反企業主義和消費主義[22]，（ii）全球性的不義和失公[23]，（iii）環保[24]。反對者攻擊的對象主要是世界銀行、國際貨幣基金、世界貿易組織、經濟合作與發展組織[25]，最大規模的示威是 1999 年的「西雅圖之戰」[26]和 2011 年的「佔領華爾街」。

全球資本引發的全球性兩級分化是個複合性的複雜現象，最慘的是發展中國家的勞工。這要用一條從發展中國家的勞工到發達國家的勞工，到發達國家的資本精英，到發展中國家的資本精英，再回到發展中國家的勞工的鏈條來演繹。（i）發展中國家勞工的低薪工人間接補貼了發達國家的低薪工人，使他們能夠買到較廉價的消費品，也就是使他們可以「忍受」低薪。消費文化使發達國家的低薪工人對資本精英的奢華羨慕和嚮往；自由經濟宣傳的機會均等神話使他們對資本剝削雖有反感，但沒有反抗。（ii）發達國家的低薪工人為資本精英創造財富，但他們應得的份兒則被資本精英在廉價消費品的掩護下抽取了。（iii）發達國家的資本精英吸引發展中國家的資本精英去學習他們的賺錢方法和效法他們的消費模式。（iv）發展中國家的資本精英崇拜發達國家的資本精英在全球資本精英俱樂部的高級會員地位，拚命模仿和高攀。他們吸納了發達國家資本精英的文化，但沒有發達國家資本精英的傳統約束（包括宗教意識、社會架構和道德標準，尤其是有關勞資關係），於是就絕無約束地剝削自己國家的勞工，去為自己發財，早日登上全球資本精英俱樂部的頂峰。這就是全球資本體制下勞資之間的「生態鏈」。能持續嗎？

經濟、文化、政治的全球化歸根結底可追蹤到資本全球化，而資本全球化早已演變為資金全球化，也就是錢的全球化。實體資本早化成一張張的證券，甚至是雲端上的電子，在全球無障礙流轉（相對勞動力的有約束、有限度流轉）。資本精英對勞工的剝削（無論是在發展中或發達國家）升級，兩極分化加速。隨着資本（資金）的無障礙流轉，發達國家與發展

中國家的資本精英越來越「同化」——服務資本、追求效率。美國資本精英與中國資本精英之間的文化共識大於他們各自與自己同胞的文化共識。他們追求的是個人或個體的經濟回報，而不是「經世濟民」。愛國資本家或有，愛國資本絕無。

資本文化的成功不是資本精英的陰謀。工業革命以來全人類追求物質，捨棄精神，甚至不認為有精神追求這回事，一切以物質掛帥。從這個角度去看，新教倫理成功了。韋伯恐懼的「北極的黑暗」㉗終於來了。在五光十色的花花世界裡其實是冷漠的個人主義，但人類還以為這個虛幻的世界才是文明的最高峰。從發達國家的資本精英到發展中國家的低薪工人都好像迷上了這個人盡可夫的全球資本。它答應發達國家資本精英，如果他們放棄狹隘的國家觀念去做它裙下之臣，就可以囊括全球的財富；答應發展中國家的經濟精英，如果他們接受發達國家的資本文化就可以做它的面首，早日成為全球資本精英俱樂部的高級會員；答應發達國家低薪工人，如果他們乖乖服從資本的邏輯就可以得到它的青睞，在它把持的逐利社會裡，有能力、肯努力的都會有出頭機會；答應處身苦境的發展中國家低薪工人，他們雖然是它的奴隸但它保證他們有飯吃，而且水漲船高，精英賺大錢奴隸也會多點油水，不做奴隸就恐怕連飯都沒得吃，所以不做無謂的抱怨、喊冤，更不要搞革命，不然它絕不留情。

現在為全球資本做個定義。它是個實體經濟被資本支配，資本被金融支配，而金融逐漸脫離實體經濟的全球性現象，由一批散佈全球、有「世界公民」意識的精英把持，以具有美國住址為他們的標籤（起碼今天如是）。除了經濟精英的身體力行外，還有文化與學術精英為它辯護、宣傳和抹金，而政治與社會精英則護衛、推動和拓展它。作為一個文明現象，全球資本是有序的自私，也就是有序的掠奪，表現在一個全球性自私（逐利）苟合的「營私社會」。但這個文明會需要和產生一個全球性的權力架構去支撐和維持它，表現在一個全球性逞強（謀權）苟合的「朋黨社會」。

全球資本不是個「誰」，是個「甚麼」，用個隱喻，它像「病毒」。

病毒是一個依靠宿主的細胞來繁殖的「類生物體」，它以多種方式傳播，一般是通過體液或接觸。在感染宿主細胞之後，病毒就會迫使宿主細胞以很快的速度去製造、裝配大量與它相同的拷貝。但不像大多數的生物體，病毒不會細胞分裂，新的病毒是在主體細胞內生產、組裝的。病毒有基因使其具有變異和進化的能力。同樣地，資本意識感染人類社會，不斷地繁殖，並通過變異和進化去適應不同的民族和文化，其終極走向是全球性的朋黨營私。

註

① 西方經濟學的術語，是有關生產要素的部署和使用（聚焦於效率），而不是有關利益與財富的分攤（聚焦於公平）。

② 這裡我們聚焦於生產。但除了生產效率之外還有「消費效率」和「消費選擇」。消費效率是以一定的消費能力能賣得的物質滿足去衡量：滿足越大，效率越高。這是由消費者按他的消費能力在消費類和消費量上的取捨（也就是消費模式）而決定。消費選擇是以選擇的多寡去衡量：產品種類與消費模式越多，效率越高。這是生產效率與消費效率達到最高水平後的生產與消費創新所引發的。

③ 包括硬的發明如工具、器材，和軟的發明如組織、制度。

④ 英國在亞洲、非洲擁有龐大的殖民地和勢力圈。印度是大英帝國「皇冠之寶珠」（Jewel of the Crown），直到 19 世紀中期都是由東印度公司（商業組織）統治，1857 年印度兵叛亂後才由英國政府直管。1877 年，維多利亞女王更增添了「印度女皇」稱號。1882 年，英國進攻蘇彝士運河，埃及成為帝國附庸；19 世紀末期，又佔領了非洲大部分。在亞洲，它拿下了緬甸和新加坡，但勢力卻覆蓋整個東南亞。

在這個黃金時期雖然差不多每年都有戰事，但大多是小規模的殖民地戰事。較大規模的只有對俄的克里米亞戰爭（Crimean War，1853−1856）和南非的布爾戰爭（Boer War，1899−1902）。

⑤ 包括治理（governance）科技（例如創新的科技）、政治（例如政局的不穩）、管理（例如企業管理層的變動）、合規（legal compliance）、戰略（strategic）、運營（operational）、聲譽（reputational）、財務（financial）、市場（market）、國家（country）、自然（nature）等風險。

⑥ 當然，19 世紀的金融產品跟 21 世紀的大大不同，但道理仍是風險的買賣，而買賣的投機性（短期考慮）則越來越高、投資性（長期考慮）越來越低，卒變成「賭場」，這是後話。

⑦ 金錢當然包括貨幣、銀行裡的活期存款、發行支票等顯而易見的「錢」，但更有那些龐大千

萬倍的金錢市場基金（money market funds）之類的金融衍生品。以資本主義龍頭大哥美國為例，金錢供應包括：（ⅰ）M1 是銀行錢庫之外的貨幣、旅行支票、活期存款，以及中央銀行的流動貨幣；（ⅱ）M2 是 M1 加上銀行和金融公司客戶的儲蓄存款、低額定期存款、退休金存款；（ⅲ）M3 是 M2 加上高額定期存款、歐元存款、美國銀行海外分行的美元存款，以及「金錢市場基金」。M3 是個巨無霸，尤其是那些形形色色的「金錢市場基金」，包括商業票據（commercial papers，銀行或大企業為償還當前債務或應付短期開支，以銀行或企業的信譽保證的借錢證書，保證定期內本利清還）、回購協議（repurchase agreement，借方以資產，也就是有價證券或其他資產作為抵押品去借錢，協議期滿之日以議定的價錢贖回抵押品，這是由典當交易演變出來的理念）、短期債券（short-term bond，通常不超過一年的短期抵押貸款和資產擔保證券）、金錢市場基金（money-funds，投資大戶，特別是退休基金、公積金之類的組織集合多種金錢市場證券而成的基金，是最大筆的「金錢」）。

⑧ 估計 1875–1920 年期間，來自東歐和南歐移民達 2,100 萬。

⑨ 摩根是典型，他的私生活和做生意方式都是令人觸目的。他豪賭、奢侈，但同時又是主教制教會（英國國教「高教會」在美國的流派，有「貴族」氣味）的熱心教友，也是世界知名的藝術品收藏者。相對的有洛克菲勒和福特，他倆完全是清教徒本色，雖富可敵國，但仍有小鎮居民的價值觀和生活方式：上教堂，做善事，相信事業成就與個人道德有關。這些大資本家的後人建立了美國最大的私人慈善機構。

⑩ 歐洲戰事的殘酷、政治的愚昧（相對於美國資本主義的「務實」）、諸國之間的歷史和民族怨恨、社會制度的保守，都是美國人難明和難忍的。要犧牲美國利益和美國人生命去處理歐洲「理還亂」的國際關係，美國既沒有興趣也沒有能力。

⑪ 國會甚至拒絕加入由美國總統威爾遜親自倡議的「國聯」（League of Nations）。

⑫ 到了物質比較充裕時，消費就帶上心理上的需求，衣、食、住、行都變成了享受，自己的喜好、與人的比較等等逐漸成為消費類別和消費數量的考慮，但仍不能完全脫離人類生存的實質需要。

⑬ 實體經濟裡，衣、食、住、行的消費卻含有一定分量的生存所需、生理要求，因此供求的迴圈還有一點蛛絲馬跡。在金融經濟裡，每個人都有不同的心理狀態和心理需求，而且這些狀態和需求也在不斷和隨時變化。再加上不同人對市場又有不同的認識和不同的經歷，因此金融產品的供求和價格根本沒有恆律。表面看來還有所謂藍籌、熱門，但瞬息間會因為某些「消息」、「流言」而大漲大落。

⑭ 芝加哥大學歷史學教授肯尼斯·彭慕蘭（Kenneth Pomeranz，1958– ）在 2000 年出版《大分離》一書去解釋西歐與北美超越中國、印度和伊斯蘭。一般學者把源頭追蹤到 18 世紀英國開始的工業革命，也有追蹤到更早的文藝復興、發現新大陸、商業擴張、科學革命和啟蒙思想。大分離的最高點是一戰時期到 1970 年代，跟着是 20 年左右的高高低低，然後就是「大聚合」（The Great Convergence），第三世界國家的經濟水平追近第一世界國家。

⑮ 德意志、俄羅斯、奧圖曼、奧匈等帝國。

⑯ 在全球資本下，國家（政府）的存在有兩種演繹。

（i）　國家根本沒有存在的意義。國家的存在是為保證「國泰民安」，但如果國泰和民安都是以資本利益（全球資本利益）來定義和衡量的話，全球資本的利益就變成這個國家的利益。美國通用汽車公司的總裁 Charles Erwin Wilson（1890–1961）在 1953 年說過一個名句，「對國家好就是對通用汽車公司好，反之亦然。是沒有分別的。」這是典型資本支配國家，推而廣之「對全球資本好就是對國家好」。國家還有甚麼意義，充其量是全球資本裡頭的一個利益主體而已。

但這裡要澄清一下。這句話是公司總裁被艾森豪提名為國防部長時，在參議院作供時說的。他的原文是「多年來我以為對國家的好就是對通用汽車公司的好，反之亦然。我們的公司實在太大，它與國家的福祉息息相關」。（For years I thought what was good for our country was good for General Motors, and vice versa. The difference did not exit. Our company is too big. It goes with the welfare of the country.）

（ii）　國家根本是全球資本的阻力。有史以來國家就是如此。國家界線肯定不利資本流動，而資本自由流動是全球資本的基礎邏輯，全球資本的發展過程其實就是資本（資金）全球流動的加速、加密。為此，國家界線是最大敵人。

⑰　金融業賺錢不在金融產品市場價格的升降，是在交易頻率帶來的「佣金」。為此，金融業不遺餘力地去擴充產品類型。

⑱　一個超越國家、寡頭企業、有政治意識的非政府機構、政客的圈子和黑社會的全球民主理念。

⑲　一個團結各國、反映全球的政治與經濟平衡而不逾越國家政府的權威的全球性政治架構。

⑳　《戰略性武器削減條約》（Strategic Arms Reduction Treaty，簡稱 START I，II，III 與 New START）；北約的《和平夥伴》（Partnership for Peace）；G-8 的《全球夥伴》（Global Partnership）；大規模殺傷性武器的擴散；美、俄的反恐協議等等。

㉑　克里斯托弗・拉什（Christopher Lasch，1932–1994，美國歷史學家和社會評論家，屬比較保守分子）認為全球化創造了新精英（在美國是指收入最高的 20%）。由於在全球化下資金是完全自由流動的，這些新精英與其他人不是生活在同一個社會裡頭。他們不想做 19、20 世紀的老資產階級，因為這些老資產階層仍然擺脫不了在空間上的「根」和對所屬社團的「責任」的約束，他們要在自己的國家內像「遊客」。無國界的商業使他們自視為「全球公民」，不願意接受一個國家政治體制內的公民責任。他們的國際性文化（包括對工作、閒暇、信息方面的意識和行為）使他們對一個國家（包括自己的國家）的衰落毫不關心。他們不會把錢放在公共服務或國家財政上，而是放在改善他們自身的環境裡，例如住在封閉式的社區、送子女上私立學校、組私家的警察隊伍等。他們撤出「共同生活」，也不想做社會的主人，因為主人要承擔責任，他們要做主宰。由於他們是全球資本和信息流動的控制者、慈善機構和高等教育的供給者、文化產業（如傳媒、藝術、娛樂）的管理者，因此他們控制政治議程，雖然不一定控制政治決定（因為仍有一個民主形式從中作梗）。

㉒　企業主義（corporatism）代表一種遷就企業利益而非人的利益的經濟模式。反企業主義的焦點是大企業對消費者的待遇。消費主義（consumerism）鼓勵個人聚積貨品和服務，從而推動全球化。反消費主義是個社會運動，反對以購買力和消費量去衡量人的幸福，認為物質主

義與全球性的消費擴張是相連的，與戰爭、貪婪、無聊、犯罪、環境惡化與及整個社會的弊病和不滿足也是相連的。

㉓ 反對者認為全球性的經濟整合是全球性不義和失義的禍首。他們不承認是反全球化。他們支持通訊的全球化，但反對企業勢力全球擴散。他們認為雖然國與國之間的 GDP 和 GINI 係數的差距在縮小，但在個人層面上，收入的不均持續增加（就算傳統上比較公平的德國、丹麥和瑞典也如此）。最高收入的 10% 的人收入續增，最低收入的 10% 的人收入續減。

㉔ 反對者認為跨國界的空氣污染、海洋污染、生態破壞、社會不安都是由於在全球化下窮國的資源系統性地轉移到富國，富國的污染系統性地轉移到窮國。

㉕ 經濟合作與發展組織（Organization for Economic Cooperation and Development，簡稱 OECD），是個國際性經濟組織，有 31 個成員國，在 1961 年成立去推進經濟發展和世界貿易，聚焦於民營與市場經濟。前身是 1948 年成立的「歐洲經濟合作組織」（Organization for European Economic Cooperation，為幫助執行馬歇爾計劃而成立）。大部分成員國都是高收入的國家（在 2017 年，佔全球 GDP 的 62.5%）。

㉖ 1999 年 11 月 30 日，世界貿易組織在美國華盛頓和西雅圖開部長級會議，啟動新的貿易談判。超過 4 萬人示威抗議，是美國境內抗議經濟全球化的最大規模示威，以工會、學生組織、宗教團體為主力，另外還有少數無政府分子。警察沒法控制局面，會議開幕禮被迫取消。第二天，國民警衛隊介入，與示威群眾發生衝突，500 多人被捕。這事件被視為反全球化運動的開端。

㉗ 馬克斯・韋伯（Max Weber，1864－1920）在《新教倫理與資本主義精神》中形容一個以經濟效率去衡量一切的社會就像一個「鐵籠」（iron cage），黑暗得像北極的冰夜（polar night of icy darkness）。

第二十二章　美國與全球資本

　　美國民族的功利、務實性格非常合適當全球資本的尖兵。但資本成功也牽動美國民族性格中的自疚、姑息。社會凝聚力會不斷萎縮，經濟生命力會不斷衰退。失序、乾枯的美國不利全球資本的「可持續發展」。由世紀一代支配的美國不會放棄全球資本，但全球資本會放棄美國。

　　美國是個怪異的文化組合，它本身沒有古老的文化，但從古老的大英文化承受了一半（務實），抗拒另一半（妥協）。它是個由委員會設計出來的國家（像加拿大、澳大利亞），但這是個叛逆造反的委員會（大陸議會）。它經過血的洗禮，有凝聚力極強的國家神話。它是個功利的文化但也是血性的文化。為此，在理性層面它與全球資本結合是完全可以理解的，但在感性層面上它能否與全球資本白頭偕老就複雜多了。

　　美國沒有英式的傳統階層，但有英式的務實性格，最合全球資本從成長到成熟所需求的。但是，在全球資本的眼中這套美國文化也有負面：容易自疚（因為高尚道德在美國人謀權逐利背後囉囉嗦嗦）、容易敏感（因為高貴身份使美國人不能忍受任何批評）、容易恐懼（因為美國人有強烈的少數求存意識）、容易失措（因為行動型性格使美國人不能不動，但自疚、敏感與恐懼往往使他因計算錯誤而亂動）。為此，美國肯定是全球資

本的尖兵，但難成終身伴侶。

全球化是不是美國化 ①？有人會答：全球化不是美國化；美國文化與全球各文化（通過交流、移民）互相影響，全球化並未使「全球一致化」，各處仍保留地方特徵。那為甚麼全球的文化這麼像美國，而不是像法國、德國？法國最反全球美國化，在他們 2000 年 5 月的《全球外交》（*Le Monde Diplomatique*）刊物中有這樣的說法，「美國的寡頭霸權也包括文化和意識形態，它的支配力延伸到『象徵的層面』（symbolic level），延伸到韋伯 ② 所說的『有魅力的支配』（charismatic domination）。美國文化通過信息和科技加諸於被支配而又願意被支配的順民身上，打造出一個看上去是『和藹可親的壓迫』（affable oppression）或『使人愉快的獨裁』（delightful despotism）。它特別成功，因為它控制了文化產業，藉此主宰了我們的想像力……美帝國是個製造象徵和誘惑力的大師，通過給人無限的閒暇和無盡的娛樂（distraction，可譯為『分散注意力』），它那催眠性的魅力進入了我們的腦袋，安裝一些不是來自我們的主意。美國再不需用暴力欺壓我們，只要不斷地催眠我們；不需恐嚇我們，只要我們不斷地渴求享樂」。

其實美國化有兩個層面：對內，是這個移民國家的凝聚力 —— 同化多元；對外，是這個霸權國家的擴張性 —— 支配世界。矛盾的地方是美國文化中強烈的自立意識使它經常徘徊於孤立（內向）與逞強（外向）之間。

二戰之後的全球化過程中，美國是全球霸權。全球化的經濟模式、文化風格和政治方向如果不是來自美國自身，起碼是美國認可的。經濟全球化是基本，文化全球化是為經濟全球化去打江山，政治全球化是為經濟全球化去保江山 ③。

1. 美國與全球資本的故事

一切回歸到 1944 年 7 月在美國新罕布什爾州布雷頓森林開的一

個會議，叫「聯合國貨幣與財務會議」（United Nations Monetary and Financial Conference），一般簡稱「布雷頓森林會議」（Bretton Woods Conference）。那時二戰進入尾聲，盟方勝券在握，大家開始關注戰後的重建。44 個國家的代表，人人的腦海裡仍有 1932 年爆發的大蕭條的餘怖，整個 1930 年代，各國焦慮地、惶恐地竭力維持以黃金為本位的貨幣。市場的不穩、疲憊使它們怕極了、累極了。代表們都認為大幅度的匯率升降和極端的貨幣保護政策是大蕭條延續 10 多年的主要原因 ④。

為保證國際間匯率和資金市場穩定，布雷頓森林體系創立兩個國際性金融機構，是二戰後多邊合作的典範。（i）「國際貨幣基金」（International Monetary Fund，簡稱 IMF，下簡稱「基金」）在 1947 年開始運作，通過國際間的合作去維持會員國的貨幣穩定，並以緊急貸款去支持有慣性收支失衡的會員國。會員國按照它們在世界毛生產總額佔的比例撥款給基金作為緊急貸款之用，但只可用作應付短期所需。（ii）「重建與發展國際銀行」（International Bank for Reconstruction and Development，簡稱 IBRD，日後改為「世界銀行」，下簡稱「世行」）在 1946 年開始運營，作為引導全球資金投入長期投資和戰後重建的中介 ⑤。1947 年，23 個國家在日內瓦達成《關稅與貿易總協定》（General Agreement on Tariffs and Trade，簡稱 GATT，下簡稱《關貿協定》⑥），強調互相對等貿易去對付「保護主義」的再抬頭，包括兩個原則：每個會員國不能給予另一個會員國優惠關稅而不給予所有其他會員國同等待遇，這叫「特惠國條款」⑦；禁止非農產品的補貼 ⑧。

布雷頓森林體系維持了全球經濟二十多年的相對穩定（在這系統實行的期間內，沒有大金融風波），但到了 1973 年還是崩潰。諷刺的是，這個以維持全球金融穩定去推進全球經濟發展的制度是被經濟發展引發的金融不穩定推倒的。此中，「熱錢」投機的興波作浪是罪魁。布雷頓森林體系過後，全球金融風波一浪跟一浪（附錄 6，「1980－1990 年代的主要經濟（金融）危機」）。

這個制度的設計有一個漏洞 —— 固定美元對黃金的匯率，也即是變相限制了美元的發行量。到了 1950 年代末期和整個 1960 年代，國際貿易激增引發各國中央銀行需要增加貨幣流量，就出問題了。由於貨幣相對美元的匯率是固定的，所以貨幣發行量要看手上的美元儲備。要增加貨幣量就要增加美元儲備，也就是買入美元；貿易增加就需要更多貨幣，也就是買入更多美元。全球如此就是要美國多印鈔票，為此，美元與美國的黃金儲備的比率就越來越大，也就是每塊美元後面的黃金量就越來越少。因此，美元的黃金價值也就低了，也即是黃金的「真正值」比官價的 35 美金要高了，換句話來說，美元的「真正值」也就相對低了（變相貶值）。

1968 年，法國開始呼籲恢復「金本位」（以取代「貶了值」的美元）。同時，由於美國大印鈔票去應付越戰軍費，出現 19 世紀以來首次的政府收支不平衡。大量美元湧入金錢市場，投機商搶美國黃金儲備（也就是把 35 美元一盎司的金價炒高）[9]。1971 年 8 月，尼克遜總統突然停止了美元黃金兌換。

馬上，美國問題變成國際問題。停止美元兌換黃金就是美元正式貶值；投機商就賣出美元去買入其他貨幣；其他國家可以多發鈔票（但會引發通脹）、管制資金流動（越來越困難的事）或讓自己的貨幣的兌匯率浮動。1971 年 12 月，10 個國家簽《史密森協定》（Smithsonian Agreement），把每盎司黃金價升為 38 美元（布雷頓森林體系下是 35 美元），並同時容許各國貨幣在固定匯率下有 2.25% 的浮動空間（布雷頓森林體系只容 1%）。這些治標不治本（貨幣需求量增加）的做法只能把布雷頓森林體系的壽命延長兩年。

1973 年 10 月，阿拉伯產油國禁運[10]，油價急升，兩個月內升了 4 倍。雖然在 1974 年 3 月解禁，但油價未有下降。產油國手上拿到大筆美元，但國內沒有投資出路，就變成了熱錢，貨幣投機成為熱潮。美元終於完全自由浮動[11]，布雷頓森林體系完全崩潰。

1976 年 1 月，「基金」的成員國簽署《牙買加協定》（Jamaica

Agreement），正式終止布雷頓森林體系（包括 1971 年稍微放寬布雷頓森林體系的史密森協定）⑫，正式接受浮動匯率。可以想像，在浮動匯率下，外幣交易市場變得越來越不穩定。「基金」仍然幫助收支平衡有困難的國家，但開始強加條件，例如要求受益國採取減赤字的政策，如減開支、加稅收、消除貿易障礙、收緊貨幣供應。這也是發展中國家對「基金」和對被認為是「基金」所代表的金融全球化反感的主要原因之一。

　　1978 年，「基金」的協議再度修改，要求會員國以宏觀經濟政策（主要是就業）去支持貨幣匯率穩定。會員國仍有選擇匯率的主權，但「基金」開始介入監督會員國與會員國之間的合作去維持貨幣穩定。這個角色叫「監視」（surveillance），是「基金」演化過程中關鍵的轉變。「監視」的範圍除了收支平衡之外，還包括一個國家的經濟政策的內部和外部張力（在某種程度上就是干涉內政了）。歐盟（European Union）諸國也有相似的動作，在 1979 年出台了「歐洲貨幣單位」（European Currency Unit，簡稱 ECU，以各國貨幣的平均值為基礎）和「外匯兌率機制」（Exchange Rate Mechanism，簡稱 ERM），意圖穩定匯率 ⑬。

　　1981 年，列根登場，在他的減稅收和增軍費雙重壓力下，美國赤字增加，為了彌補赤字就用加利息來吸引國外資金。加息就自然推高美元。1985 年 2 月，美元市場價與美國息口同達高峰。1985 年 9 月，5 個最發達工業國家在紐約「廣場酒店」（Plaza Hotel）開峰會來考慮對策，同意美元應以貶值去解決赤字問題 ⑭，叫《廣場協議》（Plaza Accord）。但美元貶值好像失了控。其他國家恐懼美元跌得太多、太快，增加匯率的不穩，在 1987 年，7 個工業國家在巴黎開會，同意協調匯率和經濟政策，稱《羅浮宮協議》（Louvre Accord），各國中央銀行聯手干預匯率，到 1990 年代，匯率才恢復相對穩定。

　　整個 1980 年代是列根掌政，行的是放任經濟。跟着是老布殊，蕭規曹隨。他倆都是共和黨，傾向放任經濟可以理解，意外的是克林頓這位以民主黨進步分子為幌子的仁兄要做資本家的寵兒。他功不可沒地造就

了全球資本，罪無可恕地破壞了美國經濟，在 1999 年 11 月簽了《金融服務現代化法案》（Financial Services Modernization Act，也叫 Gramm-Leach-Bliley Act，簡稱 GLBA，這個簡稱是美國人對這個法案的最常用稱呼，下面也用這種稱呼），它被很多經濟學家視為 2008 年金融風暴的罪魁。

在資本（金融）經濟成長過程中，GLBA 是個大事情，推翻了美國奉行 60 多年的源自羅斯福新政的《緊急銀行法案 1933》（下簡稱《1933 法案》）。事關重大，從頭說起。

1929 年大蕭條爆發，到 1937 年，4,000 多家銀行倒閉，存戶損失巨大。羅斯福上任，馬上下令銀行停業 4 天，重整銀行管制。其實在此之前，美國共和黨控制的參議院已開始（在 1932 年 3 月）調查 1929 年的華爾街股市大崩潰（大蕭條的開始）的原因。當時在野的民主黨批評參議院是做小動作去平息民憤。參議院聘請以鐵面無私著名的紐約助理檢察官費迪南德·皮科拉（Ferdinand Pecora，1882－1971）寫最後報告書（這個調查以他定名，叫《皮科拉大調查》）。但他認為調查不夠徹底，要求延期一個月才寫最後報告。他傳召紐約股票市場主席、投資銀行巨子（包括摩根）和期貨大炒家等作供，揭發他們在 1931 年和 1932 年都沒有交稅，輿論譁然。此時，民主黨奪回參議院，羅斯福也當選總統，鼓勵皮科拉放手去查。他揭發出大量的不良行為，主要是利益衝突和欺詐，包括銀行擔保高風險的證券並用這些證券去償債、銀行之間秘密聯手去抬高銀行的股價等[15]。國會決定大整頓，推出《1933 法案》，主要作用是分開商業銀行（儲蓄與借貸）和投資銀行（買賣證券）：禁止投資銀行和證券公司收取存款、禁止商業銀行代客買賣非政府證券和用自身資本去買賣投機性證券、禁止商業銀行保證和發售非政府證券和跟做這些業務的公司結盟（包括雇用同一職員）。跟着就是 1933 年的《證券法案》（Securities Act）和 1934 年的《證券交易法案》（Securities Exchange Act），成立「證券交易監管局」（Securities Exchange Commission，簡稱 SEC）。金融市場遂穩定下來。到 1956 年，國會決定以類似原則分開銀行業務與保險業務，出台《銀行控

股法案》（Bank Holding Act），規定銀行可以賣保險，但不能擔保保險[16]。

但是，從 1960 年代早期開始，聯邦政府對這個 1933 年的法案就越來越做寬鬆的演繹[17]，容許商業銀行，特別是商業銀行附屬的財務公司去經營證券業務，而且這些證券的種類與數量也在不斷擴大。到 1980 年代（也就是列根實行放任經濟的時代），國會已不斷辯論應否廢止《1933 法案》（起碼是廢止某些約束性比較強的條款）。1998 年，花旗銀行（Citicorp，一間商業銀行的控股公司）與旅行家集團（Travelers Group，保險公司）合併，成為「花旗集團」（Citigroup），業務包括銀行、證券、保險。這其實觸犯了《1933 法案》和 1956 年的《銀行控股法案》，但聯邦儲備局還是發給花旗集團一個臨時許可證[18]。不到一年，克林頓與國會就通過 GLBA，把這類合併合法化[19]，同時廢止《1933 法案》中有關利益衝突的約束（證券公司的董事、行政人員或員工不能同時是任何銀行的董事、行政人員或員工）。從此，商業銀行、證券公司、保險公司可以隨時合併，而任何一個公司都可以同時做商業銀行、投資銀行和保險公司的業務。還有，證券交易監管局（1934 年創建）和任何其他的金融管制機構也沒有權力管制投資銀行的控股公司。這法案的幾個推動人都獲大利[20]。

一般的分析是，取消《1933 法案》與 2008 年的金融危機的關連有三：（i）誘導商業銀行走進一個它們不懂的風險環境；（ii）創造一個增加感染擴散的銀行業務網絡；（iii）連接起商業銀行和投資銀行之間性格不同的業務（保險性和冒險性）。日後果然應驗，過程如下。

1999 年，一邊是歐洲推出貨幣一統，另一邊是美國出台 GLBA，加上實體經濟的生產鏈條全球化（其中中國更是全球鏈條的中堅），使發展中國家（emerging countries）與發達國家的經濟與金融聯繫越來越緊密。與此同時，銀行之間的資金流動、金融產品和衍生品的買賣激增。全球貿易的資金流從 2002 年的 3 兆美元升到 2007 年的 11 兆美元，主要是短期的金錢市場證券（short-term money market instruments）[21]。發達國家開始吸納發展中國家的資金，當然部分是用作實體經濟投資之用，但絕大部分成

為金融產品和衍生品炒賣的籌碼。發達國家的資本入超在 2001 年佔它們 GDP 的 3%，到 2007 年升了一倍，佔 6%。

2007–2008 年的金融危機與 1980 年代中期到 1990 年代的金融危機同出一轍：大量資金（熱錢，特別來自發展中國家）湧入，但金融管制脆弱和貨幣政策寬鬆引發一窩蜂的投資泡沫，一旦資產價格崩潰，驚慌的套現和收緊銀根引起金融市場風暴。問題先在美國出現，然後迅速蔓延全球。房地產泡沫（次貸，見下）是美國製造，但它的氧氣是全球各國的資金。泡沫一破，連鎖地、立時地感染全球[22]。金融風暴引發「大衰退」（Great Recession），全球貿易總量在 2008 年到 2009 年一年間下滑 10%，對發展中國家影響尤重。有經濟學家開始談論某些國家應否和如何從這個全球金融的整合脫身[23]。

大部分人認為金融風暴是房地產「次貸泡沫」（subprime mortgage bubble）引發出來的。甚麼是「次貸」？次貸是貸款給「次一等的借款人」（因失業、離婚、患病等原因而有困難按期還款的人），貸款者以高利率、苛條件去平衡貸款風險。支持者認為這做法使一般未有借錢條件的人得到貸款（例如年輕人、被歧視的群體和銀行存款不足首付的人）。一般專家認為泡沫的成因是低利率增加抵押貸款和促進抵押貸款證券化。財務公司把常規的貸款合約和次貸的貸款合約挪在一起創造出形形種種以住房抵押為後盾的證券，並以「低風險」證券的形式在市場出售。低風險有兩個保證：（i）這些證券買了「信用違約交換保險」（credit default swap insurance），也就是如果這些證券裡頭的貸款合約出問題（例如借錢的還不起），保險公司會賠償。（ii）專業評估公司裁定這些證券為低風險[24]，買家可以放心入貨。這一來，買賣就活躍起來。貸款者也願意多貸、易貸，於是房地產大熱。加上對私下的貸款管制鬆，出現「掠奪性貸款」（predatory lending）[25]。聯邦政府更在 2004 年推翻了好幾個州政府的反掠奪性貸款措施，在房地產大熱中，火上添油[26]。

很多包有次貸的證券（實質是高風險但包裝為低風險）經市場交易輾

轉落入半官方的「聯邦國民抵押貸款協會」[22]和「聯邦住房抵押貸款公司」[28]手裡。這兩個機構屬國家企業，它們持有次貸的證券就含有聯邦擔保的意思，製造出一種「道德風險」（moral hazard，意味「引人犯罪」），使次貸的貸款者和借款者都有一種虛像的安全感，好像聯邦政府是大後台老闆，承擔一切風險，於是出現大量的高風險貸款。貸款公司不停地批准抵押貸款，引來大批買房者，從而抬高房價。房價增值使大批房產擁有者（無論是以次貸抵押的還是按常規抵押的）以為天降橫財，就用房產再抵押去借錢供玩耍、購物、買車，甚至炒房，連實體經濟也出現大熱虛像。幾年間累積大量的次貸抵押和高風險的金融產品與衍生品，當出現某些次貸抵押到期還不了錢就引出排山倒海的連鎖反應。

2006 年 8 月開始，越來越多人不能按抵押合同期限還錢，那些以住房抵押為後盾的證券和衍生品價錢急降。這些資產的價值不斷下滑，買家迅速蒸發。把大量資金押在這些資產上的銀行的現金流馬上出現困難，乾涸了。做擔保的聯邦國民抵押貸款協會和聯邦住房抵押貸款公司首當其衝，在 2008 年 9 月 7 日由聯邦政府接收，金融界四面楚歌。9 月 15 日，美國第四大投資銀行雷曼兄弟公司在聯邦政府拒絕援助下宣佈倒閉[29]。其他的銀行與保險公司岌岌可危。為防止事態一發不可收拾，聯邦政府在第二天宣佈以 850 億美元托住美國國際集團（American International Group，簡稱 AIG）[30]，之後是幾兆美元的救市。借錢變得難極，有錢的（個人和企業）都不想花；買房的絕無僅有，房價直跌。實體經濟的企業運作也有困難，通用電氣公司（General Electric）的總裁向財政部投訴做不了生意，最惹人注目的是美國政府接管了（通過注入資金）通用汽車公司和佳士拿汽車公司。

大部分人認為 GLBA 是 2007 年的次貸危機的禍首。未上任就接這個熱山芋的奧巴馬指出 GLBA 削弱金融管制，製造出龐大的「金融超市」（financial supermarket）。它們擁有自己的投資銀行、商業銀行和保險公司，製造出一些「大得不能讓它失敗」的公司。也就是，就算這些公司經

營不善也不能讓它們破產，因為連鎖作用會拖垮整個經濟，政府於是被迫救市，處於被動，被綁架了。

但也有人指出，在 GLBA 之前，投資銀行已經可以買賣各種各樣的金融衍生產品，所以放寬合併和管制並不是 2008 年金融風暴的原因。更有人說 GLBA 不是真問題，真問題是金融衍生品的氾濫。誠然，法案在 1999 年出台之前，《1933 法案》的執行度已經非常鬆懈，但若是如此，就應該收緊《1933 法案》，而不是廢止它 ⑪。除非真正的用意是否定《1933 法案》的基本價值 —— 保護存戶，保護投資。更有人說，2008 年的金融風暴以及隨後的大衰退與取消《1933 法案》關係不大。他們指出，崩潰的純是投資銀行，如摩根士丹利投資公司、貝爾斯登公司、雷曼兄弟和那些從來沒有管制的保險公司，如美國國際集團，它們的投資（投機）跟它們與和商業銀行合併或不合併沒有關係。克林頓事後還說，GLBA 非但無過，反而有功！他的解釋是控股公司（母公司）下面的投資銀行與商業銀行是互相「附屬」於對方，母公司可以把有困難的投資銀行轉化為商業銀行，那就可以解決或減輕金融危機。這當然是遁詞。在金融大海嘯中，商業銀行（在法律意識上它們不是投資的）也有很大責任，它們買賣以住房抵押為基礎的證券（特別是「信用違約交換」）以及其他具爆炸性的衍生品。如果沒有把《1933 法案》放寬以至廢止，它們是不能做這些業務的，金融衍生品的市場也不會如此瘋狂，政府也不會被迫救市。

毫無疑問的是 GLBA 助長了合併和投機文化 ⑫。有人更指出就是因為有《1933 法案》、證券交易監管局以及聯邦政府對銀行存款的保險機制，美國才可以 50 多年沒有金融危機。奧巴馬在競選總統時（2008 年 3 月，金融海嘯已有山雨欲來之勢）是這樣說的：「1930 年代的銀行管制法規是要修改的。用了 3 億多美元的遊說費與疏通費終於廢止了《1933 法案》，但帶來的是推動了合併而不是改善管制 …… 我們並沒有建立一個 21 世紀的管理制度，只不過是拆散了一個舊制度 …… 製造了一個甚麼都可以做、勝者為王的環境，促使我們的經濟走向毀滅性的混亂。」

金融風暴過後，國會嘗試恢復《1933法案》的幾個關鍵條款，其他國家也想採用《1933法案》的原則，特別是約束商業銀行的業務範圍。當時的歐洲也極不穩定，尤其是2009年希臘新政府發現上任政府偽造數據：假赤字是GDP的3.7%，真赤字是12.7%，遠遠超出歐元區的上限（3%）。金融市場震動，大量拋售希臘國債證券。但由於希臘已加入歐元系統，它的中央銀行不能用貶值去解決問題。危機迅速感染葡萄牙、意大利和西班牙（四個國家的名字頭一個字母串起來就是英語的「豬群」，PIGS）。信貸評估公司把這幾個國家的信用調低，使它們更難在國際市場借錢。危機感染整個歐洲，最終「基金」與歐盟各會員國籌得7,500億歐元救希臘和其他受影響國家。這危機反映出金融整合而政體不一的危險性。未來方向是政治主權跟着全球金融走，直到一體，還是全球金融與政治主權分開走，各行各路？當時的德國財政部長建議把這幾個國家逐出歐元區。2009年後的歐洲政治與金融應否結合、如何結合還是在糾纏㉝。

2008年雷曼兄弟公司宣佈倒閉的那一天，我剛在北京做培訓，談到這件大事時我說金融市場（不是實體經濟）會在12－18個月內平穩下來。那時候大多數人估計起碼要好幾年，而且會很反覆。但果然一年左右股市指數重返危機前的高位。我是從文化角度去把那風暴解釋為全球資本的成長過程，就像小孩子會無緣無故地發一兩天高燒，又長高了一兩公分。廣東人叫「發關節」，指身體肌膚適應骨骼增長帶來的張力。不是「危」，是個「機」。在全球追求「以錢賺錢」的資本（資金）全球化環境下，這種適應是無可避免的。在資本競爭中這種去蕪存菁是健康的。當然，如果你（個人、企業、國家）是適應過程中成為「被去的蕪」就另當別論，你的安慰是你為全球資本的成長做了貢獻，是擁抱全球資本的代價。但個人、企業、國家都會有一種僥倖得逞的行險心態，賭場總會有人贏錢，為甚麼我不可以是贏家？雖然事實告訴我們輸家一定比贏家多得多，但是總有「機」會贏。也許這就是全球資本誘人和害人之處。

再回到美國。為解燃眉之急，小布殊在2008年10月3日（快要卸

任）簽署 7,000 億美元用於「救援有困難資產項目」（Troubled Asset Relief Program，簡稱 TARP）；12 月 6 日（奧巴馬已當選，但未上任），聯邦儲備局減息到 0%；12 月 9 日，緊急援助通用汽車和佳士拿汽車公司。2009 年，奧巴馬一上任，首先強制凡接受政府援助的企業的高層人員年薪不能超過 50 萬美元（2 月 4 日下達的總統令），跟着就是出台《美國復蘇與再投資法案》（American Recovery and Reinvestment Act，2 月 17 日）以挽救和創造就業崗位。

在金融改革上，最大的事情是 2010 年 7 月 2 日的《華爾街改革和消費者保護法案》（Wall Street Reformation and Consumer Protection Act，也稱《多德·弗蘭克法案》[Dodd-Frank Act]，下簡稱《華爾街法案》），但有點亡羊補牢的意思，晚了。更可惜的是，這是一個長篇大論（2,300 頁）的無牙法案[34]，它的目的在防止 2008－2009 年的危機重現，並保護消費者不會因企業的劣行而受損[35]。有人指出，這法案定下複雜繁碎的法例（共 225 條新例）和成立眾多的新機構（11 個），是勞民傷財，結果只會損害國家的經濟增長：失業會多、工資會低、財富累積會慢下來、生活水平會上不去。當然，這些都是典型的自由經濟論。

特朗普一上任就要廢除它。2018 年 5 月，共和黨控制的眾議院以大多票數把它叫停[36]。特朗普本人是全球資本的產品，但他卻打出對抗全球資本的旗號。全球資本的全球性製造出兩極分化，在美國也當然不例外，因為全球資本不屬於任何人、任何國家，但又支配所有人、所有國家。明裡，美國的藍領底層吃了大虧，來自全球最廉價地區的產品確實提升了他們的購買力，但代價是工資漲不上去，甚至失業，可以說是得不償失。暗裡，美國的經濟精英卻憑藉全球資本賺了大錢，賺了其他國家人民的錢，也賺了美國百姓的錢。雖然全球資本的捧場客，包括自由經濟學家們都高唱「水漲船高」，說全球資本是為美國好，但「人民的眼睛是雪亮的」。2017 年有人算過，全球最有錢的 87 個人的收入等於全球下一半 35 億人的總和，這哪能使人服氣？特朗普就是拿着這點，搖身一變，從一個全球

資本的受益者變成一個為被全球資本欺騙和欺侮的勞動人民去討回公道的維權人；從一個好色開賭的無賴變成一個為被身份政治和自由道德氣得要死的保守分子去出一口氣的代言人。就這樣，他打敗了被自己的宣傳蒙閉了眼睛，看不見地球在動，以全球資本代言人和自由道德維權人自居的希拉里。

　　資本社會裡的經濟、政治、文化精英們做夢也想不到有這麼多「不聰明」的保守分子會支持特朗普。全球資本精英「真心」地認為全球資本是人間天堂，看不見在強者逐利下的犧牲品，因為他們接受了人類幸福一切從經濟開始，而國家觀念、民族意識之類的過時東西是路障，要以經濟理性去暴露這些愚昧，以物質主義去打動這些愚昧的人，必要時，以暴力去打壓這些冥頑不靈之徒。但這些非資本的理性會消失嗎？血性會消失嗎？愛國是愚昧嗎？國家窮就不值得愛嗎？

　　國家觀念、民族意識其實是來自一種人類最深層次的情懷。人類把他最強烈、最銘心的情懷寄託於他認為是最高貴的對象身上：敬，只有在神面前才會屈膝；忠，只有對國家才可以盡忠；愛，只有母親才值得無條件地去愛。你可以屈辱一個人，但不可以侮辱他的神、他的國、他的母親，因為他把神、國、母親看得比自己還重要。神、國、母親不是他的底線，是他底線下的底線。侮辱他的神，你會失掉這個朋友；侮辱他的國，你要準備跟他打架；侮辱他的母親，你的鼻子要挨他的拳頭。這些人類用來定義自己的東西怎會被物質利益完全取代？資本主義認為每個人都有個價錢，甚至靈魂也有價錢，都可以交易。但這是「資本的邏輯」。國家，民族是不邏輯的，起碼不完全邏輯，更加不是完全資本的邏輯，這也將會是資本無限膨脹面臨的死門。貧血、冷漠的資本邏輯怎能取代同根同生、福禍與共的吾國吾民？全球逐利是全球資本的理想，是「皇帝穿的新衣」。資本精英、才智之士好像看得到這件若隱若現的彩衣。（你看物質享受不是在資本之下不斷放彩嗎？）他們財迷心竅，既得利益使精英們一廂情願地要別人也為皇帝的新衣喝彩。只有愚昧的下層人士和日漸下沉的中層階

級才有點警覺，才會像個無知小孩，敢說，「皇帝沒有穿衣服啊！」

2. 美國的未來

　　現在可以從全球資本的邏輯去看美國的未來。美國是帶動全球資本（特別是金融）的尖兵，但全球資本也在支配美國。全球資本的方向是清楚的，邏輯是不變的。全球資本與美國的蜜月期已過，美國能不能繼續滿足全球資本的慾壑，全球資本會不會移情別戀將是美國文明未來的決定因素。美國能不能滿足全球資本的慾壑就要看美國有多少精力、有多少意願。客觀條件是美國的經濟資源與社會資源，主觀因素是美國的民族性格與時代心態。當然，還要看看有沒有第三者來奪寵。

　　先談民族性格與時代心態。

　　戰後一代是已經過去的一代，世紀一代（Y 一代）才是未來，他們會不會重蹈戰後一代的覆轍？

　　戰後一代有的是一種純情、浪漫的反叛，經過經濟不景的洗禮才變得冷漠、犬儒。相對來說，世紀一代從小就有「特權」心態，是「被寵壞」的一群。經濟不好對他們會有很大的衝擊，但他們早就感染上冷漠、犬儒。從 2008 年金融風暴之後的表現來看，他們有怨言，但不會想革命。2011 年的「佔領華爾街」也只是曇花一現，更實際的是遲婚、不生孩子、30－40 歲仍住在父母家裡面。

　　今天，戰後一代較早出生的一群（1946－1955）年紀老邁，但自我依然。他們要求的福利，特別是醫療、養老，將會是國家最大的包袱；他們引發的姑息與縱容已成為道德的主流。他們中不少人積蓄了財富（包括養老金和自住房），是逍遙的時刻了，大量的老年人消費玩意應運而生。較晚出生的一群（1956－1964）在未來 20 年陸續踏入退休之年，但 2008 年的金融危機和隨後的大衰退把他們的養老金和福利大打折扣，產生出一種「經濟代溝」[37]。世紀一代對負擔戰後一代的養老開始感到壓力，並對主要

為戰後一代而設計的社會福利感到煩厭 ㊳。這會是未來 20－30 年（戰後一代死光之前）美國內政的焦點。

今天，世紀一代較早出生的一群（1981－1988）已經是 30 多歲，踏入壯年了。他們非但沒有桎梏社會去讓他們反抗，更有縱容的社會去鼓勵他們享樂、姑息的社會去使他們覺得無需努力耕耘。道德上他們沒有偏見、凡事「相對」，更認為身份政治是理所當然。但是，年青時碰上 9．11 的大恐懼和大憤怒，過不到幾年又遇 2008 年的金融危機和經濟大衰退。溫室的成長使他們變得更自戀和貪婪，甚至不諱承認自我。他們是失望的一代，但又沒有反叛的衝動。世紀一代較晚出生的一群（1989－1996）的際遇略有不同。他們未成年前仍是幸福和被寵壞的一群人，但他們的醒覺來得早些，9．11 和大衰退都是在他們的青少年時期發生，所以中學時代就已經非常務實。他們不會為自由、平等的大理想而捐軀，但會為身份政治、佔領華爾街、氣候變化的小理想出錢或遊行。

奧巴馬是世紀一代推上去的。但他們對奧巴馬的過高期望卻使特朗普有機可乘。他們不是支持特朗普，而是他們不積極支持希拉里，卻支持大談免費大學、增加底薪的民主黨內的希拉里對頭 —— 伯尼．桑德斯（Bernie Sanders，1941－）。希拉里不是被特朗普打敗，而是被自己人拖倒。

世紀一代的美國與不斷擴大、不斷加深的全球資本如何相處？特朗普的貿易戰不是蓄意針對任何國家，而是在保護國內就業。雖然美國的失業率是歷年來的低點 ㊴，但短期工、低薪工的比例不斷增加，被全球資本遺棄的美國工人越來越多 ㊵。

特朗普的貿易戰是要為美國工人爭口氣，但真正的內涵是美國對全球資本「侵略」美國的反應，因為全球資本是通過美國貿易戰的對手去「佔美國的便宜」。但在全球資本的大局面裡，這是個「反動」（假設特朗普是真心的，而且知道他在幹甚麼），終會失敗。除非美國脫離全球資本，但這是差不多絕無可能的事了。

未來全球資本會不斷擴大（直到全世界都接受它的支配）和加深（直

到全世界都擁抱它的文化）。但同時，美國內部的反應也會不斷加劇[41]，經濟政治精英與被全球資本邊緣化的中下層會不斷苟合（美式民主下的政治苟合）去爭權，爭着去統治一個開始褪色的經濟帝國。美國的國力會不斷被泄瀉。為安撫貧苦的生計，福利開支會不斷增加；為舒緩精英的自疚，身份政治會不斷擴張。

謀權、逐利把美國性格與資本邏輯連起來，但美國性格的自疚是資本邏輯接受不來的[42]。美國性格不會變，資本邏輯也不會變，但兩者的不協調會隨着資本全球化的成熟和美國世紀一代的成長產生越來越多的矛盾、越來越大的張力。雖然過去大半個世紀全球資本與美式文明相輔相成，但全球資本文明獨立於美國的興衰。也就是說，它對美國的興衰是漠不關心的，除非它的生存受到影響。甚至可以說，它利用了美國作它的尖兵去攻佔了全球、作它的後台去坐擁全球。它成熟了，而美國則開始乾枯。它一定會另尋寄託。它需要滋養，但它也懂得侍候。誰可給它滋養、誰會想它侍候？可以叫苟合，也可叫配合。

這種權和力的苟合有時產生非常奇怪的現象，一切從「利」字看。讓我們對比一下黑人的「民權」和同性戀的「人權」。

民權運動可以說是身份政治的鼻祖。南北戰爭不能說是身份政治，因為主要是白人與白人之間的事情，但是，1950 年代開始的民權運動是黑人（現在叫非州裔美國人）自覺、自動的平權運動，並有大量的白人同情者、支持者要為黑人「討回公道」。運動的道德基礎是鮮明的、健全的。大半個世紀後的今天，美國有了個黑人總統，但黑人的經濟條件、教育水平、家庭結構、刑事罪案非但沒有追近白人，反有越來越差之勢。誠然，除了有個黑人總統還有很多黑人球星、歌星、影星，甚至工、商、政界高層，使人矚目。可以說，黑人精英在資本社會闖出了名堂，或是被資本社會成功地吸納，但作為一個群體，黑人族類在資本社會裡拿不到甚麼公道。幾十年來的奮鬥，成果有限，為甚麼？因為資本經濟之下永遠有貧富之間的大差距（反映優勝劣敗）。當然，如果兩極分化過大，社會會

不安，就不利資本逐利，所以資本社會既要有貧富之別而且要盡量擴大（資本邏輯），又不能太大（資本安寧）。美國黑人，作為一個相當大的群體，從來就是貧，雖然也曾是資本在美國發展的主要歷史條件。從資本的角度去看，不斷的移民成功取代了黑人勞動力，黑人對資本的作用（除了是消費者之外）就不斷下降了，但是也不能太貧，不然就反。於是通過福利（收入的重新分配）去提供起碼的生計，久而久之養成一種「依靠福利」的文化，「討回公道」的戰意也隨之消沉。可以說，黑人民權運動（將來或會加上拉丁美洲和別的族裔）會延續下去，間中會爆發暴力，但也只會是暫短的。黑人問題會繼續支撐一個龐大的民運「產業」，但問題不會被解決，為民請命的精英們也不想解決，但黑人精英倒會越來越像「黑黃蜂」。

轉過來看看同性戀的身份政治，蓬勃多了。這裡節錄一本 2018 年出版的書，對這事很有啟發性的分析《從容忍到平等：精英們如何把美國帶上同性婚姻》（*From Tolerance to Equality: How Elites Brought America to Same-sex Marriage*，達雷爾·E·保羅 [Darel E. Paul]）。現節錄和意譯如下。

教會、大學和文化產業的進步分子們[43] 是同性戀正常化和同性婚姻合法化的先鋒[44]。商營企業也加入了行列，進步分子甚至為回應同性婚姻合法化的企業送上道德光環，稱之為「有陽光的貪婪」（the Sunny Side of Greed），認為它們比政府，特別是比較保守的州級政府更民主。這是一個不可思議的苟合——為了同性婚姻的「性公平」，左派精英竟然可以放棄他們基本的、初心的「經濟公平」，甚至改變調子，把他們從來不屑的資本貪婪改稱為「有陽光的貪婪」[45]。

同性婚姻象徵個人主義、自由主義的理想[46]。為此，精英們很快就把同性婚姻從一種「例外」的、需要被容忍[47] 的社會關係推上為一種理想的社會關係[48]。同性婚姻合法化的鬥爭不是階級或階層的鬥爭，是

誰決定「甚麼才是社會真相的象徵、甚麼才是社會階層的類型」的鬥爭[49]。這場鬥爭中勝利的精英在美國文化機制中——大學、傳媒、娛樂、企業——有不可抗拒的勢力。各種不同的性取向（除了男、女外至少有 20 多種）都成為「多樣化」的最高象徵。一般對他們的形容是「都市化、衝擊道德底線、時尚、成功」和「泛世性」（這點被特別強調）。他們代表「原創、獨特、創新、真實」，一種自我的表現和對自己的誠真。在精英們的眼中，同性戀是一個多樣化和世界性社會的最純淨的象徵[50]。

精英中最積極推行這個以同性戀為標榜的多樣化是「新經濟」的企業。多樣化是身份平等的基柱，因為在多樣化的概念底下每「樣」都有其自身的價值、自主的權利。而「樣」又開始走向「象徵」、「表性」，逐漸離開實質和物質。如果某個「樣」變成多樣化社會的主流，這個「樣」的「象徵」、「表性」就越來越有「商業價值」[51]。

以自我創造（self-creation），特別是以性的自主權作為象徵的「進步價值觀」，跟鼓勵個人消費無約束地在全球任何地方和所有地方進行交易、交換的「全球資本價值觀」是極為配合的。你看，沒有終生承諾，以個人自主、自我創造出來的生活模式正是「最值錢」的消費者。在 2014 年，《美國社會學的神聖使命》（*The Sacred Project of American Sociology*）一書的作者這樣形容「進步」的使命：「解放和肯定所有人都是有平等的獨立存在，自作主宰的個人。通過建立自己的身份，選擇進入和退出與別人的關係，享受物質、經驗和肉體的快樂，去過着自己想過的生活。」全球性的大企業不遺餘力地去栽培這些有強消費能力（因為不用顧家）、弱道德約束（都是離經背道）的消費者，因為這些以「性身份」定義的消費者其實是以慾念定義身份，而慾念是完全可以通過宣傳和科技去改變的。所以這些性身份的消費者是全球資本最理想的消費者，因為性身份多樣化就是突破人性的最後一關——男女之間的互補——就能夠創造出無限的自由和無盡的利潤。

　　由列根開先河，克林頓為後繼的權力苟合、利益苟合為全球資本創造出前所未有的擴展空間，成熟了。美國精英隨着全球資本的成熟也晉升為全球精英、世界公民的典範。但美國作為一個國家，和美國人作為國民，就要付出代價了。苟合而生的自疚帶來姑息與縱容：無休止的身份政治，到最後是個是非顛倒的社會；無了結的社會福利，到最後是個資源內耗的社會。從全球資本的角度看這些都是不能接受的 [52]，因為顛倒的社會代表失序，內耗的社會代表失效。這就是美國與全球資本的冤孽。美國在全球逐利（當然包括在國內）越成功，它的自疚會越重，衰敗與疲弊也會越大。如果這個死結不勒死它，就是全球資本拋棄它。

　　但是，不要小窺美國（以至西方）的經濟與社會資源。對的，總會有榨乾、耗盡的一天，但這會是相當長遠的事，而且還要假設美國不改（不覺悟）。

　　美國經濟資源豐厚是無可置疑的。但看兩個數字：人均 GDP（衡量經濟活力）、貿易與 GDP 的比例（衡量自足程度）。雖然不是全球最高（有比它高的如新加坡），但跟可與它較量的「大國」相比，如俄羅斯、印度和中國，它就站在很高的上方 [53]。但是，從全球資本的角度去看，關鍵不在美國變窮，而在美國不再是最富。全球資本精英只會聚於全球最富的地方，因為那裡是逐利最精彩、最亢奮的地方。《財富》500 強的總部所在 [54] 最能反映誰得全球資本的青睞。

　　社會資源主要是社會的凝聚力和生命力。德·托克維爾（Alexis de Tocqueville，1805－1859）有兩本書傳世，一本是精準解釋法國大革命的《舊制度與大革命》（*The Old Regime and the Revolution*，1856），我在《西方文明的文化基因》裡已相當詳細地介紹過。另一本是觀察美國政治與社會的《美國的民主》（*Democracy in America*，1835，1840），是他在 1831 年遊歷美國的所見所聞的分析，獨具慧眼。他把美國的生命力和凝聚力都歸功於美國的「民間會社」（civil society，當然他未用這個詞），是這樣寫的：

不同年齡、不同環境、不同思想的美國人，不斷地「聯合」（unite，也含有「團結」的意思），他們所有人非但在工商業上結社，還有一千種其他的會社：宗教的、道德的、嚴肅的、沒有意思的、一般性質的和特殊性質的、龐大的和小型的；美國人用會社去辦慶典、去成立神學院、去蓋旅館、去建教堂、去發行書刊、去派遣傳教士；他們用這個形式去創立醫院、監獄、學校。最後，如果他們要發揚某個真理或提倡某種主張，他們也結社。如有甚麼新的建設，在法國是政府帶頭，在英國是某某權貴帶領，在美國肯定是某個會社。在美國，我見過各樣的會社，我得承認我不知道它們是幹甚麼的。我很欣賞美國人有種美妙的藝術把許多人聯合起來，自願地為一個共同目標而努力。……

貴族的社會無需聯合。每個有錢或有權的人就好像是一個永久和特定的會社的首領，社員就是那些要依靠他的人，要為他的目標工作的人。

民主的社會就相反。每個成員都是獨立的，但也因此是勢孤力弱，不能幹甚麼事，又不能驅使其他成員與他合作。如果他們不懂自發地互相幫助，他們會變成全體的無能……如果民主國家的國民缺乏權力或意願去在政治目標下聯合，他們的獨立就有大危險。

……（有人會說，由於民主社會裡頭）國民越是獨立，他們個別的力量就會越弱。因此需要政府更主動、更幹練地去執行個別國民無法執行的社會性工作。但政府哪有足夠的力量去滿足無數國民每一天通過他們無數的小會社去做無數的小事情？在美國，如果有幾個人有一個想法或意見，他們會找有同一想法或意見的人，一旦找到，他們就會聯合。在這一刻開始，他們不再是孤立的，而是一種力量。

德·托克維爾最欣賞這些源自清教「鎮議會」式的自發性政治會社，認為它是美國人自立、自治的基礎和現象。我談了這麼多的權益苟合、身

份政治，但只要睜開眼睛，可以看見美國仍是個德‧托克維爾式的政體。就算政客競選也大攬「鎮大會」（townhall），這就是模仿清教的小鎮民主。美國仍是個相當穩固的社會㊺。

但是，從全球資本的角度去看，關鍵不在美國社會沒有凝聚力，而在凝聚力已鬆懈，也就是走向失序。全球資本精英只會聚於最有秩序的地方㊻，因為秩序是逐利的保障。全球猶太富人的去留㊼可能最能反映誰得全球資本的青睞。

全球資本利用美國文化的全球化去推銷道德自由、人人自主、事事可變，成功打開了全球的多樣消費（因為道德自由）、多多消費（因為人人自主）、不斷消費（因為事事可變）的大門，使全球資本能大放異彩。但同時，從全球資本的角度去看，美國文化內部又有不利於全球資本「可持續發展」的因素。

其實，重顧美國文明的軌跡（第二十章，圖34），可以想像美國也可以走到跟全球資本一致，也就是全球性的朋黨社會和營私社會。但是，美國人的少數意識（包括對內、對外）和自疚性格是大阻力。自列根與克林頓以來，美國文明的主線就是在分立社會（自立—苟合）與昏亂社會（極端苟合）之間打滾（圖32），輔線則在小圈社會（自足—苟合）與昏亂社會（極端苟合）之間打滾（圖33）。小布殊時代有走向壓人社會、吃人社會（極端逞強）的趨勢。奧巴馬時代則有傾向安穩社會（自立—團結）、富強社會（自足—團結）的羅斯福理想，但時代心態、歷史背景與關鍵人事沒有提供足夠的牽動力，到特朗普時代又走回分立社會（自立—苟合）和小圈社會（自足—苟合）。與此同時，自疚的性格使美國人走上姑息（縱容弱小、縱容貧苦），出現越來越顛倒和內耗的社會。看來，美國文明的軌跡會很難走到全無自疚的、全球性的朋黨社會（逞強—苟合）和營私社會（自私—苟合）。但這兩種社會乃是全球資本的終結。可以說，美國非常適宜做全球資本的尖兵，為它賣命，但成熟了的全球資本不會忠於美國，會另覓新歡。（圖36）

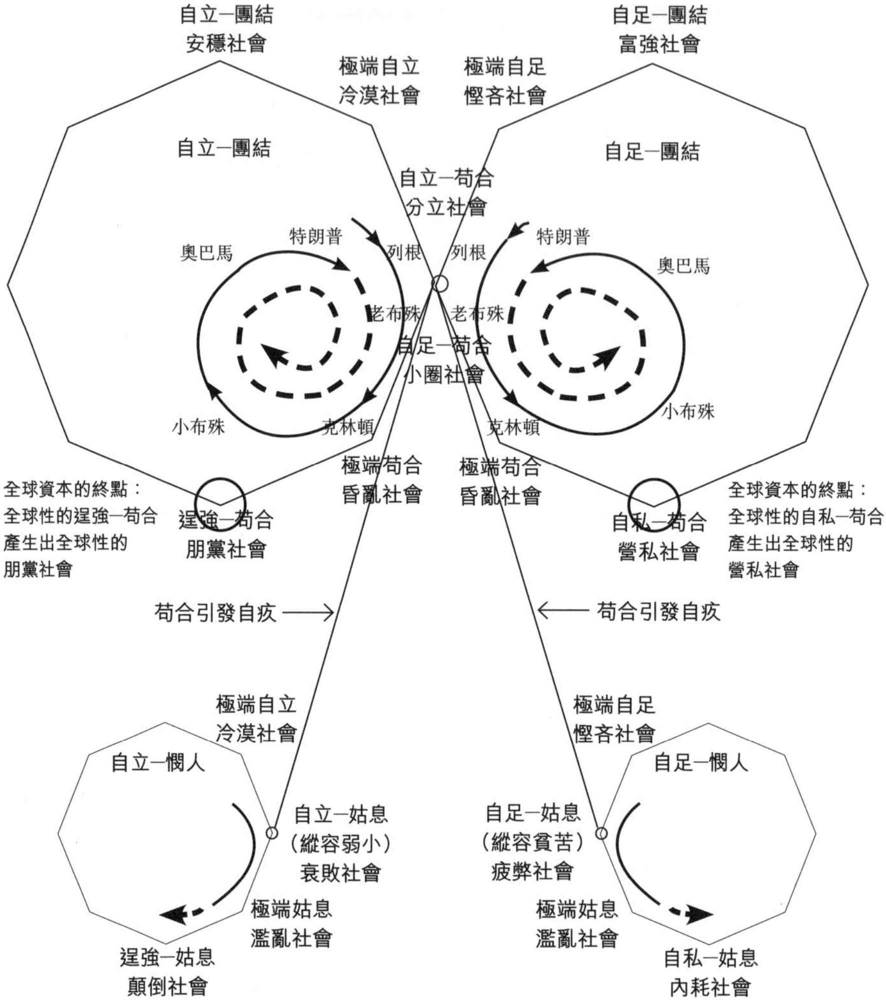

自立─團結
安穩社會

自足─團結
富強社會

極端自立
冷漠社會

極端自足
慳吝社會

自立─團結

自足─團結

自立─苟合
分立社會

奧巴馬　特朗普　列根　列根　特朗普　奧巴馬

老布殊　老布殊

自足─苟合
小圈社會

小布殊　克林頓　克林頓　小布殊

極端苟合
昏亂社會

極端苟合
昏亂社會

全球資本的終點：
全球性的逞強─苟合
產生出全球性的
朋黨社會

逞強─苟合
朋黨社會

自私─苟合
營私社會

全球資本的終點：
全球性的自私─苟合
產生出全球性的
營私社會

苟合引發自疚 ⟶　　　⟵ 苟合引發自疚

極端自立
冷漠社會

極端自足
慳吝社會

自立─憫人

自足─憫人

自立─姑息
（縱容弱小）
衰敗社會

自足─姑息
（縱容貧苦）
疲弊社會

極端姑息
濫亂社會

極端姑息
濫亂社會

逞強─姑息
顛倒社會

自私─姑息
內耗社會

圖36　全球資本與美國文明的糾纏：美國無法走到全球資本的終點

　　這是以美國為首的西方文明大氣候，不會改變，起碼在未來幾十年不變。如果中國想跟着西方走，甚至超越他們就得認清這個天時，有云「識時務者為俊傑」，如果我們選擇走別的路，更要懂得天時，硬碰硬是不成，因為就算是勝出也會受損傷。又有云「退一步海闊天空」，天時不能改，但可用。怎樣用？先要看清楚全球資本準備怎樣去向它的終點。

註

① 以下材料來自 Globalization as Americanization? Beyond the Conspiracy Theory，*Journal of Applied Physics*。

② 馬克斯·韋伯，《新教倫理與資本主義精神》作者，見《西方文明的文化基因》第七章，「大變前夕：腐化的教會面對湧現的民族意識和人文思想」。

③ 經濟學者（代表人物如哈佛的傑佛瑞·薩克斯[Jeffrey Sachs，1954–]；聯合國顧問賈迪什·巴沃蒂[Jagdish Bhagwati，1934–]）的共識是自由經濟是好事，為社會帶來龐大和清楚的好處：提升生產效率，增加消費選擇。雖然優勝劣汰的競爭和破壞性的創新會有代價（就業反覆、資源廢棄等），但長遠來説經濟增長雖然會使勝方比負方多得，但雙方都是贏家。他們更指出亞洲在擁抱自由經濟後快速發展，發展中國家比發達國家發展得更快，國際的貧富差距收縮，生產鏈條、服務鏈條從勞動價格高的地方外判出去，為競爭力強（低工資、低福利）的地區創造了發展機會（中國特別有代表性）。雖然有不少人唱反調（反企業主義和消費主義，反全球化帶來的不公、不義、不均，反全球化對生態、資源、文化的破壞），甚至暴力抗議（尤其是西雅圖大示威和佔領華爾街運動），但經濟全球化沒有放緩。

④ 在此之前，國際間的貨幣討論都是聚焦於固定匯率還是浮動匯率。布雷頓森林體系的代表們支持「掛鈎兑匯系統」（pegged exchange rates），認為彈性較好。在這個系統下，各國把貨幣匯率與美元掛鈎（匯率升降幅度不超過 1%），而美元則固定於 35 美元可換一盎司黃金。各國中央銀行通過用美元在市場上買賣自己的貨幣去維持穩定兑換。如果某國有長期的貿易赤字，而財政政策都未能改善情況，就容許修改掛鈎匯率（也就是貨幣升值或貶值）。因為匯率既固定但又有一定彈性就大大助長國際貿易和跨國投資，是戰後經濟繁榮的主要原因。布雷頓森林體系後 20 多年，國際間的資金流動有一定的約束，因為各國政府都要控制資金流動去保證貨幣匯換不超出掛鈎的上下限（1%）。

⑤ 1960 年又成立「國際發展協會」（International Development Association，簡稱 IDA）。「重建與發展國際銀行」與「國際發展協會」組合成「世界銀行」。前者貸款給中等收入的發展中國家，後者發放優惠貸款和撥款給最窮國家。

⑥ 原意是個臨時協議，直到建成「國際貿易組織」（International Trade Organization，簡稱 ITO，但這個組織未建成）。

⑦ 原則雖如此，但各國關稅並沒有大幅消減（美國只減了三分之一，其他國家更少）。還有，《關貿協定》並沒有包括金融，因為那時的資金流動仍有很大的約束。

⑧ 規定如果發現有補貼，其他會員國可以徵收反補貼關稅去平衡出口國的補貼，這是日後發展中和發達國家的最大爭端。

⑨ 其實，在 1969 年，「基金」已協議修改，加上「特別提款權」（Special Drawing Right，簡稱 SDR），每個會員國的中央銀行可以在國與國的中央銀行之間、中央銀行與「基金」之間把「提款權」作為黃金使用，目的在抵消貨幣投機，維持市場穩定。1970 年開始運作，由 16

個出口額超過全球總出口額 1% 的國家，每國提供定額的貨幣組成一個「籃子」（這個「籃子」的組合是因時而易，現在的組合是美元、歐元、日元、人民幣、英鎊）。「提款權」是種儲備，但它最大的用處是在貨幣匯率自由浮動的情況下，有困難的國家可以從「籃子」裡「提款」去維持它的貨幣穩定。由於「籃子」裡頭的「款」是由各貿易大國的貨幣組成，而這些貨幣同升同降的可能性不大，因此他們之間的升與降會相互抵消，帶來穩定。

⑩ 1973 年 10 月，由埃及和敘利亞帶頭的阿拉伯國家與以色列開戰，意圖收復在 1967 年「六日戰爭」中敘利亞失去的戈蘭高地和埃及失去的加沙地帶。結果是以勝阿敗。阿拉伯國家認為是大恥辱，於是石油出口國結盟（當時的 5 個國家是伊朗、伊拉克、科威特、沙特阿拉伯和委內瑞拉，現在有 15 個國家）。

⑪ 其實美元在 1973 年 2 月時宣佈貶值 10%，已開始走上浮動匯率，日本與歐洲諸國也隨之讓它們的貨幣浮動。約 10 年光景，所有工業國家的貨幣匯率都是浮動的了，也就是由市場決定。

⑫ 「基金」庫存的黃金歸還會員國，或把黃金出售得到的錢去援助貧窮國家。

⑬ 早在 1971 年《史密森協定》之後，歐洲經濟體（European Economic Community）的成員國打造了一個類似的但規模較小的匯率系統叫「隧道蛇」（snake in the tunnel），把匯率的浮動局限於固定匯率的上下 1.125%。但歐洲經濟體內各國的經濟政策是沒有協調的，所以還是未能控制外匯的亂局。於是到 1979 年出台《外匯總率機制》，在這個機制下，如果兩個國家之間的貨幣兌率升降超過 2.25%，兩國要共同干預外匯市場，也就是買入或賣出兩國的貨幣去維持穩定。實質上，這代表歐盟成員國，作為一個整體，可以強迫匯率不穩定的國家去採取資金控制或其他的貨幣行動。這跟「基金」的權力有點相像。

⑭ 也就是用貶了值的美元去償還赤字帶來的債務，即是又吃又拿，借了人家的錢，花光了，就用面額依舊但底下價值大減的鈔票去還債。當然，只有美元才可以這樣做，因為它是全世界的儲值貨幣。

最慘的是日本。首先，1983 年，在美國的壓力下日本開放日元的國際買賣。那時，美國與日本貿易大額逆差，美國國內保護主義聲音大響。美國政府舉行 5 國談判，達成美元有序貶值的協定，是為《廣場協議》。1985 年到 1987 年，美元兌日元比值下降 51%。由於日元猛升，引發出前所未見的投機，尤其地產泡沫（當然與日本的高遺產稅和住客保護法都有關係）。泡沫破後（1992 年）政府想通過增加公共開支去刺激經濟，帶來大量赤字和經濟停滯，在日本叫「失去的 10 年」（Lost Decade，1990−2000）。但由於 10 年後仍未有大好轉，現在有人叫「失去的 20 年」（Lost Score，1990−2007）。估計從 1995 年到 2007 年，日本 GDP 從 5.33 兆美元下降到 4.36 兆美元（都是以當時幣值算），而工資則實降 5%。

⑮ 皮科拉日後出版回憶錄《華爾街供詞》（*Wall Street Under Oath*）是這樣寫的：「華爾街痛恨這些法規……如果當年的法律規定要全部公佈（他們的）種種行徑，他們不可能在公眾的嚴峻注視和批評下生存。玩弄法律和深不可測的黑暗是銀行家最得力的盟友。」

⑯ 這也被 GLBA 取消，導致 AIG 保險公司可以從銀行引進它發行的「有毒貸款金融衍生品」（toxic credit derivatives）作為保險合同出售，弄得在 2008 年的金融危機中幾乎破產。

⑰　首先，《1933 法案》是聯邦法案，管制的只包括屬於聯邦儲備系統內的銀行（也就是有聯邦儲備做後盾的銀行），並不包括儲蓄與貸款公司（savings and loans company，美國有大量這樣的小公司，而且在 1980 年代發生過大風潮）和州註冊的銀行。《1933 法案》出台的時候曾要求聯邦系統的銀行要有一年來自行決定是商業銀行還是投資銀行。商業銀行可以收存款但不能有超過 10% 的收入來自證券生意，雖然仍可以做保證國債的生意；投資銀行就不能收存款。法案中有幾個關鍵條款（第 16，21 和 32 條）發生漏洞。第 21 條禁止投資銀行做儲蓄存款生意但未有禁止投資銀行擁有可以做儲蓄業務的公司，例如儲蓄信貸公司和州註冊的銀行。1960 年代，投資銀行與儲蓄信貸公司分別利用這個漏洞，通過附屬公司和金融產品創新去套取商業銀行的存戶和存款，大做投資（投機）生意。第 16 條定義附屬公司的主要業務不能是證券投資。但到 1970 年代末期，政府的官方演繹容許商業銀行與附屬公司做更多的證券投資，法庭也不太干擾，因為那時的金融產品已分不清甚麼是屬銀行業務，甚麼是屬證券業務了。從 1987 年開始（列根總統任內）聯邦儲備局（也就是這法案的執行者）把附屬公司更放開演繹，甚至包括證券投資公司。（他們的理由是，到了 1987 年，證券的性質與 1933 年的債券、股票大不相同，包括了形形種種的衍生品。但當然，這個理由可以用來削弱《1933 法案》，也可以用來加強《1933 法案》。）其實，從 1980 年代開始國會已不斷辯論是否取消這些約束的條款。

⑱　這個合併完全違反《1933 法案》（雖然多年來聯邦儲備局和其他管制機構已大大放寬執行法案的條款）。當時儲備局的主席是艾倫·格林斯潘，他說服局內其他董事，准許商業銀行控股公司擁有投資銀行作為附屬，而這些附屬投資銀行的證券保險業務可高達他們總業務的 25%（之前是 10%）。此時，克林頓的財政部長羅伯特·魯賓（Robert Rubin，1938－，曾經是投資銀行的銀行家，卸任後更當上花旗集團的董事局主席）很支持更大規模、更多樣化的銀行，認為這會提升美國的全球競爭力。花旗集團和旅行家集團的老闆跟艾倫·格林斯潘、羅伯特·魯賓和克林頓先通了電話，然後公佈這個美國有史以來的最大合併，創出最大的財務公司。有一段很短的日子，政府好像要這個新集團賣掉保險業務，老闆們決定發動另一個鼓吹廢止《1933 法案》的政治運動去拖延時間。經過一年的運動，幾億元的說項費和選舉捐款，終得 GLBA。

⑲　很有趣的是合併成功後花旗集團竟然把 Travelers 的資產和財產傷亡保險「賣給」股東們，之後又把人壽保險賣給另外一間公司。2008 年的金融風暴，花旗集團損失 277 億美元，在政府保護下才沒有破產。

⑳　GLBA 的 G 是菲爾·格拉姆（Phil Gramm，1942－），是當年參議院銀行委員會的主席。2002 年退休後轉往銀行業，在一間從商業性轉到投資性的瑞士銀行任職。當時力促容許花旗集團合併的財政部長羅伯特·魯賓在卸任後成為花旗集團董事局的主席。當時聲音最響的勞倫斯·薩默斯（Lawrence Summers，1954－）繼羅伯特·魯賓任財長，之後到哈佛當校長。克林頓更是財經的寵兒，卸任後發大財。

㉑　見《西方文明的文化基因》442－443 頁，註 26，有關 M3，再加金融衍生品如「信用違約交換」等。

㉒ 當美國廢止《1933法案》，出台GLBA，打開大合併與大投機的方便之門之際，國際上已感到金融對經濟的影響出現尾大不掉的傾向，如果不好好管制和控制，將會出現大問題。在1999年，10個最發達國家同意設立「金融穩定論壇」，2004年又達成「巴塞爾協定第二期」（Basel II Accord），強調銀行的儲備金是系統性風險的重要保障，強調要有全球一致的銀行法規去保證各國銀行在國際競爭上的公平（這個表面是約束全球金融的動作，在更深層的意義上其實就是部署金融全球化）。這次協議真正關心的是各國銀行的風險透明度不足，管制機制的監督也不足。有了協議並不代表大家積極執行。那時金融投機大熱、合併大盛，各國都想自己的銀行賺錢，各懷鬼胎，哪會加強透明度、加強監督力度，一路拖到2007−2008年的金融大海嘯。

㉓ Sven W. Arndt, Patrick M. Crowley, David G. Mayes, 'The implication of integration for globalization', *The North American Journal of Economics and Finance*, 20(2): 83−90, 2009. R.Z Lawrence, M.Drzeniek, S.Doherty, *The Global Enabling Trade Report, 2012, Reducing Supply Chain Barriers*, World Economic Forum, 2012.

㉔ 次貸證券的風險評估很具戲劇性，對全球經濟有莫大影響，可追蹤到一個中國人。李祥林在南開大學念經濟，1987年到加拿大魁北克拿了一個商管碩士學位，轉入滑鐵盧大學（University of Waterloo），先取得一個精算學（算人壽保險的）碩士，然後是統計學博士。這是1995年的事。他先在加拿大一間銀行工作，到2000年加入了美國最大投資銀行摩根大通（JP Morgan）的風險指標部（Risk Matrix Unit）。那年，他發表了一篇改變金融世界的論文叫《違約係數：一個聯項函數的方法》（On Default Correlation: A Copula Function Approach），從此扶搖直上。2003年轉花旗集團，主管信貸衍生品（credit derivatives）的研究。2004年往英國巴克萊銀行，管信貸量化分析。2008年，也就是次貸危機爆發後，他回國在中國國際金融股份有限公司（中金公司）工作，主管那裡的風險管理部。

李祥林的工作是金融界最神秘的工作：估算市場「無形之手」的一舉一動。我在《西方文明的文化基因》裡說過，市場動態是經濟學棘手的一環。學者專家想用自然世界的恆律去預卜「無形之手」的旨意。為此，「量化」成為魔棒，也就是想通過量化市場上眾多的因素（從已知、可知到未知，甚至不可知的因素）去增加對未來揣摩的一點信心，於是出現大量的量化分析、模擬。金融衍生品的基礎是形形種種有不同風險的資產。但經過衍生、衍生、再衍生，這些資產的風險已經無從追蹤（就算假設基礎資產的價值未做假和未曾變動），於是風險評估難上加難。

一般的解決辦法是盡量把構成風險的因素細分，務求精準，然後再整合所有風險的可能性。這需要大量的風險因素資料，這些因素往往既複雜又難追蹤，而且因素本身在變動，因素與因素之間在互動，更尷尬的是得出來的預測往往事後證明不準確（我在《前線》雜誌2018年第一期交待過）。李祥林的處理是「快刀斬亂麻」，把千頭萬緒的分析歸納為一個係數、一個指標。他選用「信用違約交換」，這些是投資者之間交換「信貸違約」風險（借錢者不能依約還錢）的合同（每個合同裡會有成千上萬的借錢者）。當一個合同的價格上升就表示投資者認為信貸違約的風險高，反之亦然。李祥林的「違約係數」（default correlation）是計算任何

兩個「信用違約交換」合同底下的信貸同時出現違約的可能性（風險）。他的突破是捨棄傳統的追蹤風險因素，代之以合同的市價（他的假設是市場升降反映風險高低）。這個理念一面世立即引起震動，因為這係數簡單、好用。但更關鍵的是用李祥林方程式算出來的係數都顯示任何的「信用違約交換」合同，以至任何的金融衍生品的風險都不高。評估公司（包括穆迪 [Moody's]、標準普爾 [Standard & Poor's] 和巴克萊銀行）都用了這個係數，把任何的金融衍生品都評上 AAA。市場變得瘋狂。「信用違約交換」的交易量從 2001 年的 9,200 億美元升至 2007 年（也就是次貸泡沫爆破前夕）的 62 兆美元；由任何債券、抵押、貸款包裝出來的「擔保債務證券」（collateralized debt obligation，簡稱 CDO）的交易量從 2000 年的 2,750 億美元升到 2006 年的 4.7 兆美元。當時絕大部分投資者、專家都未看出或指正李祥林用的「信用違約交換」合同市價是近幾年的市價（之前並沒有「信用違約交換」這個產品），而那幾年都是市場一片好景，次貸大量上市的時光，房地產價格有升無降，違約絕無僅有，連鎖性的違約更不存在。為此，以「違約係數」方程式算出來的風險當然低極。金融界的高層好像不知，或不問。一方面是他們對量化的崇拜，對這些「黑箱」的數據未加以「常識」去檢驗；另一方面是技術人員雖然或有醒覺，但他們不是當權決策，他們只看數據，忘記了數據後面的事實。他們以幾年的數據去類比千萬年不遇的概率，然後投資者用這些模擬出來的概率去下注。次貸泡沫一爆，違約係數狂升，連鎖反應造成金融風暴，帶來近十年未退的大衰退。

前幾年，李祥林在滑鐵盧大學的導師為他續簽加拿大護照，並為他辯護：「他被放在桌上了⋯⋯，你無需是個科學家也應該知道當時在美國『常識』是沒有用的，製造這些金融產品的人漠視真相，結果就是妄用了這些模擬」。當然科學的發明和技術的創新不是抽象的，是社會的產物。怎樣的社會就會有怎樣的科技，逐利的社會只可能有為逐利服務的科技。當逐利衝昏了頭腦的時候，逐利科技也會用上昏了頭腦的假設、昏了頭腦的算法。

㉕ 一般指貸款者採用不公平、欺詐或瞞騙的手段，例如騙借款人去同意一些不公平或苛刻的條件；或貸款人在簽約後有意在不違法的掩護下違約；或收取過高的貸款利率或服務費；更有誘導借款人使他低估真正的利息或高估還錢的能力。在房地產熱的時期，貸款者甚至會迫或騙借款者放棄抵押的住房（其中一個做法是在貸款合約巧立和隱藏各種各樣的費用，強迫借款人交付，交付不起就算違約，要放棄抵押的住房），然後由貸款者接收，再重新出售去謀大利。掠奪性貸款的受害者往往是低收入、低教育的群體，尤其是次貸者。

㉖ 還有一個做夢也想不到的環節。早在 1977 年出台的《社區再投資法案》（Community Reinvestment Act）原意是要鼓勵商業銀行和儲蓄與信貸公司輔助中低收入社區的居民借錢買房，但商業銀行興趣不大。到 GLBA 出台，容許投資銀行與商業銀行合併，引發大量資金要找賺錢機會，這些社區的房地產投資就特別吸引這些投機分子，尤其是通過次貸製造出來的金融證券可帶來暴利，於是房地產的熱度又多升幾度。

㉗ 聯邦國民抵押貸款協會（Federal National Mortgage Association），也叫房利美（Fannie Mae），於 1938 年新政時代創立，主要是鼓勵銀行或金融公司多貸款給中下收入家庭買房。是這樣運作的：銀行貸款給買房者，然後把合同賣（抵押）給協會，協會把這些合同捆綁，

拿去金融市場變賣，成為投資產品，叫「第二抵押市場」（secondary mortgage market）。這一來就增加了銀行多貸款的能力和積極性。到 1968 年約翰遜總統時代，越戰戰費帶來大量的政府財政赤字，就把協會上市，也就是私有化，以減輕政府赤字，但仍保持對它的照顧，包括免交稅和免監管。

㉘ 聯邦住房抵押貸款公司（Federal Home Loan Mortgage Corporation），也叫房貸美或房地美（Freddie Mac），於 1970 年創立，也是個上市公司，主要是表示政府鼓勵競爭，不讓房利美壟斷市場。但事實是這兩間公司佔領了第二抵押市場的 90%。今天，它們加起來的資產比美國最大銀行的資產還要高出 45%。

㉙ 這事很有故事性。貝爾斯登公司（Bear Stearns）是全球性的投資銀行，在次貸房地產大熱的幾年發行大量以房地產抵押貸款為後盾的證券。到 2006 與 2007 年，貸款還不起（違約）的越來越多，但公司並未停手，而且更增加發行證券量。2008 年 3 月 14 日，聯邦儲備局的紐約分局提供一筆緊急援助，以免公司突然倒閉，但無濟於事。到 3 月 16 日，貝爾斯登公司被迫以賤價（2 美元一股，相對高位時的 133 美元，但到了 3 月 24 日因股東抗議才把價錢提高到 10 美元一股）賣給摩根大通公司。3 月 20 日，證券交易監管局的主席還說貝爾斯登的崩潰不是資金問題，是信心問題。很諷刺的是，摩根大通收購貝爾斯登用的是聯邦儲備局的錢（聯邦出 290 億，摩根大通只出 10 億）。但在美國資本主義社會，就算國家出錢也只能用第三手（也就是貸款給一間由摩根大通掛名的公司，然後以該公司的名義去收購貝爾斯登）。

當時聯邦儲備局主席班‧伯南克（Ben Shalom Bernanke）的辯詞是緊急援助是為避免實體經濟被金融市場的「失序調整」（chaotic unwinding）影響。前主席保羅‧沃爾克（Paul Adolph Volcker，1927—2019，在 1999 年反對廢止《1933 法案》）指出這個援助的行為已經走到聯邦儲備局干預市場的法律極限（也就是在資本主義下政府權力的極限）。貝爾斯登險極過關，炒家們就把目標一轉，對準雷曼兄弟，拋售他們的股票。公司總裁改組行政高層，以安股東，並向韓國投資者招手。在談判期間總裁認為韓方出價太低（價低是因為對方認為房地產證券是「有毒」的），談不來。國家財政部長亨利‧保爾森（Henry Paulson，1946—）明確表態政府不會津貼（如津貼摩根大通收購貝爾斯登）。原本有點意思的美國銀行（Bank of American，美國第三大投資銀行）見此，就舉步不前。保爾森與蒂莫西‧蓋特納（Timothy Geithner，1961—，那時是紐約聯邦儲備銀行主席，稍後繼保爾森為財政部長。保爾森是共和黨小布殊的財政部長，而蓋特納則是民主黨奧巴馬的財政部長，但在 2008 年 9 月時，所有人都知道危機來臨，雖然屬不同黨派也要共同應付）召集所有最大銀行的領導人（包括高盛、摩根大通、摩根士丹利投資公司），想說服他們共同做擔保人，好使美國銀行同意收購雷曼兄弟。談累了，稍歇。就在這個空檔，美林證券（Merrill Lynch）去找美國銀行，想美國銀行收購它（因為它也面臨次貸危機）。保爾森首肯，於是美國銀行不再跟進收購雷曼兄弟。到此刻，唯一的買家是英國的巴克萊銀行，但英國的銀行管制阻撓，雷曼不能再等，只有關門。這是 9 月 15 日的事。第二天，巴克萊竟然公佈收購這個破產公司的北美業務（20 日，美國破產法庭批准）。一週後，日本的野村證券控股公司

（Nomura）也收購雷曼的亞洲與澳洲業務。保爾森日後說，「英國佬玩了我們」（The British screwed us）。

㉚ AIG 以保險業務為主，顧客包括《財富》雜誌世界 500 間最大企業的 87%。美政府緊急援助的最後總額為 1,800 億。AIG 賣出巨量的「信用違約交換」保險但沒有足夠的儲備去應付受保的客戶因違約而索償。緊急援助是政府買入公司的股份，也就是成為大股東（在形式上就是收歸國有）。到 2012 年政府才把股份賣出。

㉛ *The New Rules Project* 的結論是 1999 年應該是國會的一個好機會去抗拒持續 25 年來對《1933 法案》的削弱管制，「應面對改變中的金融系統去重申以高效的、結構性的工具，去保護金融系統的重要性，例如《1933 法案》的防火牆和市場比率的上限，銀行規模的上限，把『影子銀行』納入管制範圍，並應建立新規條去控制金融衍生品和其他創新的金融產品的內在風險」。

㉜ 約瑟夫・斯蒂格利茨（Joseph Stiglitz，1943－）這樣說：「廢止《1933 法案》就是把投資銀行和商業銀行合在一起，投資銀行的文化勝出了。……商業銀行模仿華爾街高風險的投機賭博。」從前比較保守的銀行開始幹風險大的投資去提高回報。經濟學家保羅・克魯格曼也認為廢止《1933 法案》是個錯誤。

㉝ 緊急援助希臘是在 2010 年開始，2018 年 8 月結束，共 3,600 億美元，是有史以來的最大一筆。希臘人也不好過：減福利、國有企業私有化、加稅。當初失業率是 28%，到 2018 年仍是 20%（年青人達 40%）。援助條件很苛刻：希臘要保持財政盈餘超 3.5%，直到 2022 年，保證平均盈餘 2.2%，直到 2060 年。在 2012－2013 年，塞浦路斯也出現金融危機。

㉞ 《華爾街法案》的關鍵條款是約束銀行的投資範圍，限制投機交易和禁止用銀行本身的資產來投資（即自營交易 [proprietary trading]），實際上是走《1933 法案》的方向 ── 分開商業銀行與投資銀行，並且禁止銀行連上對沖基金和私人基金公司，理由是風險過大。此外，還管制金融衍生品，特別是「信用違約交換」，理由是它們的買賣往往不通過正規的交易市場（像期貨交易所或股票交易所），因此無法控制它們的成交量和對整個經濟的風險（特別是大財務公司的大規模投機）。

為此，《華爾街法案》設立集中的交易所去防止私下交易並提高這些交易的透明度（風險評估、利益衝突等），又成立「金融穩定監督委員會」（Financial Stability Oversight Council，2010 年 7 月 21 日簽署）去監督大銀行的穩定情況，因為如果這些「大得不能讓它失敗」的銀行不穩，對整個經濟都有負面影響。委員會有權拆散大銀行去避免系統性的風險，又有權去強制它們增加儲備。同時成立的「聯邦保險辦公室」（Federal Insurance Office），也有類似權力但對象是「大得不能讓它失敗」的保險公司。此外，「有序清盤局」（Orderly Liquidation Authority）可以運用「有序清盤基金」（Orderly Liquidation Fund）去協助要清盤或破產的銀行作有序的解散，以避免政府需要使用公帑去支持他們。還成立「消費者財務保護局」（Consumer Financial Protection Bureau）去防止掠奪性的抵押貸款（predatory mortgage lending，也就是以不合理的低條件如低利率、低首付去引誘購房），因為當時的

共識是整個次貸危機是由此而生的。保護局的任務是要使消費者有更透明和準確的信息，並同時防止抵押經紀人欺騙消費者去承擔較高的貸款利率或貸款手續費，從而增加經紀人的收入。除了住房抵押外，保護局還管制信用卡和貸款卡的透明度，又設立「信貸評估辦公室」（Office of Credit Ratings）去監管評估公司對金融產品評估的透明和公開，因為那時的共識是金融風暴成災的原因之一是評估公司把金融產品的風險評得過低（也就是安全度評得太高）。還有，《華爾街法案》補充了另一個有關的《企業告密法案》（Sarbanes-Oxley Act，簡稱 SOX），成立一項獎金計劃：「告密者」（whistleblower）可以在法律判決某企業違法的賠款中拿取 10% 到 30% 的獎勵；立例保護告密者不會被雇主迫害；延長告密期，從發現違法事情後的 90 天延到 180 天。

㉟ 反對者指摘限制企業冒險會壓低企業的利潤並削弱美國金融公司在國際競爭中的能力，尤其是繁雜的法律只是懲罰了那些與 2008−2009 危機無關的規模小的、地方性的銀行和財務公司。也有人說這法案削減資金流暢（因為買賣會慢下來）和資金流量（因為法案要銀行增加儲備，不能用來投資），因此對市場不大（買家、賣家都不多）的國債（包括聯邦、州和地方）買賣有特別負面的影響。這批反對者都是大財務公司，而大公司壟斷了國債市場，他們就是買家、賣家，永遠都是不會多的。他們的反對是完全從自己的利益出發。

㊱ 特朗普提出《經濟增長、管制放寬和消費者保護法案》（Economic Growth, Regulatory Relief and Consumer Protection Act）：地區性和規模小的銀行被豁免若干監管規範，託管式的金融業務（代客看管資產，而不做貸款業務的）可以降低儲備比例，儲蓄互助社和小規模的貸款公司（資產低於 100 億）等也可獲寬免若干條款。

㊲ 將來，國家的最大負擔可能是養老。低收入的老年人固然需要國家的生活津貼，但除了極富有的之外，所有老年人的一切所需都會增加國家的經濟壓力。從最瑣碎的公車上下車設施，到老年人的休閒場所，到醫院「老年病」患者的床位，到養老院，形形種種。今天，戰後一代已踏入老年，他們的訴求和心態是關鍵。這個「自我一代」一切以自己為中心，追求享受、立時的享受。2008 年的金融風暴和緊接着的大衰退使很多開始接近退休年齡的戰後一代恐慌。他們習慣了豐裕和享受，但退休積蓄（包括退休金）卻被大衰退削了一半，下半生（而這下半生會因醫療發達變得越來越長）怎麼辦？從整個社會的角度來看，供養他們的是世紀一代（1981−1996 年出生），這一代的反應可分為兩方面：對照顧數量龐大的戰後一代寒心（尤其是他們本身的經濟未來也不穩定）；對照顧自我、自戀的戰後一代反感（尤其是看見過去由戰後一代把持的政府對戰後一代的遷就）。

值得注意的是戰後一代固然是「自我一代」，但世紀一代更是「自我、自我、自我一代」。他們對供養自我的戰後一代已有反感。想像一下，要供養這個自我、自我、自我的一代又會有甚麼感覺？未來 40 年的美國政治會是由世紀一代把持，會為世紀一代服務。一方面，這一代人肯定會要求多多，甚至比戰後一代的要多，但美國的經濟可能會力不從心。另一方面，到他們進入退休階段（假設仍是 65 歲左右），要負責供養他們的會是他們的子女一代（也就是在 2015 年之後出生的）會更吃力，而且會更反感。

按美國人口調查署（Census Bureau）的報告可以算出以下：

年份 年齡	2000	2010	2020	2030	2060
18-44（壯年）	39.8%	36.5%	35.9%	35.2%	32.7%
45-64（中年）	22.6%	26.4%	25.1%	22.9%	24.0%
≥65（老年）	12.4%	13.0%	16.9%	20.6%	23.6%

到 2030 年，當戰後一代都到達或超過 65 歲時，供養他們的世紀一代大部份在壯年（18 歲到 44 歲，平均是 34 歲），小部分在中年（45 歲到 64 歲，平均是 49 歲）。到 2060 年，當世紀一代都到達或超過 65 歲時，供養他們的差不多全部是壯年人（25 歲到 45 歲）。如果看看多少工作年齡人口（壯年與中年）供養多少退休人口（老年），情況不容樂觀。2020 年是 61% 人口（工作年齡，18-64 歲）供養 16.9% 人口，2030 年是 58.1% 供養 20.6%；2060 年是 56.7% 供養 23.6%。非但是供養的人越來越少、被養的人越來越多，而且被養的人的要求和期待越來越高，而供養的人的熱忱和能力卻越來越低。

㊳ 這裡要提一下戰後一代與世紀一代的另一個經濟關係。除了一部分沒有積蓄或積蓄被 2008 年後的大衰退抹掉的之外，戰後一代都是比較富裕的（最低限度有房子）。他們將會有大筆財富留給世紀一代。但是相對因循和懶惰的世紀一代就恐怕沒有太多留給他們的子女了。

㊴ 2018 年 9 月，全國失業率是 3.7%，是 1969 年以來最低。

㊵ 全球資本需要的是廉價勞力。「廉價」是相對的，無論任何工種，發展中國家的工資永遠低於美國（西方）。低技術工人當然如是，高技術工人也如是。發展中國家幹人工智能、生化科技的工資肯定低於在美國或其他發達國家的同類工人。這也是印度與中國的高科技工人慢慢取代美國（西方）高科技工人的背後邏輯，也是全球資本（通過美國與其他發達國家）力爭或力保知識產權的背後邏輯，因為有了全球性知識產權，全球資本就可以在全球選用工資最低的知識工人。

知識產權是個怪異的理念。首先，歷史已有很多證據顯示專利並不是英國工業革命成功的因素，甚至可能拖慢了當時的工業革命（見附錄 2，「工業革命成因的辯論」）。更關鍵的是知識不是種正常的「產」。正常的產會因為轉讓給別人而減少（你有兩個麵包，給人一個，你就少了一個）。你把知識傳給別人，你沒有損失了知識，當然你或許損失了利用知識賺錢的機會。如果知識的生產只是為了賺錢，一定有人來偷，保護不了的，因為它是沒有實體的。保護知識產權的真正得益者是律師和間諜。知識產權還構成對知識生產的一種低效效應，因為它禁止（最低限度不鼓勵）別人發明同樣的知識。舉例，幾個研究所都在研究同樣的東西，但一個研究所搶先拿到專利，其他研究所的投入就白費了。當然，典型的西方經濟理論是競爭帶來進步，但經競爭來發明浪費極大（自然界大魚吃小魚，絕不浪費；人類經濟競爭，絕對浪費）。況且，如果是為錢而發明，那麼發明出來的也只會是賺錢的東西（如果知識是為了賺錢就只會有賺錢的知識），窮人、弱勢無望了，他們拿的是精英們對他們的可憐和施捨，希望水漲令船高一點，這樣的科技對人類的貢獻也只可能加深兩極分化。其實知識公開對人

類整體的利益會更好，「發明」是人類的自然衝動，公開知識會更能累積和組合知識。有人指出，一個藥品的發明與上市是花很大成本的，如臨床實驗和設廠開工，這是支撐專利產權的理由。但正如房地產的開發，建房的成本是容易算出的，開發商賺的不是造房的價錢，是開發的價值，也就是拿到政府的許可，完全是種尋租的行為。同樣，知識產權的保護也是種尋租的行為，是政府保護知識產權而帶出來的重利（租）。人類最偉大的發明都不是專利引發的，但人類最賺錢的發明就往往是專利的產品。

㊶ 全球資本是全球性的謀權逐利，產生出一套全球性的權與利的苟合，也就是一套全球性的朋黨政治和營私圈子。這與美國內部的權與利的分配絕不可能一致，因而會導致全球資本精英與美國資本精英（當然裡面不少也是全球資本精英）的權與利的衝突，並構成對美國百姓生計的威脅。

㊷ 佐治・索羅斯（George Soros，1930－），可算是全球資本精英中的精英。他怎樣看自疚？此君生在匈牙利布達佩斯一個富有猶太人家，家裡宗教氣氛淡薄，父親以世界公民自居，倡世界語（Esperanto）。當時歐洲仇猶，索羅斯稱他家是仇猶的猶太人（Jewish anti-Semitic），對自己是猶太人的身份曖昧，甚至把姓氏從猶太的「施瓦茨」（Schwartz）改為不像是猶太名字的「索羅斯」，去混進主流社會。

十三歲那年（1944年），納粹德國佔領匈牙利。他父親安排一個為納粹工作的匈牙利基督徒作為索羅斯的「教父」（godfather，像父親般去教導一個受洗者過其基督生活），好讓他以基督徒的身份作掩護和躲藏（該人的妻子是猶太人）。此人的工作是抄富有猶太人的家，通常還帶着索羅斯一起去。

索羅斯家在匈牙利度過納粹年代，戰後移居西方，在1954年入銀行界，越做越大，成為龍頭大哥級的人物，但他的賺錢方法頗招人詬病。

經濟學家保羅・克魯格曼（Paul Krugman，1953－）批評他在金融市場興波作浪，是這樣說的：「近幾年留意金融雜誌的不會不知道在這些日子裡投資者非但按他們預測的危機去移動資金，更是通過移動資金去引發危機，這些人還沒有一個正式稱呼，我建議叫他們做『索羅斯者』。」但索羅斯毫不自疚，甚至為納粹工作也不自疚。1998年12月20日，他接受「60分鐘」電視節目訪問，談到他少年時代幫人從被逮捕和解往死亡集中營的匈牙利猶太家裡把值錢的東西運走。

問：「你去，其實就是等於充公猶太人的財產。」

答：「是，對的，是。」

問：「我的意思是，這樣的經歷聽來好像會使很多人，很多很多年躺在心理醫生的臥椅上（接受心理治療）。是不是很難受？」

答：「一點也不、一點也不。可能因為你是個孩童，所以看不到有甚麼關連性，但一點問題也沒有出現過。」

問：「沒有自疚的感覺？」

答：「沒有。」

問：「舉個例子，我是猶太人，我就在這裡，看着這些人被帶走，我絕對可以就是這些人，我

應該是這些人。沒有這樣想像過？」

答：「這樣的話，我當然可以是另外一方，或者我可以說是自己財物被拿掉的那一個，但是……我不是不在場，因為即是……這樣說吧，實在是很有意思，正好像在市場，如果我不在場，我就沒有做，但總會有其他人去拿（這些財物），不管我在場不在場，我只是個旁觀者，這些財物是被拿走。在拿走財物這事情上我沒有做甚麼，所以我沒有自疚的感覺。」

他叫自己做「旁觀者」。他不可能不知道納粹的兇殘，因為他那時已十多歲，而且改名換姓，假扮基督徒。他不可能不知自己是猶太人，不知納粹對猶太人要趕盡殺絕。雖然當時可能只知道一點點，但日後一定會全知曉，但他對當年的行為絕無半點自疚。同樣，1997 年的亞洲貨幣危機使他賺了大錢，但也大大危害了東南亞地區的民生。危機是他引發的，但他說總有人在貨幣投機買賣賺到錢的，所以他也絕不自疚。

他是個典型的「生存主義者」。他是納粹仇猶下苟且的生還者，但又為納粹工作（不管是自願還是不完全自願），而且當面對被納粹殺害的猶太人（同胞），他沒有自疚，因為他認為就算他不跟納粹合作，仍會有其他猶太人跟納粹合作，所以他與納粹合作無可厚非。他是資本逐利的「獲益者」，當面對他逐利下被犧牲的人，他也沒有自疚，因為他認為就算不是他引發經濟危機，經濟危機總會爆發。可以說，他不乘機賺錢只是不拿白不拿而已。他成功地把會使正常人產生自疚的行為「正常化」了。連殘害同胞都不自疚，那麼，逐利更無需自疚。索羅斯最能代表資本主義最成功的地方。

㊸ 今天的「進步分子」包括兩類：左派的「進步自由分子」（progressive liberals，主要是道德自由加一點經濟公平）和右派的「進步保守分子」（progressive conservatives，主要是經濟自由加一點道德公平）。

㊹ 在這些精英們的心目中，進步與自由是共通的，進步就是追求自由。他們以羅斯福的進步與自由為標榜。但是羅斯福高舉的自由是甚麼？「言論自由，宗教自由，無匱乏之自由，無恐懼之自由。」他的「進步」就是追求「無匱乏自由」，也就是經濟公平。如今的進步分子就截然不同，雖然不能說是「掛羊頭賣狗肉」，但他們賣羊肉，也同時賣狗肉。他們所賣的狗肉是「性自由」、是「同性戀自由」，「無匱乏自由」改寫為「無歧視自由」，「經濟公平」改寫為「性公平」，也就是同性婚姻與異性婚姻的平等。

㊺ 精英們甚至揚言不用多久這些進步的大企業會統治全球（big corporations will rule the Earth），指的是這些大企業在這幾年來大力推動同性婚姻，包括以企業力量去威脅政府讓步。亞利桑那州、阿肯色州、印第安那州的州長們因為企業抵制在州內做生意、不贊助州球隊、不在州內辦大型活動等手段，被迫撤銷保護宗教人士可以用宗教理由反對同性婚姻。

㊻ 同性婚姻沒有生兒育女的承諾，所以就消滅了傳統家庭的權力與責任架構，象徵着個人自主、實現自主、表達自己。

㊼ 精英們把「容忍」定義為包容和保護那些被認為是違背道德或其他法規的人和行為，這意味容忍的對象是有缺陷、錯誤或不妥，也就是負面的東西。「平等」就是否決「容忍」，否決這些人和行為的負面判斷，以國家權力去公開認可這些人和行為，把對這些人和行為的負面判斷劃入私人觀感的範圍之內，並加以嚴厲的約束。

就算近在 10 年前，美國精英對同性戀仍只是容忍態度。但 10 年之間發生劇變，尤其是在同性婚姻上，從不接受變成接受，甚至歌頌。精英中有異議的被逐出精英群，曾經反對過同性婚姻的政治精英如奧巴馬、希拉里都作 180 度的急轉，非但支持，而且喝彩。

部分原因是精英們的婚姻文化與同性婚姻的文化越來越相似。25 年之間，同性婚姻運動，在教育界和企業界精英的帶領下，從社會邊沿登上社會道德高峰，成為當代精英理想的基石。今天，精英以他們對同性戀的姿態去展示他們的社會聲望，藉此去提升他們的文化權威和政治勢力。

㊽ 在社會學研究中有這些發現。

(ｉ) 生育率成為預測對同性婚姻支持的最準確指標。越少孩子婦女越支持同性婚姻，也就是越把性與生育分開的越支持同性戀的正常化。

(ⅱ) 支持同性婚姻就是變相否決一個家庭需要有父親。越反對已婚婦女用丈夫的姓氏的人越支持同性戀。婚姻不再與生育有關，成為一種純粹、平等的感情關係。

㊼ 在某種程度上，現代精英與清教（新教中的進步分子）一脈相承，尤其是有關個人經驗的權威性（清教強調人與神的關係是直接的，無需教會為中介）、多元化（清教中不同派系的共存）、包容（清教主張容忍）、性取向平等（清教是男女平等）和對社會的批判（清教對英國傳統社會的批判）。

㊿ 精英們支持經濟「多樣化」，因為多樣化與「社會管理主義」（managerialism）有密切關係。社會管理主義把成功的社會看作一個由很多「組織」組成的管理體制去協調多樣的人和他們多樣的行為，通過企業管理的理念和工具去把他們的生產力和經濟效率最大化，進而提升為個人的「自我實現」。「多樣化」理念原先是用來處理種族之間的「不同」，把含有負面意識的「不同」化為正面意識的「多樣」。同性戀從來就被視為不正常（非常負面的不同），為此，如果同性戀也可以被接受為正常（從非常負面的不同變成完全正常的不同），豈不就是最成功的多樣化社會了？

㊶ 城市學家理查·佛羅里達在十多年前提出「同性戀者是活力城市和創意城市的最佳衡量，也就是如果一個城市要成為活力城市、創意城市就必須歡迎和吸引同性戀者」。他建議城市政府定下「同性戀者的人口指標」，一舉使他成為學界、政界的寵兒。

㊷ 但這些也往往是全球資本帶給美國的。一方面是全球資本增加了美國社會的貧富差距和身份訴求，另一方面是全球資本鼓勵了美國精英謀權逐利的苟合，引發出更重的自疚，製造更多的姑息與縱容。

㊸ 以下數據來自《國際貨幣基金》。

2018 年的人均 GDP（美元）：

美國	62,606
俄羅斯	29,276
中國	18,110
印度	7,874

2017 年的貿易與 GDP 的百分比（%）：

	出口	進口	出口加進口
美國	11.9	14.7	26.6
俄羅斯	26.0	20.7	46.7
中國	19.8	18.0	37.8
印度	18.9	21.8	40.7

當然，貿易與 GDP 的百分比低不一定代表自足，或者，低百分比只代表低水平的「自足」，例如尼日利亞（出口是 9.2%、進口 11.5%，總計 20.7%）和蘇丹（出口 9.7%、進口 13.8%，總計 23.5%）。又或者，低百分比代表「靠人救濟」，進多於出，例如也門（出口 3.6%、進口 30.0%，總計 33.6%）和埃塞俄比亞（出口 7.7%、進口 23.7%，總計 31.4%）。

(54) 不一定是註冊的地方，而是它們真正活動的地方，因為註冊往往是為了避稅。

(55) 要注意，小鎮民主（來自清教時代公理制的教政和民政治理模式）與身份政治是絕對的兩回事，可以說是背道而馳。在表面上看，兩者都是「結社」。但德·托克維爾式的結社是為自立、自足，是種求諸己。身份政治式的結社是為權益分配（討回公道），是種求諸人。同是結社，前者是團結做事，後者是糾黨謀權。巧辯者會說，團結與糾黨不就是一樣的東西？但我們可以從它們的「果」看出分別。前者產出小政府，因為國民自立；後者需要大政府，因為國民過於依賴政府。誠然，身份政治強調個人、自我和道德自由，有助消費、有助資本，但身份政治也製造一種普遍性的怨氣、戾氣，衝擊美國社會的凝聚力。

(56) 且看全球資本對新加坡的情有獨鍾。它追求的是有序的逐利，可惜新加坡太小了。

(57) 當然，猶太商人最有「世界公民」意識，到處逐利，但仍想在對他最包容、最歡迎的地方為家。有時，一個社會的凝聚力也包含排外的意識，所以猶太商人最想的是既有秩序、又會包容的棲身之所。這也是全球資本精英的理想：秩序是逐利的保障，但逐利精神（自私、逞強）又往往被視為離經叛道，需要包容。

第二十三章　全球資本的未來、西方的未來與中國

　　資本邏輯蔑視勞動價值，也就是蔑視人類生存的意義；漠視弱者求存，也就是漠視人類生態的邏輯；忽視實體經濟，也就是忽視人類生存的所需；敵視國家意識，也就是敵視人類天然的結社衝動。為此，必生亂。全球資本不會是「歷史的終結」，只會帶來「文明的衝突」。美國與伊斯蘭文明必爭，中國是被殃及的池魚，還是得利的漁翁？

　　表面看來，資本社會人人逐利、弱肉強食，是「失序」。其實，資本是追求秩序的，全球資本更是追求全球性秩序。在這點，資本主義從「亂」到「治」的方向是清楚的、邏輯是絕對的，有4方面。

1. 資本與勞動力

　　資本擁有者（資本家）和勞動力擁有者（勞動人民）在爭，雙方都想在產品上和生產過程中佔大比重。但在標準化生產模式中①，資本佔盡優勢的情況下，資本一定打贏。但是打的過程就是「慘絕人寰」了。勞動力越來越邊緣化，低技能的被淘汰②，高技能的被「招降」，成為「人力資本」（human capital），接受了資本調動，為資本服務。

當然，人不只是經濟動物，還是社會動物、政治動物和有靈性的動物。他明白經濟的重要性，也接受經濟條件的約束，但自古以來他從未甘心處於被動，他積極和不斷地通過改善經濟條件去提升他的社會地位、政治權利和靈性滿足，因為他完全明白經濟只是個手段——保溫飽，目的是求幸福。如果為五斗米要折腰，五斗米可能保溫飽，但折了腰怎能享幸福。

就算在經濟領域上（生產與消費），人也不想被資本支配。但是在資本主義經濟裡，生產技術、消費模式不斷變，美其名曰創新，實情是廢舊，人怎追得上、怎站得穩、怎知可保溫飽？工業革命以來，勞動者就與資本鬥爭不斷，結果是勞動力被資本成功取代，勞動的尊嚴銳減，如今勞動者就像商品一樣被資本買和賣。自古以來，人的經濟價值是生產者，但在今天資本社會裡人的最實際價值是消費者。從工運到革命，資本好像總是打贏，但鬥爭未有平息。其實這是資本的工具邏輯與人的生存意義之爭。資本應是為人服務的，但它要做主人，人類怎能接受、怎會甘心？直到恢復正常的主僕關係。怎能不亂？亂的代價也只會越來越大。

2. 大資本與小資本

自由競爭永遠是強者勝。關鍵在「強」的定義。從進化論的角度去看強者就是「適者」。但「適者生存」是個套套邏輯。誰是適者？生存的就是。誰會生存？適者才會生存。從資本主義的邏輯來看可不一樣。現代資本主義附生在生產標準化上，很自然地用生產規模定義強弱。規模大的強，規模小的弱。

藉着規模效應成長的現代資本經濟把規模看成萬應靈丹，忘記了規模效應只是標準化生產的衍生品而已。有一天，不再是標準化生產，規模就失效了。今天，對規模效應的着迷產生一個「越大越好」的條件反射。誰聽過大企業想變小。所有小的都想變大，大的想變更大 ③。小的、不能

變大的總被歧視，而且隨時可能被大的吃掉，所以小的非但位低，而且勢危。

當資本經濟拚命往大資本方向走之際，生態學給了我們啟示，是這樣子的。每一個生態系統都有它的安全上限和下限，離開上下限就會毀滅（如獵物與捕食者的相對和絕對數量一定要維持在一定的上下限之內，不然，獵物與捕食者都會毀滅）。演繹到人類行為上就是：如果我們完全知道安全上下限在哪裡，我們應往中間走，因為該處離上下限同樣遠，最安全；如果我們不完全知道上下限，也不完全知道自己身處在何處，最明智的是原地不動，因為起碼這一處和這一刻還是安全的；但如果我們對上下限完全不知，對自己的處境也不知，那麼我們應該假設總會有可能掉在上下限之外，明智的做法是保留一點選擇餘地。人類經濟也是種「生態系統」，如果擁有所有信息、具有無限能力，當然可作萬全之策，包括不斷把資本擴大。但如果不是全知、全能，最好還是定下萬一之策，有大也要有小。這也是生態學提倡生物多樣化的道理。但是，恐怕在資本全球化、大資本全球化的熱潮下，我們被弄昏了。到小魚被吃光時可能大魚也要死光。

3. 金融經濟與實體經濟

金融經濟的邏輯扭曲實體經濟的運作，邏輯如下：

（i）產品暢銷，消費者願意付款消費，包括貸款消費。金融中介自然樂意多借，間接誇大了需求。（ii）產品暢銷，生產者想融資增產。金融中介見世道好，自然樂意多借，甚至投資入股，間接助長了供給。（iii）消費飽和，消費者躊躇不前，生產者降價吸引消費。金融中介降息吸引消費貸款，隱瞞了市場供求的真相，延長了好市的虛象。（iv）稍後，市道不好，產品積壓。金融中介擔心生產者無力還款，一方面收緊尚未借出的錢，一方面催還已借出去的錢，於是加劇了生產者的困難，也加速了他們

的崩潰。（v）生產者破產。金融中介按合同接收產品。但金融中介並不是做生產的，得物無用，賤價變賣，於是加深了市場不景和社會不穩，並浪費了投入的生產資源。

可見，在供不應求的時刻，金融中介追求回報的行為使供和求都超高，並延長了好市的虛象；在供過於求的時刻，金融中介保護自己投資的行為加速了生產的崩潰，延長了市場的不景。金融中介的投機性強，是製造經濟泡沫的能手和刺破經濟泡沫的殺手。無論是有意還是無意，金融中介扭曲了消費與生產之間的供求信息溝通，它推波助瀾，加速了供求週期的頻率、加大了供求升降的幅度。

開始時，金融是為生產服務。生產者為降低成本發明了分工，分工引發標準化，標準化帶出規模效應，要取得規模就要擴大生產，要擴大生產就要融資，遂出現融資行業（前身是借貸）。以金融（借貸）逐利的邏輯肯定地影響了以生產逐利的能力與條件。作為一個經濟的主要部分，這行業的旺淡影響了整個經濟的氣候。上面說了，金融經濟走上投機賭博，那就更加喜怒無常。整個實體經濟，無論是生產或消費，都會因金融市場的反覆變得被動。很多金融產品的價格與實體經濟根本沒有關係，但金融產品價值的升降完全支配了實體經濟。實體經濟與金融經濟之間的關係是主輔顛倒。金融經濟根本漠視實體經濟，但實體經濟又不得不依賴無從捉摸的金融經濟，能不失措？失措必亂。

4. 資本與國家

從一開始，資本就走向無國界[④]。就算對理論不感興趣的生意人也都知道要跟成本最低的產地、利潤最高的市場交易。此中，最大的阻力來自國界、族界。

歷史以來，國家的界線都是限制性的，限制進來，限制出去，都是自由經濟的大敵。當然，這是從「強者」的角度去看，因為強者（有能力的）

才認為他應該可以進佔人家的市場或掠奪人家的資源，弱者才需要有國界保護。凡國界都有排他性，主要是不讓不同種族、語言、信仰、文化的人進來。當然，這些都是非經濟理性的東西。但是，人類從部落時代開始就為這些「非經濟理性」的東西流血，從來未有中斷，將來也會如此。當然，有人會用經濟去演繹國與國、族與族之間的爭戰——為了搶資源、搶土地、搶女人、搶奴隸，不就是為了經濟？如果國家的基本屬性是經濟，經濟強者早就自成一國，人類也不會按種族、語言、信仰、文化這類非經濟理性的因素而聚結了。同樣地，總不見經濟強者排擠與他同文同種的經濟弱者於國外（在國內欺壓倒是司空見慣）。因此，經濟不可能是結邦、建國的基礎。

全球資本就是引導人類走上沒有國界的世界，因為國界約束資本的自由流動，勞動力的自由流動，科技、知識、文化的自由流動。如果沒有國界就會世界「大同」——在資本旗幟下的「大同」：當初是國際性的組織，現在是全球性的組織，它們的權力越來越大，管理的領域越來越多，從世貿到世行，從聯合國到世界衛生組織，還加上成百上千的非政府機構，都是往這方向走。誰能說這些組織不好？但代價是要人放棄他的「國」、「團體」、「家族」。全球資本並沒有發明世界公民，但它肯定這個意識。全球化經濟精英之間的共同文化（逐利、效率和與其平行共生的自由、人權）比他們與自己國家的同胞之間的文化共性還要強。作為一個階級，全球化精英認為國界限制他們發揮、限制人類發揮。從世界公民的角度去看，國界生於人類的無知，是個歷史的錯誤。當初或者還有一些經濟作用，但已經過時了。今天，國界約束經濟發展，有違自由意識。資本是「理性」的，國家是「非理性」的⑤，必爭。

如果世界只有資本邏輯，會出現以下現象。資本與勞動力相爭一定會去向資本獨尊，因為資本才是經濟的真主人（主宰人）；大資本與小資本相爭一定去向大資本壟斷，因為有規模才有效率；金融與實體經濟相爭一定去向金融支配，因為實體經濟已向金融投降；資本與國家相爭一定會去

向全球資本利益取代國家利益，因為國家界線源自不理性的部落意識。在人純是自私的、資源是有限的、追求是無限的假設下，在生產標準化、經濟規模化的前提下，終極勝利的資本世界將會是一個全球性的、大金融支配下的消費經濟。這是資本文明的終向。

這將會是一個秩序性極強的資本世界：勞動力擁有者服從資本擁有者（管理者）的安排；財富不斷集中到小撮精英的手裡；實體經濟在金融經濟支配下鼓吹消費；國家如果還未消失，就是為資本服務。這個世界的物質會高度繁榮。雖然貧富懸殊，但連最低層也不虞凍餒[⑥]；在大資本壟斷下、在消費經濟推動下，創新不斷，但都是聲色之娛，都是為大資本賺錢；愛國、愛家是過時的東西、狹隘的思想；自利與公益是一而二、二而一，並無矛盾。當然，生態損毀是可惜，所以剩下來的要強力保護，科技一定會有解決的辦法；資源短缺是危機，但也是機遇，開發新資源（包括外星開發）還會帶來新財路[⑦]；人性顛倒需要我們適應，但當全人類（起碼大部分人類）都接受了全球資本時，豈不就是全球性的大同社會；國家式微是難免，這是歷史的新陳代謝，世界公民比楚河漢界的宗教、民族、文化之爭好多了。這些就是全球資本的「理想國」。

可惜這個如意算盤是打不響的。(i) 人性太頑固了。他既要自存也想與人共存，資本文明要他完全自私，太理想化了。雖然資本制度不斷地重塑人性，但總未能成功把人類塑成完全自私（也就是完全的資本理性），而且資本壓力越大，人性抗拒好像越強。資本不會真正獨尊，大資本更不會獨尊，除非人性滅絕。(ii) 歷史太沉重了。家、族、國的凝聚力是天然的，來自千萬年的進化，也來自人類求共存的本能。要人類拋棄家、族、國，代之以個人、自由，除非改寫歷史。(iii) 生態太脆弱了。我們未察覺到的還不算，單是我們認識到的生態問題就已經夠令人寒心了。很多生態資源問題都是科技引發的[⑧]。全球資本的終向永不能達，但它對這個終向的追求也永不會改，所以它會不斷地扭曲人性、否定歷史、摧殘生態，這才是真的悲劇。

但多少人會警惕到溫柔鄉是英雄塚？一旦被它擁抱，多少人能自拔？國家也如是。全球資本必須寄生於一個主體，它的生命力來自主體的精血，它的豐滿是主體的乾枯。二戰以來，它纏在美國身上，軟硬兼施，勾引着美國去實現全球化、大金融支配下的消費經濟。這就是西方文明的現在。這會是西方文明的未來嗎？

5. 西方文明的未來

有關西方文明的未來，兩本最有分量的著作應該是弗朗西斯・福山在 1992 年出版的《歷史的終結與最後一人》和亨廷頓在 1996 年出版的《文明的衝突與世界秩序的重建》。這兩本書都是從歷史的角度出發，而他們的歷史主要是從啟蒙開始。

這令我想起一個小故事（有很多版本，也有很多正偽的爭論，我用的是最流行的版本和最可信的演繹）。尼克遜 1972 年訪華，前期和幕後工作主要是周恩來和基辛格兩人去做。一天晚上，工作之餘，兩人喝起酒來，酒酣耳熱之際，話題轉到歷史文明最關鍵的事件。基辛格想了一陣子說，「法國大革命」。周恩來菀然一笑，說，「還未能蓋棺定論」。

的確，兩百年前的法國大革命在幾千年有記載的人類文明史裡佔的百分比有限極了。西方現代史一般以 1517 年的宗教改革為起點，法國大革命只是下半段裡發生的事情，更遑論現代前的三千年了。對歷史感特別重的中國人來說這歷史事件確實未能定論。福山以法國大革命前幾十年的啟蒙作為歷史的起點，進而得出歷史的終點，實有待商榷。但是如果用來作為美國文明的起點，去看美國文明的終點，也許能看出一點東西。

亨廷頓與福山應屬師徒關係，同在哈佛。1992 年，福山出版《歷史的終結與最後一人》[9]。一般的書評聚焦於「自由民主與資本主義組合」（liberal democracy combined with capitalism）的最後勝利，但我認為同樣重要甚至更重要的是福山對「最後一人」中的這個「人」的演繹。

　　首先，福山認為這個組合的勝利不是來自偶然，是有其哲學根源的。他認為，以經濟發展去證實自由民主的功效是不符合歷史事實的。任何可以長久維持的政治制度必須依賴被統治者對這個制度的長期認同，這才是政權長期合法性的基礎。黑格爾對柏拉圖的「認許」（thymos）理念是這樣演繹的：「人是個有道德觀的動物，他追求他的同類對他的讚許」。但是，追求認許的衝動也是人類紛爭的根源，而且，當它連上病態的極端時就是一種極權的傾向。一般情況下，人類追求別人對他視為同等。為此，奴隸與主人的關係是種雙方都不能滿足的關係 —— 奴隸不滿足因為他是怕死、怕罰才服從主人；主人不滿足是因為奴隸對他的服從不能代表與他同等的人對他的認許。西方的基督宗教是第一個清楚指明在神面前所有人都有自由意志和自由選擇因此所有人都有個人尊嚴的宗教，這就是，所有人之間應互相認許對方的尊嚴，而沒有一個人應擁有極權。為此，黑格爾認為法國大革命其實就是基督宗教的實踐。

　　因為人類有追求認許的衝動，所以「民主程序」的重要性不在程序產生的後果而在程序的本身，因為這個程序容許每個人有道德自主權。這是連貫自由經濟與自由政治的關鍵環節：一個建立於「經濟」與「認許」兩條腿上的國家是唯一能夠「完全滿足」人類的社會制度。在這個自由民主（liberal democracy）的政制中，「互相對等的認許」（reciprocal recognition）是指政府認許個人尊嚴（政府保護個人權利），個人同意認許每一個人的尊嚴（每個人不侵犯別人的權利）和每個人同意認許政府的尊嚴（每個人遵守政府定下保護個人權利的法律）。因此福山指出，單是自由經濟不足以解釋美國的各種社會運動，例如給予黑人和婦女選舉權不是種經濟手段，而是民主本身的目的。

　　「認許」與「平等」之間是有張力的，因為各個不同的價值觀都自視比別的價值觀優越，都在追求全體對它的「認許」。一個國家裡頭怎能夠同時給予不同的價值觀「平等」的「認許」？為此，在一個社會流動性強、追求經濟利益多於遵守傳統法規、職業技能比階層級別更重要的社會裡，

資本主義會特別有效。

福山承認自由民主或任何其他制度都不能完全消滅人類對「認許」的衝動，但如果自由民主加上資本主義就能提供較安全和對社會有益處的宣泄渠道，例如企業家精神和職業運動競賽，從社會穩定的角度去看，讓「認許」衝動強的人去從事商業活動比讓他們參與政治和宗教運動安全多了。

有人總結福山如下：「自由民主與資本主義的組合是一個能夠使每個人的野心都能得償的政治與經濟秩序。」當然，福山的書名有點語不驚人誓不休的挑戰味道，自然有不少人應戰。

一個典型的反調就是 2014 年一篇叫《歷史仍未終結》（It's Still Not the End of History）的文章 [10]。作者們指出，福山強調自由民主會取勝是因為人類對和平與幸福的追求會使國家走向進步，不會回頭 [11]。但他們又同時指出福山寫這本書的歷史背景是柏林圍牆快倒、蘇聯正在解體、發了瘋的自由經濟正在推動大消費。那時，自由的、資本的民主（liberal capitalist democracy）好像真的能夠保證人類可以在這個全球化的世界裡興旺繁榮，而放任經濟好像真的能夠保證未來會是自由民主的國家——沒有匱乏和壓迫，生活於和平及滿足之中。作者們提醒，在這本書出版後不久，新冷戰重現、伊斯蘭走上國家主義，更關鍵的是資本、民主、自由之間的相連性斷開了 [12]。還有，福山推崇自由民主的理由之一是「民主和平論」（democratic peace theory），指成熟的民主的政制會極少（甚至絕無）互相攻伐。但這當然要看「成熟」和「攻伐」的定義。作為一個全球性現象，民主政制只是近代的事情，所以很難作「一概而論」。民主與民主國家之間可能沒有攻伐，但民主國家對非民主國家的攻伐就經常產生。

後現代主義知名學者雅克·德里達（Jacques Derrida，1930-2004）從另一角度去批判，認為以福山為代表的西方太想「弄垮馬克思」（death of Marx），因為馬克思的歷史進化理念指向另一種歷史終結——民主的勝利，帶有直接民主形式的共產主義的勝利，令西方資本主義國家感到焦

慮，因此福山要為西方寡頭政權傳播「新福音」。德里達指出：「我們不能無視在福山描述的自由民主成熟過程中，也是人類歷史上從未有過的這麼多的男、女、孩子在這地球上受奴役、捱餓和被毀滅。」⑬

很多評論家，特別是在《歷史的終結與最後一人》出版後十多年的歷史見證下，認為福山遺漏了一個關鍵因素 —— 文化。他未考慮到「種族的忠心」（ethnic loyalty）和宗教原教旨主義會成為自由民主擴散的最大阻力。1992 年，本傑明・巴布爾（Benjamin Barber，1939－2017）在《聖戰對抗麥當勞世界》（*Jihad vs McDonald*，1995）中以「麥當勞」代表俗世、自由和親企業，而「聖戰」則代表部落主義和宗教原教旨主義。2001 年，也就是 9・11 之後，左派的法里德・扎卡利亞（Fareed Zakaria，1964－）提出「歷史終結的終結」，右派的佐治・威爾（George Will，1941－）也說，「歷史放假結束，回來了（returned from vacation）。」

其實福山也談伊斯蘭，但認為它沒有理性和感性的意圖在伊斯蘭心臟地帶以外擴充。他在 2008 年的《華盛頓郵報》上還是這樣說：「今天，在意識形態上，自由民主的真正競爭者是激進伊斯蘭（radical Islam）。真的，今天世界上最危險的國家是由什葉派教士管治的伊朗……激進的遜尼派在奪取政權上是非常無能的，因為它傾向殘殺自己的支持者。有些『失落』（被剝奪權利［disenfranchised］）的伊斯蘭教徒會被拉登或艾哈邁迪內賈德（Ahmadinejad，1956－）的狂言激勵，但這種中世紀的伊斯蘭主義的吸引力是極有限的。」福山堅持在政治意識層面上極權政制鬥不過自由民主。他說：「民選的民主政府最大的問題不在意識形態，而在能不能供給人民想從政府得到的東西：為獲取個人發展機會而所需的人身安全、分享經濟增長、基礎公共服務……25 年過後，最嚴重的威脅不是來自有些更高、更好的模式有一天會超過自由民主。一旦社會踏上工業化的電梯，它們的社會結構就會開始改變，要求更多的政治參與，如果政治精英接納這些要求，我們就走到了民主自由⑭」。

福山用哲學和歷史去演繹西方過去和推斷未來，而他的老師亨廷頓則

用文化。1996 年，他出版《文明的衝突與世界秩序的重建》，指出意識形態可能終結，但人類的衝突不會終結，未來的衝突將會來自文化與宗教，而不是意識形態與經濟 [15]。以下是他的思路（要特別留意，他所用史料是 1993 年前的）。

人類大歷史就是文明的歷史。不同文明有不同的「關係觀」，包括天與人、個人與群體、國民與國家、父母與子女、丈夫與妻子等等；每個關係內含的因素包括權利與義務、自由與權威、平等與等級等等；因素與因素之間的比重和因素內部的權重，也會因不同文明而異。他說：「一個文明是一個文化的載體（A civilization is a cultural entity）。……阿拉伯人、中國人、西方人不是某一個較大的文明（文化體）的一部分，它們就是不同的文明。文明是人類中最高層的文化組合和最廣義的文化身份，再高再廣就是全體人類與其他動物的分別了。文化體的客觀性定義可以是語言、歷史、宗教、習慣、制度；主觀性定義就是人的『自我身份』（self-identification）。人有不同的身份：一個羅馬城的居民可以用不同強度去定義自己：羅馬城人、意大利人、天主教徒、基督信徒、歐洲人、西方人。所屬的文明就是以不同的強度去認同的各種身份。人可以重新為自己的身份定義，為此，文明的結構和界線是可以改變的。」文明可以包括很多人，如中國 [16]；也可以是很少人，如英語體系的加勒比（Anglophone Caribbean）。

亨廷頓列舉 8 大文明，大致分佈在 8 個地理區位，所以他的文明的衝突有一個地緣政治的維度，分別為以下：(i) 西方文明 [17]、(ii) 拉丁文明 [18]、(iii) 正教文明 [19]、(iv) 儒家文明 [20]、(v) 印度教文明 [21]、(vi) 日本文明 [22]、(vii) 伊斯蘭文明 [23]、(viii) 非洲撒哈拉文明 [24]。除此之外還有幾類特別情況，如「單獨文明」、「劈裂文明」和「搖擺文明」[25]。但我們要特別關注的是他所說的「搖擺文明」，以土耳其和俄羅斯為例 [26]，因為它們搖擺的取向會大大影響世局。

亨廷頓指的西方文明包括歐洲和北美。他認為文明之間的界線不一定清楚和分明，但是是真實和實在的。他又指出，西方人傾向認為「國」

是世界的主角，但這個理念只有幾個世紀的歷史。1648 年的《威斯特伐利亞和約》（Peace of Westphalia）之後的一個半世紀，衝突是發生在王侯（princes）之間：皇帝、絕對君主、立憲君主要擴展他們政府和軍隊的規模、保護主義下的經濟力量，以及更重要的 —— 他們統治的疆土。在這個過程中創造了「國家」。從法國大革命開始，「君主之戰結束，民族之戰開始」[27]。直到一戰結束、俄國革命和隨之而來的反應，國家之戰轉為意識形態之戰：先是共產主義、法西斯主義、納粹主義與自由民主之戰，繼是共產主義與自由民主之鬥。冷戰期間，這個鬥爭是嵌在兩個超級強國之爭之內。但美國與蘇聯都不屬傳統歐洲國家的定義，它們的身份都是以意識形態來定義的。亨廷頓認為在此之前的戰爭是「西方的內戰」，冷戰結束之後，國際政治不再是西方的事，非西方的政府和人民不再是西方殖民主義的目標，他們聯合西方去同寫世界歷史。

二戰後，西方開始後退，殖民帝國消失，先有阿拉伯國家主義，繼而是伊斯蘭原教旨主義現身。同時，西方變得極依賴波斯灣區的能源，產油的伊斯蘭國家變得有錢，有錢之後是有武器。在這段時期（1950 到 1990 年代）阿拉伯與以色列發生多次戰事；法國在阿爾及爾採取軍事行動；英法在 1956 年入侵埃及；美國在 1958 年進入黎巴嫩之後又撤回，再攻利比亞，繼而伊朗；阿拉伯和伊斯蘭恐怖分子進襲歐美本土。1990 年，美大軍攻伊拉克，而北約也越來越關注「南方」（Southern Tier）。西方與伊斯蘭之爭不會減，甚至會更暴力（亨廷頓在作預測時還未發生 2001 年的 9·11 事件）。戰事使阿拉伯人以伊拉克的薩達姆·侯賽因（Saddam Hussein，1937－2006）為傲（因為他攻打以色列和力抗西方），但西方在波斯灣的耀武揚威也使很多伊斯蘭人感到被羞辱和反感。

至於中、美之爭，亨廷頓認為主要是人權、貿易和武器擴散，而這些分歧很難降溫。美國與日本也有爭，主要在經濟方面。兩者的文化差異加劇了經濟衝突，雙方都堅持對方有種族歧視。在美國，對日本的歧視不在種族，而在文化，但兩個社會的基本價值、態度、行為不能更改。美、歐

之間的經濟問題也不輕於美、日之間，但沒有同樣的張力，因為美、歐文化差異遠少於美、日文化的差異。

　　亨廷頓認為文明衝突特別明顯的是伊斯蘭與非伊斯蘭的衝突，產生血腥邊界。早在中古，伊斯蘭就要挺入歐洲。基督文明與伊斯蘭文明衝突的主要文化因素包括：（i）雙方向對方傳教；（ii）對唯一真宗教的堅持，沒有妥協；（iii）雙方都是「目的論宗教」（teleological religions），也就是宗教信仰與價值觀決定人生的目的；（iv）把不信者和無信者視為敵人，甚至要暴力對待。近期的伊斯蘭宗教熱忱升級和人口爆炸，加上西方推銷泛世價值觀激怒伊斯蘭原教旨主義，將帶來伊斯蘭與西方文明的衝突（這是亨廷頓 1993 年的看法）。他又指出，若是西方成功地使阿拉伯地區政治放寬，「受惠者」將會是伊斯蘭極端分子，因為在阿拉伯行西式民主只加強了反西方的政治力量。同時，他警告，伊斯蘭人口極速增長，尤其是在北非，如果這導致往西歐移民就會加深歐洲（尤其是法、德）對阿拉伯和土耳其移民的歧視與暴力（亨廷頓在 1993 年已看到了）。

　　不少人同意亨廷頓的看法。阿克巴（Mobasher Jawed Akbar，1951－，印度政治家，2016－2018 年為外交部長）說：「西方下一場的對抗肯定會來自伊斯蘭世界。新世界秩序的競爭會在馬格里布（Maghreb）到巴基斯坦的伊斯蘭國家圈開始。」伯納德・劉易斯（Bernard Lewis，1916－2018，美籍猶太歷史學家，以研究伊斯蘭教史著名）也說：「我們面臨一種情緒和一個運動，這會是一個文明的衝突 —— 可能是不理性的，但肯定是對我們『猶太—基督』的過去、我們『俗世』[28]（secular）的現代，和這兩者向全球擴張帶來的一種反應。」美國政治評論家大衛・格林韋（Hugh David Scott Greenway，1935－）把這個現象叫做「血緣—國家情結」（kin-country syndrome）。在國際關係上「血緣—國家」取代了政治意識形態和傳統的勢力均衡（balance of power）。在冷戰後，這些衝突，無論在波斯灣、高加索還是波斯尼亞都不是大戰，但都有「文明」的成分[29]，而且都是伊斯蘭與非伊斯蘭之爭。

亨廷頓這樣解釋文明的衝突。(i) 文明有基本的差異性：歷史、語言、文化、傳統和最重要的宗教。這些差異很難消失；(ii) 世界變小，交往加頻，加深了文明意識、文明之間的差異和文明之內的共性；(iii) 經濟現代化和全球化瓦解了人類地域性的身份意識，宗教填充這空檔，給予人類一個超越狹窄國家界限的約束但又是不受全球資本文明支配的「身份基礎」(basis for identity) 和「承諾基礎」(basis for commitment)[30]；(iv) 文化性格的差異比政治和經濟更難達成妥協。你可以是半個阿拉伯人和半個法國人，或雙重國籍，但你很難做半個天主教徒和半個伊斯蘭教徒；(v) 地域經濟的成功加強文明意識，因為經濟的地域性只可能植根於共同文明之內（他舉中國內地與香港和大陸與台灣為例，但他的書是寫在香港回歸之前）。

《文明的衝突與世界秩序的重建》所描述的是一個四面受敵的西方，也就是新加坡學者兼外交家馬凱碩（Kishore Mahbubani，1948－）創的詞，「西方對抗各方」(the West versus the Rest)[31]。非西方國家怎麼辦？(i) 可採孤立政策 (isolation) 去保存它們自身的價值和不被西方侵略，但代價高，只有少數國家可用；(ii) 可「跟隊」，接受和加入西方；(iii) 通過「現代化」去「平衡西方力量」，包括發展經濟、軍事力量，與其他非西方國家合作對抗西方，並同時保存自己的價值和制度。亨廷頓認為非西方國家的國際影響力會使西方開始認識其他文明的文化基礎，並停止以為西方文明是「泛世」的，而各文明也可以學習共存和共同塑造未來世界。他預料「斷裂帶衝突」(fault-line conflict) 會在國與國之間出現，或國內各文明之間出現；「核心國家衝突」(core state conflict) 會在不同文明的大國間出現，或當不同文明大國被捲入斷裂帶衝突時出現。引發這些現象的成因包括經濟與軍事影響力和權力的調整、民族與文明的互相歧視、干預或保護同文同種。

亨廷頓特別提到儒家與伊斯蘭的關連（the Confucian-Islamic connection）。首先，他認為其他文明要加入西方的難度，從低到高，是拉丁美洲、東歐，跟着是正教（前蘇聯），然後是伊斯蘭、儒家、印度

教、佛教。（日本是例外，在某方面它是西方，某方面則絕不是。）「這些國家因文化理由和本身實力理由，不能或不願加入西方。它們會發展它們自身的經濟、軍事和政治力量去與西方競爭，為此，它們會提升它們的內部發展和與其他非西方國家的合作。最顯眼的合作是儒家—伊斯蘭結連去挑戰西方利益、文化和權力。伊斯蘭與西方的衝突會聚焦於（但不限於）核化生武器、導彈系統、情報和電子能力。」印度國防部長評波斯灣戰事說：「不要跟美國打，除非你有核武器」。至於中國，他特別關注「中國軍事力量的持續擴展和它創造軍事力量的能力」。亨廷頓歎息：「舊式的軍備競賽是每方發展自己的武力去平衡或超越對方，但在這個新的軍備競賽裡，一方在發展它的軍力，另一方（他指美國）不是嘗試去平衡，而是去約束和制止競賽並同時削減自己的軍事能力。」

他總結他這本書對西方的意義：「文明的差異是真的、重要的；文明意識在上升；文明衝突會取代意識形態和其他的衝突；國際關係（傳統是西方文明內部的事情）越來越脫離西方，除非西方文明轉為主動而非被動；成功的國際性政治、安全和經濟體制會來自文明之內而非文明之間；不同文明之間暴力衝突的可能性會比一個文明內部衝突的可能性高，並且會很危險，因為會升級為全球性的戰爭；最關鍵的世界政治軸心會是『西方與各方』（the West and the Rest）的關係；在某些撕裂的非西方國家中，會有精英引導國家向西方傾斜但他們會面臨大的阻力；在可見的未來，衝突的中心焦點是西方與幾個伊斯蘭—儒家國家。」

他認為在短期內，這不是理想的事情。西方應「鼓勵文明內部更大的合作和一致，特別是北美與歐洲，並把東歐和拉丁美洲吸進來；提升和維持對俄、日的合作去防止地方性的文明衝突升級為大規模的文明戰爭；約束儒家和伊斯蘭國家軍事力量的擴展；放緩裁減西方軍力並維持在東亞和西南亞的軍事優勢；離間儒家國家和伊斯蘭國家，和利用它們之間的衝突；支持其他與西方價值和利益相符的文明；加強能夠反映和使西方利益合法化的國際組織並鼓勵非西方國家參與其事。」

較長遠的考慮是強調現代西方文明是包括「西方」和「現代」。「非西方國家會繼續想獲取財富、科技、技術、機器、武器，並想協調現代化和它們的傳統文化和價值。同時，相對於西方，他們的經濟與軍事力量會增加。所以，西方要越來越容納這些非西方國家。它們的力量會追近西方，但它們的價值和利益與西方的就大有分別[32]。這需要西方維持它的經濟和軍事力量去保護自身的利益（相對於這些其他文明），也需要西方去更深入地了解這些文明的基礎宗教和哲學理念，和這些文明底下的人如何看待他們的利益。這需要花氣力去辨認西方文明與其他文明共通的元素。在可見的未來不會有泛世的文明，而是一個有不同文明的世界，每個文明都要學習與人共存」。

細讀《文明的衝突與世界秩序的重建》可以感覺到亨廷頓雖然提出 8 大文明，但其中 5 個是陪襯的。他的立足點是西方，他真正批判的是伊斯蘭，他真正擔心的是中國—伊斯蘭聯手[33]。

有一點要清楚。批評亨廷頓的都是學界精英，美國學界精英差不多都是進步分子 —— 身份政治的宣導者和維護者。在「價值觀相對」的意識形態下，談文化（價值觀）的衝突是大大的忌諱，就算談民族性格也是禁忌。但 20 世紀的大半時間（一戰、二戰，以至冷戰），民族性格的研究大盛（見第十章，「民族性格」），因為要摸通敵、友的性格。可惜過去的幾十年，在國內身份政治的桎梏下，美國學界精英變成鴕鳥。很諷刺的是，美國國防部反關注這問題，特別是伊斯蘭文化，因為打仗要敵我分明，知己知彼，才能掌握勝算，才能贏得「心靈與思想」（hearts and minds）。

6. 全球資本與中國

在邏輯上，全球資本不會永遠留在美國，或任何一個國家，因為全球資本不容國家存在。然而在過渡期、在形式上，它會留在美國，但一定不

會「供養」美國，而是要美國「供養」它。因此，全球資本會不會長留在美國就要看美國可否從衰敗社會（縱容弱小）和疲弊社會（姑息貧苦）脫身出來。全球資本肯定不會背美國的包袱，但是，如果要美國放下這兩個包袱就要美國摒棄自疚之心（不再姑息、縱容）。以衛道和高貴自居的美國人會不會、能不能？立國的黃蜂、楊基不會，因為這是美國文化的基因，尋美國夢而來的移民也不會，因為他們都同化了。美國文化中，謀權逐利帶來自疚是個解不開的死結。

當然，全球資本一定看得到這個死結，遲早會拋棄美國。沒有自疚的民族，或不會因爭權、逐利而自疚和不會因自疚而縱容弱小或姑息貧苦的民族才是全球資本的真正傳人、真正寶貝。哪個民族會是全球資本的寵兒？中國好像已被全球資本的魅力吸住。當全球資本拋棄美國（或者美國智慧地離開它），中國會不會騎上它，隨着逐利的快感升空，帶領全人類，拋開落伍的國家理念、擺脫無謂的民族意識，無自疚地去爭權、無自疚地去逐利，去向全球資本的人間天堂？

但在全球資本眼中我們也有兩個大的「瑕疵」。雖然中國人沒有宗教式的自疚（guilt），卻有差不多是宗教式的羞恥之心（shame）[34]（見《西方文明的文化基因》第五篇第二十六章，「個人：小我與大我，公眾與公共」）。這也是一種約束 —— 社會性的互相約束（家的約束，街坊的約束，氏族的約束），這個約束也會拖慢全球資本。另一個瑕疵是我們的民族意識「太濃」，不合全球資本的要求。

全球資本視國家觀念為落伍、民族意識為無聊。但國家觀念與民族意識也會使人覺得全球資本的效率邏輯太不近人情、太摧殘人性。國家不是理性的產品（所以在資本邏輯中它是落伍和無聊），起碼傳統的國家不是。傳統國家是歷史凝聚出來的，不是理性設計出來的。凝聚力量來自血緣、語言、宗教，是一種血性，一種原始的意志力，一種跡近部落社會的民族意識、一種跡近皂白不分的愛國情懷。這些都可能是危險，但也是事實。

這也解釋了英國「脫歐」（Brexit）的衝動。的確，英國人2016年的

公投完全出人意表，51.9% 贊成 [35]。脫歐主力是教育水平較低的保守分子 [36]，為甚麼？有說他們不聰明（如果教育水平低代表不聰明，那麼支持脫歐的確實不聰明），有說他們是保守分子（如果凡不支持全球資本的都屬保守，那麼支持脫歐的確實保守），但這些都未能解釋他們為甚麼要脫歐。真相是他們認為歐洲支配了英國，也即是不滿英國失掉了國家主權；他們反對大量移民和難民湧入英國，也即是害怕英國人失掉了民族特徵。歐洲支配英國是全球資本成熟的大走勢；移民湧入英國是全球人力資源的大佈局；難民湧入英國是全球剝削引發的大遷徙。「不聰明」和「保守」的英國底層看得清楚極了，全球資本精英，包括在英國的代言人瞞不過他們。公投結果一出，全國譁然，連贊成脫歐的都做夢也想不到脫歐成真。

　　中國是個古老的國家，歷史、傳統以至民族的神話深深烙入了中國人的靈魂。全球資本有足夠的誘惑力能使中國人忘了祖宗嗎？水會濃於血嗎？這將會是全球資本與中國文明拔河的決定因素。

　　還有一個現實的問題。如果全球資本要拋棄美國，美國的矛頭很自然地會指向中國，不管全球資本是不是投向中國（也不管中國接收不接收全球資本），美國都會認為中國把它搶走。全球資本對中國垂青是有目共睹的，中國對全球資本的態度（從美國角度去看）會不會是從矜持（想要又不敢要）到積極（唯恐追求不力）。不管中國的反應怎樣，美國都會感到被辱、受譏。如果中國真的想成為全球資本的新寵，這是代價，但也「值得」。如果中國不想被全球資本所纏就要非常、非常小心。

　　不管全球資本對中國是不是好事，擁抱全球資本或抗拒全球資本都會帶來嚴重的中美張力 —— 抗拒它會招美國之怒，擁抱它會招美國之妒。這要分階段討論：現今和將來。在現今，全球資本仍以美國為靠山，而美國也以「契爺」自居。中國抗拒全球資本就是擋住美國的財路（當然發財的不是美國政府，是身處美國的資本精英，但他們支配美國政府）。到將來，全球資本差不多榨乾美國的時候，中國去擁抱它就是搶走美國的情人。可以說，要維持中美良好關係需要中國在當下不抗拒全球資本，在日

後不擁抱全球資本。這當然是「怪話」，但這個「怪話」後面另有乾坤。

除非中國真正相信全球資本對中國是好事情，單為中美的未來關係着想就應在當下擁抱的力度低一點，好使在將來它要離棄美國時不會太招美國之妒，認定中國把它搶走。當然，更基本的問題是，全球資本是不是對中國真的好，全球資本是不是中國唯一的選擇。這需要我們有經濟和政治想像力，需要我們擺脫以西方主流的經濟和政治範式作為我們唯一的參照。難道只有擁抱和抗拒兩個選擇？可以不可以另起爐灶？但無論如何，我們需要在現今對全球資本保持點距離，不要被它完全纏住，好使日後要作出選擇時有多點空間。

全球資本肯定會影響中美關係，美國的少數、易爭、易怒性格不會輕易放手全球資本，關鍵是中國與不與美國爭這個「毒美人」。它肯定會挑逗、誘惑中國，中國願不願意拜倒在石榴裙下？如果中國願意，美國肯定會妒氣沖天。但是，一女不能侍二夫，不是因為全球資本貞節而是因為資本必須是全球性才可為所欲為（沒有國界約束），中國與美國共同做它的「契爺」就是「半球資本」。全球資本怎會雌服，定會左右挑撥，製造緊張。更關鍵的是，美國願不願跟中國平分秋色？驕傲的美國怎能忍受？就算因為「形勢比人強」之下，被逼與中國共用，也會想盡辦法去奪回歡心。中國願不願做小弟弟？當初或者會值此晉升入幕之賓，但怎甘心永遠吃人家吃過的菜？雖然美國與中國都有人警覺美人有毒，但誰能擺脫溫柔鄉，誰可做柳下惠？

物質文化、個人主義的病毒已滲透和散播全球，好像沒有解藥。人類的經濟和政治「想像力」已被資本文明腐蝕和麻痺，好像除了擁抱和抗拒之外，就沒有其他選擇了。美國肯定脫不了身，中國入局尚淺，或有可能存身，但不易。更關鍵的是，我們想不想？

註

① 18-19世紀工業革命的歷史是以降低生產成本為動力、以標準化生產為解決、以低技能分工為實踐。200年後，經濟動力從生產向消費轉移，漸走上個性化消費，挑戰標準化生產。在生產力的需求裡，低技能分工逐漸過時，在勞動力素質上，中高技能的勞動力供給日增。這會是未來可持繼經濟的背景。

② 這是「科技」時代西方最可憐的犧牲品，他們的尊嚴使他們不屑接受社會福利與救濟，他們的年齡和教育使他們難於轉行。而且，科技落伍的速度驚人。今天是門庭若市，明天是無人問津，沒有甚麼工作崗位是穩定的。人類的進化過程中從未遇到這樣的整體性、結構性不安。

③ 生態學上有一個「雷龍原則」（Brontosaurus Principle）。雷龍是最大的恐龍。這原則是：在一定的生態門檻下，越大越好；超過了門檻，越大就越不好（不是適者）。

④ 與亞當‧斯密差不多齊名的大衛‧李嘉圖（David Ricardo，1772-1823，集金融家、投機商和政治家於一身），提出「比較優勢」（comparative advantage）的理念去支持自由貿易 —— 哪處的生產效率最高就應在那裡生產；就算在所有產品上自己的生產效率都比別人高，買入別人的某些產品也是好事，因為這會使自己可以集中去生產自己最具優勢的產品。

⑤ 其實，這也是洛克式政治和斯密式經濟的「自然」後果（雖然不是「必然」後果）。從全球資本的角度去看，國家始終是個「部落」：在「全球政治」意識下是不理性，在「全球經濟」意識下是不效率，在「全球文化」意識下是不文明。國家終要落伍。在全球資本底下，國家可能代表一個歷史階段，但肯定不代表「歷史的終結」。

⑥ 有點羅馬帝國後期的「麵包與馬戲」（bread and circus，意為有吃有玩）。

⑦ 「綠色經濟」往往是個噱頭去增加消費。生態與能源危機來自過度消費，增加消費，無論是綠色或任何顏色，都不可能解決過度消費帶來的問題。治本的唯一辦法是減少消費，起碼是適度消費。資本經濟願意嗎？可以嗎？

⑧ 都是過後才發現的，靠科技保護和恢復生態是沒有保證的。過往記錄使人不敢樂觀。

⑨ 《歷史的終結與最後一人》全書分為5節。

   （i）　強國的弱點和自由民主崛起成為唯一不倒的合法政體。

       自由民主是政治體系進化的終點。（a）右翼獨裁政權的合法性建立於恢復社會秩序、維護社會安穩和提升經濟增長。如果做不到，它的合法性就消失；如果做得到，它的存在就沒有必要。因此，這類政權很容易被取代或因缺乏鬥志而枯毀。（b）左翼專制政權的合法性建立於以完美的意識形態去取代舊社會制度，以大刀闊斧的經濟政策去改善人民的物質條件。東歐、亞洲的例子證明這些政權未有改善民生。（c）納粹主義、法西斯主義和南非的隔離主義等以種族優越為政權合法性基礎，都未能長久。

       餘下的就只有自由民主政體。自由政體保證個人和少數群體的政治、宗教和經濟權益（而保證經濟權益會直接引申出自由經濟）和每個人的政治發言權（一個國家可以自由而不民主，例如18世紀的英國；或民主而不自由，例如民主的伊斯蘭教國家）。政府

合法性（在被統治者眼中的合法性）的唯一不變普世原則是「人民主權」（sovereign of the people）。

（ii）普世歷史。

有好幾個探索「歷史終結」的方向：基督宗教的神，康德的「絕對命令」（categorical imperative），黑格爾的歷史精神，馬克思的階級鬥爭、現代化理論等。

現代資本主義會不會帶來民主？資本主義的自由市場到了後工業時代引發出非常複雜的分工和快速的創新。這些只可以發生於一個在知識上和經濟上非常自由的社會氣候之中。

有三套理論支撐經濟發展會帶出民主：（a）只有民主政制才可以處理經濟現代化帶來的複雜利益群體分歧；（b）沒有民主政制，領導層的更換會崩潰，或引出獨裁；（c）工業化衍生大批中產階層，他們會要求政治權利。但是這些理論都有因果的問題，歷史證據是沒有民主也可以有經濟發展。

（iii）追求「被認許」。

「認許」理念來自黑格爾（上溯柏拉圖）。福山用的是亞歷山大・柯耶夫（Alexandre Kojève，1902－1968，俄裔法國哲學家）的演繹，見正文。

（iv）國家與國家主義的萎縮。

國家也追求「被認許」——一種超過武力擴張的合法性。自由民主並沒有約束人類侵略性的本能，只是把這些本能轉化，消除帝國擴張的動機。在歐陸的過去，宗教的侵略性被自由意識軟化了，變得容忍多了，宗教轉化入個人私生活的範圍。國家主義也會轉化。「法國人會繼續喜歡他們的美酒，德國人喜歡他們的香腸，但……都是個人私生活內的事情。」間中也會有國家主義的火焰（特別是在能源供應和人口流動的問題上），但在「後歷史」（post-historical）的世界每個國家的內部和平會來自自由民主的政權的合法性（被國民認許）和自由民主的獨有能力（滿足國民對「被認許」的訴求）。國際會社（例如北約、G-7）也會走上這個方向，國際和平會來自國際會社的合法性（被會員國認許）和這些會社的獨有能力（滿足會員國對「被認許」的訴求）。

（v）最後一人。

自由民主雖然比其他制度好，但它本身值不值得我們去選擇？

左派會認為自由只會引致強者越強，增加社會不公，「被認許」是很不均衡的。右派會認為民主只會引致凡事相對，甚麼都沒有特別價值，因為甚麼都有同樣價值，「被認許」是沒有意義的。但自由民主與資本主義的結合會帶來一些出路：（a）運動競賽，尤其是危險度強和榮譽性高的運動（如第一個攀登無人到過的高峰，第一個不配備氧氣去攀峰等），都是有點模仿人類歷史的生死鬥，可以宣洩和滿足「被認許」的追求；（b）企業發展可以滿足有尊權和獨裁傾向的人，不致走上破壞性的宗教和軍事活動；（c）社團活動可以吸納有理想的人，但以理想為凝聚力的社團則會有排他傾向，有違自由社會原則。

現代的「文化相對」氣候確實削弱了「被認許」的意義，但假以時日，當越來越多有不

同歷史和文化背景的國家都走向相同的發展模式時，「文化相對」的氣候也會逐漸淡化，「被認許」的意義會越來越鮮明，自由民主滿足「被認許」的能力也會越來越顯著。

⑩ 'It's Still Not the End of History', Timothy Stanley, Alexander Lee, The Atlantic, September 2014.

⑪ 福山認為就算共產國家想要富強也要擁抱一點資本主義，因為國家有賴保護私產，而「資本家的蠕動」（capitalist creep）一定會帶出以法律保護個人權益的訴求。

⑫ 《歷史仍未終結》的作者們還指出，托馬斯・皮凱蒂（Thomas Piketty，1971–）在《二十一世紀的資本主義》（ Capital in the Twenty-First Century，2013）的分析得出的結論是自由經濟非但加大了貧富差距，還削減了發達與發展中國家的平均收入。資本主義的「失敗」使民主（通過民粹主義 [populism]）攻擊自由（這裡是指經濟自由而非道德自由），令經濟自由主義理論破產。但自由主義者們的倨傲使他們對全世界這麼多人抗拒他們感到意外（尤其是當自由資本主義下市場崩潰、儲蓄水化時，很多人摒棄他們的「忠告」）。

自由的基礎是「個人」—— 一個有自主的價值判斷和有創造能力的人。自由主義的真諦是捍衛個人自由。但是，還有一個更深層次的基礎：人有其作為人類一分子的內在尊嚴和基本需要。為此，如果捍衛自由的意義是維護每個人的自由和把每個人的自由最大化，那麼平等（equity）和公共利益（common good）的原則就必需完全嵌入社會架構之內，而社會法律也一定要反映這些原則。於是，擁有自由就是按平等與公共利益的法律而生活，就算這些法律稍微地離開了這些原則，它們就會變成自私自利和結黨營私的工具，自由就喪失了。為此，自由主義有賴公民的道德觀。雖然法律可以用來搭建社會架構，但只有統治者與被統治者的意願（will）才可以給予這個社會架構個性和力量。一旦對人類尊嚴的承諾被破壞，社會就變成森林，自私自利，而法律也變得偏倚和獨裁。所以自由的政治一定要是道德的政治：如果對自主權過分強調，自由主義就會失敗；如果向物質主義和消費主義傾斜，自由主義也會失敗。個人自由有賴所有人都自由，這就是要持共有的人性、共有的尊嚴。為此，自由主義的前途不在經濟，在認識人類本身的價值（worthiness）。

⑬ 福山曾到法國留學，與德里達有同窗之誼。在 2018 年接受 The Chronicle of Higher Education 訪問時，被問及對德里達的看法，他很不客氣地批評德里達，說他一方面支持尼采式無好壞的真理相對，另一方面大談馬克思的決定論，完全矛盾，是「bullshit」。福山自辯法國大革命以來自由民主與資本主義組合的政制越來越普遍，而且沒有發生過倒退的事件。他甚至提出美國式的自由民主在某種程度上還比不上歐盟政制，因為歐盟跨越了國家主權和傳統的國與國的政治角力，去向一個跨國的法治（transnational rule of law），而美國仍是信賴「神、國家和軍事力量」。

⑭ 使他擔心的倒是「科技」，他認為歷史的終結會帶來現代自然科學和科技的終結。他在《後人類的未來》（ Our Posthuman Future）裡這樣寫：「人類控制自己的進化會對自由民主有極大且可能極可怕的影響」。

⑮ 《文明的衝突與世界秩序的重建》在 1996 年出版，但亨廷頓在 1993 年出版了同名的文章，用的史實是 1993 年前發生過的，書中史料也如是。全書分 12 章。

(i)　冷戰後，4 個對世界政治的形容或解釋都出問題。（a）單一的世界秩序。種族衝突和滅族行為推翻這個形容。（b）西方對抗各方。忽略了非西方文明的內部分歧。（c）真相。太着意失敗的國家和亂事。（d）混亂。假設世界是沒有秩序的。「文明」可否作為一個解釋因素？

(ii)　8 個文明。西方、儒家、日本、伊斯蘭、印度教、斯拉夫—東正教、拉丁美洲、非洲。16 世紀後，西方文明獨尊，它的方向支配其他文明。但 20 世紀後，其他文明崛起，文明之間有張力和互動。

(iii)　西方支配的泛世文明不能實現。西化與現代化不是同一東西，現代化之前西方早已定形。其他文明對西方有抗拒、抄襲、修改，各文明越來越現代也越來越少西化。

(iv)　西方文明下滑（人口、經濟、軍力），其他文明崛起（特別是東亞）。它們的崛起不是抄襲西方模式，是堅持自身價值，但都是漸進式的。宗教重新成為重要的文明特徵，因為現代化破壞了原有的身份源頭（source of identity）和權力體系，人轉向宗教去找歸屬。

(v)　東亞與伊斯蘭文明對西方的挑戰有別於其他文明。東亞經濟成功恢復了東亞人民對他們文化的信心，甚至推行東亞價值為泛世價值，並使東亞國家在對付西方時趨強硬和堅持。伊斯蘭世界則越來越用宗教去定義身份。伊斯蘭人口增加，年青化，但國家未能提供經濟條件，加上獨裁式統治，禁止政治活動。現今，原教旨主義和伊斯蘭復興運動抬頭。

(vi)　冷戰後出現了「身份危機」，文明轉型以血緣、語言、宗教和價值與定義。例如北約、歐盟的成員國都有同一文明，而且要是同一文明才能發揮作用。每個文明都有其核心國家、成員國家、劈裂國家（cleft）、撕裂國家（torn）。

(vii)　伊斯蘭文明缺乏核心國家。對伊斯蘭文明的「忠心」在微觀層次是指向家庭、家族、部落，在宏觀層次指向文化和宗教，而很少是指向國家。這是伊斯蘭文明的問題，因為文明需要有核心國家（一個或多個），而伊斯蘭文明中國家的法理性不高。這也是伊斯蘭世界中很多內外衝突的原因。

(viii)　文明衝突可以微觀（如伊斯蘭對抗正教、印度教）和宏觀（如伊斯蘭對抗西方、對抗儒家文明）。西方要推行一個能夠支配全球政治的單一文化，但能力下降。它在維持軍事優勢和約束軍事競賽、推行西方價值觀和制度（強迫其他社會尊重人權、實施民主）、保存它的種族和社會完整（限制從非西方國家的移民和難民進入）都有困難。

(ix)　估計微觀衝突會發生於有不同文明的接壤國家之間和一個國家內不同文明群組之間；宏觀衝突會發生在不同文明的核心國家之間。美國勢力向中國轉移會造成文明之間的衝突（要注意，這是 1993 年的想法）。伊斯蘭與撕裂和劈裂國家的衝突會引發小型戰爭。西方和伊斯蘭的衝突可分 5 類：

(a)　伊斯蘭世界人口增加，有大量失業和不滿青年會被原教旨組織吸納；

(b)　伊斯蘭復興運動（Islamic Resurgence）的興起；

(c) 西方一方面推行它的泛世價值和制度並維持軍事優勢，又同時干擾伊斯蘭世界的內部衝突；

(d) 共產主義崩潰，雙方再沒有共同敵人；

(e) 雙方文明接觸加密，刺激新的身份意識出現。

由於中國崛起，中西敵視會引出「跟隊」（bandwagoning）效應。圍繞中國的國家會與中國連結起來。中國與伊斯蘭可能走上連結，尤其是通過連結中國文明與伊斯蘭文明中間的「搖擺文明」（swing civilization）。

（x） 蘇聯與阿富汗之戰和波斯灣戰事是現代文明衝突的轉折點。這兩次戰爭其實都是典型的國與國之爭，但開始被演繹為文明之爭。今後，衝突會集中於不同文明國家的斷裂帶。首先是伊斯蘭內部的戰爭，「伊斯蘭有血腥的邊界」（Islam has bloody borders）。近幾十年伊斯蘭之間不斷戰爭，有人口壓力問題，但也有「劍的宗教」（religion of the sword）傳統（無論是與其他文化的接觸或伊斯蘭內部的「消化不良」都會動武）。但更關鍵的是伊斯蘭文明沒有「核心國家」。

（xi） 斷裂帶強化了文明的差異，使戰爭更激烈。「在戰爭裡，身份的多樣化會消失，導致與衝突原因最有關係的身份支配一切。這個身份差不多總是以宗教來定義」。斷裂帶的衝突會直接或間接地牽入其他國家，這需要有核心國家去處理：（a）一個與衝突和涉及的利益無關的國家去排難解紛；（b）一個有能力去使有關國家能達成協議和能夠以血緣感情引導有關國家去接受協定的主角。

（xii） 文明的未來。每個強勢的文明都傾向認為它的文明是普世和不滅的，但歷史證明每個文明都會沒落。西方文明的獨特處是它為世界帶來現代，它要用這個獨特之處去更新自己和戰勝衰落。每個文明的核心國家不去干預其他文明影響力範圍內的事情才能維持世界和平。

⑯ 美國的著名中國專家白魯恂（Lucian Pye，1921－2008）叫中國做「一個假裝是國家的文明」（a civilization pretending to be a state）。

⑰ 包括美、加、中歐、西歐、澳大利亞和大洋洲。拉丁美洲和前蘇聯衛星國加入與否是未來文明衝突的重要考慮。西方文明主要是基督文明（天主教與新教）。

⑱ 包括中美、南美（除了圭亞那、蘇里南和法屬圭亞那地區）、古巴、多明尼加、墨西哥，可視為西方的一部分。很多南半球的國家自視全屬西方文明。

⑲ 包括前蘇聯、南斯拉夫（除了克羅地亞和斯洛文尼亞）、保加利亞、塞浦路斯、希臘、羅馬尼亞。非正教的前蘇聯與前南斯拉夫不歸此類，如伊斯蘭什葉派的阿塞拜疆、遜尼派的亞爾巴尼亞和大部分中亞國家、羅馬天主教的斯洛文尼亞和克羅地亞，以及歸於「東方人派正教會」（Oriental Orthodox）而非「東正教」（Eastern Orthodox）的亞美尼亞。

⑳ 包括中國、韓國和朝鮮、新加坡、越南，以及東南亞的海外華人。以佛教為國教的有不丹、柬埔寨、老撾、蒙古、緬甸、斯里蘭卡和泰國，但亨廷頓不相信這些國家會構成國際事務中的主要文明之一。

㉑ 主要在印度、不丹、尼泊爾和全球的印度人。

㉒ 中華和古老的阿勒泰文明的組合。

㉓ 包括大中東（除了亞美尼亞、塞浦路斯、埃塞俄比亞、格魯吉亞、以色列、馬耳他和南蘇丹）、非洲西北、亞爾巴尼亞、孟加拉、布魯尼、科摩羅、印尼、馬來西亞、巴基斯坦、馬爾代夫。

㉔ 包括非洲南部、中非（除了埃塞俄比亞 、科摩羅、毛里求斯、屬斯瓦西里語系的肯尼亞和坦桑尼亞）、佛得角、加納 、象牙海岸、利比里亞、塞拉利昂。

㉕ （ⅰ）單獨文明（lone），例如以色列（雖然非常接近西方）和英語體系的加勒比地區（前英屬地區）。（ⅱ）劈裂文明（cleft）：同一地區內不同人屬不同文明。例如印度有印度教與伊斯蘭；烏克蘭的西面是東儀天主教（Eastern Rite Catholic），東面是正教；法屬圭亞那那地區的文明是處於拉丁美洲與西方文明之間；伯恩、乍得、肯尼亞、尼日利亞、坦桑尼亞和剛果是處於伊斯蘭文明和非洲次撒哈拉文明之間；中國西藏是處於中華與佛教文明之間；中國香港地區與澳門地區有中華與西方文明；菲律賓是中華與西方文明之間，而棉蘭老島也是伊斯蘭與西方文明之間。（ⅲ）搖擺文明（swing），例如俄羅斯南面邊界的車臣（Chechnya，這也是俄羅斯與伊朗合作的理由──避免伊斯蘭和正教暴力事件，並保持石油暢通）；中國與伊斯蘭的連繫帶區，特別是伊朗和巴基斯坦。

㉖ 前者要在西方與伊斯蘭兩個文化之間選擇，後者要在西化、俄化，甚至向中國傾斜之間做取捨。

從 1920 年代開始，土耳其的政治精英想西化，但土耳其歷史、文化、傳統都是伊斯蘭，為此精英強行西化，採用拉丁字母，加入北約，還要加入歐盟。蘇聯解體後，西方鼓勵土耳其建立新身份，但有可能伊斯蘭不接受它，歐洲也不接受它。

至於俄羅斯，它部分屬西方文明，也同時是斯拉夫─正教文明的大哥。亨廷頓的觀察（1993年）是「共產時代輸入西方意識形態，經修改去配合俄羅斯的條件，進而以意識形態之名挑戰西方；共產蘇聯終止了西化和俄化之辯，但蘇聯解體，辯論重現。」葉利欽（Boris Yeltsin，1931─2007，俄總統任期 1991─1999）採用西方原則和目標，要「正常化」，但俄羅斯的精英與百姓之間有分歧，產生三個方向：（ⅰ）有主張面向大西洋，全盤歐化，快速成為全球經濟一分子，加入 G-7 成為 G-8，特別與美國和德國結盟。（ⅱ）有主張以保護在別國的俄人為己任，強調與土耳其和伊斯蘭結連，提倡向亞洲傾斜。批評葉利欽太親近西方利益，削弱俄國軍事力量。（ⅲ）更極端的是反西方、反猶太、重整軍力，向中國和伊斯蘭國家傾斜。

㉗ 亨廷頓取自羅伯特‧羅斯韋爾‧帕默（Robert Roswell Palmer，1909─2002）1973 年説的，「The war of kings was over; the war of peoples had begun」。

㉘ 是指完全沒有宗教意識的政體：在美國有政、教分家的意味，在歐洲更有敵視宗教的意味，尤其是以前是天主教的國家，如法國和西班牙。

㉙ 格林韋演繹波斯灣、高加索和波斯尼亞的「血緣─國家情結」文明衝突「小戰爭」如下。

（ⅰ） 他先説波斯灣戰事，雖然只有幾個伊斯蘭政府公開支持薩達姆，但很多的阿拉伯精英在暗地喝彩。薩達姆鮮明地以伊斯蘭為號召，伊斯蘭的精英這樣説：「這不是世界攻擊伊拉克，是西方攻擊伊斯蘭。」那時，伊朗與伊拉克是敵人，但伊朗最高領袖阿里‧哈梅內伊（Ayatollah Ali Khamenei，1939─）號召聖戰：「對美國侵略、貪婪的鬥爭是場

聖戰，戰死的是殉道者。」約旦國王侯賽因也說：「這場戰爭是針對所有阿拉伯人和所有伊斯蘭，而不單是對伊拉克。」1990 年的西方─蘇聯─土耳其─阿拉伯反伊拉克聯盟到了 1993 年只剩下西方與科威特。伊斯蘭把西方打伊拉克跟西方未能保護波斯尼亞的伊斯蘭人被塞爾維亞人欺侮，和未有約束以色列違反聯合國決議去欺侮巴勒斯坦同樣看待，認定西方是雙重標準。但是，亨廷頓則認為在文化衝突中，雙重標準無可避免：一個標準是為同血緣的國家用的；一個標準是對別的國家用的。

（ii）再說高加索。亞美尼亞在 1992 和 1993 年的軍事行動刺激土耳其加強支持跟它在宗教、種族和語言上屬兄弟國的阿塞拜疆。當初土耳其的想法是，「我們土耳其人的感覺是跟阿塞拜疆人一樣……受到大壓力……或者我們要讓阿塞拜疆人知道在這地區裡仍有個大土耳其存在。」那時，土耳其空軍偵察亞美尼亞邊境，取消糧食輸送，並和伊朗共同宣報不容忍阿塞拜疆被分割。蘇聯在解體之前仍支持阿塞拜疆（因為阿塞拜疆是共產政府），但解體後，政治考慮變成宗教考慮，反而派軍支持亞美尼亞，因為大家同屬基督宗教。

（iii）至於波斯尼亞事件也可以用「血緣─國家情結」解釋。西方人同情波斯尼亞的伊斯蘭人被正教的塞爾維亞人欺侮，但對天主教的克羅地亞人打伊斯蘭和參與肢解波斯尼亞和黑塞哥維那就沒有這樣寄心了。南斯拉夫初解體時，德國要展示實力，呼喚歐盟諸國跟隨它的榜樣承認斯洛文尼亞和克羅地亞兩個天主教國家，美國也跟風。因此，克羅地亞拿到大量軍火武器。當時俄羅斯的葉利欽想走中間路線，支持屬正教的塞爾維亞，但他又不想刺激西方。俄羅斯國內的保守分子就攻擊政府不大力支持同屬正教的塞爾維亞。1993 年初已有俄國人加入塞爾維亞軍隊裡。伊斯蘭國家則批評西方不保護波斯尼亞。伊朗促伊斯蘭國家全體支持波斯尼亞，甚至不依聯合國禁運法案去提供武器和兵員，由伊朗支配的黎巴嫩遊擊隊去訓練和組織波斯尼亞軍隊。1993 年，來自 20 多個伊斯蘭國家的 4,000 多兵員在波斯尼亞作戰。沙特也感受到壓力，在 1992 年底資助波斯尼亞。從伊斯蘭的角度去看，波斯尼亞和黑塞哥維那戰事有若 1930 年代的西班牙內戰，不同者只是宗教（伊斯蘭對抗基督宗教）取代意識形態（民主共和對抗法西斯）。

㉚ 佐治‧韋蓋爾（George Weigel，1951─）稱之為「反現世化」（unsecularization of the world，指把啟蒙推動的反教會運動倒過來）；凱佩爾（Gilles Kepel，1955─）稱之為「神的復仇」（La revanche de Dieu）。

㉛ 馬凱碩在《西方對抗各方》中很不客氣。他認為「世界社會」、「國際社會」（world community，international community）之類的稱呼其實是美其名的「自由世界」（the Free World），是為美國和西方利益帶上光環。「如果你訪談非西方人有關『國際貨幣基金』的支持度，一少撮國家的財政部長會表示支持，但其他所有人都反感」。他們心目中的「國際貨幣基金」是「樂意充公他人的錢財、強施不民主和不來自當地人的經濟和政治規則去扼殺經濟自由」，「聯合國安理會是由西方支配，除中國有時棄權外，它的作用是使西方行動合法化」，「西方其實是使用國際組織、軍事力量、經濟資源去統治這世界以保持西方的支配權、

保護西方的利益和提升西方的政治和經濟價值觀……起碼這是非西方國家對新世界的看法，是個相當確實的看法」。

他認為軍事力量、經濟力量、制度力量的鬥爭是西方與其他文明衝突的一個原因。文化，也就是基礎價值與信仰，是第二個衝突理由。西方理念與其他文明有基本性的差異：個人主義、自由主義、憲法主義、人權、平等、自由、法治、民主、自由市場、政教分離等理念與其他文化沒有甚麼共鳴。

㉜　亨廷頓提問：非西化的現代化可能嗎？他認為可能。例如日本採用西方技術、議會民主和自由企業，但未改變它的核心價值，特別是等級社會。但在微觀層次上，如工廠生產、學校教育和都市生活中，日本人有「西方現代化的態度」：工具理性、個人選擇和責任。又例如俄羅斯走向現代化但保持正教文明（要注意的是正教文明與現代西方有同一個文化源頭，區別只是在俄羅斯沒有文藝復興、宗教改革、啟蒙運動和海外帝國的經驗）。

㉝　《文明的衝突與世界秩序的重建》是本震撼力極強的書。有人稱他是「特朗普時代的先知」（prophet of the Trump era），尤其他對移民問題的看法（《我們是誰？對美國國家身份的挑戰》[Who Are We? The Challenge to America's National Identity]，2004），被人指為煽動白人至上主義。福山為他辯解（2018 年的 The Chronicle of Higher Education 訪問），說他並不是種族歧視者，並未說過移民是不好的事情，只是指出歐洲白種人帶來的北美文化是自由民主制度在美國能夠運行的重要因素。這點福山是認許的。在這個「經濟決定一切」的年代，亨廷頓認為在解釋國際關係上文化因素比經濟因素重要，甚至是關鍵，當然招人詬病。羅斯克蘭斯（Rosecrane）與賈維斯（Jarvis）對他的評論是典型：「如果文明是個引數，為甚麼在冷戰期間是權力關係？從冷戰到日本與中國、中國與印度、俄羅斯與西方都是如此。強國利益才是關鍵，不是文化。」亨廷頓排除了世界經濟對政治決策的影響力。埃文斯（Evans）評論他對中美張力的演繹未指出儒家文化的作用，反而聚焦於經濟利益，所以亨廷頓的文化演繹是混亂了經濟的得失以及在同一個文明中精英與中產的利益衝突。

福山講意識形態的終結，亨廷頓簡直不談意識形態，改以文化去解釋政治，但對亨廷頓評判得最嚴峻的仍是基於意識形態，而且是有頭有臉的學者們的意識形態。美籍印度哲學家、經濟學家阿瑪蒂亞．森（Amartya Sen，1933–，1998 年獲得諾貝爾經濟學獎）在 1999 年指出，世界各文明都是多樣化，西方也是，「民主實現於現代的西方是源自一個從啟蒙到工業革命（特別是過去一個世紀）才出現的共識。把這個民主作為西方千年來已有的意識（也就是把它歸功於基督宗教），然後把它跟非西方文明（好像非西方文明是個單一的東西）對比，是個大錯誤」。美國文學家與政治評論家保羅．博曼（Paul Berman，1949–）在《恐怖與自由主義》（Terror and Liberalism）一文強調文明是沒有界限的，所以沒有所謂「伊斯蘭文明」或「西方文明」，也沒有衝突的證據（例如美國與沙特關係友好）。很多伊斯蘭極端分子長期生活、求學在西方，他們與西方衝突不是文明或宗教，而是哲學信念的不同。美籍巴勒斯坦哲學家愛德華．賽義德（Edward Said，1935–2003，以文化比較研究和東方主義研究著名）則把《文明的衝突》改寫成《無知的衝突》（Clash of Ignorance，2001）去諷刺亨廷頓。他的論點是文化不是固定的，是動態和互賴、互動的，而亨廷頓則代表「最清楚的和

陰險的種族主義，一種希特拉式的滑稽劇，針對阿拉伯人和伊斯蘭人」。美國猶太裔哲學家、語言學家和政治活躍分子諾姆‧喬姆斯基（Noam Chomsky，1928－）乾脆說亨廷頓是為美國掩飾暴行，因為冷戰後美國是唯我獨尊。

㉞《孟子‧盡心上》中有「人不可以無恥，無恥之恥，無恥矣」，這是恥的重要性。《孟子‧告子上》中有「羞惡之心，人皆有之」，這是恥的普世性。難怪管仲視「恥」為「四維」之一，也就是國本。

㉟ 歐洲 6 國，以法、德為首在 1951 年簽訂《巴黎條約》（Treaty of Paris），成立「歐洲煤鋼共同體」（European Coal and Steel Community，簡稱 ECSC），成績不錯，決定擴大。在 1957 年簽《羅馬條約》（Treaty of Rome），成立「歐洲經濟共同體」（European Economic Community，簡稱 EEC），到 1967 年組合成「歐洲共同體」（European Community）。1963 年與 1967 年英國兩度想加入，但被法國總統戴高樂阻撓，未能成功，到 1972 年才成為會員。那時，英國是保守黨政府，工黨反對。到 1975 年，工黨政府舉行公投，有 67.3% 選票要「留歐」，但工黨的政綱仍是保留「脫歐」。1990 年，在執政的戴卓爾夫人的力拒下英國國會仍決定加入「歐洲匯率機制」（European Exchange Rate Mechanism，簡稱 ERM，主要是把英鎊掛在德國馬克下面（她反對的理由可能是貨幣主權）。1992 年，簽《馬斯特里赫特（Maastricht）條約》，正式成立「歐盟」（European Union），是個政治體，有獨立議會。在此之前是經濟聯盟，左派反對，分裂了保守黨。其實可以說是這些反映資本利益與國家利益之爭、全球意識與民族意識之爭。脫歐力量在 1993 年組成「英國獨立黨」（U.K. Independence Party，簡稱 UKIP）鼓吹脫歐。在 2014 年歐洲議會選舉時，在英國選區的 27.5% 選票竟然被它拿走，成為 2016 年脫歐主力。

㊱ 調研結論是支持脫歐的大多比較年紀大和教育水平低。白人中多數想脫歐，亞裔人有 33%，黑人只有 27%，贊同脫歐的多住在經濟低迷地區並有強烈反移民意識（英國最大移民群體是波蘭人，超過 90 萬，特別是波蘭在 2004 年加入歐盟之後。此外還有 2011 年「阿拉伯之春」之後來的亞、非難民）。

第二十四章　時間表？

美國政治會越來越苟合、越來越不安定，當總統只幹一任成為新常態之時，就要留神全球資本的「去意」。

未來的 30、40 年，世紀一代會支配美國，這代人會因循下去。但到他們交棒到他們的子女一代時，是個怎樣的美國（凝聚力、生命力），而子女一代又會以甚麼心態（恐懼？憂慮？憤怒？）接棒，這些將會在 2040－2050 年代見端倪。要留神美國對世界（包括中國）的「敵意」。

美國一定下去，中國怎樣上來？

我在《西方文明的文化基因》裡說過，牛頓「神算」推「末日來臨」將是公元 2060 年，這是按一年有 360 天的算法（12 個月，每個月 30 天）。如果以一年 365 天來算，就是 2075 年。這些是無稽之談，但用霸權 130 年週期，分 4 個階段（起、承、轉、衰，每段約 30 年）的歷史觀察來算，起於 1945 年二戰結束時的美國霸權會終於 2075 年。真是個不可思議的巧合。過去 70 年左右的歷史也清楚看出列根上台、蘇聯解體和奧巴馬上台、大衰敗現身正反映美國的國力從興盛到逆轉，且看看以後會是怎樣的走勢。

美國與全球資本的苟合，從勾搭到入室，到情濃，到意倦，會按這苟合的邏輯一步一步走，反映美國對全球資本的供養能力從精壯到枯竭，和

全球資本對美國的依賴程度從必需到無需。中國要上去就得配合這個時間表，過早會招禍，過晚會失機。

二戰結束，布雷頓森林體系是頭一個真正全球性的經濟體系，但它主要是「約束」金融亂動，當然不是全球資本的寵兒。它的姊妹《關貿協定》倒是為「自由」貿易而設。但歷史告訴我們，說是鼓吹自由但各國仍是以國家利益為重（從自由經濟的角度來看就是各懷鬼胎）。

美國打韓戰、打越戰、搞「偉大社會」，都是花錢的，加上石油進口激增，美元充斥全球（當然是變相貶值的美元），以固定美元與黃金比值為基礎的布雷頓森林體系就倒下了。這是 1970 年代上半段的事情。到 1970 年代下半段，廉價空運、貨櫃海運上場，實體經濟全球化活躍起來。踏入 1980 年代，中國開放，生產鏈條全球化急劇發展，帶動資本全球化。但是，布雷頓森林體系已經不存在，全球金融管制真空，華爾街以及各處的大炒家興波作浪，全球金融危機不絕（美國除外；見附錄 6，「1980－1990 年代的主要經濟（金融）危機」）。美國政府袖手旁觀，可算是美國與全球資本眉來眼去的勾搭期，這是列根時代。到克林頓的 GLBA 出台，投資銀行與儲蓄銀行業務合併，也就是投機者可以差不多無約束地用老百姓的血汗儲蓄去發財。到此，美國與全球資本是登堂入室的關係了。美國登全球資本之堂，華爾街把倫敦、巴黎、法蘭克福、東京全打倒；全球資本入美國之室，用美國的威信與國力去做靠山，全球逐利。

到 2000 年代，美國與全球資本進入熱戀階段。全球資本（包括生產鏈條國用廉價勞力和無償生態辛苦賺來的錢）湧入美國帶動的大熱金融衍生品市場。2007 年，次貸泡沫刺破，2008 年，金融風暴吹襲，投機者頭破血流是優勝劣敗的邏輯；老百姓血本無歸是可憐的（特別是他們沒有參加過賭局，但他們的養老金、保健金的管理者卻用他們的錢去賭，然後輸掉）；美國政府巨額救市才是真的可笑、可悲。

奧巴馬大罵投機無恥，還出台《華爾街改革和消費者保護法案》，動作多多，是不是代表美國與全球資本已踏入意倦階段？特朗普更大唱「美

國第一」、「美國製造」。作為一個全球資本的得益者，他知道不知道這是跟全球資本唱反調？全球資本是不會讓你輕易脫身的，除非它有意拋棄你。

全球資本捨棄美國不會是因為美國沒有足夠的條件，而是哪裡有更好的條件。

今天的全球資本，跟幾十年前很不同了，不再是初生期（1970－1980年代）、發育期（1990年代）、成熟期（2000年代）。它不需要像初出道時賣弄色相，不需要像勾搭時偷偷摸摸，不需要教人笑貧不笑娼去抬高自己家價，因為它是跟上了體面而富有的美國了，是貴婦了，像貴婦一樣被供養、像貴婦一樣被尊重。但它今後想要的，美國或許不能供給。

現在讓我們猜想一個美國與全球資本拆夥的可能時間表，分三方面：美國的政治秩序、美國的時代心態、美國與伊斯蘭的糾纏。

（1）美國的政治秩序

二戰後，總統都做兩任（羅斯福之後規定不能超過兩任），民主黨與共和黨輪流執政：杜魯門（民主，8年）、艾森豪（共和，8年）、甘迺迪與約翰遜（民主，8年）、尼克遜與福特（共和，8年）、卡特（民主，4年）、列根與老布殊（共和，12年）、克林頓（民主，8年）、小布殊（共和，8年）、奧巴馬（民主，8年）、特朗普（共和，4年）。有兩個例外：卡特只做一任，老布殊也是一任。卡特未能連任有兩個原因：（i）內與外都極為不安：經濟是滯脹，對外是掉了伊朗並在人質事件上掉了國威；（ii）更關鍵的是他被苟合鼻祖列根打敗。老布殊未能連任也有兩個原因：（i）他乘列根的列車繼任，但也要承受列根放任經濟帶來的大赤字後遺症；（ii）更關鍵的是他被比列根更厲害的苟合大師克林頓打敗。

再看看國會方面的形勢。在列根之前，除了艾森豪（共和黨）任內有4年是由共和黨控制參議院之外，參、眾兩院全是民主黨天下（可見羅斯福新政的影響力）。當然，對共和黨總統肯定不利（在彈劾尼克遜時看得

特別清楚），但起碼國會的立法方向就比較穩定。到了列根就有變化，他是強勢總統，8 年任期（1981－1989），前 6 年是同聲同氣的共和黨把持國會，到最後兩年參、眾兩院都轉到民主黨手裡。這是日後權力苟合、政壇不穩、黨爭加劇的先兆。跟着是老布殊，他面對的國會是民主黨天下，處處掣肘，幹了 4 年就幹不下去了。克林頓的 8 年任期（1993－2001），除了開頭兩年是民主黨國會，餘下 6 年都是共和黨的地盤，所以他在 1999 年，在共和黨把持下的國會出台放任經濟的 GLBA 可算是個了不起的苟合。小布殊有一個比較合作的共和黨國會支持，雖然在險勝之下坐上寶座但仍保住兩任（2001－2009）。可是到最後兩年，民主黨拿回眾議院，並平分參議院，他的日子就不好過了。奧巴馬（2009－2017）上任時是民主黨國會，很有聲勢。但過了兩年，共和黨拿回眾議院，到最後兩年還拿下參議院，與奧巴馬不斷鬥爭，令政府運作幾度停頓。到此，兩黨之爭，尤其是道德進步分子與保守分子之爭，已達白熱（雖然用的藉口往往是財政法案）。特朗普上任時共和黨仍保兩院，但兩年後就失守眾議院，更嚴重的是總統本人與自己所屬的黨都不能團結 ①，政府運作又停頓。

　　全球資本要有穩定的政局才能放心賺錢，它追求秩序。當美國的總統做一任就下台（政令不穩）②、當總統與國會經常處於對立（政府癱瘓）、當總統與自己的所屬黨不斷鬥氣（內亂不休），就是全球資本想找新歡的時候了。特朗普如果不能連任，可能就代表這個「新常態」的開始。③

（2）美國的時代心態

　　戰後一代支配美國到今天。他們是自我一代，追求經濟自由、道德自由。自我與自戀引發出自疚，舒緩自疚導致姑息。他們的子女是世紀一代（1981－1996 年出生）。2001 年的 9·11 事件帶來一片恐懼，2008 年開始的大衰退引發出一片沮喪，使這代人變得「自我、自我、更自我」。他們沒有父母一代的浪漫，小反叛或會，大反叛不會。他們從父母一代感染了經濟自由的意識，比父母更強的自我意識使他們追求更多的道德自由。但

恐懼與沮喪的心態使這代人「因循」，他們不會改變美國，也不想改變世界，但他們會變本加厲地腐蝕美國的凝聚力和消耗美國的生命力。間中會有經濟公平、道德保守分子的反撲，支配與反撲會使美國的政治顛倒加劇，國力消耗加速，但美國的經濟與社會資源豐富、潛力深厚，20－30年內是完全可以應付的。與全球資本的苟合也不會改變，起碼美國方面不會變。

到世紀一代的子女（稱他們做「接棒一代」吧）就不同了。這一代人出生於 2016－2035 年，成長後也會支配美國 30－40 年，也就是從 2040 年到 2080 年左右。那時，美國的國力會大不如今，全球資本對美國也會興致闌珊。這代人會因循下去，另闢途徑，還是歸咎別人？因循下去嗎？資本無情，誰也留不住。另闢途徑吧？積習難改，很難離開老路。歸咎別人麼？這不是治本，但驕傲、恐懼和易怒的民族性格會使他們失措。

這些選擇會決定美國的國運。從 2000 年代開始的美國逆轉期，關鍵事件是 2001 年的恐襲和 2008 年的金融風暴。世紀一代的時代心態是那時成形的，他們成長後會支配美國 30－40 年，也就是到 2040－2050 年。2040 年左右，就應該可以看出他們交給子女一代是甚麼樣的棒。接棒一代的時代心態會決定他們反應，而這代人的心態也會在 2040 年代（20 歲前後）成形。因此，2040－2050 是個關鍵的觀察時刻（世紀一代交棒，接棒一代成形）。那時，全球資本的去或留也應完全曝光了，世界新秩序會出現，關鍵是新秩序會是從和平中來臨還是在暴力中產生？

（3）美國與伊斯蘭的糾纏

經 20 年的反恐、防恐，美國與伊斯蘭的糾纏非但沒有結束而且會越來越棘手，是個流血不能止的惡瘤。未來，伊斯蘭與美國（伊斯蘭眼中的全球資本代言人和打手）的衝突會有增無減。

好戰伊斯蘭得以全球擴散也要「歸功」美式文明全球化和資本全球化。何解？伊斯蘭對美式自由、人權反感至極。美國雖然天生孤立，但自

從全球資本附了身，就被全球資本牽着鼻子到處去保護資本與推廣資本。在這個過程中，世人再分不開美式的自由、人權與資本的賺錢、享受。美式自由、人權是資本賺錢、享受的保障；資本的賺錢、享受是美式自由、人權的實現。

這是個雙刃劍的組合，它越成功就越刺激伊斯蘭極端分子反美國、反資本；但又同時越削弱伊斯蘭國家政府的力量去壓制反美國、反資本的伊斯蘭極端分子。會是這樣子的。

一般來說，伊斯蘭國家的政府是比較「極權」（寧枉勿縱）。但有些統治精英或想追求西方援助、投資，或真正被自由、人權吸引，走向「開明」（寧縱勿枉）之路：放寬政治與道德準繩、減輕法律和暴力約制。但歷史顯示，「開明」往往帶來道德敗壞（起碼從保守人士看是如此）和褻瀆宗教（起碼從虔敬教徒看是如此），使極端分子更理直氣壯地反資本、反美國，並以此吸引更多人來歸附。與此同時，政府開明會給極端分子有更大的空間去鞏固和發展自身力量，因為政府是進退兩難：禁制極端分子就招國人之怒，禁制開明分子就招美國之怒，兩面都禁會被由美國帶頭的國際社會重新打回「極權」。非但如此，反美國、反資本的極端分子會更理直氣壯地反這個「無能」、「無恥」的開明政府。從美國的角度去看，反美的恐怖行動，就算是來自開明伊斯蘭國家的好戰分子，都一定要暴力對待，而美國的暴力往往不分（難分）打的是恐怖分子、包庇恐怖分子的政府、支持恐怖的同情分子，還是完全無辜的老百姓。恐怖與反恐遂造成無休止的惡性循環。

當然，除了伊斯蘭以外，美國的「對手」仍很多。首先是俄羅斯。蘇聯解體後的歷史可看出幾點[④]：(i)俄羅斯從未離開它的國家利益和盟友，雖然姿態有軟有硬，但都只是戰術性的取捨。美國就經常搖擺，尤其是奧巴馬的表現更是失措。特朗普的言行可形容為不可捉摸，也可能是戰術，但美國的盟友就無所適從了。(ii)俄羅斯野心主要在歐洲和中東，也就是它的軍事和經濟命脈所在。在亞洲方面未有跡象要展開拳腳，這可能跟

宗教有關。它是正教，影響範圍是南歐和中東，在那裡它會有老大哥意識（就像一戰前它站在塞爾維亞一方），在中東的動作主要是保住南疆。（iii）美與俄是罵戰而不是開戰。俄羅斯比較深謀遠慮，從長遠來算，美國 4 年一任的總統就只看眼前，但願美國不失措。

美國與印度的關係也有啟發。從印度立國至今的歷史看出以下[⑤]：（i）巴基斯坦是「世仇」，任何對巴基斯坦示好的國家它都不滿。（ii）美國對印度的民主有好感，特別鼓勵印度圍堵蘇聯和中國，而印度對中國的發展會有妒意和忌意，願意與美國苟合。（iii）印度內部政治複雜，很難有全民共識的局面。為此，印度只是個地區性的力量，沒有霸權野心和力量。

日本又如何？日本與美國的關係相當微妙[⑥]：（i）日本越來越想擺脫美國的支配，但又想得到美國的保護。（ii）美日聯盟有「美國制約日本軍事野心」的作用。（iii）日本從軍國主義走上和平主義是因為二戰的教訓。但戰後一代已過，新一代沒有直接的記憶，軍力的發展將是日本未來的轉折點。這使我想起約十年前我跟日本駐加拿大大使的一段談話（這十幾年我辦了一個大使論壇，每年開幾次研討會，我又私下逐一拜訪他們），提到日本要做一個正常國家，包括有自己的軍隊，他說：「這是合理不過的事，但我最難說服的是我的媽媽！」

無論是甚麼國家，跟美國同樣走資本主義方向的，從美國的觀點去看是爭資源、爭市場，威脅美國經濟利益；不跟美國走資本主義方向的，從美國觀點去看是爭意識形態、爭粉絲擁戴，威脅美國的霸主地位。少數意識重的美國性格需要安全感，一方面容易感到別人威脅，另一方面不能容忍別人威脅。但是在資本全球化與美式文明全球化已經完全捆在一起的局面下，美國不斷地為自己製造「敵人」。

令人不禁想起西方現代第一個霸權 —— 西班牙（見《西方文明的文化基因》第九章，「宗教政治化的歐洲大混亂：西班牙帝國的盛衰與國家理念的抬頭」）。1619 年，西班牙與神聖羅馬帝國共歸查理士五世，是霸業開始。那時，宗教改革也剛上路，西班牙以維護歐洲天主教大一統為使

命，當然也包括控制當時全球的資源。1568 年，西班牙屬地，也是激進新教分子集中地的荷蘭鬧獨立，西班牙大力鎮壓，開啟西荷「八十年戰爭」。大軍壓境，南部屈服，北部頑抗，於 1581 年成立共和，並往海外發展，搶奪西班牙帝國的海外資源和市場。西班牙陸軍世上無雙，但荷蘭不斷與之纏鬥，並支助其他挑戰西班牙的國家。到 1609 年，雙方都有倦意，叫停 12 年，但到 1615 年戰火再起，到 1618 年更捲入全歐，開啟全球性的 30 年戰爭。初時，法國置身事外，但支助抗西的各國。西班牙仍節節勝利，但因多次國家面臨破產而未能徹底消滅敵方。到 1635 年，法國恐怕西班牙功成之日會轉過來全力對付自己（雖然法國也屬天主教），遂正式加入戰團。

1643 年，法國向西屬荷蘭發動攻勢，被西班牙精銳擊退。那時，路易十三剛逝，新立的路易十四只有五歲[⑦]。在母后攝政，名相馬塞林（Mazarin）樞機主教扶助下，決定不改國策，仍要與西班牙抗衡。西班牙遂決定在法國東北與西屬荷蘭接壤處發動攻勢，直指羅克魯瓦堡（Rocroi，是法軍補給重點，只有幾百守軍）。援軍趕到，改守為攻，保衛戰變陣地戰。這是 5 月 19 日，路易十四登位才 5 天。雙方軍力相若。西班牙陸軍的團型方陣把步兵集結，緊密隊型，一向攻無不克。但法方用炮轟，隊型越緊密，死傷越大。西班牙最精銳部隊被擊潰了，但法國仍沒有足夠力量攻入荷蘭，雙方勢成拉鋸。這一仗的意義重大，西班牙陸軍精銳被擊潰使法國軍威大振[⑧]，再加上是新王登基，被視為國運吉祥之兆，各國紛紛來歸附。到 1648 年，西班牙也知大勢不可擋，遂與各國達成著名的《威斯特伐利亞和約》，「主權國」（sovereign state）的理念正式誕生，成為現代國際秩序的基礎。至於法國與西班牙的戰爭則仍繼續到 1659 年的《比利牛斯條約》（Treaty of Pyrenees），西班牙認輸才結束。

比較一下昨日的荷蘭與西班牙的瓜葛和今天的伊斯蘭與美國的糾纏。

（i）昨天，西班牙代表天主教會和殖民擴張，荷蘭代表反天主教會和反殖民壟斷。今天，美國代表美式文明和資本擴張，伊斯蘭

代表反美國文明和反被資本剝削。都是文化（宗教）之爭、經濟之爭。區別是伊斯蘭會更着意文化（宗教）的衝突。

（ii）西班牙視荷蘭為屬地，不容造反。二戰前美國（西方）視伊斯蘭國家為經濟屬地，現今仍有這種心態。

（iii）西班牙與荷蘭打了 50 年，才轉為全歐的 30 年戰爭。巴勒斯坦問題滋生了「好戰伊斯蘭」，他們與美國為敵是在冷戰結束，蘇聯解體，再沒有人替他們討回公道後才開始的，也就是 1990 年之後。相信也會有幾十年的纏鬥，直到有其他對美國不滿（可能是經濟，可能是意識形態）的國家或群體加入，擴大衝突。其中一個觸發點可能是當全球資本離棄美國，世界秩序需要重整的一刻。

（iv）西班牙被荷蘭長年之爭弄得筋疲力盡，甚至幾次破產。美國的反恐、防恐，恐怕也是無底深淵。

再來看看取代西班牙的法國。

（i）它置身事內、明哲保身，直到國力強大，並被直接威脅才出手。

（ii）它雖屬天主教，但不與天主教的西班牙結盟。反而暗助新教的荷蘭，也就是聚焦國家利益，不談意識形態。

（iii）羅克魯瓦一役，它取勝不在軍事科技創新，而在利用敵人暴露的弱點。

這些都是值得借鑑的。

可以小結一下：時間表是沒有的，關鍵時刻或可有。

（i）全球資本的「去意」。當美國總統是一任替換、當總統與國會經常對立、當總統與屬黨不斷爭吵，就是時候了。

（ii）美國對中國的「敵意」。全球資本的去意會觸發美國被搶的怨怒，特別是把中國看成「情敵」。怨怒程度和反應力度會受時

代心態影響。世紀一代將會把持美國未來的 30－40 年，相信會因循下去。但到他們交棒時會是個怎樣的美國？接棒一代的心態又會怎樣？2040－2050 年代會見端倪。

（iii） 美國的「戰意」。伊斯蘭與美國的關係至為關鍵，它們的結不能解決，只能了決，跟 16－17 世紀西班牙與荷蘭的纏鬥有很多類似。這種「文明的衝突」不會是短期的事，全球資本捨棄美國之日可能就是觸發美國與伊斯蘭了結之時。

「知己知彼，百戰不殆」。我用文化基因法去推西方文明的軌跡，是知彼，探他們的虛實。但如果不知己，也是枉然。我們的中庸、大我和性善或可彌補他們的極端、小我和性惡。但不知道中華文化中還剩下多少的中庸、大我和性善。它們是中華文化的基本屬性，還是時代性的偶然產品？它們的底下還有更基礎的東西嗎？

我把文明定性為現象（隨着人、事、時、空而改變），把文明現象演繹為文化的體現，把文化定義為宇宙觀、倫理觀和社會觀，而宇宙觀、倫理觀與社會觀的基礎砌塊，我稱之為文化基因。中華文化肯定與西方不同，中華文化的基因也會與西方不同。要找出中華文化的基因才可以解釋中華文明的現象和變化，才可以掌握自己的命運。

先談談我是怎樣去找西方文化基因的。正如笛卡兒在《談談方法》裡這樣說：「我發表這著作只是作為一個歷史……你在其中或可發現一些值得模仿的東西；若是你同時發現一些不應該跟從的東西，也不應怪責我。希望我的奉獻對某些人會有用，對任何人無損，而所有人亦會同意我是坦誠的。」

當初離開香港去西方求學是抱「洋為中用」的心態，但很快就感覺到洋不能中用，就算洋為洋用也好像有問題。我「以水為法」。我是水，水本身沒有形狀，有的是容器的形狀。幾十年來我把西方視為我的容器，儘量投身其中，除教研外還參與政治和社會工作，通過體驗去探索這個容器的形狀、材料、設計。30 多年之後才決定整理自己的觀察與反思，寫出

《西方文明的文化基因》。

原先，我以為自由、民主、法治、人權之類就是他們的文化基因。但越鑽研下去，越發覺有更基礎的東西。我沒有學術、感情和意識形態的包袱。在學術上我是建築與城市規劃專業，對政治、經濟、社會等學科也有涉獵，但沒有學術門派之間誰對誰錯、「文人相輕」的包袱。對中國我有血濃於水的直覺，對西方我有多年棲身的感情，我沒有重洋或輕洋的包袱。但初衷從未有變：求中華民族的福祉。可是，我不認為中華福祉要建築在西方的殘垣之上；中國崛起不應是因為西方衰敗。中國不是壓倒人家，是帶領人家。這樣才是人類共同體的真義，才可以長久，才是中華的使命與責任。所以我沒有意識形態的包袱。

可以說，在發掘的歷程中，我抱着中肯的原則、尊重的態度，有出乎意料的發現。原來有比自由、民主、法治、人權更深層次的東西 —— 就是真、唯一、個人、泛人。這個意外特別使我欣慰。因為我可以說是在沒有成見和偏見下找到了西方文明的文化基因。當然，這些是不是真的基因，是不是只有 4 個，甚至西方文化有沒有基因，都可以有不同意見。但對我來說，我為自己打開了探索「洋為洋用」的大門了。

2014 年出書，讀者的反應加強了我的信心。很自然地想，如果從西方文明史找到了西方文化基因，這些基因是否可以用來解釋西方所有的文明現象；如果可以解釋所有的文明現象，是否可以用來推斷未來。「文化基因法」之念遂生。

其實，在《西方文明的文化基因》中，我已經不自覺地踏上「文化基因法」之途。我那時已經指出，文明現象由 5 個元素構成：文化基因是主料，但還要加上民族性格、時代心態、歷史背景和關鍵人事。很自然地，我問自己，這些元素可以不可以打造成一套「法」？

於是，我用法國大革命走上恐怖的史實為素材去研究這些因素的因果邏輯和運作規律，得出以下：文化基因會以不同形態現身（個人基因的正面形態是自立、自足、自尊，負面形態是逞強、自私、倨傲；泛人基因的

正面形態是平等、憫人、團結，負面形態是失序、姑息、苟合）；基因形態可以通過不同的組合衍生出不同的文明現象，文明現象的變化其實是文化基因形態組合的變化；這些變化是由民族性格、時代心態、歷史背景和關鍵人事刺激和牽動的；牽動的力度和方向與變化的軌跡之間有一定的因果邏輯。我就是用這些發現去打造文化基因法的架構和運作規律。

這套文化基因法是從法國大革命的史實演繹出來，是事後演繹。它能否用來做事前推斷？我用工業革命在英國成功過渡而未有動搖國本為案例，用工業革命剛起步時已知的英國文化基因組合，加上英國的民族性格、時代心態、歷史背景（關鍵人事未知，例如法國大革命、拿破崙稱霸）去推其後幾十年英國文明的軌跡，相當準確。我就決定用這法去推美國（作為英語文明和西方文明的代表）的未來，聚焦於全球資本文明與美國文明的相生、相剋。

上面我說，「知己知彼，百戰不殆」，現在要改口。「百戰不殆」有對打的意識，要分勝敗，一方慘敗，另一方也可能是慘勝，從人類文明史裡看，更往往是兩敗俱傷。我想把對打改為共舞，把對手改為舞伴。跳舞是有帶的、有跟的。帶得好、跟得好，才是跳得好。尤其是帶的，他要摸通舞伴 —— 知道舞伴的性格；他要引導舞伴 —— 帶出舞伴的反應。當然，他要知道他想跳的是甚麼舞，並且要有能力帶領他的舞伴，這樣，兩個人跳起來是一體。這可以比擬為人類共同體的實踐。

文化基因法幫助我們了解西方（知彼），它可否幫助我們認識自己（知己）？我辨出西方文化有極端、小我、性惡傾向，我認為中庸、大我、性善可以彌補。但怎知道這些就是中華文化？有關中華文化，我絕對沒有「資格」提意見，因為我沒有作過系統的、深入的觀察和反思。但我研究西方文明所用的方法或者有參考作用。

我是以宇宙觀、倫理觀、社會觀定義文化。這「三觀」是有先後的。在西方人的文化中，宇宙觀支配倫理觀，倫理觀支配社會觀。也就是格物、致知支配修身，修身支配齊家、治國。這是因為他們是求真的文化，

而宇宙的「真」是一切的基礎。他們的「善」是以「真」來定義的。真就是善，不真就是不善。宇宙的真定義倫理的真，倫理的真定義社會的真。那麼，倫理的善來自它的真，它的真來自反映宇宙的真；社會的善來自它的真，它的真來自反映倫理的真。一切以宇宙的真為基礎，這個求真的文化使西方人很自然地聚焦於唯一真理的交叉，也就是信仰與理性的交叉。現代前的信仰與理性統一，現代後的宗教（萎縮了的信仰）與科學（萎縮了的理性）衝突，同出一源。

我對中華文化只有膚淺的認識，但我有一個「感覺」（可能是因為我有中華文化的「血統」）—— 中華文化可能是個求善的文化。為此，三觀的次序可能是西方三觀的倒過來。先是社會觀 —— 社會的「善」是一切的基礎。社會觀支配倫理觀 —— 個人的善是以個人對社會的善的貢獻而定義。最後是宇宙觀，抱着存疑的態度（「敬鬼神而遠之」），甚至視為無關重要（「未知生，焉知死」）。

一個念頭總是牢牢地吸引住我。各家學說，尤其是儒、釋、道，都說它代表中國文化的精髓，但我認為不可能從任何一家的身上找到中華文化的基因。我們會找到儒家文化的基因、佛教文化的基因、道家文化的基因，但不會是中華文化的基因（雖然儒家或會比較接近）。我找西方文明的文化基因是從他們的信仰與理性的交叉點入手的。從發現他們的信仰是追求唯一真神、他們的理性是追求唯一真理，進而悟出唯一真神與唯一真理的交叉在真、唯一真。這個共性才是基因所在。中華文化的基因也許要從某些「交叉」處找。哪處？

中華文化中的善有三個層次：國、家、個人（宇宙的善是存疑）。中間是「家」。從家入手會不會幫助我們找出國、家、個人的共性？家的善上達於國（善家組成善國），⑨ 下及於個人（善家培養善人）。⑩「積善之家」是中國人的「理想家」，這雖然並未有定義善，但強調家是積善的地方。那麼，家不就是觀察善的實踐、發掘善的定義的好地方？

家的善怎樣去找？中國人的名字跟西方人不一樣，西方人有「教名」

（Christian name），家長以宗教聖人的名字為孩子命名，作為孩子成長的佑護或榜樣（雖然現在很多人已經沒有這些意識，但大多的名字仍是來自宗教）。中國家長（包括族長）為出生孩子命名是絕對有意義的（就算按族譜排名，家長也得加上一個字）。這些字代表中國人對下一代的期待、勉勵、告誡、祝福。這個傳統古老得很（有時除了出生的名字，還會在成人時起個「大名」），很反映中國人對善的看法。還有，家書、格言等都有類似的意識。這些就是中國人對善的共識的庫存，我們或可以從這裡牽出中華文化基因的線頭。不妨一試。

從基因到基因法還很遠。打造這個法有若干考慮。首先，基因不能太多，也不應太多。動物基因只有 A、C、G、T 4 個蛋白素，經過雙螺旋的組合（是人類最偉大的發現之一）產生出整個動物世界。我只用兩個基因，個人、泛人，就演化出了 48 個基本的文明現象。這兩個基因更有足夠的潛力，通過細化、深化去開發出千百種細微和曲折的文明現象。很夠用了。

我們不可能，也不需要太多的基因。我們追求的是輪廓，不是高清畫面。只要足夠清楚、足夠全面去讓我們辨認輪廓，追蹤軌跡，掌握抓手就夠了。變數不斷增加，分析的邊際效應會不斷下降，最後引發「分析癱瘓」（analysis paralysis），不如不做。而且，現實世界裡，人、事、時、空瞬息萬變，我們的腦袋（甚至加上人工智能）也處理不來。三幾個相對準確和到位（相對於要處理的問題）的變數足矣。

基因找到了，還要演繹基因的形態，就是基因如何現身。看得見的文明現象（可以是硬件，例如大樓、馬路、廟堂、學校等等；可以是軟件，例如政治制度、經濟結構以至宗教儀式、交通守則等等）是看不見的文化（基因）的體現，一個文化基因可以用不同的形態現身。我的突破是從「中性」的基因（也就是沒有好壞之分）去衍生「非中性」的形態（有好壞之別）。例如，中性的個人基因可以現身為正面的自立、自足、自尊，負面（正面的扭曲）的逞強、自私、倨傲。自立與逞強、自足與自私、自尊與

倨傲，是不同，甚至矛盾的形態，但都可以追蹤到「個人」。在某種意義上，基因與形態的關係是統一中的多元（包括表面上的矛盾）。我是先找到基因，然後加以解剖，梳理出它的各種形態，因此是演繹法。但我相信也可以從形態出發去找它們的共性，用的會是歸納法。我絕對相信可以通過觀察一個文明的宇宙觀、倫理觀、社會觀的種種形態，去辨認出底下的基因。

　　文化基因法的一個基礎假設是文明現象的變化反映現象底下文化基因組合的變化，而這些變化是有邏輯和規律的：變化是由變化因素刺激和牽動文化基因的組合而產生的。這些變化因素的力度和方向決定文明變化的軌跡（但不能越出文化基因組合的極限）。我提出了三條規律：距離律、重疊律、轉移律。驗證顯示他們夠用了。我相信，在建構中國的文化基因法時也無需用太多的規律，我的三條也許合用和足夠。

　　我用了 4 個文明變化因素：民族性格、時代心態、歷史背景、關鍵人事。此中，以民族性格最要掌握，但也是最難摸通。沒有人想「發現」自己民族有不良性格（雖然文化性格是沒有「良」與「不良」），這種心理會影響研究者的中肯，我建議最好由外人去找。在某種程度上我是從「外人」的角度去看西方，往往比西方人看得清楚。但我是「以水為法」，並沒有（或者很少）學術、感情和意識形態包袱。如果沒有合適的外國人去研究中華性格，中國人自己去做就要不時警惕，保持中肯。

　　過去，不少中國學者討論中國的民族性格。我曾讀過林語堂的《吾土吾民》，列舉多條中華民族的性格特徵。這些純觀察的研究只可以作為起點，我們要特別關注的是不同表面性格底下的共性。例如，上面我談到美國南方人有禮和粗暴，這兩個表現矛盾的性格統一在他們的「榮譽感」之內。相對於有禮和粗暴，榮譽感是更深層次的認識。如果你認為美國南方人同時是有禮和粗暴，你和他交往就不知所措。但如果你認識到他的有禮與粗暴性格都是來自同一的榮譽感性格，你就更了解他、更懂得怎樣與他交往。辨認中國的民族性格也需如此。

　　再回到時間表，再用跳舞做比擬。帶跳的要決定跳甚麼舞，全球資本的舞還是生態文明的舞？甚麼調子，中庸還是極端？甚麼步法，性善還是性惡？甚麼節奏，大我還是小我？這些選擇一定要符合中國的文化基因，才可以水到渠成，不然只是張冠李戴，不倫不類。我們需要一套合理、有用和好用 ⑪ 的文化基因法，去幫助我們認識自己的文化基因，並按此去選擇跳甚麼舞，這才是順理成章。知道了要跳甚麼舞，還得要知道怎樣去帶領舞伴，要腰力、手力、腿力？文化基因法可以幫助我們從我們的民族性格、時代心態、歷史背景中找最有力的抓手去發展我們的文明，發揮最大的魅力、最強的威力去帶領世界。這些魅力和威力可以從歷史中辨認出來，也可以按自己的文化基因打造出來，這才會事半功倍。

　　中國要崛起，就要認清時代心態 —— 美國的和中國的。美國的世紀一代將會支配美國的未來，直到 2040 年代。他們因循，不會有大作為；美國國力會繼續下降，社會凝聚力與經濟生命力都走下坡；全球資本的去意會漸露。這一代的懶惰和沮喪會使美國的內政與外交難關重重，這將是美國的逆轉期，或可稱轉逆期，每況愈下。到 2040 年代開始，他們子女一代接棒，會支配美國到 2070–2080 年。他們接到的會是一個被全球資本榨乾的褪色帝國，軍事力量後面的經濟實力趨弱。這一代的心態會是充滿恐懼和憤怒的，但美國人的少數意識和驕傲感會使他們往往失措，人類將要面對一個孤立和易爭的美國。全球資本的去意會使美國對世界，尤其是伊斯蘭和中國，更有敵意和戰意。

　　到那時，中國 80 後一代（相對應美國的世紀一代，在 1981–1996 年出生）的時刻也要過去了。但從現今到那刻，他們有重大的歷史使命：為中國的未來做壯本培元的準備工作。他們會把中國帶到甚麼地方（這關係中國的未來）、把下一代培養成甚麼樣子（這關係中國未來的未來）？這些，要由這一代建設完成。80 後一代可否承擔起這兩個使命？如果國運昌隆，他們在黃金的晚年會看到中國石破天驚，看到他們的子女（2015–2035 年出生）從 2050 年代開始帶領全球，跳出生態文明的妙舞。

　　80後的一代人在未來的20－30年內要實事求是、兢兢業業，不好高騖遠、不惹是生非。今天海外華僑把中國遊客叫做患「大頭症」的「強國人」，因為很多中國人認為已經追上了美國，甚至若干地方超過了美國。一百多年的仰人鼻息，今天要吐氣揚眉，是可以理解，但財大氣粗、到處招搖則是極短視和危險的。短視是他們在全球資本下拿到點小利就以為全球資本可託終身；危險是他們輕視了和挑釁了具有深厚經濟潛力和龐大軍事實力的美國，以至整個西方。為政者有沒有智慧和魄力去激發這一代人，為國家福祉、子女前途，從高調的、過度的物資追求轉向低調的、適度的自我保存和與人共存的平衡？這將是人類共同體生態文明之所繫。

　　要人人低頭的全球霸主是不可能的事，使人人仰視的全球盟主是完全可能的事。世界文明是多元的，但人類理性是共通的，自我保存和與人共存平衡的自然法則存於所有人的心裡，可以作為每一個人、每一個主權國，在處理人與人、國與國的關係上的導航。盟主的使命和責任就是設計導航系統、發揮導航作用，以實力為後盾、以服務為宗旨、以整體為原則，以身作則、暮鼓晨鐘、排難解紛，有需要時緩危解困、有必要時撥亂反正。

　　不禁想起「九合諸侯，一匡天下」，「合」需要魅力，「匡」需要實力。有魅力、有實力，是偉大。「一匡天下，不以兵車」，有實力而不用暴力，更偉大。

註

① 支持他的選民不一定支持共和黨，反映權力苟合的複雜和沒有原則。

② 美國總統只可做兩任，而且是定期選舉。因此，一上任就考慮連任，第一任內的所為都是為連任鋪路，也就是討好選民。如果不能連任可能有兩個原因：(i)原先支持他的選民放棄了他；(ii)反對他的選民增加了實力。這些都顯示政治氣候出了大變化，如果成為一種常態，就代表政局搖擺不定，每一任總統的政令都會被下一任總統否定。非但浪費，更是不利資本自由運作。

③ 老布殊不能連任，被克林頓滅了。小布殊以負票數登上寶座，如果不是遇上9‧11，也極有可能不能連任。特朗普也是負票數當選，上場以來時刻有被彈劾的危險。要注意，他們都是共和黨。現今美國大勢是經濟自由、道德自由，這些都是全球資本的氧氣。從前，共和黨是經濟自由、道德保守，民主黨是經濟公平、道德開放，二者對全球資本都有不同貢獻，或可以說是不同克制。克林頓以後，經濟自由與道德自由都由民主黨包攬了，共和黨成為「反動」（尤其是在社會道德的層面上）。所以，未來的總統寶座可能是兩屆歸「主流」的民主黨、一屆屬「反主流」的共和黨。扭轉乾坤的會是極少數的極端分子，尤其是被全球資本遺棄的低層勞工和被全球資本否定的保守分子。這些「進步」與「反動」會使美國癱瘓。

④ 1991年12月25日，蘇聯解體。當時葉利欽曾想藉助美國幫助經濟改革。1993年克林頓就任，他想擴充北大西洋公約去維穩，俄羅斯感到威脅。但克林頓懂遷就葉利欽，終把匈牙利、波蘭和捷克引入北約。葉利欽要克林頓同意不引入波羅的海三小國，克林頓拒絕，但他又同時經濟援助俄羅斯並暗助葉利欽連任（主要是派遣傳媒和公關專家助選）。1990年代，老布殊和克林頓都與葉利欽維持良好關係，包括在1993年簽軍備約束條約（START II）。1990年代末期，關係開始惡化，因為北約繼續往東擴展。那時，俄羅斯正在車臣用兵，克林頓批評，葉利欽反斥（他在1999年12月訪華時說：「我們會按我們和江澤民同意的方向行事。我們會決定我們的行動，不單是克林頓。」）。

1999年底，普京就職代理總統，就開始與小布殊不和。普京是獨行獨斷，小布殊在9‧11之後也是強勢姿態。首先，俄方不滿美方退出反導彈飛彈條約，更強烈反對美國在2003年入侵伊拉克。俄方也不滿2003年美國鼓勵格魯吉亞反俄的「玫瑰革命」和2004年烏克蘭的「橙色革命」。到2007年，美國更要在波蘭部署飛彈，直接威脅俄羅斯。普京警告，指出歐洲成為新「火藥庫」，並揚言俄羅斯也要把飛彈對準波蘭和捷克。

2007年10月，普京訪伊朗，相討協助發展核電。小布殊說：「如果你不想第三次世界大戰就不要給他們做核武器的知識。」普京馬上回應，形容美國在俄羅斯邊境上裝飛彈就像當年蘇聯在古巴裝飛彈。整個2008年就是互相恐嚇。到2008年11月，奧巴馬當選（未上任）後一天，俄羅斯宣佈如果美國在波蘭裝飛彈，俄方也會裝置。

奧巴馬以與羅俄斯修和為己任，要「重新來過」（restart。2009年3月，國務卿希拉里‧克林頓與俄外長舉行了一個「重新來過」的按鈕儀式，可惜美外交部擺了個烏龍，「重新來過」翻譯為俄文「負荷過重」［overload］，啼笑皆非）。2009年7月，奧巴馬訪莫斯科，強調美俄合作。但副總統喬‧拜登（Joe Biden）卻發出不同聲音，聲言俄羅斯國勢日降，宜向西方作更多讓步。

2011年3月，拜登再訪俄，重申美國會助俄羅斯加入世貿，但又同時會見俄羅斯的異見人士和人權分子，並暗示如果俄羅斯要有好日子普京就不應再競選總統（在2008年前，普京是總統，從2008年到2012年他的親信梅德韋傑夫是總統，但作為總理的普京掌權）。2011年11月，俄國議會大選，全國騷亂，普京指美國搞鬼。奧巴馬的「重新來過」算是草草收場。從2012年開始，互相不信任和恐懼成為「新常態」。普京要集中權力、重整俄羅斯為超級強國，並製造北約分裂。

敘利亞內戰是奧巴馬炮製的「阿拉伯之春」的衍生品，從 2011 年 3 月開始打。2012 年 8 月 20 日，奧巴馬聲稱敘利亞總統阿薩德（Bashar al-Assad）用化學武器殺害國民，因此劃下「紅線」（red-line），言下之意就是越過界線就要動武。但他聲大手軟，在 2013 年 9 月，美俄同意把敘利亞化學武器移交國際監管和毀滅。美國國內和盟友都指奧巴馬先硬後軟，不可信。稍後，奧巴馬甚至感謝普京幫手，約束了伊朗發展核武器（2015 年 7 月簽約，日後特朗普一上台就撕毀合約）。

總地來說，2012 年到 2015 年期間（奧巴馬任內）美俄雙方互擺姿態，一陣是飛機越境，一陣是調兵遣將。有兩件比較大的事情。愛德華‧斯諾登（Edward Snowden，1983－）是中情局雇員，私下搜集幾十萬頁秘密文件，在網上曝光。美方通緝。他先逃香港，再轉俄羅斯要求政治庇護，令美國政府非常困窘。更嚴重的是烏克蘭在 2014 年 2 月鬧政變，親俄的總統被逐，俄指政變完全是美國在後面擺佈，俄方以護僑和保衛黑海艦隊為理由，割佔克里米亞半島。到 3 月，奧巴馬還說不會用兵，因為問題不大，俄羅斯只是個「地區性的力量」（regional power）而已。之後，不斷以外交和經濟制裁去懲治俄羅斯，俄方指他在打新冷戰。從 2014 年到 2016 年先後 6 度制裁，但卻好像沒有大作用（起碼看不出來）。

上面說了，奧巴馬在 2017 年 8 月發出「紅線」警告，被俄方巧妙地以國際監管化解了。美國是支持反阿薩德的一方。到 2015 年下半期，阿薩德看來支撐不住了。俄羅斯就在 9 月 30 日宣布空軍介入，並「邀請」美國參與，去維持和平，美國當然不理。俄方一加入，阿薩德方就節節勝利。和解更加無望，因為美國堅持以阿薩德下台為先決條件。

2016 年美國大選，民主黨和傳媒大唱俄羅斯網絡攻擊，意圖左右結果，共和黨的特朗普被打為親俄。2016 年 11 月，特朗普當選（未上任），俄方指責奧巴馬政府意圖破壞美俄關係，使俄方難與新總統修好。12 月，奧巴馬（仍是總統）下令搜集俄方干擾大選的證據。

特朗普 2017 年 1 月上任一週就與普京電話長談 50 分鐘，意圖修好。但美國軍方在 2017 年 3 月公開俄方部署飛彈，稍後美國再施經濟制裁。4 月 7 日，美方巡航飛彈襲俄軍駐紮的敘利亞基地。俄方警告臨近開戰邊沿。

2017 年 7 月 6 日，特朗普在波蘭演說，促俄停止支持敘利亞和伊朗。第二天他與普京會面，稱此為「榮譽」。話是這樣說，但在 7 月和 8 月雙方互相趕走對方的外交人員。8 月 2 日特朗普又簽禁制方案。俄方指這是美俄全面商戰。但特朗普也奇怪地說，簽了法案不代表他會實行法案（也就是留有餘地）。到 2017 年底，特朗普政府直指俄羅斯（和中國）是美國對手。有人說特朗普上任一年來的強硬超過奧巴馬的 8 年。2018 年 4 月，美國火箭襲敘利亞，俄恐嚇如此下去，俄羅斯會襲擊美國軍事措施。但到 6 月，特朗普又呼籲准許俄羅斯重新加入 G-7（2014 年攻佔克里米亞時被逐出）。7 月 6 日，兩人在赫爾辛基正式見面，但特朗普被國會議員和前情報人員批評，說他是站在普京一方，無視俄方在 2016 年網絡攻擊美國的證據，說他軟弱。

⑤ 美國對印度的關注始於二戰期間的「中國、緬甸、印度戰場」理念，數以萬計的美兵駐在那裡。那時，羅斯福主張印度獨立（部分理由是反殖民原則，但也考慮美國未來在該地區的發展和勢力擴充）。邱吉爾當然堅決反對，甚至恐嚇要與美國拆夥。

杜魯門時代，在印度與巴基斯坦之間美國是偏印度的。但冷戰期間，尼赫魯的中立令美國不滿，雖仍保持關係。尼赫魯仍不肯跟美國走。印度獨立（1947 年）後十多年，美國對印度提供的外援高於蘇聯，但蘇聯為印度搞開發。1959 年，艾森豪是頭一個訪印的美國總統，表示大力支持，尤其是在中印問題上。甘迺迪更把印度看做「戰略夥伴」，去平衡中國在該地區的威脅。在 1962 年的中印戰事上美國完全站在印方，並空運軍火和派遣航母。

甘迺迪在 1963 年遇刺，之後印美關係漸走下坡。1966 年，尼赫魯逝世，女兒甘地夫人（Indira Gandhi，任期 1966−1977，1980−1984）繼任總理，她傾向蘇聯。約翰遜轉過來拉攏巴基斯坦，給與大量經濟和軍事援助去抵消蘇聯在南亞的影響（也是他訪華的原因之一）。在 1971 年的印巴戰爭中，美國完全站在巴方，並派航母支持西巴（巴基斯坦在 1971 年前是分東巴和西巴，1971 年之後東巴獨立，成為孟加拉，印度極力支持孟加拉獨立）。到 1974 年，印度試爆首枚核彈，美國更加不滿。

1977 年印度政向大變，由執政多年的「國會黨」（Congress Party）分裂出來的「人民黨」（Janata Party）掌權，德賽（Morarji Desai）為總理。他是和平主義者，美印關係轉好。雖然到 1980 後，甘地夫人重掌政權，關係仍保持。印度不支持美國介入阿富汗（1979 年到 1989 年蘇聯佔領），但列根仍援助印度。

由人民黨衍生出的右傾「國家民主聯盟」（National Democratic Alliance，簡稱 NDA）在 1998 年掌權，由瓦傑帕伊（Atal Bihari Vajpayee）任總理。印度核試，克林頓施極嚴厲經濟制裁。但制裁無效，因為印度經濟起飛，與美國貿易只佔 GDP 小部分。那時，只有日本與美國共同進退，其他國家照做生意。克林頓很快就解除制裁，雙方修好。

到 20 世紀，印度再度成為美外交核心之一。2000 年 3 月，克林頓訪印，除經濟外互相加強科技合作。小布殊想約制印度核武器發展，印方同意國際監察但拒絕放棄庫藏核武器。2001 年 9．11 事件後印度大力協助美國保衛蘇彝士運河到新加坡的印度洋航道。2001 年，美國決定給與巴基斯坦「非北約重要盟友」（Major Non-NATO Ally，簡稱 MNNA）身份，又同時給與印度，印度拒絕。

小布殊時代，美印關係更好，主要在防恐（伊斯蘭）、能源安全、氣候變化。有評論家指小布殊是最親印度的美國總統。2004 年之後，美印已是「戰略夥伴」。（印裔美國人是美國國會議員中最大族裔。）2005 年，雙方簽《開放天空》（Open Skies）協定，推進貿易、旅遊。2006 年 3 月，小布殊訪印。奧巴馬上任，更大賣軍火（成為印度第三大供應方，次於以色列和俄羅斯）。2010 年 11 月，奧巴馬又訪印，在印度國會演講，並説支持印度坐上聯合國安全理事會永久委員席。

但印度也在變，中產階層激增，改變政治局面。2013 年印度抗議美國竊聽印度駐紐約聯合國辦事處和駐華盛頓使館，以及刺探總理莫迪（Narendra Modi，任期 2014−）秘密。印度並決定監管美國在印度的「非政府組織」，包括人道救濟和協助發展的組織。更嚴重的是，印度不滿美國的巴基斯坦政策和阿富汗塔利班政策，特別是美方把喀什米爾地區的印巴問題牽入巴基斯坦的內部不穩問題。2008 年，孟買恐襲後（11 月 26−29 日，死 166 人），印度政府在國內有大壓力要去追捕恐怖分子。在 2009 年 5 月的大選中，印度往右轉。2009 年，

印度拒絕美方邀請參加阿富汗問題研討會，美印雙方在地區問題上有很大分歧，特別是印度與伊朗、俄羅斯發展良好關係。

雙方在 2010 年重開「戰略對話」（小布殊時代建立）。美方強調印度是個「不可替代和可靠的朋友」，對話宣言指定 10 項合作（全球安全和反恐、裁軍和制止核擴散、經濟與貿易、高科技、能源安全與氣候變化、農業、教育、健康、科技、發展）。2010 年 11 月，奧巴馬訪印，是尼克遜以來另一個在首任內訪印的總統，也是艾森豪以來另一個在印度國會聯合會議致詞的總統，以示隆重。

⑥ 二戰和戰後美國佔領日本是美日關係的基礎。二戰期日本與美國對「亞太秩序」（Asia-Pacific order）有極不同的理念：日本要建設一個經濟自足的東南亞，羅斯福與後繼的美國總統是國際主義者，主張自由貿易。戰後，雙邊關係從敵視漸變友好。1945 年到 1951 年美國直接管治日本，輸入反軍國意識、民主意識，在對外政策上則聚焦於經濟發展和和平主義。到 1970 年代，美日友誼達最高峰。之後，日本成為經濟強國而美國則下滑。那時開始，兩國的外交政策開始分歧。再加上中國崛起，關係更複雜。

美國的駐軍和援助有助日本戰後復甦。與美貿易增加的同時日本人自信也增加，開始想有更大程度的自主。1950 和 1960 年代，美軍駐在日本本土成為爭議焦點，左翼分子主張脫離美國支配，美國也開始撤出一些日本本土外的島嶼。1956 年，日本議會一致通過要美國交還琉球。

1960 年，美日在華盛頓簽《共同防衛條約》（Treaty of Mutual Cooperation and Security），但在日本發生極大爭議。左翼極力反對，國會代表退出會議（但執政的自民黨仍有足夠票數通過），跟着就是大規模學生和工會暴動。艾森豪被逼撤銷訪日，日相岸信介（Kishi Nobusuke，任期 1957−1960）辭職。條約規定任何一方被侵犯，另一方會來助。但那時的憲法不容日本有軍隊，並禁止日本在國際上用武力。為此，日本不能派出它的自衛隊，甚至用來國際維和也不容許。這是近年來日本不斷爭取做正常國家的原因之一。

爭取領土歸還是日本政府的主要任務。1969 年 11 月，日相佐藤榮作（Sato Eisaku，任期 1964−1972）訪華盛頓，尼克遜宣佈準備在 1972 年 6 月歸還琉球。但在 1971 年 7 月，尼克遜宣佈要訪華，日本大感意外，認為這樣的大事情美國應事先與它商量。8 月又是一個意外，美國在日本進口貨上多徵 10% 附加稅。12 月貨幣危機，美國壓力下日元貶值。美日關係雖仍緊密，但緊張多了。在經濟上，美國在美日貿易上的逆差自 1965 年來不斷擴大（大部分原因是朝鮮戰事和越南戰事的軍費刺激日本經濟發展）。在政治上，美方又施壓，要日本多承擔地區安全的責任。在 1981 年，日本答應加速擴大防衛隊。

自從美國退出越南（1975 年），日本的地區安全角色成為美日摩擦點。由於憲法所限，日本不能加速建軍，只能多承擔美軍在日基地的費用。在經濟方面日本約束電視出口到美國（前些時候是約束紡織品輸美），但美國仍不滿日本不放寬農產進口和開放國內投資市場。1979 年，伊朗扣留美使館人員，日本聲援美國，但又從伊朗買入石油。

1982 年，鷹派首相中曾根康弘（Nakasone Yasuhiro，任期 1982−1987）登場，跟列根特別友好，支持列根在歐洲部署飛彈，答應在蘇聯政策上與列根共同進退，協調亞洲熱點區的朝

鮮半島和東南亞的美日政策，特別是對中國的政策。同時，日本歡迎美國增加在日本和西太平洋駐軍，並擴大日本自衛隊以應對蘇聯的國際野心。這是美日關係的黃金期。到老布殊時代，日本內政問題（尤其是招聘公司 Recruit 的貪污和內幕交易醜聞導致內閣引辭）使美日關係不如列根時代。

但有關開放國內市場日本就一直抗拒美國。主要原因是國內的政治勢力不容許政府開放進口，尤其是農產。日本政府一方面是保護「效率低」的產業，一方面要栽培「未成熟」的產業。日本經常採用的方法是「拖」。不斷地談判來換取時間，一談就往往好幾年。還有，定下的協議也往往是模糊、多層解釋的。

整個 1980 年代日本對美貿易大幅順差。到末期，日本成為全球的主要債權人，日本在美國的投資大增（僅次於英國），引起美國國內很多不滿，而日本對美國的動機也開始置疑、批評，走向更大自主（當然，這跟日本在 1985 年之後在貨幣匯率上被美國佔了大便宜很有關係，參考第二十二章「美國與全球資本」中，有關 1985 年《廣場協議》的一段）。到蘇聯解體，美日兩方認為它們之間的關係中安全考慮比經濟考慮更重要，尤其是在朝鮮問題上。但也有人指出美日的安全合作實在有助監管日本的軍力擴張。

1990 年代後期開始，美日關係改善。相對中國，美日的經濟利益摩擦少得多。朝鮮不依國際慣例的行為和中國的經濟與軍事力量崛起使美日關係更加緊密。日本甚至應小布殊要求派部隊到伊拉克，又共同發展反飛彈防衛系統。有人說，日本成為了「太平洋的大不列顛」（Great Britain the Pacific）。

2009 年，日本民主黨取得政權（二戰後以來都是自由民主黨天下），要重新檢討美日安全協約，指該協約是美國支配的。2013 年以來中俄的海軍共同演習被認為威脅美日聯盟。

⑦ 1642 年 12 月，路易十三名相黎塞留（Richelieu）樞機主教去世；1643 年 5 月 14 日路易十三去世，路易十四登位。

⑧ 此役之後，西班牙也放棄了團型方陣，轉去學法軍的線型方陣，並使用炮轟戰術。

⑨ 「國」一詞來自主權國（nation，state，是典型舶來詞）。我們稱「國家」，國與家為一體。五倫之中三個是屬家的（父子、兄弟、夫婦）。

⑩ 「百行孝為先」。在帝王時代，孝子被視為忠臣的「基因」，不孝之人是不會被器重的。

⑪ 合理是指基因形態能夠順理成章地引申出文明現象，文明現象可以順理成章地追蹤返回基因形態。有用是指基因形態的類別和組合規律非但能夠充分演繹文明現狀，還可以辨認出抓手去改變現狀。好用是指少量的基因形態類別可以解釋大量的文明現象，簡單的基因形態組合規律可以解釋複雜的文明軌跡。

代後記

　　2019 年中完稿之後，世界發生了大變化：美國拜登上台、中美角力仍然緊張，全球更是 COVID-19 肆虐。但書中談到的美國前景和全球資本走勢未有改變。在這段期間，我寫的「公開信」（〈梁鶴年的文字〉公眾號）裡有幾封特別適合作為本書的「補充」，現節錄在這裡。

　　「冠狀病毒疫情是個大難，過了，福會來嗎？」

　　中國渡過難關，主要是靠團結和果斷。團結和果斷會不會為中國帶來福氣？這要看我們的團結、果斷在哪方面發力。在抗疫中，我們的團結和果斷發力在對付「敵人」。但是，不斷要對付敵人不可能是福氣，因為就算勝了也傷元氣。抗敵只是避禍，我們要求福。

　　首先，甚麼是幸福不應來自與人家「比較」。比較只會帶來自大或自卑。自大會招人厭，自卑會被人侮。都不是福。我們要自強。自強不僅是強。「強」是物質力量，「自」是精神力量。單是強是不夠的。且看，解放戰爭、越南戰爭都不是取決於武器與裝備。自強是來自自生力、更生力，綿綿不絕，所謂「自強不息」。

　　自強的後面是自信；自信的基礎是自知 —— 知道自己物質力量的長短，就可以發揮長處，彌補短處；知道自已精神力量的活泉，就會「自反而不縮，雖褐寬博，吾不惴焉？自反而縮，雖千萬人，吾往矣」。我在文

化基因上的工作就是尋民族自知。

團結和果斷關係到人民的素質與為政者的智慧，缺一不可。為政者的智慧在於擇善固執，人民的素質在於趨善若鶩。要是為政者選擇的善是自存共存的社會而不是自由至上的社會；若果人民趨向的善是燦爛的人生而不是糜爛的人生，這樣，上令必順下情，下情不逆上令，這個民族自然會自強。

自強，沒有制度可以保證，只有文化可以成全。人民的素質和為政者的智慧都要來自他們共有的文化（宇宙觀、倫理觀、社會觀）。文明只不過是文化的具體化、實體化而已。我們要建設的是個甚麼樣的文明就需要知道我們有的是種甚麼樣的文化？資本社會的個人文化（凡事相對的宇宙觀、個人至上的倫理觀、競爭博弈的社會觀）肯定無濟於事了。我們的團結、果斷底下是甚麼樣的文化基因？我們應怎樣去發揮它們去建設自存共存的社會、追求燦爛的人生？

人說，這將會是中國的世紀。如果真的是，這將會是個怎樣的世紀、甚麼樣的世界？確實，中國的機會好像來到。要造福人民、貢獻人類就要我們從自知走上自強。我要為中國祈福：尋自知的智慧、建自信的誠意、達自強的堅毅。

（寫於 2020 年 3 月 27 日）

當然，中國過去幾十年不是一帆風順，以後的幾十年更不會一帆風順。隨着世界大局的變化，中國會面臨巨大的挑戰。這個挑戰會是前所未遇的，因為兩百多年來，中國都是患難多於安樂。患難的日子怎樣捱，中國人懂；安樂的日子怎樣保，中國人要學。

國歌的歌詞是為一個苦難的民族寫的，為「不願做奴隸的人們」寫的。我們不願做奴隸，但我們要做主人？今天，有些人的腦子裡會有這個念頭：中國要取代美國，做世界的主人，雖然不會在短期實現，但應是長

期的目標。我相信聶耳先生做夢也不會有這個念頭。

不！我們不要做世界的主人，我們要做自己的主人，中國人做中國的主人。您以為會容易？

放眼四望，哪些衣、食、住、行的「好東西」不是模仿人家的？當然，我們模仿得很好，甚至比原裝還好，但始終是人家的文化、人家的文明的仿製品。

通過上一代人的努力，中國擺脫了西方的軍事、經濟枷鎖，但文化枷鎖卻越縛越緊。再犀利的軍備、再蓬勃的經濟，如果沒有文化內涵，就只是行屍走肉。上一代逐漸退出了，他們走出了頭一步，下一步就是要找回中華文化的靈魂。這是這一代人的責任、使命、挑戰。不然，下一代會重新做奴隸，雖然會穿上全球消費文明的華麗彩衣，但實質是被全球資本支配的奴隸，也許會感到「快樂」，但也只是個「快樂的奴隸」。有些人會晉升為全球資本的管家，但其實也只是全球資本的奴才而已。

全球資本會把我們帶到哪？就看看美國吧。國不泰：一方面全球性地推銷資本文明，一方面全球性地掠奪資源、能源，到處點火，到處滅火，疲於奔命。民不安：身份政治日趨激烈，貧富差距日趨嚴重，社會多元但又是各走極端，永無寧日。國再富，兵再強，有啥用？1960年代初期，美國還未被全球資本腐蝕透，甘迺迪總統也曾說過：「不要問，你的國家可以為你做甚麼；要問，你可以為你的國家做甚麼。」對當年美國的年青人確實有過很大的鼓舞。可惜，未能貫徹下去。到了1960年代末期，很多年青人就被大麻、性解放腐蝕了，被越南戰事窒息了。

中國近代史和美國歷史的一大分別是美國人從未受過大苦。從中國的苦難我看到一個很獨特的「中國氣質」：一種「起來！不願做奴隸的人們」的精神力量。這種中國人的「骨氣」是在苦難裡沉澱得來的、從苦難中磨煉出來的一種「時窮節乃見」的情操。未來的挑戰是：西方的威武不能「屈」我們，但全球資本的富貴能不能「淫」我們？

（寫於 2020 年 10 月 18 日）

　　相信大家都和我一樣，關注美國大選。雖然在「程序」上算是出了「結果」，但事實上，雙方的支持人數旗鼓相當，而且都是堅持己方。雙方都不聽對方的聲音，不是聽不到，是聽不進去。每方都好像活在一個密封的氣泡裡，對氣泡外的東西沒有認識，也不想去認識。久而久之，就會認為只有氣泡內的東西才是正常的，而且是理所當然的。氣泡之外的都是不正常的、不可思議的。這就是「兩極分化」的真義：不是指有兩個極端，是指所有人都走上極端，不是這邊就是那邊，沒「中間」，也就是，永遠處於對立狀態。這就是美式文明的現象：兩邊沒有緩衝，不能包容。

　　要小心，這個美式的氣泡文化正在感染全球。東、西方會不會各走極端？

　　長期生活在氣泡內會使你不知道世界上不只有你。個人如是，國家如是。如果人家跟你不同就是不可思議。你怎會認同，怎能接受？那麼，若是你強人弱，你定要把人家變成自己，這是狂妄症；若是你弱人強，你定害怕人家要把你變成人家，這是神經質。

　　不禁想起美國歌星弗蘭克·西納特拉（Frank Sinatra）的名曲《我的方式》（*My Way*），標榜絕對的個人主義，很多美國人以它來標榜自己和標榜美國精神。英語還有一句，My way or the highway! —— 如果你不跟從我的方式就滾吧！

　　希望中國不會為自己打造氣泡。這需要有自信，但更重要的是，這需要對人類有信心、有善意，不然怎會有人類命運共同體。這也許就是中西之別。

（寫於 2020 年 11 月 10 日）

　　2021 年開始沒幾天就鬧出暴民闖入美國國會的大事。表面看來是美國民主意識的膚淺，美式民主機制的脆弱。我想探討一個深層次的問題。

　　這一次，一股勢力初顯威力——社交傳媒。傳媒大亨們決定要特朗普

滅聲，特朗普的聲音馬上被滅。對很多人來說，這是快意的事。但注意，敵人的敵人不是朋友。

傳媒大亨可以把特朗普滅聲，也絕對可以把任何人滅聲。他們把人滅聲用的是甚麼原則？是壓止「煽動仇恨」。「煽動」容易定義，「仇恨」就難多了。

我的分析是西方社交傳媒是經濟全球化、資本全球化的尖兵，推銷文化的全球化（其實是西方，尤其是美式文化的全球化）。全球走向「同化」。

看看美國今次的總統大選。一般人說是兩極分化，說特朗普凝聚了教育程度較低、收入水平較低的鄉巴佬。這就大錯特錯。大選雙方都有有錢人和窮人、教育程度高和教育程度低的人。雙方的分別不在經濟和社會層面，在道德和價值層面，而道德與價值是不容妥協的。這也是資本全球化要「同化」人類必然帶來的「分化」。

資本全球化離不開消費經濟。我說過多次，消費經濟（強調個人消費至上的經濟）一定帶來消費文明、消費文化，一定是以享樂意慾和消費能力來定義人的價值的文化，也就是笑貧不笑娼的文化。「笑貧」意味對金錢的崇拜，「不笑娼」意味對道德敗壞的容忍。這就是經濟的無度掠奪（男盜），傳統價值被不斷破壞（女娼）的正常化。不能忍受的人被打為「冥頑不靈者」、「罪無可恕者」、「煽動仇恨者」，他們心中的怒火和怨氣在資本全球化的大氣候下積壓多年。狡獪的特朗普看得準，把他們凝聚起來，利用他們作為政治本錢去滿足他的個人野心。

對全球資本來說，特朗普的「美國自強」就是反動，怎容得下？美國的未來將會是在全球資本下識時務者和不識時務者之爭，直到美國的國力消耗和社會撕裂再不能供養和維護全球資本，它就會另投懷抱。

社交媒體大亨們這次出手，讓我們先看見全球資本對不依它規矩的人是如何地絕不留情。更要命的是，它的規矩只有一條，經濟掠奪和破壞傳統是資本社會的常態，逆之者亡。

（寫於 2021 年 1 月 9 日）

有人說，拜登政府的對華政策比特朗普的要「辣」。我同意。但是，他辣在哪，為甚麼要辣？

特朗普是單槍匹馬打中國，拜登是糾黨聚眾圍中國。

特朗普是真的為美國，但他不知道美國已經被全球資本利益支配了，他還以為美國在支配全球資本，亦即美國是全球的主子。他看不起這個意圖從美國手中搶飯吃的中國，他氣憤、他要懲罰這小子。但是，自以為是霸主的特朗普認為他不需要其他國家，而其他國家也不值得他信任，包括五眼聯盟，以至歐盟諸國，更違論其他非白人國家了。他單槍匹馬的殺傷力有限。

拜登雖然說也是為美國，其實他是為全球資本利益，起碼是身在美國的全球資本精英。他知道美國的好日子全賴全球資本對美國的青睞。他敵視這個要與美國爭寵的中國，他害怕失寵，要消滅情敵。為此，他聯同所有想親近全球資本的國家，不只五眼和歐盟，甚至連非白人的日本、印度也拉進來，人多勢眾要窒息中國。

其實，真正可怕的是全球資本。要知道，全球資本不是全球經濟。經濟是有關生產和消費，資本經濟是種特別模式的生產與消費，它的起點和終點是資本獨尊。在資本獨尊的經濟裡頭，資本一定取代勞動力、大資本一定吞食小資本、金融資本一定支配實體資本、資本全球化一定摧毀國家主權。

全球資本的終向是個沒有國家的世界，因為國家必有國家主權，國家主權必約束資本的自由。如果一個國家要獲取全球資本的青睞，它一定要放棄國家的主權，也就是要交出國家的靈魂，去換取做全球資本的入幕之賓。你住在全球資本的溫柔鄉裡頭，你可知道溫柔鄉外面是被遺棄的窮人、窮國，被榨乾的地球、生態？窮人會革命，地球會報復。但直到那天來臨你會活得很舒服，雖然你不知活着是為了甚麼。

未來的世界會有兩種「戰爭」：在全球資本世界裡國與國的爭寵，或是國家主權與全球資本的角力。這將決定人類是資本的奴隸還是資本的主人。

　　不做全球資本入幕之賓而可以生存，而且生存得更健康和更有意義的只有三個國家：美國、俄羅斯和中國。所以，全球資本害怕俄羅斯、更害怕中國。它會虛張聲勢去恐嚇，或塗脂抹粉去誘惑。結果是怎樣就要看我們會不會被威武所屈，或被物慾所移。

　　人不單只追求物質和權力，更想活得有意義；人性不單是自私的，更有自存與共存平衡的衝動。「人類命運共同體」其實就是回應了人生的意義和人性的衝動。這也許就是「中國特色社會主義」的吸引力。

（寫於 2021 年 3 月 19 日）

梁鶴年

2021 年 6 月 12 日

附　　錄

1. 文化基因形態與組合

總地來說，個人與泛人基因產生出以下的形態組合：

（i） 正面極端共 6 個：

正面個人的極端：自立的極端、自足的極端、自尊的極端；

正面泛人的極端：平等的極端、憫人的極端、團結的極端。

（ii） 負面極端共 6 個：

負面個人的極端：逞強的極端、自私的極端、倨傲的極端；

負面泛人的極端：失序的極端、姑息的極端、苟合的極端。

（iii） 正面個人與正面泛人組合共 9 個：

自立—平等、自立—憫人、自立—團結；

自足—平等、自足—憫人、自足—團結；

自尊—平等、自尊—憫人、自尊—團結。

（iv） 正面個人與負面泛人組合共 9 個：

自立—失序、自立—姑息、自立—苟合；

自足—失序、自足—姑息、自足—苟合；

自尊—失序、自尊—姑息、自尊—苟合。

（v） 負面個人與正面泛人組合共 9 個：

逞強—平等、逞強—憫人、逞強—團結；

自私—平等、自私—憫人、自私—團結；

倨傲—平等、倨傲—憫人、倨傲—團結。

（vi） 負面個人與負面泛人組合共 9 個：

　　　　逞強—失序、逞強—姑息、逞強—苟合；

　　　　自私—失序、自私—姑息、自私—苟合；

　　　　倨傲—失序、倨傲—姑息、倨傲—苟合。

　　這些組合，如成為社會主流或社會精英的主流，就會引發出不同的社會現象，現把他們一一演繹，如下：

（i） 正面個人的極端有以下（個人的極端就是完全不考慮或顧及別人，所以不會跟任何泛人基因結成組合）：

- 自立的極端是種萎縮，直到只關注自己的自立，也就是各自為政，如果成為主流，就是冷漠的社會；

- 自足的極端是種萎縮，直到只關注自己的自足，也就是各家自掃，如果成為主流，就是慳吝的社會；

- 自尊的極端是種萎縮，直到只關注自己的自尊，也就是自憐自賞，如果成為主流，就是孤獨的社會。

（ii） 正面泛人的極端有以下（泛人的極端就是完全不考慮個人，所以不會跟任何個人基因結成組合）：

- 平等的極端是種萎縮，直到完全否定個人的平等，如果成為主流，就是窒息的社會；

- 憫人的極端是種萎縮，直到完全捨棄個人去憫人，如果成為主流，就是寂滅的社會；

- 團結的極端是種萎縮，直到完全埋沒個人的團結，如果成為主流，就是桎梏的社會。

（iii） 負面個人極端有以下（由於是極端，所以不會跟任何泛人基因結成組合）：

- 逞強的極端是種膨脹，直到由我獨斷的逞強，如果成為主流，就是（人）壓人的社會；

- 自私的極端是種膨脹，直到歸我獨得的自私，如果成為主流，就是（人）吃人的社會；
- 倨傲的極端是種膨脹，直到唯我獨尊的倨傲，如果成為主流，就是（人）貶人的社會。

（iv）負面泛人的極端有以下（由於是極端，所以不會跟任何個人基因結成組合）：

- 失序的極端是種膨脹，直到完全顛倒次序的失序，如果成為主流，就是瘋亂的社會；
- 姑息的極端是種膨脹，直到完全不分良莠的姑息，如果成為主流，就是濫亂的社會；
- 苟合的極端是種膨脹，直到完全沒有原則的苟合，如果成為主流，就是昏亂的社會。

（v）正面個人與正面泛人的組合有以下：

- 自立—平等：自主自立但對人有兄弟情，意味着立己立人，如成主流，就是互持的社會（勵志的社會）；
- 自立—憫人：自主自立但對人有同情心，意味同情弱小，如成主流，就是慈悲的社會；
- 自立—團結：自主自立但對人有大我心，意味與人共存，如成主流，就是安穩的社會；
- 自足—平等：自給自足但對人有兄弟情，意味着與人分享，如成主流，就是互惠的社會；
- 自足—憫人：自給自足但對人有同情心，意味着扶持貧苦，如成主流，便是慷慨的社會；
- 自足—團結：自給自足但對人有大我心，意味着與人共富，如成主流，就是富足的社會；
- 自尊—平等：潔身自愛但對人有兄弟情，意味着尊重別人，如成主流，就是互讓的社會；

- 自尊—憫人：潔身自愛但對人有同情心，就是包容別人，如成主流，就是融洽的社會；

- 自尊—團結：潔身自愛但對人有大我心，就是與人共勉，如成主流，就是廉正的社會。

（vi）正面個人與負面泛人的組合有以下：

- 自立—失序：立己立人但不分次序，意味亂立，如成主流，就是失義的社會；

- 自立—姑息：同情弱小但不分良莠，意味着縱容弱小，如成主流，就是衰敗的社會（不求長進）；

- 自立—苟合：與人共存但不辨是非，意味權力圈子，如成主流，就是分立的社會（多元權力）；

- 自足—失序：與人分享但不分次序，意味亂分，如成主流，就是失公的社會；

- 自足—姑息：扶持貧苦但不分良莠，意味縱容貧苦，如成主流，就是疲弊的社會（不事生產）；

- 自足—苟合：與人共富但不辨是非，意味利益圈子，如成主流，就是小圈的社會（多元利益）；

- 自尊—失序：尊重別人但不分次序，意味着亂尊，如成主流，就是失禮的社會；

- 自尊—姑息：包容別人但不分良莠，意味縱容異己，如成主流，就是小人的社會（小人當道，叛亂）；

- 自尊—苟合：與人共勉但不辨是非，意味精英圈子，如成主流，就是分歧的社會（多元道德）。

（vii）負面個人與正面泛人的組合有以下：

- 逞強—平等：立己立人但要話事，意味着平等之下要比人強，如成主流，就是爭權的社會；

- 逞強—憫人：同情弱小但要話事，意味憫人是種施捨，如成

主流，就是「老大」的社會；

- 逞強—團結：與人共存但要話事，意味共存之中要多權，如
  成主流，就是越權的社會；

- 自私—平等：與人分享但要多得，意味平等之下要比人富，
  如成主流，就是爭利的社會；

- 自私—憫人：扶持貧苦但要從中得利，意味着扶貧是種投
  資，如成主流，就是犬儒的社會；

- 自私—團結：與人共富但要多拿，意味共富之中要多得，如
  成主流，就是貪婪的社會；

- 倨傲—平等：尊重別人但要多面子，意味平等之下要比人
  尊，如成主流，就是爭風的社會；

- 倨傲—憫人：包容別人但要面子，意味包容是種威勢，如成
  主流，就是自大的社會；

- 倨傲—團結：與人共勉但要面子，意味共勉之中要多名，如
  成主流，就是重名的社會。

（viii）負面個人與負面泛人的組合有以下：

- 逞強—失序：但求話事不惜製造亂立（不分次序的立人），
  意味想獨裁（失序的爭權），如成主流，就是篡奪的社會；

- 逞強—姑息：但求話事不分良莠的縱容弱小，意味姑息去謀
  權，如成主流，就是顛倒的社會（顛倒是非）；

- 逞強—苟合：但求話事不惜加入權力圈子，意味權力的苟
  合，如成主流，就是朋黨的社會；

- 自私—失序：但求奪利不惜製造亂分（不分次序的分享），
  意味想獨得（失序的爭利），如成主流，就是掠奪的社會（巧
  取豪奪）；

- 自私—姑息：但求得利不分良莠地縱容貧苦，意味姑息以謀
  利（貧窮的正常化和為民請命的職業化），如成主流，就是

內耗的社會（內耗不斷）；

- 自私—苟合：但求多得不惜加入利益圈子，意味利益的苟合，如成主流，就是營私的社會（功利權宜）；

- 倨傲—失序：但求面子不惜製造亂尊（不分次序的平等），意味想獨尊（失序的爭氣），如成主流，就是趾氣的社會（互不服膺）；

- 倨傲—姑息：但求面子不分良莠地縱容異己，意味姑息以謀名，如成主流，就是傾覆的社會（傾覆叛亂）；

- 倨傲—苟合：但求面子不惜加入精英圈子，意味虛榮的苟合，如成主流，就是浮誇的社會（浮誇失調）（沽名）。

2. 工業革命成因的辯論

（參考材料主要來自「Why Did the Industrial Revolution Start in Britain?」，Leif van Neuss，2015）

1. 天然資源

水動力推動工業革命還是英國人聰明地使用天賦的水動力？如果沒有水，他們會用別的天賦，例如稍後用煤。或可以說，英國人行動型的性格使他們懂得「因時、地制宜」。

煤是重要，但是不是主因？英國人利用煤，但工業革命不是由煤啟動。煤取代木是因為英國缺森林。那麼「取代木」就是工業革命的起因？煤只可以是次因。而且，煤只是用來推動蒸汽機和冶鐵，並沒有「創」新用途。有人說「就算從 1760 年到 1860 年，英國沒有掘出一噸煤，仍會有工業革命，紡織、運輸（運河）、航運、都不需要煤」。19 世紀後期航運仍用帆船。

如果沒有煤，使用煤的創新也會轉移為取代煤的創新。有人說「工業革命絕對不需要用水蒸汽，而水蒸汽絕對不需要用煤」。煤不是動力，它塑造而不是創造工業革命，是個「聚焦工具」（focusing device）：有煤的英國聚焦於蒸汽機，缺煤的瑞士聚焦於低能源的精密儀器（如鐘錶，工

程）。荷蘭有水運，中國、俄羅斯有煤，但都沒發生工業革命。而且，煤可以通過國際貿易獲取，雖然成本會高些。

2. 人口與城鎮化

如果收入未有增加，如果沒有相應的供給和創新，人口增加並不一定代表消費需求增加，相反地，勞動力生產效率更可能因此而不增反降。如果人口流動性低（地域之間和行業之間的流動性），人口增加也不一定代表勞動力供應改善。而且，勞動力供應改善也不一定引發科技創新，有時，勞動力短缺更能引發創新。更可能的是因為勞動力不足、工資增加引發出取代勞動力的科技。

人口下降也可能啟動工業革命：生育率下降帶來人口轉型，因為生育率下降會使社會更有能力提升教育水平，進而提升人力資源。舉例：婚姻制度改變（遲婚）、節育、強迫教育和知識提升會增加人民對教育的投入，導致有教育的兒童的競爭力增強、教育兒女的成本增加、平均壽命增加、人口增加、死亡率下降。因此，勞動力資源與經濟效率的關係在工業革命期無法驗證。

城鎮化不是農業革命的果，是因。而且，雖然 16、17 世紀的城鎮化加速，但在 18 世紀工業革命開啟時城鎮化卻放緩。城鎮化可能帶來的是規模經濟和科技擴散。

3. 農業革命

不是農業革命滋生工業革命，是工業革命支撐和延續農業革命。

圈地引發農民失業，但農村人口未轉移到城鎮，因為農村勞工的流動力不高，更有農村救濟政策把農民滯留在農村。農村往城市流動發生於農業革命之後，不是之前。

農業革命的利潤對工業革命影響有限。工業革命資金的來源是農業資金還是殖民地和國際貿易的資金，不能肯定。農業革命也許創造農業資本，但出路不一定是工業投資，可以投資到政府債券、商業、土地投機。而且，工業革命不一定需要農業來的投資，資金來源可以來自國際貿易、殖民地貿易，甚至是工業革命的再投資。

農業革命其實不單在農業，是整個經濟在革命，包括對生產的態度、對賺錢的鼓勵。農業革命發生於 1600－1750 年，之後就停下來。工業革命不需要農業（起碼不需要國內的農業）去滋養。雖然農業革命提供一點農村剩餘勞動力給工業革命使用，但農業經濟是個「關閉式的經濟」，勞動力移動性不強，工業革命的糧食和原材料供應是靠進口的（以工業製成品換取）。就算來自國內的原材料也不是來自原有的農地，是來自通過圈地創造出來的「新農地」。

工業創新也不是為農業服務，因此不能說農業革命「刺激起」工業革命，例如鋼鐵業和冶金業的革命都是為造船和出口。城鎮化也不是因農業而生，反過來可以說是城鎮化刺激農業，西北歐是最城鎮化的地區，同時也是農業效率最高的地區。其實，工業革命帶動 19 世紀上半期的第二次農業革命，工業革命帶來的運輸改良使農業可以更專門化，而農業工業化則提升了農業勞動力的效率。

4. 消費需求

就算有需求也要有對應的供給才能帶動經濟增長（發展）。英國消費改變的高潮在 1680 年到 1720 年，而工業革命則在其後。可見消費改變不是工業革命的原因，不然荷蘭就應帶頭展開工業革命。在 1700 年，荷蘭共和國人均收入比英國高 50%，並有爆炸性的零售業轉型去配合生產與消費從家庭式轉向企業式，但未產生工業革命。更有人說，供給側比需求側更重要。

有人指出工業革命的前夕是「工業精神革命」（Industrious Revolution，也可稱「勤勞革命」）── 以勤力工作去換取消費，以閒暇去換取金錢（trade leisure for money），從而去向市場經濟。但也有人指這個「工業精神」是因為生活困難而非為追求消費。又有人觀察科技創新發生在已有的經濟領域（紡織、造紙、冶金），而不是在新的經濟領域，因此證明供求是並進的。

5. 帝國與貿易

不是外貿刺激工業，是工業推動外貿。當時英國已有足夠的國內市場去刺激創新。工業革命來自內部動力，主要是生產推動，而不是外貿推動。外貿提升工業革命，但不是必需條件，外貿發展是工業革命成功後的現象。進口是工業革命的更大動力，特別是熱帶產品（茶、糖、煙的加工）、歐洲糧食（酒、糧等去供養工業革命的勞動力）和原材料（棉花進口帶動以棉為主的紡織業）。貿易的作用是締造商人階層和商業意識，顛覆以土地和農業為基礎的經濟和社會架構。這些才是工業革命的真正動力。

6. 政治體制

常常提到的光榮革命（1688 年）其實是傳統的延伸，不是革命，是英國政制的漸進，而且是近百年的事了。到 1776 年，政治對工業革命的作用已經很小了。

「民主」政制一般缺乏長遠發展目標，有的只是利益集團的尋租行為，不足支撐長期的科技創新。當時的荷蘭、波蘭、普魯士都有強勢議會，但沒有經濟發展。相對來說，英國的地方政府則有各自為政的傾向，未有貫徹中央政府的法律規定，反而製造分散的「自由經濟」，激勵了創新。

中央政府當時沒有明確的經濟發展政策，法律制度未能處理貿易和商業糾紛，經濟還是依賴私人間的處理。政府稅收雖然比國民收入增長高，但未有用來幫助經濟發展。國際的投資集中在戰爭或備戰（重建海軍），而不是在改善經濟發展條件（教育、運輸、科技）。大部分的教育、運輸、科技投資都是來自民間，例如清教徒和公理制教派在教育、科技的投資，和工業家在運輸上的投資。國家福利的《濟貧法》其實有阻經濟發展，因為它變相鼓勵生育、削減勞動力供給和降低勞動力的移動。但又有人說《濟貧法》分隔開農村勞動力與農村土地（農耕）的相連關係，把農業勞動力移到工業去。

7. 經濟體制

經濟制度是種反應，不是原動力。遠在公元 1500 年之前，也就是還未開發美洲之前，已有商人產權的保護。中古以來，威尼斯、荷蘭都已有議會制度；荷蘭、法國都有產權保護。甚至有人說，光榮革命之後，英國的產權保護其實下降了（對產權約束增加）。況且，法國嚴格的產權保護反而壓抑了工業革命在法國發生。一般性的產權保護也許有利經濟發展，但 18 世紀英國特殊的、從非經濟考慮出發（例如從宗教、家族出發）的產權其實妨礙了經濟發展。

特別是專利權。專利並未有推動發明，只是使發明者發了財，甚至是有礙發明，因為專利擁有者會阻撓或拖慢進步，英國專利法的不健全反使工業革命更有生氣，不然的話英國肯定要到 19 世紀中才會成為世界工廠。專利只使發明者尋租。當時申請專利是很花時花錢的，而且法官對專利權擁有者一般不買賬。也有例外，如瓦特的蒸汽機和阿克賴特水力紡紗機，他倆人利用專利權很到位。

賺錢的不是憑專利，是靠科技保密，是靠頭一個佔領市場。獎金和社會認可也在推動發明，如克朗普頓的走錠紡紗機和卡特賴特的羊毛精梳

機、機動織機。克朗普頓甚至因為討厭發明帶來的轟動和干擾因而放棄專利權。

「工業革命未鼓勵發明，沒有證據顯示工業革命期間的經濟制度有何處觸發了發明家的創新潛力。」（格列高里‧克拉克［Gregory Clark］，2014）只可說專利制度與資本主義的關係比與創新的關係更密切。「創新是不需要知識壟斷權的，而實際上知識壟斷權損害了增長、富強和自由。」（米凱萊‧博爾德林［Michele Boldrin］與戴維‧K‧萊文［David K. Levine］，2008）

「在多數的史書裡，瓦特是英雄發明家，啟動工業革命。但事實可以有另外的解釋。瓦特是 18 世紀下半期眾多改良蒸汽機的聰明發明家之一。他比人走前一步，但他保持他的領前地位不是靠他比人家好的發明，是靠他比人家精的利用法律制度。當然他的生意夥伴博爾頓與國會關係密切肯定幫助不少。……知識產權的兩個要素，專利權（patent）與版權（copy right），是不是我們要享受創新與發明的果實就一定要接受的、無可避免的罪惡（necessary evil），還是它們是從前封建時代上位者用來賞賜寵臣手段的歷史陳跡？……假如完全沒有專利保護，瓦特與博爾頓就逼得要採用另一種賺錢手段。他們公司的利潤絕大部分來自使用他們機器的專利費而不是在出售機器和零件，如果沒有專利保護他們的公司肯定不能收取專利費。若是如此，他們就一定會聚焦於以製造和服務去賺錢（這其實也是他們在 1790 時代末期專利快要結束時的做法）。因此，我們作以下結論，在 1790 年代，瓦特和博爾頓的專利官司並未刺激科技發展，他們拒絕發牌去讓其他人在他們發明的蒸汽機原理基礎上去發明其他提升蒸汽機效率的方法肯定阻礙了蒸汽機的發展和改良。」（米凱萊‧博爾德林與戴維‧K‧萊文，2008：2-3）

8. 科技創新

　　科學發現與技術突破兩者之間的關係很難確定。當時的創新都是技術
上的創新，不直接連上科學知識。當時的科學發展對工業革命的貢獻只能
說是間接和原本已有的，甚至可以說科學發展是工業革命的果多於因。科
技主要是為了降低成本，工業革命所用的科技大都在實際情況中改良和修
正發明家的理念，然後應用在生產線上。

　　精英的「高級科學」未有真正影響社會文化。地方性的科學會社都
是工商企業家用來追求社會地位的。沒有這些會社，企業家還在搞工業
革命。有人問，「工業革命有多少是理性的產品，還是為企業家們做他們
一貫以來做的事情，只不過如今帶上個社會地位的光環而已？」（格列高
里．克拉克，2012）有人統計，80 個最有名的發明家（主要是紡織）大
部分與科學界沒有關連，在紡織業的 759 位知名人物（改良者、實踐者）
只 1/4 有高於學徒的教育。「到今天，工業革命中的科學知識是如何得
來的、怎樣傳播的，仍是個謎。」（瑪格麗特．C．雅各布［Margaret C.
Jacob］，2014）

　　有關勞動力的素質，18 世紀中，蘇格蘭、荷蘭、大部分的德國
和斯堪的納維亞的識字率要比英國略高。而且在工業革命過程中，英
國的識字率增長停滯，甚至落後，尤其在工業地區如蘭開夏郡和柴郡
（Cheshire），因為工廠只需要非技術工人。有人說，可能 17 世紀末到 18
世紀中的識字率增加已足夠達到工業化所需的門檻（起碼是 1850 年前的
工業模式）。勞動力素質的要求可能是分時期的，而工業革命初期的要求
不太高。而且，當時的教育動機很複雜，不一定是為工業發展，可以是宗
教、啟蒙、社會控制、道德規範、社會與政治穩定、民族國家團結、軍事
效率等等理由。

3. 內戰期間的宗教教派

1. 國 教

　　國教的教義、組織、禮儀都寫在《公禱書》之內，是愛德華六世在1549年修訂，1552年改編的，因血腥瑪麗恢復天主教而棄，再由伊利沙伯一世在1559年重新欽定。到斯圖亞特王朝，國教中的主流強調採用未與天主教分裂前的禮儀，但有清教傾向的則堅持要擺脫這些傳統，「宗教自由主義分子」（latitudinarians）則主張包容（包容比國教激進的新教各派，但不包容天主教）。詹姆士一世想壓制國教的內爭，並希望比較溫和的清教分子留在國教內，因此他出台一本大家接受的權威性聖經版本叫《詹姆士版聖經》（*King James Version of the Bible*，1604年開始修編，1611年完成），並同時重修《公禱書》。

　　到查理士一世，國教內的清教與親天主教兩派的鬥爭趨劇，國教外的「不遵從分子」（nonconformist）也越來越強。政府竭力壓制國內和國外的「異議者」，包括在蘇格蘭取消長老制，重新行主教制。英國在蘇格蘭行主教制使蘇格蘭人大大不滿，引發出軍事對抗，燃點起英國內部的宗教之爭，是英國內戰的前因之一。

　　1640年，15,000名倫敦群眾上呈《根與枝請願書》（Root and Branch Petition），要求取消國教的主教制。1641年，國會通過《大抗議書》

（Grand Remonstrance），向查理士提出 204 改革條款（外交、財政、司法、宗教），明顯反映出清教思路和反天主教情緒。查理士拒絕，引發出「西敏市神學家大會」（Westminster Assembly of Divines）。在 1643 年到 1653 年間全盤和徹底討論教義和教會組織。那時已是內戰，清教思想高漲。神學家們主張國教行長老制，但政客們和軍事將領們主張行公理制。結果是妥協。

1645 年到 1648 年的第一次內戰期間，溫和分子和激進分子混雜的國會採用長老制去治理國教，通過每堂區設「公理會」（congregational assembly），由牧師和教友選出長老。這時的國會其實很受激進的「獨立分子」影響，而他們的傾向是公理制，國會只不過是用長老制之名、行公理制之實。當初在倫敦、蘭開夏等地落實公理制，但到 1649 年，激進分子在國會奪權成功，殺查理士一世並建立共和，「長老制分子」大恐慌（因為他們不贊成弒君和共和），與「獨立分子」鬧對立。由「獨立分子」把持的國會當然不落力去在國教中實施長老制。此時，「長老制分子」一詞其實是對王室效忠但仍想深化宗教改革的清教分子的代名詞。1660 年，內戰和共和結束，獨立分子被整肅，主教制恢復（1662 年恢復《公禱書》，特別強調公禱書中有關教義和教規的所謂 39 條款［39 Articles］），重歸保守。長老制被視為「不遵從國教者」，處於國教之外，被歧視，但沒有太大的迫害。

到了光榮革命，由於蘇格蘭長老制分子支持革命，加上在 1707 年英、蘇正式合併為一國，蘇格蘭長老制教會被認許，並被保證為蘇格蘭國教。

2. 英 國 長 老 制

英國長老制其實是從蘇格蘭傳來的。從此，主教制的國教跟長老制的教派就糾纏不清，離離合合。

16 世紀，蘇格蘭天主教會抗拒改革，若干神學家脫離天主教。此中，天主教神父諾克斯（John Knox，1514－1572）前往日內瓦就學於卡爾文，把改革思想帶回蘇格蘭。經過一段宗教抽搐和政治鬥爭，改革分子在 1560 年成功廢天主教，組蘇格蘭長老制教會，成為國教。蘇格蘭國會並議決採用《蘇格蘭信義》（Scots Confession），同時出版《紀律手冊》（*First Book of Discipline*），並把全國分 10 個教區，委主管人（日後稱長老）。

長老制在英國的活動是從 1588 年（伊利沙伯時代）開始。那時，被血腥瑪麗流放的新教徒重返英國。他們想在英國國教之內改革，採長老制度，但受迫害。到 1607 年，英國的長老制分子才正式定名「長老制英國國教」。

3. 異議者、分離者、獨立者

他們的派別繁多，總地來說，以公理制分子居多。他們反對國家干預宗教，主張信眾們建自己的教堂，不用國家的教堂；自己辦教育設施，不上國辦的學校；自己有自己的社區，與別人社區分開。有些移民到美洲（新世界［New World］）。他們曾經發動英國國教改革，在克倫威爾的共和時期有過短暫的成功。

早在伊利沙伯一世，英國已有反清教的法律（1593 年的《反清教法案》［Act Against Puritans］，但未認真執行）。詹姆士一世就不同了，他從蘇格蘭入主英國，堅持君權神授並接受英國主教制的國教。他的宗教與政治原則是，「沒有主教就沒有國王」，意思是如果你不歸屬主教制度的國教，你的國王不會保護你，即是說如果你要你的國王保護你，你一定要歸屬主教制度。當時，蘇格蘭教會是長老制度，英國教會是主教制度。詹姆士雖然同時是蘇格蘭國王和英國國王，他為討好英國，就連蘇格蘭也要改為主教制度（見上文，國教）。這在英國內部也引起分裂。正統國教是

主教制度，但也有人想行長老制度，更有人認為主教制度其實是模仿腐化和腐敗的天主教會，絕對不接受，甚至認為長老制仍不夠民主，他們要公理制。既然沒有主教就沒有國王，他們就索性兩樣都不要，不要主教也不要國王，要共和。

在內戰與共和期間這些「異議」、「分離」與「獨立」分子形形種種，主要有以下分類。

(i) 倡議公理制度，強調自主的教派。這些教派主張教會改革應來自教會，無需國家的批准，認為正統國教太似天主教，主張政、教分開。

(a)「巴羅派」(Barrowists)。創始人巴羅（Henry Barrowe，1550–1593）因發表和印行叛亂性書籍被處死。他的意見很像布朗（見下）。兩個人都提倡公理制度，但布朗的理想是宗教內部絕對民主，而巴羅則對民主沒有這樣的信心，認為應保留一定的長老制形式。

(b)「布朗派」(Brownists)。創始人布朗（Robert Browne，1550–1633）屬清教。他是第一個脫離國教自建教會的，採公理制度，被認為是英語世界公理制教會之父。他同時被認為是美國開國的「五月花朝聖者」之父，因為「五月花」號的旅客屬他的派別。

但布朗本人則在英國因創立公理制被捕，釋放後在 1581 年移居荷蘭。1585 年他決定回歸國教，為此，他跟過去的支持者和信徒們發生衝突，被視為叛徒。他一生入獄 32 次。

(ii) 有濃厚的路德宗對人性悲觀傾向（有別於對人性比較樂觀的卡爾文宗）的教派。

(a)「伯麥派」(Behmenists)。德國人伯麥（Jakob Böhme，1575–1624，路德宗的神秘主義者）聲稱受神指示，成立

教派，強調原罪、寬恕和神恩。1640 年代傳入英國，部分信徒與「貴格派」（見下）合併。

（b）「貴格派」（Quakers）。這名字來自一個法官對他們的評語，「我要他們在神前發抖」（Quakers because we bid them tremble at the word of God.「quake」是發抖）。這派對工業革命影響至大，尤其是財經。有顯示，在 1694 年英倫銀行成立，首次發行國債，認購的有 25% 是貴格派人開的金飾店。到 19 世紀，英國人以「富若格尼」（as rich as the Gurneys）去形容巨富，而格尼就是貴格派的銀行家族，擁有當時的巴克萊銀行。

（c）「費拉德爾非亞派」（Philadelphians，也稱「費拉德爾非亞會社」[Philadelphian Society]）。有國教教士受伯麥（見上）的影響，創立此派。他們相信神不會對罪人處罰，而會淨化。

（d）「愛之家」（Familists，或稱 Family of Love）。這派是 16 世紀荷蘭人尼克拉斯（Hendrik Niclaes，1501－1580）所創，傳往德、英、法。信徒認為只有尼克拉斯才能成為真正完人。此派非常神秘，對外人不談宗教，怕被別人識破。他們相信亞當、夏娃之前，天堂與地獄都存在人間；大自然自有法規，不是由神指揮。他們很多同屬正統教派，但恐被識穿，就假裝虔敬。到 17 世紀中，被貴格派吸納。

（e）「尋找派」（Seekers）。他們不是個教派，更多像宗教會社，認為國教太接近天主教傳統，同樣腐化。他們相信所有教會、教派都有錯誤，必須要基督重返世間，重創教會，才會有神恩。他們只開會，不做禮拜，也沒有神職人員；強調「靜默」，等待神的光照才開口；否定任何儀式、聖事、洗禮、聖經。

（iii） 強調經濟和社會平等的教派。

　　（a）「掘土派」（Diggers）。溫斯坦利（Gerrard Winstanley，
　　　　1609－1676）在 1649 年所創，有極濃清教思想，相信經
　　　　濟平等（以聖經的《宗徒紀事錄》為依據）。他們要鏟平
　　　　資產私有去改革社會制度，創造以小農公社為核心的農耕
　　　　生活模式。

　　（b）「平均派」（Levellers，也有譯「平等派」）。這是內戰期
　　　　間的一個政治運動，強調直接民主、擴大選舉權、法律面
　　　　前人人平等、宗教容忍。他們認為內戰中保王派破壞了人
　　　　的「天賦權利」，又不滿國會中有人想與保王分子妥協。
　　　　他們在「模範新軍」中舉足輕重。

（iv） 帶神秘氣息，有狂熱情緒的教派。

　　（a）「馬格萊頓派」（Muggletonians）。由喧囂派（見下）延伸
　　　　出來的一個小規模宗教運動，由兩個倫敦裁縫在 1651 年
　　　　所創，他們聲稱是聖經《啟示錄》預言的最後先知。他們
　　　　敵視哲學的理性，相信宇宙可以按聖經解釋；相信基督是
　　　　神在世上的直接顯身。此派避開任何的禮拜或宣道，只有
　　　　會員間的開會和交往；實行平等，不問政治；和平主義，
　　　　絕不傳教。

　　（b）「喧囂派」（Ranters）。共和期間的一派，因傳道唱答中
　　　　語調高昂誇張而得名，被國教分子視為異端。有泛神
　　　　（Pantheistic）傾向，認為神存在萬物之中，因此否定教
　　　　會、聖經、禮拜的權威，呼籲人從心內找尋基督；否定靈
　　　　魂不滅，也否定一個關心人類的神；否定道德和任何形式
　　　　的服從。為此，他們往往被視為政治安定的威脅。

　　（c）「安息日派」（Sabbatarians）。從荷蘭傳過來，反對基督徒
　　　　把安息日放在星期日而不是像早期的基督徒把安息日放在

猶太人按《古經》定下的星期六（這點跟索齊尼派相像）。清教徒也有此傾向。

(d)「索齊尼派」（Socinians）。意大利神學家索齊尼（Faustus Socinus，1539－1604）所創，經波蘭傳入英國，否認聖三一，影響英國國教的長老制派、英國的「唯一神派」（Unitarian）和愛爾蘭長老制度派。

(e)「興奮派」（Enthusiasts）。對宗教跡近狂熱。他們辯稱他們是「心靈的宗教」（religion of the heart）。

(f)「第五王國」（Fifth Monarchists）。這派的名字來自古經《但以理書》（*Book of Daniel*）。他們相信四個古王國是巴比倫、波斯、馬其頓和羅馬；1666 年是聖經中「獸之數」（Number of the Beast），會是世界末日，那時基督會再度來臨，是為第五王國。

(v) 清教（Puritans）。有淨化（purify）的意思。本身不是個教派，是個宗教理想。在伊利沙伯登基後不久（1588 年），因反對國教中對聖母馬利亞的崇敬而被流放。清教可以指反對享樂主義，也可以指極端分子，也有指區區計較者（precisian）。

他們主張一個較純樸的敬神模式和生活模式，別名「純樸者」。有人甚至說，英國從天主教轉成「真正」新教（有別於接近天主教的英國國教），是因為有清教。清教思想（強調聖經為本、信仰和理性自由）開拓了美洲殖民地的新教，並把英語、英式宗教、英式制度擴於全球。克倫威爾（一個非貴族的地主）是典型。

美國歷史學家菲斯克（John Fiske，1842－1901）說：「說人類的政治命運完全取決於 17 世紀英國歷史，並不為過。如果沒有清教徒，世界也許不會有政治自由。如果說有些人曾經為全人類的未來犧牲了自己的生命，那肯定是指那些『以聖經為口號，以聖詠為戰歌的鋼鐵兵』①。」菲斯

克認為克倫威爾三次被舉為王,三次拒絕,證明了清教徒是卡爾文真正的、直接的後人,只有他們保存了英國自由的火光,「人類欠下卡爾文償不完的債」。

清教徒堅信「救贖前定」,也就是只有一部分人會得救,而清教教徒就是前定得救的一群,所以他們堅信他們的所作所為是神的旨意,那就是勇往直前,攻堅犯難,無論在戰場、農場、商場。在內戰期間,他們大多屬「獨立者」。

4. 內戰期主流教派

內戰前期的英國是長老制分子的天下。1646 年制定的《西敏市共同信仰》(Westminster Confession of Faith)是當時英國國教(主教制)和蘇格蘭國教(長老制)的共同信條。內戰期間的國會在 1643 年已承認了蘇格蘭長老制國教,作為蘇格蘭支持英國國會派去對抗國王派的條件。

內戰後期是公理制分子的天下。國會軍(模範新軍)大部分是公理制派(或「獨立者」)。在 1648 年,他們清掃長老制分子,控制了國會。1649 年,國會處死查理士一世,宣佈共和。在 1658 年,公理制派定立自己的《薩伏伊宣言》[2]。他們主張各地會眾自立教會,沒有等級(無論是神職、政治還是地域上的等級)。國會軍(模範新軍)是他們主要的擁護和捍衛者,對抗保王派的國教和天主教、對抗國會派的長老制,並主張宗教自由(天主教除外)。

註

[1] 鋼鐵兵(Ironside),模範新軍的別名,指戰鬥力極強,攻無不克。

[2] 《薩伏伊宣言》(Savoy Declaration)受美洲殖民在 1648 年定立的《劍橋綱領》(Cambridge Platform)影響很大。

4. 大英帝國（18 世紀）

　　亨利七世（都鐸王朝開國之君）看見西、葡海外擴張，就在 1497 年（也就是西班牙的哥倫布發現美洲後 5 年）派意大利的卡伯特（John Cabot）從大西洋北面找條去亞洲的海路。卡伯特沿紐芬蘭航行，以為到了亞洲，但沒有建殖民地。第二年再去，失蹤了。此後英國就再沒有派船去美洲，一直到伊利沙伯一世。那時，英國與西班牙為敵，她鼓勵私人艦船去攔截西班牙與葡萄牙在非洲西岸的運奴船，企圖在利潤極高的販奴貿易中分一杯羹。西、葡叫這些船艦為「海盜」，而伊利沙伯則給他們嘉獎、封爵。但因為這些都是私人艦船，所以也沒有口實要跟英國公開開戰。那時，已經有人喊出「大不列顛帝國」口號。其實，英國跟其他國家是沒法比的。西班牙雄踞南北美，並窺探太平洋；葡萄牙的貿易港口和城堡由非洲延伸到巴西、到中國；法國則開始在北美聖勞倫斯河流域建殖民區。那時，英國的殖民地只有愛爾蘭，大批英格蘭和蘇格蘭新教徒移民到那裡，建立大莊園（這批人日後會在北美建莊園）。①

　　最初的海外殖民嘗試是 1578 年伊利沙伯女王授權吉爾伯特（Humphrey Gilbert，1539－1583，他在 1567－1570 年間鎮壓愛爾蘭立了功）去探險。他首先想到加勒比海地區去搶奪和殖民，但未成行。八年過去，他終在 1583 年去了當年卡伯特曾經到過的紐芬蘭，正式佔領，但沒有留下殖民，而且在回程路上就死了。第二年，與他同父異母的沃爾特·

雷利（Walter Raleigh，1552－1618）又經女王授權，在美洲東岸建立了殖
民地勞克諾（Roanoke，現今美國北卡羅來納州）。但後援不繼，也未能
植根。

真真正正的帝國是由奴隸和清教徒開始的。1603 年，伊利沙伯去
世，無嗣，來自蘇格蘭的斯圖亞特王朝開始統治英國，首先坐上去的是詹
姆士一世。第二年他就跟西班牙簽了和約，不再搶人家的，要自己「創
業」。整個 17 世紀上半期，英國在北美和加勒比海建殖民地，又設立股
份公司去管治殖民地和拓展海外貿易。最著名的是東印度公司（East India
Company，1600 年成立，開發印度、東南亞和與中國貿易），此外還有維
珍尼亞公司（Virginia Comapany，1606 成立，開發北美東岸）、倫敦與布
里斯托公司（London and Bristol Company，1610 年成立，開發紐芬蘭）等。

當初，加勒比海殖民地最重要、最賺錢，但也不是一開始就成功，
圭亞那（1604）、格林納達（1609）等都捱不了幾年。稍後才建立起比
較成功的殖民地：聖基茨島（St.Kitts，1624）、巴巴多斯（Barbados，
1627）、尼維斯島（Nevis，1628）。主要是蔗園，都是學葡萄牙人在巴西
的樣板，也就是大量使用奴隸。初時，荷蘭船艦運來奴隸，運走蔗糖。
英國人賺了錢，但荷蘭人也賺不少。到 1651 年，英國制定《航運法案》
（Navigation Act），只准英國船在英國殖民地做生意。荷蘭人生氣，就跟
英國打了好幾場戰。荷蘭的損失是英國的得益，最大的收穫是 1664 年把
新阿姆斯特丹（New Amsterdam）拿過來，改名「新約克」（New York），
也就是紐約。1655 年又從西班牙手裡拿下牙買加，1666 年則在巴哈馬
（Bahamas）建殖民。

但真真正正的美洲帝國是由被國教排斥的教派，尤其是有清教傾向的
教派建成的。

在 1607 年，維珍尼亞公司建詹姆斯敦（現今美國維珍尼亞州東部）
開始真正的殖民[②]。1620 年，第一批清教移民坐「五月花」號船抵麻薩諸
塞的普利茅斯（也是在維珍尼亞公司的領地內）。他們自稱是朝聖者，都

是逃避宗教迫害的移民 ③。幾年間，與宗教有關的殖民區相繼建立：天主教徒在 1634 年建馬里蘭；大批「不順從國教者」在 1636 年建羅德島；公理制教派在 1639 年建康涅狄格。這是英國內戰之前的事。

內戰結束後，宗教迫害再來。在英國被迫害的貴格派 ④ 想找棲身之地，貴格派財主佩恩（William Penn，1644－1718）在 1681 年建賓夕法尼亞殖民區。這些真正的殖民地（也就是英國人去那邊植根之所）不是帝國賺錢最多的地方，但那裡有大片土地，氣候溫和，適宜農耕，移民是去開墾的。賺大錢的加勒比地區則是使用大批奴隸的大莊園。

此時，帝國又來一次大擴充。1670 年，查理士二世授權哈德遜灣公司（Hudson's Bay Company）去開發美洲東北部（叫 Rupert's Land，現今加拿大東面大部分土地），壟斷皮革貿易。但法國人比英國人先到，在旁邊建立了新法蘭西殖民區（現今加拿大的魁北克省），經常侵擾英國的殖民區。1672 年，查理士二世又授權皇家非洲公司（Royal African Company）去壟斷加勒比地區英國殖民地的奴隸貿易。一開始，奴隸就是大英帝國在西印度群島地區的經濟基礎，到 18 世紀從非洲輸入近 300 萬奴隸。在西非，大英帝國沿詹姆斯島（James Island，現今岡比亞西岸）、阿克拉（Accra，現今加納首都）、邦斯島（Bunce Island，現今塞拉利昂首都自由城附近）建一系列的城堡。在加勒比那邊，非洲血統的人口比例在 1650 年是 25%，到 18 世紀末差不多達 80%。在北美殖民區這比例是從 10% 增至 40%（大部分在南方，如維珍尼亞、卡羅來納）。販奴是極賺錢的。英國西岸的城市，如布里斯托和利物浦是販奴三角路線（西非到英國，然後到加勒比）的中轉站，都發了大財。

當年，蘇格蘭還未屬帝國（斯圖亞特王朝來自蘇格蘭，但英、蘇仍是兩個國家，只不過是同一國王），也想學英國海外擴充，在 1695 年成立了蘇格蘭公司（Company of Scotland），想在巴拿馬建殖民區（1698 年），但被旁邊的西班牙新格拉納達殖民區（New Granada）不斷干擾（正如在北美，新法蘭西殖民不斷干擾英國的哈德遜灣殖民區），更兼瘧疾病流

行，就被迫放棄。這趟害得蘇格蘭很慘，全國四分之一的財富化為烏有，海外殖民帝國的美夢成空，引發出英國與蘇格蘭兩國政府的重大反思，終於 1707 年正式合併，成立大不列顛王國。

大英帝國成形不簡單，要先後打敗兩個極「辣」的對手：荷蘭和法國。

16 世紀末，英國與荷蘭開始挑戰葡萄牙在亞洲的貿易壟斷，分別組英國東印度公司和荷蘭東印度公司，主要是搶葡萄牙的香料貿易。爭奪的地區一個是東印度群島（香料產地），一個是印度（貿易網中樞）。一方面，英荷共同搶葡萄牙；另一方面英荷互搶。當時，荷蘭的金融制度比英國先進，三次英荷戰事 ⑤ 的結果是荷蘭在亞洲的勢力大於英國。但是光榮革命迎入了荷蘭的威廉，坐上英國的王座，英荷不再打了。磋商後，大家劃分地盤，荷蘭拿東印度群島的香料貿易，英國拿印度的紡織業。英國運氣好，紡織的利潤不多久就超越香料。到 1720 年，英國東印度公司的貿易額就超過荷蘭東印度公司了。

法國是個更棘的對手，從古如是。

1688 年光榮革命，英荷和解。跟着的 9 年戰爭是英荷聯手去打法國與西班牙（其實這就是威廉要坐上英國王位的最主要原因）。荷蘭地處歐陸，要打陸軍戰，戰費頗大；英國是島國，主要是海外戰，省錢多了。結果是英國的海外殖民地大大擴張，成為真真正正的殖民帝國。相比之下，荷蘭被戰事所拖，在歐陸和在海外的勢力都下滑。到 18 世紀就是英國跟法國對峙的局面了。

1700 年，西班牙的查理士二世駕崩。按當年法國路易十四與西班牙定下的協議，西班牙的王座及海外帝國都要轉移給路易的孫子。這豈不是把法國與西班牙和它們的海外帝國連起來？這個龐大的聯合帝國將會主宰歐洲。於是，英國連同荷蘭、葡萄牙和神聖羅馬帝國去對付法、西，打了一場「西班牙繼位之戰」。1714 年，戰事結束，英國從法國手裡拿到紐芬蘭和阿卡迪卡（Acadia，現今加拿大東部）；從西班牙手裡拿到直布羅陀和地中海的梅諾卡島（Menorca）。直布羅陀至為重要，握住地中海出大

西洋的咽喉。同時西班牙更要放棄美洲殖民地奴隸貿易的壟斷。

　　世紀中，英、法在印度次大陸更打了幾場（七年戰爭的海外戰場之一），叫卡納提克戰役（Carnatic Wars，因為戰場是印度南部的卡納提克地區），實質是英國的東印度公司和法國的東印度公司爭地盤。那年代，印度的莫臥兒帝國（Mughal Empire）中落，出現政治真空，各地「土皇帝」爭權。1757 年普拉西一役（Battle of Plassey），英軍打敗了法國支持的孟加拉的土王納瓦布（Nawab of Bengal），控制了整個孟加拉地區（印度次大陸的東部），主宰整個印度次大陸的軍事與政治局面。法國仍有些據點，但條約規定他們只准守，不准攻，並要在必要時支援英國的附庸國。不管法國怎樣不願，英國的確是次大陸的主人，無論是直接統治，或軍事恐嚇。

　　這場七年戰爭，英國除了拿到印度之外還有其他戰利品。在北美，法國被迫承認英國在哈德遜灣的主權，並割讓新法蘭西（魁北克）給英國。還有一筆三角賬：法國把美洲的路易斯安那地區（Louisiana）讓給西班牙，西班牙把佛羅里達地區（Florida）讓給英國。

　　這是美國脫離英國之前的局面，也稱「第一帝國」（First Empire）。

註

① 他們被稱為「西域人」（West Country Man），主要來自英國西南的德文郡（Devon）和普利茅斯（Plymouth），原都是「海盜」，包括有名的沃爾特·雷利、法蘭西斯·戴基（Francis Drake，1540−1596，伊利沙伯寵臣，第一個環球冒險的英國人，擊退無敵大艦隊的主將）、約翰·霍金斯（John Hawkins，1532−1595，他參與擊退西班牙的無敵大艦隊，原本是奴隸販子）。

② 1624 年，公司失敗，被政府接管。但根據政府與公司的合約，公司「領地」內的殖民區保持自治，這也是美式民主的濫觴。

③ 帶領五月花的叫布魯斯特（William Brewster，1568−1644），出身劍橋。1584 年，隨同使節團往荷蘭，荷蘭的宗教改革使他想脫離國教，去上「布朗派」路線。他在 1606 年創立一個「分離派」的教堂，被國教的教會法庭提訊。壓力和約制使他想移居荷蘭，但未獲批准而出國

是屬違法，他被人告發下獄。1608 年被釋後終來到荷蘭。當初，他與其他「朝聖者」住在阿姆斯特丹，在一個叫「古教堂」（Ancient Church）處做禮拜。但教堂內訌，他與一些教徒移居萊頓（Leiden，荷蘭西部城市）。1609 年，他被朝聖者們選為長老。他一面教英語，一面印刊宗教書籍，偷運入英國。1619 年，英國駐荷蘭大使施壓力，當地政府沒收印刷機，並要捉人，他逃脫。那時，他準備去美洲，因為他覺得在荷蘭的生活很困難，孩子長大越來越像荷蘭人，而且荷蘭和西班牙正準備開戰（30 年戰爭在 1618 年開始），一旦天主教的西班牙打贏，新教，特別是清教會更受苦。於是經在英國的朋友替他說項，獲批准帶信眾殖民美洲（批准他們的是在 1606 年成立的維珍尼亞公司，被授權開發美洲東岸）。「五月花」號在 1620 年 8 月 5 日起航，旅客中只有 35 名是清教徒，其他 66 人不是宗教的殖民。布魯斯特那時 54 歲，是最老的一個，而且是唯一受過大學教育的。由於教堂的正式牧師未能隨行，布魯斯特的長老地位使他成為領導人。五月花的清教徒屬「布朗派」，是最先的「公理制教會」。他們在現今麻薩諸塞的普利茅斯登岸，開啟今天的美國。

④ 這派是最受迫害的，1662 年特別的《貴格法案》就是禁制他們，該法案要到光榮革命之後才被廢（1689 年）。

⑤ 從 1652 年打到 1674 年（1652–1654，1665–1667，1672–1674），也就是從英國的共和期到恢復期。

5. 對美國民族性格的學術研究

（資料來自 Arthur Schlesinger，Sr. Carlton J. Hayes，A.V. Pavlovskaya，Earl Shorris，David Azerrad，Geme Griessman，Claude Fisher，Robert P. Jones，Stephen Mennell，Peten Sterns）

　　現今的學者避談民族性格，在民族多元的美國談民族性格更是大忌。但仍有若干不甘心被「身份政治」綁架的學者要探索「美國人」是甚麼樣的人。但是他們往往混淆性格與行為。他們的描繪有聚焦於性格的表面現象，也有聚焦於性格的內部矛盾。

　　學者們觀察到的美國性格表面特徵：

　　（i）美國人不能沒有舒適和不便（自足性格去向極端的現象）；（ii）不懂休息和休閒、勤奮、工作狂（接近極端的自立與自足的表現）；（iii）技巧、發明能力（自立加務實）；（iv）上進心，野心（完全是自立的表現）；（v）有實際知識（務實的現象）；（vi）貪婪（扭曲的自足）；（vii）不容異己（扭曲的自立）；（viii）令人討厭（自立與自足走向冷漠與慳吝帶出的反應）；（ix）好管閒事（驕傲的表現，有時會加上點憫人）；（x）自視比人高（驕傲少數的表現）；（xi）有想像力（務實與自立的結果）；（xii）冒險、夢想、理想（這是正面的自立）；（xiii）理性、反宗教（自立與務實的組合）；（xiv）太生意眼（自私與務實的組合）；（xv）頭

腦簡單，跡近天真（驕傲的自以為是）；（xvi）恐懼（少數意識的典型）；（xvii）平等、隨和（驕傲的與人平等，因為道德高貴或身份高尚就無需炫耀）；（xviii）暴力（驕傲的好爭與易怒，再加上逞強）。

學者們指出的美國性格內部矛盾：

（i）包容又排他（少數意識與追求自立的組合）[1]；（ii）封閉的社區但又多樣的宗教（極端自立帶來冷漠，但冷漠引發自疚，然後以容忍姑息去宣洩）；（iii）平易近人的態度，又積極地往上爬（道德的自立所以可以平易待人，務實的自立所以積極往上爬）；（iv）有禮貌，但又會態度惡劣（自立與驕傲的組合，你待我好，我要待你更好，你待我差，我要待你更差）；（v）容忍離經背道但又種族歧視（種族歧視出於少數意識的排他，容忍離經背道出於彌補排他帶來的自疚）；（vi）慷慨又是「本民族第一主義」（chauvinist）（憫人與少數意識的組合）；（vii）自由又保守（有少數受迫害的意識所以追求自由，得到自由之後想保存不變，所以保守）；（viii）物質主義又強調道德（自私與自疚的組合）；（ix）不許吸煙但又隨便帶槍（帶槍是為要保衛帶槍者的自立，不許吸煙是保衛不想被煙影響者的自由）；（x）世界超級強國但國內弱勢政府（美國人在國內抗拒政府約束是維護個人的自立和驕傲，在國外擴張國勢是維護國家的自立和驕傲）；（xi）要帶來全球民主，但本身越來越像軍團（對外是慷慨輸出美式的自立、自足，對內是維護美國的自立、自足）；（xii）自制強、熱情淡，對別人比較敏感、少羞辱別人，妒忌、焦慮（自立與自疚的組合）；（xiii）對富人減稅而同時大舉國債（同樣都是自立、自足的表現）；（xiv）全球最富的國家，但百萬計的國民處於極貧（自私與自疚的矛盾）；（xv）禁止輿論聲音，又秘密窺探國民私隱（都是少數意識的恐懼感）；（xvi）又誇口、又愚蠢（少數意識與驕傲的組合）；（xvii）既是空想的改良者（do-gooder）又強烈自戀（驕傲與自疚的組合）；（xviii）要改變又執拗（少數意識與驕傲的組合）。

有好幾個對美國性格有比較獨到的觀察值得一提。

　　加州大學伯克利分校的社會學家克勞德・費希爾（Claude Fischer，1948－）用歷史去看社會，他認為美國人性格的核心是「自由意志主義」（voluntarism），有兩方面：（i）自視為一個具有自由意志（voluntary will）的人——有權去追求自己的幸福；（ii）明白個人只可以通過與別人契合（fellowship，像宗教的團契）才會成功——不是在自我（egoistic）的孤立之中，而是在持續的、自由參與的團體之內……因此，美國人傾向兼有包容與排他（exclusive），封閉式的社區和多樣的宗教，態度平易近人但又積極往上爬……②。用我定義的美國民族性格特徵來演繹就是「自由意志主義」乃少數意識和追求自立（自由）的組合——自己想追求某種仍未被主流接受的自由，為此加入有助我追求這自由的團體。在某種程度上，這有功利苟合的意識，也可以用來解釋美式的黨派政治和分權制衡。

　　在 2007 年，厄爾・索里斯（Earl Shorris）提出一個使人深思的演繹，「美國性格的毀滅用了半個多世紀：從在日本投下原子彈到小布殊入侵伊拉克的『謊言』③。如果沒有原子彈的恐怖和對它的恐慌一代一代地傳下來，美參議院不會批准布殊入侵伊拉克。9・11 把所有的恐懼感帶回到這個安於逸樂的社會。權力未有腐化人、恐懼使人腐化。現今是一個恐懼的社會，由恐慌的人帶領着……④ 我們尊崇勇氣、討厭懦弱，部分原因是勇氣是好的性格的條件，慌亂的人難以審慎、溫和和正義。勇氣會提升道德性格，慌亂反之。我們政府的恐懼是邏輯的。如果我們是好人，但仍可以在幾秒鐘內毀滅 14 萬人，包括婦孺，而在 8 天之後再來一次，就好像要證明我們不介意大屠殺。那麼，不是好人的敵人會如何對待我們？如果我們因為 9・11 世貿中心被襲而去襲擊一個與此事無關的國家，而我們仍自視是好人，那麼你想想不是好人的敵人會怎樣待我們？這些問題的答案會使你知道你為甚麼會這樣恐慌。」且看支配全球的美國仍擺脫不了少數求存的恐懼感，以致失措，可見民族性格的影響何其深遠。

　　大衛・阿澤拉德（David Azerrad）有一個有關美國自立性格的別致演繹。傑佛遜曾說過，美國《獨立宣言》的意圖是表達「美國思想」

（American Mind）。如果如政治家托克維爾說的，「性格來自『思想的習慣』（habits of the heart）」，那麼《獨立宣言》展示的就是美國性格。林肯也說，《獨立宣言》的文字使人對美國人有所洞悉，他想念「那些如今已離開我們但曾經被人歎息的剛毅、勇敢和愛國的祖先」（Once hardy, brave, and patriotic, but now lamented and departed race of ancestors）。《獨立宣言》假設美國人「懂得如何治理自己，而又不惜力爭他們的權利。」他們知這些權利雖然天（神）授，但不是自動的，是要保護的。歷史的常態是暴政，不是自由。為此，美國人與別人不同，不單要宣言自由，還要堅定保衛它。作為美國人，不單要知道生來自由，還要有勇氣去保衛自由（來自《獨立宣言》中對英王申訴的第五項）。聯邦分子兼開國元勳之一的麥迪森在回應如何保證國會代表的立法不偏袒他們自己或某些人的利益時這樣說：「在這個制度的精明、在這套憲法的正義、在所有之上，是由不懈和無畏的意志推動的美國人民 —— 無畏意志哺養自由，自由哺養無畏意志。」

阿澤拉德又認為美國人先學懂自制，然後才贏得獨立。脫離英國之前，美國已是個「自由的文明」，已習慣代議政府。他們是「自由民族」（a free people），他們的性格由一個多世紀的英式自由法律體制（free system of English law）培養而成。《獨立宣言》是由各州人民的代表共同宣佈的。但阿澤拉德感歎：「在兩個世紀之後這個宣言已被腐蝕。被對政府過度信賴腐蝕；被 1960 年代的『如果你覺得快意，就去做吧！』（If it feels good, do it!）的任性腐蝕；被沒有意義和粗俗的普及文化腐蝕。」

當初，少數意識的自立、自足建立了美國性格，現今美國是最富、最強的大國，這套對人性悲觀對自存恐懼的性格能夠成功過度到立己立人、與人共用嗎？小國寡民的性格能成大國風範嗎？斯蒂芬‧門內爾的答案也許會是，「有難度，國內外如是」。他的理論是，在美國「民主來得太早」（引自彼得‧斯皮倫伯格 [Pieter Spierenburg]2006 年寫的「Democracy came too early」）。西歐民主是幾個世紀培養出來的，先是權力中央化，

暴力都集合到了君主手裡（絕對君權），被壟斷了，但也成為「合法暴力」（legitimate violence）；歐洲的民主革命不是在消滅暴力的壟斷，而是把壟斷民主化。但在美國，暴力還未集中起來就民主了（從清教的公理制開始）；美洲殖民地沒有時間去適應不攜帶武器，讓政府去壟斷暴力去保護國民，所以他們認為有需要和有權自衛，把民主看成合法使用武力去保護自己的財產和利益。

美國的謀殺比例是其他國家的 4 倍⑤。謀殺案件很多是衝動性暴力（affecting violence），好像美國人較難約束衝動。但也有地區性分別，最高是大城市窮人區，特別是黑人區。有人指出這是一種「脫文明」的現象（decivilizing process）：缺乏正常和穩定的就業，同時政府撤離（典型是撤離警局和郵局）。大部分謀殺案是在南方，和由南方人去開發的西部。那裡的政府制度相對弱，居民往往自行執法，養成暴力的傳統。這裡的民主氣候吹的是「攜械自衛風」。

著名經濟學家約翰·加爾布雷斯（John Kenneth Galbraith）指出，美國革命（獨立）口號是「沒有政治代表權就不交稅」（No taxation without representation），但真正的用意是「反對交稅，不管有沒有代表權」（No taxation with or without representation）。而且，美國的立國是流血的，跟在歐洲的情況一模一樣，也就是，戰爭與暴力是為了生存，但有「兩邊臉」⑥；暴力把一個區域的內部穩定後，區域與區域之間的戰爭就越來越大規模。當初，歐洲諸國在美洲爭土地，是它們在歐洲戰爭的延伸⑦。在這些歐洲群雄爭霸的戰爭中先是瑞典與荷蘭的殖民地被吞了，跟着是法國與西班牙的美洲屬地被拆散了。不同的土著部族跟個別的歐洲諸國互相消滅了。這些「外在」（外在於英國的殖民區）的競爭慢慢地演變為「內在」（美洲殖民與英國祖家的關係）的競爭。獨立戰爭的起因是印花稅。這筆稅是英國在七年戰爭中消滅了法國在加拿大和賓夕法尼亞以西的屬地後，駐軍維持地方安寧的軍費所需而徵收的，殖民區拒交，這是殖民與祖家的內在競爭之一。還有，當時英國想把俄亥俄谷（Ohio Valley）送給土著盟友易

洛魁族人（Iroqua），而美洲殖民卻已經向該地區挺進，搶奪土地，這是殖民與祖家的內在競爭之二。可以說，美洲殖民與祖家互相爭奪從別人那裡奪過來的土地：「來殖民區落戶者也同時在拓張殖民」（The colonials were also colonizers）。

殖民往西挺進是美帝國的開始，跟着美國買了很多土地：1803 年買入路易斯安那州⑧，領土倍增，又入侵墨西哥，佔了首府才談判割地。墨西哥總統曾說：「可憐的墨西哥，離神那麼遠，離美國這麼近！」⑨ 美國的領土擴張是「起於計謀，但成於意外；是有目的的推動，但推進中又失卻目的」（From plan arising, yet unplanned, by purpose moved, yet purposeless）。

以上這些觀察完全可以憑我們找出的幾個美國性格關鍵元素去充分地、恰當地解釋，如下：

出自清教自視道德高尚和士紳自視身份高貴的少數意識驅使早期殖民求自立，英國的務實作風驅使他們以自給自足和團結排外去維持自立。但新大陸的大發展空間漸漸帶來謀權和逐利的衝動，與清教的道德觀發生衝突，也終結形成自疚。這是美國立國前形成的「民族性格」，後來的移民非但接受，甚至崇尚這套美國性格。

少數意識使美國人常懷恐懼（特別容易感受到威脅），而他的驕傲感又使他有好爭（特別需要被肯定）、易怒（特別需要被尊重）的衝動。在不同歷史背景下，這些恐懼、好爭和易怒使美國人失措：自立被扭曲為逞強或走上極端成了冷漠；團結被扭曲為苟合或走上極端成為桎梏；自足被扭曲為自私或走上極端成為慳吝。他的道德和身份驕傲感加深他的自疚，加強他的憫人（同情弱小和扶持貧苦）。唯獨自疚也能導致失措：同情與扶持變成縱容與姑息，造出另一場逞強、苟合與自疚。要明白美國人就要明白他的少數意識的自立性格。

註

① 反映對自由的重視：包容的是有利於我追求我的自由的人和事；排斥的是不利於我追求我的自由的人和事。帶有功利和苟合的意識。

② 按費希爾的解釋，「自由意志主義者」是個人主義和團體的組合：人是獨立的、有選擇的，他選擇通過與別人組合（joining）去獲得個人的目的。人是在團體中行動的，但這需要是一個可以自由加入和自由退出的團體（因為人要做自由選擇者）。歷史中、世界文化中，大多數人留在他出生所屬的團體。三個世紀的美國文化發展就是增加這些自由選擇者和擴大他們選擇的自由（主要是通過經濟增長和政治安定）。這些選擇者不再單是男人、白人、有產階層，更包括婦女、少數民族、青年、勞動階層。（但經濟不穩時也會削弱自由選擇，也就是削減自由意志的運用。）

費希爾的觀察是 1950 年代的美國人都跟從主流（conformist），他們的孩子是「靜默的一代」；1960 年代的美國人充滿矛盾，他們的孩子是「反叛的一代」；1990 年代，他們被形容為自我孤立（self-isolation，每個房間都有電視，每個都聽 Walkman）和孤單；2010 年代是精明手機時代，美國人被形容為過分「參與社會」（socially engaged）。總地來說，美式自由主義不斷擴展。

卡內基梅隆大學（Carnegie Mellon University）和喬治梅森大學（George Mason University）的彼得·斯特恩斯（Peter Stearns）跟他唱反調，認為「社團」在不斷萎縮，21 世紀是個「孤獨」時代（loneliness，以羅伯特·普特南 [Robert Putnam] 的《孤零零地打滾球》[Bowling Alone] 為代表性的描繪）。他認為美國性格在變，變得自制多了、熱情淡了，強調對人要敏感、不要羞辱人家，家長對孩子的前途焦慮，社會上嫉妒心日重。

費希爾反駁斯特恩斯，說斯特恩斯的觀察跟「自由意志主義」是很一致的。他指出，18 世紀的美國精英就想改良自己（self-fashioning），19 世紀的宗教運動強調重新做人（born again），20 世紀仍是這個方向，只不過把宗教的語調改為心理、醫療的語調而已。對既有制度和既得利益的不滿反映了 1960 年代「反叛的一代」的後遺，並不是一個長期的趨勢。他甚至認為社團生活在增加。他指出，從 18 世紀到 20 世紀，教堂與會社的參與增加，農村的孤立下降。但社團生活的方式卻在變，1950 年代的正規社團組織有減，但其他形式的社團活動（如讀書會）有增。個人與個人的聯繫未有減，是在變（少了晚餐聚會，多了齊上餐館），聯繫依然。但也有例外，特別是教育少、收入低的男人。他們結婚少了、上教堂少了、流動多了（相對他們的父、祖兩代），但不是因為文化與科技的現代化使他們落後，而是經濟不穩使他們乏力去作為一個自立的自由選擇者。

③ 布殊的藉口是伊拉克擁有「大規模殺傷性武器」，但終未有找到證明。

④ 索里斯是指迪克·切尼（Dick Cheney，1941－，小布殊的副總統，任期 2001－2009）、唐納德·拉姆斯菲爾德（Donald Rumsfeld，1932－，小布殊的國防部長，任期 2001－2006）、卡爾·羅夫（Karl Rove，1950－，小布殊的高級顧問，任期 2001－2007）、保羅·沃爾福威茨（Paul Wolfowitz，1943－，小布殊的副國防部長，任期 2001－2005），以至布殊。此中以沃爾福威茨為首，他是猶太人，家人在二戰大屠殺中遭難。切尼與沃爾福威茨是恐慌冷戰，

厄爾．索里斯是説恐慌已滲入了這批人的歷史與思想中。

⑤ 20 世紀末 21 世紀初的統計。有例外，比如南非、俄羅斯、某些東歐國家，但它們在這段時間有極大的政治動盪。

⑥ 「兩邊臉」（Janus-Faced），Janus 是羅馬門神，一個臉向內，一個臉向外。

⑦ 英荷戰爭（1780－1784，是英、荷第四次戰爭）、西班牙繼位戰爭（1701－1704）、七年戰爭（1756－1763，在美洲主要是英與法）。

⑧ 從拿破崙手中買來的，其實拿破崙當時也想賣掉去減輕負擔。

⑨ 美國日後的總統尤里西斯．格蘭特（在南北戰爭時任北軍統帥）在墨西哥戰爭時是一名小軍官，曾説：「這是一場最沒有公義的以強凌弱的戰爭。這是一個共和國學歐洲君主國的壞榜樣，在擴張領土中毫不考慮公義。」

6. 1980–1990 年代的主要經濟（金融）危機

　　1970 年代末期是全球經濟極差的時期之一，出現了「滯脹」（stagflation），也就是經濟繁榮但通貨膨脹。到列根上台（1980 年），減稅率、增軍備，經濟好轉。但這都是靠國家財政赤字支撐的，所以不到幾年就「現形」了。1985 年後期到 1986 年初，經濟開始放緩。

1987 年的香港股瀉

　　1987 年 10 月 16 日，伊朗飛彈打沉一艘利比亞旗的油輪；第二日早晨又打沉了一艘美國旗的商船。16 日是星期五，倫敦市場因風暴早收市，但道瓊斯指數仍下跌了 4.6%。美國財政部長說他擔心市價會繼續下跌。果然，香港市場在星期一一開市就跌。那天早晨不久，美艦炮轟波斯灣的伊朗採油台，股市下瀉不止。

　　當時的宏觀問題是，國際間的貨幣匯率和各國的利率升降仍圍繞着對陰魂不散的「滯脹」的恐懼。全球金融互連，但沒有共識。微觀問題就是金融衍生品雖然還未猖獗，但已開始吸引投資者（投機者）。當時的新金融產品如「指數期貨」（index futures）等，再加上電腦交易，引發出大量「套利」（arbitrage）行為。這些都是金融全球化的必然現象，但大部分專家歸咎於電腦交易，也就是電腦用方程式指揮的買賣。這些方程式主要反

映投資者（投機者）對風險的衡量。一旦輸入方程式，電腦會在短時間內與其他投資者的電腦互相買賣，一發不可收拾，起碼不能在以秒算的時間內收拾。

1992 年的歐洲貨幣危機

1992 年 9 月 16 日，英鎊因為不能維持歐盟「外匯兌率機制」（見正文有關全球化）限定的匯率下降極限被迫退出歐盟經濟體（估計損失 34 億英鎊），也稱「黑色星期三」（Black Wednesday）。

「外匯兌率機制」是在 1979 年建立的，那時保守黨的戴卓爾夫人剛擊敗工黨，登上首相職位。保守黨政府極重視英國國家主權，決定不加入，但又想貨幣匯率能夠穩定，就決定「非正式」地跟匯率穩定的德國馬克掛鈎。其實，強而穩的馬克已是「外匯兌率機制」的基礎貨幣，所以兩年後，英國最終加入了，接受匯率升降上下限規定。那時，英國的通脹率是德國的 3 倍，把英鎊綁在馬克上其實是吃力和危險的。

1990 年頭，東、西德開始復合（柏林圍牆於 1989 年 11 月被拉倒），政府開支龐大，要用錢就開始加息，牽連整個「外匯兌率機制」。市場熱錢狂買馬克，英鎊對馬克匯率自然下降，再加英國出口主要對象的美國又在貶值美元，影響英國貿易收入，百上加斤。從 1992 年中，大炒家佐治·索羅斯大量賣空英鎊，預期會大幅貶值。這大大增加了英鎊貶值壓力。

英政府（那時戴卓爾已離任，約翰·梅傑［John Major，1943－，任期 1990－1997］任相，仍屬保守黨）要支撐英鎊匯率不低於「外匯兌率機制」的規限，就加貸款利息，並大量購入英鎊（政府不想貶值，因為貶值可能會引起更大的通脹），但佐治·索羅斯決定與英政府鬥，在 9 月 15 日大量拋售英鎊，英政府就不斷買入去維持匯率。上午 8 點半，英倫銀行已買了 3 億英鎊，但索羅斯賣出比英國買入還要快，兌率下瀉不止。到

10 點半，英政府宣佈加息，從 10% 到 12%，準備還要升至 15%，但炒家仍拋售英鎊。到晚上 7 點鐘，英財相宣佈英國脫離「外匯兌率機制」，而利息則保持為 12%。第二天，政府再把利息收回到 10%①。估計索羅斯在這場仗中賺了超過 10 億英鎊。

高利息使英國企業（保守黨的支持者）叫苦連天，房地產市場崩潰，英國進入經濟衰退。有人叫「外匯兌率機制」為「永遠衰退機制」（Eternal Recession Mechanism，跟 Exchange Rate Mechanism 同簡稱 ERM）。保守黨的形象大損，尤其是他們是以管理經濟作為標榜。1992 年 4 月的大選，也就是危機之前，保守黨是勝得很光彩的，但到 9 月的民意調查，就比工黨只高 2.5%，到風暴之後的 10 月份調查，支持率從 45% 狂跌落到 29%，從此一蹶不振。此後的 3 次大選都大敗於工黨，英國政局變天。

1994 年的墨西哥貨幣危機

1994 年是墨西哥大選。總統為想連任，大灑金錢，增加財政支出和貨幣供應，為此，發行短期國債。國債的票面值是墨西哥比索，但保證以美元贖債，以吸引外國投資者。那時剛簽了《北美自由貿易協定》（North American Free Trade Agreement，簡稱 NAFTA，包括美國、加拿大和墨西哥），全球資金湧入。但國內發生恰帕斯州（Chiapas）農民暴力起義和反對黨總統候選人被刺殺，政局很不穩，投資者都認為墨西哥風險大。為應付這局面，中央銀行干預，發行以美元為票面值的國債去購買比索，以維持比索與美元的匯率。這個小動作使比索匯率變強，百姓就多買進口貨，造成貿易逆差。投機者看穿比索的匯率（相對美元）實在是超過它的應有價值，就開始把資金從墨西哥轉到美國，也就是資金外逃。政府不想加利息（加利息也會吸引資金回流），就以購入自己出的國債去維繫貨幣供應。但是，一方面要買入以美元為票面值的國債，而同時又以美元去贖回先前以墨西哥比索為票面值的國債，變成雙重壓力，中央銀行的美元儲備

到 1994 年底卒用光。

1994 年 12 月 20 日，中央銀行把比索貶值。國外投資者更恐懼，恐懼有再貶值的風險，資金加速外逃。中央銀行被迫要加息去留住資金，但加息就是增加借錢的難度、壓抑經濟發展。中央銀行的新國債賣不出去，貶值了的比索買不到美元，墨西哥面臨破產。兩天後（12 月 22 日），中央銀行放棄保護貨幣，讓比索在市場上自由浮動，當然就是不斷貶值，引發超級通脹（hyperinflation），高達 52%。外國的投資者開始拋售他們手上的墨西哥資產（類似情況感染到其他新興國家）。

1995 年 1 月，「基金」由 7 個最發達國家和「國際結算銀行」支援，以 500 億美元拯救墨西哥。這次危機引發好幾間墨西哥銀行倒閉和大量抵押貸款還不起錢。墨西哥經濟進入嚴重衰退，貧窮和失業大增。

1997 年的亞洲貨幣危機

從 1993 年到 1996 年，東南亞諸國的外債對 GDP 比率在不斷增長，從 100% 升到 167%。經濟實力強如韓國，比率也從 13% 升到 20%。1997 年 7 月份，危機首先在泰國出現，迅速蔓延東亞。由於金融全球化，遂引發全球恐慌。

泰國政府缺乏外匯儲備去支撐泰幣兌換美元的匯率，被迫讓國家貨幣自由浮動。其實，此時泰國的外債負荷大，已經破產了。危機擴散至整個東南亞，包括日本的貨幣都下瀉，股價下降，私人貸款激增。最受影響的是印尼、韓國和泰國；中國香港、老撾、馬來西亞和菲律賓也很受打擊；汶萊、中國（包括台灣）、新加坡和越南則未有很大災難。但普遍都受到經濟需求減少、信心下降影響。

「基金」以 400 億美元救市，先是泰國、印尼與韓國。但印尼的情況比較困難，執政 30 年的蘇哈托總統被迫在 1998 年 5 月 21 日下台（印尼貨幣貶值引發物價急升，全國暴動）。菲律賓的經濟增長為零，到 1999

年才開始復蘇。亞洲吸收全球流入發展中國家資金的半數。那時，東南亞諸國的高利率政策是主因。

1998 年的俄羅斯金融危機

經濟危機成因有三個：生產效率低、匯率固定、長期赤字。再加上車臣的戰費（估算為 55 億美元，不包括重建的費用），1997 下半年開始，俄羅斯經濟下滑加劇。外在原因有兩個：1997 年的亞洲貨幣危機（見上）使石油和其他非鐵金屬的需求量下降，影響俄羅斯的外匯儲備；葉利欽總統在 1998 年 3 月 23 日突然全部更換內閣，引發政治危機。到 5 月，全國煤礦工人總罷工，追討欠薪，截停西伯利亞鐵路（估計全國欠薪 1,250 億美元）。

為保持匯率和制止資金外逃，俄羅斯發短期國債，利息高達 150%。這是 1998 年 6 月份的事情，當然不可能持續。「基金」和「世行」在 7 月 13 日提供 226 億美元去把短期高息的盧布國債轉換為長期歐元國債，但俄政府仍堅持維持盧布對美元匯率。7 月 15 日，左翼分子控制的國會拒絕政府的反危機措施（這些措施當然是「基金」和「世行」的援助條件）。政府與國會僵持，一切以葉利欽的總統行政令辦事。7 月 29 日，他突然終止度假，飛返俄羅斯，大家以為他又來重整內閣，但他只是把聯邦安全局的頭頭換掉，由普京主持。

俄政府乏力推進經濟改革使投資者喪失信心引發連鎖反應，大批拋售盧布和其他以俄羅斯資產為基礎的證券。盧布的壓力大增，中央銀行迫使以外匯儲備托市（從 1997 年 10 月 1 日到 1998 年 8 月 17 日間，共用去 279 億美元），終於，在 1998 年 8 月 17 日宣佈盧布貶值，政府不再償還國內債項，並暫停償還外債，這叫「盧布危機」（Ruble Crisis，或「俄羅斯感冒」[Russian Flu]。日後曝光，原來「基金」和「世行」的錢其實在危機前夕已收到，但被偷走 50 億）。

從 8 月 17 日到 25 日，盧布繼續跌。到 9 月 2 日，中央銀行決定放棄支撐，讓它自由浮動。到 9 月 21 日（不到一個月）盧布喪失 2/3 的價值，引發高通脹（1998 年的通脹率是 84%）。國家福利的支出大幅增加，很多銀行倒閉，但最受影響的是農業，政府補貼減 80%。在政局上，葉利欽的民眾支持瓦解，反對黨派（包括共產黨和商界）聲音大響。葉利欽改組政府，答應以發工資和養老金為第一要務。1998 年 10 月 7 日，全國罷工，要求葉利欽辭職。10 月 9 日，俄羅斯申請國際人道援助，包括糧食（那年的收成也很差）。

但復蘇也快，1999 年到 2000 年油價穩升（與 1997 年油價下降的經濟背景相反）。上升原因主要是伊朗禁運使俄羅斯有大筆石油收入。同時，國內工業（特別是食品加工）因盧布貶值，進口貨價格上漲而得利。還有，俄羅斯經濟有很大部分是以物易物和非貨幣的交換，不依賴銀行，因此金融崩潰的影響較輕。在某種程度上，可以說俄羅斯的「非正規」經濟（處身於全球金融以外的經濟活動）減輕了它「正規」經濟（在全球金融支配下的經濟活動）的壓力。

1998 年到 2002 年的阿根廷貨幣危機

這個危機比較長，從 1998 年下半年到 2002 年中，成因有三：（i）按法律，阿根廷的比索要與美元掛鈎（一對一），目的是在制止通脹。1999年，巴西貨幣貶值，因此投資者的美元可以在巴西有更高的購買力（包括購買阿根廷主要出口的牛肉和穀類），於是阿根廷的外來資金和對外出口就乾枯。（ii）阿根廷大選，想連任的政府在大選前大量借錢，為此加息，於是國內企業借錢的成本增加，很多倒閉。（iii）在任政府大攬私有化（典型模仿西方自由經濟），導致大批工人下崗（私有化非但增加政府收入，還可以藉此擺脫公營企業的工會控制）。加上私有化的企業大多是公共服務如電力和通訊，在私有化後就提高電費、通訊費，引發經濟活動收縮，

需求下降。私有化的公司賺不到錢就更削減員工，引出惡性循環。

經濟低迷，政府收入減少，就要舉債。人民開始認為比索會貶值，於是都到銀行去兌換美元。政府限制，只容每月兌換 1,000 美元，於是人民對政府的信心大減，怒火大增。有人（特別是貧民區）暴動，搶掠超市，迅速蔓延到首都。總統宣佈進入緊張狀態，但未能提供解決辦法。於是大批人上街，除了下崗工人，還包括因政府金融限制而受影響的中產階層，湧到總統府前示威，弄出大批死傷。

最後政府倒台，比索兌率自由浮動。1998 年到 2002 年經濟收縮 28%（以國民收入衡量），2003 年開始，GDP 恢復增長（出乎經濟專家和商業界傳媒意料），持續 5 年平均增長率達 9%。到 2005 年，GDP 已超出危機前的水平，並恢復償還以前未有償還的債項。到 2010 年，從前欠下的款項有 93% 恢復償還，但有 7% 的債項在危機時轉到「禿鷲基金」（vulture funds，主要是趁人有困難時以賤價買入證券但附帶很苛刻條件的財團，特別是對沖基金）戶裡，這些也在 2016 年 4 月全部付清。

註

① 其他貨幣，如意大利的里拉，在當天也跌破規定兌率，但隨後仍重返「外匯兌率機制」，只不過有較大的升降幅度上下限。這事件反映貨幣全球化的風險。

責任編輯　　陳　菲
書籍設計　　彭若東
責任校對　　江蓉甬
排　　版　　肖　霞
印　　務　　馮政光

書　　名　　西方文明的未來

作　　者　　梁鶴年

出　　版　　香港中和出版有限公司
　　　　　　Hong Kong Open Page Publishing Co., Ltd.
　　　　　　香港北角英皇道 499 號北角工業大廈 18 樓
　　　　　　http://www.hkopenpage.com
　　　　　　http://www.facebook.com/hkopenpage
　　　　　　http://weibo.com/hkopenpage
　　　　　　Email: info@hkopenpage.com

香港發行　　香港聯合書刊物流有限公司
　　　　　　香港新界荃灣德士古道 220-248 號荃灣工業中心 16 樓

印　　刷　　美雅印刷製本有限公司
　　　　　　香港九龍官塘榮業街 6 號海濱工業大廈 4 字樓

版　　次　　2021 年 9 月香港第 1 版第 1 次印刷

規　　格　　16 開（168mm×230mm）612 面

國際書號　　ISBN 978-988-8694-33-4